Hermann Danuser · Gustav Mahler

Große Komponisten und ihre Zeit

Hermann Danuser

GUSTAV MAHLER UND SEINE ZEIT

LAABER-VERLAG

Schutzumschlag: Gustav Mahler: Porträtaufnahme, Wien 1906
(Bibliothèque Musicale Gustav Mahler, Paris)

2., korrigierte Auflage 1996

Satzherstellung: Andrea Baaske, Freiburg
Notenherstellung: Curtius Notengraphik, Seubersdorf
Gesamtherstellung: Friedrich Pustet, Regensburg
ISBN 3-9215-1891-1

Inhalt

Vorwort

Über wenige Komponisten ist in den letzten zwei bis drei Jahrzehnten mehr geschrieben worden als über Gustav Mahler, und keines anderen Komponisten Wertschätzung hat während dieses Zeitraums im musikalischen Bewußtsein der Gegenwart eine dramatischere Aufwertung erfahren als die seinige. Noch in den fünfziger Jahren, als die primäre Auseinandersetzung zwischen spätem Neoklassizismus und seriellem Konstruktivismus geführt wurde, gab es keinen Raum für eine substantielle Rehabilitierung dieses Komponisten, dessen Namen die nationalsozialistische Musikpolitik verfemt hatte. Allenfalls von historischem Interesse mochte sein Schaffen sein — ein Dokument spätromantischer Überladenheit und exzessiver musikalischer Expressivität.

Markant änderte sich diese Situation um 1960 aus Gründen, die einer näheren Untersuchung wert wären. Als Theodor W. Adornos wegweisende Monographie über den Komponisten damals erschien, wurden manche eingeschliffenen Vorbehalte gegen die Mahlersche Musik abgebaut, wobei Interpretationskultur und Neue-Musik-Kultur eine ebenso seltene wie seltsame Allianz eingingen. Die Musikwissenschaft folgte: Von Wien abgesehen, wo einst in der Schule Guido Adlers der Anfang der Mahler-Forschung gesetzt worden war, blühte in Deutschland vor allem an den Universitäten Berlin (Freie und Technische Universität), Hamburg und Freiburg im Breisgau die Mahler-Forschung, und gewann Gestalt in Abhandlungen der dort wirkenden Ordinarien sowie in zahlreichen Dissertationen. Methodologisch unterschiedlich, wurde die Erkenntnis der Mahlerschen Musik auf sehr vielfältige, einander zum Teil ergänzende, zum Teil widersprechende Weise gefördert. Diese Mannigfaltigkeit der Forschung, ein Spiegelbild der aufführungspraktischen Pluralität der Mahler-Interpretation, erscheint noch wesentlich gesteigert, wenn wir sie im Lichte jener Internationalität (vor allem der amerikanischen, englischen, französischen und italienischen Musikwissenschaft) sehen, welche für eine aktuelle Beschäftigung mit dem Komponisten Mahler heute allein maßgeblich sein kann. Welches aber sind die Zielsetzungen des vorliegenden Buches?

Bei der Chronik und dem Bildteil hat sich der Autor bemüht, die äußeren Daten und Fakten von Mahlers Leben und Schaffen — sie sind aufgrund langjähriger Forschungen von Henry-Louis de La Grange sowie Kurt und Herta Blaukopf gut dokumentiert — im Fortgang der Chronologie auf eine sinnvolle Weise zusammenzufassen und ikonographisch zu veranschaulichen. Um die bei jeder Chronik bestehende Gefahr zu bannen, daß heterogene Fakten beziehungslos nebeneinander gestellt werden — nur äußerlich legitimiert durch den schieren Zufall der Chronologie —, zog der Autor den Kreis der für diese Chronik relevanten Daten bewußt eng. Als Kriterium sollte dienen, ob dieses oder jenes Ereignis für die Person Mahler, als Künstler und als Mensch, eine nachprüfbare Bedeutung erlangt hat oder nicht. Daten anderer Musiker werden daher nur im Zusammenhang ihrer Beziehung mit Mahler aufgeführt, und dasselbe gilt für politisch-kulturelle, ökonomisch-soziale oder technische Gegebenheiten. Auf diese Weise bleibt — so ist zu hoffen — der Zusammenhang mit dem Thema dieses Buches, Gustav Mahler, durchgehend gewahrt. Wer darüber Hinausführendes vermißt, sei auf die fast überreiche allgemeine Literatur zur Epoche verwiesen. Der Reihentitel „Große Komponisten und ihre Zeit" wird hier also eng gefaßt, um mit der Konjunktion „und" mehr als eine Verbindung des historisch unverbundenen Gleichzeitigen zum Ausdruck zu bringen. Dafür bezieht der Autor den in Frage stehenden „Zeit"-Begriff nicht nur auf den gesamten, teils engeren, teils weiteren Kontext der menschlich-künstlerischen Existenz Mahlers, sondern darüber hinaus, da ein Künstler wesentlich in seinem Werk überlebt, auch auf die gesamte Wirkungsgeschichte des Mahlerschen Œuvres.

Der Aspekte-Teil des vorliegenden Buches ist die Frucht einer nunmehr rund ein Vierteljahrhundert währenden Beschäftigung mit Mahler. Erst allmählich reifte im Autor der Entschluß, es in der vorliegenden Form zu publizieren. In recht direkter Weise spiegelt es seine Forschungen, vereinigt es doch überwiegend Texte, welche aus unterschiedlichem Anlaß im Lauf der Jahre — zum Teil bereits im Blick auf diese Buchpublikation — entstanden sind und meistens gedruckt vorliegen. Da sie hier einen neuen Stellenwert erhalten, hat der Autor sie durchgesehen und, um ihnen eine gewisse Einheitlichkeit zu verleihen, kleinere sprachliche Änderungen vorgenommen, ohne jedoch die Differenzen in Sprache und Denkstil, die bei einem so langen Entstehungszeitraum unvermeidbar sind, à tout prix beseitigen zu wollen. Das Buch ist aus der Überzeugung heraus entstanden, daß musikalische und musikhistorische Erkenntnis heute in keinem direkten Zugriff auf ein Ganzes mehr zustande kommen kann, sondern allenfalls zu einer Ahnung von Totalität gelangt durch konzentriertes, umfassendes Verstehen des Besonderen. Die Erkenntnis der Mahlerschen Musik soll darum durch eine paradigmatische Betrachtung einzelner Probleme gefördert werden. Indem ausgewählte Werke unter verschiedenartigen Aspekten thematisiert werden, mag in der methodologischen Vielfalt der Fragestellungen eine wissenschaftlich aktuelle Mannigfaltigkeit des Mahlerschen Œuvres selbst aufscheinen.

In Teil I wird Mahlers Musik allgemein im Zusammenhang ihrer Poetik und Ästhetik zur Sprache gebracht. Die Fragen nach dem musikalischen Schaffensprozeß — in seiner Faktizität und in der Reflexion des Komponisten —, nach den

Funktionen der Kategorie Natur sowie nach dem rätselhaften, jedem Hörer vertrauten Tonfall, den sie ausprägt, werden anhand von Werken aus allen Schaffensperioden behandelt.

Die Teile II bis IV sind drei Schwerpunkten gewidmet: dem Frühwerk, der *Dritten Symphonie* sowie dem *Lied von der Erde.* Hier ganz besonders ist eine methodologische Pluralität angestrebt, indem die einzelnen Werke und Sätze zum Anlaß grundsätzlicher Erwägungen genommen werden. Philologisches wird im Blick auf bearbeitungsgeschichtliche Probleme anhand der Oper *Die drei Pintos* bzw. im Blick auf unterschiedliche Fassungen eines Werkes anhand der Klavierfassung des *Liedes von der Erde* erörtert. Musikalische Analysen thematisieren den Kopfsatz der *Dritten Symphonie* und das Lied *Von der Jugend* unter den leitenden Fragen nach dem Prosacharakter von Mahlers Musik bzw. ihrem Verhältnis zum Jugendstil. Probleme der aufführungspraktischen Mahler-Interpretation werden anhand der Vortragsbezeichnung und am Beispiel eines Interpretationsvergleichs behandelt. Und historisch breiter angelegte Untersuchungen widmen sich zum einen der Frage nach Qualität und Funktion der Programme, die Mahler für seine frühen Symphonien geschrieben und später wieder zurückgezogen hat, und zum andern den geschichtlichen Voraussetzungen der eigentümlichen, ja extremen Gattungsverschränkung, welche die späte Symphonie *Das Lied von der Erde* ausprägt, ein Werk, zu dem der Autor 1986 eine monographische Abhandlung vorgelegt hat.

Studien zur Rezeptionsgeschichte runden in Teil V den Komplex A s p e k t e ab. Auch hier gelangen unterschiedliche Fragestellungen zum Tragen. Frühe Zeugnisse der Musikkritik werden am Beispiel der *Siebenten Symphonie* unter dem Gesichtspunkt erörtert, inwieweit apologetische und polemische Aussagen der Erkenntnis der Mahlerschen Musik dienen oder nur von der Verblendung des Rezensenten zeugen. Die Rezeption durch Komponisten wird doppelt thematisiert, als verbale Rezeption an Arnold Schönbergs Prager Rede von 1912 und als implizit-kompositorische Rezeption am Zyklus *Vom Tode* des Schönberg-Schülers Karl Horwitz aus dem Jahre 1922. Mit einem bisher wenig erforschten Kapitel der breiteren Wirkungsgeschichte Mahlers macht sodann die Studie über die amerikanische Mahler-Rezeption zwischen 1930 und 1950 bekannt. Und ein abschließender Essay spannt den Bogen bis zur jüngsten Gegenwart, um an der Relevanz unseres Komponisten für die Moderne-Postmoderne-Diskussion zu verdeutlichen, daß Mahlers Zeit in der Tat bis heute reicht. — W e r k v e r z e i c h n i s, B i b l i o g r a p h i e und R e g i s t e r möchten das Buch dem Leser in einer benutzungs- und informationsfreundlichen Weise so präsentieren, daß er seine Interessen in Sachen Mahler ohne Schwierigkeit weiter vertiefen kann.

*

Es ist dem Autor ein tief empfundenes Bedürfnis, allen Personen und Institutionen, die ihm im Lauf der Jahre bei seinen Forschungen Unterstützung gewährt haben, ganz herzlich zu danken. Er ist — eine beglückende Erfahrung — fast immer statt auf Mauern geistiger Abschottung auf Offenheit, Gesprächs- und Hilfsbereitschaft gestoßen, so daß sich für ihn der musikwissenschaftliche Dialog als eine fachlich wie menschlich verbindende Kraft erwiesen hat. Der Dank gilt zunächst jenen Institutionen, an denen er sich nach seiner Züricher Studienzeit in Lehre und Forschung Mahler widmen durfte: dem Staatlichen Institut für Musikforschung Preußischer Kulturbesitz Berlin, der Pädagogischen Hochschule und der Hochschule der Künste Berlin, der Society for the Humanities der Cornell University Ithaca (New York), der Hochschule für Musik und Theater Hannover, schließlich der Albert-Ludwigs-Universität Freiburg im Breisgau. Hierbei eingeschlossen sind neben den Kollegen und Bibliothekarinnen auch alle Studentinnen und Studenten, mit denen er in Seminaren so oft und intensiv diskutiert hat. Sieben Beiträge — davon vier noch unpublizierte — sind aus Kolloquiumsreferaten hervorgegangen: Den für die Veranstaltungen verantwortlichen Kollegen in Hamburg (Jörg Zimmermann bzw. Matthias Theodor Vogt), Eutin (Friedhelm Krummacher und Heinrich W. Schwab), Paris (Henry-Louis de La Grange und James Zychowicz), Düsseldorf (Rudolf Stephan), Wien (Harald Goertz) und Hannover dankt der Autor herzlich für die Einladungen, den Dialog während der Kolloquien sowie für ihre Erlaubnis zum Wiederabdruck der Texte. Vom abschließenden Originalbeitrag abgesehen, sind die übrigen Texte des Buches als Vorträge oder Aufsätze für verschiedene Zeitschriften, Periodica, Festschriften und andere Sammelwerke verfaßt worden, und auch hier hat der Autor allen Anlaß, den einladenden Kollegen, Herausgebern und Redakteuren für die Zusammenarbeit — und den Verlagen für die Erlaubnis zum Wiederabdruck — zu danken. Das Kapitel Konstruktion des Romans hat er unter der Obhut von Carl Dahlhaus im Anschluß an seine Übersiedlung nach Berlin als nachträgliches Kapitel der Dissertation geschrieben — in einer Zeit, an die er heute mit leiser Wehmut zurückdenkt, zeitigte doch die Zusammenarbeit mit dem unvergessenen Verstorbenen bei dieser ersten Mahler-Studie seine innere Entscheidung zum Beruf des Musikwissenschaftlers. Sein Verständnis der Mahlerschen Musik, zunächst weitgehend geprägt durch die Monographie Adornos, welche ganz neue Maßstäbe im Denken und Schreiben über Musik setzte, erfuhr sodann eine besondere Vertiefung durch die von Rudolf Stephan organisierte und kommentierte Düsseldorfer Mahler-Ausstellung sowie das sie ergänzende Kolloquium im Herbst 1979.

Bei zahlreichen Forschungsaufenthalten in verschiedenen Bibliotheken und Archiven — die Deutsche Forschungsgemeinschaft ermöglichte dankenswerterweise einen längeren Aufenthalt in Wien im Winter 1986/87 — hat der Autor bereitwillige Hilfe und Unterstützung erfahren, für die er deren Leitern und Mitarbeitern tiefen Dank schuldet: Archiv der Internationalen Gustav Mahler Gesellschaft Wien (Frau Dr. Herta Blaukopf, Frau Emmy Hauswirth, Frau Gerda Hanf), Österreichische Nationalbibliothek Wien (Hofrat Dr. Günter Brosche), Bibliothek der Gesellschaft der Musikfreunde Wien (Dr. Otto Biba), Wiener Stadt- und Landesbibliothek (Dr. Ernst Hilmar), Staatsbibliothek Preußischer Kulturbesitz Berlin (Dr. Rudolf Elvers) und Deutsche Staatsbibliothek Berlin Unter den Linden (Dr. Wolfgang Goldhan), Deutsches Musikarchiv Berlin, Institut für Musikwissenschaft der Freien Universität Berlin (Prof. Dr. Rudolf Stephan), Bayerische Staatsbibliothek München (Dr. Robert Münster), Paul Sacher Stiftung Basel (Prof. Dr. Hans Oesch), Bibliothèque Musicale Gustav Mahler Paris (Prof. Henry-Louis de La Grange), Pierpont Morgan Library New York (Prof. Dr. J. Rigbie Turner), Archiv Eleonore Vondenhoff Frankfurt am Main. Für freundliche Auskunft dankt er ferner Dr. Elisabeth Schmierer und den Professoren Dr. Kurt Blaukopf, Stephen E. Hefling und Zoltan Roman.

Bei der Drucklegung des Buches haben im Musikwissenschaftlichen Seminar der Albert-Ludwigs-Universität Frau Mirjam Schadendorf M.A. als kritische Leserin, Frau Andrea Baaske als Computerspezialistin tatkräftig mitgewirkt, wofür ihnen herzlich gedankt sei. Der Verleger Dr. Henning Müller-Buscher hat über die Jahre große Geduld bewiesen und, als die Zeit reif war, die Publikation des Bandes mit gewohnter Kompetenz und Sorgfalt zügig realisiert. Ihm und seinen Mitarbeitern im Laaber-Verlag, insbesondere dem Lektor Dr. Thomas Emmerig, sei für die Zusammenarbeit und das langjährige Vertrauen vielmals gedankt.

Wie hätte dieses Buch ohne jene Freundschaften entstehen können, die das geistige Element des Lebens ausmachen? Einer der Freunde, Prof. Dr. Christian Möllers, mit dem der Autor den gemeinsamen dreißigsten Geburtstag am 3. Oktober 1976 in Berlin feiern konnte, ist inzwischen nach langer, schwerer Krankheit verstorben. All seinen Freunden — in Sachen Mahler außer ihm vor allem Wolfgang Dömling, Kurt von Fischer, Herbert Gamper, Christoph Hubig, Christoph Keller, Siegfried Mauser, Max Schmid, Giselher Schubert, Jörg Singer, Jürg Stenzl, Christoph Studer und Jörg Zimmermann — verdankt der Autor wesentliche Anregungen und unvergessene Stunden, die zu den schönsten in seinem Leben gehören.

Der letzte Dank ist gleichzeitig der erste: Seine liebe Frau, Dr. Monika Schwarz-Danuser, hat, seit in Kreuzberg der erste Text über Mahler entstand, den Autor mit viel Liebe und kritischer Unterstützung begleitet und durch ihre Tapferkeit und Geduld — nicht zuletzt bei der Erziehung der beiden Söhne — auch zu seinen Mahler-Forschungen weit mehr beigetragen, als sich mit Worten ausdrücken läßt. Ihr sei dieses Buch gewidmet.

Freiburg im Breisgau, im Herbst 1990 Hermann Danuser

Chronik

1860ff. — 7. Juli: Gustav Mahler wird in Kalischt, einem Dorf im böhmisch-mährischen Grenzgebiet, als zweites Kind des jüdischen Schankwirtes, Destillateurs und Spirituosenhändlers Bernhard Mahler und seiner Frau Maria, geb. Hermann, geboren. Von den insgesamt zwölf (nach de La Grange vierzehn) Kindern, die dem seit 1857 verheirateten Ehepaar geboren werden, sterben viele in frühester Kindheit, so daß der Tod für Mahler zu einer vertrauten Erscheinung wird. Die wichtigsten Geschwister sind Ernst (18. März 1862 — 13. April 1875), Leopoldine (18. Mai 1865 — 27. September 1889), Justine (15. Dezember 1868 — 22. August 1938), Otto (18. Juni 1873 — 6. Februar 1895).

— Im Herbst übersiedelt die Familie ins benachbarte, größere Städtchen Iglau (heute Jihlava), Mittelpunkt einer nach Böhmen hineinreichenden deutschen Sprachinsel. 1861 bilden die in Iglau niedergelassenen Juden eine eigene Kultusgemeinde, die zwei Jahre danach ihre Synagoge einweihen kann. In dieser kleinstädtischen, aber ökonomisch und kulturell aktiven Umgebung wächst Mahler auf. Guido Adler, der ebenfalls dort aufwuchs, charakterisiert sie in einem Vortrag über Mahler 1920: „Wir betreten eine kleine Provinzstadt an der Grenze von Mähren und Böhmen: eine deutsche, national umbrandete Sprachinsel mit alter Kultur, mit einem Bergrecht und einer Tuchmacherinnung aus dem Mittelalter, in friedlichem Nebeneinander der verschiedenen Konfessionen, mit stets wachsenden Aspirationen der tschechischen Minderheit gegenüber den erbgesessenen Deutschen, die die Verwaltung innehaben und gewissenhaft führen.“ Die musikalische Begabung des jungen Mahler offenbart sich früh, indem er Militärmärsche auf der Ziehharmonika nachspielt und von der Magd zahlreiche Volkslieder erlernt. Er erhält in Iglau von 1866 an Klavierunterricht bei Franz Viktorin und Johannes Brosch, bald auch Harmonielehre bei Heinrich A. Fischer (bis 1870/71). Von 1866 bis 1869 besucht er die Volksschule.

— Während Mahlers gesamter Lebenszeit ist Franz Joseph I. habsburgischer Kaiser und König (er regiert von 1848 bis 1916). Niederlagen gegen Sardinien und Frankreich (1859) und gegen Preußen (1866) schwächen Österreich zu einer Zeit, in der es sich von einem absolutistisch-zentralistisch beherrschten Staat zu einer konstitutionellen Monarchie wandelt, die Gesetzgebung für die Juden liberalisiert und den Nationalitäten des Vielvölkerstaates mit dem „Oktoberdiplom" (1860) entgegenzukommen sucht. Nach dem Verlust der Lombardei im November 1859 steht der Weg zur italienischen Einigung im folgenden Jahr offen; nur noch Venetien bleibt bis 1866 unter österreichischer Herrschaft. Bismarck strebt eine gegen Österreich gerichtete „kleindeutsche" Lösung des nationalen Einigungsprozesses Deutschlands unter preußischer Führung an; Österreichs Truppen werden in der Schlacht bei Königgrätz (3. Juli 1866) vernichtend geschlagen. Mit dem „Ausgleich" von 1867 und der Errichtung einer Doppelmonarchie Österreich-Ungarn festigt sich das habsburgische Verfassungssystem: Den Ungarn wird innenpolitische Selbständigkeit gewährt, lediglich die außen-, militär- und finanzpolitischen Belange werden gemeinsam verwaltet. Zahlreiche Nationalitätenprobleme bleiben gleichwohl bestehen oder verschärfen sich sogar: Die Einteilung des Reiches in zwei Teile hat zur Folge, daß sich in Österreich (Cisleithanien) Tschechen und Slowenen von den Deutschen beherrscht fühlen, während in Ungarn (Transleithanien) Rumänen, Slowaken, Kroaten und Deutsche sich von den Magyaren bevormundet sehen.

1862 — 22. August: Claude Debussy in St.Germain-en-Laye geboren.

1864 — 11. Juni: Richard Strauss in München geboren.

1869 — 8. März: Hector Berlioz in Paris gestorben.

— 23. April: Hans Pfitzner in Moskau geboren.

1870ff. — Mahler, der seit dem Herbst 1869 das staatliche Gymnasium in Iglau besucht, hat am 13. Oktober 1870 seinen ersten öffentlichen Klavierauftritt im dortigen Stadttheater. Er besucht in Prag von September 1871 bis März 1872 das Neustädter Gymnasium (und wohnt dort bei der befreundeten Familie Heinrich Grünfeld), kehrt aber wegen unzureichender Leistungen an das Gymnasium nach Iglau zurück, wo er bis 1875 bleibt. Anläßlich der Hochzeit der Erzherzogin Gisela spielt er 1873 die Fantasie von Sigismund Thalberg über Themen aus Bellinis *Norma.*

— Unter Bismarcks Führung kommt die „kleindeutsche" Einigung zustande und wird nach dem Deutsch-Französischen Krieg 1870/71 mit der Reichsgründung und der Krönung von König Wilhelm I. zum Deutschen Kaiser im Spiegelsaal des Schlosses von Versailles (18. Januar 1871) besiegelt. Damit ist, wenngleich auf einer zerbrechlichen Grundlage, eine gewisse politische Stabilität in Europa erreicht.

Mahlers berufliches Wirken von der Studienzeit bis zu seinem Tode kann sich in einer mehrere Jahrzehnte währenden Friedensperiode entfalten. Österreich, obzwar politisch geschwächt, bleibt eine Großmacht mit Tendenz zur territorialen Ausdehnung nach Südosten (z.B. Bosnien,Herzegowina 1878) und mit einem repräsentativen Kulturanspruch zumal in der Metropole Wien. Die politischen Verhältnisse in Mitteleuropa und die wachsende verkehrsmäßige Vernetzung werden es Mahler erlauben, ein von zahlreichen Reisen geprägtes kosmopolitisches Wirken zu entfalten — als Konzertdirigent vor allem im Interesse der eigenen Werke. Im Jahre 1871 wird Iglau an das Eisenbahnnetz angeschlossen. In die erste Hälfte der siebziger Jahre fallen der Anfang der österreichischen Elektrizitätswirtschaft sowie die Gründung der Sozialdemokratischen Arbeiterpartei Österreichs. Der wirtschaftliche und industrielle Aufschwung spiegelt sich im monumentalen Aufbau der Ringstraßenarchitektur (Reichsrat, Rathaus, Universität, Hofburgtheater u. a.). Die neue Wiener Hofoper wird 1869 fertiggestellt, mehrere andere Prachtbauten in den achtziger Jahren.

1872 — Die *Kindertotenlieder* Friedrich Rückerts, der am 31. Januar 1866 bei Coburg verstorben war, werden posthum veröffentlicht.

1873 — 19. März: Max Reger im oberpfälzischen Brand geboren.

1874 — 13. September: Arnold Schönberg in Wien geboren.

— 20. Oktober: Charles Edward Ives in Danbury (Connecticut) geboren.

1875 — Mit seinem Jugendfreund Josef Steiner verbringt Mahler die Sommerferien bei Gustav Schwarz (einem Verwandten von Steiners Vater), der als Domänenverwalter in Morawan und Ronow tätig ist. Hier arbeitet er an einer nicht erhaltenen, unvollendeten Oper *Herzog Ernst von Schwaben* (Libretto nach Uhland).

— Schwarz erkennt das musikalische Talent des jungen Mahler und vermag seinen Vater dazu zu bewegen, ihn ein Musikstudium ergreifen zu lassen. Auf Schwarz' Empfehlung empfängt der Wiener Klavierpädagoge Professor Julius Epstein Mahler zu einem Vorspiel, das erfolgreich verläuft. So wird Gustav Mahler am 10. September als Schüler Epsteins ins Konservatorium der Gesellschaft der Musikfreunde Wien aufgenommen und belegt weitere Fächer bei Robert Fuchs (Harmonielehre), Franz Krenn (Kontrapunkt, Komposition) und Adolf Prosnitz (Musikgeschichte). Zwischen September 1875 und Juli 1878 — in der von 1851 bis 1893 währenden Direktionszeit des Geigers Joseph Hellmesberger — absolviert Mahler drei Studienjahrgänge im Hauptfach Klavier. Mitschüler sind Hugo Wolf, Hans Rott,

Arnold Rosé, Anton Krisper, Rudolf Krzyzanowski, mit denen er enge freundschaftliche Beziehungen entwickelt; noch dauerhafter werden seine damals geknüpften Freundschaften mit dem Musikwissenschaftler Guido Adler, dem Rechtsanwalt Emil Freund und dem Archäologen Friedrich Löhr. Mahler erlebt eine Stadt Wien, die sich seit 1860 in einer langdauernden Periode umfassender Erweiterung, Umgestaltung und Modernisierung befindet.

— 3. Juni: Georges Bizet stirbt, drei Monate nach der Uraufführung seiner Oper *Carmen,* im Alter von 36 Jahren in Paris.

— Erfindung des Telephons durch Alexander Graham Bell. Zwei Jahre später läßt Thomas A. Edison das Grammophon patentieren.

1876 — Am 23. Juni erringt Mahler bei einem Klavierwettbewerb am Konservatorium einen ersten Preis mit dem Vortrag einer der a-Moll-Sonaten von Franz Schubert und einen weiteren ersten Preis als Kompositionsschüler mit dem ersten Satz eines *Klavierquintetts,* der sich nicht erhalten hat — im Unterschied zu dem (ebenfalls in diesem Jahr entstandenen) ersten Satz eines *Klavierquartetts in a-Moll,* das 1973 im Hamburger Verlag Sikorski publiziert wurde.

1877 — Mahler wird Mitglied des (u. a. von Guido Adler gegründeten) „Wiener akademischen Wagner-Vereins", dem er bis 1879 angehört. Er ist damals sehr eng befreundet mit Hugo Wolf, der im März 1877 vom Konservatorium weggeschickt wird. Später kühlt sich ihr Verhältnis ab.

— Arbeit an der weder erhaltenen noch vollendeten Oper *Die Argonauten* (Libretto von Mahler und Josef Steiner nach Grillparzer).

— Parallel zum Konservatoriumsstudium hat Mahler von September 1875 bis Juli 1877 seine Gymnasialstudien in Wien als Externist fortgesetzt. Im September 1877 besteht er (nachdem ein erster Versuch im Juli fehlgeschlagen war) im zweiten Anlauf die Matura am Gymnasium in Iglau und schreibt sich anschließend an der Universität Wien ein für Harmonielehre (bei Anton Bruckner, der als Lektor unbezahlt unterrichtet) und für philosophische, historische und musikgeschichtliche Kollegien. Von einem regelmäßigen, vertieften Universitätsstudium kann freilich kaum die Rede sein.

— Der Russisch-Türkische Krieg 1877 bildet innerhalb eines schwierigen, aber bei aller Labilität bis zum Ausbruch des Ersten Weltkriegs tragfähigen Gleichgewichtssystems der europäischen Mächte eine Ausnahme. Der Ausgang des im folgenden Jahr abgehaltenen Berliner Kongresses enttäuscht Rußland und hat zur Folge, daß mit dem 1879 geschlossenen „Zweibund", einem Militärbündnis zwischen dem

Deutschen Reich und Österreich-Ungarn, die bis zum Ersten Weltkrieg grundlegende mitteleuropäische Machtkonstellation besiegelt wird.

1878 — Mahler beendet im Juli seine Konservatoriumsstudien mit einem ersten Preis in Komposition für das Scherzo des erwähnten *Klavierquintetts.*

— Mit Rudolf Krzyzanowski zusammen bearbeitet er für Klavier zu vier Händen Anton Bruckners Dritte Symphonie, deren Uraufführung am 16. Dezember 1877 er beigewohnt hatte. Von Mahler werden möglicherweise die Sätze 1—3, von Krzyzanowski der 4. Satz arrangiert. Der Klavierauszug erscheint 1880 bei Rättig in Wien.

— Mahlers mehrmalige vergebliche Bemühungen, den angesehenen Preis der „Beethoven-Kompositionsstiftung" zu gewinnen, scheitern ein erstes Mal mit der eingereichten Ouvertüre zur Oper *Die Argonauten.*

1879 — 31. August: Alma Maria Schindler in Wien als Tochter des angesehenen Hofmalers Jakob Emil Schindler geboren. Nach Schindlers Tod 1892 heiratet die Mutter seinen Schüler Carl Moll im Jahre 1895.

— In der Zeit nach dem Abschluß seiner Konservatoriumsstudien und dem beginnenden Erfolg als Kapellmeister führt Mahler ein bohemienhaftes, sorgenerfülltes Leben, indem er als Musiklehrer, insbesondere durch Klavierunterricht, sich ein bescheidenes Auskommen sichert. Im Herbst 1879 schließt er sich der sozialistischen Gruppe des „Pernerstorfer Kreises" an, die sich um Victor Adler und Engelbert Pernerstorfer schart und zu welcher auch der (von Friedrich Nietzsche ermunterte) Schriftsteller Siegfried Lipiner gehört, dessen Freundschaft Mahler tief prägt. (Lipiners Buch *Über die Elemente einer Erneuerung religiöser Ideen in der Gegenwart* erschien in Wien 1878.) Die gegen Materialismus und Rationalismus gerichteten Überzeugungen dieser Gruppe stellen eine Reaktion auf den seit 1860 vorherrschenden Liberalismus dar. Mahler wird für einige Jahre strenger Vegetarier. Im Zusammenhang einer Schwärmerei für Josephine Poisl, die Tochter eines Iglauer Postbeamten, entstehen drei ihr gewidmete Lieder.

— Anläßlich der Silbernen Hochzeit des Kaiserpaares wird am 27. April ein monumentaler „Festzug der Stadt Wien" organisiert, zu dem der Maler Hans Makart die Kostüme entwirft.

1880 — Die Komposition des wichtigsten Werkes des jungen Mahler — *Das klagende Lied* —, dessen selbstverfaßte Dichtung (nach einer gleichnamigen Geschichte aus Ludwig Bechsteins Sammlung *Neues deut-*

sches Märchenbuch 1856 und einem Grimmschen Märchen *Der singende Knochen*) bereits im März 1878 beendet war, erstreckt sich von 1878 bis zum Spätherbst 1880. Auch dieses Werk, das — bei allen offenkundigen Einflüssen von Weber, Mendelssohn und Wagner — bereits einen unverkennbar Mahlerschen Ton besitzt, wird im Dezember 1881 von der Jury des Beethoven-Preises, zu der Johannes Brahms, Hans Richter und Carl Goldmark gehören, nicht berücksichtigt. Der durch diese Entscheidung gekränkte Mahler, der seine Berufung an die Wiener Hofoper viele Jahre später als Genugtuung empfindet, wird kein anderes seiner großen Werke in Wien zur Uraufführung bringen als ausgerechnet — *Das klagende Lied* (am 17. Februar 1901 im Musikvereinssaal in einer überarbeiteten Version). „Mein erstes Werk, in dem ich mich als ‚Mahler' gefunden, ist ein Märchen für Chor, Soli und Orchester: *Das klagende Lied*! Dieses Werk bezeichne ich als opus I", schreibt er 1896 an Max Marschalk.

— In den Sommermonaten übernimmt Mahler erstmals, auf Vermittlung des Konzert- und Theateragenten Gustav Lewy, eine Dirigententätigkeit — gewissermaßen auf der untersten Stufe, im Kurort Bad Hall als Operettendirigent. (Er hatte am 12. Mai 1880 einen General-Revers für Lewy ausgefüllt für die Dauer von fünf Jahren gegen fünf Prozent des Gagenanteils.) Dadurch kann er erste Dirigiererfahrungen gewinnen, denn am Konservatorium gab es Dirigieren damals noch nicht als Studienfach. Da seine kompositorische Tätigkeit bei der Jury keine Anerkennung findet, entscheidet sich Mahler für eine Dirigentenlaufbahn, die er mit großer Willenskraft, Begabung und einem kompromißlosen künstlerischen Verantwortungsgefühl verfolgt. Die im Laufe weniger Jahre erklommenen Stufen markieren einen steil nach oben führenden Weg. Arbeit an der Oper *Rübezahl,* die Mahler noch längere Zeit beschäftigt.

— Eine Verordnung über die Sprachen in Böhmen und Mähren wird 1880 abgeschlossen, um die tschechische Sprache mit der deutschen gleichzustellen. Zwei Jahre später wird die tschechische Universität in Prag gegründet. Mahler wird persönlich nur am Rande von den Sprachproblemen des Vielvölkerstaates betroffen. Sein Vater hatte die Wichtigkeit einer einwandfreien Beherrschung der deutschen Sprache als Sprache der herrschenden Schicht erkannt und weder jiddische noch tschechische Elemente im Sprachgebrauch der Familie geduldet oder gar gefördert. Die Assimilation der Juden in Deutschland und Österreich war — wie jede Assimilation — wesentlich an den Sprachgebrauch gebunden, insofern dort, wo heterogene Dialektschichten bewahrt blieben, eine Assimilation nur unvollständig gelingen konnte.

1881/82 — Von September 1881 bis Anfang April 1882 ist Mahler Kapellmeister am „Landschaftlichen Theater" in Laibach (heute Ljubljana) in dem damals zu Österreich-Ungarn gehörenden Slowenien. Diese wichtige Etappe ermöglicht es ihm, erstmals einige Opernwerke des Repertoires (von Mozart bis Verdi) zu dirigieren, doch hat er auch in den Bereichen Operette und Schauspielmusik zahlreiche Verpflichtungen zu erfüllen. Als seine erste Oper dirigiert Mahler hier Verdis *Troubadour* am 4. Oktober 1881.

— Kompositorisch arbeitet er noch immer an der Oper *Rübezahl,* die indessen nicht abgeschlossen wird und sich auch nicht als Fragment erhalten hat. Daneben entstehen Lieder nach Leander und Tirso de Molina.

— Arnold Rosé, ein Jahr zuvor als Konzertmeister bei den Wiener Philharmonikern eingestellt, gründet sein Streichquartett. Guido Adler wird Privatdozent für Musikwissenschaft an der Universität Wien.

— 26. Juli: Richard Wagner bringt das Bühnenweihfestspiel *Parsifal* in Bayreuth im Rahmen der seit 1876 stattfindenden Festspiele zur Uraufführung.

1883 — In seinem nächsten Engagement von Januar bis Mitte März wirkt Mahler als Kapellmeister am Stadttheater im mährischen Olmütz (Olomouc).

— 13. Februar: Richard Wagner stirbt in Venedig. 4. Oktober: Erstaufführung von *Tristan und Isolde* an der Wiener Hofoper.

— Im Sommer unternimmt Mahler erstmals eine Reise zu den Wagner-Festspielen nach Bayreuth und unternimmt Wanderungen im Fichtelgebirge, die ihn nach Wunsiedel, dem Geburtsort des von ihm geliebten Jean Paul, führen. Er reist auch in den folgenden Jahren gelegentlich zu den Bayreuther Festspielen. Von *Parsifal* erschüttert, schreibt er in einem Brief an Fritz Löhr: „Als ich, keines Wortes fähig, aus dem Festspielhause hinaustrat, da wußte ich, daß mir das Größte, Schmerzlichste aufgegangen war, und daß ich es unentweiht mit mir durch mein Leben tragen werde." Obzwar Cosima Wagner Mahler später kennenlernt und empfängt (und obgleich Mahler in seiner Wiener Direktionszeit die Oper *Der Bärenhäuter* ihres Sohnes Siegfried zur Uraufführung bringt), sieht sie aus antisemitischen Gründen davon ab, Mahler jemals als Dirigenten nach Bayreuth zu holen.

— 11. August: Mahler gibt sein letztes Konzert als Pianist im heimatlichen Iglau — auf dem Programm steht u. a. die Beethovensche *Kreutzer-Sonate* (mit der Geigerin Mila von Ottenfeld). Seine Begabung tritt auf dem Gebiet der Orchesterdirektion stärker als im Klavierspiel hervor.

— Mahler wird (wiederum durch Vermittlung seines Agenten Lewy) an das Königliche Theater in Kassel, das seit 1868 Hauptstadt der preußischen Provinz Hessen-Nassau ist, verpflichtet, wo er am 1. Oktober zum Musik- und Chordirektor ernannt wird. Die Kasseler Zeit — sie dauert bis zum 22. Juni 1885, also knapp zwei Jahre — ist in mehrfacher Hinsicht für seine Entwicklung von Bedeutung: Mahler lernt in der Person des Intendanten Adolph Freiherr von und zu Gilsa eine Persönlichkeit kennen, die von allen Mitarbeitern des Theaters strengste Pflichterfüllung fordert, dieselben Kriterien aber auch an sich selbst legt — eine harte Schule für den aufbegehrenden, eigenwilligen Mahler. Indem er diese Prinzipien seinem weiteren Wirken zugrunde legt, schafft er die Basis seines Erfolges. „In Ihrer Schule lernte ich, was das Allerschwerste ist: zu gehorchen, um befehlen zu können, seine Pflicht getreu zu erfüllen, um dies von Andern verlangen zu dürfen" (Mahler an Gilsa am 29. Dezember 1885).

— 18. Mai Walter Gropius in Berlin, 3. Juli: Franz Kafka in Prag, 3. Dezember: Anton von Webern in Wien geboren.

1884 — In Kassel entsteht, biographisch veranlaßt durch die wenig glückliche Liebe zur Sängerin Johanna Richter, Mahlers erstes Meisterwerk: die *Lieder eines fahrenden Gesellen.* Im Dezember schreibt er vielleicht erst die Gedichte — sechs an der Zahl — und komponiert vier davon möglicherweise später.

— Mahlers Bühnenmusik zu lebenden Bildern nach Joseph Viktor von Scheffels Roman *Der Trompeter von Säckingen* wird erstmals am 23. Juni 1884 in Kassel mit großem Erfolg aufgeführt; Teile daraus übernahm Mahler im Blumine-Satz der *Ersten Symphonie.*

1885 — Spannungen mit dem Intendanten trüben Mahlers Tätigkeit in Kassel in wachsendem Maße. Er demissioniert Anfang April, nachdem er mit Wirkung ab Sommer nächsten Jahres sich vertraglich an das Leipziger Stadttheater verpflichtet hat. Beim Kasseler Musikfest vom 29. Juni bis 1. Juli bringt er das Oratorium *Paulus* von Felix Mendelssohn Bartholdy (mit dem von ihm damals geleiteten Mündener Gesangverein) erfolgreich zur Aufführung. Er geht für die dazwischen liegende Saison 1885/86 in die damals zweisprachige böhmische Landeshauptstadt Prag als Kapellmeister ans Deutsche Theater, das dort in Konkurrenz steht zu dem wenige Jahre zuvor eröffneten Tschechischen Nationaltheater. Dort arbeitet er unter dem Direktor Angelo Neumann, der durch seinen Einsatz für das Werk Richard Wagners berühmt geworden war, und kann von dessen Erfahrungen profitieren. In dieser Saison dirigiert er zum ersten Mal Beethovens *Neunte Symphonie* und *Fidelio.*

— 9. Februar: Alban Berg in Wien geboren.

— 25. Oktober: Brahms' *Vierte Symphonie op. 98* in Meiningen uraufgeführt.

1886 — Die nächsten beiden Saisons ab Herbst 1886 wirkt Mahler als Kapellmeister, engagiert vom Direktor und Pächter Max Staegemann, am Stadttheater Leipzig. Hier dirigiert er, angespornt von den ihm eigenen Rivalitätsgefühlen, neben dem vom Publikum verehrten Arthur Nikisch. Kompositorische Arbeit an der *Ersten Symphonie.*

— Gottlieb Daimler konstruiert das erste Automobil; Mahlers Mobilität wird freilich vor allem durch die Eisenbahn ermöglicht.

1887 — Im Mai überredet Karl von Weber, der Enkel Carl Maria von Webers, Mahler dazu, die fragmentarisch hinterlassene komische Oper *Die drei Pintos* aus den erhaltenen Entwürfen und weiteren unbekannten Stücken Webers zu einem spielbaren Werk zu gestalten. Mahler kommt mit der Arbeit im Sommer zügig voran und schließt sie im Herbst ab. Damals lernt er die Volksliedsammlung *Des Knaben Wunderhorn* vertieft kennen, die fortan bis zur Jahrhundertwende zur wichtigsten Quelle seiner Liedkomposition wird.

— 13. Oktober: Erste Begegnung mit Richard Strauss. Strauss über seinen Kollegen: „Eine neue, sehr reizende Bekanntschaft machte ich in Herrn Mahler, der mir als höchst intelligenter Musiker und Dirigent erschien; einer der wenigen modernen Dirigenten, der von Tempomodifikation weiß und überhaupt prächtige Ansichten, besonders über Wagners Tempi (entgegen den jetzt akkreditierten Wagnerdirigenten) aufwies" (Brief an Bülow vom 29. Oktober).

1888 — Die Bekanntschaft mit Marion von Weber, der Gattin des Hauptmanns Karl von Weber, hat sich zu einem Liebesverhältnis intensiviert. Mahler schreibt erste Lieder nach der *Wunderhorn-Sammlung* und komponiert die *Erste Symphonie* und die *Todtenfeier.*

— Am 20. Januar dirigiert Mahler die Uraufführung der Oper *Die drei Pintos* in Leipzig mit so großem Erfolg, daß sein Name über Nacht weithin bekannt wird.

— 26. Januar: Begegnung mit Tschaikowski.

— Vollendung der *Ersten Symphonie* im Frühjahr. Mahler kann die Arbeit daran in der Zeit der zehntägigen Staatstrauer aus Anlaß des Todes des deutschen Kaisers Wilhelm I. (gestorben am 9. März) vorantreiben.

— Nachdem Mahler im Mai in Leipzig demissioniert hat, arbeitet er während des Sommers intensiv an der Komposition der *Todtenfeier* und schließt sie im September ab.

— Der inzwischen als Dirigent bekannt gewordene Mahler wird von dem (als Regierungskommissar mit einer Reorganisation des Hauses beauftragten) Intendanten Ferenc von Beniczky mit der ehrenvollen Aufgabe der Direktion der Königlich-Ungarischen Oper in Budapest betraut, einer künstlerisch wie administrativ schwierigen Aufgabe. Mit einem Zehnjahresvertrag ausgestattet, verdient er die hohe Summe von 10.000 Gulden jährlich. Hier, in diesem erst 1884 eingeweihten neuen Opernhaus, wirkt er während knapp drei Spielzeiten im ganzen sehr erfolgreich. Mit taktischem Geschick setzt er sich — im Sinne einer Konzession an jenen politischen Druck der „Madjarisierung", der sich nach dem mit Österreich erzielten „Ausgleich" von 1867 verstärkte — allen Schwierigkeiten zum Trotz für ungarischsprachige Aufführungen der Werke Wagners ein; vor allem unterbindet er die Unsitte gemischtsprachiger Aufführungen.

— Nach dem Tod Kaiser Wilhelms I. und einer kurzen Zwischenregentschaft seines Sohnes, des schwerkranken Kaisers Friedrich III., wird dessen Sohn als Wilhelm II. Kaiser des Deutschen Reiches. Zwei Jahre später wird Kanzler Bismarck entlassen.

1889 — Der Verlust engster Familienmitglieder überschattet dieses Jahr: Am 18. Februar sterben Mahlers Vater Bernhard, den er mehr gefürchtet als geliebt hatte, am 27. September die älteste der Schwestern, Leopoldine, und am 11. Oktober die von Mahler innig geliebte Mutter Marie. Nach dem Tod der Eltern übernimmt er mit großem Verantwortungsgefühl die Fürsorge für seine jüngeren Geschwister, die zunächst beim befreundeten Friedrich Löhr in Wien Unterkunft finden.

— 20. November: Mahler dirigiert seine Symphonische Dichtung *Titan,* die spätere *Erste Symphonie,* und erfährt zum ersten Mal das Unverständnis, ja die Feindseligkeit einer Musikkritik, welche das Neue, Befremdliche seiner Musik spürt und — unter Voraussetzung altbewährter ästhetischer Kriterien — durch Polemik abzuwehren sucht.

1890 — Im Mai reist Mahler mit seiner Schwester Justine zur Erholung nach Italien (Triest, Venedig, Bologna, Mailand, Florenz und Genua). Den dort befindlichen Kunstdenkmälern begegnet er ohne Interesse.

— Die Sommerferien verbringt er in Hinterbrühl im Wienerwald und schließt die Arbeit an zwei Heften mit Klavierliedern nach *Wunderhorn*-Gedichten ab.

— Oktober: Mahler begegnet wieder der Geigerin Natalie Bauer-Lechner, die — mit dem Hofrat Alexander Bauer verheiratet und Mitglied des (aus Frauen gebildeten) Soldat-Roeger-Quartetts — während der kommenden zwölf Jahre zu seiner engsten Vertrauten wird. Ihre tagebuchartigen Aufzeichnungen über Mahler (1892—1902; 1923 auszugsweise erstmals publiziert) sind eine wichtige Quelle zur Erkenntnis seiner Person und Musik.

— Johannes Brahms wohnt am 16. Dezember in Budapest einer von Mahler geleiteten Aufführung von Mozarts *Don Juan* (wie *Don Giovanni* im 19. Jahrhundert hieß) bei, die ihn restlos überzeugt. Seine Fürsprache sollte später für Mahlers Berufung nach Wien. wichtig werden.

1890ff. — Seit den achtziger Jahren verschärfen sich in Österreich-Ungarn die Spannungen zwischen den verschiedenen Sprachengruppen und sozialen Schichten. Die Sozialdemokraten, die durch Gesetze an ihrer Organisation verhindert werden, halten 1888 ihren „Einigungsparteitag" ab. Die neunziger Jahre werden zum Jahrzehnt des Aufstieges der christlich-sozialen Partei des Dr. Karl Lueger, der 1897 als Bürgermeister der Stadt Wien vom Kaiser erstmals bestätigt wird. Das hierdurch verschärft antisemitische und antiliberale Klima wird sich um 1900 in gegen Mahler geführten Pressekampagnen (vor allem in der „Deutschen Zeitung") spiegeln. Als aufgeklärter, assimilierter und später konvertierter Jude steht dieser den traditionellen jüdischen Lebensformen und Glaubensinhalten, mit denen er in seinem Elternhaus aufgewachsen war, gleichgültig gegenüber und lehnt später auch die zionistische Bewegung Theodor Herzls ab. Die politische Lage Europas wird weit labiler, als der (anstelle des „Dreikaiserabkommens" 1887 abgeschlossene) „Rückversicherungsvertrag" zwischen Rußland und dem Deutschen Reich 1894 nicht verlängert wird und Rußland sich statt dessen mit Frankreich verbündet.

1891 — Nachdem im Januar der ungarische Liszt-Schüler Graf Géza von Zichy, ein einarmiger Pianist und Komponist, als Nachfolger Ferenc von Beniczkys zum neuen Intendanten der Budapester Oper ernannt worden ist, sind Mahlers Tage, aufgrund des sich ergebenden Kompetenzenstreits, dort gezählt. Er demissioniert am 14. März, erhält eine Abfindungssumme von 25.000 Gulden und kann — aufgrund seines Verhandlungsgeschicks und seines inzwischen erworbenen Rufes — bereits am 26. März eine neue Position antreten: als Erster Kapellmeister am Stadttheater Hamburg. Hier hat er zwar keine Intendantenfunktion auszufüllen, sondern ist dem Direktor Bernhard Pollini, der das Theater als Pächter führt, unterstellt, dafür erhält er erstmals die Chance, seine künstlerischen Ziele mit wirklich erstrangigen Interpreten zu realisieren. So werden die sechs Jahre, die Mahler in der Freien und Hansestadt bei außerordentlicher beruflicher Inanspruchnahme wirkt, für seine weitere Reifung als Künstler von großer Bedeutung.

— 31. März: Mahler gewinnt den Respekt des in Hamburg lebenden Hans von Bülow durch eine Aufführung von Wagners *Siegfried.* Im Juni komponiert er mehrere *Wunderhorn-Lieder* mit Klavierbegleitung. Als Mahler Ende November Hans von Bülow, mit dem er freundschaftlich verkehrt, seine *Todtenfeier* am Klavier vorspielt, gerät dieser — so Mahler — „in nervöses Entsetzen" und gebärdet sich „wie ein Verrückter".

— Die sommerlichen Reisen und Wanderungen, die Mahler regelmäßig unternimmt, führen ihn dieses Jahr im Juli nach Mitteldeutschland und Österreich, im August nach Skandinavien (Dänemark, Schweden, Norwegen).

1892 — 19. Januar: Mahler bringt in Hamburg Tschaikowskis Oper *Eugen Onegin* zur deutschen Erstaufführung.

— Im Februar erscheinen beim Schott-Verlag Mainz drei Hefte mit Klavierliedern im Druck.

— Am 26. April vollendet er die Komposition der *Fünf Humoresken,* wie er seine Wunderhorn-Gesänge mit Orchesterbegleitung damals nennt: *Der Schildwache Nachtlied, Verlor'ne Müh, Trost im Unglück, Wer hat dies Liedlein erdacht, Wir genießen die himmlischen Freuden.*

— 29. April: Erstaufführung zweier *Wunderhorn-Lieder* (*Aus! Aus!* und *Nicht wiedersehen*) in Hamburg. 12. Dezember: Zwei weitere *Wunderhorn-Lieder* aufgeführt in Berlin *(Der Schildwache Nachtlied, Verlor'ne Müh).*

— Freundschaft mit dem fast gleichaltrigen Physiker Dr. Arnold Berliner, der Mahlers Musik und Karriere Interesse entgegenbringt und seinen Horizont insbesondere in naturwissenschaftlichen Fragen erweitert.

— Von Anfang Juni bis Ende Juli dirigiert Mahler, nachdem er bei Arnold Berliner einige englische Sprachkenntnisse erworben hat, in London an der Covent Garden Opera vor allem Werke Richard Wagners, darunter die erste vollständige Aufführung des *Ring des Nibelungen* in England. George Bernard Shaw würdigt am 15. Juni in einer Kritik die Qualität der von Mahler geleiteten *Siegfried*-Aufführung.

1893 — Januar: Revision von Scherzo und Finale der *Ersten Symphonie.*

— 3. Januar: Mahler dirigiert die deutsche Erstaufführung von Tschaikowskis Oper *Jolanthe.* Er bringt in einem geistlichen Konzert am 31. März die *Messe Nr. 1 in d-Moll* von Bruckner zur konzertanten Uraufführung und dirigiert außerdem am 16. April dessen *Te Deum.*

— In Steinbach am Attersee, wo Mahler auch in den nächsten drei Jahren seinen Sommeraufenthalt verbringt, komponiert er vier *Wunderhorn*-Lieder mit Orchesterbegleitung: *Des Antonius von Padua Fischpredigt, Rheinlegendchen, Das irdische Leben, Urlicht,* sowie Andante und Scherzo seiner *Zweiten Symphonie.*

— Juli: Mit einer Radfahrt von Steinbach aus besucht Mahler erstmals den alten Johannes Brahms in seinem Urlaubsdomizil im benachbarten Bad Ischl, eine sommerliche Gepflogenheit, die er bis zu Brahms' Tod im April 1897 beibehält.

— 7. Oktober: Letzte Begegnung zwischen Mahler und Tschaikowski bei einer Aufführung von dessen Oper *Jolanthe* in Hamburg. Ein Konzert zum Gedächtnis des am 6. November in St. Petersburg verstorbenen Kollegen dirigiert Mahler am 18. November.

— 17. November: Mahler führt in Wiesbaden drei seiner *Humoresken* auf.

— In Wien: Beginn der elektrischen Straßenbeleuchtung, die in den kommenden Jahren ausgebaut wird. Im Jahre danach wird die erste Straßenbahn dort in Betrieb genommen.

1894 — Bei der von Mahler geleiteten Hamburger Erstaufführung von Smetanas Oper *Die verkaufte Braut* lernt er das tschechische Ehepaar Foerster näher kennen und freundet sich mit ihm an. Der Komponist, Dirigent und Kritiker Joseph Bohuslav Foerster (verheiratet mit der Sängerin Bertha Foerster-Lauterer) wird seine Erinnerungen an Mahler in seiner Autobiographie *Der Pilger* (deutsch 1955) festhalten.

— 12. Februar: Hans von Bülow stirbt während einer Reise in Ägypten. Vierzehn Tage später dirigiert Mahler in Hamburg Beethovens *Eroica* anläßlich eines Konzertes zum Gedenken an den großen Pianisten und Dirigenten. Während der feierlichen Beisetzung Bülows in der Hamburger Michaeliskirche am 29. März singt ein Chor das Klopstock-Lied *Die Auferstehung* und inspiriert Mahler damit zum lang gesuchten Text für das Finale seiner *Zweiten Symphonie.*

— Am 3. Juni dirigiert Mahler — auch dieses Mal — mit eklatantem Mißerfolg seine *Erste Symphonie Titan* in Weimar anläßlich der 30. Tonkünstlerversammlung des Allgemeinen Deutschen Musikvereins.

— Vor einer Reise, die ihn Ende Juli nach Bayreuth führt, komponiert

Mahler das Finale seiner *Zweiten Symphonie;* dessen Orchestration vollendet er Mitte Dezember.

— Neben seinen beruflichen Verpflichtungen als Dirigent am Hamburger Stadttheater — sie umfassen in der Saison 1894/95 nicht weniger als 138 Vorstellungen — übernimmt Mahler nach Bülows Tod nunmehr auch die Leitung der Hamburger Abonnementskonzerte; er dirigiert in dieser Saison acht Abende, darunter einen mit dem Andante-Satz seiner Bearbeitung des Schubertschen *d-Moll-Quartetts.* Am 22. Oktober spielt Ferruccio Busoni, den Mahler aus seiner Leipziger Zeit kennt, unter seiner Orchesterleitung Webers *Konzertstück* und eine eigene Bearbeitung von Liszts *Rhapsodie espagnole.* Busoni wird im Frühjahr 1911 den Todkranken auf der letzten Schiffsreise von Amerika nach Europa begleiten.

— Im Gefolge des Hochverratsprozesses gegen den Hauptmann Alfred Dreyfus in Paris intensiviert sich der französische Antisemitismus trotz weltweiter Proteste, zu denen vor allem Emile Zolas Schrift *J'accuse zu* zählen ist. Theodor Herzl, der als Journalist darüber nach Wien berichtet, wird durch diese Erfahrung veranlaßt, den Zionismus, eine gegen die Assimilation der Juden gerichtete jüdisch-nationale Bewegung, zu gründen. Nur ein Jahr später geht in Wien Dr. Karl Lueger — nicht zuletzt aufgrund einer antisemitischen Politik — als Sieger aus den Wiener Kommunalwahlen hervor, doch verweigert Kaiser Franz Joseph vorerst noch seine Ernennung zum Bürgermeister Wiens.

1895 — 6. Februar: Selbstmord des jüngeren, gleichfalls musikalisch begabten Bruders Otto in Wien, dessen Fürsorge Mahler übernommen hatte. Die Erschütterung über diese Tat verschließt Mahler wie in anderen Fällen in seinem Inneren, so daß wir über diesen Bereich seines Lebens kaum Dokumente besitzen (jedenfalls solange die erhaltenen Privatkorrespondenzen noch nicht vollständig erschlossen sind).

— Am 4. März gelangt — auf Einladung von Richard Strauss — die *Zweite Symphonie* unvollständig (drei Sätze), am 13. Dezember vollständig in Berlin zur Uraufführung, beide Male unter Mahlers Leitung. Der befreundete Hamburger Rechtsanwalt Hermann Behn, der eine Bearbeitung der *Zweiten Symphonie* auf eigene Kosten stechen läßt, unterstützt mit anderen Hamburger Freunden diese kostspieligen Aufführungen.

— Mahler beginnt im Frühjahr mit Radfahren, einem Sport, dem er bis zur Entdeckung seiner Herzerkrankung im Jahre 1907 zugetan bleibt. Humorvoll schreibt er an den Hamburger Kritiker Wilhelm Zinne (undatiert, Mai 1895): „Ich errege allgemeine Bewunderung auf einem Rad. Ich scheine wirklich für das Rad geboren zu sein und werde bestimmt noch einmal zum Geheimrad ernannt werden. Soweit bin ich schon, daß mir alle Pferde ausweichen — nur mit dem Läuten bin ich noch schwach; bei dieser Gelegenheit steige ich manchmal (sehr rapid) ab.“

— Im Sommer, den Mahler mit seiner Schwester Justine (die ihm bis zu seiner Verehelichung meist den Haushalt führt) und der Freundin Natalie Bauer-Lechner wiederum in Steinbach verbringt, komponiert er die Sätze zwei bis sechs seiner *Dritten Symphonie.*

— Nachdem im Vorjahr der junge Bruno Schlesinger, der sich später Bruno Walter nennt, als Kapellmeister ans Hamburger Stadttheater verpflichtet worden ist — Beginn einer lebenslangen Freundschaft —, wird nun, im Herbst 1895, die junge österreichische Sopranistin Anna von Mildenburg nach Hamburg engagiert. Mahler hat mit ihr eine längere, intensive und wechselreiche Liebesbeziehung, die er allerdings 1897 abbricht. Er empfiehlt sie mit folgenden Worten an Cosima Wagner (Brief vom 24. Oktober 1896): „Ihre Stimme ist ein in allen Lagen ausgeglichener Sopran von seltener Schönheit und Kraft; sie ist ungewöhnlich hoch gewachsen, ihr Gesicht jedes Ausdrucks fähig — des heiter kindlichen und des dämonisch erregten. Wenn ich noch hinzufüge, daß ihr Darstellungstalent, ihr Eifer und Ernst gleichen Schritt mit ihren anderen Vorzügen hält, so ist damit zur Genüge ausgesprochen, welche Hoffnungen ich auf diese noch sehr junge und unverbildete Künstlerin setze.“ Bereits im Sommer 1897 singt die Mildenburg die Partie der Kundry in Bayreuth und wird ihre große Karriere während Mahlers Direktionszeit in Wien fortsetzen.

1896 — 16. März: Mahler dirigiert ein Konzert mit eigenen Werken in Berlin *(Erste Symphonie, Lieder eines fahrenden Gesellen* in der Orchesterfassung und *Todtenfeier).*

— Im Sommer komponiert er in Steinbach am Attersee, dem Sommerdomizil seiner Hamburger Zeit, neben dem *Wunderhorn*-Lied *Lob des hohen Verstandes* vor allem den riesigen Kopfsatz seiner *Dritten Symphonie.*

— August: Richard Strauss vollendet seine „frei nach Nietzsche“ komponierte Tondichtung *Also sprach Zarathustra.*

— 11. Oktober: Anton Bruckner stirbt in Wien.

— Vom Herbst dieses Jahres an kommen zunächst nur gelegentlich, später häufiger Aufführungen Mahlerscher Werke oder einzelner Sätze (z. B. des *Blumenstücks* aus der *Dritten Symphonie)* durch andere Dirigenten (Nikisch, Weingartner u. a.) zustande, so daß sich ihre Wirkungsgeschichte vom Autor zu lösen beginnt.

— In der österreich-ungarischen Thronfolge wird, nachdem der einzige Sohn des Kaisers, Kronprinz Erzherzog Rudolf, 1889 Selbstmord begangen hatte und vom Bruder des Kaisers, Erzherzog Karl Ludwig, zunächst gefolgt worden war, nunmehr dessen Sohn Franz Ferdinand habsburgischer Thronfolger. Dieser plant, den österreich-ungarischen „Dualismus" durch die Errichtung eines großkroatischen Teilstaates im Sinne eines „Trialismus" zu überwinden. 1898 wird die Kaiserin Elisabeth in Genf von einem italienischen Anarchisten ermordet.

1897 — Februar: Mahlers *Zweite Symphonie* erscheint bei Hofmeister im Druck.

— Als unerläßliche Voraussetzung einer Berufung an die Wiener Hof oper, die Mahler unabhängig von den sich mehrenden Spannungen mit Pollini in Hamburg zielbewußt anstrebt, vollzieht er die Konversion zum Katholizismus am 23. Februar in der Hamburger Michaeliskirche. Dabei scheut er, als er seinen Budapester Freund Ödön von Mihalovich um Unterstützung bittet, auch eine wahrheitswidrige „Vordatierung" nicht: „2 Umstände sind mir dabei im Wege. Erstens, wie ich höre, meine ‚Verrücktheit', welche meine Feinde immer und immer wieder ins Feld schicken, so wie es gilt, mir die Wege zu verrammeln. 2. daß ich als Jude geboren bin. Was dies anbetrifft, so möchte ich nicht verfehlen, Ihnen mitzuteilen (falls Sie es nicht schon wissen), daß ich bald nach meinem Abgang von Pest meinen Übertritt zum Katholizismus vollzogen habe" (Brief vom 21. Dezember 1896).

— März: Gastkonzerte in Moskau, München und Budapest.

— Anfang April häufen sich die Ereignisse in Wien: Brahms stirbt am 3. April, an demselben Tag wird die Secession gegründet (zu welcher Gruppe sich rund vierzig Künstler zusammenschließen, darunter Mahlers künftiger Schwiegervater Carl Moll und sein späterer Ausstattungschef Alfred Roller), und am 8. April wird Mahlers Nomination zum Kapellmeister an der Hofoper öffentlich bekanntgegeben. Er verabschiedet sich am 24. April von Hamburg mit einer Aufführung der *Eroica* und des *Fidelio* im Stadttheater. Im Einvernehmen mit dem Generalintendanten der Wiener Hoftheater Josef Freiherr von Bezecny und dem Kanzleidirektor Eduard Wlassack fängt Mahler in Wien unter dem Direktor Wilhelm Jahn als Kapellmeister an, doch wird er den erkrankten Jahn bald auch als Direktor ablösen.

— Die zehneinhalb Jahre, die Mahler in Wien verbringt (Ende April 1897 bis Anfang Dezember 1907), werden zum Höhepunkt seines Lebens und markieren operngeschichtlich eine kaum je wieder erreichte Blütezeit. Nachdem Mahler Anfang Mai die beiden *La Bohème* (von Leoncavallo und Puccini) bei Aufführungen in Venedig studiert hat, markiert er den Beginn seiner Wiener Dirigententätigkeit mit einer umjubelten Aufführung von Wagners *Lohengrin* am 11. Mai. Karl Kraus, der von 1899 an die Zeitschrift *Die Fackel* herausgibt, schreibt darüber: „Mit Siegfriedsallüren ist in das Opernhaus dieser Tage ein neuer Dirigent eingezogen, dem man es vom Gesicht ablesen kann, daß er mit der alten Mißwirtschaft energisch aufräumen wird. Herr Mahler dirigierte zum ersten Male ‚Lohengrin' und hatte einen von allen Blättern einstimmig anerkannten Erfolg. Es geht ein Gerücht, daß man ihn bald auf den Direktionsstuhl setzen wird. Dann wird das Repertoire unserer Hofoper wohl nicht mehr ausschließlich aus ‚Cavalleria rusticana' bestehen, heimische Komponisten werden ihre Manuskripte nicht mehr ungelesen zurückbekommen (sondern gelesen), und verdiente Sängerinnern nicht mehr grundlos vor die Türe gesetzt werden. Der neue Dirigent soll bereits so effektive Proben seiner Tatkraft abgelegt haben, daß schon fleißig gegen ihn intrigiert wird" (Breslauer Zeitung vom 16. Mai 1897).

— Im Zuge seiner Bemühungen um eine authentische, nicht länger von Kürzungen beeinträchtigte Wiedergabe der Wagnerschen Werke stellt er die Szene der Waltraute in der *Götterdämmerung* wieder her.

— Auf Vorschlag des ersten Obersthofmeisters Prinz von und zu Liechtenstein wird Mahler, der bisher als Kapellmeister engagiert war, am 8. Oktober von Kaiser Franz Joseph I. offiziell zum Artistischen Direktor der Königlich-Kaiserlichen Hofoper in Wien ernannt. Damit übernimmt er eine Fülle administrativer Aufgaben, die er mit Verantwortungsgefühl, nicht ohne menschliche Härten im Falle künstlerischen Versagens, aber stets mit Blick auf seine hohen künstlerischen Ideale erfüllt.

— 4. Oktober: Mahler dirigiert an der Hofoper die Wiener Premiere von Smetanas Oper *Dalibor*. Von interessierten Kreisen wird dies als Politikum ausgelegt, als wollte er, der wesentlich künstlerisch, nicht politisch dachte, bei dem Streit um die vom österreichischen Ministerpräsidenten Badeni im April 1897 erlassene „Sprachenverordnung" (mit dem Ziel einer Gleichstellung der tschechischen mit der deutschen Sprache in Böhmen „Badeni-Krise") die tschechische Seite unterstützen. Polemische Anfeindungen von deutschnationaler Seite bleiben nicht aus.

— November: Wiener Erstaufführung von Tschaikowskis *Eugen Onegin*.

— Dezember: Die *Lieder eines fahrenden Gesellen* erscheinen (in Fassungen mit Klavier- und mit Orchesterbegleitung) bei Weinberger Wien im Druck. Bemüht, die besten zeitgenössischen Interpreten an sein Haus zu binden, verpflichtet Mahler seine Freundin Anna von Mildenburg — sie wird später den Essayisten Hermann Bahr heiraten — und den Wagner-Tenor Erik Schmedes an die Hofoper.

— Die Zeit des österreichischen Liberalismus geht zu Ende: Bei Wahlen erfahren die Deutschliberalen eine Niederlage, die Parteien der Christlichsozialen, Deutschnationalen und Sozialdemokraten dagegen eine Stärkung. 20. April: Dr. Karl Lueger wird als Bürgermeister der Stadt Wien vereidigt. Im Juni erscheint die erste Nummer der zionistischen Wochenzeitschrift „Die Welt", deren Herausgeber Theodor Herzl auf dem ersten Zionistenkongreß in Basel im August zum Präsidenten dieser Bewegung gewählt wird.

— Das Café Griensteidl, der vielfrequentierte Treffpunkt von „Jung-Wien" (Hugo von Hofmannsthal, Hermann Bahr, Arthur Schnitzler), wird abgerissen. Das Café Central dient fortan—bis zum Ersten Weltkrieg —als Ort der Diskussion von Literaten wie Karl Kraus, Egon Friedell, Peter Altenberg; Mahler findet sich dort nur gelegentlich ein.

1898 — Im Februar wird August Plappart Freiherr von Leenher zum Generalintendanten der Wiener Hoftheater ernannt, mit dem Mahler kein spannungsfreies Verhältnis haben wird. (Am 24. März 1899 richtet dieser ein umfangreiches Memorandum an den Ersten Obersthofmeister, in dem er sich über seine künstlerische Verantwortlichkeit als Direktor äußert.) Wiener Erstaufführungen: *Djamileh* von Georges Bizet (22. Januar), *Die Bohème* von Ruggero Leoncavallo (23. Februar), Uraufführung: *Donna Diana* von Emil Nikolaus Freiherr von Rezniček (9. Dezember).

— 25. August: Mahlers Schwester Emma heiratet den Cellisten Eduard Rosé.

— Im Sommer komponiert Mahler „nur" zwei Wunderhorn-Lieder (*Lied des Verfolgten im Turm* und Wo *die schönen Trompeten blasen*).

— In der Saison 1898/99 dirigiert Mahler erstmals eine Reihe von acht Konzerten mit den Wiener Philharmonikern, darunter eines, in dem seine Streichorchester-Bearbeitung des *f-Moll-Quartetts* op. 95 von Beethoven zu einer höchst umstrittenen Aufführung gelangt. Zum Verständnis solcher Bearbeitungen seien Mahlers Erwägungen zur Musikästhetik der Moderne in seinem Brief an Gisela Tolney-Witt vom Februar 1893 zitiert: „Wir Modernen brauchen einen so großen Apparat, um unsere Gedanken, ob groß oder klein, auszudrücken. —

Erstens — weil wir gezwungen sind, um uns vor falscher Auslegung zu schützen, die zahlreichen Farben unseres Regenbogens auf verschiedene Paletten zu verteilen; zweitens weil unser Auge im Regenbogen immer mehr und mehr Farben und immer zartere und feinere Modulationen sehen lernt; drittens, weil wir, um in den übergroßen Räumen unserer Konzertsäle und Operntheater von Vielen gehört zu werden, auch einen großen Lärm machen müssen."

— Guido Adler, Mahlers um fünf Jahre älterer Jugendfreund und Professor der Musikwissenschaft in Prag, kehrt als Nachfolger Eduard Hanslicks an die Universität Wien zurück. Als Lehrer, Forscher und Freund setzt er sich für Mahler und seine Musik nachdrücklich ein. So ersucht er in einem noch in Prag aufgesetzten Antrag vom 24. Januar 1898 die Gesellschaft zur Förderung deutscher Wissenschaft, Kunst und Literatur in Böhmen, „für die Herausgabe und Propagierung der Werke von Gustav Mahler eine Summe von 3.000 fl zu bewilligen".

— Herbst: Richard Strauss wird als Königlich-preußischer Kapellmeister nach Berlin berufen und vollendet sein Tondichtung *Ein Heldenleben.*

1899 — Mahlers *Erste Symphonie* erscheint im Druck.

— Uraufführungen: *Die Kriegsgefangene* von Karl Goldmark (am 17. Januar), *Der Bärenhäuter* von Siegfried Wagner (am 27. März), Wiener Erstaufführung: *Der Dämon* von Anton Rubinstein (am 23. Oktober) außerdem — wie immer — eine Reihe von Neuinszenierungen.

— Im Sommer, den Mahler in Alt-Aussee verbringt, entstehen das *Wunderhorn*-Lied *Revelge* und die ersten beiden Sätze der *Vierten Symphonie.*

— Die Koloratur-Sopranistin Selma Kurz wird mit Beginn der Saison 1899/1900 an die Hofoper verpflichtet.

1900 — 14. Januar: Im Fünften Philharmonischen Konzert gelangen zwei *Gesellen*-Lieder und drei *Wunderhorn*-Lieder, gesungen von Selma Kurz, zur Aufführung.

— 18. Februar: Mahler dirigiert die *Neunte Symphonie* Beethovens mit eigenen Retuschen und läßt bei der Wiederholung des Konzerts am 22. Februar einen Text ans Publikum verteilen, darin er die Vorwürfe der Kritik unter Berufung auf Wagner zurückweist und mit dem grundsätzlichen Bekenntnis schließt: „In diesem, wie in jedem Punkte, der die Interpretation des Werkes im Ganzen wie im Einzelnen betrifft, kann an der Hand der Partitur (und zwar je mehr in's Detail eingehend, desto zwingender) der Nachweis geführt werden, dass es dem Dirigenten überall nur darum zu thun war, fern von Willkür und Absichtlichkeit, aber auch von keiner ‚Tradition' beirrt, den Willen Beethoven's bis in's scheinbar Geringfügigste nachzufühlen und in der Ausführung auch nicht das Kleinste von dem, was der Meister gewollt hat, zu opfern, oder in einem verwirrenden Tongewühle untergehen zu lassen."

— 22. Januar: Alexander von Zemlinskys Oper *Es war einmal* an der Hofoper uraufgeführt.

— März: Die Gesänge aus *Des Knaben Wunderhorn* erscheinen bei Weinberger Wien im Druck.

— 22. März: Wiener Erstaufführung von Tschaikowskis Oper *Jolanthe.*

— Ende Mai: Neuinszenierung von Bizets *Carmen.* Die Titelpartie singt Marie Gutheil-Schoder, die Mahler an die Hofoper verpflichtet hat.

— Mitte Juni: Mahler gibt bei einem Gastspiel der Wiener Philharmoniker in Paris mehrere Konzerte und lernt dabei Paul und Sophie Clemenceau kennen, mit denen er Freundschaft schließt.

— Im Sommer vollendet Mahler die Komposition seiner *Vierten Symphonie.*

1901 — Januar: Der Tenor Leo Slezak debütiert als Gast an der Hofoper.

— 17. Februar: Mahler bringt *Das klagende Lied* zur Uraufführung. Eine Woche später, nach einem von ihm geleiteten Philharmoniker-Konzert (u. a. mit Bruckners *Fünfter Symphonie),* erleidet er, der schon in früheren Jahren durch mehrere Operationen ein lästiges Hämorrhoiden-Leiden zu beheben versucht hatte, eine lebensgefährliche Blutung, die durch einen raschen operativen Eingriff gestoppt werden kann. Während eines Rekonvaleszenz-Aufenthaltes in Abbazia entschließt er sich, die Leitung der Philharmonischen Konzerte niederzulegen.

— Anfang Juni: Mahler kann erstmals seine Sommer-Villa in Maiernigg am Wörthersee beziehen, die er sich — zusammen mit einem nahegelegenen Komponierhäuschen — hat bauen lassen. In diesem schaffensreichen Sommer komponiert er dort vier Rückert-Lieder (die Nummern 1—4), drei *Kindertotenlieder* (gleichfalls nach Rückert, Nr. 1, 3, 4), ein letztes *Wunderhorn*-Lied *(Der Tamboursg'sell)* und skizziert die ersten Sätze seiner *Fünften Symphonie.*

— Auf der 37. Tonkünstlerversammlung in Heidelberg wird Richard Strauss Anfang Juni zum Ersten Vorsitzenden des Allgemeinen Deutschen Musikvereins gewählt.

— Im Herbst werden Bruno Walter als Kapellmeister und Leo Slezak als Tenor an die Hofoper verpflichtet. Der Kritiker Max Graf schreibt damals über Walter: „In den Bewegungen kopiert er Gustav Mahler.

Dieselben spitzwinkligen, scharf zufahrenden Bewegungen, dasselbe Winken, derselbe verzückte Blick, dasselbe Herausstechen der Instrumente, dieselbe nervöse Vielgeschäftigkeit: allein unecht, nachgemacht und posiert. Unter allen diesen affektierten Feixereien ist ein guter Kern verborgen: Bühnen- und Orchesterbeherrschung."

— Mahler lernt am 7. November im Haus des Anatomen Emil Zuckerkandl und seiner Gattin Berta die junge Alma Schindler kennen, die er bald ehelichen wird. Die Verlobung der beiden wird offiziell am 27. Dezember verkündet, die Heirat findet am 9. März 1902 statt. Am darauf folgenden Tag heiraten Mahlers Schwester Justine und der Violinist Arnold Rosé. Die Heirat mit Alma Schindler erweitert seinen Bekanntenkreis erheblich, führt aber auch zu einer Lockerung oder gar Auflösung früherer Freundschaften Mahlers (z. B. Lipiner, Löhr, Bauer-Lechner).

— 11. November: Wiener Erstaufführung von Jacques Offenbachs *Hoffmanns Erzählungen.*

— 25. November: Mahlers *Vierte Symphonie* in München mit dem Kaim-Orchester ohne Erfolg uraufgeführt.

— Nach mehrmaliger Überarbeitung erscheint Mahlers Frühwerk *Das klagende Lied* bei Weinberger im Druck.

— 27. Januar: Giuseppe Verdi in Mailand gestorben.

1902 Die *Vierte Symphonie* erscheint zur Zeit ihrer Wiener Erstaufführung unter Mahlers Leitung (12. Januar) bei Doblinger im Druck.

— Erstaufführungen an der Hofoper: *Feuersnot* von Richard Strauss (29. Januar, in Anwesenheit des Komponisten), *Pique Dame* von Tschaikowski (9. Dezember).

— 15. April: Die Beethoven-Ausstellung in der Wiener Secession wird anläßlich der Enthüllung von Max Klingers Beethoven-Denkmal und der Ausstellung von Klimts Fries eröffnet, bei welcher Gelegenheit Mahler einen Teil des Finales von Beethovens *Neunter Symphonie* in einer Bläserbearbeitung dirigiert.

— 9. Juni: Unter Mahlers Leitung wird die *Dritte Symphonie* in Krefeld anläßlich des Festes des Allgemeinen Deutschen Musikvereins mit beachtlichem Erfolg uraufgeführt und erscheint bei Weinberger Wien im Druck. Bei dieser Gelegenheit lernen sich Mahler und Willem Mengelberg kennen und schätzen.

— Im Sommer komponiert Mahler seine *Fünfte Symphonie* zu Ende und schreibt das Lied *Liebst du um Schönheit* (Rückert).

— 3. November: Geburt der Tochter Maria Anna (genannt Putzi).

1903 — Als erste Neuinszenierung, die sich der Zusammenarbeit Mahlers mit dem Bühnenbildner Alfred Roller verdankt, wird am 21. Februar Wagners *Tristan und Isolde* an der Hofoper aufgeführt. Am Tage danach stirbt der seit 1897 geistig umnachtete Hugo Wolf, dessen Beziehungen zu Mahler nach anfänglich intensiver Freundschaft getrübt waren, in einer Wiener Irrenanstalt.

— Auf Initiative von Richard Strauss, der sich um eine von der Bestimmungsmacht der Verlage unabhängige musikalische Urheberrechtsgesellschaft bemüht, wird 1903 die Genossenschaft deutscher Tonsetzer gegründet. Auf Strauss' Anraten löst Mahler seine (seit 1897 bestehende) Mitgliedschaft in der Wiener Tantiemengesellschaft und tritt der neugegründeten Genossenschaft bei.

— Wiener Erstaufführungen: *Louise* von Gustave Charpentier (24. März, in Anwesenheit des Komponisten), *La Bohème* von Giacomo Puccini (25. November).

— 1. Juni: Alfred Roller wird als Vorstand des Ausstattungswesens an die Hofoper verpflichtet. Er schafft aus Licht, Farbe und Raum eine stilisierte Szene, welche das realistische Bühnenbild ersetzt. Mahlers Spielplangestaltung zielt vermehrt auf die Bildung von Zyklen mit Festspielcharakter (Mozart-, Wagner- und Weber-Zyklus). Den oft irreführend verkürzt zitierten Mahler-Satz „Tradition ist Schlamperei" überliefert Alfred Roller in folgendem Wortlaut: „Was Ihr Theaterleute Euere Tradition nennt, das ist nichts anderes als Euere Bequemlichkeit und Schlamperei." Der Berliner Chordirigent Siegfried Ochs beansprucht übrigens in seinen Erinnerungen *Geschehenes, Gesehenes* (Leipzig und Zürich 1922, S. 354f.) die Autorschaft an diesem Spruch, indem er eine Begegnung mit Mahler in Berlin im Jahre 1906 schildert: „Als er im Laufe der Unterhaltung sagte, das neu zu schaffende Werk [die *Achte Symphonie*] werde auf dem Gebiet der Sinfonie alle bisherigen Traditionen umwerfen, entgegnete ich: ‚Tradition ist Schlendrian', ein Schlagwort, das ich seit meiner Hochschulzeit im Munde führe. Merkwürdigerweise machte dies Mahler ein solches Vergnügen, daß er mich bat, ich möge es ihm schenken. Als ich ihn dann fragte, was er mit diesem Ausdruck meine, versicherte er mich, er werde die Redensart in der ganzen Welt herumbringen, so lange, bis alle Leute sie als selbstverständlich angenommen hätten. So erfüllte ich mit Großmut seinen Wunsch und schenkte ihm das Wort."

— 15. Juni: Anläßlich der 39. Tonkünstlerversammlung des Allgemeinen Deutschen Musikvereins dirigiert Mahler im Basler Münster seine *Zweite Symphonie*. Wie auch anderswo üblich, ist die Aufführung von einem ortsansässigen Dirigenten vorbereitet worden, in diesem Fall vom Komponisten und Kapellmeister Hermann Suter.

— Sommer: Komposition der ersten drei Sätze der *Sechsten Symphonie* in Maiernigg.

— September: Der Bariton Friedrich Weidemann debütiert an der Hofoper. In diesem Jahr holt Mahler Artur Bodanzky als Korrepetitor nach Wien, der sich später in den USA — ab 1915 an der Metropolitan Opera New York — für Mahlers Musik einsetzen wird.

— In der zweiten Oktoberhälfte bringt Mahler, während einer ersten Reise nach Holland, seine *Dritte* und *Erste Symphonie* in Amsterdam zur Aufführung. Dort gewinnt er neue Freunde, neben Mengelberg vor allem den Komponisten Alphons Diepenbrock.

— Das Buch *Geschlecht und Charakter* von Otto Weininger, der sich als Dreiundzwanzigjähriger umbringt, erschienen.

1904 — Anfang Februar: Mahler führt seine *Dritte Symphonie* in Heidelberg und Mannheim auf, Ende März in Köln. Begegnung mit dem Schriftsteller Gerhart Hauptmann.

— 23. April: In Wien gründen Schönberg und Zemlinsky die Vereinigung schaffender Tonkünstler, die den Hofoperndirektor Mahler zu ihrem Ehrenpräsidenten wählt. Die Verbindung zu Schönberg verdichtet sich, nachdem Mahler am 1. März einer Aufführung von dessen Streichsextett *Verklärte Nacht* (nach Richard Dehmel) beigewohnt hat. Mahler dirigiert im Rahmen der Vereinigung am 23. November Richard Strauss' *Sinfonia domestica.* Alban Berg und Anton von Webern werden Kompositionsschüler Schönbergs und verehren Mahler leidenschaftlich .

— 15. Juni: Die Tochter Anna Justine (genannt Gucki) wird geboren. Als Mahler stirbt, ist sie sieben Jahre alt. Sie wird Bildhauerin, heiratet in einer ihrer Ehen den Komponisten Ernst Krenek und stirbt nach einem bewegten Leben am 3. Juni 1988 in London.

— Im Sommer komponiert Mahler in Maiernigg die restlichen beiden Sätze der *Kindertotenlieder* (Nr. 3 und 5), das Finale der *Sechsten* sowie die beiden Nachtmusiken der *Siebenten Symphonie.*

— 18. Oktober: Nach einwöchigen Proben gelangt in Köln die *Fünfte Symphonie* zur Uraufführung, die im Monat zuvor bei Peters Leipzig im Druck erschienen war. Danach Aufbruch zur zweiten Reise nach Holland, bei welcher Mahler seine *Zweite* und *Vierte Symphonie* in Amsterdam aufführt.

— 6. November: Walter Damrosch bringt in New York erstmals eine Mahler-Symphonie in den USA — es handelt sich um die *Vierte* — zur

Aufführung und setzt damit den Anfang einer bis heute reichenden Rezeptionsgeschichte seiner Musik in der Neuen Welt.

— 14. und 22. Dezember: Mahler dirigiert mit den Wiener Philharmonikern seine *Dritte* erstmals in Wien.

— In diesem Jahr bringt Mahler an der Hofoper Hugo Wolfs Oper *Der Corregidor* als Wiener Erstaufführung heraus, nachdem er sie zu Beginn seiner Direktionszeit noch nicht hatte realisieren wollen.

1905 — 25. Januar: Im Rahmen der Vereinigung schaffender Tonkünstler werden die Symphonischen Dichtungen *Pelleas und Melisande* von Arnold Schönberg und *Die Seejungfrau* von Alexander von Zemlinsky uraufgeführt.

— 29. Januar: Uraufführung der *Kindertotenlieder* und Aufführung weiterer *Rückert*- und *Wunderhorn*-Lieder unter Mahlers Leitung. Anton von Webern, der Mahler anschließend vorgestellt wird, hat von der Unterhaltung in seinem Tagebuch festgehalten: „Anfangs sprach man über Rückerts Lyrik. Mahler sagte: ‚Nach des Knaben Wunderhorn konnte ich nur mehr Rückert machen — das ist Lyrik aus erster Hand, alles andere ist Lyrik aus zweiter Hand.' — Er erwähnte noch, daß er nicht alles an den Wunderhornliedern verstehe. — Man kam auf Kontrapunkt zu sprechen, da Schönberg sagte, Kontrapunkt könnten nur die Deutschen. — Mahler weist auf die alten französischen Komponisten (Rameau usw.) hin und läßt als große Kontrapunktiker der Deutschen nur Bach, Brahms und Wagner gelten. ‚Muster in dieser Sache ist uns die Natur. Wie sich in ihr aus der Urzelle das ganze All entwickelt hat — über Pflanzen, Thiere und Menschen bis zu Gott, dem höchsten Wesen —, so sollte sich in der Musik auch aus einem einzigen Motiv ein größeres Tongebilde entwickeln, aus einem einzigen Motiv, in dem der Keim zu allem, was einst wird, enthalten ist.' — Bei Beethoven finde man in der Durchführung fast regelmäßig ein neues Motiv. Er sollte aber aus einem einzigen Motiv die ganze Durchführung bestreiten; in diesem Sinne sei eben Beethoven kein großer Kontrapunktiker. Die Variation sei der wichtigste Faktor der musikalischen Arbeit. — Ein Thema müsse ganz besonders schön sein — etwa einige von Schubert —, um eine unveränderte Wiederkehr ersprießlich zu machen. Mozarts Streichquartette seien für ihn beim Doppelstrich zu Ende. — Aufgabe der modernen schaffenden Tonkünstler sei es, die Kontrapunktik Bachs mit der Melodik Haydns und Mozarts zu verbinden."

— 26. Februar: Aufführung der *Lieder eines fahrenden Gesellen* in Paris. Mahler sagt im März unter Hinweis auf die Unsicherheit, die im Gefolge der (gescheiterten) russischen Revolution seit Ende Januar herrscht, eine Konzertreise nach Rußland ab. Im Jahr zuvor Russisch-Japanischer Krieg.

— 6. April: *Die Rose vom Liebesgarten* von Hans Pfitzner an der Hofoper in Anwesenheit des Komponisten von Mahler uraufgeführt.

— Im Mai wird die Wiener Secession aufgelöst. Bei einer von Carl Moll veranstalteten Gartenpartie begegnet Mahler dem Regisseur Max Reinhardt. Anläßlich einer Aufführung seiner *Fünften Symphonie* im elsässischen Straßburg (am 21. Mai) lernt er weitere französische Persönlichkeiten kennen, die mit Paul Clemenceau aus Paris hingereist waren: Paul Painlevé, die Generale Picquart und de Lallemand sowie den Musikschriftsteller Romain Rolland.

— 1. Juni: Mahler führt beim Fest des Allgemeinen Deutschen Musikvereins in Graz die *Kindertotenlieder* auf.

— Im Sommer bringt er seine *Siebente Symphonie* durch die Komposition der Ecksätze und des mittleren Scherzosatzes zum Abschluß.

— Herbst: Vergeblich versucht Mahler, die Widerstände der Zensur der Hofoper gegen eine Aufführung von Strauss' *Salome* zu überwinden. Die Zensurbehörde lehnt das Textbuch dieser Oper „aus religiösen und sittlichen Gründen" ab und vertritt die Auffassung, daß „die Darstellung von Vorgängen, die in das Gebiet der Sexualpathologie gehören", sich für die Hofoper nicht eigneten.

— 8. November: Mahler wohnt einer von Oscar Fried geleiteten Aufführung seiner *Zweiten Symphonie* in Berlin bei. Dabei wird ihm der junge Otto Klemperer vorgestellt, der damals als Assistent Frieds beim Sternschen Gesangverein in Berlin tätig ist und sich zu einem der großen Mahler-Dirigenten dieses Jahrhunderts entwickeln wird. Eine spätere Aufnahme der *Zweiten Symphonie* unter Leitung Frieds, der von der Genialität der Mahlerschen Persönlichkeit zutiefst beeindruckt ist, hat sich erhalten.

— 9. November: Auf der Rückreise nach Wien macht Mahler in Leipzig Station, wo er unter der Regie von Hugo Popper mit einem Feurich-Flügel einige Welte-Mignon-Rollen, die eine qualitativ weit über dem damaligen Grammophon-Standard liegende Reproduktionsqualität ermöglichen, bespielt: das zweite *Gesellen*-Lied *Ging heut' morgen über's Feld*, das *Wunderhorn*-Lied *Ich ging mit Lust durch einen grünen Wald*, das Finale der *Vierten Symphonie Das himmlische Leben* sowie den Trauermarsch aus dem ersten Satz der *Fünften Symphonie*. Diese Rollen sind erhalten und gestatten einen aufschlußreichen Einblick in Mahlers Klavierspiel. Im Künstlerbuch der Firma notiert er:

„Staunend und bewundernd schließe ich mich meinen Vorrednern an."

— 24. November: Mit einer von Roller besorgten Neuinszenierung von *Così fan tutte* wird der Mozart-Zyklus eröffnet, den die Hofoper anläßlich von Mozarts 150. Geburtsjahr im kommenden Jahr veranstaltet. Es folgen in diesem Zyklus: *Don Giovanni* (21. Dezember), *Die Entführung aus dem Serail* (29. Januar 1906), *Figaros Hochzeit* (30. März 1906), *Die Zauberflöte* (1. Juni 1906). *Don Giovanni* und *Figaros Hochzeit* läßt Mahler aus dem Italienischen von Max Kalbeck neu übersetzen und nähert da Pontes Libretto durch die Nachkomposition der Gerichtszene im *Figaro* dem Beaumarchaisschen Lustspiel an.

1906 — In der ersten Jahreshälfte erscheinen bei der Universal Edition Wien die *Symphonien Nr. 1* bis *4* in Neuausgaben.

— 16. Mai: Österreichische Erstaufführung von *Salome* in Graz, wo es zu einem Wiedersehen Mahlers mit Richard Strauss kommt.

— 27. Mai: Mahler dirigiert in Essen (im Rahmen des Festes des Allgemeinen Deutschen Musikvereins) die Uraufführung seiner *Sechsten Symphonie.* Bei dieser Gelegenheit lernt er den russischen Pianisten und Dirigenten Ossip Gabrilowitsch kennen, der sich später in den USA für seine Musik einsetzen wird.

— Im Sommer entsteht die *Achte Symphonie* im Feriendomizil in Maiernigg.

— Oktober: Alexander von Zemlinsky wird als Kapellmeister an die Hofoper verpflichtet, seine Stelle tritt er aber erst am 1. Mai 1907 an. Im November lernt Mahler den jungen, aus der französischen Schweiz stammenden William Ritter kennen, der sich für seine Musik enthusiastisch engagiert.

— November: Die *Sechste Symphonie* erscheint bei Kahnt im Druck.

— Nach mehreren Wahlrechtsreformen wird in Österreich das allgemeine, gleiche und geheime Wahlrecht für den Reichsrat eingeführt, während in Ungarn noch ein Zensus-Wahlrecht bestehen bleibt. Bei den Wahlen zum österreichischen Reichsrat gehen im nächsten Jahr die antiliberalen Volksparteien als Sieger hervor: die christlich-soziale, die deutschnationale und die sozialdemokratische Partei.

— In der internationalen Politik führt der koloniale Imperialismus der europäischen Großmächte und der USA immer wieder zu Spannungen und Konflikten, die bis zum Ersten Weltkrieg regional begrenzt werden können. Zwei Friedenskonferenzen in Den Haag (1900 und 1907) bleiben ohne Abrüstungsergebnisse, führen indes zu Übereinkünften über eine internationale Gerichtsbarkeit bzw. Regeln der Landkriegsführung.

1907 — Mahler wohnt in Wien den Uraufführungen von Arnold Schönbergs *Streichquartett Nr. 1 op. 7* durch das Rosé-Quartett am 5. Februar und der *Kammersymphonie op. 9* durch die Bläser-Kammermusikvereinigung der Hofoper am 8. Februar bei. Er verteidigt Schönberg gegen Störenfriede und bemerkt: „Ich verstehe seine Musik nicht, aber er ist jung; vielleicht hat er recht. Ich bin alt, habe vielleicht nicht mehr das Organ für seine Musik." Er empfiehlt Opus 7 an Richard Strauss mit den Worten: „Ich habe gestern das neue Schönberg'sche Quartett gehört und einen so bedeutenden, geradezu imponierenden Eindruck erhalten, daß ich nicht umhin [kann], Ihnen dasselbe für die Tonkünstlerversammlung von Dresden dringendst zu empfehlen" (Brief vom 6. Februar).

— 14. Februar: Mahler begleitet den Bariton Johannes Messchaert am Klavier bei einer Aufführung eigener Werke in Berlin.

— 18. März: Premiere von Glucks *Iphigenie in Aulis* in Rollers Ausstattung, der letzten Neuinszenierung in Mahlers Wiener Amtszeit.

— Ende März und Anfang April: Mahler gibt zwei Konzerte in Rom.

— Nachdem er wiederholt und in wachsender Intensität feindseligen Pressekampagnen ausgesetzt war, beschließt er, von Wien wegzugehen. Er nimmt Anfang Juni in Berlin Kontakt auf zu Heinrich Conried, dem damaligen Direktor der Metropolitan Opera New York, und schließt mit ihm noch im selben Monat einen Vertrag.

— 12. Juli: Die ältere Tochter Maria Anna stirbt an einer Scharlach-Diphterie. An Mahler selbst wird daraufhin eine Herzerkrankung diagnostiziert, die ihn erschreckt und belastet. Sie zwingt ihn, die bisherigen sportlichen Lebensgewohnheiten aufzugeben, sich zu mäßigen und überhaupt erstmals in seinem Leben auf seine Gesundheit zu achten.

— August: Felix Weingartner wird zum Nachfolger in der Direktion der Wiener Hofoper ernannt.

— Mahler dirigiert als Abschiedsvorstellung eine Aufführung des *Fidelio* am 15. Oktober. Ende Oktober unternimmt er eine Reise nach St. Petersburg und Helsinki, wo er u.a. den Komponisten Jean Sibelius, den Maler Akseli Gallen und den Architekten Eliel Saarinen kennenlernt. In St. Petersburg befindet sich unter den Zuhörern der junge Igor Strawinsky, der später den großen Eindruck Mahlers als Persönlichkeit und Dirigent bezeugt.

— Mit einer Aufführung seiner *Zweiten Symphonie* im Großen Musikvereinssaal verabschiedet sich Mahler am 24. November von Wien. Er wird am 9. Dezember von Schönberg, Roller und weiteren Freunden und Verehrern am Westbahnhof verabschiedet und reist mit seiner Frau über Paris nach New York, wo er am 21. Dezember eintrifft. In den vier New Yorker Saisons wohnt Mahler in Hotels, die erste Spielzeit im Hotel Majestic, die drei folgenden im Savoy.

— Frankreich, England und Rußland bilden die Tripelentente.

1908 — Als sein erstes Werk in Amerika dirigiert Mahler *Tristan und Isolde* am 1. Januar in der Metropolitan Opera New York und danach auch mit deren Ensemble in Philadelphia und Boston. Er hat signifikant weniger Aufführungen zu dirigieren als in Wien, von Hamburg zu schweigen. Die von ihm aufgeführten Werke sind (außer *Tristan*): *Don Giovanni, Fidelio, Die Walküre, Siegfried.* Er schreibt an Alexander von Zemlinsky: „Ich lebe wahrhaftig in den Tag hinein, dirigiere, probiere, diniere, spaziere, wie es die Stundeneinteilung mit sich bringt, die meine Frau bei sich stehen hat. [...] Wir beide haben sehr großes Gefallen an diesem Lande gefunden; die Frische, Gesundheit und Geradheit aller Verhältnisse ziehen uns stark an. In allem liegt Zukunft." Nach viermonatigem Aufenthalt schifft er sich nach Cuxhaven ein, wo er — nach zehntägiger Fahrt — am 2. Mai eintrifft.

— Aufgrund des finanziell sehr günstigen Kontraktes mit der Metropolitan Opera kann Mahler nun die acht Monate, die ihm außerhalb der USA pro Jahr verbleiben, ungehindert für Gastdirigate fremder und eigener Werke und für das eigene Komponieren nutzen.

— Im Sommer komponiert er in Toblach (heute: Dobbiaco im Südtirol), das an Stelle des von unglücklichem Schicksal gezeichneten Maiernigg nunmehr zum Sommerdomizil gewählt wird, *Das Lied von der Erde,* wie immer zunächst im Entwurf, dem erst später die Partiturreinschrift folgt.

— September: Vorbereitung zur Uraufführung der *Siebenten Symphonie,* die am 19. September in Prag stattfindet. Es folgt eine weitere Aufführung dieses Werkes in München am 27. Oktober.

— Wiederum von Cuxhaven aus fährt Mahler zu seiner zweiten Saison nach Amerika, wo er am 21. November eintrifft und sich im New Yorker Hotel Savoy niederläßt. Er übernimmt, nicht ausgelastet von seinen Opernverpflichtungen an der Met, noch die Leitung einiger Konzerte mit dem New York Symphony Orchestra und dirigiert ihm vertraute Werke des klassisch-romantischen Repertoires. Am 8. Dezember setzt er seine *Zweite Symphonie* aufs Programm.

— 12. Juni: Mit einem monumentalen Festzug wird das sechzigste Jubiläum der Thronbesteigung des Kaisers Franz Joseph I. gefeiert.

— In diesem Jahr organisiert der Österreichische Künstlerbund die „Kunstschau Wien 1908".

1909 — 15. Januar: In Berlin bringt Richard Strauss Mahlers *Vierte Symphonie* zu Gehör, die — mit der *Zweiten* und dem *Lied von der Erde* — zu den beliebtesten Werken des Komponisten zählt.

— Mitte Februar: Mahler leitet die amerikanische Erstaufführung von Smetanas Oper *Die verkaufte Braut.*

— Nach Europa zurückgekehrt, hält Mahler sich in der zweiten Aprilhälfte in Paris auf, wo er Auguste Rodin Modell für eine Plastik sitzt, die sein Schwiegervater Carl Moll beim französischen Kollegen bestellt hatte. Hier begegnet er auch dem jungen italienischen Komponisten und Pianisten Alfredo Casella, der von seiner *Siebenten Symphonie* den Klavierauszug herstellt.

— 2. Mai: Französische Erstaufführung von Mahlers *Erster Symphonie* in Paris unter der Leitung von Joseph Lassalle in einem Konzert des Münchener Tonkünstler Orchesters. Ende Mai begegnet Mahler dem jungen Edgard Varèse, der während des Ersten Weltkriegs in die USA emigrieren wird.

— 7. Juni: Mahler überläßt der Universal-Edition Wien die Rechte an den zuvor bei Weinberger erschienenen Werken.

— Im Sommer komponiert er, wiederum in Toblach, die *Neunte Symphonie*, sein letztes abgeschlossenes Werk. Richard Strauss besucht ihn in seinem Feriendomizil.

— Ende September bis Anfang Oktober: Vierte Reise nach Holland, wo die *Siebente Symphonie* in Den Haag und Amsterdam erklingt. Zwischen 8. und 12. Oktober sitzt er Rodin abermals Modell in Paris und schifft sich anschließend in Cherbourg ein.

— In den fünf Monaten von Anfang November bis Anfang April 1910, die Mahler in seiner dritten Spielzeit in Amerika zubringt, dirigiert er mehr Konzertaufführungen als zuvor; insgesamt gibt er mit den New Yorker Philharmonikern 44 Konzerte. Neben dem klassisch-romantischen Repertoire berücksichtigt er nun vermehrt auch zeitgenössische Werke: seine eigene *Erste Symphonie,* ferner Werke von Strauss, Rachmaninoff (der sein *Drittes Klavierkonzert* unter Mahlers Leitung spielt), Busoni, Debussy. Eine Konzertreihe umfaßt auch sechs historische Konzerte.

— Dezember: Die *Siebente Symphonie* erscheint bei Bote & Bock Berlin im Druck.

1910 — Ende Februar: Eine Konzerttournee (u.a. mit Berlioz' *Symphonie fantastique*) führt Mahler u.a nach New Haven, Springfield und Boston.

— 5. März: Bei einer seiner seltener gewordenen Opernverpflichtungen dirigiert Mahler die Premiere von Tschaikowskis *Pique Dame.* „Nach Jahren traf ich ihn", erinnert sich Leo Slezak, „wieder in New York. Ein müder kranker Mann. [...] Selten bekam er ein Ensemble zusammen. Resigniert saß er da mit mir, ein anderer. Mit Wehmut suchte ich den Feuergeist von einst. Er war milde und traurig geworden."

— Als Mahler im April die *Zweite Symphonie* in Paris dirigiert, verläßt Claude Debussy — ohne Verständnis für diese von der seinigen so verschiedene Musik — nach dem ersten Satz den Saal. In der zweiten Aprilhälfte dirigiert Mahler in Rom, muß das geplante dritte Konzert jedoch absagen, da das Orchester seinen Qualitätsanforderungen nicht gerecht wird.

— Bereits in der zweiten Junihälfte probiert Mahler mit Teilgruppen für die Uraufführung der *Achten Symphonie.*

— 7. Juli: Mahler feiert seinen fünfzigsten Geburtstag und wird mit einem — von Paul Stefan herausgegebenen — Band mit Widmungen zahlreicher Kollegen und Freunde geehrt.

— Während der Sommerferien entwirft er seine *Zehnte Symphonie,* gelangt jedoch nicht zu einer vollständigen Skizzierung. Die Zeit — und das Werk — sind tief überschattet von dem Zerwürfnis zwischen ihm und Alma, nachdem Mahler das zwischen seiner Gattin und dem jungen Architekten (und späteren Weimarer Bauhaus-Direktor) Walter Gropius bestehende Liebesverhältnis entdeckt hat. Mahler kämpft um seine Frau und gewinnt sie zurück, muß jedoch erkennen, daß seine rigoros nur auf sein eigenes künstlerisches Schaffen konzentrierte Lebensführung viele Wünsche seiner jungen schönen Gattin — künstlerische, menschliche, sexuelle — unerfüllt hat bleiben lassen. (Im Sommer 1915 werden seine Witwe und Walter Gropius in Berlin heiraten.)

— Im Zusammenhang mit dieser tiefgreifenden Krise sieht sich Mahler veranlaßt, den Psychoanalytiker Sigmund Freud zu konsultieren. Die Begegnung findet am 27. August an einem Nachmittag in der holländischen Stadt Leiden statt. Freud berichtet viel später darüber: „Wir haben in höchst interessanten Streifzügen durch sein Leben seine Liebesbedingungen, insbesondere seinen Markomplex (Mutterbindung) aufgedeckt; ich hatte Anlaß, die geniale Verständnisfähigkeit des Mannes zu bewundern" (Brief an Theodor Reik vom 4. Januar 1935).

— Nach dieser ihn erschütternden Zeit bedeutet die Uraufführung der *Achten Symphonie* in München am 12. September (mit Wiederholung am 13.) einen äußeren Höhepunkt in Mahlers Leben. Viele Freunde,

Kollegen, Schüler, Verehrer reisen zu diesem groß propagierten Anlaß nach München und werden vom Werk und von Mahlers Art der Darstellung tief beeindruckt. Thomas Mann dediziert Mahler seinen jüngsten Roman *Königliche Hoheit* mit den Worten: „Als Gegengabe für das, was ich von Ihnen empfangen, ist es freilich schlecht geeignet und muß federleicht wiegen in der Hand des Mannes, in dem sich, wie ich zu erkennen glaube, der ernsteste und heiligste künstlerische Wille unserer Zeit verkörpert."

— 12. Oktober: Wenige Tage vor seiner letzten Abreise in die USA hört Mahler in Wien eine Aufführung von Schönbergs *Streichquartetten opus 7* und *opus 12.*

— Seine letzte Saison in den Vereinigten Staaten — Mahler trifft am 25. Oktober in New York ein — ist wie die vorangehende erfüllt von nicht weniger als 47 Konzertdirigaten. Mahler bringt abermals zahlreiche zeitgenössische Werke zu Gehör, außer den bereits genannten Komponisten sind Chabrier, Scharwenka, Enesco, Bizet, MacDowell, Elgar u. a. in den Programmen vertreten.

— Anfang Dezember: Eine zweite USA-Tournee führt Mahler nach Pittsburgh, Cleveland, Buffalo, Rochester, Syracuse (mit Beethovens *Pastorale*).

— Marokko-Krisen 1906/11. Verstärkte imperialistische Tendenzen, militärische Aufrüstung und Spannungen der Großmächte. Die Epoche des 19. Jahrhunderts nähert sich ihrem Ende, da Krisenerscheinungen sich häufen und der Wille zum Frieden in einem gründerzeitlichen Großmachtsdenken nicht gedeihen kann. Mahler erlebt freilich den Ausbruch des Ersten Weltkrieges durch die Kriegserklärung Österreich-Ungarns an Serbien am 28. Juli 1914 (nach der Ermordung des österreichischen Thronfolgers Erzherzog Franz Ferdinand durch großserbische Nationalisten in Sarajewo am 28. Juni 1914) nicht mehr.

1911 — Mitte Januar: Mahler bringt in New York mit seiner *Vierten Symphonie* zum letzten Mal ein eigenes Werk zur Aufführung.

— 21. Februar: Auf dem Programm seines letzten Konzertes in New York stehen u. a. Mendelssohns *Italienische Symphonie* und Busonis *Berceuse Elégiaque.*

— Wenige Tage danach erkrankt Mahler an einer — damals lebensgefährlichen — Endokarditis, einer Streptokokken-Infektion, die, von seinem Arzt Joseph Fraenkel richtig diagnostiziert, dem Todgeweihten zunächst als Grippe verharmlost wird.

— 8. April: Der bereits sehr geschwächte Mahler schifft sich — mit demselben Dampfer wie Stefan Zweig und Ferruccio Busoni — ein letztes Mal in New York nach Europa ein. Todkrank wird er von einem Spezialisten in Paris behandelt und anschließend noch nach Wien überführt, wo er am 18. Mai in dem Sanatorium Loew (Mariannengasse, IX. Bezirk) von seinen Leiden erlöst wird.

— Das Begräbnis findet am 22. Mai auf dem Friedhof in Grinzing statt, wo Mahler an der Seite seiner älteren Tochter beigesetzt wird.

— Bruno Walter bringt die beiden vollendeten, aber zu Lebzeiten noch unaufgeführten Werke — *Das Lied von der Erde* und die *Neunte Symphonie* — am 20. November 1911 in München bzw. am 26. Juni 1912 in Wien zur Uraufführung.

ASPEKTE

I. Poetik und Ästhetik

„Blicke mir nicht in die Lieder!“ Zum musikalischen Schaffensprozeß

Der für die Überschrift gewählte Vers bildet den Anfang eines Gedichtes von Friedrich Rückert, das Gustav Mahler im Jahre 1901 vertont hat. Das in ihm ausgedrückte Verbot — sein Titel lautet *Verbotener Blick* — stand im Zeitalter romantischer Kunstauffassung in einer nur selten angezweifelten Geltung. Auch Mahler teilte diese Auffassung voll und ganz. Da er wollte, daß man seine Musik in ihrer vollendeten Gestalt als einen in sich zusammenhängenden Organismus hören und verstehen solle, lehnte er den analytischen Blick in die Lieder so entschieden ab wie den neugierigen in ihre Entstehung. An Richard Batka schreibt er: „Wir leben leider in einer Zeit, in der ‚über‘ das Schaffen sehr viel nachgedacht und geschrieben wird. — Das ist schon an und für sich ein trauriges Symptom. Daß Sie aber fragen, ‚woran‘ geschaffen wird, will mir erst recht nicht gefallen. Darüber dürften doch wohl erst unsere Epigonen zur Erkenntnis gelangen, obwohl es auch damit übel steht, wie die kunsthistorischen und kritischen Werke aller Zeiten erweisen.“[1] In einem Brief an Ernst Otto Nodnagel wettert er: „...Vor allem nochmals: ich bin und bleibe ein grundsätzlicher Gegner jeder Analyse, welche dem Publikum während der Aufführung als Lektüre dienen soll — mag sie gut oder schlecht sein. Dem Hörer kann niemand helfen. Nur er selbst kann sich helfen, indem er nochmals und nochmals hört — und nochmals und nochmals studiert. Nur er selbst!“[2] Und in dem (noch nicht vollständig publizierten) Manuskript der Aufzeichnungen von Natalie Bauer-Lechner, der wichtigsten Vertrauten des Komponisten in den neunziger Jahren, findet sich folgende Äußerung Mahlers aus dem Jahre 1901 über seine Skizzenbücher bzw. -blätter: „Daß sie um Gott nicht aufgehoben werden und mich überleben, dafür werde ich schon sorgen und alles Unfertige vernichten. Denn sie geben nur zu Mißverständnissen Anlaß. Was haben sie aus Beethoven herausgelesen: daß er z.B. an, dem Inhalt und der Zeit nach, völlig getrennten Werken zugleich gearbeitet habe, weil seine Skizzen sich zu beiden in jenen Heften beieinander fanden. Keine Spur! Es fiel ihm nur fortwährend alles mögliche ein, welches er sich notierte und für spätere Zeit aufhob und das er bei Gelegenheit dann verwendete. Oder sie sagen, daß das Vollendete gegenüber dem Skizzenentwurf einen solchen Fortschritt bedeute; indes sie keine Ahnung haben, was aus so einer ersten Andeutung sonst noch alles unter seinen Händen daraus hätte werden können!“[3] Im Einklang mit den Grundsätzen der romantischen Musikästhetik war Mahler also, diesen Zitaten zufolge, Gegner sowohl einer musikalischen Analyse im Sinne aktueller Hörhilfe als auch einer Erforschung des musikalischen Schaffensvorgangs. Zum näheren Verständnis dieser ablehnenden Haltung ist es freilich nötig, den Stand beider Gebiete, die im 19. Jahrhundert eine bemerkenswerte Entwicklung durchgemacht hatten, in Mahlers Zeit zu beachten. Ein „thematischer Führer" von damals hat mit den Prämissen, Methoden und Zielen musikalischer Werkanalyse von heute wenig gemeinsam, wie auch die Skizzenforschung bei ihren von Gustav Nottebohm gesetzten Anfängen nicht stehengeblieben ist. Und so wenig die musikalische Analyse vor Mahlers Werken Halt gemacht hat — die publizierte Literatur hat mittlerweile vielmehr fast unüberschaubare Ausmaße angenommen —, so wenig braucht der mit der Erforschung des Schaffensprozesses befaßte Zweig der Musikwissenschaft Mahler auszuklammern, denn Mahler hat im Unterschied zu einem Komponisten wie Johannes Brahms, der die Spuren der Werkgenese weitgehend getilgt hat, seinen gegenüber Natalie Bauer-Lechner geäußerten Vorsatz, alle Skizzen zu vernichten, glücklicherweise nicht eingelöst. Er hat sie allerdings auch nicht planmäßig aufbewahrt, im Gegenteil. Viele sind verlorengegangen oder wurden weggeworfen, andere hat er verschenkt, etwa an Bauer-Lechner oder später an seine Gattin Alma Maria Mahler, die sie ihrerseits weiterverschenkt oder veräußert hat, so daß sich die Quellen von Mahlers Musik nunmehr in der ganzen Welt verstreut befinden.

Obzwar das Verhältnis zwischen Skizzenforschung und musikalischer Analyse noch immer umstritten ist[4], bedarf die Entstehung eines musikalischen Werkes, soweit eine Rekonstruktion überhaupt möglich ist, als Gegenstand musikwissenschaftlicher Forschung keinerlei Rechtfertigung durch allfällige Vorteile, die daraus für die Werkanalyse erwachsen können. Sie stellt vielmehr eine sinnvolle Zielsetzung auch für sich selbst dar. Um Mahler — entgegen seinem Gebot — nun doch „in die Lieder", d.h. in weiterem Sinn in seine Musik zu blicken, wenden wir uns zunächst der expliziten Poetik des Komponisten zu, d.h. seiner bewußten Reflexion über Aspekte des musikalischen Schaffens, wie sie uns in verbalen Zeugnissen überliefert ist, und gehen danach über zur Erörterung seiner faktischen Poetik[5], indem wir die charakteristischen Phasen des Mahlerschen Kompositionsprozesses auf philologischer Ebene allgemein darstellen und abschließend am Beispiel des eingangs erwähnten Liedes näher veranschaulichen.

Die wichtigste Quelle für Mahlers explizite Poetik stellen die tagebuchartigen Aufzeichnungen dar, die seine Freundin Natalie Bauer-Lechner zwischen 1892 und 1902 niedergeschrieben hat. Die mündliche Form des vertraulichen Gesprächs war für Mahler, der seine Poetik weder Schülern noch der musikalischen Öffentlichkeit bekannt machte, eine bevorzugte Art der Kommunikation, geeigneter jedenfalls als die schriftliche Briefform, wenngleich er gelegentlich auch in seiner Korrespondenz Aspekte seiner musikalischen Poetik zur Sprache brachte. Nun wissen wir zwar nicht, wie genau Bauer-Lechner die Äußerungen Mahlers, die sie als wörtliche Zitate ausweist, tatsächlich festgehalten hat, doch trägt ihre Chronik den Stempel weitgehender Authentizität, so daß sie als verläßliche Quelle gelten kann. Für eine triftige Interpretation dieser Zeugnisse ist freilich die Frage wichtig, inwiefern die einzelnen Äußerungen, die Mahler in konkreten Situationen mit Blick auf bestimmte Werke, Passagen oder Probleme machte, über ihren speziellen Kontext hinaus verallgemeinert und als Teilmomente einer zusammenhängenden Poetik im ganzen betrachtet werden dürfen. Diese Frage kann nur von Fall zu Fall beantwortet werden. Unter Berücksichtigung dieses Umstandes suchen wir im folgenden Mahlers Poetik in der Weise zu rekonstruieren, daß wir den Komponisten selbst zu Wort kommen lassen und seine Äußerungen im Blick auf ihren grundsätzlichen Gehalt knapp kommentieren.

*

Irrationale und rationale Aspekte greifen, auch nach Mahlers Anschauung, im Komponieren ineinander. Sie folgen nicht in der Art aufeinander, daß am Anfang der irrationale Augenblick einer Inspiration stünde, dem sich eine durch und durch nüchtern-rationale Arbeit anschlösse. Denn einerseits ist Inspiration eine Sache nicht des Zufalls, sondern — wie Mahler sagt — „göttlicher Begnadung", die nur auf einem sie begünstigenden Boden bestimmter Kompositionsvorhaben, niemals auf einer geistigen tabula rasa eintreten kann, und andererseits manifestiert sich der Akt der Inspiration im Sinne einer plötzlichen, zwar ersehnten, aber nicht willentlich herbeiführbaren Lösung kompositorischer Probleme auch in späteren Stadien des Entstehungsprozesses musikalischer Werke. Inspiration oder Invention, wie Mahler die kompositorische Erfindung nennt, ist also Sache des Genies: „Man stelle sich nur nicht vor, daß ein wirklich bedeutender künstlerischer Gedanke einem durch Zufall in den Schoß fiele! Wenn irgend etwas, ist die Invention ein Zeichen göttlicher Begnadung [...]."[6] Was die subjektive Seite der Veranlagung anbetrifft, so ist noch eine weitere Eigenschaft zum Komponieren, ja zum „Kunstschaffen" überhaupt erforderlich: „Irritabilität", Reizbarkeit oder Empfindlichkeit.[7] Hiermit verallgemeinert Mahler zur Voraussetzung aller Kunstproduktion eine Eigenschaft, die ein spezifisches Merkmal seiner eigenen psychischen Konstitution darstellt und darüber hinaus die Epoche der Moderne um 1900 insgesamt kennzeichnet. Zweifellos besteht zwischen dieser Charaktereigenschaft des Menschen Mahler, wie sie Bauer-Lechner eindrücklich schildert, und jenem Charakteristikum seiner Musik, das sich in brüsk wechselnden Tonfällen offenbart, zwischen kompositorischem und ästhetischem Subjekt also, eine tiefgreifende Verwandtschaft: „Und in welchem Maße er sie [die Irritabilität] besaß, ist unbeschreiblich. Einen solchen Wechsel von Stimmungen in raschester Aufeinanderfolge hatte ich noch bei keinem gesehen. Dieser Veränderlichkeit war auch die Beziehung zu ihm nahestehenden Menschen unterworfen, die vom leidenschaftlichsten Für zum heftigsten Wider ganz unvermittelt übersprang und einen ebenso parteiisch mit seiner Liebe wie ungerecht mit seinem Haß überschütten konnte."[8]

„Göttliche Begnadung" und „Irritabilität" sind mithin Voraussetzungen, unter denen der künstlerische Schaffensprozeß allererst zustande kommen kann. In diesem romantischen Selbstverständnis schließt sich Mahler an Schopenhauers Musikphilosophie und an Wagners *Beethoven*-Aufsatz von 1870 an, den er erwiesenermaßen geschätzt hat.[9] In entferntem Zusammenhang mit dieser Lektüre und der Wagnerschen Adaptation von Schopenhauers Traumtheorie für die Konstruktion eines idealen kompositorischen Schaffensvorgangs am Beispiel Beethovens[10] steht ein Zeugnis vom 10. Juli 1896. Es bestätigt die unbewußte Bewältigung einer kompositorischen Schwierigkeit im Traum und verrät gleichzeitig Mahlers Traditionsbindung an Beethoven und Wagner nach Art eines musikalischen Über-Ich: „Noch seltsamer ist es mir bei einem Passus ergangen, mit dem ich gar nicht ins Reine kommen konnte und der mich die letzten Tage schrecklich quälte. Da ruft mir heute im Schlaf eine Stimme zu (es war die Beethovens oder Wagners, mit denen ich jetzt überhaupt — keine üble Gesellschaft! — nächtlichen Umgang pflege): ‚Lass' doch die Hörner drei Takte später einfallen!' Und damit war die Schwierigkeit aufs einfachste und wunderbarste gelöst, daß ich meinen Augen nicht traute!"[11]

In seiner Selbstdarstellung hebt Mahler, hierin eher ein Traditionalist als ein Moderner, die irrationalen Aspekte des Schaffens stärker hervor als die rationalen. Jene gelten ihm als etwas Unvergleichlich-Besonderes, diese hingegen als zu verallgemeinernde und von der eigenen Person unabhängig zu betrachtende Elemente. Indessen dürfen wir seine Äußerungen nicht für bare Münze nehmen, sondern haben sie, als Teil der auktorialen Poetik und Ästhetik, mit den Ergebnissen der philologischen Rekonstruktion zu vergleichen. Dies gilt auch für die Worte, mit denen er die Irrationalität des Schaffens für den gesamten Kompositionsprozeß verallgemeinert: „Das Schaffen und die Entstehung eines Werkes sind mystisch von Anfang bis zum Ende, da man, sich selbst unbewußt, wie durch fremde Eingebung etwas machen muß, von dem man nachher kaum begreift, wie es geworden ist. Ich komme mir dabei oft vor wie die blinde Henne, die ein Diamantkorn gefunden hat."[12]

Nach dieser Feststellung — sie zeigt ihn im Einklang mit der romantischen Inspirationsästhetik und bezieht sich auf Erfahrungen bei der Komposition der *Zweiten Symphonie* im Sommer 1893 — fährt Mahler fort: „Aber seltsamer als bei einem ganzen Satz oder Werk tritt diese unbewußte, geheimnisvolle Kraft bei einzelnen Stellen zutage, und gerade bei den allerschwierigsten und bedeutsamsten. Meistens sind es solche, an die ich nicht recht heran will, um die ich mich herumdrücken möchte und die mich doch festhalten und sich schließlich ihren Ausdruck erzwingen.“[13]

Er gibt hierfür ein konkretes Beispiel: den Übergang von C-Dur zur Haupttonart D-Dur im Finale der *Ersten Symphonie* (Ziffer 33/34; T. 370ff.). Die auktoriale Interpretation dieser Stelle, bei welcher eine von außen hereinbrechende „Plötzlichkeit“ sich als ästhetische Kategorie manifestiert, sieht den Erhellungsvorgang des Inspirationsaktes umgesetzt in eine musikalische Struktur: „Noch auffallender war das vielleicht bei einem Übergang in meiner *Ersten Symphonie*, der mir soviel zu schaffen gemacht. Da [im Finale] handelte es sich darum, nachdem die Töne aus kurzen Lichtblicken immer wieder in tiefste Verzweiflung fallen, den triumphierenden, dauernden Sieg zu erringen; und dazu mußte ich, wie sich mir nach längerem, vergeblichen Herumtappen zeigte, durch eine Modulation von einer Tonart in die des nächstfolgenden Tones gelangen (von C-Dur nach D-Dur, der Grundtonart des Stückes). Das hätte man sehr billig haben können, indem man den halben Ton dazwischen benützte und so von C zu Cis, dann zu D aufstieg. Doch da hätte jeder gewußt, daß es die nächste Stufe ist. Mein D-Akkord aber mußte klingen, als wäre er vom Himmel gefallen, als käme er aus einer anderen Welt. Da habe ich, durch eine freieste und kühnste Modulation, zu der ich mich lange nicht verstehen wollte und von der ich mich nur widerstrebend fortreißen ließ, den Übergang gefunden. Und wenn etwas groß ist an der ganzen Symphonie, so ist es diese Stelle, die — ich kann es wohl sagen — ihresgleichen sucht.“[14]

I/4, T. 370 — 375 (Partiturausschnitt; Trp./Pos.)

In der Tat wird bei dieser Stelle die Zieltonart statt durch eine konventionelle Lösung, wie sie der von Mahler verworfene chromatisch höherstrebende Gang von C über Cis nach D dargestellt hätte, durch eine Modulation erreicht, die auf knappstem Raum eine Sequenzstruktur transformiert. Mahler erzielt den Überraschungseffekt dadurch, daß er ein zunächst gesetztes einfach-normales Modell (in C-Dur: I—VI—I^{6}_{4}, T. 370—373) auf kühne Weise erweitert und kompliziert, sowohl melodisch in der Führung von Oberstimme und Baß als auch harmonisch in einer spannungsreicheren Akkordbildung (T. 374—377). Die fallende Quarte wird als Rahmenintervall des Baßgangs anders, nämlich mit wechselnder Bewegungsrichtung, ausgefüllt (c—A—G; G—B—D); und statt einer sequenzierenden Wiederholung erscheint hier eine farbigere Akkordfolge, welche ihr außergewöhnliches Gepräge — vor dem Hintergrund des exponierten Modells — vor allem dadurch erhält, daß die hell aufleuchtende Zieltonart D-Dur vom submediantischen B-Dur her erreicht wird.

Die romantische Kategorie des Einfalls, die in der modernen Musik des 20. Jahrhunderts weitgehend ihrer Substanz beraubt wurde, besitzt in Mahlers musikalischer Poetik noch einen zentralen Stellenwert. Die Zeitstruktur des Einfalls entspricht dabei jenen Befunden, die Karl Heinz Bohrer unter dem Begriff der „Plötzlichkeit" analysiert hat[15]: die Schrumpfung zeitlicher Erstreckung zum Punktuellen, die Verknotung von Dauer zu einem als zeitlos erfahrenen Augenblick, die Zerschneidung zeitlicher Kontinuität durch ein jäh Diskontinuierliches, schließlich auch die Überraschung als nicht Vorhersehbares und darum Schreckliches.

All diese Gegebenheiten werden in der langen Reflexionstradition über den Einfall zusammengefaßt in der Metapher des Blitzes, einem Bild, das die erleuchtende Kraft einer Gemüt und Einbildungskraft durchdringenden Inspiration zum Ausdruck bringt. Wagner hat für mehrere Werke Inspirationsmythen erzählt, denen zufolge ihm die musikalisch-dramaturgische Essenz eines Werkes in einem Augenblick plötzlicher Erleuchtung, der einen Zustand dumpfen, trüben Sinnens ablöste, ins Bewußtsein gekommen sei.[16] Entsprechende Inspirationsmythen gibt es auch bei Gustav Mahler. In dem an Arthur Seidl gerichteten Brief vom 7. Februar 1897 schildert er in Bezug auf den Finalsatz der *Zweiten Symphonie*, für den er lange vergeblich nach einem geeigneten Text gesucht hatte, einen solchen Inspirationsvorgang. Während der Totenfeier für Hans von Bülow am 29. März 1894 in der St. Michaeliskirche in Hamburg habe ihn, als ein Chor eine Vertonung von Klopstocks Lied *Die Auferstehung* sang, die plötzliche Erkenntnis der gesuchten Dichtung geradezu blitzartig durchdrungen: „Tief bezeichnend für das Wesen des künstlerischen Schaffens ist die Art, wie ich die Eingebung hierzu empfangen. — Ich trug mich damals lange Zeit schon mit dem Gedanken, zum letzten Satz den Chor herbeizuziehen und nur die Sorge, man möchte dies als äußerliche Nachahmung Beethovens empfinden, ließ mich immer und immer wieder zögern! Zu dieser Zeit starb Bülow und ich wohnte seiner Trauerfeier hier bei. — Die Stimmung, in der ich dasaß und des Heimgegangenen gedachte, war so recht im Geiste des Werkes, das ich damals mit mir herumtrug. — Da intonierte der Chor von der Orgel das Klopstock-Lied *Die Auferstehung*! — Wie ein Blitz traf mich dies und alles stand ganz klar und deutlich vor meiner Seele! Auf diesen Blitz wartet der Schaffende, dies ist die ‚heilige Empfängnis'! Was ich damals erlebte, hatte ich nun in Tönen zu erschaffen. Und doch — hätte ich dieses Werk nicht schon in mir getragen — wie hätte ich das erleben können? Saßen doch Tausende mit mir in jenem Momente in der Kirche! — So geht es mir immer: nur wenn ich erlebe, ‚tondichte' ich — nur, wenn ich tondichte, erlebe ich! — Ich weiß, Sie verstehen mich, ohne daß ich dies breiter ausführe. Das Wesen eines Musikers ist ja kaum in Worten auszudrücken."[17]

Die Inspiration, Mahlers Erzählung macht es deutlich, ist also auch in diesem Fall nicht unvorbereitet eingetreten. Was dem Komponisten zur Vollendung des Werkes noch fehlte, war eine Dichtung, die ihm erlaubte, das geplante Muster einer symphonischen Entwicklung nach dem Modell „Per aspera ad astra" ohne allzu deutliche Anlehnung an Beethoven zu konkretisieren. Der erste Satz, „Todtenfeier" genannt, war längst komponiert, die Mittelsätze lagen ebenfalls vor. Nun trat Mahler eine Parallelität zwischen Lebenserfahrung und Kompositionsvorgang ins Bewußtsein, die er zu einer prinzipiellen Wechselwirkung zwischen „Erleben" und „Tondichten" verallgemeinerte: Das Erlebnis von Bülows Totenfeier, ein lebenswirkliches Analogon des „Todtenfeier"-Kopfsatzes, bildete die Voraussetzung dafür, daß die Intonation der Klopstockschen Liedes *Die Auferstehung* — im Sinne einer künstlerischen Ausgestaltung von Mahlers damaliger Befindlichkeit — jenes lang erwartete Schlüsselerlebnis einer kompositorischen Inspiration hat auslösen können, welches eine Bewältigung des Finalproblems der *Zweiten Symphonie* erlaubte. Der christlich-religiöse Sinn der Hamburger Totenfeier für Bülow, die Deutung von dessen Hinscheiden als Übergang zur geistig-seelischen Existenz des „auferstehenden" Menschen, wurde damit prägend für den ideell-künstlerischen Sinn dieser großen Symphonie, die als ein Hauptwerk kunstreligiöser Weltanschauungsmusik den Gang des symphonischen Helden, des ästhetischen Subjekts der Musik, von der „Todtenfeier" des Kopfsatzes zum „Auferstehungs"-Finale sinnstiftend für die Zuhörerschaft vorzeichnet. Und es scheint, als habe Mahler mit dem Choreinsatz, der im dreifachen pianissimo „misterioso" eintreten soll, jenseits der symphonisch-konstruktiven Vermittlungsprozesse auch die Erfahrung des wunderbaren Inspirationsaktes bei Bülows Trauerfeier musikalisch gestalten wollen.[18]

Das postulierte Ineinandergreifen von Tondichten und Erleben — eine These, die auf Wilhelm Diltheys Kunsttheorie hinweist und im Zeitalter der Lebensphilosophie verbreitet war — zeigt deutlich, daß eine biographische Interpretation in die Irre ginge, wenn sie das „Erleben" eines Komponisten primär in einem außerkünstlerischen bzw. außermusikalischen Zusammenhang ansiedeln wollte. Vorrangig ist hier nicht der äußere Lebenslauf, sondern eine „innere" Biographie, wie Mahler selbst in einem Brief an Max Marschalk vom 4. Dezember 1896 im Anschluß an eine autobiographische Skizze betont: „Ein Mensch, der an die Galeere ‚Theater' gekettet ist, kann nicht so viel Musik zusammenlaichen wie die jetzigen Konzertmatadore. Er kann nur am ‚Feiertag' schreiben. Aber dann konzentriert sich sein Innenleben in e i n e m Werke. — Ich kann nicht anders, als mich in j e d e m neuen g a n z u n d g a r geben. [...] Das Leben eines Musikanten bietet ja an äußeren Ereignissen nichts. — Er lebt nach i n n e n [...].“[19]

Die Vorstellung einer in seinem Schaffen sich manifestierenden Natur[20] gehörte zu den Erfahrungen, die Mahler mehrfach bezeugte. Bei den Geburtsmetaphern, in denen Mahler das künstlerische Schaffen ins Bild des Gebärens faßt, teilt sich die Erfahrung mühevoller Qualen mit, so in der Widmung des Autographs der Klavierfassung *Lied des Verfolgten im Turm* an Nina Spiegler: „Meine liebe Nina! Dies habe ich ‚unter hinterweltlichen (metaphysischen) Schmerzen‘ zur Welt gebracht, hoffentlich merkt man sie dem Kinde nicht an.“[21] Mit dieser Erfahrung reiht sich Mahler in eine lange Tradition romantischer Poetik ein, zu welcher in seiner Zeit beispielsweise auch sein Kollege Hans Pfitzner gehörte. Die Überzeugung, das künstlerische Schaffen sei einem Leidensakt oder gar einem Martyrium vergleichbar — „stets nur aus Leid und schwerstem inneren Erleben [sei ihm] ein Werk entsprossen“[22] —, ist eine historisch begrenzte Prämisse musikalischer Produktion, wie ein Blick auf einen anderen, modernen Schaffenstypus des 20. Jahrhunderts veranschaulicht, der uns in der Literatur mit Thomas Mann, in der Musik mit Igor Strawinsky oder Pierre Boulez entgegentritt. Einen von Strawinsky mit der funkelnden Brillanz der Provokation formulierten Satz wie „Ich liebe das Komponieren von Musik mehr als die Musik selbst“[23] hätte Mahler niemals äußern können. Manche seiner Worte belegen vielmehr die mit der Genieästhetik korrespondierende Vorstellung, die künstlerische Schaffensnatur wirke im wesentlichen passiv, im Unbewußten — eine Überzeugung, die in dem vor dem Abschluß der *Vierten Symphonie* ausgesprochenen Satz kulminiert: „Ich sehe immer mehr: man komponiert nicht, man w i r d komponiert.“[24]

Die These, daß ein Künstler wie Mahler „komponiert werde“, statt selbst zu komponieren, zeigt eine Prämisse der romantischen Inspirationsästhetik in pointierter Zuspitzung, darf uns aber nicht dazu verleiten, den Anteil bewußter Arbeit am Mahlerschen Kompositionsprozeß geringfügig einzustufen. Mahler schlug beim Komponieren verschiedenste Wege ein und hielt sich nicht stur an bestimmte, bewährte Regeln des Procedere, die zweckrational zum Erfolg führten. Auch dies ist in Bauer-Lechners Aufzeichnungen bezeugt (Sommer 1893): „Ich wollte zu Mahlers Ungeduld nichts Geringeres wissen, als wie man komponiert. ‚Wie machst du das — oder eigentlich: wie macht sich das zumeist? Gehst du vom Wort oder von den Tönen aus?‘ ‚Gott, wie kann man so etwas fragen, Natalie! Weißt du, wie man eine Trompete macht? Man nimmt ein Loch und schlägt Blech drum herum; so ungefähr ist es mit dem Komponieren. Nein, im Ernst, wie ließe sich das sagen? Das geschieht auf hundertfach verschiedene Weise. Bald gibt das Gedicht den Anstoß, bald die Melodie. Oft fange ich in der Mitte, oft am Anfang, zuweilen auch am Ende an, und das übrige schließt sich nachher dran und drum herum, bis es sich zum Ganzen rundet und vollendet. Heute z.B. hatte ich ein Thema im Sinne und blätterte im Buch herum und da waren die passenden Verse eines reizenden Liedes zu meinem Rhythmus bald gefunden. ‚Tanzreime' nenne ich's (‚Rheinlegendchen' hat er's später genannt), oder könnte ich es mit einer Gruppe von anderen Liedern taufen, oder ‚Um schlimme Kinder artig zu machen'."[25]

Es fällt schwer, diese Behauptung anhand des überlieferten Quellenmaterials im einzelnen zu überprüfen, denn nur zu wenigen Werken haben sich sämtliche Stufen des Kompositionsprozesses erhalten; immerhin steht sie in keinem Widerspruch zum Quellenbefund. Vor allem zwei Dokumente machen deutlich, daß Mahler auch in seiner expliziten Poetik den Anteil bewußten Gestaltens hoch eingeschätzt hat. Dies gilt zumal für die späteren Stufen des Kompositionsprozesses, wenn es sich darum handelte, aus einzelnen Einfällen und musikalischen Gedanken ein in sich zusammenhängendes Ganzes zu komponieren, das dem Organismus-Theorem entspräche, dessen herkömmliche Geltung Mahler nicht anzweifelte. Wie verhält sich dieser Sachverhalt zu den modernen Interpretationen, die an Mahlers Musik das Diskontinuierliche, Fragmentarische, Nicht-Geschlossene im Sinne eines antiorganisch-manieristischen Prinzips hervorheben? Besteht in seiner Poetik tatsächlich eine Diskrepanz zwischen organizistisch-expliziten und manieristisch-impliziten Zügen? Gäben moderne Apologeten damit nicht im nachhinein jenen konservativen Kritikern Recht, die Mahler zu Lebzeiten eine Kluft zwischen Wollen und Gelingen, Intention und Realisierung vorgeworfen haben? Im Zusammenhang der Entstehung der *Dritten Symphonie* — am 16. Juli 1896 — äußerte er jedenfalls gegenüber Bauer-Lechner: „Das Komponieren erfordert die strengste Selbstkritik. Da dürfen nicht irgend einer schönen Sache willen die Proportionen, Aufbau, Steigerung u.s.w. gestört werden. Nur an seinem Platze, im organischen Zusammenhang mit dem Ganzen und im harmonischen Verhältnisse zu allen Teilen darf alles und jedes dastehen."[26] Und am 28. Juli, nachdem er inzwischen den ersten Satz der *Dritten* im Entwurf vollendet hatte, sagte er: „Und so muß es, glaube ich, sein. [...] Die Konzeption vollende sich so rasch als möglich, damit der Fluß und die Einheit des Werkes eine vollständige sei. Alles aber, was zur Ausarbeitung gehört [scil. zu der für den Winter vorgesehenen Partiturreinschrift], werde mit peinlichster Sorgfalt, Genauigkeit und dem größten Bewußtsein vollendet, ohne die kein großes Werk zustande kommt."[27] Mahlers explizite Poetik berücksichtigt somit neben der irrationalen Dimension, die dominiert, durchaus auch rationale Aspekte beim Schaffensprozeß.

Obwohl wir seine Bedenken gegenüber der uns leitenden Fragestellung aus dem eingangs zitierten Brief an Richard Batka kennen, haben wir den Komponisten bisher selbst ausführlich zu Wort kommen lassen. Nunmehr wenden wir uns beim Versuch, Gustav Mahler „in die Lieder zu blicken", den musikalischen

Quellen zur Werkgenese selbst zu. Denn nur wenn wir die verbalen Zeugnisse mit den Gegebenheiten der Philologie konfrontieren und damit die explizite Poetik mit der faktischen in Beziehung setzen, können wir ein authentisches Bild des Mahlerschen Kompositionsprozesses gewinnen und die schöpferischen Mystifikationen, von denen auch Mahler nicht frei war, kritisch hinterfragen.

*

Ein Überblick über den derzeit bekannten Gesamtbestand der Quellen mit Mahlerscher Musik erlaubt uns, das Material nach den verschiedenen Stadien des kompositorischen Prozesses zu gliedern. Diese Stadien sind einigermaßen konstant geblieben und weisen, wie die Forschung aufzeigen konnte[28], bei den von Mahler bevorzugten Gattungen Symphonie und Lied charakteristische Unterschiede auf. Es handelt sich insgesamt um neun Stufen bzw. Quellentypen, die im folgenden kurz umrissen werden sollen:

Skizzenbücher: Mahler pflegte kleine Skizzenbücher im Taschenformat bei sich zu haben, darin er, wo immer er sich gerade befand, Einfälle und musikalische Gedanken aller Art in knappen Zügen festhielt, nicht zuletzt auf den Spaziergängen und Wanderungen, die er so gern und oft unternahm. Die meisten Skizzenbücher sind, nachdem sie ihre Funktion als Gedächtnisstütze erfüllt hatten, vernichtet worden oder verloren gegangen. Erhalten sind ein Heft mit Skizzen zur *Neunten Symphonie*[29] und ein anderes mit Skizzen zur *Siebenten Symphonie* und nicht identifiziertem, von Mahler offenbar nicht verwendetem Material.[30]

Skizzenblätter und einzelne Entwürfe: Erste Entwürfe hat Mahler auch auf Skizzenblättern notiert, in der Regel auf normalen Notenseiten mit Bleistift oder Tinte auf zwei bis vier Liniensystemen. Im Falle der *Achten Symphonie* beispielsweise sind — neben der berühmten, auf Toilettenpapier hingeworfenen Skizze zum „Chorus mysticus" des zweiten Satzes (T. 1449—1453), die Alban Berg in seinem Arbeitszimmer aufgehängt hatte — erste Notizen auch zum ersten Satz überliefert.[31] Mahler hat das autographe Skizzenblatt später datiert und seiner Frau mit den Worten gewidmet: „*8. Symphonie* — Aug. 1906 / Der erste Einfall / meinem Almschl aufgehoben / spiritus creator". Die Unterzeichnung mit „spiritus creator", womit Mahler den Schöpfungsbegriff nach Art von Schönbergs ästhetischer Theologie[32] auf das musikalische Schaffen appliziert, bezieht sich auf den Kopfsatz des Werkes, dessen Hauptthema über „Veni, creator spiritus", den Pfingsthymnus des Hrabanus Maurus, in der Skizze erstmalig niedergeschrieben ist. Aus ihr geht außerdem hervor, daß die *Achte Symphonie* zunächst als ein viersätziges Werk geplant gewesen war, von dessen Konzeption nur der erste Satz bestehen blieb und zur Ausführung gelangte, denn gleichzeitig mit den ersten musikalischen Gedanken hat Mahler als satzzyklische Großform notiert: „I. Veni creator / II. Caritas[33] / III. Weihnachtsspiele mit dem Kindlein (Scherzo) / IV. Schöpfung durch Eros (Hymnus)".

Particell oder Kontinuitätsskizze: Auf die Skizzierung einzelner Gedanken oder Abschnitte folgte der Entwurf des zusammenhängenden musikalischen Satzverlaufs in einem Particell. Diesen Schritt realisierte Mahler meist in Tinte auf mehreren Systemen, ergänzt gelegentlich durch verbale Instrumentationsangaben. Die Niederschrift des Particells ist eine entscheidende Station des Arbeitsprozesses, die oft in zahlreichen Korrekturen Spuren mühevollster Anstrengung erkennen läßt.[34]

Partiturentwurf: Bei den Arbeitsstufen nach dem Particell scheiden sich die Wege der beiden von Mahler gepflegten Gattungen. Bei der Symphonie schloß sich an das Particell, das nicht mit einem Klavierauszug verwechselt werden darf, auch wenn sich sein Notenbild ihm streckenweise annähert, der Entwurf einer durchgehenden Niederschrift in Partitur, der sogenannte Partiturentwurf, an. Da die Struktur des musikalischen Satzes bereits im Particell weitgehend festgelegt worden ist, handelte es sich bei dieser Phase der kompositorischen Arbeit darum, den musikalischen Satz auf großem Format zu einem Orchestersatz auszuschreiben, mit Verdoppelungen, Oktavierungen und weiteren Details der Orchestration. Auch Dynamik und Vortrag wurden jetzt bezeichnet, allerdings noch nicht in einer endgültigen Formulierung. Alles jedoch, was mit mechanischer Selbstverständlichkeit nach den Regeln der musikalischen Notation ergänzbar war (Schlüssel, Vorzeichen, Pausen etc.), pflegte in diesem Stadium noch weggelassen zu werden.[35]

Partiturautograph: Die Reinschrift der Partitur, das eigentliche Autograph, realisierte Mahler — wie die vorangehende Stufe des Partiturentwurfs — während des laufenden Theaterbetriebs in der Saison von Herbst bis Frühling. Diese eher handwerkliche Aufgabe ließ sich während der laufenden Saison mit notgedrungen vielen Unterbrechungen bewerkstelligen, während die primäre kompositorische Arbeit der ersten gesamten Niederschrift eines Musikverlaufs während den Sommerferien eine völlige Konzentration der gesamten Arbeitskraft erforderte. Auch im Blick auf diese Stufe scheiden sich die beiden Mahlerschen Gattungen: Bei der Liedgattung gibt es seit den *Liedern eines fahrenden Gesellen* im Prinzip zwei Autographe für die Fassungen mit Klavier- und Orchesterbegleitung, bei der symphonischen Gattung, von besonderen Fällen einmal abgesehen, naturgemäß nur eines.[36]

Kopistenabschrift als Stichvorlage: In der Regel ließ Mahler nicht seine Autographe als Stichvorlagen für den Druck verwenden, sondern schob die weitere Station einer Kopistenabschrift ein, deren auktoriale Korrekturen den Notentext des Autographs noch verändern, statt nur Kopistenfehler zu berichtigen.[37]

Bürstenabzug beim Erstdruck: Nachdem eine Partitur nach der Stichvorlage gestochen war, nutzte Mahler, der die Drucklegung seiner Werke in der Regel sorgfältig überwachte, die Gelegenheit, bei der Korrektur eines Probe- oder Bürstenabzugs den Text seiner Partituren noch weiterhin, wenn auch nur in Details, zu verbessern. Da kein Korrekturgang eine bloß „mechanische" Fehlerbereinigung darstellt, ein jeder vielmehr den Autor zu einer erneuten geistigen Auseinandersetzung mit seinem Werk zwingt, führte dies in seinem Fall stets zu weiteren Veränderungen des Textes.[38]

Erstdruck: Bei den Liedern erschien der Erstdruck seit den neunziger Jahren in zwei parallelen Ausgaben, in einer Klavier- und einer Orchesterfassung. Beide repräsentieren eine vollgültige Werkgestalt, wenngleich eine gewisse ästhetische Priorität der Orchesterfassung unverkennbar ist. Bei den Symphonien erschien der Erstdruck der Partitur im Dirigierformat und als Studienpartitur. Ergänzt wurde er durch einen Klavierauszug, den Mahler, im Unterschied zu den Klavierfassungen der Lieder, von fremder Hand herstellen ließ — z.B. die *Erste Symphonie* durch Bruno Walter, die *Sechste* durch Alexander von Zemlinsky, die *Siebente* durch Alfredo Casella und mehrere andere Werke durch Joseph Venantius von Wöss.

Weitere Auflagen und Ausgaben zu Lebzeiten: Aufgrund von Mahlers Gepflogenheit, seine Werke aufgrund der in Aufführungen gewonnenen Erfahrungen weiterhin zu retuschieren, flossen Änderungen in die Textgestalt auch noch späterer Auflagen ein. Soll die Mahler-Philologie darum den Text letzter Hand als einen „endgültigen" betrachten, wohl wissend, daß es in diesem strikten Sinn eine „Endgültigkeit" beim Mahlerschen Schaffensprozeß gar nicht geben kann? Und dürfen wir wirklich bei dem oft langen Zeitraum zwischen Komposition und Ausgabe letzter Hand — etwa bei der *Ersten* und *Vierten Symphonie* — eine Konstanz der Werkästhetik voraussetzen und von der Hypothese einer kontinuierlichen Annäherung des Textes an ein und dasselbe Werkideal ausgehen? Zweifel hierüber sind angezeigt. Für die Kritische Gesamtausgabe der Werke Mahlers, die keine historisch-kritische Edition ist, sondern die Fassungen letzter Hand bereinigt wiedergibt, hat der gegenwärtige Aufschwung der Mahlerschen Quellenforschung zur Folge, daß mehrere bislang erschienene Bände kritisch revidiert werden müssen, wobei mit der Neuausgabe der *Fünften Symphonie* 1989 ein Anfang gemacht wurde, dem bald die *Kindertotenlieder* und das *Lied von der Erde* folgen werden.

Obgleich der Kompositionsprozeß mit der autographen Reinschrift an seinem wichtigsten Ziel angelangt ist, bedeutet diese Stufe also noch nicht sein tatsächliches Ende, da Mahler noch in alle nachfolgenden Quellentypen handschriftliche Korrekturen eingetragen hat. Niemals hat er eine einmal erreichte Ausgestaltung eines Werkes als endgültig bis in die letzte Einzelheit betrachtet, sondern er hat immer weiter — zumeist an Kleinigkeiten — gefeilt, um die Werke einer noch größeren Vollkommenheit zuzuführen, ja dem Ideal absoluter Vollendung anzunähern. Natürlich fällt der Revisionsvorgang nach erfolgter Drucklegung in den einzelnen Gattungen und Werken unterschiedlich gewichtig aus, aber prinzipiell erscheint Mahlers Schaffen doch als ein work in progress, welches erst durch den Tod des Komponisten im Mai 1911 einen faktischen Abschluß erfuhr.

*

In der eingangs erwähnten Rückert-Vertonung *Blicke mir nicht in die Lieder* ist das Verhältnis von Natur und Kunst in Hinsicht auf die Differenz zwischen Werkentstehung und Kunstcharakter thematisiert. Die Textwahl darf hier um so eher im Sinne eines Einverständnisses mit dem Gehalt des Rückertschen Gedichts verstanden werden, als die Vertraute Bauer-Lechner von ihm meinte, es sei „textlich für Mahler so charakteristisch, als hätte er es gedichtet".[39] Das zweistrophige Gedicht *Verbotener Blick* lautet bei Rückert[40]:

> Blicke mir nicht in die Lieder!
> Meine Augen schlag' ich nieder,
> Wie ertappt auf böser That;
> Selber darf ich nicht getrauen,
> Ihrem Wachsen zuzuschauen:
> Deine Neugier ist Verrat.
>
> Bienen, wenn sie Zellen bauen,
> Lassen auch nicht zu sich schauen,
> Schauen selbst sich auch nicht zu.
> Wann die reifen Honigwaben
> Sie zu Tag gefördert haben,
> Dann vor allen nasche du!

Rückert setzt hier das dichterische Schaffen mit der Honigproduktion der Bienen in eine Entsprechung, die die unterschiedlichen Funktionen von Natur für den Schaffensvorgang bzw. für die Werkästhetik deutlich macht. Da die als Inbegriff von Poiesis verstandene Liedgestaltung, analog dem Wachstum in der Natur, primär unbewußt vor sich geht („Bienen schauen selbst sich auch nicht zu"), darf weder der Künstler sein Schaffen von einer distanziert-reflektierten Warte aus betreiben („Selber darf ich nicht getrauen, / Ihrem Wachstum zuzuschauen"), noch ist es einem Außenstehenden erlaubt, die Rätsel des unbewußten künstlerischen Schaffensvorgangs zu lösen. (Das Verbot „Blicke mir nicht in die Lieder!" bezieht sich durchaus auf die Genese der Gebilde.) Denn — so ist aus dem Ende der zweiten Strophe zu schließen — der Kunstgenuß soll, von störendem Wissen um Produktionsgeheimnisse ungetrübt, aus der Erfahrung des gleich einem Naturorganismus vollendeten Gebildes hervorgehen. Allerdings dürfen wir daraus nicht folgern, Rückert, dieser höchst artifizielle Dichter, habe die Kunsterfahrung in letzter Instanz in die Nähe einer ästhetischen Naturerfahrung stellen wollen. Insgesamt erscheint Rückert durchaus im Licht einer gewissen Ambivalenz zwischen der skizzierten traditionellen Theorie einer mimetisch begründeten Poiesis einerseits und jener seit der französischen Revolution vehement aufbrechenden Richtung der Moderne, für welche — Hans Robert Jauß hat dies in seinem jüngsten Buch *Studien zum Epochenwandel der ästhetischen Moderne* eindrücklich gezeigt[41] — gerade eine Absage an das tradierte Mimesis-Ideal, die Weigerung, die Vorbildhaftigkeit der Natur anzuerkennen, charakteristisch ist.

Weder der lyrische Gehalt des Rückert-Gedichts noch das Selbstverständnis Gustav Mahlers, der sich das darin formulierte Verbot zu eigen machte, haben freilich für eine heutige Erkenntnis von musikalischer Lyrik bindende Kraft. Da nun bei diesem Lied eine vollständige Quellenlage gegeben ist — von einem Entwurf über zwei Autographen, zwei Stichvorlagen bis zu den Erstausgaben der Fassungen für Singstimme mit Orchester- bzw. mit Klavierbegleitung —, könnten wir Mahler, indem wir diesen Kompositionsprozeß rekonstruierten, gerade hier „in die Lieder blicken" und damit Einblick in einen Schaffensvorgang gewinnen, der in stärkerem Maße, als es die Selbstdarstellung des Komponisten vermuten ließe, von Rationalität und Reflexion geprägt ist. Indessen kann auf die Quellenbeschreibung und -interpretation des Revisionsberichtes der beiden entsprechenden Teilbände der Mahler-Gesamtausgabe verwiesen werden.[42] Statt auf eine Gesamtdarstellung des Prozesses wollen wir uns hier auf eine Interpretation des Entwurfs konzentrieren, da dort Eigenarten des Mahlerschen Kompositionsvorgangs am klarsten zu Tage treten.

Der in der Österreichischen Nationalbibliothek Wien verwahrte Entwurf des Liedes[43] — seine erste Seite ist als Faksimile unten S. 339 wiedergegeben — wurde von Mahler, wie die Datierung am Schluß des Autographs ausweist, am 14. Juni 1901 geschrieben. Mahler schrieb die Skizze mit Tinte auf anderthalb Seiten eines Bogens in 4° (achtzehnliniges Notenpapier), dessen dritte und vierte Seite leer blieben. Der Entwurf ist charakteristisch gerade aufgrund seiner „Normalität": Mahler komponierte das zweistrophige Gedicht offenbar in kurzer Zeit in durchgehendem Zusammenhang, korrigierte jedoch an sehr vielen Stellen und arbeitete bereits im Blick auf die Differenz zwischen Klavier- und Orchesterfassung[44] mit dem Ziel einer doppelten Werkgestalt. Der Particell-Entwurf nimmt Bezug zu beiden Fassungen: Die Angaben „Holz" und „Horn" in der dritten und vierten Akkolade sowie der später (mit Blaustift) eingetragene Vermerk „Streicher u[nd] Harfe" verweisen auf die von Anbeginn geplante Orchesterfassung des Liedes; die zweimalige Eintragung „Clavier" (zweite Akkolade) bezieht sich dagegen auf die Klavierfassung bzw. auf die im Klaviersatz dargestellte musikalische Struktur des Liedes. Während der komplexe Formverlauf der meisten symphonischen Sätze Mahlers eine weit ausführlichere Skizzierung erforderlich machte, vermochte Mahler hier — die liedästhetische Einheit aus einem „Erfindungskern" (Eggebrecht) heraus gestaltend — den in zwei musikalischen Strophen organisierten Musikverlauf bereits in diesem ersten Entwurf als eine „Kontinuitätsskizze" zu komponieren, sofern dieser Begriff ohne vorgängige partielle Skizzierung einzelner musikalischer Gedanken oder Abschnitte überhaupt sinnvoll verwendbar ist. Ohne die Abweichungen zwischen Entwurf und den beiden Endfassungen des Liedes im einzelnen aufzulisten[45], seien im folgenden an einigen Aspekten dieser Skizze grundsätzliche Eigenheiten des Mahlerschen Kompositionsprozesses hervorgehoben.

Bereits am zweistimmigen Vorspiel, welches den Gesangsbeginn — durchaus im Sinne der Gattungstradition des romantischen Liedes — motivisch vorbereitet und den „Ton" des Liedes etabliert, zeigt es sich, daß die Schlichtheit, die man als ästhetische Qualität dieses Liedes ansprechen darf, Resultat bewußter Arbeit ist und dem Komponisten nicht ohne Anstrengung zufiel. Den Beginn hat Mahler, ohne dies im Entwurf zu vermerken, um einen Takt Vorspiel erweitert, so daß die rhythmisch gleichförmige Begleitungsschicht einen längeren Vorlauf vor dem Motiveinsatz erhält. Damit wird auf überzeugendere Weise in das lyrische Gebilde eingeführt. Die Takte 4/5 des Entwurfs zeigen ein Schwanken des Komponisten an, insofern er sie nach ihrer Niederschrift zunächst durchstrich, um ihre Gültigkeit mit der darüberstehenden Angabe „bleibt!" später wiederherzustellen. Die darauf folgenden zwei Takte des Entwurfs hat Mahler, wahrscheinlich im Zusammenhang der Restitution der Takte 4/5, nahezu unleserlich kanzelliert. Der nächste Takt (T. 6/7), unmittelbar vor Eintritt des Gesangs stehend, bietet ein komplexes Bild: Mahler notiert zunächst eine erste Version, deren Oberstimme er darauf stark (bis zur Unleserlichkeit) korrigiert. Auf den beiden darüber liegenden Systemen schreibt er dann eine alternative Version hin (mit „Ossia" bezeichnet), doch akzeptiert er auch diese nicht. Statt sie völlig zu verwerfen, kennzeichnet er sie jedoch später — mit anderem Stift — als Material, das er für den Schluß des Liedes zu gebrauchen gedenkt, und streicht sie deshalb nicht ganz durch. Die endgültige Lösung, die Mahler für die Oberstimme dieses Taktes findet, ist sodann denkbar einfach: ein liegenbleibendes e^1.

T. 1—10

In den Akkoladen 2 und 3 des Entwurfs findet sich ein Sachverhalt, der für Mahlers Art der lyrischen Komposition ungemein aufschlußreich ist. Mahler hat das zweistrophige Gedicht so disponiert, daß jede der beiden — als Varianten aufeinander bezogenen — Strophen aus drei Abschnitten in bogenförmiger Anlage besteht. Um dies zu erreichen, hat er die sechs Verse einer jeder Strophe so in drei Abschnitte geteilt, daß der erste musikalische Abschnitt die Verse 1—3, der zweite die Verse 4 und 5, der dritte den um eine zusätzliche Zeile erweiterten letzten Vers 6 enthalten. (Bei Strophe I wird zu diesem Zweck Vers 1 vor dem sechsten Vers wiederholt, bei Strophe II wird der letzte, sechste Vers zweimal gesungen). Nun unterlief Mahler bei der Komposition der Strophe I aber der Irrtum, daß er den Text des vierten Verses („Selber darf ich nicht getrauen") zweimal hintereinander hinschrieb und der fünfte Vers („Ihrem Wachsen zuzuschauen") so auf jene musikalische Stelle zu stehen kam, wo die Endfassung die Wiederkehr des ersten Verses vorsieht. Dieser Sachverhalt erweist — wir werden darauf zurückkommen[46] —, wie sehr Mahler immer dann, wenn seine kompositorische Erfindung, von der Lyrik der Dichtung inspiriert, auf der musikalisch-konstruktiven Ebene rasch voranschritt, die Komposition auch jenseits der verbalen Textebene voranzutreiben pflegte. Mahler ging bei seiner Liedkomposition nicht durchweg vom Text — Strophe für Strophe, Zeile für Zeile — im einzelnen aus, um ihn zu „vertonen". Hätte er dies gemacht, wäre ihm der in Frage stehende Irrtum niemals unterlaufen. Nur bei einer Kompositionsweise, welche der Strukturierung des Tonsatzes auch im Fall von Vokalmusik eine gewisse „Autonomie" beimißt, statt die musikalische Erfindung an die Konfigurationen der Dichtung „heteronom" anzubinden, konnte der Lapsus entstehen. Bevor Mahler die Endfassung erreichte, hat er offenbar, nachdem ihm die irrige Textrepetition aufgefallen war, die einfachste Möglichkeit der Emendation erwogen, indem er — statt neu zu textieren — die Textrepetition des Gesangs in eine Instrumentalstimme, worauf sich der Vermerk „Clavier“ bezieht, umwandeln wollte. Die Bezeichnung „Clavier“ weist hier also einerseits auf den Klavierpart hin, der in diesem Entstehungsstadium für die fragliche Stelle vorgesehen war, doch steht sie, da sie ebenso für die Orchesterfassung gilt, auch allgemein für „Instrumentalsatz“ statt Gesang. Die Endfassung, welche die nicht kanzellierte zusätzliche „Clavier“-Anweisung wieder aufhebt, lautet:

T. 17—26

Daß der Kompositionsprozeß in der Regel Werkgestalt und Vortragsbezeichnung zunehmend ausdifferenziert, ist ein gewiß weit über Mahler hinausreichender Befund der musikalischen Philologie. An unserem Beispiel erweist sich seine Gültigkeit sowohl in den zahlreichen, im Entwurf eingetragenen Korrekturen als auch dort, wo die Druckfassungen vom Entwurf abweichen, ohne daß es in diesem vermerkt wäre. Dazu gehört, um einer flexiblen Deklamation der Dichtung willen, eine Ausdifferenzierung des Rhythmus. Um dem „Fliessend“ der Tempoangabe[47] gerecht zu werden, hat Mahler die gleichmäßigen Viertel der Strophenanfänge in eine punktierte Struktur umgewandelt und damit — ein Vergleich des Anfangs (T. 8f.) zeigt es — die Geschmeidigkeit des musikalischen Verlaufs erhöht.

Der Beginn von Strophe II („Bienen, wenn sie ...“) behält demgegenüber die Rhythmisierung in Vierteln ohne Punktierung bei. Daß man sich bei einer Diskussion dieser Frage vor einer Überinterpretation hüten muß, erweist die Tatsache, daß Mahler dort, wo die Phrase ein letztes Mal erscheint (beim Vers „dann vor Allen ...“, T. 51), einen Unterschied zwischen Klavier- und Orchesterfassung wohl unabsichtlich stehen ließ, hat doch die Klavierfassung an dieser Stelle den punktierten, die Orchesterfassung den unpunktierten Rhythmus. Solche Differenzen zwischen den Werkgestalten Mahlerscher Lieder sind keineswegs selten und in anderen Fällen noch weit gewichtiger. Ihren Grund haben sie darin, daß Mahler zwischen Klavier- und Orchesterfassung der Lieder kein Bearbeitungsverhältnis etabliert hat, demgemäß die eine Fassung (als Klavierauszug oder als Klavierliedorchestration) von der primären anderen Fassung zeitlich-genetisch abgeleitet wäre. Vielmehr diente das Particell, wie auch unser Beispiel zeigt, als Quelle für die Komposition der Klavier- wie der Orchesterliedfassung, so daß bei zwei in dieser Weise aufeinander bezogenen Werkgestalten einzelne Unterschiede sich fast unausweichlich ergeben mußten.

Dasselbe gilt auch für die Stelle T. 15/16, wo Mahler durch die spätere Punktierung einen Fehler seiner Textvertonung wettmacht, hatte er doch im Entwurf das Wort „auf" vergessen und die Musik als Sequenz in Vierteln und Halben — analog zur Struktur der Parallelstelle in Strophe II („schauen selbst auch nicht zu") — komponiert:

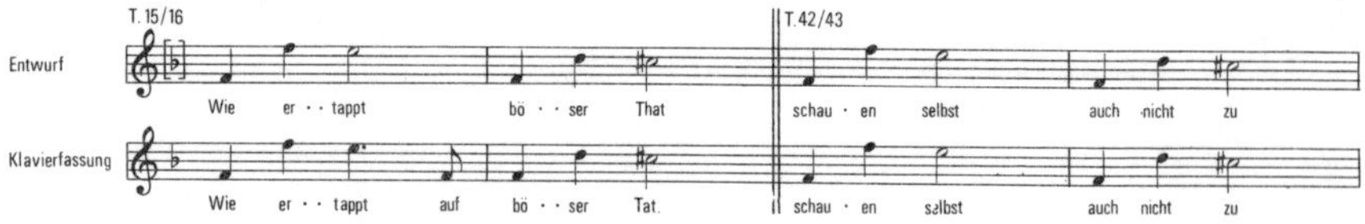

Was lehrt uns dieser Blick in Mahlers Lied, den wir — dem Willen des Komponisten und der Essenz der Rückertschen Dichtung zum Trotz — genommen haben? Die künstliche Entgegensetzung von Phantasie und Verstand bzw. von Inspiration und Rationalität hält selbst bei einem Gebilde von so überschaubaren Dimensionen einer näheren Betrachtung nicht stand. Denn Mahler hat jene Totalität des Liedes imaginiert, welche im Ausgang vom Eröffnungsvers das Wesen der musikalischen Inspiration ausmacht. Seine explizite Poetik, die ihren Akzent auf die irrationale Dimension setzt, wird in dieser Hinsicht von den Quellen bestätigt. Gleichzeitig offenbart aber das Ausmaß der Detailkorrektur, mit welchem Kunstverstand er zu Werke ging. Mahler war nicht ein Künstler von der Art Mozarts, Schuberts oder Hindemiths, welche — wenngleich nicht ohne Skizzierung im einzelnen — eine Endfassung mit staunenerregender Präzision im Entwurf zu antizipieren vermochten. Andererseits ist — mit Sicherheit seit Beethoven — der Schaffenstypus kein Indiz für den Rang einer Kunst. Das harte Ringen, das unablässige Verbessern und Verwandeln würde, sähe man darin nur einen prosaischen Akt kompositionstechnischer Rationalität, völlig mißverstanden. Auch hier gelangt das kompositorische Metier nur im Einklang mit künstlerischer Phantasie zum Tragen.

Wir haben dieses Lied herangezogen aufgrund der Tatsache, daß die in ihm komponierte Dichtung Rückerts ein zentrales Problem thematisiert und die Quellenlage uns erlaubt, Mahlers explizite Poetik an Befunden seiner faktischen Poetik zu überprüfen. Die Frage nach seinem Kunstgehalt blieb bislang ebenso ausgespart wie die musikalische Analyse, die zu ihrer Beantwortung unerläßlich wäre. Die Behauptung Deryck Cookes indes, *Blicke mir nicht in die Lieder* sei das einzige uninspirierte Lied aus Mahlers reifer Schaffenszeit[48], muß in dieser pauschalen Form zurückgewiesen werden. Gewiß, andere Rückert-Lieder bringen Mahlers Modernität, die eine Modernität des Fin de siècle war, in individuellerer Art und Weise zum Ausdruck. Die traditionellen Momente jedoch, die wir hier beobachten konnten, sind keine Relikte, welche hinter einem angenommenen „Stand des Materials" zurückbleiben. Sie korrespondieren vielmehr direkt mit dem Gehalt der Rückertschen Dichtung, welcher eine ältere, der Romantik statt der Moderne verpflichtete Auffassung von Poetik zur Geltung bringt. Durch seine Vertonung hat Gustav Mahler sie in musikästhetische Wirklichkeit überführt.

Funktionen von Natur

Noch ungeschrieben ist die Geschichte der Bedeutungen, welche die Kategorie Natur für die Musik und ihre Theorie im Laufe der langen, komplexen Entwicklung durchlief, die von ihren metaphysischen Ursprüngen in Antike und Mittelalter zu jener Dichotomie zwischen ästhetischer Naturerfahrung und wissenschaftlich-technischem Naturverständnis führte, wie sie sich in der Neuzeit herausbildete und bis in unsere Gegenwart bestimmend blieb. Sich dieser Aufgabe in umfassender Weise anzunehmen, wäre heute an der Zeit — weniger darum, weil durch die wachsende Gefährdung und Zerstörung der menschlichen Umwelt Probleme der Ökologie mittlerweile dramatisch ins öffentliche Bewußtsein gerückt sind, so daß Diskussionen über „Geist und Natur" (so das Thema eines 1988 in Hannover veranstalteten Kongresses) oder „Mensch und Natur" (so das Thema der Frankfurter Feste '88) eine nicht bloß modische Aktualität erlangt haben[49], als vielmehr aus dem Grunde, weil der in den geistes- und kunstwissenschaftlichen Nachbardisziplinen seit Joachim Ritters wegweisender Rektoratsrede von 1962 erreichte Forschungsstand zur Geschichte des philosophischen Naturbegriffs und der ästhetischen Naturerfahrung[50] eine Einbeziehung der bislang vernachlässigten Musik — im Blick auf ihre Theorie-, Kompositions- und Rezeptionsgeschichte — zwingend nahelegt.[51]

Historisch kommt dem vielberufenen Paradigmenwechsel in der Musikästhetik um 1800[52] für die angesprochene Problemstellung eine grundlegende Bedeutung zu. Mit Hegels Verdikt gegen das „Naturschöne" und mit der Wende zur Autonomieästhetik, die einherging mit einer Abkehr vom althergebrachten Mimesis-Ideal, schien sich die — besonders drastisch von Eduard Hanslick verfochtene[53] — Auffassung durchzusetzen, die Kategorie Natur, deren Status in bezug auf die Musik — diese bilderlose, ihren eigenen Materialgesetzen folgende und in der Regel nicht semantisch begründete Kunst — ohnehin schwieriger zu fassen war als in bezug auf die Literatur und vor allem die Bildende Kunst, sei von keiner oder einer allenfalls nachgeordneten Bedeutung für die Tonkunst. In Wirklichkeit aber spielte sie nicht nur in der Romantik, sondern noch in der Epoche der Moderne eine beträchtliche Rolle, wobei sich ihre Funktionen allerdings wandelten — bis hin zur Instanz eines nur mehr negativen Referenzpunktes, wie sie erstmals in der radikal modernen Ästhetik Baudelaires greifbar ist. Ein Blick auf die Musik der Jahrhundertwende, auf Claude Debussy, Charles E. Ives und Gustav Mahler, zeigt, daß die Durchsetzung der Autonomieästhetik auf dem Gebiet der Tonkunst die Naturkategorie keineswegs zum Verschwinden gebracht, sondern den Möglichkeitsspielraum ihrer Funktionen im Gegenteil vervielfacht hat. So ist vom Beginn der Wirkungsgeschichte der Mahlerschen Musik bis zur jüngsten Forschung die Tragweite, welche die Kategorie Natur für sie besitzt, nie verkannt, wenngleich unterschiedlich gedeutet worden.[54] Und in der Tat erweist sich ein Versuch, ihre Bedeutung bei Mahler zu explizieren, da Aspekte des Kompositionsprozesses, der Werkästhetik und der Kompositionsgeschichte zu berücksichtigen sind, alles andere als einfach.

*

Aus Briefen Mahlers, noch mehr aus den unschätzbaren Aufzeichnungen seiner Freundin Natalie Bauer-Lechner aus den Jahren 1892—1902 und den Erinnerungen seiner Gattin Mahler Alma Maria, die den Zeitraum von 1901 bis 1911 umfassen, wissen wir, welch immense Bedeutung die Erfahrung der Natur für den Mahlerschen Schaffensprozeß besaß. Einerseits bot die Abgeschiedenheit ländlicher Ferienorte Mahler, der aufgrund seiner an die hektische Lebenswelt der gründerzeitlichen Städte gebundenen Dirigenten- und Intendantentätigkeit das eigentliche Komponieren, d.h. das Skizzieren und Entwerfen seiner Musik, auf die Sommermonate konzentrieren mußte, die Gewähr, sich einigermaßen störungsfrei dem Schaffen widmen zu können. Andererseits waren die häufig unternommenen Ausflüge, die Bergwanderungen, Spaziergänge, Radtouren oder das eifrig geübte Schwimmen nicht nur ein Mittel, die physischen und psychischen Voraussetzungen für die gewaltige Konzentrationsleistung, die das Komponieren erfordert, zu erlangen oder zu bewahren sie vermittelten ihm auch eine Fülle von Anregungen, die sich — in wie immer verwandelter Form — in seinem Schaffen niederschlugen. Neben dieser Bedeutung von Natur im Sinne einer äußeren Voraussetzung eines geeigneten Ambientes bzw. der Vermittlung von Anregungen für das Schaffen war es aber eine weitere Funktion, die Mahlers Selbstverständnis im Anschluß an eine auf Kant zurückreichende Tradition bestimmte: die Vorstellung, der innerste Kern des kompositorischen Schaffensvorgangs sei eine Manifestation von Natur, der Kompositionsakt ein Naturereignis. „Genie", so heißt ein Schlüsselsatz in § 46 der *Kritik der Urteilskraft*[55], „ist die angeborene Gemütsanlage (ingenium), durch welche die Natur der Kunst die Regel gibt." Und aus der Tatsache, daß seit dem 19. Jahrhundert das Genie nicht „die Natur, sondern als Natur und wie Natur" präsentiere, schloß Odo Marquard denn auch zu Recht, die romantische Genieästhetik, der Gustav Mahler uneingeschränkt verpflichtet war, sei „grundsätzlich Naturphilosophie der Kunst."[56]

Diese Vorstellung einer in seinem Schaffen sich manifestierenden Natur, deren tiefste Verfügbarkeit außerhalb der eigenen Intentionen liege, gehörte zu den Grunderfahrungen, die Mahler wieder und wieder bezeugte etwa in den zahlreichen Vergleichen und Metaphern, die den Schaffensakt mit der Geburt, dem Gebären, aber auch dem Zeugen gleichsetzen, Analogien, in denen stets auch ein naturtheologisches Moment widerfahrener Gnade mitschwingt. Während in den Geburtsmetaphern sich die Erfahrung äußerst mühevoller Qual mitteilt — das genaue Gegenteil der späteren antiromantischen Poetik eines Igor Strawinsky —, spricht aus den Briefzeilen, die Mahler im Sommer 1904 nach der Vollendung der *Sechsten Symphonie* an Bruno Walter schreibt, überschwenglicher Stolz: „Mit einem Wort: Wer kein Genie besitzt, soll davon bleiben, und wer es besitzt, braucht vor nichts zurückzuschrecken. — Das ganze Spintisieren über all das kommt mir vor, wie wenn einer, der ein Kind gemacht hat, sich nachträglich erst den Kopf zerbricht, ob es auch wirklich ein Kind ist, und ob es mit richtigen Intentionen gezeugt etc. — Er hat eben geliebt und — gekonnt. Basta! Und wenn einer nicht liebt und nicht kann, dann kommt eben kein Kind! Auch basta! Und wie einer liebt und wie er ist und kann — so wird das Kind! Noch einmal basta! / Meine VI. ist fertig. Ich glaube, ich habe gekonnt! Tausend Basta!"[57] Gewiß, bei diesem Zeugnis und weiteren vergleichbaren gilt es abzuwägen, inwieweit seine Deutung den unmittelbaren Bezug zum bestimmten Werk zu wahren hat oder aber darüber hinaus zu einer Charakterisierung des Mahlerschen Schaffens im allgemeinen beitragen kann. So dürfte die Aussage vom Juni 1896: „Man ist, sozusagen, selbst nur ein Instrument, auf dem das Universum spielt"[58] spezifisch auf die Poetik der *Dritten Symphonie* mit ihrem Anspruch zielen, eine Welttotalität in der stufenweisen Folge von sechs (in der ursprünglichen Planung: sieben) Sätzen Klang werden zu lassen. Und dennoch bringt sie in der These einer wesentlich passiv, im Unbewußten wirkenden künstlerischen Schaffensnatur, einer als persönliches Subjekt verstandenen Natura naturans, eine Grundauffassung der Genieästhetik zum Ausdruck, die Mahler beispielsweise auch vor dem Abschluß der *Vierten Symphonie* mit dem bereits hervorgehobenen Satz bekräftigte: „Ich sehe immer mehr: man komponiert nicht, man wird komponiert."[59]

Derartige Dokumente der Mahlerschen Inspirationsästhetik bedeuten selbstverständlich nicht, der Anteil bewußter Arbeit sei beim gesamten Kompositionsprozeß geringfügig zu veranschlagen. Die überlieferten Quellen lassen im Gegenteil erkennen, wie hartnäckig Mahler, zumal bei der Komposition der großen Symphonien, von der ersten Skizze und dem ersten Entwurf bis zur vollendeten Werkgestalt gerungen[60] und wie sehr er gerade bei den späteren Stufen des Kompositionsprozesses mit umsichtiger, bewußter Planmäßigkeit gearbeitet hat. Aber sie bezeugen unmißverständlich, daß das poetologische Selbstverständnis dieses Komponisten in der Epoche der musikalischen Moderne — und darin steht er keineswegs allein — noch wesentlich romantisch geprägt ist und nicht jener primär rationalen Tradition der ästhetischen Moderne angehört, die im Ausgang von Poe und Baudelaire entstanden ist und die in der Musik wohl erst in unserem Jahrhundert, vorab im Œuvre Pierre Boulez', zu ihrem Recht zu kommen scheint.

*

Von den bisher skizzierten Funktionen von Natur, die alle dem Bereich der Werkentstehung, der Kompositionsgenese, zuzurechnen sind, ist nun aber eine andere Funktion zu unterscheiden, die das vollendete Werk betrifft. Kants Satz „Schöne Kunst ist eine Kunst, sofern sie zugleich Natur zu sein scheint“[61], war, gewiß nicht ohne tiefgreifende Umdeutungen, von außerordentlicher Wirkung, in der Musikästhetik jedenfalls — mit der Schönberg-Schule — bis weit ins 20. Jahrhundert hinein. Die Kategorie des Organismus, eines in allen seinen Teilen anscheinend notwendig aufeinander bezogenen Ganzen, das einen lückenlosen Funktionszusammenhang ausprägt — und zwar unabhängig von allen Modalitäten der Entstehung des Gebildes —, war ein auch von Mahler ohne Einschränkung akzeptierter Grundsatz der Ästhetik[62] — ein Faktum, das hervorgehoben zu werden verdient angesichts einer weitverbreiteten Neigung, Mahlers Poetik, im Anschluß an die Adornosche Interpretation[63], primär als eine moderne Poetik des Fragmentarischen, des absichtlich heterogen Gefügten, des Collage- oder Montageprinzips zu begreifen.

In seinem Liedschaffen unterscheidet sich Mahler bekanntlich von einem Komponisten wie Hugo Wolf, der integrale Dichtungen vertonte und die lyrischen Gebilde der Wortkunst in der Transformation des Liedes aufhob und bewahrte, dadurch, daß er Dichtungen als bloßes Textmaterial für die musikalische Komposition betrachtete, das er, wann immer es ihm geboten schien (und selbst in späten Stadien der Werkgenese[64]), ohne Rücksicht auf den ursprünglichen Wortlaut änderte. Die von ihm bis zur Jahrhundertwende bevorzugten Gedichte der Sammlung *Des Knaben Wunderhorn* haben denn auch die Eigenschaft, als „Volkslieder“, deren Existenzweise keine philologisch definitive, sondern eine auf ein Weiterdichten und -singen angelegte ist, dieser Art der Liedkomposition entgegenzukommen. Mit gutem Grund bringt Mahler die *Wunderhorn*-Dichtungen daher mit dem Begriff der Natur in Verbindung, so in seinem an Ludwig Karpath gerichteten Brief vom 2. März 1905, worin es heißt, daß sich diese Poesie „von jeder anderen Art ‚Literaturpoesie' wesentlich unterscheidet und beinahe mehr Natur und Leben — also die Quellen aller Poesie — als Kunst genannt werden könnte."[65] Bei den nach Dichtungen Friedrich Rückerts entstandenen Liedern lassen sich Mahlersche Textänderungen indessen weniger häufig — dennoch aber immer wieder, meist in Einzelheiten — beobachten. Rückerts Poesie besaß für den Komponisten also einen höheren Grad künstlerischer Verbindlichkeit, den er in seiner musikalischen Lyrik respektierte. In einem der Rückert-Lieder aber, in *Blicke mir nicht in die Lieder*, hat Mahler gar, wie oben gezeigt wurde[66], das Verhältnis von Natur und Kunst — im Hinblick auf die Differenz zwischen Werkentstehung und Werkästhetik — so thematisiert, daß die unterschiedlichen, ja gegensätzlichen Funktionen der Kategorie Natur für die Poiesis und für die Ästhetik von Musik deutlich werden.

*

Im Anschluß an Hans Heinrich Eggebrecht, der zwischen drei Arten von Naturlauten bei Mahler unterschieden hat — er spricht von Naturlauten im engsten, in einem weiteren und im weitesten Sinn[67] —, fragen wir nunmehr nach den Funktionen von Natur auf drei Ebenen der Musik, einer unteren Ebene der Struktur, einer mittleren der Form, einer oberen der Werktotalität.

Von den wichtigsten Arten der imitatio naturae, die in der Musikgeschichte bis ins 18., zum Teil gar 19. Jahrhundert als verbindlich galten — einerseits die Nachahmung der „äußeren" Natur durch Tonmalerei und räumliche Bewegungsformen sowie durch die Nachbildung von Sprachintonationen, andererseits die Nachahmung der „inneren" Natur durch die musikalische Schilderung menschlicher Affekte —, scheint in Mahlers Musik der Naturimitation mittels Lautmalerei die größte Bedeutung zuzukommen. Die anderen sind entweder irrelevant geworden oder haben sich so radikal gewandelt, daß sie in ihrer einstigen Bedeutung nicht mehr erkennbar sind — dies gilt insbesondere für die Tradition der Affektendarstellung nach ihrer Umwandlung zum romantischen Ausdrucksprinzip, das auch für Mahler Gültigkeit besaß. Unter den Tonmalereien, in deren raffinierter Verfeinerung sein Kollege Richard Strauss ein unerreichter Meister war, stehen bei Mahler die Vogelstimmenpartien mit Abstand an erster Stelle. Constantin Floros hat sie in einer Übersicht zusammengestellt und in der Absicht einer semantischen und symbolischen Bestimmung der einzelnen Vogelrufe beschrieben[68], etwa den im Autograph als „Der Vogel der Nacht" benannten „Naturlaut" aus dem Mitternachtslied der *Dritten Symphonie* oder den „Totenvogel“ im Finale der *Zweiten*. Ragt mit diesen Vogelstimmenstrukturen ein Stück Musikästhetik des 18. Jahrhunderts, eine unverhohlene Nachahmung „äußerer“ Natur durch Lautmalerei, in Mahlers Musik hinein?

Mahler wollte hiermit — dies erscheint zunächst wichtig — weder eine abgestorbene Tradition früherer Musik restaurieren bzw. für seine Zwecke wiederbeleben, noch sah er sich darauf verwiesen, ausschließlich Anregungen der außermusikalischen Natur zu verarbeiten. Vielmehr konnte er eine kompositorische Tradition des 19. Jahrhunderts fortsetzen, deren wichtigste Pfeiler Beethovens *Pastoral*-Symphonie, Spohrs *Vierte Symphonie* (*Die Weihe der Töne*) und Wagners „Waldweben“-Episoden aus dem zweiten Aufzug des *Siegfried* sind. In dieser Tradition erscheint die Transformation eines Außermusikalisch-Naturschönen, als welches die scheinbar in regelloser Ungebundenheit frei erklingenden Laute der Vögel gelten dürfen, in ein Innermusikalisch-Naturschönes, also ein Kunstschönes, kompositionsgeschichtlich vermittelt. Auch hier ist nicht allein Naturerfahrung die Voraussetzung für die musikalische Komposition, sondern gleichermaßen, ja in erster Linie früher komponierte Musik, an die Mahler — stark verändernd — anknüpfte. Die entscheidende Wendung, mit der Beethoven die Tradition der älteren nachahmenden Lautmalerei in das 19. Jahrhundert hinüberrettete, indem er sie mit der Bemerkung zur *Pastorale*: „Mehr Ausdruck der Empfindung als Malerei“ für das Ausdrucksprinzip der Ästhetik autonomer Instrumentalmusik legitimierte, wurde von ihm keineswegs revoziert. Bezeichnete er einst scherzhaft die Vögel als „die ersten Komponisten“[69], so mochte er umgekehrt deren „Gesang“ nur durch kompositorische Transformation ins musikalische Kunstwerk integrieren: „Mahler erzählte mir“, berichtet Bauer-Lechner, „er habe von Böcklin gelesen, daß er nie ein Bild sklavisch nach der Natur oder nach Modellen gemalt habe, sondern, nachdem er in und an der Natur sich Auge und Phantasie ganz erfüllt hatte, frei aus dem Geiste seine künstlerischen Gestalten schuf, die an Wahrheit nur gewannen, was ihnen an platter Wirklichkeit fehlte. ‚Das kann ich‘, sagte Mahler, ‚so gut verstehen, weil auch ich nie imstande wäre, eine so große Rolle auch die Natur in allen meinen Sachen spielt, sie in irgend welchen Lauten oder Tönen abzuklatschen. Mag es eine Vogelstimme oder welcher Naturklang immer sein, der mir zur Anregung gedient hat: ich werde ihn nicht im wirklichen, naturgetreuen Ton und Intervall, sondern stets in einer übertragenen, stilisierten Form bringen, die das Typische des Naturlautes getreuer wiedergibt, als sein buchstäblicher Nachhall.‘ “[70] Man griffe zu kurz, läse man aus dieser Äußerung, Mahler habe in der Stilisierung von Naturlauten einen künstlerischen Selbstzweck erblickt. Vielmehr läßt sich zeigen, daß über die Bedeutung der Naturlaute in seiner Musik in letzter Instanz die Funktion entscheidet, die sie innerhalb des organisierten Werkganzen erfüllen.

Seit Beethoven definieren sich „Naturlaute"-Passagen in der Symphonik als Abweichung von der allgemeinen symphonischen Musiksprache mit ihren Variations- und Entwicklungsprinzipien innerhalb eines regelhaften metrisch-syntaktischen Satzverlaufs. Neben der melodisch-rhythmischen Ungebundenheit etwa von Vogelstimmenpartien, Paradigmata musikalischer Prosa, spielen auch musikalische Naturbilder nach Art von stehenden, in sich bewegten oder nur allmählich sich verändernden Klangflächen (z.B. der „Feuerzauber" in der *Walküre*) eine wichtige Rolle; beide Formen können überdies zusammen auftreten. Die Vorstellung, in dergleichen Passagen erhebe Natur gegen die Kunst und die Sprache der Kunstmusik vorübergehend Einspruch, ist zwar nicht falsch, jedoch ungenügend, wie Dialektiker vom Range Theodor W. Adornos und Carl Dahlhaus' erkannt haben. Auf der Realitätsebene der Kunstmusik und ihrer Tradition ist nämlich die harmonisch-tonale Musiksprache im Laufe ihrer Entwicklung bis ins frühe 20. Jahrhundert längst zu einer Art zweiter Natur geworden, dergegenüber die Ursprünge einer „ersten" Natur, wenn anders es sie überhaupt gegeben hat und sich ihr Begriff nicht nur in der unhaltbaren Hypothese einer Ableitung der musikalischen Tonsysteme aus akustischen Naturgesetzen erschöpft, in Vergessenheit geraten sind. „Auch wo Mahlers Musik Assoziationen an Natur als Landschaft weckt", schreibt Adorno[71], „verabsolutiert sie diese nirgends, sondern liest sie aus dem Kontrast zu dem heraus, wovon sie abweichen. Technisch werden die Naturlaute relativ durch den Gegensatz zu der sonst bei Mahler vorwaltenden syntaktischen Regularität: seine musikalische Prosa ist keine primäre, sondern wächst als freier Rhythmus am Vers. Natur bei ihm ist als bestimmte Negation der musikalischen Kunstsprache von dieser abhängig." Gegenüber der zur zweiten Natur gewordenen Sprache der Kunstmusik sind die Naturlaute weniger eine erste als eine — sit venia verbo — „dritte" Natur. Und so sehr sie alle aus dem Kontext der kunstmusikalisch regulierten Sprache herausragen und in solcher Diskretion ihre spezifischen Formfunktionen als Suspension, Episode oder Introduktion gewinnen — Kategorien jener materialen Formenlehre, die Adorno an der Mahlerschen Musik entwickelt hat[72] (und die zu vertiefen zu den Aufgaben einer aktuellen, zur Hermeneutik sich öffnenden musikalischen Analyse gehört) —, so sehr erweisen sie sich bei genauer Betrachtung als eingebunden in den gesamten Satzverlauf. In Mahlers Symphonik bestätigt sich somit die Erkenntnis, daß es in großen, der Idee absoluter Musik verpflichteten Kunstwerken kein schlechthin Erstes oder Anderes geben kann, daß Prinzipien der Vermittlung vielmehr universal greifen, und zwar gerade auch dort, wo unter dem Sigel „Naturlaut" der Anschein des Gegenteils, eines vermittlungslos-unberührten Ursprünglichen, erweckt wird.

*

Im Finale der *Zweiten Symphonie* bildet eine Episodenpartie, die aus Fanfarenklängen von (in weiter Entfernung aufgestellten) Trompeten, Hörnern und einer Pauke sowie einer prosahaften, von Flöte und Piccoloflöte (im Hauptorchester) gespielten Vogelstimmenstruktur gebildet ist (Ziffer 29f., vgl. Notenbeispiel S. 73), den unmittelbaren Übergang zur Reprise des Sonatensatzes[73], die durch den Eintritt des Chors mit dem Klopstock-Lied *Die Auferstehung* ihr außerordentliches, den bisherigen Satz- und Werkverlauf überhöhendes Gewicht erhält (Ziffer 31, vgl. Notenbeispiel S. 74). Programmatische Implikationen sind bei dieser Stelle, die Mahler im Autograph mit „Der große Appell" gekennzeichnet hat[74], unabweisbar — in den Worten des Komponisten: „Der ‚Große Appell' ertönt — die Trompeten der Apokalypse rufen; mitten in der grauenvollen Stille glauben wir eine ferne, ferne Nachtigall zu vernehmen, wie einen letzten zitternden Nachhall des Erdenlebens! Leise erklingt ein Chor der Heiligen und Himmlischen: ‚Auferstehen, ja auferstehen wirst Du.' "[75] Aus Fanfaren und Vogelstimme, von Mahler an anderer Stelle als „Stimme des Totenvogels" bezeichnet[76], entsteht eine Musik, die gemäß der Werkkonzeption gleichsam aus dem Jenseits erklingen soll, als Vorbereitung des mysteriösen Chors der Heiligen. Programmatische und formfunktionale Bedeutung decken sich, indem die Episode den Fluß des musikalischen Formprozesses aufsprengt und somit den Boden bereitet für den Choreintritt als ein ganz „Anderes", das allerdings — als Reprise — neben der transzendierenden auch eine formschließende, wiederkehrende Funktion erfüllt. Ohnehin ist gerade die dialektische Spannung zwischen einem Ereignischarakter der Musik einerseits, der mit seiner ganzen Assoziationsfülle weit über die strukturelle Dimension der Tonbeziehungen hinausweist und Musik im Schopenhauerschen Sinn zu einem Organon der Philosophie werden läßt, und der konstruktiven Ebene der Kunstmusik andererseits — im Sinne eines komplex strukturierten musikalischen Sinngefüges — wesentlich. In welchem Maße es einem Komponisten gelingt, die Pole dieses Spannungsverhältnisses miteinander zu verbinden, ja ineinander zu verschränken, entscheidet wesentlich über den Rang eines Werkes — und ganz besonders über den eines intendierten Hauptwerks wie der *Zweiten Symphonie*. Die Suspension des „Großen Appells" ist nun in der Tat, ihrem Anschein ungebundener Freiheit zuwider, auf subtile und darum besonders wirksame Weise in den Gesamtverlauf des Satzes integriert: Indem der Hörnerruf des „Großen Appells" in Takt 448f. auf die frühere, von Mahler mit „Der Rufer in der Wüste" bezeichnete Stelle bei Ziffer 3 (T. 43f.) zurückgreift und als deren Erweiterung erscheint, ist dieser Hörnerruf bei Ziffer 29 als Teil eines großangelegten Introduktionskomplexes ausgewiesen, worin sich das aufsteigende Quintmotiv des Rufes als Umkehrung jenes fallenden Quintmotivs darstellt, welches nach mehreren Antizipationen schließlich in der Chorstrophe „Sterben werd' ich, um zu leben" (Ziffer 47) kulminiert.

II/5, T. 433—454

Anmerkung für den Dirigenten: die 4 Trompeten müssen aus entgegengesetzter Richtung her erklingen.

Ausschlaggebend ist jedoch das vermittelnde Moment eben jenes „Vogelstimmen"-Instruments, der Flöte, deren Fiorituren in regelloser Ungebundenheit zu schweifen scheinen: Indem sie sich in den Takten 468f. dem Hörnerruf anverwandelt, diesen aber eine Duodezime höher — d.h. auf der insgesamt im Kontext dominantisch festgehaltenen Tonstufe cis^{3} — intoniert, bereitet sie kaum merklich den Choreintritt „Aufersteh'n" in der Tonika Ges-Dur vor. Auf diese Weise erfährt dessen Melodiebeginn in der Oberstimme mit der Tonfolge des^{1}—es^{1}—des^{1} — über seine primäre Begründung als Umkehrung des im Kopfsatz der Symphonie zentralen „Dies-irae"-Motivs hinaus — eine zusätzliche strukturelle Vermittlung. Indem sowohl Instrumente des Hauptorchesters wie solche des Fernorchesters an dem ornamental-thematischen Prozeß beteiligt sind, verdichtet sich der gesamte musikalische Klangraum — im verklingenden Pianissimo — zur Vorbereitung des entscheidenden Choreinsatzes. Da der ihn vorbereitende „Dominantklang" auf cis ohne Terz erklingt und daher nur eine abgeschwächte, ambivalente Dominantfunktion bewirkt, tritt die neue Tonika des Chorbeginns ästhetisch überraschend und gleichwohl zwingend in Erscheinung.

II/5, T. 468—480

Die „dritte" Natur mithin, die in der Suspensionspartie des „Großen Appells" im Finale der *Zweiten Symphonie* greifbar wird — deren Vogelstimmen im übrigen, nicht anders als die Herdenglocken im Finale der *Sechsten*, ein Index weit eher von Metaphysik als von einer diesseitigen Realität sind —, ist mit der „zweiten" Natur der symphonischen Primärsprache vielfältig vermittelt, ohne daß dadurch jedoch ihr Charakter eines Andersseins und ihre Funktion eines stillgelegten, erwartungsvollen Zeit-Raums im geringsten verunklart würde. In demselben Sinn, und dabei bis in alle Einzelheiten der Struktur wohl noch radikaler ausgeprägt, stellt die Vogelstimmen-Episode im letzten Satz des *Liedes von der Erde* zum Text „Die Vögel hocken still in ihren Zweigen" (T. 137—157) ein Beispiel für eine Suspension innerhalb des Satzverlaufs dar, bei welcher sämtliche Naturlaute von früheren Motivelementen des Satzes hergeleitet sind, so daß die verräumlichte, episch gedehnte Zeit der Vogelstimmen-Episode eine Diskontinuität der Form bei latenter Kontinuität des musikalischen Materials verwirklicht.[77]

*

Vielleicht das aufschlußreichste Beispiel für unsere Problemstellung ist der Beginn jener Musik, mit der sich Gustav Mahler im November 1889 in Budapest zum ersten Mal der Öffentlichkeit als Symphoniker vorgestellt hat: die Einleitung des Kopfsatzes seiner *Ersten Symphonie*. Sie trägt in der Endfassung die Bezeichnung „Langsam. Schleppend. Wie ein Naturlaut". Adorno deutet die Erfahrung des Anfangsklangs mit folgenden Worten: „Die Erste Symphonie beginnt mit einem langen Orgelpunkt der Streicher, alle flageolett bis auf das tiefste Drittel der Kontrabässe, hinaufreichend bis zum höchsten a, einem unangenehm pfeifenden Laut, wie ihn altmodische Dampfmaschinen ausstießen. Gleich einem dünnen Vorhang hängt er vom Himmel herunter, verschlissen dicht; so schmerzt eine hellgraue Wolkendecke in empfindlichen Augen."[78] Mahler selbst hat, Bauer-Lechner zufolge, geäußert: „Mit dem ersten Ton, dem langausgehaltenen Flageolett-A, sind wir mitten in der Natur: im Walde, wo das Sonnenlicht des sommerlichen Tages durch die Zweige zittert und flimmert."[79] Indessen manifestiert sich Natur hier keineswegs nur in dem stimmungshaften, statischen Klangbild einer Einleitung, die im Expositionsteil dann abgelöst wird von der Bewegung eines musikalischen Subjekts, eines Wanderers gleichsam, der — dem zugrunde liegenden Lied *Ging heut' morgen über's Feld* entsprechend — durch eine sommerliche Morgenlandschaft zieht. Diese programmusikalische Interpretation erfaßt zwar durchaus eine Schicht, und keine nebensächliche, des Werkes, eine Schicht jedoch, der Mahler selbst, indem er die Programme zu seinen frühen Symphonien später zurückzog, keine wesentliche Bedeutung für den Kunstcharakter seines Werkes beigemessen hat. Gewiß, mit verschmitztem Stolz hat er hervorgehoben, kein Hörer verfehle es, die Kuckucksrufe d^3—a^2 der Klarinette (ab T. 30) auch in ihrer stilisierten Quartfassung als solche zu erkennen und auf den außermusikalischen Naturlaut, der eine Terz umfaßt, zu beziehen. Für den Kunstcharakter seines symphonischen Erstlingswerkes ist indes der Sachverhalt entscheidend, daß es ihm gelungen ist, die Naturlaut-Einleitung mit all ihren Nachahmungsmomenten als Anfang eines Werkganzen zu komponieren, innerhalb dessen sie allererst ihren vollen künstlerischen Sinn offenbart.

Um diesen Sinn im Blick auf die Kategorie Natur zu bestimmen, haben wir auf die Tradition der Gattung Symphonie zu rekurrieren, die das innere Sinngefüge eines jeden ihr zugehörigen Werkes mitreguliert. Seit Beethoven ist diese

Gattung zu einer aus einzelnen Werken bestehenden Tradition mit der impliziten Forderung geworden, jedes symphonische Werk habe seinen Sinn nicht mehr nur als Exemplar der es tragenden Gattung zu gewinnen, sondern einen eigenen künstlerischen Entwurf einer möglichen „Welt“ zu realisieren. Mit dem Beginn von Beethovens *Neunter Symphonie* war darüber hinaus die Aufgabe gestellt, einen Werkanfang zu komponieren, der nicht bloß die Besonderheit eines Formverlaufs auf der Basis einer vorgegebenen Musiksprache einleitet, sondern der so anhebt, als müsse die musikalische Sprache in ihren Elementen — als spezifische „zweite“ Natur — durch die Werkindividualität recht eigentlich begründet werden. In der Tat ist das reine Quintintervall jenes Anfangs tonal und zunächst auch metrisch unbestimmt, und erst allmählich verdichtet sich das „Urmotiv“, der elementare Baustein, zum Thema.[80] Aus dieser Tradition, die Bruckner fortsetzte, läßt sich die Bedeutung der Naturkategorie für den Beginn von Mahlers *Erster Symphonie* tiefer verstehen.

I/1, T. 1

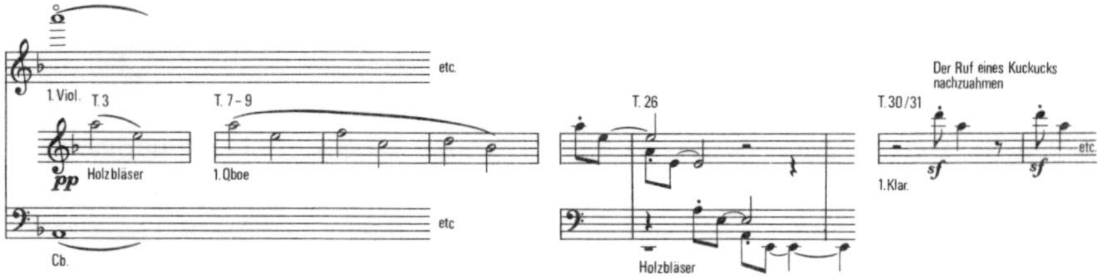

I/1, T. 62—64 I/4, T. 649—652

Die fallende Quarte wird zum stilisierten Vogelruf erst im Verlauf der Einleitung, ist dies nicht von Beginn an. Der mimetische Naturlaut ist musikalisch mithin ein Abgeleitetes, eine Variante, unmittelbar übertragen von den über einen Raum von vier Oktaven hinunterstürzenden Holzbläserrufen mit der Quarte a—e in den Takten 25—27. Am Anfang aber steht der eine a-Klang, Manifestation des musikalisch Einfachen, nicht weiter Reduzierbaren, ein den Anschein „erster“ Natur erweckender Ursprungsklang also — gesetzt freilich in einer äußerst raffinierten Instrumentation, um auch dem anderen, dem „nachahmenden“ Moment der Kategorie Natur gerecht zu werden. Die von diesem a aus fallende Quarte sodann, in musiktheoretischer Terminologie eines der wenigen „reinen“ oder „natürlichen“ Intervalle — diese bewahren einen Anschein von Natur wohl auch trotz der „künstlichen“ Temperatur —, erschließt ab Takt 3 eine weitere Stufe in der individuellen Konkretisierung des Tonsystems. Gleichzeitig exponiert sie in einer seit Beethoven möglichen introduktorischen Offenheit jenes Kernintervall, das die einzelnen Teile und Sätze der gesamten Symphonie in ihrer Substanz zusammenhält und vereinheitlicht; so kehrt zum Beispiel eine Variante der sequenzartig abgeleiteten fallenden Quartfolge in Takt 7f., der ersten melodischen Grundstruktur des Werkes, am Schluß des Finales in die Dur-Tonika versetzt triumphal, das Ganze abrundend[81], wieder (T. 649f.). Indem Mahler den stehenden Grundklang der Tonqualität a mit verschiedenen, prosahaft in den leeren Raum eingefügten weiteren Struktursegmenten (zumal den Fanfarenklängen ab Takt 9) kombiniert, vereinigt er die Grundprinzipien musikalischer Naturbilder — den stehend-bewegten Klang einerseits und die prosahaft-irreguläre Klangimitation von Vogelstimmen und Fanfaren andererseits — zu einer Einleitung, die in ihrer Gleichzeitigkeit von Kontinuität und Diskontinuität die formgeschichtlich vorgezeichneten Möglichkeiten dieses Teils einer Symphonie — Peter Gülke sprach, allerdings in bezug auf Beethoven, von der Introduktion als einem „Widerspruch im System“[82] — wahrhaft ingeniös realisiert.

Die Polyfunktionalität der Kategorie Natur läßt sich mithin für die *Erste Symphonie* so zusammenfassen, daß Natur semantisch als Gegenstück jener Bedeutungsgehalte ausgewiesen ist, die durch die traditionelle Sprache der Kunstmusik vermittelt werden, formal als Einleitung, Episode oder Suspension aus dem Entwicklungsfluß des Satzzusammenhangs herausgehoben erscheint, strukturell jedoch ein Teil der Gesamtkonstruktion des Werkes darstellt und auf einer unteren Ebene des musikalischen Materials die Digression der Natur-Abweichung mittels symphonischer Kompositionsverfahren in das Ganze eines organisierten Werkzusammenhangs einbindet. Von grundlegender Bedeutung ist die Schopenhauer-Wagnersche Idee einer Metaphysik der Tonkunst, die der Natura naturans des Komponisten auferlegt, eine Welt für sich selbst zu entwerfen und auszubilden. Mahler machte sich diese Idee so großzügig zu eigen, daß er ihrem übergreifenden Geltungsanspruch auch ursprünglich nicht kompatible Elemente zuordnete, etwa Laute aus einer nachahmenden Naturästhetik, freilich immer nur in partieller, untergeordneter Funktion. Umfassende Naturerfahrung, die Anregungen heterogenster Art einbezieht, erscheint mithin als Voraussetzung einer musikalischen Naturstiftung im symphonischen Kunstwerk. „Denn wirklich“, wird Mahler über den ersten Satz der *Dritten* äußern, „zu weit von allem Gewesenen entfernt sich dies, das kaum mehr Musik zu nennen, sondern nur ein mystischer, ungeheurer Naturlaut ist.“[83] Somit dient die Kategorie der Natur dem Komponisten schließlich auch dazu, seine künstlerischen Innovationen innerhalb der Gattungsgeschichte der Symphonie zu rechtfertigen. Ursprung ist, auch für Mahler, das Ziel.

Versuch über Mahlers Ton

„Das Beste der Musik liegt nicht in den Noten."
(Gustav Mahler)

Jeder Musikkenner dürfte mit der Hörerfahrung vertraut sein, daß beim Anhören von Werken, die er überhaupt nicht oder doch nur ungenügend kennt, der Name ihres Komponisten ihm gleichsam in die Musik eingraviert erscheint, ohne daß ihm bewußt sein müßte, aus welchen Gründen immer das Unbekannte sich als in gewissen Zügen Bekanntes zu präsentieren vermag. Die Voraussetzungen für solche Erfahrung sind nichts weniger als selbstverständlich. Muß sie für Musikkulturen, die auf Improvisation anstelle von Komposition beruhen, in den meisten Fällen und von vornherein ausgeschlossen werden, so bedeutet das erstmalige Auftreten von Komponisten als Autoren mehrstimmiger Musik im Hochmittelalter erst ihre logische, nicht bereits ihre historische Möglichkeit. Jahrhunderte sollten noch verstreichen, bis die Möglichkeit einer solchen Hörerfahrung sich geschichtlich konkretisierte, Epochen allesamt, in denen die verschiedenen Kompositionsstile weniger einzelnen Autoren als ganzen Schulen und Traditionssträngen angehörten. Gewiß, auch damals wurden die Kompositionsstile vom Musikdenken herausragenden Persönlichkeiten ausgebildet und durch Innovationsmaßnahmen in ihrer Struktur verändert; gewiß tragen auch Werke wie Josquinsche Messen oder gar Madrigale von Gesualdo unverkennbare Züge ihrer Autoren, und dennoch — Stile waren nichts als musikalische Schreibweisen, die prinzipiell und ästhetisch sinnvoll imitierbar waren. Obgleich bereits seit dem 17. Jahrhundert der Begriff des Persönlichkeitsstils bekannt war[84], beeinträchtigte die legitime Imitierbarkeit von Stilen bis weit ins 18. Jahrhundert hinein die Eigenständigkeit persönlicher Musiksprachen und erschwert darum im allgemeinen Hörerfahrungen der eingangs skizzierten Art.

Eingreifend änderte sich die Relation zwischen Schule, Komponist und Einzelwerk im späteren 18. Jahrhundert, selbstverständlich in Form eines allmählichen Prozesses, der für einzelne Länder und einzelne Gattungen ebenso erhebliche Unterschiede zeitigte wie zwischen ästhetischer Theorie und kompositorischer Praxis. Die Konsequenzen im ganzen anzudeuten, welche sich aus dieser Umwälzung für die Kategorie Stil ergaben, ist angesichts des komplexen Ineinandergreifens von intern-musikalischen und extern-sozialgeschichtlichen Voraussetzungen hier nicht der Ort. (Die internen Voraussetzungen wären in einem — spätestens seit Beethoven — neuen Verhältnis zwischen Material und Formprozeß in der Musik, die externen in der vielschichtigen und langwierigen Umgestaltung eines primär feudalen zu einem primär bürgerlich-öffentlichen Musikleben zu suchen.) Im Bereich der Ästhetik waren es im besonderen zwei

Theoreme, die die Voraussetzung für Modifikationen der Stil-Kategorie geschaffen haben: das Originalitäts- und das Ausdrucksprinzip.

Auf der einen Seite schreibt das in der Genieästhetik begründete Originalitätsprinzip einem musikalischen Kunstwerk sowohl die Nichtimitation als auch die Nichtimitierbarkeit zu — nicht im Sinne eines empirischen Sachverhalts, sondern eines ästhetischen Postulats. Die von Kant hervorgehobene Eigenschaft eines Kunstwerks, außer original auch exemplarisch zu sein, d.h. als Muster der Nachahmung gelten zu können[85], verkümmert im 19. Jahrhundert zu einer theoretisch sekundären Qualität, wenngleich sich etwa die bedeutungsvolle Geschichte der Beethoven-Rezeption unter Ausklammerung des Problems der exemplarischen Gültigkeit seiner Werke nicht denken läßt. Das Imitationsverbot bzw. das Originalitätsgebot bezieht sich seit der Wiener Klassik nicht allein auf die Musterhaftigkeit von Werken anderer Komponisten, sondern ebensosehr auf die eigenen früheren Produktionen eines Autors. Diese ästhetische Prämisse, deren Relevanz für Beethovens Schaffen Kurt von Fischer aufgezeigt hat[86], höhlt mit dem Abweis der Möglichkeit einer ästhetisch legitimen Nachahmung, d.h. einer solchen, die ein Kunstwerk zu begründen fähig ist, ein wesentliches Moment des Stilbegriffes aus. Indessen bewirkte die Diskreditierung des Epigonentums, auch dessen eines Komponisten gegenüber sich selbst, wohl eine Gewichtsverschiebung im Spannungsverhältnis zwischen Tradition und Innovation zugunsten letzterer, doch führte das Postulat der Neuheit, das ein Kunstwerk im 19. Jahrhundert, um als ein solches gelten zu können, erfüllen mußte, selbstverständlich in keiner Weise zu einer völligen Abdankung des Begriffes Tradition.

Neben manchen anderen, hier nicht zu erwägenden Gründen, ist hierfür — und damit kommen wir auf den zweiten Grundsatz zu sprechen, der den Stilbegriff der klassisch-romantischen Epoche spezifisch beeinflußte — das Ausdrucksprinzip verantwortlich. Da Kunstmusik unbestritten als Ausdruck der empirischen, wenngleich oft idealisierend verklärten Person des kompositorischen Genies galt, die ihrerseits in der substantiell wirkenden Kraft eines Volkes verankert gedacht wurde, stiftet die Identität der empirischen Autorpersönlichkeit, die im Verlaufe ihres Lebens nicht die gleiche, wohl aber dieselbe bleibt, eine virtuell analoge Identität des gesamten Œuvres. Wenn aber das Œuvre eines Komponisten in diesem Sinne sich entwickelt und verändert, ohne ein anderes zu werden, so ist es neben den von Werk zu Werk fortschreitenden innovativen Tendenzen auch und zugleich durch eine Konstanz gewisser Momente des musikalischen Materials und seiner kompositorischen Durchformung bestimmt. Sich selbst auszudrücken, nach Schönberg Ziel jedes Komponisten[87], kann nur dann als Prinzip von Kunstmusik wirken, wenn der Ausdruck des Ichs nicht als unmittelbares Tönen seiner Seele vorgestellt wird, sondern wenn die subjektive Spontaneität als musikalisches Denken den Ausdruck aus der Vermittlung von Tradition und Innovation gemäß dem Prinzip der Abweichung zu erwecken vermag. Die Konsequenzen, welche für das Stilproblem im 19. Jahrhundert aus diesem — hier lediglich angedeuteten — Komplex von Bestimmungen der Kategorien Ausdruck und Originalität erwachsen, tragen bei zur Möglichkeit der Hörerfahrung, noch unbekannte Musik eines bedeutenden Komponisten als eine teilweise bereits bekannte wahrnehmen zu können.

Diese Hörerfahrung pflegt sich mit seltener Eindringlichkeit am Werk Gustav Mahlers zu bestätigen. Mutet es jedoch nicht überaus seltsam an, einen besonders kräftigen roten Faden ausgerechnet durch das Œuvre desjenigen Komponisten gezogen zu finden, dessen stilistische Mannigfaltigkeit schon ungezählte Male den Vorwurf der Stillosigkeit provoziert hat? In dieser Frage steckt der Kern des Problems von Mahlers Ton. Gewiß, schon Guido Adler, der Vater der musikalischen Stilforschung, hatte betont, daß anstelle einer einheitlichen Stilisierung bei den meisten Komponisten des 19. Jahrhunderts die Kategorie der „Stilmischung" — „die Aneinanderreihung und Verbindung (äußerlich oder innerlich) zweier oder mehrerer Stilarten innerhalb eines und desselben Werkes"[88] — die tragende Verfahrensweise darstelle. Adlers Forschungen waren von der — heute kaum mehr geteilten — Überzeugung getragen, mit dem kategorialen Apparat seiner Stil-Lehre müsse sich sowohl Musikgeschichte schreiben als auch die Individualität einzelner Kunstwerke ergründen lassen können. So unzweifelhaft manche seiner Theoreme, etwa die (hierarchisch bestimmte) Beziehung zwischen den „einer Schule zukommenden typischen Qualitäten" und den „Individualidiotismen" eines Komponisten[89], in den gegenwärtigen Diskussionen über Musikgeschichtsschreibung und über musikalische Analyse verdienten aktualisiert zu werden, so unbestreitbar dürfte andererseits sein, daß die Kategorie Stil, auch in ihrer zugespitzten Form der Adlerschen „Sondercharakteristik"[90], nicht ausreicht, das Problem des Einheitscharakters von Mahlers Musik zu klären. Zwar hat die Sondercharakteristik, die Adler in seiner verdienstvollen Schrift[91] dem Werk seines Freundes Gustav Mahler angedeihen ließ, Wesentliches zu den Umrissen seiner kompositorischen Physiognomie beigetragen, doch offenbaren sich darin zugleich die Grenzen der stilanalytischen Methode. Des Autors Hinweis, der Mangel an zeitlicher Distanz zum Gegenstand verunmögliche eine „streng historische Arbeit"[92], ist über den Gemeinplatz hinaus ein Zeugnis der Schwierigkeiten, vor denen ein Versuch stand und immer noch steht, Mahlers Musik nach dem ihr inhärierenden Individual- oder, wie Gustav Becking formulierte, Personalstil[93] hin aufzuschlüsseln. Mahlers kompositorische Verfahrensweisen sprengen den Umfang des Adlerschen Begriffes der Stilmischung ebenso wie die Prämissen der Schlagfiguren-Typologie von Becking, der nicht ohne Grund auf eine gesonderte Behandlung Mahlers verzichtet haben dürfte.[94] Adlers Ausweg, die Frage des Einheitscharakters von Mahlers Musik auszuklammern und statt dessen einen

Katalog idiomatischer Wendungen zu erstellen[95], führte zwar zu vielen einzelnen Funden, vermag jedoch lediglich das Faktum der Stilmischung zu konstatieren, nicht aber deren Prinzipien zu erklären. Immerhin verdient die Redlichkeit dieses Forschers Bewunderung, der zugunsten der Musik seines alten, engen Freundes Gustav Mahler darauf verzichtete, sein methodisches Prinzip des Individualstils an ihr zu verifizieren — eine Filtrierung der überbordenden Mannigfaltigkeit auf ein allem Verschiedenen Gemeinsames hin hätte kaum mehr als eine dürre Formel erwarten lassen können.

Der Vorwurf der Stillosigkeit, zur Hauptsache von konservativer Seite gegen Mahlers Musik erhoben, umfaßte zweierlei, eine Kritik an seiner Persönlichkeit als Komponist und eine Polemik gegen seine Mißachtung der symphonischen Stilhöhenregel. Meist mit antisemitischen Untertönen hieß es, Mahler entbehre als heimatloser Mensch der für künstlerisches Schaffen unabdingbar erforderlichen einheitlichen Persönlichkeitsstruktur und schwanke deshalb zwischen den verschiedensten Anregungen hin und her, ohne diese doch zu einer eigenen Musiksprache verschmelzen zu können. Die hämische Unterstellung einer angeblichen Diskrepanz zwischen Wollen und Gelingen, welche die Ranküne gegen den Dirigenten-Komponisten erfand, als ob Intentionen und Resultate der Mahlerschen Kunst gleich Karten auf dem Tisch lägen, zielt in diese Richtung. Derselbe Mangel an Identität, welcher der Persönlichkeit bescheinigt wurde, äußere sich in der Werkstruktur darin, daß Mahler die für die musikalischen ebenso wie für die literarischen Gattungen gültige Stilhöhenregel weitgehend außer Kraft setze und dadurch die soziologischen Implikationen dieser Regel zu mißachten oder gar zu bekämpfen scheine. Daß die Grenzen zwischen autonomer und heteronomer Musik aus geschichtsphilosophischen sowie aus musikalisch-immanenten Gründen im Kern des Mahlerschen Werkes in durchaus neuartiger Weise ins Wanken geraten, tilgt jedoch keinesfalls das durch den Facettenreichtum des Materials hindurch erfahrbare Kraftfeld der Persönlichkeit aus seiner Musik.

*

Erst ein halbes Jahrhundert nach dem Tode des Komponisten hat Theodor W. Adorno in seiner kaum zu überschätzenden Monographie über Gustav Mahler[96] das Argument der Stillosigkeit, statt es einmal mehr in apologetischem Eifer zurückzuweisen, auf seinen Begriff gebracht. Dieser ist kein anderer als Mahlers Ton. Um ihn weder bloß in die abstrakte Formel eines Personalstils der Stillosigkeit, also einer Art Meta-Stil, zu sperren noch alsbald in der Konkretion zu diskutieren, mit der er in der Monographie formuliert erscheint, dürfte eine vorbereitende Interpretation der Passage in Adornos *Ästhetischer Theorie* sinnreich sein, die von Stil und Ton im allgemeinen handelt.

Die Stellung Adornos zur Kategorie Stil ist durch eine merkwürdige Ambivalenz, wenn nicht gar Widersprüchlichkeit gekennzeichnet. Sie dürfte kaum anders als aufgrund der Gegensätzlichkeit verstehbar sein, die zwischen der pejorativen Färbung der Kategorie in der Wiener Schule — Stil reicht nach Schönbergs Überzeugung nicht an den Gehalt oder, wie er es nannte, an die Idee eines Kunstwerks heran[97] — und ihrem neutralen bis positiven Gebrauch als gewichtiger Terminus in der Tradition der Kunsttheorie besteht. Da Adorno sich ohne Zweifel beiden Positionen verpflichtet fühlte, bestimmte er Stil einerseits historisch qua Regelkanon als vorbürgerliche Idee[98], andererseits ontologisch als „Inbegriff aller Sprache an Kunst".[99] Die historischen Implikationen, welche die ontologische Stildefinition gerade auch für Adornos Begriff von musikalischer Sprachhaftigkeit enthält — er bezieht sich unzweideutig auf die Musik seit der Wiener Klassik[100] —, scheinen der historischen Definition von Stil als vorbürgerlicher Kategorie zu widersprechen. Kulminiert die bürgerlich-autonome Musik ihrer Idee nach, soll heißen als nominalistische Kunst, in Stillosigkeit, so findet sie umgekehrt zugleich nur in der Erfüllung von Stil qua Sprachhaftigkeit ihre Vollendung. Stil sei die „Einheit von Stil und seiner Suspension"[101], so formulierte Adorno die Aporie der Stil-Kategorie innerhalb eines Begriffes bürgerlich-autonomer Kunst. Während Stil als vorbürgerliche Idee auf einen allgemeinen Regelkanon zielt, der als eine Art verbindliche musikalische Denkform Werke verschiedener Komponisten und Gattungen unter sich faßt, so bezieht sich der bürgerlich-autonome Stilbegriff als Inbegriff von Sprache auf das Allgemeine im Individuellen, mithin auf die Totalität der Abweichungen von Konvention, insoweit sie in einem einzelnen Kunstwerk oder aber im Œuvre eines Komponisten in Erscheinung tritt. Dieser letztere, auf die Kunst des 19. und 20. Jahrhunderts gerichtete Begriff von Stil, der der repressiven Momente des vorbürgerlichen ledig ist, kommt — zumindest teilweise — mit der Kategorie Ton überein: „Auf die einzelnen Kunstwerke ist der Stilbegriff allenfalls als Inbegriff seiner Sprachmomente anzuwenden: das Werk, das keinem Stil sich subsumiert, muß seinen Stil oder, wie Berg es nannte, seinen ‚Ton' haben."[102]

Die Synonymität von Ton mit Stil, so sehr sie aus dem ästhetischen Denken Adornos zu entspringen scheint, hat ebenso wie die Differenz beider Begriffe ihre Geschichte. Diese ausführlich darzulegen, ist hier nicht der Ort, zumal sie sich aus sehr heterogenen Stücken zusammensetzt. Als grundlegend erweist sich, um wenigstens einige Stationen der Begriffsbewegung anzudeuten, zunächst der Sachverhalt, daß Ton in dem an dieser Stelle intendierten Sinn kein primär musikalischer Terminus ist, sondern einer, der aus dem Gebiet der Rhetorik auf die Musik rückübertragen wurde. Im 18. Jahrhundert war der Terminus Ton, der zuvor seit alters in den beiden Bedeutungen Schall bzw. Melodie verwendet worden war, in Anlehnung an das Französische in das Vokabular von Rhetorik und Poetik aufgenommen, ja darüber hinaus auf die Sphäre der gesellschaftlichen Konvention übertragen worden, wie noch heutzutage in Knigges Lieblingsausdruck Umgangston ersichtlich ist. Aus dem Artikel *Ton* in Sulzers *Allgemeiner Theorie der schönen Künste* geht hervor, daß der Begriff damals einmal die identische Qualität einer Stimme, sodann ihren variablen Gefühlsausdruck im Sinne von Tonfall, schließlich aber auch Wortwahl und Wortfügung der mündlichen oder schriftlichen Rede umfaßte.[103] War der Tonfall als Terminus des rhetorischen Vortrags ursprünglich durch seine Unabhängigkeit von der Sprachstruktur der Rede bestimmt — ein heuchlerischer Tonfall zerstört die triftigsten Argumente —, so konvergiert das Bedeutungsfeld von Ton, das Sprachstruktur und -vortrag als Einheit faßt, seit dem 18. Jahrhundert mit dem Begriff des Stils, ohne doch den irrationalen Akzent auf dem Moment des Vortrags gänzlich einzubüßen. Daß dieses Moment eines zumindest imaginierbaren Vortrags dem Tonbegriff unabdingbar bleibt, zeigt sich im Bereich seiner Relevanz für die dichterische Gattungstheorie (einer Funktion, die ihn auch in die Nähe der Stil-Kategorie rückt) daran, daß die geläufigen Wendungen wie epischer oder lyrischer Ton, Psalmen-, Volkslied- und Balladenton nie durch Prägungen wie Romanton oder dergleichen ergänzt wurden.

Welche Momente dieses hier lediglich in einigen Grundzügen umrissenen Begriffs Ton aus Rhetorik und Poetik bei seiner Rückübertragung auf das Gebiet der Musik im einzelnen wirksam und umgedeutet wurden — bei Hegel, Ernst Bloch, Adorno, Hans Heinrich Eggebrecht oder auch in der marxistischen Intonationstheorie —, dies hofft der Autor bei anderer Gelegenheit darlegen zu können. In diesem Zusammenhang erscheint vor allem der Hinweis wichtig, daß bei einer Persönlichkeit des Bildungsniveaus von Adorno eine Reflexion des begriffsgeschichtlichen Hintergrundes mit Sicherheit vorausgesetzt und deshalb eine Einschränkung von Ton auf die Synonymität mit Stil qua Sprachhaftigkeit von Kunst ausgeschlossen werden darf. Dies auch darum, weil in Alban Bergs Opern Anweisungen wie: „in ganz anderem Ton" (Zweiter Akt, T. 630) oder: „den Tonfall Wozzecks parodierend" (Dritter Akt, T. 197f.) Ton als eine Kategorie des interpretatorischen Vortrags ausweisen, wenngleich sich dieser Tonfall durchaus auf eine ihn sinnvoll ermöglichende komponierte Struktur stützt: Margrets Parodie ist die Umkehrung einer Phrase von Wozzeck. Allein weil Ton im Moment der Stilähnlichkeit auf die Struktur, im Moment des Vortrags und des Gefühlsausdrucks aber auf den Charakter von Musik verweist und diese beiden Momente als Einheit faßt, allein darum konnte Ton zu einer zentralen Kategorie von Adornos Musikästhetik und im besonderen seiner Mahler-Monographie werden.

Wir dürfen mithin weder hoffen, Aufschluß über Mahlers Ton in einer Summierung der eigensprachlichen Wendungen zu erhalten, denn ein induktiv gesammelter Idiotismen-Katalog[104] vermöchte dem Anspruch, den der Singular Ton erhebt, nicht gerecht zu werden und somit keine Antwort auf die Frage zu geben, worin die Einheitsfunktion des Tons sich gründe, welche einzig eine Summe von Idiotismen zu einer „Totalität von Charakteren" zusammenschließen kann. Noch können auf der anderen Seite ausschließlich physiognomische Charakterisierungen verdeutlichen, was Mahlers Ton sei. So unerreicht gerade Adorno der Gnade des physiognomischen Blickes teilhaftig war, so gehört zu seinen unverlierbaren Einsichten doch auch jene, daß musikalischer Gehalt nicht anders denn mittels kompositionstechnischer Analyse sich offenbare. In dem mit *Ton* überschriebenen Kapitel seines Buches über Alban Berg hat der Autor, vielleicht infolge seiner persönlichen Verbundenheit mit dem Komponisten, die Gefahr nicht gebannt oder nicht bannen wollen, physiognomische Züge der Person Bergs auf dessen Werk zu übertragen, wenn etwa vom Ton der Passivität, Largesse, Großherzigkeit usw. die Rede ist, der dem Werk selbst innewohne.[105] Indessen darf die Ambivalenz musikalischer Physiognomie, bei der nicht rein zwischen Autor und Werk zu scheiden ist, nicht voreilig dem neuen Rigorismus der strikten Trennung von Produktions- und Werkästhetik anheimfallen, sondern müßte, als zentraler Teil des Subjektproblems in der Musik, allererst in ihrer Eigenart ergründet und in ihrer Legitimität bestimmt werden.[106]

Gegenüber Idiotismen-Katalog und physiognomischem Blick zeichnet sich das Mahlers Ton gewidmete Kapitel der Monographie nicht etwa dadurch aus, daß es beides umfaßt, sondern daß es beides in eins faßt. Bislang wohl gelungenstes Beispiel gesellschaftlicher Dechiffrierung von Musik, des großen Adornoschen Programms von Musiksoziologie, realisiert sich der Begriff der Gebrochenheit, als welche Mahlers Ton bestimmt wird, auf den drei Ebenen Gesellschaft, Komponistenpersönlichkeit und musikalisches Werk dergestalt, daß die Gebrochenheit des Kunstwerks einem Schmelztiegel gleich jene der beiden andern Ebenen amalgamiert. „Der Streit der hohen mit der unteren Musik", so lauten die zentralen Sätze, „[...] erneuert sich in Mahlers Musik. Seine Integrität hat für die Kunstsprache sich entschieden. Aber der Bruch zwischen den beiden Sphären war zu seinem eigenen Ton geworden, dem von Gebrochenheit. Durchweg wäre seine Musik als Pseudomorphose zu entziffern; die Abweichungen sind deren Inbegriff."[107] Musikalisch und musiksoziologisch relevant wird die These, der Klassenantagonismus teile sich über die Neurose des Komponisten dem künstlerischen Gebilde mit, aber erst dann, wenn sich nicht nur zeigen läßt, woher die verschiedenen, in Mahlers Symphonien versammelten Materialien stammen, sondern vor allem, wie ihr verschiedener Ursprung zugleich bewahrt und negiert wird, mit anderen Worten, wie die Einheit des Mahlerschen Kunstwerkes aus den Gegensätzen heraus kompositionstechnisch konkret zustandekommt. Unsere Aufgabe kann freilich nicht nur die sein, die Fruchtbarkeit von Adornos Bestimmung des Mahlerschen Tons als der Gebrochenheit seiner Musiksprache am kompositorischen Detail aufzuzeigen; wir werden auch die Reichweite ihrer Gültigkeit im Hinblick auf Mahlers Gesamtwerk zu untersuchen haben.

Zuvor allerdings wollen wir der Frage nachgehen, ob die Kategorie Ton nicht dazu beitragen könne, den an Mahlers Musik schon oft monierten Erzählcharakter zu erhellen. Dieses Problem mag durch einen Vergleich Mahlers mit Wagner und Strawinsky verdeutlicht werden, deren Musik auch eine erzählende, wenngleich anderen Sinnes ist. So gewiß Mahler mit Wagner ein durch das Stichwort Kapellmeistermusik[108] benennbares gemeinsames Moment teilt, so unzweifelhaft liegt doch zwischen den späteren musikalischen Dramen Wagners, deren Erzählcharakter aus der Entwicklung des symphonischen Leitmotivnetzes erwächst, und Mahlers Symphonien eine Kluft. Sie ist nichts anderes als der Graben, der eine Musik, die die dramatische Erzählung als naturhaften Prozeß erscheinen lassen möchte, von einer scheidet, welche die Eingriffe des musikalischen Erzählers, die Male ihrer Herstellung, nicht unterschlägt, sie freilich auch nicht offen nach außen wendet wie später zum Teil die Neue Musik. Die musikalische Weltkonstruktion, die Mahler vor der Jahrhundertwende als kompositorisches Programm vorschwebte[109], wollte keinen Kosmos schaffen, dessen Erscheinungsweise der Natur analog hätte sein sollen, sondern wollte statt dessen die damals irgend denkbare musikalische Mannigfaltigkeit erzählen. Indem Mahlers Erzähltechnik zwischen musikalischem Material und Vortrag unterscheidet, ohne doch, wie nachmals Strawinsky, die beiden Elemente als getrennte ästhetisch zu objektivieren, gewinnt seine Musik einen bestimmten und doch nur schwer bestimmbaren Doppelcharakter. Indem ihre Materialgestaltung durch die wahrnehmbare Kategorie des Vortrags reguliert wird, entledigt sie sich jeder, auch jeder scheinbaren Unmittelbarkeit. Hatte Ernst Bloch in *Geist der Utopie* den Ton des interpretatorischen Vortrags, nicht ohne Spitze gegen die Werkimmanenz von Musik, als Stifter musikalischer Unmittelbarkeit beschrieben[110], so definiert umgekehrt der auskomponierte Vortragscharakter den Ton von Mahlers Musik als durch und durch vermittelten.

In der *Philosophie der neuen Musik* wird Mahler in die Reihe der Vorläufer Strawinskys aus dem 19. Jahrhundert eingereiht, die nach einem Ausdruck Rudolf Kolischs „Musik über Musik“ geschrieben hätten, und überdies wird, als gemeinsamer Grundzug beider Komponisten, die Gebrochenheit des kompositorischen Verfahrens hervorgehoben.[111] Der hauptsächliche Unterschied zwischen Mahler und Strawinsky dürfte freilich weniger in ihrem Verhältnis zum Abgesang, den Strawinsky negiere, als vielmehr in der Art des Doppelcharakters ihrer Musiksprache bestehen. In gewissen Werken der neoklassizistischen Phase zitiert Strawinsky integrale Modelle und verfremdet sie dergestalt, daß Modell und Verfremdung als genau hör- und bestimmbare Schichten der Komposition sich voneinander abheben. Als Autor gibt er sich zu erkennen gleichsam in den Akzidenzien, Mahler aber in der Substanz. Abgesehen davon, daß präzise Zitate in seinem Werk gegenüber dem ungefähr Erinnerten viel seltener vorkommen, bleibt kein herangezogenes Material, was es in seiner ursprünglichen Intaktheit war, sondern es wird im Kompositionsprozeß von Mahlers Idiom erfaßt und verwandelt. Es ist die Leistung seines Tons, die mannigfachen Materialien zur musiksprachlichen Einheit zu integrieren, ohne daß darin ihr Ursprung völlig getilgt würde. Während Strawinsky, einem Satiriker vergleichbar, aus der vermeintlichen Überlegenheit des Spätgeborenen heraus seine Modelle tendenziell zum bloßen Anlaß degradiert, die eigene Verfremdungskunst zu demonstrieren, ist Mahler, ein Epiker, durch Hinneigung und Liebe zu dem getragen, wovon er erzählt. Auch er befindet sich auf der Suche nach der verlorenen Zeit. Die epische Distanz, die seiner Musik aus dem Doppelcharakter von Material und Vortrag zuwächst, führt niemals, auch nicht bei der „mit Parodie" überschriebenen Stelle im dritten Satz der *Ersten Symphonie*, zum Auseinanderklaffen von Modell und dessen Parodie. Mahlers musikalische Verfremdungstechnik, Mittel seines epischen Erzählens, überläßt die zitierten Materialfetzen nicht ihrem Schicksal im symphonischen Kontext, noch verzerrt sie sie gar zu Fratzen, sondern führt sie, gebrochen durch das Prisma seines Tons, der von diesem gestifteten einheitlichen Sphäre zu. Die Bezeichnung „Musik über Musik", so präzis sie die Eigenart Strawinskys trifft, schießt demnach an der Mahlerschen vorbei. Ihr würde eher der Begriff des „Als ob" gerecht, mit dem sie bereits 1930 von Hans Ferdinand Redlich, freilich in pejorativem Sinn, charakterisiert wurde.[112]

Mahlers Musik spricht indessen gelegentlich nicht nur, was keinem Hörer entgeht, als ob sie des symphonischen Gattungsanspruchs sich entledigen und der unteren, der nicht artifiziell gefügten Musik zugehören möchte. Sie spricht umgekehrt — etwa im Finale der *Dritten Symphonie* — auch, als ob sie an die Möglichkeit ungebrochener Kunstmusik noch glaubte. Beides wohl zum Schein. Der komponierte Schein einer Emanzipation der heterogenen Stile im Kunstgebilde selbst, diese absichtliche Uneigentlichkeit ist nichts als die Eigentlichkeit von Mahlers Ton. Weit entfernt, ein Makel zu sein, bezeugt die erst von Adorno ästhetisch legitimierte Uneigentlichkeit, die Mahlers Musik anhaftet[113], in Wahrheit eine eminente kompositorische Leistung: Sie enthüllt den Scheincharakter von Kunst im symphonischen Werk selbst — wo er zuvor nur latent war —, ohne doch im geringsten zuzulassen, daß in dieser Enthüllung der Scheincharakter zerstört würde und Kunst dadurch in Prosa sich verwandelte. Sowohl einzelne Zitate oder zitatähnliche Versatzstücke als auch ganze Satztypen aus der unteren ebenso wie aus der oberen Musik unterliegen dem, was Adorno mit einem aus der Mineralogie entlehnten Terminus Pseudomorphose nannte und was der Verfasser eher Verfremdung nennen möchte, da Pseudomorphose noch die mißliche Vorstellung einer unversehrten äußeren Form mit sich führt. Mahlers Ton, so ließe sich als vorläufige These formulieren, ist in seinem technischen Aspekt das Verfahren, heterogene musikalische Materialien und Stile, den Ländler so gut wie den weitausgreifenden Adagiotypus, ihres Ursprungs nach einheitlichen Prinzipien zu entfremden und sie zu einer eigenen, unverwechselbaren Musiksprache zu integrieren. Auf welche Weisen Mahlers Verfremdungstechnik die untere Musik gewisser niederer Qualitäten beraubt und auf der anderen Seite der höheren ein Moment von Selbsterniedrigung verleiht, sei im folgenden an einigen Beispielen erläutert. Jeder Versuch, Mahlers Ton kompositionstechnisch zu dechiffrieren, muß sich allerdings bewußt bleiben, daß er sich mit dem Werk eines Komponisten befaßt, von dem der Satz stammt: „Das Beste der Musik liegt nicht in den Noten.“[114]

*

Aus dem ersten Trio des zweiten Satzes der *Vierten Symphonie* wollen wir die neun Takte nach Ziffer 4 (T. 94—102) näher betrachten (siehe Beispiel S. 88 oben).

Man griffe fehl mit der Umschreibung, Mahler nähere sich an dieser Stelle der Unterhaltungsmusik seiner Zeit, für die das Werk Johann Strauß’ des Jüngeren einstehen mag, setzte das doch die kaum wertneutral zu verstehende Formulierung voraus, es handle sich hierbei um ein vorübergehendes Abfallen von einer normalerweise durchgehaltenen mittleren oder oberen Stilhöhe. Mit größerem Recht ließe sich statt dessen sagen, Mahler entferne sich in diesen Takten von Volks- und gehobener Unterhaltungsmusik, die weitgehend deren stilistische Basis bilden, weg zur eigenen Musiksprache hin. Diese konkretisiert sich hier aus drei ineinandergreifenden kompositorischen Schichten: Geigenmelodie, Hornkontrapunkt (mit seiner subtilen Fortsetzung in Klarinetten und Violoncelli) und Begleitsystem.

Die Geigenmelodie entspricht, isoliert betrachtet, in ihrer syntaktischen Regelmäßigkeit, der Sequenzbeziehung zwischen den beiden ersten Zweitaktphrasen, dem leicht strömenden rhythmischen Fluß mit Vorschlägen und Glissando durchaus der Melodik der zu Mahlers Zeiten noch gehobenen Unterhaltungsmusik. Zwar verhindern die melodische Umspielung in Takt 97 und die beiden leiterfremden Töne h^1 und des^2 in den Takten 99 bzw. 100 den Eindruck plattester Vulgarität, doch lebt auch die Unterhaltungsmelodik von der Würze eingestreuter Abweichungen. Ist aber Banalität, nach Hanns Gutmans treffender Formulierung, die Volkstümlichkeit der Komplizierten[115], so ist sie bei Mahler keine einfache, sondern eine komplexe Kategorie. Banal in einem eindimensionalen Sinn lautete die Passage, wenn die Geigenmelodie etwa folgendermaßen harmonisiert würde (siehe Beispiel S. 88 unten).

IV/2, T. 94 —102 (Partiturausschnitt)

T. 94—102

Eine solche Klangfolge trüge der impliziten Harmonik der Melodie auf einfachste Weise Rechnung und berührte lediglich im Zwischenakkord von Takt 99 die Grenze eines eng umrissenen und regelkonform verwendeten Akkordbestandes. Ganz anders Mahler! Seine konventionswidrige Harmonik kritisiert die falsche Eingeschliffenheit der melodischen Konvention. Gewiß lassen sich die Akkordverbindungen der Takte 97 und 98 als (nicht schulmäßig fortgeführte) Zwischendominante und Tonikaseptakkord, die der folgenden Takte (99—102) als chromatischer Zug in zwei Schritten, E—Es Ges—F, erklären. Wichtig ist jedoch nicht die prinzipiell durchaus mögliche Erklärbarkeit des harmonischen Zusammenhangs, sondern der Sachverhalt, daß dieser sich an mindestens zwei Stellen der Passage quer zur impliziten Harmonik der Geigenmelodie stellt, in den Takten 97/98 und 101. Im letzteren Fall ersetzt eine Art harmonische Sequenzbildung — nach dem Modell der Rückung um einen Halbton nach unten — die an der Penultima erwartete Dominante durch einen Subdominantstellvertreter, den Neapolitaner, und verwandelt damit die der Geigenmelodie implizite authentische Kadenz in eine ihr widersprechende plagale. Eine andere, womöglich noch intrikatere Komplikation zeigen die Takte 97—98: Sie lassen in der Schwebe, ob ihre Verbindung in der Tat als Dominante-Tonika-Progression oder aber als einfache Vermollung der Durmediante zu deuten sei. Welche Erklärung vorgezogen wird, hängt von der Bedeutung ab, die man dem gezupften tiefen F von Kontrabaß, Celli und Harfe in Takt 98 beimißt. Nimmt man es gemäß dem abstrakten Tonbestand des Akkordes als funktional relevanten Grundton, so ergibt sich die Folge Zwischendominante zur Tonikaparallele — Tonika, also (D) [Tp]—T^7, also eine trugschlußähnliche Dominante-Tonika-Fortschreitung, die der impliziten Harmonik der Geigenmelodie noch korrespondierte. Auf der anderen Seite fällt es schwer, dem instrumentations- und satztechnisch kohärenten Akkordsatz des zweiten bis vierten Horns, der den A-Dur-Dreiklang vermollt und der bisher (von T. 94 an) alle Grundtöne enthielt, ein eigenes Gewicht abzusprechen, zumal beim besagten tiefen F (T. 98) die Orgelpunktfunktion, die der Ton von Takt 84 an und gleich danach in Takt 100/101 von neuem wieder besitzt, unterschwellig noch mitschwingt. Es ergäbe sich somit die trugschlußähnliche Vermollung einer Durmediante. Eine Entscheidung zwischen den beiden Arten, die Akkordverbindung der Takte 97—98 zu erklären, braucht nicht gefällt zu werden, da beide sinnvoll hörbar sind, wenngleich sie einander ausschließen. Solche Komplexität einer Harmonik, die nicht nur hier im Gewand der Einfachheit auftritt, ist in ihrem Beitrag zur Auflösung der harmonischen Tonalität, die auf einem System von Funktionen beruht, noch Thema künftiger Forschung.

Technisch wird Mahlers Ton neben seiner spezifischen, hier freilich nicht systematisch zu erörternden Instrumentationskunst in einem schwerlich zu überschätzenden Maße von Orgelpunktverfahren mannigfachster Art bestimmt. Sie umfassen einfache Liegestimmen, ostinate Figuren wie Wechselbässe, aber auch stationär-bewegte Klangfelder. Schon früher, etwa bei Johann Sebastian Bach, hatte die Orgelpunkttechnik freiere Akkordfolgen in den Oberstimmen gestattet, ohne den Tonsatz darum der grundsätzlichen Regelwidrigkeit zu überführen. Dieses Moment radikalisiert sich bei Mahler. Auch für den Regelverstoß der besprochenen Passage, die mit einer plagalen statt einer authentischen Kadenz abschließt, dürfte der Orgelpunkt F im Baß (T. 100/101) als ein Faktor verantwortlich sein, der solche Akkordfolgen mit gefährdetem eigenen Progressionssinn zu musikalischer Kontinuität zu verbinden vermag. Obschon die Orgelpunkttechnik dieses Beispiels der symphonischen Gattungstradition insofern verpflichtet ist, als Orgelpunkttrios zu den häufigsten Triotypen rechnen, erscheint Mahlers Handhabung der Orgelpunkttechnik im ganzen besonders dadurch charakterisiert, daß sie sich nicht mehr auf die ihr früher zugewiesenen Formabschnitte — in der Sonatenform beispielsweise in erster Linie Rückleitung zur Reprise und Coda — beschränkt, sondern sich zu einem Mittel von formaler Ubiquität entwickelt hat. Je drastischer Orgelpunkte bei Mahlerschen Tanz- und Marschtypen als Klangstützen fungieren, die auch die oft monierten offenen oder verdeckten Stimmführungsparallelen meist überhaupt erst ermöglichen, desto deutlicher wird der Zusammenhang mit der Volksmusik. Hier tritt er vor allem durch die dritte kompositorische Schicht, die wir oben erwähnten, in Erscheinung: durch den Kontrapunkt des ersten Horns (T. 94—98). Die Simplizität seiner rhythmischen Struktur weist ihn als Weiterführung des Ländlerrhythmus der Klarinetten (vor Ziffer 4) aus. Es dürfte demnach möglich sein, die Stimmen von Violinen und erstem Horn als Materialschichten tendenziell verschiedenen Ursprungs im Mahlerschen Tonsatz zu bestimmen. Während die Hauptmelodie der Violinen den Schmelz der Unterhaltungsmusik Strauß'scher Prägung trägt, verweist der ungehobelte, rhythmisch eher uniforme Hornkontrapunkt direkt auf die rustikale Sphäre des Ländlers, des Hauptcharakters dieses Satzes. Diese beiden Schichten werden mittels des Begleitsystems, dessen regelwidrige Harmonisierung eine artifizielle Unbeholfenheit bewirkt, ihrer ursprünglichen ästhetischen Geltung enthoben und zu einer durchaus als ästhetische Einheit erfahrbaren Struktur verschmolzen. Die Anspruchslosigkeit ihrer äußeren Erscheinung als Resultat eines komplexen Ineinandergreifens dreier kompositorischer Schichten auszuweisen, dies leistet Mahlers Ton für diese Passage.

Wenngleich es mißlich erscheint, zum Zweck eines Vergleichs einzelne Stellen aus dem Zusammenhang herauszureißen — denn jede Passage hat das Anrecht, unter Berücksichtigung ihres Kontextes beurteilt zu werden —, sei es für einmal doch erlaubt, die Qualität des Mahlerschen Tons, die hier in der Verfremdung der unteren Musik zu einer persönlichen Musiksprache hin liegt, gleichsam e contrario durch einen Vergleich mit Richard Strauss zu beleuchten. Bei aller Unterschiedlichkeit der Wurzeln ihrer Symphonik und gewiß auch ihrer Persönlichkeit haben die beiden Kollegen gemeinsam für die zeitgenössische Moderne gestritten. Ihre instrumentationstechnische Kunst nutzten sie virtuos zur musikalischen Charakterisierung. Während Klangschilderung bei Mahler im Vorfeld des Kunstgehalts der Werke verbleibt, führt sie bei Strauss — aufgrund der unterschiedlichen Funktion der Programme für die Werkstruktur — ins Zentrum der Musik. Einem Programmvorwurf folgend scheute er sich nicht, nachgerade ungebrochene „Unterhaltungsmusik" zu schreiben:

Richard Strauss, *Till Eulenspiegel*, T. 374—382 (Partiturausschnitt)

Das achttaktige, satzähnliche Gebilde, das mit dem 2/4-Takt ansetzt, läßt, für sich genommen, in seiner syntaktischen, melodischen und harmonischen Regelmäßigkeit nicht erahnen, daß es in einem symphonischen Kontext steht. Es prägt die Teilhabe des „leichtfertigen" symphonischen Helden an der Sphäre der problemlos „leichten Muse" als musikalische Struktur aus, deren Charakter die Problemlosigkeit selbst ist. Solche Ungebrochenheit der unteren Musik im symphonischen Rahmen wäre bei Mahler, der einen anderen kompositorischen Subjektbegriff als Strauss voraussetzt und sich gleichsam niemals von seinem eigenen Ton befreien kann, kaum denkbar, auch wenn wir die Bestimmung dieses Tons als eine gebrochene Sprache im folgenden zu differenzieren haben werden.

Die Schranken, die Mahlers Ton im ersten Trio des Scherzos der *Vierten* als Instanz von Kunstmusik gegen die Implikationen des zugrunde liegenden Materials errichtet hat, werden in der Parallelstelle des zweiten Trios (T. 254—274) mit der großzügigen Geste dessen niedergerissen, der sich nicht aus Kulturbeflissenheit zu scheuen braucht, auch der unverhüllten Sentimentalität eine Spur von Wahrheit beizumessen. Die Rückung von F-phrygisch nach D-Dur bei Ziffer 11 eröffnet im plötzlichen Pianissimo des Tutti einen neuen, weiten Klangraum. Selbst die „freche", mit erhobenem Schalltrichter zu spielende Ländlerstimme der Holzbläser wird von dem verschwenderisch weit ausgreifenden Gestus der Geigenmelodie erfaßt, die nun mit potenzierten Glissandi in Oktaven schwelgt. Die nachfolgende neuntaktige Partie (T. 266—274) verzichtet auf die Komplexität der Parallelstelle und schmiegt sich dieser Sphäre an. Der Ländlerkontrapunkt des Horns fehlt, die Geigen singen nunmehr in Oktaven, die Instrumentation hat sich zu einem üppigen Klangteppich ausgeweitet. Namentlich aber die Harmonik erhebt nicht mehr im Namen von Kunst Einspruch gegen die Trivialität: Über dem nun durchgehaltenen Orgelpunkt erklingen die der Melodie impliziten Harmonien ohne die früheren Komplikationen, dafür mit genüßlich ausgespielten Vorhalten (T. 268, T. 270). Ein Pedant vermöchte zwar ohne Zweifel Mahlers kompositorische Eigenart wenigstens in den charakteristischen offenen Quart- und Quintparallelen zwischen beiden Melodiestimmen (T. 272/273) oder in dem klangtechnischen Raffinement gegenläufiger Glissandi und Vorschläge (T. 256 bzw. T. 268 und 270) festzumachen. Doch wäre dies nicht entscheidend und eher schlechte Apologie. Aus dieser selbst für Mahler extremen Affinität zur Sphäre der Unterhaltungsmusik seiner Zeit wäre vielmehr zu erkennen, daß die Kategorie Ton sich nicht in der Unmittelbarkeit klingender Gegenwart erschöpft, sondern den Kontext musikalischer Partien als Moment ihrer Bestimmung aufnehmen muß. Der Kontext dieser zweiten Triopartie aber wird einmal durch ihre Relation zur ersten, zum anderen durch ihre Stellung zwischen mittlerem und abschließendem Scherzoteil definiert. Ohne Berücksichtigung des Kontextes schränkt der Ton erfüllten, wenn auch vergänglichen Glückes, der aus diesen Takten spricht, Adornos Bestimmung, Mahlers Ton sei kein anderer als der von Gebrochenheit, in ihrer ästhetischen und kompositionstechnischen Reichweite ein. Und desgleichen gerät unser Begriff der Mahlerschen Verfremdungstechnik in ernsthafte Schwierigkeiten, sobald er im Hinblick auf die Kompositionstechnik allzu unmittelbar beim Wort genommen wird.

*

III/6, T. 1—9

Das Finale der *Dritten Symphonie* ist niemals von einem gebrochenen Ton durchdrungen, sondern ganz im Gegenteil von einem hohen, innigen, mitunter auch feierlichen Stil getragen, dessen altertümlich diatonische Harmoniefortschreitungen an die zweite Einfachheit des späten Beethoven anknüpfen.[116] Immanent kennt er keinerlei Brechung, mit Ausnahme freilich der bedeutsamen Rückblendungen auf den ersten Satz vor den Ziffern 20 und 22 der Partitur. Der Einwand, diese Einblendungen vermittelten dem Stil des ganzen Finales dennoch einen Ton von Gebrochenheit, erwiese nichts als die eigene Brüchigkeit dieses Arguments und jene der kunstphilosophischen Prämisse, die ihm zugrundeläge. Windiger noch wäre etwa die Behauptung, das Finale der *Dritten* müßte, weil es — ebenso wie das Adagietto der *Fünften* — mit der Kategorie Stil sehr wohl zu fassen und darum in seinem Kunstcharakter von den Mahlerschen Voraussetzungen her als mißlungen zu veranschlagen sei, vom Geltungsbereich des Begriffs Ton ausgeschlossen werden, ohne daß dieser dadurch seinen Anspruch als Einheitskategorie des Mahlerschen Œuvres aufzugeben hätte. Nein, der bisher zunächst auf kompositionstechnische Konkretion so weit als möglich bezogene Begriff von Mahlers Ton muß, wenn man ihn nicht preisgeben will, angesichts dieser Beispiele um die Kategorien des werkimmanenten sowie des pragmatischen musikalischen Kontextes erweitert werden. Um die Richtung dieser Begriffserweiterung in werkimmanenter Hinsicht anzudeuten, mag ein Rekurs auf Friedrich Hölderlins Lehre vom Wechsel der Töne hilfreich sein. Da es uns nicht um eine Übertragung dieser Lehre, die Hölderlin kurz vor der Jahrhundertwende in verstreuten Ansätzen zu entwickeln versuchte, auf den Begriff von Mahlers Ton, sondern allein darum gehen kann, aus ihr Anregungen zur Lösung seiner offenbaren Problematik zu empfangen, brauchen wir uns nicht in die noch immer labyrinthischen Probleme dieser Lehre zu verstricken und dürfen uns mit einer knappen, vereinfachenden Charakterisierung derselben begnügen, die sich auf Lawrence J. Ryans grundlegende Arbeit stützt.[117]

Hölderlin geht es darum, die scheinbar ungeregelte Mannigfaltigkeit der dichterischen Äußerungsmöglichkeiten auf drei sogenannte Töne (und deren Kombinationen) zu reduzieren, die er den naiven, den heroischen und den idealischen nennt. Aus diesen drei Tönen, in Verbindung mit den Funktionskategorien Kunstcharakter, Grundstimmung und Geist, wird die Dreiteilung der Poesie in Epos, Tragödie und lyrisches Gedicht, die drei Gattungen der Dichtkunst also, dergestalt abgeleitet, daß die starren Trennungen der traditionellen Gattungspoetik sich auflösen und die Dichtarten sich, wie Peter Szondi zeigte[118], in verschiedenen Kombinationen der Funktionskategorien und Töne als geschichtlich bedingte erweisen. Darüber hinaus und wohl zur Hauptsache erhebt Hölderlins Lehre den Anspruch, die Struktur auch jedes einzelnen Gedichts aus Gesetzmäßigkeiten der Aufeinanderfolge der drei Töne, eben aus dem Wechsel der Töne, zu erklären.

Zweierlei läßt sich aus Hölderlins Lehre vom Wechsel der Töne für die Erkenntnis von Mahlers Musik gewinnen. Zum einen ließe sich daraus eine Klärung von gattungstheoretischen Problemen erhoffen, welche die Mahlersche Symphonik aufwirft. Wie sich in Hölderlins Theorie eine Gattung nicht aus dem einfachen Gegensatz gegen eine andere, sondern gerade aus dem spezifischen Ineinandergreifen verschiedener Töne und Gattungsmomente konstituiert, so wäre Mahlers Symphonik, die sich einer Subsumption unter den einheitlichen traditionellen Gattungsbegriff widersetzt, mittels eines — noch nicht entwickelten — Begriffs von Symphonie als einer gemischten Gattung zu fassen. Gattungsmomente von Lied, von Volks- und Militärmusik (in ihren verschiedenen Tanz- und Marschtypen) sowie von artifizieller Symphonik treten bei Mahler unter dem Primat letzterer zusammen — sowohl in zeitlicher Sukzession als auch, was entscheidend ist, in der Simultaneität eines komplexen Orchestersatzes.

Zum anderen und für unseren Zusammenhang noch wesentlicheren Teil kann Hölderlins Lehre vom Wechsel der Töne fruchtbar werden, wenn wir uns einer Bestimmung von Ton als musikalischer Kategorie erinnern, die Adorno in dem Aufsatz *Kriterien der neuen Musik* aus den *Klangfiguren* mehr unter der Hand einfließen läßt und die im Kontext seiner Kritik an seriellen Kompositionsverfahren steht: „Aber eigentliche musikalische Charaktere und ihre Totalität, der ‚Ton' eines Komponisten, wie ihn jeder Takt von Mahler, Berg, Webern zeigt, haben doch mit Originalität das Unauswechselbare, Nicht-Fungible gemein; wo solcher Ton puristisch ausgetrieben würde, wäre das Beste vergessen."[119] Da Kategorien wie Einfall und Originalitiät der kompositorischen Rationalität der Kranichsteiner Bewegung als verschlissen und verpönt galten, postuliert Adorno Ton als Instanz von heute noch legitimer, ja notwendiger Originalität, als einen Begriff, der einzig die erforderliche Objektivation der Musik aufgrund einer Leistung des kompositorischen Subjekts, nicht einer bloßen Materialdisposition zu stiften vermöge. Kaum woanders erhellt die Funktion von Ton als Quintessenz fortgeschrittener Musik deutlicher denn hier. Kaum aber auch bildet das Œuvre eines Komponisten eine Totalität musikalischer Charaktere durchgängiger und konsequenter aus als das Mahlersche. Von einer Summe unterscheidet sich eine Totalität aber darin, daß sie, wo jene als Ergebnis einer Addition von Einzelcharakteren die Zufälligkeit von deren Konstellation nicht verhehlen kann, auf eine Typologie der Charaktere nach Maßgabe der Idee eines Systems zielt. Eine systematisch entfaltete Typologie der Mahlerschen Charaktere wäre somit nichts als der Versuch, deren inneren Zusammenhang, der sich durch das gesamte Werk hindurchzieht, zu ergründen und zu einer Art Lehre vom Wechsel der Mahlerschen Töne qua Charaktere zu entwickeln; Mahlers Ton im Sinne einer Totalität musikalischer Charaktere ist demnach nichts als die Gesetzmäßigkeit des Wechsels seiner Töne.

*

Welche Richtung indes könnte ein Versuch einschlagen, Mahlers Töne als Charaktere phänomenologisch zu entwickeln? Konstitutiv für manche Töne Mahlers ist — um die Frage an diesem Komplex zu veranschaulichen — die Fanfare, sowohl in ihrer unmittelbaren Erscheinung, weit mehr noch aber als Idee. Als solche indiziert sie die Realitätssphären Jagd und Militär, insoweit sich diese in funktionsgebundenen Klängen äußern. Von ihren unmittelbaren Signalfunktionen entbunden, erhält die Fanfare einen neuen Stellenwert im Kontext der Mahlerschen Symphonie. Meistens ist diese Integration mit einer Umformulierung der musikalischen Gestalt verbunden, doch zeigt etwa die Trompetenfanfare aus dem dritten Satz der *Dritten* (zwei Takte vor Ziffer 17) auch das Beispiel einer unveränderten Übernahme: das Signal „Abblasen“ aus der österreichisch-ungarischen Armee. So verschieden die Symbolgehalte der Fanfarensignale in der prosaischen Wirklichkeit, so unterschiedlich sind auch die Indexfunktionen der in Mahlers Symphonik integrierten Fanfarenklänge. In Verbindung mit Vogelstimmen und Ähnlichem hat auf der einen Seite die Jagdfanfare Teil an der künstlerischen Realisation von Natur, die Militärfanfare auf der anderen Seite aber kündigt den Militärmarsch an. Unter der Idee der Fanfare stehen mithin zwei divergente Begriffe von musikalischer Zeit: Stillstand und Progression, oder präziser: Stauung und Entfesselung. Zur Illustrierung dieser Gegensätzlichkeit bieten sich nicht wenige Stellen aus Mahlers Werk an, etwa die Klangfläche der Einleitung zum ersten Satz der *Ersten* und die vorwärtsschreitenden Militärmarschpartien aus dem ersten Satz der *Dritten*. Um aber am Doppelaspekt der Fanfare neben den gegensätzlichen auch verwandte Züge nachweisen zu können, erscheinen die beiden folgenden Partien — beides Vorbereitungsfelder zu Marschkomplexen — geeigneter. Sie zeigen, wie konzentriert die Töne der Fanfaren-Idee den Gehalt des Kommenden zu entwerfen vermögen, ohne selbst dessen Struktur zu teilen.

Inmitten der Durchführung des Finales der *Sechsten Symphonie*, zwischen erstem und zweitem Hammerschlag, erdröhnen plötzlich komplexe Fanfarenklänge (T. 385f.). Sie entfesseln eine Potenz ohnegleichen und vermitteln dem fast universellen Marschgeschehen des Satzes die vorwärtstreibende Kraft, die als Ausgangsschwung für die anschließende zentrale Durchführungsgruppe (T. 397—448) erforderlich erscheint. Das rhythmische Modell repetierender Fanfarenstöße  usw., vom Überleitungsteil der Exposition (T. 178) abgeleitet und hier unablässig wiederholt, bildet in den verschiedenen, durch wechselnde Instrumentation blockhaft voneinander abgehobenen Akkordballungen das kompositorische Gerüst der Passage. Bekundet die gleichförmige Rhythmisierung eine Stetigkeit, der die übrigen Elemente des Tonsatzes unterworfen erscheinen, so verhindern auf der anderen Seite die brüsk wechselnden Harmonien eine Kontinuität des Strömens und bewirken, daß die Fanfaren in einer imaginären Gliederung des musikalischen Raumes von verschiedenen Seiten her zu erklingen scheinen. Eine Dominantballung folgt der anderen, ohne daß sich die Akkorde, wie bereits aus dem unten wiedergegebenen Anfang der Passage ersichtlich wird, mehr als nur stückweise zu Dominantsukzessionen im Quintverhältnis zusammenfügten. Programmatisch, in einer selbst für Mahlers *Sechste* extremen Häufung, wird hier der logische Faden harmonisch-tonaler Akkordverknüpfung durchschnitten (siehe Beispiel S. 97).

Es ist fraglich, ob ein Versuch sinnvoll wäre, die in dieser Analyseskizze angegebenen Tonarten-Stationen nach dem Modell der Schönbergschen Regionen-Verwandtschaften funktional aufeinander zu beziehen, wenngleich es der Akkordbestand der Passage zu erlauben scheint, die Zieltonart C als übergeordnete Tonika eindeutig zu bestimmen. Die Tragfähigkeit dieser Erklärungsmöglichkeit wird nämlich durch dreierlei eingeschränkt: Einmal bezeugt die Häufung größtenteils unaufgelöster Zwischendominanten eine tendenzielle Verselbständigung dieser Spannungsakkorde, sodann ist der Akkord in den Takten 388/389, der die C-Tonart erstmals anzeigt, lediglich ein isolierter Dominantseptnonakkord wie die übrigen Dominantakkorde, und schließlich weist die Harmonik der Takte 387 bzw. 390/391 Funktionskumulierungen zweier simultaner Dominanten im Tritonusverhältnis auf, welche — verstärkt durch eine blockhafte Instrumentation (Posaunen versus Streicher und Holzbläser) — die sonst noch einheitliche Tonalität zur Bitonalität hin aufsprengen. Über die signalhafte Basis des Harmoniegerüstes hinaus tragen bewegte Melodiegesten zu einer weiteren Komplikation des Tonsatzes bei, indem sie zum Teil einzelne Töne stereotyp umkreisen, zum Teil skalenförmige Bildungen nach Art des ersten und zweiten Messiaenschen Modus umfassen (T. 390f.).

Der kollektive Zug, der den Ton der Mahlerschen Militärmärsche bestimmt, erhält in dieser Passage einen pogromhaften Gestus. Der symphonische Held, dem dieser Kriegsruf gilt, ist von der musikalischen Immanenz her weniger als Individuum denn als Masse zu denken. Erwin Ratz hat seinerzeit, in seiner bedeutenden Analyse des Finales der *Sechsten,* den Verlauf dieser Durchführung als Wechsel positiver und negativer Situationen beschrieben und die Fanfarenpartie (T. 385—396) als negativ, die folgende Marschpartie (T. 397—448) als positiv charakterisiert.[120] Mit diesen antithetischen Kategorien läßt sich der Zusammenhang beider Passagen allerdings kaum zureichend begreiflich machen, denn die Fanfarenpartie ist als musikalischer Charakter dem Marsch keineswegs strikt entgegengesetzt, sondern nimmt vielmehr seinen Gehalt potenziert vorweg. Von einem Wechsel positiver und negativer Situationen zu sprechen, wäre wohl eher im Falle des Strauss'schen *Heldenlebens* am Platz, wo der — als Individuum gedachte — symphonische Held sich inmitten schlimmster musikalischer Anfechtungen gelegentlich als über das Kriegsgetümmel erhabene Gestalt zeigt, deren Sieg — vor allem in der Verbindung mit dem eingeflochtenen „Liebesmotiv" (Ziffer 69ff.) — niemals ernsthaft in Frage steht. Mahlers Verfremdung der Militärfanfare zum Mahnmal des Schreckens aber zeitigt den unaufhaltsam vorwärts-

(Es:V7)

Ges:V7 A:V7 C:V7 (9)

drängenden, durchaus gewaltsamen Ton des kommenden Marsches, für dessen großes Fortströmen sie die Zeit entfesselt.

Wird hier der Ton einer durchdynamisierten musikalischen Zeit durch die Verbindung von rhythmisch konstanter, harmonisch aber brüchiger Fanfarengrundlage und stürmischen Melodiegesten gestiftet, so verwirklicht sich in der Vorbereitung des „sehr gemessen“ schreitenden Marsches der ersten Nachtmusik der *Siebenten Symphonie* (T. 1—29) der ganz anders geartete Ton einer gestauten musikalischen Zeit. Den verschiedenen Zeitbegriffen entsprechen unterschiedliche Fanfaren- und Marschcharaktere. Fanfarenartige Rhythmen verbinden sich hier mit anderen kompositorischen Elementen zusammen zur Beschwörung nächtlicher Natur, und der sich anschließende, eher skurrile Marsch verläuft in ruhigem, keinesfalls gewaltsam vorwärtsdrängendem Schritt.

VII/2, T. 1—12

Die Ruf-Antwort-Disposition zweier Hörner (T. 1—9) impliziert eingangs ein Moment von musikalischem Realismus, insofern die beiden Instrumente als aufeinander bezogene musikalische Subjekte — nach dem Vorbild der Hirten in Berlioz’ *Scène aux champs* aus der *Symphonie fantastique* — den orchestralen Einheitsraum imaginär nach verteilten Schallquellen gliedern. Motivisch setzt der Dialog gleich sehr verbindlich ein, indem im scheinbar zwanglosen Hin und Wider von Ruf und Antwort die wichtigsten Elemente des Motivbestandes exponiert werden, auf dem der Satz aufbaut. In der zweiten Phase der Einleitung (T. 10—19) wird der anfängliche Realismus wieder aufgehoben. Triolenketten und Triller bewirken eine prosahafte Fortspinnung von Oboe und Klarinette, wobei Einwürfe des Englischhorns und des Fagotts die Erinnerung an den Eingangsruf des ersten Horns wachhalten. Auch in der letzten Phase der Einleitung (T. 20—29) meldet sich dieses Motiv, nun zum aufsteigenden Dreiklang der Tuba verkürzt. Die musikalische Prosa der melodisch bewegten Stimmen verebbt hier zu einem stationären, in sich bewegten Klangfeld. Der Fortgang der musikalischen Zeit scheint innezuhalten. Naturstatik und Marschbewegung, zwei für Mahlers Musiksprache maßgebliche Prinzipien, greifen ineinander. Ihr gemeinsamer Punkt ist die Indifferenz von Orgelpunkt und Wechselbaßostinato. Die Konvergenz beider Techniken bewirkt Ton und Funktion dieser Passage als Hinleitung zu dem spukhaften, nächtlichen Marsch. Triller, Vorschläge, zunehmende rhythmische Verdichtung des (zwischen leeren G- und C-Klängen pendelnden) Wechselbasses, anwachsende Zahl der Instrumentalstimmen und schließlich auch ein Anstieg der Dynamik — all dies führt zu einem hellaufleuchtenden C-Dur-Akkord (T. 28), der alsbald wiederum zum Moll eingetrübt wird.[121] Innerhalb des statischen Feldes kündigt sich durch die Belebung der Wechselbaßklänge der kommende Marsch an, dessen motivischer Beginn mehrfach anklingt. Das fanfarenähnliche, rhythmische Motiv  , kettenförmige, akkordhafte Variante wir im Finale der *Sechsten* in der Funktion eines Kriegsrufs beobachtet haben, erscheint hier als einstimmiges Naturmotiv in einhelligem Verbund mit Trillern, Vorschlägen und anderen ostinaten Floskeln. Die Stauung der musikalischen Zeit, die Einheit von Zustand und Aussicht stiftet den spezifischen Ton dieser Vorbereitung auf den nächtlichen Marsch. Die Idee der Fanfare gliedert sich also bei Mahler — bereits die Erörterung der Partien aus der *Sechsten* und *Siebenten* Symphonie konnte dies zeigen — zu einer reichen Mannigfaltigkeit von musikalischen Charakteren.

*

Der Überschwang ungebrochenen Glücks, der Abbau der artifiziellen Dämme gegen die Fluten der Unterhaltungsmusik, den wir im zweiten Trio des Scherzos der *Vierten Symphonie* beobachten konnten, hatte die Enge des anfänglichen Begriffes von Mahlers Ton erwiesen und uns zu dem Exkurs auf Hölderlins Lehre vom Wechsel der Töne veranlaßt. Nun sehen wir uns imstande, den Ton auch dieser Passage zu erfassen, indem wir ihren Stellenwert im Wechsel der Töne bestimmen, der das gesamte Scherzo konstituiert. Der Charakterekontrast dieses Satzes aber ist der zwischen Weltlauf und seinem Einstand. Der von Hegel hergeleitete Begriff des Weltlaufs — er ist wohl auch zu jenen Kategorien einer von Adorno postulierten materialen Formenlehre[122] zu rechnen, auf welche insgesamt der Versuch einer Phänomenologie der Mahlerschen Charaktere sich stützen müßte, ohne doch mit ihr zusammenfallen zu können — bestimmt in seinem virtuell durchgehenden oder hier besser: stets von neuem einsetzenden Bewegungszug die drei eigentlichen Scherzoteile.[123] Über den rhythmischen Zug hinaus prägt die Scordatur der Solovioline um einen Ganzton nach oben einen spezifischen Weltlauf-Ton aus. Die als qualvoll empfundene Mechanik eines leeren Getriebes, in Anbetracht des ursprünglich geplanten Satztitels *Freund Hein spielt auf* wohl auch die grausige Unabweisbarkeit des Todes, erneuert sich in dem fahlen, schrillen Auftakt h^1—es^2—g^2 und dem von der leeren Saite hohl verfremdeten Zielton fis^2, dem Leitton der Wechseldominante, scheinbar immerfort. Diesem Ton eines spukhaften, schmerzvollen Weltlaufs gebieten erstmals in den Takten 69/70 „schmetternde" Fanfaren Einhalt und leiten über zum ersten Trio, dessen Ländlermelodien, wie unsere Analyse der Takte 94—102 ergeben hat, einen friedvoll-harmlosen Volkston, allerdings mit artifiziellem Einschlag, ausprägen. Mit ihrem zupackenden Gestus fährt die Fiedel im mittleren Scherzoteil (T. 117) „leidenschaftlich" im alten Tonfall wieder ein und bestätigt somit Adornos Satz, die Mahlerschen Bilder würden vom symphonischen Zug gebrochen.[124] Der Gegensatz zwischen dem mechanischen Vorwärtseilen des Weltlaufs und seinem Einstand in der eigentlichen Ländler-Sphäre verschärft sich im zweiten Trio (T. 201f.), das im glücklichen Verweilen nach Takt 254 — wie gezeigt — das symphonische Vermittlungsgesetz vergessen lassen möchte und, nach Rudolf Stephans Worten, eine „ferne Vergangenheit zu beschwören scheint".[125] Der Wechsel der Töne im zweiten Satz der *Vierten* drängt jedoch nicht uniform zu einer Eskalation der Kontraste. Der wiederkehrende und abschließende Scherzoteil (T. 281f.) überführt keineswegs durch einen brutalen, höhnischen Zugriff das eben versprochene Glück der Nichtigkeit, sondern bleibt im Weltlauf selbst dieser Erfahrung gleichsam eingedenk und führt somit ansatzweise zu einer Vermischung der Töne. Anstelle der seltsamen, fast inhumanen Scordatur der ersten Solovioline setzt „grazioso" eine normal gestimmte zweite ein, anstelle des erwähnten quälenden Auftaktes in c-Moll erklingt ein diatonischer Auftakt in G-Dur (h^1—d^2—g^2), der die frühere Verzerrung wenigstens vorübergehend zu einer gelösten Sprache mildert (T. 283). Der skizzierte Wechsel der Töne im zweiten Satz der *Vierten* gestaltet mithin den Scherzotyp, der in der symphonischen Gattungstradition namentlich Schubertscher und Brucknerscher Prägung überliefert ist, zu einer Konstellation unverwechselbar Mahlerscher Satzcharaktere.

Indessen lassen sich nicht nur musikalische Prozesse innerhalb einzelner Sätze, sondern auch die Satzfolgen im symphonischen Zyklus nach Prinzipien eines Wechsels der Töne begreifen, vor allem dann, wenn — wie im Falle der sechssätzigen *Dritten Symphonie* — die Traditionsgrundlage des viersätzigen Zyklus weitgehend ausgehöhlt ist. Die von Mahler in dieser Symphonie programmatisch entworfene und komponierte musiksprachliche Totalität weist jedem Satz eine bestimmte Sphäre und Sprache zu.[126] Der Weg von Station zu Station, so gewiß Anfangs- und Zielpunkt als unterste bzw. oberste Stufe in der Skala der Stilebenen erkennbar sind und hiermit eine Entwicklung zur Höhe hin sich abzeichnet, ist freilich keine geradlinige Läuterung. Die musikalische Entwicklung der *Dritten*, die — so Mahler[127] — bei der leblosen Natur beginnt und sich bis zur Liebe Gottes steigert, im Lichte eines Wechsels der Töne nachzuzeichnen, auf diese Aufgabe müssen wir in diesem Rahmen verzichten, da die hierzu erforderliche Auseinandersetzung mit Dieter Schnebels Aufsatz über Mahlers *Dritte* einzig auf der Ebene umfassender Analyse sinnvoll geleistet werden kann. Wenn es allerdings bei Schnebel heißt: „Der letzte Satz steht zwischen den Sprachsphären: das ist eine nichtelitäre Musiksprache, welche das als ‚hoch' und das als ‚nieder' Qualifizierte in gleicher Weise umfaßt."[128], so ist dies ein Beispiel dafür, wie Adornos Begriff des Mahlerschen Tons, wird er auf die unmittelbare Musikstruktur eingeschränkt und seine Kontextbezogenheit übersehen, den Blick für die Erkenntnis anderer als gebrochener Töne der Mahlerschen Musiksprache trüben kann. Der Ausnahme darf niemals die Regel unterschoben werden. Die musikalische Sprache dieses Finales steht fraglos in der Tradition des feierlich-hoheitsvollen Adagiostiltypus und vermeidet jede Berührung mit dem Volkston, auch wenn dieser Sachverhalt nicht in die Konzeption derer paßt, die — wie beispielsweise Konrad Boehmer[129] — Mahler einseitig als Fürsprecher der proletarischen Sache in der Musik für sich reklamieren. Der musikalische Systementwurf, als der die *Dritte* gelten darf, berücksichtigt auch eine Erhabenheit, von deren Warte aus die Vielfalt der Mahlerschen Töne mit ungleich größerem Haß der Stillosigkeit geziehen werden konnte, als wenn sich die Abtrünnigkeit des Komponisten von dem Geltungsbereich der hohen Stilsphäre als undialektische Konversion zur „unteren" Musik hätte verbuchen lassen. Im Wechsel der einzelnen Töne umfaßt Mahlers Ton somit auch den ungebrochen hohen Stil, dem indes dadurch, daß ihm im zyklischen Zusammenhang mit Tönen der unteren Musiksprache der alleinige Herrschaftsanspruch entzogen erscheint, ein Moment indirekter Gebrochenheit zukommt.

Anmerkungen

1 *GMB*, S.145 (undatiert).

2 Zit. nach Peter Revers, *Gustav Mahler und die Formanalyse. Reflexionen über ein gestörtes Verhältnis*, in: *Beiträge '79—81. Gustav Mahler Kolloquium 1979. Ein Bericht*, hrsg. von der Österreichischen Gesellschaft für Musik. Redaktion: Rudolf Klein, Kassel 1981, S. 96ff., das Zitat S. 97 (undatierter Brief).

3 Das vollständige Manuskript der Aufzeichnungen von Bauer-Lechner befindet sich in der von de La Grange aufgebauten Bibliothèque musicale Gustav Mahler in Paris. Die Passage wird hier zitiert nach Stephen E. Hefling, „*Variations in Nuce*": *A Study of Mahler Sketches, and a Comment on Sketch Studies*, in: *Beiträge '79—81*, S. 102ff., das Zitat S. 125.

4 Vgl. z.B. die in der amerikanischen Musikwissenschaft im Anschluß an den Artikel von Douglas Johnson, *Beethoven Scholars and Beethoven's Sketches*, in: 19th-century Music 2 (1978/79), S. 3ff., in dieser Zeitschrift ausgetragene Kontroverse.

5 Zur Unterscheidung von impliziter, expliziter und faktischer Poetik vgl. Hermann Danuser, *Inspiration, Rationalität, Zufall. Über musikalische Poetik im 20. Jahrhundert*, in: Archiv für Musikwissenschaft 47 (1990), S. 87ff. Zum Poiesis-Begriff vgl. insgesamt Hans Robert Jauß, *Ästhetische Erfahrung und literarische Hermeneutik*, Frankfurt am Main 1982, S. 103ff.

6 *NBL*, S. 144 (Mitte November 1899).

7 Ebd., S. 50, April 1896.

8 Ebd.

9 Vgl. *GMB*, S.101 (Brief an Arnold Berliner vom 14. Juli 1892).

10 Vgl. dazu Klaus Kropfinger, *Wagner und Beethoven. Untersuchungen zur Beethoven-Rezeption Richard Wagners* (Studien zur Musikgeschichte des 19. Jahrhunderts 29), Regensburg 1975, S. 149ff. Carl Dahlhaus, *Die Idee der absoluten Musik*, Kassel u.a. 1978, S. 132ff. Hermann Danuser, *Biographik und musikalische Hermeneutik. Zum Verhältnis zweier Disziplinen der Musikwissenschaft, in: Neue Musik und Tradition. Festschrift Rudolf Stephan zum 65. Geburtstag*, hrsg. von Josef Kuckertz u.a., Laaber 1990, S. 584ff.

11 *NBL*, S. 63.

12 Ebd., S. 26.

13 Ebd.

14 *NBL*, S. 27.

15 Karl Heinz Bohrer, *Plötzlichkeit. Zum Augenblick des ästhetischen Scheins*, Frankfurt am Main 1981. Vgl. Hermann Danuser, *Das imprévu in der Symphonik. Aspekte einer musikalischen Formkategorie in der Zeit von Carl Philipp Emanuel Bach bis Hector Berlioz*, in: Musiktheorie 1 (1986), S. 61ff.

16 Carl Dahlhaus, *Wagners Inspirationsmythen*, in: *Komponisten, auf Werk und Leben befragt*, hrsg. von Harry Goldschmidt u.a., Leipzig 1985, S. 108ff.

17 *GMB*, S. 200.

18 Vgl. das Notenbeispiel unten S. 74.

19 *GMB*, S .183.

20 Vgl. dazu im näheren das Kapitel *Funktionen von Natur*, unten S. 65ff.

21 Eine Photokopie dieser Quelle befindet sich im Archiv der Internationalen Gustav Mahler Gesellschaft Wien.

22 *NBL*, S. 33 (Sommer 1893), S. 50f.

23 Nach einer englischsprachigen Äußerung Strawinskys zit. von Paul Sacher am 5. Juni 1984 in seiner Ansprache im Basler Stadttheater anläßlich des Eröffnungsaktes zur Ausstellung *Strawinsky. Sein Nachlaß, Sein Bild* im Kunstmuseum Basel, publiziert in einer zu diesem Anlaß herausgegebenen Broschüre, S. 17.

24 *NBL*, S. 161.

25 Ebd., S. 29 (Sommer 1893).

26 Ebd., S. 64.

27 Ebd., S. 65.

28 Hervorgehoben seien vor allem der Düsseldorfer Ausstellungskatalog *Stephan, Werk und Interpretation*, der zu allen im folgenden besprochenen Quellentypen kommentierte Faksimilia enthält, sowie die Untersuchungen von Stephen E. Hefling, *The Making of Mahler's „Todtenfeier": A documentary and analytical Study*, Diss. Yale University 1985, und James L. Zychowicz, *Sketches and Drafts of Gustav Mahler 1892—1901: The Sources of the Fourth Symphony*, Diss. University of Cincinnati 1988, 2 Bde. Unsere Übersicht schließt sich an diese Darstellungen an.

29 Im Besitz von Mrs. F. Charles Adler, Wien. Eine Seite mit dem Anfangsgedanken des ersten Satzes der Neunten Symphonie ist daraus reproduziert in: Peter Andraschke, *Gustav Mahlers IX. Symphonie. Kompositionsprozeß und Analyse* (Beiträge zum Archiv für Musikwissenschaft 14), Wiesbaden 1976, Abbildung 1 (unpaginiert). Das Skizzen- und Entwurfsmaterial zur *X. Symphonie*, die Mahler in einem Stadium unvollendet hinterließ, welches zur Vervollständigung wenigstens einzelner Sätze — zumal des Adagios — herausfordern mußte, liegt in einer (nicht ganz vollständigen) Faksimile-Edition vor: *Gustav Mahler, X. Symphonie. Faksimile nach der Handschrift und Skizzenblätter zur zehnten Symphonie*, hrsg. von Erwin Ratz, München/Meran 1967. Vgl. das Faksimile unten S. 350.

30 In der Theatersammlung der Österreichischen Nationalbibliothek Wien. Der amerikanische Mahler-Forscher Stephen E. Hefling bereitet eine Transkription und Edition dieses Skizzenbuches vor.

31 Die autographe Skizze wurde erstmals von Alfred Rosenzweig mitgeteilt in: *Der Wiener Tag* Nr. 3607 vom 4. Juni 1933, S. 27f.

32 Vgl. Carl Dahlhaus, *Schönbergs ästhetische Theologie*, in: *Bericht über den 2. Kongreß der Internationalen Schönberg-Gesellschaft Wien 1984*, hrsg. von Rudolf Stephan und Sigrid Wiesmann (Publikationen der Internationalen Schönberg-Gesellschaft 2), Wien 1986, S. 12ff. sowie Alexander L. Ringer, *Arnold Schoenberg: the composer as Jew*, Oxford 1990.

33 Die Konzeption korrespondiert in diesem zweiten Satz offenbar mit einem frühen, nicht realisierten Plan der — ursprünglich insgesamt als „Humoreske" überschriebenen — *Vierten Symphonie*, den Alma Mahler Paul Bekker am 13. Oktober 1919 zum Geschenk machte. Darin bildet „Caritas H-dur (Adagio)" den dritten von insgesamt sechs Sätzen (Kopie im Archiv der Internationalen Gustav Mahler Gesellschaft Wien).

34 Vgl. Danuser, *Lied*, Faksimile II (vorletzte Seite des Particells von *Der Abschied*). Vgl. unten Faksimile S. 339 den Particellentwurf von *Blicke mir nicht in die Lieder*.

35 Vgl. die Faksimile-Reproduktion der letzten Seite des Partiturentwurfs des *Trinklieds vom Jammer der Erde* unten S. 345. Vgl. Gustav Mahler, *IX. Symphonie. Partiturentwurf der ersten drei Sätze. Faksimile nach der Handschrift*, hrsg. von Erwin Ratz, Wien 1971. Der von Henry-Louis de La Grange unlängst erworbene Partiturentwurf des letzten Satzes der Neunten Symphonie befindet sich heute in der Bibliothèque musicale Gustav Mahler, Paris. Vgl. James L. Zychowicz, *The Adagio of Mahler's Ninth Symphony: A Preliminary Report on the Partiturentwurf*, in: Revue Mahler. Une revue semestrielle d'études mahlériennes 1 (Paris 1987), S. 77ff.

36 Vgl. die gediegen ausgestattete Reproduktion des Autographs der Zweiten Symphonie: *Gustav Mahler. Symphony No. 2 in c minor „Resurrection". Facsimile*, hrsg. von The Kaplan Foundation, New York 1986.

37 *Stephan, Werk und Interpretation*, S. 55 bietet die Reproduktion einer Seite aus einer — von Mahler mit Eintragungen versehenen — Kopistenabschrift der Partitur der *Sechsten Symphonie* (Abb. 21, Katalog Nummer 19).

38 Vgl. die Reproduktion einer Seite aus einem Probedruck der *Achten Symphonie*, den Mahler als Dirigierpartitur bei der Uraufführung in München verwendet hat in: *Stephan, Werk und Interpretation*, S. 56 (Abb. 22, Katalog Nummer 21).

39 *NBL*, S. 194.

40 Zitiert nach der Textsynopse im Revisionsbericht des Bandes Gustav Mahler, *Lieder nach Texten von Friedrich Rückert*, hrsg. von Zoltan Roman (Kritische Gesamtausgabe, hrsg. von der Internationalen Gustav Mahler Gesellschaft, Wien, Band XIII, Teilband 4), Wien 1984, S. VIf. Dort sind auch die — insgesamt eher geringfügigen — Abweichungen in den Mahlerschen Lesarten des Gedichts angeführt. Im übrigen ist ungewiß, welche Rückert-Ausgabe Mahler benutzt hat.

41 Hans Robert Jauß, *Studien zum Epochenwandel der ästhetischen Moderne*, Frankfurt am Main 1989, S. 119ff.

42 Ebd., S. VIf. Verwiesen sei auch auf das in der Pierpont Morgan Library New York aufbewahrte Skizzenmaterial zum Rückert-Lied *Ich bin der Welt abhanden gekommen*, welches im Blick auf Mahlers Kompositionsprozeß umfassend untersucht worden ist von Stephen E. Hefling, *The Composition of „Ich bin der Welt abhanden gekommen*", in: *Gustav Mahler* (Wege der Forschung), hrsg. von Hermann Danuser, Darmstadt (im Druck).

43 Vgl. die Beschreibungen und Interpretationen dieser Quelle im Revisionsbericht der Gesamtausgabe, ferner bei Colin Matthews, *Mahler at Work. Aspects of the Creative Process*, Phil. Diss. masch. (University of Sussex) 1977, S. 74ff., sowie bei *Stephan, Werk und Interpretation*, S. 42f., wo das vollständige Autograph als Abbildung 11 und12 reproduziert ist.

44 Zur Entwicklung der Mahlerschen Orchestertechnik insgesamt vgl. John G. Williamson, The *Development of Mahler's Symphonic Technique with Special Reference to the Compositions of the Period 1899 to 1905*, Phil. Diss. University of Liverpool 1975.

45 Matthews, a.a.O., S. 76ff., bietet eine solche Synopse.

46 Vgl. das Kapitel *Mahlers „Mehrwert"*, unten S. 231ff.

47 Anstelle des ursprünglichen, bereits im Entwurf gestrichenen Wortes „Heiter" vgl. *Stephan, Werk und Interpretation*, S. 42.

48 Zit. nach Matthews, a.a.O., S. 75.

49 Hingewiesen sei etwa auf das von Jörg Zimmermann veranstaltete Fünfte Hamburger Kolloquium zur Ästhetik und Kulturtheorie vom Juni 1987 über *Ästhetik der Natur*, in dessen Rahmen eine erste Fassung dieses Kapitels verlesen wurde.

50 Vgl. Joachim Ritter, *Landschaft. Zur Funktion des Ästhetischen in der modernen Gesellschaft* [1963], wiederabgedruckt in: ders., *Subjektivität. Sechs Aufsätze*, Frankfurt am Main 1980, S. 141ff.; grundlegend ist auch die Abhandlung Jörg Zimmermanns *Zur Geschichte des ästhetischen Naturbegriffs* in dem von ihm herausgegebenen Band *Das Naturbild des Menschen*, München 1972 (S. 118ff.), der noch weitere wichtige Beiträge zum Thema enthält, sowie Zimmermanns Aufsatz *Ästhetische Erfahrung und die Sprache der Natur. Zu einem Topos der ästhetischen Diskussion von der Aufklärung bis zur Romantik*, in: *Sprache und Welterfahrung*, hrsg. von Jörg Zimmermann, München 1978, S. 234ff.; vgl. überdies den Sammelband *Landschaft*, hrsg. von Manfred Smuda, Frankfurt am Main 1986.

51 Vgl. einstweilen u.a. Hans-Peter Reinecke, *„Natur" als Rechtfertigungsinstanz im Denken der Theoretiker*, in: *Ideen zu einer Geschichte der Musiktheorie. Einleitung in das Gesamtwerk* (Geschichte der Musiktheorie 1), hrsg. von Frieder Zaminer, Darmstadt 1985, S.131ff.; Wolfgang Dömling, *Eine Welt aufbauen? Gedanken zum Thema Musik und Natur*, in: Neue Zürcher Zeitung Nr. 211 vom 10./11. September 1988, S. 67.

52 Vgl. hierzu Carl Dahlhaus, *Die Idee der absoluten Musik*, Kassel 1978.

53 Eduard Hanslick, *Vom Musikalisch-Schönen. Ein Beitrag zur Revision der Ästhetik der Tonkunst*, Wiesbaden ^{16}1966, S. 141ff. (Kapitel VI: *Die Beziehungen der Tonkunst zur Natur*).

54 Vgl. u.a. *Floros 1*, S. 142ff.; *Eggebrecht*, S. 127ff.

55 Immanuel Kant, *Kritik der Urteilskraft, hrsg.* von Karl Vorländer, Hamburg 1963, S.160.

56 Odo Marquard, *Zur Bedeutung der Theorie des Unbewußten für eine Theorie der nicht mehr schönen Kunst, in: Die nicht mehr schönen Künste. Grenzphänomene des Ästhetischen*, hrsg. von Hans Robert Jauß (Poetik und Hermeneutik 3), München 1968, S. 375ff., das Zitat S. 384.

57 *GMB*, S. 293f.

58 Ebd., S. 165.

59 *NBL*, S. 161. Vgl. hierzu auch Klaus George Roy, *The Creative Process and Mahler's Tenth Symphony*, in: Chord and Discord 28 (1958), S. 17ff.

60 Vgl. beispielsweise den aufgrund einer vollständigen Quellenlage besonders ergiebigen Aufsatz von Stephen Hefling, *The Composition of „Ich bin der Welt abhanden gekommen“*, in: *Gustav Mahler*. Wege der Forschung, hrsg. von Hermann Danuser, Darmstadt (im Druck).

61 *Kritik der Urteilskraft*, a.a.O., S. 159f.

62 *NBL*, S. 29.

63 *Adorno, Mahler*.

64 Vgl. *Stephan, Werk und Interpretation*, S. 29ff.

65 *GMB*, S. 299. Heinz Rölleke, der Herausgeber der 1975—1978 erschienenen ersten historisch-kritischen Ausgabe der Gedichtsammlung *Des Knaben Wunderhorn*, hebt Mahlers rezeptionsgeschichtlich exzeptionelles „Sensorium für das wirklich Volksmäßige“ hervor. Vgl. Rölleke, *Gustav Mahlers ‚Wunderhorn‘-Lieder. Textgrundlagen und Textauswahl*, in: Jahrbuch des Freien Deutschen Hochstifts 1981, S. 370ff.

66 Vgl. oben S. 59ff.

67 *Eggebrecht*, S. 127f.

68 *Floros 2*, S. 197f.

69 *NBL*, S. 188.

70 Ebd., S. 182.

71 *Adorno, Mahler*, S. 26.

72 Ebd., S. 80f.

73 Vgl. Rudolf Stephan, *Gustav Mahler. II. Symphonie c-Moll* (Meisterwerke der Musik 21), München 1979, S. 67f. sowie *Sponheuer*, S. 115f.

74 Mahlers Schreibweise lautet: „Der grosse Apell“. Vgl. die Faksimile-Edition des Werkes, die 1986 von der Kaplan Foundation New York gedruckt wurde.

75 *Mahler-Werfel, Erinnerungen*, S. 246.

76 *Floros 2*, S. 207.

77 Vgl. *Danuser, Lied*, S. 96f.

78 *Adorno, Mahler*, S. 10. Vgl. dazu Reinhold Brinkmann, *Vom Pfeifen und von alten Dampfmaschinen. Zwei Hinweise auf Texte Theodor W. Adornos*, in: *Beiträge zur musikalischen Hermeneutik*, hrsg. von Carl Dahlhaus (Studien zur Musikgeschichte des 19. Jahrhunderts 43), Regensburg 1975, S. 113ff.

79 *NBL*, S. 173.

80 Vgl. neuerdings dazu Leo Treitler, *History, Criticism and Beethoven's Ninth Symphony*, in: 19th Century Music 3 (1980), S. 193ff.

81 Vgl. Carl Dahlhaus, *Geschichte eines Themas. Zu Mahlers Erster Symphonie*, in: Jahrbuch des Staatlichen Instituts für Musikforschung Preußischer Kulturbesitz 1977, hrsg. von Dagmar Droysen, Berlin 1978, S. 45ff.

82 Peter Gülke, *Introduktion als Widerspruch im System*, in: Deutsches Jahrbuch für Musikwissenschaft 14 (1969), S. 5ff.

83 *NBL*, S. 59.

84 Vgl. Stefan Kunzes Artikel *Stil* in: *Riemann Musiklexikon*, Sachteil, Mainz [12]1967, S. 900.

85 Immanuel Kant, *Kritik der Urteilskraft*, a.a.O., S. 161f.

86 Kurt von Fischer, *Versuch über das Neue bei Beethoven*, in: *Bericht über den internationalen musikwissenschaftlichen Kongreß Bonn 1970*, hrsg. von Carl Dahlhaus u.a., Kassel 1971, S. 3f.

87 *Schönberg, Stil und Gedanke*, S. 11.

88 Guido Adler, *Der Stil in der Musik, 1.Buch: Prinzipien und Arten des musikalischen Stils*, Leipzig 1911, S. 42f.

89 Guido Adler, *Methode der Musikgeschichte*, Leipzig 1911, S. 175.

90 Ebd., S. 173.

91 *Adler, Mahler*. Vgl. Edward R. Reilly, *Gustav Mahler und Guido Adler. Zur Geschichte einer Freundschaft* (Bibliothek der Internationalen Gustav Mahler Gesellschaft), Wien 1978.

92 Ebd., S. 5.

93 Gustav Becking, *Studien zu Beethovens Personalstil. Das Scherzothema* (Abhandlungen des sächsischen staatlichen Forschungsinstituts für Musikwissenschaft 2), Leipzig 1921.

94 Gustav Becking, *Der musikalische Rhythmus als Erkenntnisquelle*, Augsburg 1928, S.13f. In einer einleitenden Gegenüberstellung zweier Themen von Beethoven und Mahler gelangt Becking zu folgender Charakterisierung: „Beethoven schreitet rüstig fort, Mahlers Musik schwebt [...]" (S. 14). Sie dürfte zwar für das herangezogene Beispiel, das Andante moderato aus der *Zweiten Symphonie*, zutreffen, nicht jedoch für viele andere Satzcharaktere Mahlers, namentlich nicht für die zahlreichen und wesentlichen Marschtypen.

95 *Adler, Mahler*, S. 60f.

96 *Adorno, Mahler*.

97 Arnold Schönberg, *Neue Musik, veraltete Musik, Stil und Gedanke*, in: *Schönberg, Stil und Gedanke*, S. 25ff. In der Rede über Mahler heißt es: „Daß er nur das ausgedrückt hat, was unabhängig von Stil und Schnörkel, ihn, ihn allein darstellt und was darum dem anderen versagt bliebe, der es bloß durch Stilnachahmung versuchte. Aber auch dieser Stil selbst scheint auf eine bisher nicht dagewesene rätselhafte Art die Nachahmung auszuschließen. Vielleicht kommt das daher, daß hier zum erstenmal eine Ausdrucksweise mit der Sache, der sie gilt, so untrennbar verbunden ist, daß, was sonst bloß als Symptom der äußern Form erscheint, hier gleichzeitig auch Material und Konstruktion ist." Schönberg, *Stil und Gedanke*, S. 11.

98 *Adorno, Ästhetische Theorie*, S. 306.

99 Ebd., S. 305.

100 Theodor W. Adorno, *Fragment über Musik und Sprache*, in: *Quasi una Fantasia. Musikalische Schriften II*, Frankfurt a. M. 1963, S. 9f.

101 *Adorno, Ästhetische Theorie*, S. 307.

102 Ebd., S. 307f.

103 Johann Georg Sulzer, *Allgemeine Theorie der Schönen Künste*, Vierter Teil, Leipzig ^{2}1794, S. 538f.

104 Vgl. dazu auch Hans Ferdinand Redlich, *Bruckner and Mahler*, London ^{3}1966, S. 147f.

105 Theodor W. Adorno, *Berg — Der Meister des kleinsten Übergangs* (Österreichische Komponisten des XX. Jahrhunderts 15), Wien 1968, S. 7f.

106 Vgl. Hermann Danuser, *Biographik und musikalische Hermeneutik. Zum Verhältnis zweier Disziplinen der Musikwissenschaft*, in: *Neue Musik und Tradition. Festschrift Rudolf Stephan zum 65. Geburtstag*, hrsg. von Josef Kuckertz u.a., Laaber 1990, S. 571ff.

107 *Adorno, Mahler*, S. 48.

108 Ebd., S. 45f.

109 Vgl. unten S. 143f.

110 Ernst Bloch, *Zur Philosophie der Musik*, Frankfurt am Main 1974, S. 82f.

111 *Adorno, Philosophie*, S. 168f., S. 180f.

112 Hans Ferdinand Redlich, *Mahlers Wirkung in Zeit und Raum*, in: Musikblätter des Anbruch 12 (1930), S. 95. Vgl. dazu *Adorno, Mahler,* S. 45.

113 *Adorno, Mahler*, S. 45f.

114 Nach dem Zeugnis Bruno Walters, *Gustav Mahler — Ein Porträt*, Berlin-Frankfurt am Main 1957, S. 69.

115 Hanns Gutman, *Der banale Mahler*, in: Musikblätter des Anbruch 12 (1930), S. 105.

116 Vgl. Ugo Duse, *Gustav Mahler*, Torino 1973, S. 204 und Kurt von Fischer, *Die Doppelschlagfigur in den zwei letzten Sätzen von Gustav Mahlers 9. Symphonie. Versuch einer Interpretation*, in: Archiv für Musikwissenschaft 32 (1975), S. 103.

117 Lawrence J. Ryan, *Hölderlins Lehre vom Wechsel der Töne*, Stuttgart 1960.

118 Peter Szondi, *Hölderlin-Studien. Mit einem Traktat über philologische Erkenntnis*, Frankfurt am Main 1970, S. 133.

119 Theodor W. Adorno, *Klangfiguren. Musikalische Schriften I*, Frankfurt am Main 1959, S. 296.

120 Erwin Ratz, *Zum Formproblem bei Gustav Mahler. Eine Analyse des Finales der VI. Symphonie*, in: Die Musikforschung 9 (1956), S. 166.

121 Mahlers Dur-Moll-Manier, von den meisten Monographen als Moment seiner musikalischen Sprache verzeichnet, verfremdet die Eindeutigkeit des Tongeschlechts zur Ambivalenz und gehört wesentlich zur Charakteristik der Nachtmusik. Angreifbar erscheint in Adornos Theorie der Abweichung die starre Bestimmung der Relation zwischen beiden Geschlechtern als der zwischen dem musikalisch Allgemeinen (Dur) und dem Besonderen (Moll). Die Generalisierung mißachtet, daß das Mollgeschlecht seit der musikalischen Romantik, mit Sicherheit jedenfalls bei Mahler, sich vom abweichenden zum prinzipiell gleichberechtigten Modus emanzipiert hat. Allein der Kontext entscheidet darüber, ob es als Allgemeines oder aber als Abweichung gilt. Beim Beginn der ersten Nachtmusik setzt der eröffnende Ruf des ersten Horns Dur zunächst (bis T. 9) als Allgemeines fest, dem die zum Moll getrübte, leise Antwort des dritten Horns aus der Ferne folgt (T. 3/4). In der zweistimmigen Fortsetzung (ab T. 10) und vollends im stehenden Klangfeld (ab T. 20) wandelt sich das Moll vom abweichenden zum vorherrschenden Tongeschlecht, demgegenüber der C-Dur-Akkord in T. 28 die Frischheit und Ausdruckskraft des Besonderen besitzt.

122 *Adorno, Mahler*, S. 65f. Vgl. dazu Arno Forchert, *Zur Auflösung traditioneller Formkategorien in der Musik um 1900. Probleme formaler Organisation bei Mahler und Strauss*, in: Archiv für Musikwissenschaft 32 (1975), S. 85f. Zum Begriff des Weltlaufs vgl. *Adorno, Mahler*, S. 14f.

123 Erstes Scherzo: T. 1—68, zweites Scherzo: T. 115—200, drittes Scherzo: T. 281—364.

124 *Adorno, Mahler*, S. 67.

125 Rudolf Stephan, *Mahler. IV. Symphonie G-Dur* (Meisterwerke der Musik 5), München 1966, S. 20. Die Relation zwischen erstem und zweitem Trio erscheint übrigens für Mahlers Musikdenken insofern charakteristisch, als er, wie übrigens auch Charles E. Ives, nicht selten — in einer Art Umkehrung der üblichen musikalischen Logik — das Verwickelte anfangs und das Einfache, als Resultat einer Reduktion, erst später setzt. Vgl. unten S. 165ff.

126 Vgl. Dieter Schnebel, *Über Mahlers Dritte*, in: Neue Zeitschrift für Musik 135 (1974), S. 284.

127 *GMB*, S. 67.

128 Schnebel, a.a.O., S. 284.

129 Konrad Boehmer, *Zwischen Reihe und Pop. Musik und Klassengesellschaft*, Wien/München 1970, S. 61f.

II. Zum Frühwerk

Probleme der Vortragsbezeichnung

Der Begriff Vortragsbezeichnung verweist auf eine Kategorie, welche vom 18. bis ins frühe 20. Jahrhundert fundamental war, heute indessen durch verwandte Begriffe wie Interpretation oder Reproduktion in den Hintergrund gedrängt worden ist: den musikalischen Vortrag. Sich dieser Tradition zu vergewissern, ist in unserem Zusammenhang wichtig, da sie für einen Komponisten wie Gustav Mahler, wenngleich in einer seit dem Höhepunkt ihrer Theorie im 18. und frühen 19. Jahrhundert stark gewandelten Form, noch von Bedeutung war.

Bei der musikalischen Vortragslehre des mittleren 18. Jahrhunderts, von Quantz bis Türk, steht die Darlegung der Prinzipien im Vordergrund, die zu beachten sind, wenn ein vom Komponisten geschaffenes Werk aus der in seiner notierten Form gegebenen „Schriftlichkeit" durch den Akt des musikalischen Vortrags in jene andere Form verwandelt werden soll, die, da ihre Bestimmungen bis in alle Einzelheiten aus dem Vergleich mit dem rednerischen Vortrag — der alten Lehre der Rhetorik — gewonnen werden, als „Mündlichkeit" oder besser: als Form einer „Mündlichkeitsanalogie" zu begreifen ist. Aus der Formulierung des Titels *Von dem richtigen Notenlesen und guten Vortrage überhaupt* des zwölften Hauptstücks von Leopold Mozarts *Versuch einer gründlichen Violinschule*[1] zum Beispiel geht hervor, daß Mozart die Stufen der Textlektüre und des daraus erwachsenden musikalischen Vortrags eng aufeinander bezogen sieht, nicht etwa getrennt durch einen prinzipiellen Hiatus zwischen den Kategorien Schriftlichkeit und Mündlichkeit — entsprechend der Tatsache, daß in Vortragslehren der damaligen Zeit die musikalische Notation in der Regel in ihrer unmittelbaren Relevanz für die Aufführung diskutiert wird, während andere Bedeutungen der Notenschrift nicht im Blick stehen. Im Zuge der Entwicklung der Autonomieästhetik hat sich freilich im 19. Jahrhundert die Bedeutung musikalischer Texte gewandelt, indem der Kategorie des Werkes ein substantiell verstärktes Maß an Schriftlichkeit zuwuchs, das eine Theorie der musikalischen Interpretation, wenn sie nicht zu kurz greifen will, zu berücksichtigen hat. Dies macht es nötig, zwischen einem „Struktursinn" und einem „Aufführungssinn" musikalischer Texte zu unterscheiden, wobei es sich nicht um verschiedene „Textsorten", sondern um verschiedene Lektüreformen ein und desselben Notentextes handelt.[2]

Der Struktursinn eines Werktextes offenbart sich der Lektüre nach der Maßgabe schriftlicher Texte. Er umfaßt den gesamten Sinn einer Werkästhetik, den die musikalische Analyse unabhängig von einer Aufführungsperspektive freizulegen vermag. Die Idee eines autonomen Werkes, dessen Gehalt durch den Inbegriff der in ihm realisierten Beziehungen zwischen sinnstiftenden Elementen — Motiven, Harmonik usw. — definiert ist, hat vornehmlich in dieser Lektüreform seinen Rückhalt, und ein Blick auf die Deutungsgeschichte von Werken, soweit sie sich in Analysen artikuliert, offenbart uns das Gewicht dieser Lektüreform, die sich primär auf die notierten Elemente des Werktextes stützt.

Von dieser Lektüreform ist der Aufführungssinn eines Textes zu unterscheiden. Gewiß, eine gute Aufführung wird sich um eine möglichst optimale Realisierung des Struktursinns bemühen, wie umgekehrt eine unverkürzte Strukturanalyse auch Perspektiven einer „idealen" Aufführung mit zu berücksichtigen pflegt. Gleichwohl kommt Wesentliches noch hinzu, andernfalls der kompetenteste Analytiker auch der prädestinierte aufführungspraktische Interpret eines Werkes wäre. Der Aufführungssinn eines Textes bezieht vielmehr neben der explizit formulierten Vortragsbezeichnung konstitutiv auch die nicht notierten bzw. nicht notierbaren Textdimensionen[3] mit ein. Die Entwicklung der musikalischen Notenschrift bis ins frühe 20. Jahrhundert lief zwar bekanntlich dahin, durch eine immer präzisere und detailliertere Vortragsbezeichnung das Maß des Nicht-Notierten, das als Quelle unerwünschter interpretatorischer Eigenmächtigkeiten verstanden wurde, zurückzuschrauben und dem Werktext einen möglichst eindeutigen, auktorial festgelegten Aufführungssinn einzuschreiben, bei dessen Übersetzung in einen mündlichkeitsanalogen Vortrag es nur noch wenige Mißverständnisse geben könnte. Indessen blieben diese Bemühungen letztlich erfolglos, da die konstitutive Differenz zwischen Struktur- und Aufführungssinn nicht eingeebnet werden kann. Ist der Struktursinn werkästhetisch begründet, so der Aufführungssinn tendenziell wirkungsästhetisch, was nicht ausschließt, daß bei einer werkästhetischen Analyse wirkungsästhetische Momente aufgedeckt und umgekehrt bei einer wirkungsästhetisch orientierten Aufführung auch Strukturbeziehungen akzentuiert werden können. Für den Aufführungssinn ist wesentlich, daß er in einer schriftlichen Textform vom Autor nicht genau und schon gar nicht ein für allemal definiert werden kann. Seine Bedeutung ist nämlich abhängig von dem pragmatischen Kontext[4], in dem er sich realisiert — von der je und je verschiedenen Aufführungssituation im Blick auf Interpreten, Publikum, Instrumentarium, Raum und weitere variable Faktoren.

Zur Verdeutlichung sei eine Unterscheidung beigezogen, die der Philosoph Wolfgang Wieland im Zusammenhang der Diskussion um Schriftlichkeit und Mündlichkeit der Platonischen Dialoge vorgenommen hat.[5] Er unterscheidet zwischen propositionalem und nicht-propositionalem Wissen. Das propositionale ist ein Wissen, welches ein philosophisches Lehrgebäude in Form von Lehrsätzen, als einen schriftlich fixierten Text, festhält und überliefert. Das nicht-propositionale — das nach Wielands Auffassung für Platons Dialoge charakteristische — Wissen ist dagegen eine Art Gebrauchswissen, ein Erfahrungswissen, das sich aufgrund seiner pragmatischen Variabilität in unterschiedlichen Situationskontexten zu bewähren vermag. Es ist ein prinzipiell offenes Wissen und hält keineswegs im Sinne einer bloßen Wiedergabe einen mündlichen Dialog schriftlich fest. In einer Erläuterung der Schriftkritik, die Platon am Ende des *Phaidros* übt (wo es um die Frage geht, unter welchen Bedingungen es einer Rede angemessen sei, schriftlich fixiert zu werden), schreibt Wieland: „Der Kern von Platons Schriftkritik besteht also nicht in einer äußerlichen Konfrontation graphischer und akustischer Medien der Mitteilung. Denn es geht in dieser Kritik darum, jenes Beziehungsgefüge vor Augen zu stellen, innerhalb dessen jede Rede, sei sie nun mündlich oder schriftlich geäußert, nur ein unselbständiges Moment darstellt. [...] Wer über wirkliches Wissen verfügt, wird daher allenfalls zum Spiel oder zum Zweck der Erinnerungshilfe versuchen, den Inhalt dieses Wissens in einem Text darzustellen. Gerade ihm ist klar, daß das, was das Wissen erst zum Wissen macht, im Text gar nicht greifbar wird. Zum Wissen gehört nämlich stets die als solche gar nicht aufschreibbare Fähigkeit, angesichts möglicher Adressaten mit ihm umzugehen und Rechenschaft von ihm zu geben."[6] Und später: „Es wird gezeigt [scil. bei der deiktischen Mitteilung], wie sprachliche Äußerungen ihre volle Bedeutung erst von dem Bezugsrahmen her erhalten, innerhalb dessen sie ihre Funktionen zu erfüllen haben. — Die Insuffizienz des geschriebenen Wortes hängt mit der Enthebung aus seinem Realkontext zusammen. Das war einer der Grundgedanken der Schriftkritik. Die Dialogform ermöglicht es, diese Enthebung wenigstens auf der dramatischen Ebene wieder rückgängig zu machen."[7] Diese Zitate müssen hier genügen. Was können wir von Wieland lernen? Doch wohl dies, daß der Aufführungssinn musikalischer Texte im Blick auf ein Erfahrungswissen des Interpreten, der die Kunst eines guten oder — wie es später heißt — „schönen" Vortrags beherrscht und gar mit seiner Improvisationskunst ein Publikum zu fesseln versteht, in einigen Aspekten einem nicht-propositionalen Wissen vergleichbar ist, der Struktursinn aber, der die Identität eines Werkes begründet, einem propositionalen Wissen.

Die Notenschrift, in der ein Komponist wie Gustav Mahler seine Werke als Texte strukturiert hat, steht im historischen Zusammenhang der Entwicklung der musikalischen Notation und hat an deren Dialektik Anteil. Einerseits bildet sie die Grundlage für die Werkstruktur und deren Überlieferung,[8] andererseits geht die Kategorie des Werkes doch nicht in ihrer notationsmäßig fixierten und überhaupt fixierbaren Form auf. Insofern die Notation, so gewiß sie den Kunstcharakter eines musikalischen Werkes strukturell begründet, in aller Regel auch eine Grundlage für dessen Aufführung darstellt, kommen ihr Züge zu, die in größerem oder geringerem Maße auf Eigenschaften eines nicht-propositionalen Wissens verweisen. Wenn wir den Struktursinn einer Notation auf diese Art vom Aufführungssinn abgrenzen, so bleiben diese beiden Sinnformen der musikalischen Notenschrift gleichwohl mannigfach miteinander verbunden, wie denn ihre Verwandtschaft im Englischen — um auf Buchtitel von Erwin Stein und Edward T. Cone anzuspielen[9] — im Begriffspaar „Form" und „Performance" bereits sprachlich zum Ausdruck gelangt.

*

Gustav Mahler hat bekanntlich, wenn er seine eigenen Werke überarbeitete, um ihre Notationsgestalt seiner Idealvorstellung möglichst anzunähern, in aller Regel die Struktur und Form der Werke, auch ihre kontrapunktische Anlage unverändert gelassen und sich bei seinen Retuschen auf die Erscheinung der Klanggestalt und auf eine Präzisierung der Vortragsbezeichnung beschränkt. Bei der Notation können wir also unterscheiden zwischen einem Struktursinn, den Mahler außer in einigen wichtigen Ausnahmefällen[10] nicht veränderte, und einem Aufführungssinn, der von ihm immer wieder und niemals abschließend überarbeitet wurde. Als Komponist in einer Zeit, da die Kategorie des in sich geschlossenen Werkes noch auf dem Höhepunkt ihrer Entwicklung stand, wußte Mahler um die Bedeutung des Struktursinns von Notation, als Interpret eigener und fremder Werke indes wußte er ebenso sehr um die Bedeutung des Aufführungssinns, und wir dürfen wohl annehmen, daß ihm die texttheoretische Differenz zwischen diesen beiden Sinnarten musikalischer Notation bewußt gewesen ist.

Ihr Verständnis erscheint jedenfalls notwendig, um einige Aspekte der Mahlerschen Vortragsbezeichnung erhellen zu können. Die bloße Frage, was bei ihm überhaupt zur Vortragsbezeichnung gehöre, schiene müßig, wenn die Verhältnisse so klar wären wie zum Beispiel bei Max Reger, der in seinen Autographen mit der Farbdifferenz zwischen schwarzer Tinte (zur Bezeichnung der Satzstruktur) und roter Tinte (zur Bezeichnung von Dynamik, Tempo usw.) den Unterschied augenfällig gemacht hat.[11] Die Auffassung, die geschichtlich früh entwickelten Parameter Tonhöhe und Tondauer seien in der Notation primär strukturrelevant, die Parameter Klangfarbe und Klangstärke hingegen, die erst viel später aus der ungeschriebenen Aufführungs- in die kompositorische Textdimension gelangten, primär aufführungsrelevant, wäre somit naheliegend und würde durch die Tradition gestützt. Freilich könnte sie schon grundsätzlich bestenfalls nur eine relative Geltung beanspruchen, und bei Mahler erweist sie sich strenggenommen sogar als falsch. Denn in Wirklichkeit können sämtliche Dimensionen des Werktextes sowohl auf der Ebene ihres Struktursinns als auch auf der ihrer Bedeutung für den musikalischen Vortrag verstanden werden. Darüber hinaus haben seit jeher die vokalen und instrumentalen Realisationsmöglichkeiten die kompositorische Erfindung und ihre Verwirklichung in der Form eines Werktextes — und zwar in allen seinen Dimensionen — mitbestimmt, selbst wenn die Grenzen dabei weniger der Beachtung dienten als dem Reiz ihrer Überschreitung, wie wir es von Beethoven und noch radikaler von Charles Ives kennen. Während nun bei Tonhöhe und Tondauer die strukturelle Funktion der Notation evident ist und darum allenfalls die aufführungsspezifische zu demonstrieren wäre, wären umgekehrt bei Tonstärke und Klangfarbe, bei den Dimensionen also, die üblicherweise der Vortragsdimension zugeschrieben werden, die strukturellen Aspekte aufzuzeigen. Es wären demnach — um das Bild der Regerschen Farbdifferenzierung zu verwenden — beim strukturellen Schwarz der Rhythmus- und Tonhöhennotation die roten Implikationen des Vortrags und umgekehrt beim vortragsspezifischen Rot der Notation von Dynamik, Tempo und Charakterbezeichnung die schwarzen Implikationen der Struktur darzulegen. Und in der Tat läßt sich diese doppelte Lektüremöglichkeit bei allen Dimensionen aufzeigen.

Die rhythmische Notation eines Werkes etwa setzt einerseits — als Struktur — ein System mathematisch gemessener Proportionen voraus, verbietet aber andererseits geradezu — als Basis eines „schönen" Vortrags — eine solcherart präzise Darstellung der zeitlichen Relationen, da die Tondauern den Regeln der musikalischen Vortragskunst gemäß einer agogischen, tempomäßigen und gewiß auch dynamischen Modifizierung bedürfen, und zwar gleichgültig, ob die Vortragsbezeichnung eine solche Modifizierung vorschreibt oder nicht. Selbst die Tonhöhennotation, die zu Recht als primär strukturtragend verstanden wird, erscheint bei Mahler gelegentlich in einem Aufführungssinn variabel. Denn sie beinhaltet auch einen klanglichen Aspekt, der die bestimmte Tonhöhe in Ausnahmefällen als sekundär gegenüber dem Klangeffekt ausweist.[12] Was aber sekundär ist, kann vom Interpreten in einer bestimmten Aufführungssituation um eines übergeordneten Zweckes willen verantwortungsvoll geändert werden. Gleichwohl duldet bei dem in Höhen und Dauern notierten Tonsatz die primäre Relevanz des Struktursinns gegenüber dem Aufführungssinn keinen Zweifel.

Die strukturellen Implikationen von Dynamik und Klangfarbe sind im Lichte der Geschichte der seriellen und Elektronischen Musik und ihrer „Parameter"-Behandlung wohl erst in jüngerer Zeit voll evident geworden. Vor 1900 galten diese Dimensionen überwiegend noch als Teil der musikalischen Vortragsebene, doch Mahlers Insistenz darauf zeigt — über das Gewicht des Nicht-Notierten hinaus — eine gestiegene Bedeutung dieser Schichten für die kompositorische Textgestalt, die um 1910 mit Schönbergs Idee einer Klangfarbenmelodie einen in die Zukunft weisenden kompositionsgeschichtlichen Markstein erhielt. Mahlers zahlreiche Retuschen an eigenen und fremden Werken betreffen sowohl die Dynamik, indem er die Vortragsbezeichnung im Blick auf die Klangstärke der musikalischen Struktur möglichst präzisierte, als auch — und im besonderen —

die Instrumentation. Sie zeigen, daß für ihn diese Dimension — als Basis der klanglichen Erscheinung musikalischer Struktur — primär einen Aufführungssinn beinhaltete. Welchen Zwecken diese Retuschen im einzelnen dienen, ist mittlerweile in zahlreichen Einzeluntersuchungen gezeigt worden[13], so daß wir uns hier darauf beschränken können, die „Verdeutlichung" des Klangs im Blick auf seine strukturelle und gliedernde Funktion für die musikalische Sinnbildung als Mahlers grundsätzliches Ziel hervorzuheben.

*

Mahler zielte darauf, den Werktext auch auf der Ebene der Vortragsbezeichnung so zu präzisieren, daß die Differenz zum Struktursinn eine möglichst geringe würde und der Text seiner Werke möglichst verbindlich. „Eineindeutig" jedoch, wie Hans Wollschläger jüngst argumentierte[14], konnte er die Vortragsbezeichnung und den Text insgesamt aus prinzipiellen Gründen gerade nicht gestalten. Dem Praktiker Mahler kam es vielmehr auf eine notationsmäßige Darstellung an, die von den Interpreten richtig sollte gelesen werden können. Da diese aber mit jenen Unzulänglichkeiten behaftet sind, deren Summe Mahler als „Tradition" qua Schlamperei geißelte, rechnet seine Notenschrift grundsätzlich mit Leseverfehlungen und sucht ihnen gegenzusteuern.

Der Komponist hat dies seiner Vertrauten Natalie Bauer-Lechner in einem Gespräch, das sich auf ein von ihm geleitetes Konzert mit dem Münchener Kaim-Orchester bezieht, am 24. März 1897 folgendermaßen geschildert: „Die abscheulichen Unarten oder vielmehr Unvollkommenheiten, die ich noch bei jedem Orchester vorgefunden habe, daß sie die Zeichen nicht beobachten können und so gegen die heiligen Gesetze der Dynamik sowie des verborgenen innersten Rhythmus eines Werkes sündigen, waren mir auch hier nicht erspart. Wenn sie ein Crescendo sehen, werden sie schon forte und accelerieren, beim Diminuendo gleich piano und ritardieren das Tempo. Die Abstufungen von mezzoforte, forte, fortissimo, von piano, pianissimo, pianississimo suchst du vergebens. Noch weniger kommen sforzando, fortepiano, Kürzen und Längen zum Ausdruck. Und verlangst du gar, daß sie spielen, was nicht dasteht, wie es beim Begleiten des Sängers in der Oper hundertmal geboten ist, wo sie jedem leisesten Winke des Fingers folgen müssen, da bist du bei jedem Orchester verloren."[15] Aufgrund dieser Neigungen der Musiker hat Mahler — wenigstens zum Teil — die Methode der negativen Bezeichnung gewählt, indem er erwünschte Gebote als Verbote des Gegenteils formulierte. Auch hierzu ein Zitat: „Endlich zeigte er mir in der Partitur" — es handelte sich um eine Leseprobe seiner *Vierten Symphonie* mit den Wiener Philharmonikern am 12. Oktober 1901 —, „daß er Stellen, die er etwas langsamer gespielt haben will, nicht mit 'ritardando', das man ihm gleich zu viel machen würde, sondern mit 'nicht eilen' bezeichnet, und umgekehrt, wo er es acceleriert wünschte, bloß 'nicht schleppen' hinschrieb. 'Mit solcher List wollen die Musiker behandelt sein!'"[16] Der nicht-propositionale, mündlichkeitsanaloge Aufführungssinn eines schriftlichen Werktextes, der, wie erwähnt, vom Raum, vom Publikum, von Anzahl und Beschaffenheit der Instrumente, der Einstellung des Interpreten auf das Publikum, auch der individuellen Gestimmtheit des Interpreten und von vielen weiteren Faktoren abhängt, ergibt sich also aus werkinternen und externen Bestimmungsgrößen, bei denen im Idealfall das Kunstwerk im Sinne des Werktextes dominiert, aber auch die anderen, externen Faktoren als Variable eingreifen. Dieser Aufführungssinn offenbart sich am stärksten gerade dort, wo die Lektüre die von der Notation nicht mehr genau oder überhaupt nicht mehr faßbaren Dimensionen einer ausdrucksvollen musikalischen Zeitgestaltung wie Tempo und Agogik einzubeziehen hat.[17] Der Mahler zugeschriebene Satz „Das Beste der Musik liegt nicht in den Noten[18] enthält so neben einer metaphysischen auch eine aufführungspraktische Bedeutung im Zusammenhang der prinzipiellen Nicht-Fixierbarkeit von exakten Tempovorschriften in dieser Musiktradition.

In einem Gespräch, das im Januar 1896 (also nur zwei Monate vor der Uraufführung der *Lieder eines fahrenden Gesellen*) in Hamburg stattfand, äußerte er gegenüber Natalie Bauer-Lechner: „Über das weitaus Wichtigere: über das Tempo, und vollends die Gesamtauffassung und den Aufbau eines Werkes, läßt sich so nur verzweifelt wenig feststellen, denn hier handelt es sich um etwas Lebendiges, Fließendes, das nie, auch nur zweimal hintereinander, sich völlig gleich bleiben kann. Deshalb ist ja auch das Metronomisieren unzulänglich und fast wertlos, weil schon nach dem zweiten Takte das Tempo ein anderes geworden sein muß, wenn das Werk nicht drehorgelmäßig, niederträchtig, heruntergespielt wird. Weit mehr als auf die Anfangsgeschwindigkeit kommt es daher auf das richtige Verhältnis aller Teile untereinander an. Ob das Tempo im Gesamten um einen Grad geschwinder oder langsamer ist, mag oft von der Stimmung des Dirigenten abhängen und, ohne Nachteil für das Werk, um ein Geringes variieren. Wenn das Ganze nur ein Lebendiges, und innerhalb dieser Freiheit mit unumstößlicher Notwendigkeit aufgebaut ist."[19] In diesen Äußerungen Mahlers gegenüber Bauer-Lechner, die sich durch weitere ergänzen ließen und durch Zeugnisse der Musikkritik über seine Orchesterdirektion bestätigt werden[20], dokumentiert sich höchst aufschlußreich seine Auffassung von den Möglichkeiten und den Grenzen der musikalischen Vortragsbezeichnung, die gekennzeichnet ist durch eine unauflösbare Spannung zwischen dem Bedürfnis nach auktorialer Fixierung des Textes im Blick auf seine klangliche Reproduktion einerseits und der Einsicht in den grundsätzlich nicht-propositionalen Charakter des Aufführungssinns der musikalischen Notenschrift andererseits.

Lieder eines fahrenden Gesellen Nr. 1, T. 1—13

Wenn mein Schatz Hochzeit macht,
fröhliche Hochzeit macht,
hab' ich meinen traurigen Tag!
Geh' ich in mein Kämmerlein,
dunkles Kämmerlein,
Weine, wein' um meinen Schatz,
um meinen lieben Schatz!

Im ersten der *Lieder eines fahrenden Gesellen,* dessen erste Textstrophe und Anfangstakte in der Klavierfassung hier wiedergegeben sind, ist die Spannung thematisch zwischen der vermuteten Fröhlichkeit des Hochzeitstreibens und der tiefen Betrübtheit, mehr: der Verzweiflung des verlassenen Geliebten der Braut, dessen Stimme das lyrische Ich des Liedes bildet. Diese extreme Spannung wurde von Mahler in musikalische Struktur übersetzt und in einer konstitutiven Tempodifferenz zwischen Begleitungseinwürfen und Gesangsvortrag auskomponiert, so daß die Musik in den Außenteilen diskontinuierlich verläuft — hin- und hergeworfen wie das Gemüt des Gemarterten. In den Außenteilen des bogenförmig angelegten Liedes herrscht ein Wechsel vor zwischen einer schnelleren Begleitungsschicht in Einleitung sowie Interpolationen und einer langsameren Gesangsschicht — von ritardandi und accelerandi abgesehen gibt es im Anfangsteil nicht weniger als zehn Tempoänderungen —, der Mittelteil jedoch, eine Erinnerungsidylle nach Schubertschem Vorbild, darin das quälende Bewußtsein der traurigen Gegenwart durch die erinnerte Erfahrung einer schönen Natur verdrängt erscheint, läuft in einem einheitlichen, etwas fließenderen Tempo durch. Das Mittel der Tempokontrastierung ist mithin — traditionellerweise — bei der Gesamtform und—als Neuerung—bei der Binnenstrukturierung der beiden Eckteile A und A' von konstitutiver Bedeutung für den liedästhetischen Gehalt, der von der Semantik der vertonten Dichtung ausgeht, um sie als lyrische Tonkunst zu transzendieren.

In der Erstausgabe der Orchesterfassung von 1897, darin Mahler die Erfahrungen mitberücksichtigt haben dürfte, die er bei den Proben und der Uraufführung des Werkes im März 1896 in Berlin gewinnen konnte[21], sind die beiden primären Tempostufen der Außenteile mit „Schneller"-„Langsamer" bezeichnet. Mahler verzichtet hier also auf die Angabe eines Grundtempos und schreibt nur noch vor, die Orchestereinwürfe seien „Schneller" und die Gesangspartien „Langsamer" vorzutragen. Jedoch: „Schneller" als was? Und „Langsamer" als was? Und um wie viel? Sollen wir eine Art von mittlerem Grundtempo fingieren, demgegenüber die beiden Tempi in den Eckteilen als Abweichungen relational zu definieren wären, oder sollen wir eher — der sprachlichen Form strenggenommen zuwiderlaufend — die beiden Komparative als Indices zweier gleichbleibender Grundtempi nehmen, die Mahler nur nicht präzisieren wollte, weil es ihm auf die Differenz zwischen beiden stärker ankam als auf die je einzelne Bestimmung? Kann Mahler übersehen haben, daß wohl ein „Schneller", das sich auf ein „Langsam" bezieht, einen logisch klaren Sinn ergibt, ein „Schneller" jedoch, das sich auf ein „Langsamer" bezieht, vieldeutiger zu interpretieren ist, indem die beiden Komparative sich wechselseitig aufheben und die Relation ins Ungewisse entschwebt?

Genau diese Ungewißheit jedoch dürfte es gewesen sein, die Mahler als Ziel vorgeschwebt hat. Zwar beeinträchtigt sie in logischer Hinsicht die Eindeutigkeit des Struktursinns des Textes, doch fördert sie umgekehrt in pragmatischer Hinsicht dessen Konkretisierung als Aufführungssinn bei einer Reproduktion des Werkes. Die doppelte Relationsbezeichnung „Schneller"—„Langsamer" ohne stabiles Grundtempo erlaubt es dem Dirigenten, den vorgeschriebenen, ästhetisch fundamentalen Tempowechsel flexibel zu realisieren und von Fall zu Fall spezifisch zu gestalten. Das Defizit der Bezeichnung auf der Ebene des Struktursinns erweist sich mithin auf der Ebene des Aufführungssinns als ein Vorzug. Die Beantwortung der Fragen, welche die Vortragsbezeichnung aufwirft, ist hier der verantwortungsvollen Entscheidung des Dirigenten anheimgestellt und damit von der Ebene des Struktursinns verlagert auf die für die ästhetische Erfahrung entscheidende Ebene des mündlichkeitsanalogen Aufführungssinns einer Partiturlektüre.

Bekräftigt wird diese Deutung durch folgende, allerdings etwas spätere Worte Mahlers, die er — unabhängig von den *Gesellen-Lieder* — nach dem Zeugnis Natalie Bauer-Lechners in einem Gespräch mit Bruno Walter und Siegfried Lipiner im Herbst 1901 äußerte: „Ich komme immer mehr dahinter, daß alles, was man an Vortragszeichen macht, zu gewaltsam ist: das forte zu sehr forte, das piano zu sehr piano, die crescendi und diminuendi und accelerandi zu heftig, das largo zu langsam, das presto zu schnell. — Wie viel einfacher und maßvoller bin auch ich beim Dirigieren geworden gegen die früheren Jahre! Wenn man erlebt, wie sie einem selbst alles übertreiben und entstellen, dann geht einem auch auf, was die andern erleiden. — Beinahe wäre man versucht, gar keine Tempi und keine dynamischen Ausdruckszeichen hinzuschreiben und es jedem selbst zu überlassen, was er bei näherem Befassen mit dem Werke herausliest und wie er es zum Ausdruck bringt."[22] Mahlers Streben nach größerer Präzision der Tempobezeichnung konnte somit — und dies gilt nicht nur für ihn — zu einer geringeren Präzision der Vorschrift führen, ein scheinbares Paradox, das sich auflöst, wenn wir beachten, daß weniger die Fixierung absoluter, in Metronomzahlen ausdrückbarer Tempogrößen (die in der interpretatorischen Wirklichkeit ohnehin keine Beachtung fänden) als vielmehr das Abstecken eines sinnvollen Spielraums für das musikalische Zeitmaß, das in der (für Mahler verbindlichen) Wagner-Tradition prinzipiell einer kontinuierlichen Modifikation unterlag, und die Umschreibung von angemessen-offenen Tempoverhältnissen seine Ziele darstellten.

*

Aus dem „nicht-propositionalen" Charakter des Aufführungssinns musikalischer Texte wird ein Verhalten mehrerer Komponisten im 19. und 20. Jahrhundert erklärlich, das unverständlich bliebe, wenn man die Kategorie der Werkautonomie aussschließlich an einen „propositionalen" Charakter der Notenschrift bände und die Existenz eines Aufführungssinns leugnete. Einerseits haben sie im Bestreben, ihren Text so verbindlich als möglich zu fixieren, nach dem Abschluß der kompositorischen Arbeit an ihren Werken noch Änderungen vorgenommen, indem sie bei Aufführungen gewonnene Erfahrungen in die Textgestalt einfließen ließen, wobei allerdings — unser Beispiel zeigt es deutlich — die Präzisierung des Schrifttextes nicht mit einem quantitativen Zuwachs an Informationsfülle verwechselt werden darf. Andererseits haben sie den wenigen Interpreten, mit denen sie die Bildung einer auktorialen Aufführungstradition für ihre Musik anstrebten[23], vertrauensvoll eine Erlaubnis zur weiteren Veränderung ihrer Werke erteilt, sollte sich eine solche unter bestimmten Umständen als wünschbar oder gar als notwendig erweisen. Damit haben sie die Kategorie des auktorial definierten Werkes weniger preisgegeben als im Sinne eines nicht-propositionalen Charakters einer mündlich konstituierten Schultradition erweitert.

Alexander Siloti zum Beispiel berichtet in seinen Memoiren über seinen Lehrer Franz Liszt: „Liszt schenkte mir als Musiker sein Vertrauen nicht nur in der Gegenwart, sondern auch für die Zukunft. Einmal brachte ich ihm die 14. Rhapsodie und sagte vorher, daß ich einige Änderungen, sogar Abkürzungen gewagt hatte und seine Meinung wissen möchte. Als ich vorgespielt hatte, sagte er: 'Ich bin nicht nur einverstanden, sondern ich finde, daß Sie recht haben; deswegen gebe ich Ihnen ein für allemal die Erlaubnis — auch wenn ich nicht mehr unter den Lebenden sein werde — Änderungen und Abkürzungen zu machen. Ich weiß, wenn Sie es für nötig finden, wird es nicht schlecht sein. In solchen Fällen können Sie sagen, daß ich es wünschte; ich bestätige im voraus alles, was Sie für mich unterschreiben werden — nur', setzte er lächelnd hinzu — 'unterschreiben Sie keine Wechsel für mich'."[24] Gewiß, bei Liszts Musik — und gar bei einer Form wie der Rhapsodie — ist der nicht-propositionale Charakter des Notentextes im Sinne einer von der Improvisationskunst und dem rhetorischen Vortrag des großen Pianisten inspirierten Darstellungsweise evident.[25] Bereits bei anderen Lisztschen Gattungen freilich, etwa den Symphonischen Dichtungen, dürfte sich die Frage, ob und in welchem Maße spätere Textänderungen innerhalb der Schultradition autorisiert erscheinen, anders stellen, ganz zu schweigen von einem Komponisten wie Johannes Brahms, der seinen Ehrgeiz auf die Durchstrukturierung von Texten „dauerhafter" Werke setzte.

Gustav Mahler zeigt in dieser Hinsicht scheinbar ein ambivalentes Bild. Als Dirigent wußte er mit unnachsichtiger Härte seine persönliche, durchaus wandlungsfähige Auffassung eines Werkes gemäß dem ihm vorschwebenden Aufführungssinn durchzusetzen und scheute dabei selbst vor drastischen Eingriffen in dessen Textgestalt nicht zurück, und zwar um so weniger, je verbesserungs- bzw. aktualisierungsbedürftiger es ihn dünkte.[26] „'Sie [scil. die Orchestermusiker] müssen selbst mitproduzieren, statt gedankenlos nur einem andern zu folgen und sich auf ihn zu verlassen; und wer da unaufmerksam wäre, der ist verloren', sagte Mahler. 'Was den Leuten das Spielen unter mir noch erschwert und worüber sie sich beklagen, ist, daß ich es nicht zustande bringe, oft nacheinander dieselben Tempi zu nehmen. Ich hielte es vor Langeweile nicht aus, ein Werk stets in demselben ausgefahrenen Geleise zu führen.'"[27] Als Komponist hingegen bemühte er sich mit größter Energie um eine präzise, auktorial verbindliche Vortragsbezeichnung und Textgestaltung insgesamt, auch wenn er — ähnlich wie Johannes Brahms — zeitweise resignierte angesichts der Mißdeutungen, denen er seine Werke ausgesetzt sah.

Aus dem Dilemma der Bezeichnungsbedürftigkeit des im Kern Nicht-Bezeichenbaren hat er eine weitreichende Konsequenz gezogen. Er wollte eine so tief verwurzelte auktoriale Aufführungstradition für seine Musik schaffen, daß die dieser Tradition verpflichteten Interpreten — statt am Buchstaben und einer mißverstandenen Notentreue zu kleben — imstande wären, dieselbe Freiheit, die er sich als Dirigent bei der Retuschierung von Werken anderer Komponisten herausnahm, bei der Reproduktion auch seiner eigenen Werke verantwortungsvoll walten zu lassen. Der Mahler-Bund, der 1920 unter dem Vorsitz Arnold

Schönbergs anläßlich des Amsterdamer Mahler-Festes gegründet wurde, setzte sich dies ausdrücklich zum Ziel. Egon Wellesz, der über die Gründung des Bundes in den *Musikblättern des Anbruch* schrieb, erinnerte, um dieses Ziel zu legitimieren, in seinem Bericht an eine Episode, die sich während einer Probe der *Zweiten Symphonie* unter Leitung des Komponisten im November 1907 im großen Wiener Musikvereins-Saal zugetragen hatte und deren Zeuge er, damals noch Student, geworden war: „Der Bund soll nicht zu einem formelhaften Kult führen, soll nicht den Buchstaben pflegen, sondern das Werk lebendig erhalten. So wollte es Mahler, der unablässig änderte und verbesserte, um den inneren Sinn der Werke mit möglichster Deutlichkeit herauszuholen. Es war bei einer Probe der *Zweiten Symphonie*, der letzten Aufführung, die Mahler vor seiner Reise nach Amerika mit den Philharmonikern dirigierte. Als bei der Stelle 'O Schmerz, du Alldurchdringer' [T. 645ff. des Finales] die Singstimme nicht genug deutlich zu hören war, strich er die Posaunenakkorde und sagte zum Orchester: 'Es kommt mir vor allem auf die Klarheit an. Heil dem Dirigenten, der in meinen Partituren Änderungen anbringt, wenn der Raum und die Qualität des Orchesters es erfordern, um die Intention herauszubringen'."[28] Bei der Umsetzung des Textes in klingende Musik geht es demnach um nichts anderes als eine Vortragskunst unter den Bedingungen eines nicht-propositionalen Wissens, eine Kunst der musikalischen Interpretation, die den vom Komponisten erhobenen Anspruch auf Authentizität nicht preisgibt, sondern ihn durch lebendige Pflege einlöst.[29]

Keinesfalls wollte Mahler mit dieser Auffassung jener Beliebigkeit Tür und Tor öffnen, die wir in der Aufführungsgeschichte seiner Musik gelegentlich beobachten müssen. Aber er wollte, soweit die Reproduktion seiner Werke in Frage steht, den Akzent ganz deutlich auf den Aufführungssinn legen, um dem Mißverständnis vorzubeugen, der Text solle „notengetreu" wiedergegeben werden, was aufgrund seiner inhärenten Mehrdeutigkeit, wenn nicht Widersprüchlichkeit ohnehin unmöglich ist. In denkwürdiger Weise forderte er so jene Freiheit des Interpreten ein, aus der heraus allein große Wiedergabe von Musik erwachsen kann — setzt diese doch voraus, daß der Interpret sich nicht zum Sklaven eines Struktursinns macht, sondern — aufgrund genauester Textlektüre — den Sinn eines musikalischen Kunstwerks mit Spontaneität, Phantasie und Lebendigkeit stets von neuem erschafft.

Urheber und Mehrer. Aspekte der Autorschaft bei Weber/Mahlers komischer Oper „Die drei Pintos“

Als im Herbst 1886 der junge, damals sechsundzwanzigjährige Gustav Mahler am Leipziger Neuen Stadttheater eine neue Stellung als Zweiter Kapellmeister neben Arthur Nikisch antrat, gehörte zu seinen ersten wichtigen Aufgaben die Durchführung eines Carl Maria von Weber-Zyklus aus Anlaß der Zentenarfeier, dessen Programm Aufführungen von *Preciosa, Abu Hassan, Der Freischütz* und *Oberon* umfaßte. Dieser Weber-Zyklus stellte innerhalb von Mahlers Dirigententätigkeit kein einmaliges, aus chronologischer Pflichtschuld erbrachtes Ereignis dar, sondern war Teil eines lebenslangen Einsatzes für dessen Opern-Œuvre, zu dem später so denkwürdige Höhepunkte wie die Neuinszenierung der *Euryanthe* an der Wiener Hofoper im Januar 1903 gehören sollten. Neben der aufführungsgeschichtlichen Bedeutung, die Webers Werk für die Interpretationskunst Mahlers bzw. Mahlers Wirken für die Rezeptionsgeschichte des Weberschen Œuvres hatte, ist auch eine kompositionsgeschichtliche Dimension hervorzuheben, die sich als Auseinandersetzung mit Webers Musik früh und nachhaltig im *Klagenden Lied* (1878—1880) manifestiert. Diese beiden Dimensionen, Aufführungs- und Kompositionsgeschichte, fließen in eigentümlicher Weise ineinander bei der komischen Oper *Die drei Pintos.* Erst durch die kompositorisch-bearbeitende Tätigkeit Mahlers ist aus den von Weber fragmentarisch hinterlassenen Entwürfen ein Werk geworden, das seit seiner Leipziger Uraufführung im Jahre 1888 ein Gegenstand der Aufführungsgeschichte ist. Im Unterschied zu Werken, die im Laufe ihrer Wirkungsgeschichte mehrere Bearbeitungen erfahren haben und ihren Gehalt somit auf unterschiedliche Weise offenbaren — erinnert sei nur an Bachs *Kunst der Fuge* —, handelt es sich bei Mahlers Vervollständigung der *Pintos*-Entwürfe nicht um e i n e, sondern um d i e Bearbeitung des Weberschen Vorwurfs schlechthin, die auf eine kaum mehr auflösbare Weise ein bestimmtes, neues Werk hervorgebracht hat, das gewissermaßen einem Originalwerk gleichzusetzen ist. Die Autorschaft stellt sich hier darum nicht als Faktum, sondern als ein Problem dar, das aufgrund seiner Schwierigkeit zu einer vertiefenden Betrachtung herausfordert.

Gehen wir aus von einem Aufsatz Hans-Georg Gadamers. In *Wege des Verstehens. Die Deutung von Autorschaft*[30] schreibt er: „Wir sind, wenn wir diese Worte, Autor und Autorschaft, hören, ganz unmittelbar in der Welt des Schreibens und des Lesens. Es würde uns nicht einfallen, etwa den Komponisten eines musikalischen Werks dessen Autor zu nennen, oder den Maler eines Bildes oder gar den Architekten, der etwas erbaut hat. Ja, auch daß Homer der Autor der Ilias war, klingt uns leise seltsam. Warum?“ In seiner Antwort hebt Gadamer auf „die Schrift und den Leser“ als das „eigentlich Neue“ ab, das allererst die Kategorie des Autors hervorgebracht habe. Denn Autor bedeute zwar auch, aber nicht nur „Urheber" (von Texten). Daneben gelange eine zweite, etymologisch sogar ursprüngliche Bedeutung zum Tragen, wenn wir Autor vom lateinischen „auctor" her verstünden, was soviel heißt wie der „Gewährsmann", der „Bürge", im eigentlichen Sinn der „Mehrer"[31], und zwar Mehrer von Glaubwürdigkeit, worin auch die etymologische Verwandtschaft mit auctoritas, mit unserem Begriff von Autorität, vor Augen tritt. Gadamer spricht im Anschluß daran von dem Autor als einem „Mehrer des Lesers", der — im Lernen — wachse; und er schließt seinen Aufsatz mit den Worten: „Man spricht im Hinblick auf den Autor von geistigem Eigentum. Das stimmt als juristischer Begriff. Es stimmt nicht für Autor und Leser. Lernen ist wie Diebstahl — und beide lernen dabei."

Diese Darlegung des Heidelberger Philosophen dürfte uns einleuchten. Läßt sie sich indessen nicht ausdehnen auf das Gebiet der Musik? Daß ein Hörer in einem vergleichbaren Sinne an einem Werk wachsen kann, auch wenn als Mittler die Instanz des Interpreten dazwischentritt, läßt sich wohl schwerlich leugnen. Und so wenig wir — Gadamer weist zu Recht darauf hin — den Komponisten einen Autor zu nennen pflegen, so unbefangen tut dieser es selbst (wenn beispielsweise bei Vortragsanweisungen in Mahlerschen Partituren von der „Intention des Autors" die Rede ist). Immer dann aber tritt die Relevanz der Kategorie Autor bzw. Autorschaft unmittelbar zutage, wenn sie sich nicht mehr von selbst versteht, zumal in juristischen Fällen. Das musikalische Urheberrecht ist ohne diesen Begriff nicht zu denken, vor allem auch nicht im Hinblick auf eine Bewertung des Verhältnisses von Urheber und Bearbeiter.[32] Und wir werden sehen, wie sehr die Problematik der Autorschaft jeden Zugangsversuch zu den *drei Pintos* im Kern betrifft.

*

Rekapitulieren wir, möglichst knapp, die wichtigsten historischen Fakten.[33] Carl Maria von Weber, seit 1817 königlich-sächsischer Hofkapellmeister in Dresden, faßte zusammen mit dem Hofrat Winkler (der als Dichter unter dem Pseudonym Theodor Hell schrieb) um den Jahreswechsel 1819/20 den Entschluß zu einer komischen Oper, und zwar nach einer kurz zuvor in der *Dresdener Abendzeitung* erschienenen Novelle Carl Seidels: *Der Brautkampf*.[34] Die Ansiedlung der Handlung in Spanien spiegelt die Spanien-Rezeption im Dresdener „Liederkreis" um Ludwig Tieck wider, an dem sowohl Weber als auch Hell teilnahmen. Ihre Komik ist doppelt begründet, einerseits in dem leichtlebigen Studentenmilieu, das Don Gaston de Viratos und sein Diener Ambrosio vertreten, andererseits in der Entlarvung eines ausgehöhlten Ehrbegriffs innerhalb des spanischen Adels, insofern eine über den Willen der Betroffenen hinweg von den Vätern getroffene

Ehe-Vereinbarung von der Wahrheit des Herzens zum Scheitern gebracht wird und uns in der Person des Don Pinto de Fonseca die lächerliche Karikatur eines spanischen Landedelmannes entgegentritt. Als handlungsstiftender Faktor fungiert das Prinzip der Verwechslung: Die Identität des Don Pinto de Fonseca wird, nachdem der erste und „echte“ Pinto auf seiner Brautwerbungsreise nach Madrid weintrunken auf der Strecke geblieben ist, aus Jux von Don Gaston übernommen und von diesem dann dem Geliebten Clarissas Don Gomez de Freiros abgetreten, so daß dieser, als dritter „Pinto“, die Hand Clarissas gewinnen kann, die er auch in der durch das spätere Auftreten des „echten“ Pinto ausgelösten Verwirrung nicht mehr verliert. Als Faktor der Komik dagegen tritt das Prinzip der Verwechslung kaum in Erscheinung — zweifellos einer von mehreren dramaturgischen Mängeln des Librettos.

Die Chronologie der Kompositionsarbeit ist uns aus Datierungen in Webers autographen Entwürfen und aus Eintragungen in seinem Tagebuch bekannt.[35] Er hatte am 28. Februar 1820 eine erste Besprechung mit Winkler im Zusammenhang des Projektes, erhielt dann zwischen dem 10. April und dem 20. Juli einzeln die drei Akte des Librettos, doch mit der kompositorischen Arbeit konnte er nur zögernd beginnen, da sie sich mit der Vollendung des *Freischütz* (am 13. Mai 1820) und der Komposition der *Preciosa* (25. Mai bis 15. Juli 1820) überschnitt und er bald danach zu einer mehrmonatigen Reise aufbrach. Der Hauptteil der Entwurfsarbeit an den *drei Pintos* fiel dann in das Jahr 1821, doch wurde die Arbeit zugunsten der *Euryanthe*, später des *Oberon* zurückgestellt — eine letzte Notiz im Tagebuch („gePintot“) stammt vom 20. September 1824 —, so daß bei Webers frühem Tod im Sommer 1826 das Werk fragmentarisch in einem Entwurfsstadium hinterlassen wurde, das mit sieben durchgehend entworfenen Nummern (von insgesamt 17 geplanten) zu umfangreich war, um ignoriert werden zu können, andererseits aber zu wenig weit ausgeführt, als daß eine Fertigstellung ohne besondere Anstrengungen möglich gewesen wäre. Wichtig bleibt festzuhalten, daß Weber trotz der unverkennbaren Mängel des Librettos den Plan der Komposition niemals aufgegeben hat, auch wenn die kompositorische Arbeit gelegentlich nur mit einigem Widerstreben vorankam.

Nach Webers Tod suchte seine Witwe Caroline aus künstlerischen und finanziellen Gründen einen Komponisten, der willens und imstande wäre, das Fragment zu einer aufführbaren Oper zu vollenden. Grundsätzlich kamen hierfür mehrere Lösungen in Frage, die durchaus unterschiedliche Konsequenzen für das Problem der Autorschaft nach sich gezogen hätten. Eine erste Möglichkeit hätte darin bestanden, aus dem Kreis von Webers Schülern jemanden zu beauftragen, der, ohne persönlichen Ehrgeiz, aus Ehrfurcht vor dem verstorbenen Meister die Arbeit hätte in Angriff nehmen können. Sir Julius Benedict behauptet in seiner Weber-Biographie (London 1881), diese Möglichkeit habe zunächst insofern bestanden, als er sich in der unmittelbaren Zeit nach Webers Tod recht genau des Weberschen Klaviervortrags dieser Stücke hätte erinnern und die Entwürfe im auktorial intendierten Sinn ausführen können, im Jahre 1848 jedoch, als Meyerbeer ihm in Paris eine Vollendung der Oper vorgeschlagen habe, sei es dafür zu spät gewesen, seine Erinnerungen seien verblichen.[36] Caroline von Weber wählte diese Möglichkeit nicht; sie hätte neben pragmatischen Vorteilen wohl den Nachteil gehabt, daß die Komposition der fehlenden Nummern kaum auf jenem Niveau hätte erwartet werden können, das im Interesse eines künstlerischen Erfolges unabdingbar war.

Statt dessen wählte sie eine zweite Möglichkeit, die ihr als die attraktivere erscheinen mußte, die jedoch — aus allerdings komplexen Ursachen — nicht zum Ziele führen sollte. Sie beauftragte Giacomo Meyerbeer mit der Vollendung, der ein Freund Webers seit den gemeinsamen Studienzeiten bei Abt Vogler war. Wie Heinz Becker 1954 darlegte[37], verstrickte sich dieser jedoch in eine quälende Geschichte nie abreißender Schwierigkeiten.

1827 bereits im Besitz der *Pintos*-Entwürfe, ließ Meyerbeer sie lange Zeit liegen, auch dann noch, als ihm von Friedrich Wilhelm Jähns 1837 eine spartierte Reinschrift der Entwürfe zugesandt wurde. Offenbar hatte er bald erkannt, daß zu einer erfolgreichen Vollendung der *drei Pintos* zweierlei nötig war: zum einen eine Überarbeitung des Librettos, zum anderen eine Erweiterung der Materialbasis der Weberschen Musik. Aus seinem Brief an Heinrich Lichtenstein vom 28. Juni 1832 geht freilich hervor, daß er damit ähnliche Ziele verfolgte, wie sie später Mahler verfolgen sollte. Da heißt es: „Herzlichen Dank für die Mittheilung des Cataloges von Webers Werken. Sie kam erwünscht. Das hinterlassene Manuskript der Pintos ist viel zu klein von Umfang und Wichtigkeit, um die Hälfte einer Oper eines solchen unsterblichen Heros, wie unser herrlicher, theurer Weber ausfüllen zu können. Wir müssen also, um dem Namen des großen Hingegangenen kein unwürdiges Werk zu liefern, zur glänzenden Ausstattung seines ersten Actes noch Materialien zur Verarbeitung aus seinen andern Werken hervorsuchen, sollten es auch nicht immer ganze Stücke sein; aber die Themas, wenn ich auch die Ausarbeitung lieferte, müssen im ersten Acte ganz von ihm sein. Was ich in und von seinen Werken zu diesem Zwecke brauchen kann, kann ich selbst nicht wissen, es wird auch größtentheils von der Wahl des Stoffes und der Situation abhängen. Seine dramatischen Werke sind zu weltberühmt und auf allen Bühnen zu einheimisch, um davon benützen zu können. Es müßte also aus seinen n i c h t d r a m a t i s c h e n Singe-Compositionen geschehen.“[38]

1837 lieh er sich von Caroline von Weber eine Anzahl gedruckter und ungedruckter Kompositionen aus, „um die Ergänzungen möglichst stilgerecht vornehmen zu können“.[39] Als Voraussetzung hielt er nach wie vor eine völlige Neugestaltung des Hellschen Librettos für unumgänglich, des „albernsten dümmsten

Zeugs der Welt".[40] Nachdem Charlotte Birch-Pfeiffer es für ihn umgearbeitet hatte, ist Meyerbeers Arbeit an der Oper für Winter und Frühjahr 1846 in der Tat durch Tagebucheintragungen bezeugt. Da heißt es am 30. April: „Abends zum ersten Mal an dem ersten Chor der 'Pintos' gearbeitet. Diese Skizzen sind nicht nur zu instrumentieren, sondern auch zu harmonisieren, figurieren. Es ist zum größten Teil von Weber nur die Singstimmen aufgeschrieben, höchst selten der Baß angegeben, noch viel seltener eine Instrumentalfigur angedeutet. Eine fürchterliche Arbeit: so wenig Data, & doch muß natürlich die höchste Gewissenhaftigkeit für das Vorhandene, nämlich die Singstimmen, angewendet werden, & ich würde für keinen Preis davon eine Note auslassen oder verändern."[41]

1852 gab Meyerbeer die Weber-Materialien unverrichteter Dinge an die Erben zurück. Gewiß nicht nur aus terminlichen, sondern vorab aus künstlerischen Gründen vermochte er die Arbeit nicht zu verwirklichen. In einem Paragraphen seines Testaments traf er im übrigen, wie Heinz Becker hervorhebt, die Vorkehrung, daß mit seinen nachgelassenen Manuskripten einst nicht das versucht werden dürfe, was er im Falle Webers, offenbar entgegen seiner inneren Überzeugung, im Sinne einer „heiligen Ehrensache" und „heiligen Pflicht"[42] zu tun sich bereit erklärt hatte: „Ich will nicht, daß nach meinem Tode diese Ergüsse [scil. die unvollendeten Arbeiten] meiner Phantasie in die Hände eines lebenden Musikers gegeben werden, um entweder daraus ein neues Werk zu fabriciren oder meine unvollendeten Compositionen davon zu ergänzen und dann solche als von mir nachgelassene Werke herauszugeben, wie dies bei anderen verstorbenen Künstlern zum Nachtheil ihres Ruhmes nur zu oft geschehen ist."[43] Nach Caroline von Webers Tod (1852) gingen die *Pintos*-Entwürfe in den Besitz ihres Sohnes Max Maria über, der sich zunächst weiterhin um eine Vollendung der Oper bemühte und mit diesem Ansinnen an den Komponisten Vincenz Lachner gelangte. Dessen Antwort vom 7. April 1852 wirft Licht auf das Problem der Autorschaft und sei darum hier in Auszügen wiedergegeben: „Zugleich wäre es höchst erwünscht zu wissen, was an der Oper bereits componirt ist, ob die vorhandenen Brouillons zusammenhängen, ob sie bereits instrumentiert oder ob es vielleicht nur Skizzen sind. Nach Ihrem geehrten Schreiben zu schließen, scheint es sich mehr darum zu handeln, die Oper zum größten Theil erst neu zu componiren und ihr mit Benützung der vorhandenen Fragmente, soweit dies der Nachahmung möglich, den Stil des großen Verstorbenen anzupassen, — als eine großentheils vollendete Oper durch Ausfüllung einiger Lücken und Ordnung des Ganzen zur Aufführung herzustellen. Für den ersten Fall dürfte sich nicht leicht ein Componist finden, denn er wäre in dem Falle, eine Oper zum großen oder größeren Theile neu zu componiren, ohne ein eigentliches Recht der Autorschaft daran zu erwerben."[44] Lachners Argument macht verständlich, warum die Bemühungen scheitern mußten, einen etablierten Komponisten, der bereits einen Ruf besaß, für dieses Unternehmen zu gewinnen. Wenn die Autorschaft bei Weber blieb, mußten die mit der beträchtlichen Arbeit verbundenen Perspektiven in der Tat wenig verlockend erscheinen. Freilich hätte von Anfang an auch die Möglichkeit bestanden, den Auftrag an einen ganz jungen, von Weber unabhängigen Komponisten zu vergeben. Sie wurde nach Webers Tod zugunsten des damals auch erst fünfunddreißigjährigen Meyerbeer nicht verfolgt. Immerhin verfügen wir über ein aufschlußreiches Zeugnis: das Schreiben, mit dem Caroline von Weber Caroline von den jungen Jähns, als er 1833 von ihr die Erlaubnis zur Bearbeitung anstelle Meyerbeers zu erhalten suchte, zurückwies, handle es sich doch um eine „höchst gefährliche" und „undankbare" Aufgabe, bei der gerade ein junger Komponist keinen Ruhm erlangen könne: „Denn gefällt sie [scil. die Oper], so bleibt in den Augen der Menge dem W e b e r das Verdienst, und gefällt sie nicht, so trügen gewiß nur S i e die Schuld."[45] Hätte Caroline von Weber mit diesem Argument Recht gehabt, die Oper wäre nie vollendet worden. Wer hätte sich schon in ein Spiel eingelassen, bei dem es nichts zu gewinnen, nur zu verlieren gegeben hätte? Gerade weil das Risiko eines Scheiterns so groß war — Carl von Weber, der Enkel, der sich nach dem Tod Max Maria Webers 1881 der Sache annahm und sie schließlich zum Erfolg führte, spricht 1888 mit Recht davon, daß ein „Künstler gefunden werden [mußte], der im Hinblicke auf einen möglichen, ja wahrscheinlichen Mißerfolg den Muth hatte, die Hand an den [...] verborgenen Schatz zu legen[...]"[46] —, konnte allein ein junger Komponist in dem Unternehmen auch eine Chance, nicht bloß eine Gefahr erblicken, ein Komponist, der keinen Ruf zu verlieren, wohl aber einen zu gewinnen hatte. Dieser Mann hieß Gustav Mahler, und daß wir heute von den *drei Pintos* sprechen, hängt mit dem Umstand zusammen, daß Ruhm und historische Bedeutung des damals weithin unbekannten Bearbeiters der Geltung Webers mittlerweile nicht mehr nachstehen. Entgegen Caroline von Webers Annahme (gegenüber Jähns) wurde der Erfolg der Oper nämlich nicht nur zu einem posthumen Erfolg Webers, sondern auch zu einem Triumph Mahlers, der ihn über Nacht — wie er voller Stolz seinen Eltern schreibt[47] — zu einem „berühmten" Mann machte.

*

Die Entstehungsgeschichte von Mahlers *Pintos*-Bearbeitung liegt in Einzelheiten teilweise in einem kaum mehr aufhellbaren Dunkel; vor allem ist das Autograph mutmaßlich im Zweiten Weltkrieg im Verlagshaus Kahnt Leipzig vernichtet worden, jedenfalls gilt es heute als verschollen. Der Beginn der Rekonstruktionsarbeiten fiel in das Frühjahr 1887, den Hauptteil der Arbeit realisierte Mahler während der Sommerferien im heimatlichen Iglau und in den darauf folgenden Wochen und Monaten in Leipzig, am 28. August spielte er auf einer Soirée beim

Intendanten Max Staegemann die von ihm ausgeführten Teile vor, und bereits am 8. Oktober berichtete er seinen Eltern, daß die vollendete Partitur beim Kopisten liege[48] (mit Ausnahme des nachkomponierten Entr'-Akts). Bevor wir auf Einzelheiten der Bearbeitung eingehen, seien drei Sachverhalte, die für das Problem der Autorschaft von grundsätzlicher Bedeutung sind, hervorgehoben.

Erstens handelte es sich nicht um eine „mechanische" Arbeit, sondern um eine „schöpferische" Tätigkeit. Hier tritt die Differenz zwischen „Urheber" und „Mehrer" besonders deutlich hervor. In seinem Kompositionsprozeß pflegte Weber zwischen „componiren" und „notiren" zu unterscheiden[49]: Jenes umfaßte das Stadium der eigentlichen Erfindung (in der Imagination, unterstützt durch einen skizzenhaften Entwurf, der ihm als Gedächtnisstütze diente), dieses die anschließende vollständige Niederschrift der Musik. Die sieben Nummern der *Pintos*-Entwürfe galten mithin für Weber als „komponiert", aber noch nicht „notiert". Der Bearbeiter Mahler jedoch, der das in Webers Imagination Ergänzte nicht kennen konnte, hatte auf der Basis der Weberschen Entwürfe durchaus noch zu „komponieren", nicht bloß zu „notieren". In dieser Hinsicht ist es aufschlußreich, daß er gegenüber Natalie Bauer-Lechner eine Inspiration geltend machte, die ein schöpferisch-divinatorisches Moment offenbart: „Tagelang hatte Mahler die Skizzen auf seinem Klavier liegen und vertiefte sich darin, ohne daß sich ihm ihr Zauber löste. Da — es war eines leuchtenden Nachmittags, die Sonne warf farbige Lichter auf die Weberschen Blätter — fiel ihm mit einem Schlage der vollständige Ausbau der Nummer ein; er lief sogleich zu Webers und spielte sie ihnen zu ihrem großen Entzücken vor."[50]

Zweitens hat sich Mahlers Auffassung von dem gesamten Unternehmen tiefgreifend gewandelt. Zunächst hob er offenkundig darauf ab, seine Mitautorschaft als Bearbeiter möglichst klar von der primären Autorschaft Webers abzugrenzen, indem er eine doppelte Publikation von Skizzen und Bearbeitung wünschte, die jedermann die Anteile an der Autorschaft unzweifelhaft vor Augen geführt hätte. So heißt es bei Bauer-Lechner weiter (und ihr Bericht wird indirekt durch die Darstellung Carl von Weber bestätigt[51]): „Mahler, der dabei aufs getreueste und gewissenhafteste zu Werke ging und jede Webersche Note beachtete und in ihrem Sinne weiterarbeitete, hätte am liebsten seine Ergänzung mit den ursprünglichen Skizzen [...] abgedruckt, herausgegeben und so zur Aufführung gebracht."[52] Offenbar dachte man an die mit der Umgestaltung des Librettos durch Carl von Weber geschaffene Möglichkeit, zwei Akte mit Weberscher Musik zu gestalten (den ausgearbeiteten Original-Entwürfen und weiteren Stücken) und den dritten Akt, für den in der Neufassung nur ein einziger Originalentwurf vorlag (das Duett Gaston-Ambrosio), als „rezitiertes Schauspiel" zu geben. Einem Bericht des hinzugezogenen Dresdener Kritikers Ludwig Hartmann zufolge[53] rückte man jedoch von diesem Plan ab, um das Werk als ein einheitliches Ganzes dem Publikum vorzustellen. Ungewiß ist, wann diese Konzeptionsänderung vorgenommen wurde — Henry-Louis de La Grange datiert sie auf eine Zeit vor den Sommerferien 1887[54], doch scheint es wahrscheinlicher, daß sie anläßlich der von Staegemann am 28. August in seinem Haus organisierten Soirée getroffen wurde, bei der Mahler die bis dahin vollendeten Teile vorspielte und in deren Gefolge Ludwig Hartmann in den *Leipziger Nachrichten* über das *Pintos*-Projekt berichtete.[55] Im Rückblick schreibt Carl von Weber: „Bei Erfüllung dieser Pflicht auf halbem Wege stehen zu bleiben, nämlich nur die vorhandenen Fragmente mit dem zugehörigen Buche zu veröffentlichen, wäre eine schwere Schädigung gewesen. ‚Das Publikum ist keine Anstalt für Pietät', bemerkte ein geistreicher Zuhörer der ersten Vorführung des noch unvollendeten Werkes über diesen Punkt und meinte damit, daß der volle Eindruck eines abgeschlossenen, wenn auch nachträglich ergänzten Werkes allen Theilen desselben in der Ansehung des Publikums günstiger sein müsse, als der eines unfertigen und lückenhaften, wenn auch noch so schönen Bruchtheiles."[56]

Diese Änderung der Konzeption aber hatte drittens zur Folge, daß Mahler, um den Eindruck eines — wenn auch künstlich hergestellten — künstlerischen „Ganzen" nicht zu zerstören, seine Autorschaft nicht länger herausstellen konnte, sondern sie im Gegenteil „vernebeln" mußte, jedenfalls insoweit, als eine Geheimhaltungsstrategie zu den Richtlinien der Informationspolitik gehörte, die er ebenso wie die übrigen Beteiligten verfolgte und auch in seinen Briefen immer wieder betonte. So schreibt er wenige Wochen vor der Uraufführung an seine Eltern: „Vorderhand aber darf noch niemand wissen, was von mir ist und was von Weber ist, sonst hätten die Rezensenten ‚leichtes Spiel'."[57] Und nach dem Triumph der Uraufführung, Ende Januar 1888, in gleicher Weise: „Alles ging großartig. Der Jubel war großartig! Heute ist das Haus wieder ausverkauft. Wundert Euch nicht, wenn mein Verdienst in den Zeitungen etwas geschmälert wird. Aus ‚Geschäftsrücksichten' muß es vorderhand verheimlicht werden, was von mir ist, und was von Weber ist. Soviel kann ich Euch schon sagen, daß zwei Lieblingsnummern, welche gerade in den Zeitungen überall erwähnt werden (Studentenchor und die Ballade von Kater Mansor) von mir sind, wie noch viele andere. Das muß leider alles geheim gehalten werden, bis die Oper überall aufgeführt worden ist. Jetzt heißt es, je weniger Ehre desto mehr Geld! Das kommt dann noch, wenn die Enthüllungen folgen."[58] Welches „leichte Spiel" die Rezensenten andernfalls gehabt hätten, wird uns deutlich, wenn wir beachten, was ein Mann wie Johannes Brahms zu der allerorten in Musikerkreisen diskutierten Angelegenheit zu sagen hatte. Apodiktisch meinte er, daß dann, wenn ein Bearbeiter sich erkühnte, die Weberschen Entwürfe (die Brahms kannte) zu einem Orchestersatz zu ergänzen, nicht länger von Weber als Autor die Rede sein könne. Und Mahler würde sich wohlweislich vor einer Preisgabe seiner Geheimnisse hüten, denn würde er seine

Karten offenlegen und nennen, was von Weber sei und was nicht, dann könnte jedermann gerade „die besten Stücke, die echt Weberschen, nachdrucken“.[59]

*

Wenn wir uns nun der Mahlerschen Ergänzungsarbeit in einzelnen Aspekten zuwenden[60], dann tun wir das mit der Einschränkung, daß die librettistisch-dramaturgische Bearbeitung des ursprünglichen Vorwurfs, für die der Enkel Carl von Weber verantwortlich zeichnete, an der indessen auch Mahler in (heute nicht mehr nachweisbaren) Einzelheiten beteiligt war[61], hier außer Betracht bleiben muß.[62]

1. Die erste Nummer der Weberschen Entwürfe[63] — in der Leipziger Bearbeitung ist sie an den Anfang des 2. Aktes versetzt — zeigt uns mit der Szene in Don Pantaleones Haus zu Madrid, wo die Bediensteten auf eine Erklärung des Hausherrn zur bevorstehenden Vermählung seiner Tochter Clarissa warten, eine Art „Normalfall“: Der Vokalsatz ist hier unvollständig ausgeschrieben, an späteren, analog zu ergänzenden Stellen nur noch in einer Stimme notiert. Vom Orchestersatz hat Weber lediglich die wichtigsten Elemente — kursorisch — festgehalten, so in der ersten Akkolade Takt 1 den Beginn der Oberstimme, Takt 5f. die Baßlinie, in der zweiten Akkolade wiederum — als Variation des Gesangseinsatzes — einen Wechsel zur Oberstimme (T. 10/11). Mahler hat die in Takt 1 formulierte Spielfigur auch auf die Takte 3 sowie 5—8 übertragen und damit dem Chorbeginn eine gewisse „motivische“ Einheitlichkeit gesichert, ohne eigenmächtig die Vorgabe zu erweitern.

Introduktion und Ensemble, Zweiter Aufzug Nr. 8, T. 18—20 (Klavierauszug)

Er hat diese Nummer recht getreu transkribiert, indem er die Orchesterstimmen oft colla parte führt. Bei der Instrumentation jener Stelle von Seite 4 der Entwürfe, wo Weber in der zweiten Akkolade einige wenige Akkorde notiert hat (eine Seltenheit in diesen Entwürfen!), hat Mahler indes auf einen recht massiven Blechbläser-Satz mit Hörnern, Trompeten und vor allem vier Posaunen zurückgegriffen. Dieser Orchesterklang sprengt deutlich den leichten Weberschen Tonfall dieser Nummer und zeigt hier — wie an anderen Stellen der Partitur — unmißverständlich, daß die Rezeption der *Meistersinger* den „mehrenden" Bearbeiter Mahler vom „Urheber" Weber trennt.[64]

2. Die *Seguidilla à dos* zwischen Don Gaston und der Wirtstochter Inez, ein Zwischenstück der in einem Wirtshaus außerhalb Madrids spielenden Handlung (bei Weber füllt sie die zweite Hälfte des 1. Aktes, in der Leipziger Bearbeitung den ganzen 1. Akt), ist Teil der „hispanisierenden" Faktoren, die Weber — dem Sujet entsprechend — plante und die Mahler mit der Parodie-Einlage der *Ballade vom Kater Mansor* noch geschickt verstärkte. Ein Blick auf den Anfang[65] erlaubt uns, einen sorgsam gehüteten Mythos zu entlarven, Mahlers Behauptung nämlich, er habe als Bearbeiter alles, was von Webers Hand vorlag, strikt notengetreu respektiert und sich auf Ergänzungen beschränkt. Den im Violinschlüssel notierten Kontrapunkt der Unterstimme in Takt 2/3 (oberste Akkolade, unteres System) hat Mahler weggelassen, und außerdem hat er die Halbstrophen und Strophenanfänge, die bei Weber immer mit demselben stufenweise aufsteigenden Melodiegestus beginnen, insofern differenziert, als er Gastons dritten Einsatz mit jener chromatisch von g^1 herunterführenden Linie strukturierte, die seit dem Orchesterbeginn im ersten Takt als Kontrapunkt allgegenwärtig ist.

Seguidilla à dos (Gaston/Inez), Erster Aufzug Nr. 5

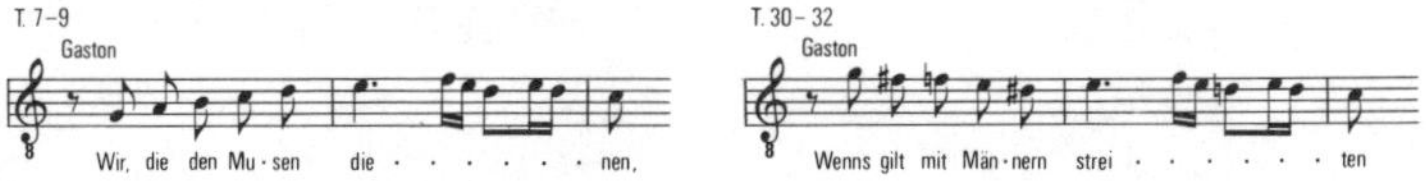

Gewiß, dies sind Kleinigkeiten! Sie beweisen jedoch, daß Mahler, wie genau er sich zwar um eine Rekonstruktion des Weberschen Textes bemühte, diese Arbeit dennoch nicht sklavisch durchführte, vielmehr sein eigenes Urteil mit einbrachte. Selbstverständlich mußte er gerade in dieser Hinsicht größte Vorsicht gegen außen walten lassen, wäre doch ein erst einmal erhobener Vorwurf mangelnder Pietät gegenüber dem Klassiker der deutschen Romantik, ungeachtet jeder Sachlage im einzelnen, nicht mehr auszuräumen gewesen.

3. Beim Liebesduett zwischen Gomez und Clarissa, ursprünglich im 1. Akt, nunmehr Nr. 11 des 2. Aktes, lassen sich zwei gegenläufige Tendenzen beobachten. Auf der einen Seite zeigt sich eine besondere Texttreue Mahlers bei der Stelle „Greift sie ein mit Himmelsmacht!": Weber wollte hier vermutlich nicht ver-

schiedene Versionen haben, sondern war sich noch unschlüssig darüber, welche Melodielinie er nehmen solle — ob die einfache oder die rasch geführte (wenn nicht gar die bewegte Linie als Korrektur der anderen zu lesen ist).[66] Mahler entscheidet bewußt nicht zwischen beiden Möglichkeiten, sondern überläßt dem Sänger die Entscheidung im Sinne von ossia-Versionen.

Duett (Clarissa/ Gomez), Zweiter Aufzug Nr. 11, T. 15—17

Auf der anderen Seite zeigt dieses Duett eine stärkere Loslösung des Bearbeiters von der Weberschen Textvorgabe im Entwurf, zumal im Hinblick auf die Hinzufügung von Instrumentalstimmen, die in der Skizze nur spärlich auftreten. Mahler hat sie mit großem Geschick eingeflochten bzw. aus dem Gesangsstimmensatz hervorgetrieben, so etwa folgende Klarinettenfigur mit ihrem geradezu „Weberschen" Schwung[67]:

Duett (Clarissa/Gomez), Zweiter Aufzug Nr.11, T. 33/34

4. Die Fragwürdigkeit der Vervollständigung offenbart sich vor allem in einigen Parodien Weberscher Musik, die nicht zu den *Pintos*-Entwürfen gehören. Ihr Einbezug war jedoch, damit der Bearbeiter Mahler über ausreichend Material für eine abendfüllende Oper verfügen konnte, unerläßlich. Was Eduard Hanslick als „compilatorische Methode" mit scharfen Worten geißelte[68], wird am Beispiel der (von Weber nicht vorgesehenen) Ariette der Zofe Laura (Nr. 9 aus dem 2. Akt)

drastisch greifbar, welche Clarissas große Arie vorbereitet. Zwei ursprünglich völlig getrennte Stücke Webers — das eine aus dem Jahre 1819 (Jähns WV 256, das Klavierlied *Keine Lust ohn' treues Lieben!*), das andere aus dem Jahre 1816 (Jähns WV 194, eine Walzereinlage zur Ariette der Lucinde für Hubers Volksmärchen mit Gesang *Das Sternenmädchen im Maidlinger Walde*) — sind, textlich parodiert für den neu gesetzten dramaturgischen Zweck, zu e i n e m Musikverlauf, einer Ariette, zusammengekoppelt. Mahler leitet sie ein mit einem neukomponierten Vorspiel von drei Takten und rundet sie ab mit einem ebenso kurzen Nachspiel, das aufgrund seiner „Mahlerschen“ Kontrapunktik die stilistische Sphäre Webers unvermittelt verläßt, als bräche — für einen kurzen Moment — die in der Bearbeitung meist zurückgebundene Handschrift des Komponisten Mahler plötzlich durch:

Ariette (Laura), Zweiter Aufzug Nr. 9, T. 33—40

Die Ariette der Laura ist mithin ein Konglomerat verschiedenster Provenienz und weist darüber hinaus — was schwerer wiegt, aber kaum vermeidbar war — die doppelte Autorschaft des Werkes in Form unterschiedlicher musikalischer Tonfälle innerhalb einer einzigen Nummer auf.

5. Über den Verlauf der *Pintos*-Arbeit berichtete Mahler seiner Freundin Natalie Bauer-Lechner im weiteren: „Ihr würdet euch wundern, zu sehen, wie wenig von Webers eigener Hand da war: nicht viel mehr als einige wundervolle Themen, keine Note der Instrumentation. So hatte ich den weitaus größeren Teil des Werkes zu machen. Und so zurückhaltend ich anfangs bei der Ergänzung der Skizzen vorging, um so kecker wurde ich im Verlauf der weiteren Arbeit, ließ mich von dem Gegenstand und mir selbst fortreißen, mehr als von ängstlichen Erwägungen, ob es Weber auch so gemacht haben würde. Und schließlich komponierte ich überhaupt in meinem Sinn darauf los, wurde immer Mahlerischer, bis zuletzt in Entwurf und Ausführung des neuen Teils jeder Notenstrich von mir war [...] Und diese Nummern sind es, welche nachher von Kritik und Publikum am meisten gelobt und für rein 'Weberisch' gehalten wurden!“[69]

Diese Rückerinnerung nach über einem Dutzend Jahren enthält zwar einige Ungenauigkeiten und Übertreibungen, dürfte aber recht genau Mahlers Erfahrung einer im Laufe der Rekonstruktionsarbeit anwachsenden Vertrautheit zum Ausdruck bringen. Freilich sind für alle 21 Nummern seiner Bearbeitung Webersche Vorlagen nachzuweisen[70], mit Ausnahme des Finales A (Nr. 20) aus dem 3. Akt und insbesondere des Entr'-Akt zwischen 1. und 2. Akt, den er zuletzt, gegen Jahresende 1887, nachkomponiert hat. Birgit Heusgen hat aufgezeigt[71], daß sämtliche Motive und Themen dieser Zwischenaktmusik aus Webers *Pintos*-Entwürfen Nr. 6 und Nr. 3b stammen, d.h. aus den beiden Nummern, die in Mahlers Fassung zu den Finali des 1. und 2. Aktes gestaltet wurden. Es handelt sich um insgesamt zehn Motive bzw. Themen, so daß mit Fug und Recht von einer symphonischen Phantasie über Webersche Themen gesprochen werden kann, und in der Tat hat Mahler sie bei einer späteren Prager Aufführung mit der Überschrift *Pintos Traum* als eine kleine symphonische Dichtung (von 180 Takten Länge) ausgewiesen.[72] Hier spricht Mahler in seinem eigenen, ganz unverwechselbaren Tonfall zu uns:

Entr'-Akt nach erstem Aufzug, T. 1—20 (Klavierauszug)

Der Mahlersche Tonfall, in unmittelbarer Nähe zur *Ersten Symphonie*, resultiert aus dem Ineinandergreifen folgender Momente: erstens einer vom Traumprinzip gestifteten Diskontinuität des musikalischen Verlaufs, die in der Gliederung der Anfangsphrasen in Erscheinung tritt; zweitens der Bedeutung von Quarte und Quinte als strukturtragender Intervalle sowie der repetierten Vorschläge als Doppelschlagfiguren; drittens eines in instrumentationstechnischer Hinsicht aufgelockerten, schwerelosen Satzes mit den solistischen Holzbläsern zu Beginn; und viertens eines spezifischen Verhältnisses von Chromatik zu Diatonik im weiteren Verlauf des Stückes, das auch in der *Ersten Symphonie* konstitutiv ist. Doch selbst dieser Entr'-Akt ist stilistisch uneinheitlich, insofern von dort an, wo Mahler vom Motivmaterial des Entwurfs Nr. 6 zu demjenigen von Nr. 3b wechselt (T. 113f.), die Webersche Stilschicht wieder stärker greifbar wird, so daß auch hier die doppelte Autorschaft des Werkes ein ästhetisch relevanter Faktor ist.

*

Die Uraufführung der *drei Pintos* unter Mahlers Leitung am 20. Januar 1888 in Leipzig wurde zu einem sensationellen Erfolg, der für Mahlers Laufbahn um so wichtiger war, als zahlreiche Intendanten und führende Kritiker zu dem Ereignis nach Leipzig gereist waren. Sie kamen natürlich wegen Carl Maria von Weber, aber sie waren offenkundig auch von dem Genie des Dirigenten und Bearbeiters beeindruckt. Zahlreiche Bühnen übernahmen das Werk. Zwar fielen die Kritiken unterschiedlich aus. Eduard Hanslick zum Beispiel verwarf aus prinzipiellen Gründen das ganze Unterfangen und sprach außerdem den *Pintos*-Entwürfen Webers nur höchst mäßigen Wert zu — in Lauras Arie würden sich mehr Webers „Redensarten" als sein „Genie" offenbaren; den 2. Akt bezeichnete er gar (wohl zu Unrecht) rundweg als „schlechten Weber" —, doch lobte er durchaus Mahlers Bearbeitung.[73] Verärgert reagierte, allerdings nur nach Kenntnis des Klavierauszugs, auch Hans von Bülow: „Wo Weberei, wo Mahlerei — einerlei — das Ganze ist per Bacco ein infamer, antiquierter Schmarren."[74] Der Weber-Biograph Erwin Kroll hingegen urteilte, Jahrzehnte später, entgegengesetzt, indem er die Vervollständigung dramaturgisch und musikalisch kritisierte, den Wert der Weberschen *Pintos*-Entwürfe dagegen teilweise sogar über entsprechende Nummern des *Freischütz* stellte.[75]

Wie immer indes die Rezeption der Oper im Laufe von nunmehr rund einhundert Jahren im einzelnen verlaufen ist — die große Linie steht fest und ist ein aufschlußreicher Beleg für unsere Fragestellung nach der doppelten Autorschaft in diesem Werk: Zunächst, 1888, galten *Die drei Pintos* primär als ein Werk Carl Maria von Webers, als das vom Meister der deutschen Romantik leider nicht abgeschlossene Hauptwerk im komischen Genre des Musiktheaters. Heute aber gilt dasselbe Werk primär als eine Bearbeitung Gustav Mahlers, eines Komponisten, dessen Wirkungsgeschichte seit rund drei Jahrzehnten eine steil aufsteigende Kurve beschreibt, während diejenige Webers bestenfalls konstant geblieben ist. Dieses Faktum läßt sich als rezeptionsgeschichtlicher Erweis der komplexen Autorschaft verstehen, die uns hier im Ausgang von den etymologisch verschiedenen Bedeutungen der Autorkategorie beschäftigt hat. Die Abgrenzung zwischen den Tätigkeitsbereichen des Komponisten als des eigentlichen „Urhebers" und des Bearbeiters als eines späteren „Mehrers", die im Falle dieser Oper nicht einfach ist, wurde mithin rezeptionsgeschichtlich durch eine allmählich umgekehrte Bewertung der doppelten Autorschaft verschoben und doch auf eigentümliche Weise bestätigt. Mag immer Hans-Georg Gadamers These, man könne im Hinblick auf einen Komponisten nicht von einem Autor sprechen, zutreffen — daß die Autorschaft und damit die Kategorie des Autors auch im Bereich der Musik zu einem Problem werden kann, dies zeigen uns *Die drei Pintos* in eindrücklicher Klarheit.

Zu den Programmen der frühen Symphonien

Von Mahler und Programmusik zu sprechen, scheint heute deshalb obsolet, weil die Titel und programmatischen Erklärungen, die der Komponist seinen frühen Symphonien beizufügen plante, zwar Freunden gegenüber äußerte und bei Aufführungen gelegentlich auch veröffentlichen ließ, nicht in die Erstdrucke der Werke (*Erste Symphonie* 1899, *Zweite* 1897, *Dritte* 1898) aufgenommen wurden. Wenngleich sie nach der Jahrhundertwende, wohl auf Wunsch der Veranstalter, in Konzertprogrammen sporadisch noch gedruckt wurden, können sie demnach nicht als endgültiger Teil des ästhetischen Gegenstandes gelten. Ob Mahlers Musik, für deren Rezeptionsgeschichte seit den sechziger Jahren sie überdies bedeutungslos sind, gegenwärtig als absolute gehört wird oder werden soll, ist allerdings so lange fraglich, als noch offensteht, wie sich das Verhältnis des übergreifenden autonomen Gehaltes zu den kaum bestreitbaren heteronomen und programmatischen Momenten in den einzelnen Werken bestimmen läßt. Da die Beantwortung dieser Frage zu den Desideraten der Mahler-Forschung gerechnet werden darf, mögen eine Besinnung auf die schwankende Haltung des jungen Mahler gegenüber der Programmusik und eine Klärung der unterschiedlichen Strukturen und Funktionen seiner Programme von wenigstens präliminarischem Nutzen hierfür erscheinen. Durch solche Beschränkung vermeiden wir die Gefahr, aus verbalen Programminhalten allzu direkt auf ästhetische Gehalte der Werke selbst zu schließen – unter Umgehung jener analytischen Erkenntnis der Konstruktion, die doch allein ihren künstlerischen Rang unabhängig von Intentionen des Autors zu bestimmen vermag.

Die vier verschiedenen Überschriften, die Mahlers symphonischer Erstling im Lauf der Jahre erhielt, lassen in der Unsicherheit, welcher symphonischen Gattung das Werk zuzuordnen sei, eine Entwicklung der Mahlerschen Ästhetik von der (programmatisch fundierten) symphonischen Dichtung zur (absolut-musikalisch intendierten) Symphonie erkennen, ohne daß das Werk selbst, von der Eliminierung des Andante *Blumine* und von Instrumentationsretuschen abgesehen, eine Änderung erfahren hätte. Bei der Uraufführung im November 1889 in Budapest war es mit *Symphonische Dichtung in zwei Teilen* überschrieben, in der revidierten Fassung vom Januar 1893 (Osborn-Manuskript) mit *Symphonie (‚Titan‘) in 5 Sätzen (2 Abteilungen),* im Oktober desselben Jahres erlebte es seine zweite Aufführung als *Titan, eine Tondichtung in Symphonieform*, und seit der Druckfassung von 1899 bescheidet es sich endgültig mit der geläufigen numerischen Bezeichnung. Hatte der Plural „Symphonische Dichtungen“ 1889 noch in unverhüllt neudeutscher Terminologie eine zwar latente programmatische Eigenständigkeit der Teile und Sätze postuliert — latent, weil Mahler auf die Ausführung eines Programms damals verzichtete — , so bezeugt die Juxtaposition von inhalts- und formästhetischen Bestimmungen im Programm der Hamburger Aufführung[76] Mahlers Absicht, sein Werk der von ihm als unbefriedigend empfundenen Alternative zwischen neudeutscher und klassizistischer Ästhetik zu entziehen und eine Verbindung beider Richtungen anzustreben:

TITAN, eine Tondichtung in Symphonieform

I. Teil

„Aus den Tagen der Jugend“, Blumen-, Frucht- und Dornstücke.

I. „Frühling und kein Ende“ (Einleitung und Allegro Comodo). Die Einleitung stellt das Erwachen der Natur aus langem Winterschlafe dar.

II. „Blumine“ (Andante).

III. „Mit vollen Segeln“ (Scherzo).

II. Teil
„Commedia humana"

IV. „Gestrandet!" (ein Todtenmarsch in 'Callots Manier'). Zur Erklärung dieses Satzes diene Folgendes: Die äussere Anregung zu diesem Musikstück erhielt der Autor durch das in Österreich allen Kindern wohlbekannte parodistische Bild „Des Jägers Leichenbegängnis", aus einem alten Kindermärchenbuch: Die Thiere des Waldes geleiten den Sarg des gestorbenen Jägers zu Grabe; [...] An dieser Stelle ist dieses Stück als Ausdruck einer bald ironisch lustigen, bald unheimlich brütenden Stimmung gedacht, auf welche dann sogleich...

V. „Dall' Inferno" (Allegro Furioso) folgt, als der plötzliche Ausbruch der Verzweiflung eines im Tiefsten verwundeten Herzens.

Ein Kernpunkt der Mahlerschen Ästhetik war die Vorstellung, dem formalen Prozeß von Musik müsse ein „stimmungsinhaltlicher"[77] entsprechen — die Frage, welcher primär sei, d.h. ob *Blumine* in der Form eines Andante Gestalt annehme oder ob das Andante zu seinem Affektgehalt *Blumine* habe, könnte sich als schief erweisen —, damit im Ineinandergreifen der beiden Momente Musik als Kunst sich konstituiere. Das Programm deutet die ästhetische Korrespondenz von Form und „Stimmungsinhalt" an, wenn auch auf beschränkte Weise, denn so wenig sich die spezifische Form etwa des (damals) dritten Satzes in der Subsumption unter den Scherzotyp erschöpft, so wenig ist sein Titel *Mit vollen Segeln* die sprachliche Äußerung des „Stimmungsinhalts" selbst, dessen dominanten Zug er lediglich metaphorisch bezeichnen soll. Die Berücksichtigung dieser Korrespondenz, die hier nicht weiter ausgeführt werden kann, ist für eine Interpretation der Überschrift *Titan* von Belang.

Die mit ihr verbundene Huldigung an Jean Paul in dem Sinne aufzufassen, als stütze sich die Musik auf den Roman als Sujet, wäre verfehlt — und zwar auch dann, wenn man argumentierte, die in den Satztiteln angelegte musikalische Affektkurve entspräche im gröbsten Umriß (in der Entwicklung von jugendlicher Potentialität über Leiden als negative Erfahrung zum sieghaften Ende) dem Werdegang des Albano, des Helden in Pauls gleichnamigem Roman, und der Sachverhalt, daß die *Blumen-, Frucht- und Dornstücke* auf *Siebenkäs*, der Titel des Andante aber auf *Herbst-Blumine*, zwei weitere Schriften Pauls, anspielen, würde die These eher stützen als beeinträchtigen, weil gerade solche Komplexitäten die Poetik des Dichters kennzeichneten. „Titan" ist nicht ein literarischer Held, dessen Geschichte musikalisch erzählt würde, sondern der Name des symphonischen, des Trägers der musikalischen Geschichte.

„Wie sehr die musikalisch immanente Negativität Mahlers dem enthusiastischen Berlioz-Lisztschen Programm widerstrebt, zeigt sich daran, daß die Mahlerschen Romane keine Helden haben und keine verehren, so wie zwei Titel von Strauss und zahllose von Liszt es ausposaunen."[78] Adornos Satz hatte die Sicht auf das Problem des symphonischen Helden eher verstellt als erhellt. Einerseits ist es eine Übertreibung, Mahlers Negativität als durchgängig zu veranschlagen

— man darf beispielsweise ob des Schlusses der *Neunten* den der *Siebenten* nicht aus dem Auge verlieren —, andererseits müßten die affirmativen Konnotationen, die sich beim Heldenbegriff einzustellen pflegen, zugunsten einer Reflexion darüber zurücktreten, was dieser Begriff in ästhetischer Hinsicht für die Konstitution von romanhafter Musik leistet. Entsprechend der Theorie des Romans im 19. Jahrhundert, die die Funktion des (im Unterschied zum dramatischen) meist negativen, passiven Romanhelden in der Bildung eines formalen Mittelpunktes bestimmte, wäre der Begriff des symphonischen Helden auch über Mahler hinaus nicht durch Fixierung bestimmter „heldischer" Affekte in der Musik zu entwickeln, die im Sinne tönender Biographie womöglich den Komponisten selbst als verkappten Helden verherrlichte. Vielmehr würde es darum gehen, den „symphonischen Helden" in der zunächst formalen Funktion eines imaginären psychischen Subjekts der Musik zu konkretisieren, an dem sämtliche Gefühlsbestimmungen und Charaktere eines musikalischen Prozesses hafteten. Wenn nämlich ein musikalischer „Stimmungsinhalt" weder das empirische Gefühl des Komponisten bei der Niederschrift noch die empirische Stimmung des Hörers beim Perzeptionsakt, sondern eine Sache ist, die unter Voraussetzung der Subjekt-Objekt-Beziehung als an der Musik selbst haftend, ihr inhärierend begriffen wird, dann hätte der symphonische Held als imaginäre musikalische Subjektivität dem mannigfaltigen Affektverlauf den einheitlichen Grund zu garantieren, wäre gewissermaßen verantwortlich für die „stimmungsinhaltliche" Logik des musikalischen Geschehens, die derjenigen der thematischen Prozesse korrelierte. Der „Stimmungsinhalt", der sich in der *Ersten Symphonie* manifestiert, erscheint durch die Unterstellung eines symphonischen Subjekts losgelöst vom Komponisten als empirischer Person und in der imaginären Psyche des „Titan" ästhetisch objektiviert. Die Objektivation, die das Programm leistet, ist ein Korrektiv gegenüber Mahler selbst, der sich etwa in Gesprächen mit Natalie Bauer-Lechner gegen die verbreitete Vorstellung, Musik sei tönende Biographie, nicht gefeit zeigt: „Meine beiden Symphonien [die *Erste* und *Zweite*] erschöpfen den Inhalt meines ganzen Lebens; es ist Erfahrenes und Erlittenes, was ich darin niedergelegt habe, Wahrheit und Dichtung in Tönen. Und wenn einer gut zu lesen verstünde, müßte ihm in der Tat mein Leben darin durchsichtig erscheinen."[79]

Wenn demnach „Titan" eher fiktives Subjekt der musikalischen Geschichte als Objekt einer Erzählung des Komponisten ist, so ist die Unterscheidung zwar für die ästhetische Geltung des Programms relevant, doch wäre zu fragen, ob die Metaphernreihe nicht erst dadurch Zusammenhang erhält, daß sie statt als Summe isolierter Gefühlscharaktere als Skizze einer erzählbaren Geschichte aufgefaßt werden soll. So wenig die *Lieder eines fahrenden Gesellen*, die ursprünglich *Geschichte eines fahrenden Gesellen* hießen, eine erzählbare Geschichte musikalisch darstellen, so wenig formuliert das Programm zur *Ersten Symphonie* die erzählbare Geschichte einer Person, auch dort nicht, wo es, wie bei der Einleitung, realistische Schilderung verkündet. Setzt es sich statt dessen aus einzelnen Metaphern zusammen, die, innerhalb gewisser Grenzen zufällig und mit anderen austauschbar, die Charaktere der verschiedenen Sätze treffen sollen, so sind die einzelnen Stationen doch, wenn auch lose, mit dem fiktiven Subjekt verknüpft und deuten somit den motivisch-thematischen Konnex der ganzen Symphonie verbal wenigstens an. Eine geringfügige Differenz zwischen dem Programm des Osborn-Manuskripts und dem der Hamburger Aufführung illustriert die Intention Mahlers, die diskontinuierlichen programmatischen Elemente miteinander zu verbinden, ohne doch dadurch eine erzählbare Geschichte mehr als zu skizzieren. Um den *Todtenmarsch in „Callots Manier"*, der auf eine frühere Schicht des Programms verweist, in die nicht erzählte Geschichte des „Titan" einzubetten, setzte Mahler im Programm der Hamburger Aufführung den Titel *Gestrandet* hinzu, eine Änderung, die den Trauermarsch mit dem Scherzo (*Mit vollen Segeln*) verknüpft.

Auf der Folie des nur lockeren Gesamtzusammenhangs sind die einzelnen Satztitel geeignet, Stimmung als Zustand, nicht aber als Kategorie zu bestimmen, die sich entsprechend dem formalen Prozeß verändert. Die Programmtitel sind aufschlußreich auch durch das, was sie verschweigen. Wenn das Programm nur den pervertierten Trauermarsch erwähnt, die „Lindenbaum"-Episode aber unterschlägt — wie ließe sich der Gegensatz auch in einem einzigen Begriff fassen —, so entfällt mit dieser Spannung auch der entfernteste Hinweis auf den grundlegenden Gehalt des Satzes. Die Metaphern kranken an einem Zwiespalt zwischen Plastizität und Reichweite: Je plastischer ein Titel, um so kleiner das von ihm gedeckte Affektfeld, um so größer die Lücken, die offenbleiben, je weiter indes der von einem Titel umspannte Bereich, desto geringer seine poetische Prägnanz. Zu diesen strukturellen Mängeln des Programms traten Unklarheiten hinsichtlich seiner ästhetischen Vermittlungsfunktion hinzu, so daß Mahlers Entschluß verständlich erscheint, Titel und Programm bei der Aufführung der *Ersten Symphonie* am 16. März 1896 in Berlin nicht bekanntgeben zu lassen, ein entscheidender Eingriff in die Wirkungsgeschichte des Werkes, den er wenige Tage später gegenüber Max Marschalk mit folgenden Worten begründete: „Daß ich sie [die Titel und Erklärungen] diesmal wegließ, hat nicht nur darin seinen Grund, daß ich sie dadurch für durchaus nicht erschöpfend — ja nicht einmal zutreffend charakterisiert glaube, sondern, weil ich es erlebt habe, auf welch falsche Wege hierdurch das Publikum geriet. So ist es aber mit jedem Programm! Glauben Sie mir es, auch die Beethovenschen Symphonie[n] haben ihr inneres Programm, und mit der genaueren Bekanntschaft mit einem solchen Werk wächst auch das Verständnis für den Ideen-richtigen Empfindungsgang. So wird es endlich auch bei meinen Werken sein."[80]

*

Die Frage ist demnach nicht, ob das Programm als Prinzip für die Mahlersche Musik überhaupt relevant sei oder nicht, sondern wie der Unterschied zwischen innerem und äußerem Programm zu bestimmen und das Verhältnis des inneren Programms, an dessen Existenz Mahler keinen Zweifel läßt, zum Werk selbst zu erklären seien. Sind inneres und äußeres Programm zwei Seiten ein und derselben Sache — nach Hegel ist ein Innen, das sich nicht äußert, leer, und ein Außen setzt stets ein inneres Substrat voraus —, oder erscheint der Begriff Programm in diesem Zusammenhang derart äquivok, daß er Inkongruentes, ja Disparates bezeichnet und deshalb nach einer terminologischen Klärung mit Vorteil wieder preiszugeben wäre?

Der Unterschied zwischen innerem und äußerem Programm ist wohl kein anderer als der zwischen kompositorischer Idee und Sujet, deren Struktur und Funktion im ästhetischen Prozeß differieren. Als Sujet, sei es in Form einer Titelreihe, sei es als erzählte Geschichte, fungiert das äußere Programm einerseits innerhalb der Poetik eines Komponisten — bei Mahler indizieren beispielsweise die verschiedenen Programme der *Dritten* unterschiedliche Konzeptionen des Werkes —, andererseits in der Sphäre der Rezeptionsästhetik gleichsam als Leitfaden der emotionalen (manchmal auch thematischen) Entwicklung eines Werkes für den Hörer. Derselbe sprachliche Text kann somit zwei sehr verschiedenen Zwecken dienen, und die Vorstellung, er habe im einen Fall das zur Folge, was im anderen als Grund entschlüsselt werden müsse, das Musikwerk selbst nämlich, ist brüchig, weil der musikalische Produktions- und Rezeptionsprozeß nicht als Reversseiten e i n e r Sache einfach vergleichbar sind. Vom äußeren ist das innere Programm ontologisch verschieden. Als kompositorische Idee inhäriert es dem Werk selbst und ist weder in Form einer erzählten Geschichte noch gar als Titelreihe, sondern allenfalls als Ergebnis einer wissenschaftlich-künstlerischen Reflexion formulierbar, die das aufdeckt, was seit Theodor W. Adorno in neuer Bedeutung Gehalt von Musik heißt.

Nicht Mahlers Verhältnis zur Programmusik, sondern eher zum Programm in der Musik, d. h. seine Beurteilung der ontologischen Differenz zwischen innerem und äußerem Programm hat sich im Lauf der neunziger Jahre gewandelt. Was er später als unüberbrückbare Kluft empfand, glaubte er anfangs dadurch mildern zu können, daß er mittels eines äußeren Programms den Hörer auf die Spur des inneren zu bringen, ihn in die wesentlichsten Ausdruckssphären seiner Musik durch Maßnahmen verbaler Propädeutik einzustimmen hoffte. Der Nutzen, den die Programme zum besseren Verständnis der Symphonien erbringen sollten, geriet jedoch zum Schaden dadurch, daß das Publikum, über dessen Mißverstand Mahler sich oft genug beklagte, seine Titel und Erklärungen mit einem programmusikalischen Sujet verwechselte. Während nämlich das Sujet etwa in Programmusik Lisztscher Prägung als Teil des künstlerischen Zwecks zum ästhetischen Gegenstand selbst gehört und jemand, der es nicht kennt und beim Hören des Werkes mitdenkt, nur die tönende Form des musikalisch-literarischen Gegenstandes, ihn seiner ästhetischen Intention nach also nicht angemessen auffaßt, waren Mahlers Programme niemals als Ingredienzien des künstlerischen Zweckes seiner Werke gedacht. Sie waren vielmehr lediglich als Mittel zu seiner Realisation intendiert und konnten darum vom Komponisten, als er der Schiefheit dieser Mittel-Zweck-Relation gewahr wurde, fallengelassen werden, ohne daß dadurch die spezifische Geltung der Werke selbst verändert oder gar verunmöglicht worden wäre. Zu einer Zeit, da die neudeutsche Richtung in Straussens symphonischen Dichtungen ihre jüngsten Triumphe feierte, war es innerhalb der pragmatischen Dimension nicht oder kaum möglich, einem Programmtext eine andere Bedeutung zuzuschreiben als die, welche die Hörer ihm erfahrungsgemäß beizumessen gewohnt waren. Daß man Mahler, wie Alma berichtet, „fortwährend um Ausdeutung der verschiedenen Romansituationen in der Musik bat"[81], ist eher verständlich als verwerflich, mochten doch auch strukturelle Eigenschaften seiner Programme selbst Anlaß zu solchen Fragen gegeben haben.

*

Vom Programm zur *Zweiten Symphonie* gibt es verschiedene Versionen, die sich weniger inhaltlich als hinsichtlich ihrer Erzählform unterscheiden. Gemeinsam ist ihnen, im Unterschied zu der Titelreihe des Programms zur *Ersten*, die Konzeption als erzählte Geschichte, verschieden aber ist, wenigstens in bedeutenden Nuancen, deren Subjekt. Während im zitierten Brief an Max Marschalk das Begräbnis des Helden als bloßer Anlaß für potentielle Gedanken und Empfindungen des Hörers erscheint, stiftet die Kontinuität, die dem Helden in der bei Konzerten veröffentlichten Version zukommt, tendenziell eine zusammenhängende Geschichte.

Der vielfältigen Bedeutungen und Funktionen des Ausdrucks Programm sich zu vergewissern, ist die Voraussetzung dazu, Mahlers Verhältnis zur Programmmusik im Jahre 1896 nicht als kraß widersprüchlich zu mißverstehen, scheint doch sein lapidares Bekenntnis: „Ebenso, wie ich es als Plattheit empfinde, zu einem Programm Musik zu erfinden, so sehe ich es als unbefriedigend und unfruchtbar an, zu einem Musikwerk ein Programm geben zu wollen."[82] die anschließende Erfüllung von Marschalks Wunsch nach programmatischem Aufschluß über die *Zweite* zu desavouieren. Die Darlegung lautet auszugsweise folgendermaßen: „Ich habe den ersten Satz ‚Totenfeier' genannt, und wenn Sie es wissen wollen, so ist es der Held meiner D-Dur-Symphonie, den ich da zu Grabe trage, und dessen Leben ich, von einer höheren Warte aus, in einem reinen Spiegel auffange. Zugleich ist es die große Frage: W a r u m h a s t d u gelebt? [...] Der 2. und 3. Satz ist als Interludium gedacht: der 2. Satz, eine E r i n n e r u n g! Ein Sonnenblick, rein und ungetrübt, aus dem Leben dieses Helden. — Es ist Ihnen doch schon begegnet, daß Sie einen lieben Menschen zu Grabe getragen, und dann vielleicht auf dem Rückweg erstand plötzlich das Bild einer längst vergangenen Stunde des Glücks, [...]. Das ist der 2. Satz! — Wenn Sie dann aus diesem wehmütigen Traum aufwachen, und in das wirre Leben zurückmüssen, so kann es Ihnen leicht geschehen, daß Ihnen dieses unaufhörlich bewegte, nie ruhende, nie verständliche Getriebe des Lebens g r a u e n h a f t wird, [...]. Dies ist der 3. S a t z! Was hierauf folgt, ist Ihnen ja klar!“[83]

Die Bestimmung des Helden als symphonisches Subjekt schlechthin erscheint durch die Kontinuitätsfunktion erhärtet, die ihm Mahler für die ideelle Entwicklung der *Ersten* zur *Zweiten Symphonie* zuweist, wenngleich die Vorstellung eines musikalischen Gesamtromans, der die einzelnen Symphonien Mahlers als Bücher oder Kapitel umfaßte, nicht mittels des Mahlerschen Ansatzes als Erzählung einer Geschichte des gemeinsamen symphonischen Helden, sondern allein durch Darstellung der kompositorischen Kritik zu präzisieren wäre, die jede Symphonie an der vorangehenden übt. Müssen die einzelnen Metaphern für die Satzcharaktere der *Ersten* dem symphonischen Helden „Titan“ unterlegt werden, damit sich ein Zusammenhang zwischen ihnen ergibt, so verzichtet die obenstehende Version des Programms zur *Zweiten* auf eine durchgehende Darstellung des Helden und degradiert diesen zum Ausgangspunkt für Gefühle und Reflexionen des Hörers selbst, um dem Mißverständnis vorzubeugen, die in Worten angedeutete Geschichte korrespondiere einer in Musik. Die sprachliche Form, in der Mahler die der Musik inhärierende Stimmung als potentielle außermusikalische Erfahrung eines Hörers beschreibt, bringt sehr genau die eingangs erwähnte Schwierigkeit zum Ausdruck, einen musikalischen „Stimmungsinhalt“ zu verbalisieren, ohne seine ästhetische Bedeutung zu verfälschen, d.h. den musikalisch dargestellten Gefühlen ein Subjekt zu unterstellen, ohne den Eindruck zu erwecken, die Musik schildere in Tönen eine auch außerhalb ihrer selbst bestehende Relation von Affekt und Subjekt. Während hier der Akzent des Programms eindeutig auf die „Detaillierung einer Empfindung“ fällt, rückt ihn Mahler bei der veröffentlichten Version entgegen der eigenen Intention in die Nähe der „Detaillierung eines Vorgangs“[84] dadurch, daß er sie als tendenziell durchgehend erzählte Geschichte eines Helden formuliert, dessen Tod nur mehr zu Beginn und Schluß metaphysische Fragen veranlaßt. Stark gekürzt heißt es: „Wir stehen am Sarge eines geliebten Menschen. Sein Leben, Kämpfen, Leiden und Wollen zieht noch einmal, zum letzten Mal an unserem geistigen Auge vorüber. Und nun [...] greift eine furchtbar ernste Stimme an unser Herz[...]: Was nun? Was ist dieses Leben

— und dieser Tod? [...] Die nächsten drei Sätze sind als Intermezzi gedacht. — 2. Satz Andante. Ein seliger Augenblick aus dem Leben dieses teuren Toten und eine wehmütige Erinnerung an seine Jugend und an verlorene Unschuld. 3. Satz Scherzo. Der Geist des Unglaubens, der Verneinung hat sich seiner bemächtigt, er blickt in das Gewühl der Erscheinungen und verliert mit dem reinen Kindersinn den festen Halt, den allein die Liebe gibt. [...] 4. Satz Urlicht (Altsolo). Die rührende Stimme des naiven Glaubens tönt an unser Ohr [...] 5. Satz. Wir stehen wieder vor allen furchtbaren Fragen, — und der Stimmung am Ende des I. Satzes. Es ertönt die Stimme des Rufers: Das Ende alles Lebendigen ist gekommen — das jüngste Gericht kündigt sich an [...]. Der ‚Große Appell' ertönt [...]. Leise erklingt ein Chor der Heiligen und Himmlischen: ‚Aufersteh'n, ja aufersteh'n wirst Du — [...]'."[85]

Mag die unterschiedliche Programmstruktur für die intendierten Gefühlsbereiche, die sich in beiden Fassungen inhaltlich nahezu decken, zunächst als von untergeordneter Bedeutung erscheinen, für die Rezeptionsästhetik des Programms ist sie es keineswegs. Zu vermuten ist, daß die an Marschalk gesandte Version der propädeutischen Absicht, die Mahler mit der Vermittlung eines Programms damals noch verfolgte, eher hätte entsprechen können als die später publizierte, die einem programmusikalischen Sujet recht nahe kommt. Der Annäherung ans Sujet jedoch, so sehr sie Mahlers Konzeption widerspricht, kommt eine Tendenz des Werkes selbst, im besonderen des letzten Satzes, entgegen. Wenn das Formproblem des Finales, wie Carl Dahlhaus zeigte, in einer Vermittlung zwischen Symphonie und Kantate bestand, dergestalt, daß „der Symphoniesatz in sich begründet ist und dennoch den Charakter einer Introduktion wahrt"[86], so dürfte zwar auf ihn von der Klopstock-Ode aus einiges Licht zurückstrahlen, doch erscheint zweifelhaft, ob sich ohne die programmatischen Hinweise „Der Rufer in der Wüste" (T. 43f.) oder „Der Große Appell" (T. 448f.) der Sinn dieser Partien — des Quint-Quart-Rufes von weit entfernt aufgestellten Hörnern bzw. der Vorbereitung des Choreinsatzes — allein nach Maßgabe innermusikalischer Stimmigkeit fassen lasse. Auf der anderen Seite sind die Worte, mit denen Mahler das Scherzo der *Zweiten* charakterisiert, von einer Bestimmung seines Gehalts — nach Adorno die „Äußerlichkeit des Weltlaufs"[87] — nicht durch eine grundsätzliche Kluft getrennt. Da aber Mahler, indem er der Öffentlichkeit annähernd eine erzählte Geschichte eines Helden präsentierte, die Verwechslung von musikalischem Gehalt, den er andeuten, und musikalischem Sujet, das er vermeiden möchte und doch suggeriert, nicht konsequent genug ausgeschlossen hat, erscheint seine Entrüstung über ein Publikum, das durchaus die (von Mahler verworfene) Tradition auf seiner Seite hatte, kaum hinreichend begründet.

*

„Gut ist es deshalb immerhin, wenn für die erste Zeit, als meine Art noch befredet, der Zuhörer einige Wegtafeln und Meilenzeiger auf die Reise miterhält — oder sagen wir: eine Sternkarte, um den Nachthimmel mit seinen leuchtenden Welten zu erfassen."[88] Die Worte, mit denen Mahler 1896 Marschalks analytisch-programmatische Ausführungen über die *Erste Symphonie*[89] begrüßte, sind zu verstehen aus seiner Konzeption von Symphonik während der Entstehungszeit der *Dritten*, aus einem Entwurf also, der Symphonik in Analogie zu Welt und Leben begreift und der den seit der Wiener Klassik regelhaften viersätzigen Zyklus sowie die unveränderte Wiederholbarkeit ganzer Komplexe innerhalb der einzelnen Sätze dadurch kritisiert, daß hier der Zeit als konstitutiver Macht der gesamte symphonische Prozeß unterworfen ist. Für das seit Beethoven gestellte Problem, den Finalsatz als Telos des Werkganzen zu gestalten, fand Mahler im Entwicklungsgang seiner Symphonik — wie Bernd Sponheuer gezeigt hat[90] — ganz unterschiedliche Lösungen.

Die Titelentwürfe zur *Dritten Symphonie*, die in nicht weniger als acht Versionen vorliegen, waren jedoch nicht nur dazu bestimmt, dem Hörer die Reise durch eine neue musikalische Landschaft zu erleichtern, in der die traditionellen Kategorien der Formbildung zwar nicht völlig negiert, doch von innen heraus durch weitere Formprinzipien ausgehöhlt erscheinen, sondern spielten als konzeptionelle Stützen bereits während der Entstehungszeit des Werkes eine eminente Rolle für den Komponisten selbst. Sein Problem bestand darin, mit der Preisgabe der traditionellen zyklischen Anlage nicht gleichzeitig auf den Systemcharakter einer Symphonie verzichten zu müssen, der mit Entwicklungs- und Ausgleichstendenzen die Konstellation der Sätze reguliert hatte. Es war die poetologische Funktion der programmatischen Titel, die Voraussetzung dafür zu schaffen, daß die zeitweilig auf sieben Sätze geplante Symphonie als systematisch sich entfaltender musikalischer Prozeß, nicht aber als lose, suitenhafte Reihung einzelner Teile realisierbar scheinen konnte. Bereits ein flüchtiger Blick auf die verschiedenen Fassungen der Titelreihen[91] zeigt, daß der Entwurf einer stufenmäßigen Entwicklung der Welt-Totalität nicht von Anbeginn beabsichtigt war, sondern sich erst im Laufe der Zeit, allerdings noch im Sommer 1896, herauskristallisierte. Inwieweit die mannigfachen Umstellungen innerhalb der Titelreihe mit dem Fortschritt der kompositorischen Realisation einzelner Sätze zusammenhängen und inwieweit sie der Komposition vorgelagerte Planänderungen sind, ließe sich nur durch den Versuch erhellen, den Entstehungsprozeß der *Dritten* anhand der erhaltenen Skizzen zu rekonstruieren. Die letzte, gewissermaßen endgültige Titelreihe, die Mahler nach Beendigung der Niederschrift im Brief vom 6. August 1896 an Max Marschalk fixierte und bei Aufführungen der *Dritten* gelegentlich auch publizieren ließ, nachdem er der Veröffentlichung von Programmen abgeschworen hatte, lautet[92]:

Ein Sommermittagstraum

I. Abteilung.

Einleitung: Pan erwacht.

Nr. I: Der Sommer marschiert ein (Bacchuszug).

II. Abteilung.

Nr. II: Was mir die Blumen auf der Wiese erzählen.
Nr. III: Was mir die Tiere im Walde erzählen.
Nr. IV: Was mir der Mensch erzählt.
Nr. V: Was mir die Engel erzählen.
Nr. VI: Was mir die Liebe erzählt.

Galt bei den Programmen zu den beiden vorangehenden Symphonien der Komponist als musikalischer Erzähler, so hier als Medium, als Sprachrohr, durch das hindurch in einer neuplatonisch gefärbten Konzeption die stufenweise höherstehenden Wesen (bis hin zu dem als Liebe gefaßten ens realissimum) als fingierte Subjekte der musikalischen Erzählung künden. Die fiktive Degradation des Komponisten zum bloßen Medium der physischen und metaphysischen Wesen ist einerseits für Mahlers Selbstverständnis aufschlußreich — die kühnen Neuerungen der Symphonie brauchen als Diktat einer Offenbarung gegen außen nicht legitimiert zu werden —, andererseits scheint sie in dem Werk selbst insofern eine Bestätigung zu finden, als die musikalische Weltsetzung, die zu realisieren Mahler unternimmt, nicht durch des Autors Subjektivität allein, sondern erst daraus sich ergibt, daß die (tendenziell autonome) Weltschöpfung als übergreifende Konstruktion das ihr konträre Moment einer (tendenziell heteronomen) Weltwiderspiegelung nicht abweist, sondern in den musikalischen Prozeß einfügt.

Es fragt sich, ob Mahlers Titel und programmatische Erklärungen heute zu Recht als tote Poesie verachtet bleiben oder ob sie — als Material, das über die Rezeptionsästhetik hinaus auch für die der Werke von Belang ist — zum Gelingen des Versuchs, Adornos Ansätze zur Konstruktion des Gehaltes seiner Musik durch eingehende Analysen zu präzisieren und zu erweitern, einen begrenzten Beitrag leisten können. Im allgemeinen dürften die Mahlerschen Metaphern den Betrachter wohl eher in die Irre als auf die Spur der Wahrheit führen, doch läßt sich am Beispiel der Ersten Abteilung der *Dritten Symphonie* skizzieren, daß die Information von Gesamtüberschrift und Satztitel mit dem musikalischen Gehalt, obzwar nur partiell, zusammentreffen kann.[93]

Wird die Überschrift der Symphonie, *Ein Sommermittagstraum,* als Anzeichen eines Gehaltes und nicht nur als Vermittlungsform für die Erzählung der Wesen aufgefaßt, so verweist sie in der Spannung von Tag und Traum auf eine mögliche Beziehung zwischen Wirklichkeit und Fiktion. Traum und Realität sind als Kategorien eines musikalischen Formgesetzes — im Formgesetz enthüllt sich primär ein musikalischer Gehalt — je für sich allein undenkbar, nicht jedoch in wechselseitiger Bezüglichkeit. Im ersten Satz der *Dritten* wird die fiktive Marschkapellenbewegung der Exposition (T. 1—368), deren Entwicklung insofern „quasi-realistisch“ genannt werden kann, als die Gesetze von Zeitsukzession und Raumkontinuität musikalisch gewahrt bleiben, in der Durchführung (T. 369—642) als riesiger Variantenkomplex auf „quasi-surrealistische“ Weise — Zeitsukzession und Raumkontinuität sind hier weitgehend aufgehoben — wiederholt, während die Reprise (T. 843—875) als weiterer Variantenkomplex der Versuch einer (Schein-) Synthese des realistischen und des traumähnlichen Formprinzips ist. Sobald die Konstellation von Tag und Traum als Metapher nicht nur einer Vermittlungsform oder eines Stimmungsgehaltes, sondern eines musikalischen Formgesetzes erkannt ist — gleichgültig, ob Mahler sie als solche konzipierte oder nicht —, erscheint die Überschrift der Symphonie von erstaunlicher Relevanz für den Gehalt wenigstens der ersten Abteilung. Auch deren zweigliedriger Titel deutet einen wesentlichen Sachverhalt der Musik an, die Entwicklung des Seins zum Werden gleichsam als inneres Programm; doch verfälscht er zugleich das Verhältnis von Einleitung und erstem Satz, weil er suggeriert, auf die Einleitung („Pan erwacht“) folge der erste Satz („Der Sommer marschiert ein [Bacchuszug]“), während in Wahrheit die Entwicklung des Trauermarsches der Einleitung zum Militärmarsch des ersten Satzes dreimal auf spezifisch verschiedene Weise gestaltet wird und sich somit eine komplexere Relation der Teile ergibt, als der Programmtitel ankündigt.

„Die Komposition hat das Programm verschluckt; die Charaktere sind seine Denkmäler.“[94] Mahlers „objektive Charakteristik“, ein Kompositionsverfahren mit banalem musiksprachlichen Material, „in dem Intentionen bereits objektiv vorhanden sind“[95], wendet laut Adornos These von seiner Musik den Verdacht ab, sie sei mit der ästhetisch als minderwertig eingestuften Programmusik neudeutscher Richtung kontaminiert. Trotzdem läßt sich vermuten, daß Mahlers Abkehr von programmatischen Titeln und Erläuterungen, die noch vor der Jahrhundertwende erfolgte, nicht nur extern durch die Ignoranz des Publikums hinsichtlich ihrer Funktion motiviert war, sondern ebenso intern durch die Entwicklung der Mahlerschen Kompositionstechnik selbst ermöglicht wurde. Vorausgesetzt, dem musikalischen Romancier Mahler habe die kompositorische Verwirklichung von musikalischer Erzählung seit den *Liedern eines fahrenden Gesellen*, ja seit dem *Klagenden Lied*, bis hin zur *Zehnten Symphonie* als Ziel vorgeschwebt, so wird deutlich, daß die Tendenz zur Bildung einer dazu befähigten musiksprachlichen Ausdrucksgewalt zwar von Anfang an vorgezeichnet war, sich aber in der Entwicklung der Mahlerschen Symphonik erst allmählich enthüllte. Solange das Erzählprinzip kein ausschließlich musikalisches war, also eine bei den frühen Symphonien kaum bestreitbare Kluft zwischen ihm und der musikalischen Konstruktion bestand, so lange mochte es Mahler noch angebracht erschienen sein, die musikalisch intendierte, doch nur partiell realisierte Erzählung in einer skizzierten oder ausgeführten Geschichte als literarisches Programm zu paraphrasieren. Die Programme zu den frühen Symphonien indizieren keineswegs eine weniger absolute Musik als die nach der Jahrhundertwende komponierte, sondern eher umgekehrt eine, deren syntaktisch vorwiegend regelmäßige Konstruktion der musiksprachlichen Beredtheit teilweise noch entbehrt, während die späteren Werke Mahlers die Ausdruckskraft der Musiksprache bis zu einem Punkte steigern, da das Erzählprinzip — paradigmatisch der Tenorhorn-Beginn der *Siebenten* — zu musikalischen Formulierungen im unverkennbaren Mahlerschen Erzählton führte, dessen Gehalt programmatisch zu deuten sich so gewiß erübrigte, wie er andererseits heute zu einem Versuch, ihn zu bestimmen, herausfordert.

Anmerkungen

1 Leopold Mozart Leopold, *Versuch einer gründlichen Violinschule*, Augsburg 1756, hrsg. von Bernhard Paumgartner, Wien 1922, S. 252f.

2 Der Verf. hat diese Unterscheidung erstmals getroffen in dem Referat *Zur Interdependenz von „Mündlichkeit" und „Schriftlichkeit" in Vortragslehre und Interpretation seit dem 18. Jahrhundert*, das er auf dem von Helmut Hucke geleiteten Kolloquium *Mündlichkeit und Schriftlichkeit in der Musik* anläßlich der Jahrestagung der Gesellschaft für Musikforschung Anfang Oktober 1989 in Frankfurt am Main gehalten hat.

3 Vgl. Carl Dahlhaus, *Über die Bedeutung des nicht Notierten in der Musik*, in: *Musicae Scientiae Collectanea. Festschrift Karl Gustav Fellerer zum 70. Geburtstag am 7. Juli 1972*, hrsg. von Heinrich Hüschen, Köln 1973, S. 83ff.

4 Zur Bedeutung dieser Kategorie für die Musikwissenschaft vgl. den Aufsatz von Christoph Hubig, *Musikalische Hermeneutik und Pragmatik*, in: *Beiträge zur musikalischen Hermeneutik*, hrsg. von Carl Dahlhaus (Studien zur Musikgeschichte des 19. Jahrhunderts 14), Regensburg 1975, S. 121—158.

5 Wolfgang Wieland, *Platon und die Formen des Wissen*s, Göttingen 1982.

6 Ebd., S. 19.

7 Ebd., S. 54.

8 Vgl. hierzu Wilhelm Seidel, *Werk und Werkbegriff in der Musikgeschichte* (Erträge der Forschung 246), Darmstadt 1987, S. 89ff.

9 Erwin Stein, *Form and Performance* [posthum publiziert mit einem Vorwort von Benjamin Britten], London 1962. Edward T. Cone, *Musical Form and Musical Performance*, New York 1968.

10 Dazu gehören Fälle wie die spätere Elimination des „Blumine"-Andante aus der *Ersten Symphonie* oder die zeitweilige Unsicherheit über die Stellung von zweitem und drittem Satz bei der *Sechsten Symphonie.*

11 Vgl. Susanne Popp, *Rot und Schwarz. Untersuchungen zur Zweifarbigkeit der Autographen Max Regers*, in: *Reger-Studien 3. Analysen und Quellenstudien*, hrsg. von Susanne Popp und Susanne Shigihara (Schriftenreihe des Max-Reger-Instituts Bonn 6), Wiesbaden 1988, S. 183ff.

12 So hat Mahler zum Beispiel im Autograph des ersten Satzes der *Dritten Symphonie* (Pierpont

Morgan Library New York) vier Takte vor Ziffer 32 folgende „Anmerkung für den Dirigenten" notiert: „Diese Stelle muß von den Streichern mit höchster Kraftentfaltung gespielt werden, so daß die Saite durch die heftige Vibration beinahe in Berührung mit dem Griffbrett geraten [sic]. Der Wiener hat dafür den Ausdruck ‚Scheppern'."

13 Erwähnt seien hier wenigstens die diesem Problemkomplex gewidmeten Beiträge im Band *Mahler-Interpretation. Aspekte zum Werk und Wirken von Gustav Mahler*, hrsg. von Rudolf Stephan, Mainz 1985: Ernst Hilmar, *Mahlers Beethoven-Interpretation*, S. 29ff.; Arno Forchert, *Mahler und Schumann*, S. 45ff.; und Peter Andraschke, *Gustav Mahlers Retuschen im Finale seiner 6. Symphonie*, S. 63ff. Vgl. überdies Rudolf Stephan, *Mahler als Interpret. Zur Coriolan- und Manfred-Ouverture*, in: Rudolf Klinkhammer (Hrsg.), *Schnittpunkte Mensch Musik. Beiträge zur Erkenntnis und Vermittlung von Musik. Walter Gieseler zum 65. Geburtstag*, Regensburg 1984, S. 90ff. Besonders intensiv diskutiert die Retuschenfrage Sander Wilkens in seiner 1988 angenommenen, aber noch unveröffentlichten Berliner Dissertation (Technische Universität) *Gustav Mahlers Fünfte Symphonie. Quellen und Instrumentationsprozeß*.

14 Hans Wollschläger, *Die Schlamperei der Tradition. Zur Aufführungsgenauigkeit von Mahler-Einspielungen*, Eröffnungsvortrag des Internationalen Mahler-Kongresses in Hamburg, Anfang September 1989 (Druck des Kongreßberichtes, hrsg. von Constantin Floros und Matthias Theodor Vogt, in Vorbereitung).

15 Zit. nach *NBL*, S. 78. Das Programm des Konzertes umfaßte nach einigem Schwanken schließlich das *Meistersinger*-Vorspiel, den zweiten und dritten Satz der *Symphonie fantastique* sowie Beethovens *Fünfte Symphonie*.

16 Ebd., S.198.

17 Vgl. hierzu das vom Verf. auf dem Symposion *Musik und Zeit* im Juni 1988 in Leningrad gehaltene Referat *Zeitgestaltung als Problem der musikalischen Interpretation* (im Druck). Vorabdruck in: Neue Zürcher Zeitung Nr. 17 vom 21./22. Januar 1989, S. 65f.

18 Nach dem Zeugnis Bruno Walters, *Gustav Mahler — Ein Porträt*, Berlin/Frankfurt am Main 1957, S. 69. Richard Specht überliefert den Satz mit den Worten: „Das Wichtigste der Musik steht nicht in den Noten".

19 *NBL*, S. 42.

20 Wenigstens eine der zahllosen Stimmen der Kritik, die ebenso eindrucksvolle wie unbekannte Rezension Richard Batkas eines von Mahler am 4. Juni 1899 in Prag geleiteten Konzerts mit Beethovens *Neunter Symphonie* und Bruchstücken aus dem *Parsifal*, sei in einem Auszug hier wiedergegeben: „Seine völlig freie Art, die man mehr eine rhythmische Pantomimik als ein eigentliches Markieren des Tactes nennen muß, ist wohl das Äusserste moderner Dirigierkunst. Ihr entspringt jene eigenthümliche Drastik, womit gewisse Motive unter seinem Stabe zur Geltung kommen. [...] Bei der analytischen und auf das deutliche Hervorheben der melodieführenden Stimme gerichteten Methode Mahlers wäre eine eingehende Besprechung seiner Wiedergabe für Fachmusiker von höchstem Interesse. Vielleicht genügt es, seinen Tact als den lebendigen Herzschlag des Kunstwerks zu bezeichnen; vielleicht darf man sagen, daß Mahler wie kein Zweiter die dämonische Kraft besitzt, das dionysische Element in der menschlichen Brust zu entfesseln. [...]." Batkas Rezension erschien in der Beilage zur Prager *Bohemia* Nr. 155 vom 6. Juni 1899, S. 2.

21 Die Uraufführung der Orchesterfassung der *Lieder eines fahrenden Gesellen* fand unter Mahlers Leitung am 16. März 1896 in Berlin mit dem holländischen Bariton Anton Sistermans, einem ehemaligen Stockhausen-Schüler, statt. Eine erste Aufführung des zweiten Liedes des Zyklus (*Ging heut' morgen über's Feld*) durch die Sopranistin Betti Frank, die Mahler selbst am Klavier begleitete, hatte übrigens bereits am 18. April 1886 in Prag stattgefunden.

22 *NBL*, S. 195f.
23 Vgl. Hermann Danuser, *Auktoriale Aufführungstradition*, in: Musica 42 (1988), S. 348ff.
24 Alexander Siloti, *Erinnerungen an Liszt*, in: Zeitschrift der Internationalen Musikgesellschaft 14 (1911), S. 194ff., das Zitat S. 206f.
25 Vgl. auch die Argumentation von Alfred Brendel in seinem Buch *Nachdenken über Musik*, München/Zürich 1977, S. 113ff.
26 Vgl. Ernst Hilmar, *„Schade, aber es muss(te) sein". Zu Gustav Mahlers Strichen und Retuschen insbesondere am Beispiel der V. Symphonie Anton Bruckners*, in: Bruckner-Studien, Wien 1975, S. 187ff. Arnold Schönberg, der sich an Mahlers Interpretationstradition anschloß, brachte in seiner Wiener Aufführung von Beethovens *Neunter Symphonie* am 16. April 1915 das Werk mit Mahlers Retuschen zu Gehör und erntete damit bei der Presse so wenig Anerkennung wie Mahler einst im Februar 1900.
27 Zit. nach *NBL*, S. 108f.
28 Egon Wellesz, *Epilog zum Mahlerfest in Amsterdam*, in: Musikblätter des Anbruch 2 (1920), S. 421. Zum Mahler-Bund vgl. Berthold Türcke, *The Mahler Society: A Project of Schoenberg and Mengelberg*, in: Journal of the Arnold Schoenberg Institute Vol. 7 Nr. 1 (1983), S. 29ff.
29 Vgl. die unlängst in Amerika intensivierte Diskussion um den Authentizitätsbegriff in *Authenticity and Early Music. A Symposium*, hrsg. von Nicholas Kenyon, Oxford/New York 1988.
30 Hans-Georg Gadamer, *Wege des Verstehens. Die Deutung von Autorschaft*, in: Neue Zürcher Zeitung Nr. 239 vom 13./14. Oktober 1984, S. 69.
31 Das Verbum „augere" bedeutet: wachsen machen, vermehren; im passiv: sich vermehren, wachsen.
32 Vgl. dazu Wolfgang Rehm, *Musikalische Bearbeitung und Urheberrecht*, in: *Bearbeitung in der Musik. Colloquium Kurt von Fischer zum 70. Geburtstag*, hrsg. von der Schweizerischen Musikforschenden Gesellschaft, Redaktion Dorothea Baumann (Schweizer Jahrbuch für Musikwissenschaft. Neue Folge 3, 1983), Bern 1986, S. 129f.
33 Vgl. im näheren Friedrich Wilhelm Jähns, *Carl Maria von Weber in seinen Werken. Chronologisch-thematisches Verzeichnis*, Berlin 1871, S. 421f.; John Warrack, *Carl Maria von Weber*, Cambridge u.a. ^{2}1976, S. 256f.; sowie Birgit Heusgen, *Studien zu Gustav Mahlers Bearbeitung und Ergänzung von Carl Maria von Webers Opernfragment „Die drei Pintos"* (Kölner Beiträge zur Musikforschung 133), Regensburg 1983, S. 24f.
34 Die Novelle erschien in den Ausgaben Nr. 299—302 vom 15.—18. Dezember 1819; zit. nach Warrack, ebd., S. 256.
35 Zit. nach Jähns, a.a.O., S. 423.
36 Vgl. Warrack, a.a.O., S. 259.
37 Heinz Becker, *Meyerbeers Ergänzungsarbeit an Webers nachgelassener Oper „Die drei Pintos"*, in: Die Musikforschung 7 (1954), S. 300ff.; die nachfolgenden Ausführungen stützen sich wesentlich auf Beckers Aufsatz.
38 Zit. nach Carl von Weber, *Carl Maria von Weber's unvollendet hinterlassene komische Oper „Die drei Pintos"*, in: Neue Zeitschrift für Musik 55 (1888), S. 44.
39 Zit. nach Becker, a.a.O., S. 303.
40 Ebd., S. 307.
41 Ebd., S. 308f.
42 In einem Brief an Caroline von Weber vom 19. Juni 1844.
43 Zit. nach Becker, a.a.O., S. 312.
44 Zit. nach Carl von Weber, a.a.O., S. 65f.
45 Zit. nach Becker, a.a.O., S. 303.

46 Zit. nach Carl von Weber, a.a.O., S. 66.

47 Hans Hollander, *Gustav Mahler vollendet eine Oper von Carl Maria von Weber. Vier unbekannte Briefe Mahlers*, in: Neue Zeitschrift für Musik 116 (1955), S. 131; undatierter Brief von Ende Januar 1888.

48 *HLG 1*, S. 258.

49 Benedicts entsprechender Bericht ist zitiert bei Warrack, a.a.O., S. 258.

50 *NBL*, S. 196.

51 Carl von Weber, a.a.O., S. 66.

52 *NBL*, S. 196.

53 Ludwig Hartmann, *Die drei Pintos. Komische Oper in drei Aufzügen von C. M. v. Weber*, in: Die Musik 5 (1905/06), S. 304.

54 *HLG 1*, S. 256f.

55 Zit. nach *HLG 1*, S. 256f.; Hartmanns Bericht erschien am 1. September.

56 Carl von Weber, a.a.O., S. 66.

57 Der Brief ist abgedruckt bei Hans Hollander, a.a.O., S. 131.

58 Ebd.

59 Auf Heubergers Frage, „ob er sich für befähigt halte, sowas zu vervollständigen", antwortete Brahms nach Heubergers Aufzeichnungen: „Nein, das kann niemand und wenn's jemand macht, so ist es nicht von Weber. Dazu kommt noch, daß die Herren Mahler usw. verheimlichen müssen, wo die Flickerei anfängt, denn wenn sie bezeichnen: Das ist von Weber, das nicht, so kann jedermann gerade die besten Stücke, die echt Weberschen, nachdrucken!" in: *Richard Heuberger, Erinnerungen an Johannes Brahms. Tagebuchnotizen aus den Jahren 1875 bis 1897*, erstmals vollständig hrsg. von Kurt Hofmann, Tutzing ^{2}1976, S. 37.

60 Das Autograph der Weberschen Entwürfe zu den *drei Pintos* befindet sich in der Deutschen Staatsbibliothek Berlin, Weberiana, Mappe 3. Die Paginierung stammt von Friedrich Wilhelm Jähns. Auch die anderen Weberschen Quellen, teils gedruckte, teils ungedruckte, die Mahler benutzt hat, finden sich in der Staatsbibliothek Berlin; vgl. die Übersicht bei Birgit Heusgen, a.a.O., S. 148f.
Die Mahlersche Rekonstruktion liegt in Form der Partitur vor, die — nach seinem mutmaßlich verlorenen Autograph — in einer Kopistenabschrift im Verlag C. F. Kahnt Nachfolger Leipzig erschienen ist. Zwei Exemplare davon befinden sich in der Staatsbibliothek Berlin Preußischer Kulturbesitz. Der Titel dieser Partiturausgabe macht ebenso wie das zur Uraufführung erschienene Libretto deutlich, daß das Problem der Autorschaft, das hier unter musikalisch-kompositorischen Aspekten behandelt ist, sich dann noch wesentlich stärker komplizierte, wenn die Oper auch unter librettistisch-dramaturgischem Blickpunkt behandelt würde und man auch die Anteile Theodor Hells und Carl von Webers an der Autorschaft des Ganzen mitzuberücksichtigen hätte. Er lautet: *Die drei Pintos. Komische Oper in drei Aufzügen von Carl Maria von Weber. Unter Zugrundelegung des gleichnamigen Textbuches von Th. Hell, der hinterlassenen Entwürfe und ausgewählter Manuscripte des Componisten ausgeführt / der dramatische Theil von Carl von Weber, der musikalische Theil von Gustav Mahler.*

61 *NBL*, S. 197.

62 Dies unterscheidet denn auch vor allem anderen Mahlers *Pintos*-Bearbeitung von seiner *Oberon*-Bearbeitung, bei welcher die dramaturgischen Aspekte im Zentrum stehen. Unsere Kenntnis hiervon stützt sich auf die Darlegungen Gustav Brechers (*Vorbemerkung zu Gustav Mahlers Oberon-Bearbeitung*, Köln 1914, S. 3ff.), der *Oberon* in Mahlers Bearbeitung 1913 in Köln produziert hat, nachdem Mahler selbst seine für die Spielzeit 1907/08 vorgesehene Bearbeitung infolge seiner Demission vom Amt des Wiener Hofoperndirektors nicht mehr realisieren konnte.

63 Die erste Seite dieser Nummer (= Seite 1 der von Jähns geordneten Entwürfe Webers) ist im Erstdruck dieses Kapitels als Faksimile 1 auf S. 54 reproduziert. Unten auf der dort wiedergegebenen Seite notierte Weber übrigens in Particell den Orchester-Beginn der Introduktion dieser Nummer, den er — als einzige Partie der gesamten Entwürfe — in Partiturnotation im Umfang von 18 Takten ausgeschrieben hat.

64 Vgl. gedruckte Partitur S. 6, T. 7ff. nach Ziffer B.

65 Die erste Seite von Webers Skizze der *Seguidilla à dos* zwischen Inez und Gaston (= Seite 10 der von Jähns geordneten Entwürfe) ist im Erstdruck dieses Kapitels als Faksimile 2 auf S. 55 reproduziert.

66 Die erste Seite von Webers Skizze dieser Nummer (= Seite 20 der Weberschen Entwürfe) ist im Erstdruck dieses Kapitels als Faksimile 3 auf S. 56 reproduziert. Bei der fraglichen Stelle liest Mahler das Webersche c^1 auf die Silbe „sie" als g.

67 Es handelt sich um die Takte 5 und 4 vor Ziffer C der Partitur, Seite 59.

68 Eduard Hanslick, *Die drei Pintos*, in: *Musikalisches und Litterarisches (Der „Modernen Oper" V. Theil). Kritiken und Schilderungen*, Berlin 1889, S. 94.

69 *NBL*, S. 197.

70 Heusgen, a.a.O., S. 140f.

71 Ebd., S. 135f.

72 *HLG 1*, S. 277f.

73 Hanslick, a.a.O., S. 87ff. Zur frühen Rezeption der *drei Pintos* vgl. *HLG 1* , S. 259ff.

74 Richard Strauss hatte (im Brief vom 29. Oktober 1887) Hans von Bülow die *drei Pintos* wärmstens empfohlen: „Mahlers Bearbeitung von Webers ‚3 Pintos' scheint mir ein Meisterstück; von dem ersten Akt, den Mahler mir vorspielte, bin ich ganz entzückt; das ist von anderm Schrot wie ‚Silvana', echtester, liebenswürdigster und genialster Webers! Ich glaube, Sie werden sich auch darüber freuen!" Damit holte er sich eine herbe Abfuhr, denn Bülow erwiderte (Brief vom 27. März 1888 an Strauss): „Auf Ihre Empfehlung ließ ich den Klavierauszug [der *drei Pintos*] kommen (beiläufig ein Monstrum von orthographischer und ‚syntaktischer' Unreinlichkeit), und beim besten Willen, etwas Löbliches herauszufischen — es ist mir unmöglich gewesen. Wo Weberei, wo Mahlerei — einerlei — das Ganze ist per Bacco ein infamer, antiquierter Schmarren. Positiv übel ist mir danach geworden [...]." In: Richard Strauss-Jahrbuch 1954, hrsg. von Willi Schuh, Bonn 1953, S. 54 und 59.

75 Erwin Kroll, *Carl Maria von Weber*, Potsdam 1934, S. 142f.

76 Zit. nach *HLG 1*, S. 966f.

77 *GMB*, S. 279 (Brief vom 25. 3. 1903 an Julius Buths).

78 *Adorno, Mahler*, S. 166.

79 *NBL*, S. 26.

80 *GMB*, S. 147. Vgl. James L. Zychowicz, *The Inner Program in the Fifth Symphony of Gustav Mahler*, Referat, gehalten auf der Jahrestagung der American Musicological Society im November 1986 in Cleveland (Kopie im Archiv der Internationalen Gustav Mahler Gesellschaft Wien).

81 *Mahler-Werfel, Erinnerungen*, S. 140.

82 *GMB*, S. 149.

83 Ebd., S. 150.

84 Ebd., S. 140 (Brief an Max Marschalk vom 17. 12. 1895).

85 *HLG 1*, S. 1021. *Mahler-Werfel, Erinnerungen*, S. 245f.

86 Carl Dahlhaus, *Analyse und Werturteil*, Mainz 1970, S. 90.

87 *Adorno, Mahler*, S. 15.

88 *GMB*, S. 149f.

89 Publiziert in: Die redenden Künste 3 (Heft 13), Leipzig 1896/97.

90 *Sponheuer*, S. 17ff.

90 *Sponheuer*, S. 17ff.
91 *HLG 1*, S. 1037.
92 *GMB*, S. 173.
93 Vgl. die Analyse dieses Satzes im folgenden Kapitel *Konstruktion des Romans*, unten S. 156.
94 *Adorno, Mahler*, S. 83.
95 Ebd., S. 84.

III. Die Welt der Dritten Symphonie

Konstruktion des Romans

„Freunde, habt nur vorzüglich wahres, herrliches Genie, dann werdet ihr euch wundern, wie weit ihrs treibt!"
(Jean Paul in *Regeln und Winke für Romanschreiber*)

Der Ausdruck musikalische Prosa wurde auf das Werk Gustav Mahlers nicht zu Lebzeiten des Komponisten bezogen, sondern tritt erst Jahrzehnte später bei Arnold Schönberg[1] und im besonderen bei Theodor W. Adorno[2] mit dieser Bezugnahme auf. Nicht zufällig dürfte sich der Einsatz der Wortgeschichte verspätet haben, legt doch die wenigstens beim frühen Mahler durchaus reguläre Syntax den Gedanken an eine prosaähnliche Struktur der Musiksprache nicht unbedingt nahe, so daß erst der umfassendere Prosabegriff, den Adorno konzipierte, einen Kern des Mahlerschen Œuvres treffen konnte: musikalische Prosa als Roman. So wenig Ästhetik und Literaturtheorie seit dem deutschen Idealismus den innigen Zusammenhang zwischen Prosa und Roman verkannten — der äquivoke Prosabegriff fundierte den Roman sprachlich, formal und geschichtsphilosophisch[3] —, so wenig ist der Versuch willkürlich, ästhetische und formale Probleme der Mahlerschen Musik durch einen Rekurs auf den Roman als Kategorie musikalischer Prosa zu entschlüsseln.

Ebenso wie der literarische Roman eine Spätform ist, die noch bei Spielhagen nur als Nachfolgerin des Epos und unter Respektierung von normativen Gesetzen dramatischer Komposition ästhetische Würde erringen konnte, bezeichnet auch der musikalische Roman eine späte Entwicklungsstufe der Symphonik, die sich von der oft mit dem Drama verglichenen Sonatenhauptsatzform einerseits und dem seit der Wiener Klassik regelhaften viersätzigen Zyklus andererseits durch episch-prosahafte Tendenzen in Satzkonstruktion und zyklischer Anlage abhebt. Da die Analogie zwischen Symphoniesatz und Drama, die geschichtlich in Weimarer und Wiener Klassik auffallend koinzidiert, implizit auf einer geschlossenen Form von Drama beruht, läßt sich Mahlers Symphonik nicht nur mit dem Roman, sondern ebenso sinnvoll mit dem Typus des offenen Dramas[4] vergleichen. Beide Vergleichsformen, Roman und offenes Drama, ergänzen einander durch ihre innere Affinität, die zuerst an Shakespeares Dramen sich erschloß, von denen Friedrich Schlegel meinte, sie hätten einen „Anstrich von Roman".[5] Die Legitimität der im folgenden entwickelten Analogie soll nicht im voraus diskutiert werden. Die Parallelen, die gezogen werden, möchten in keiner Weise einen anderweitig nicht erklärbaren musikalischen Sachverhalt beweisen, sondern sollen als zusätzliche Erhellung einer Formanalyse dem Leser — um mit Kant zu sprechen — angesonnen werden. So bekannt die Vergleiche sind, in denen Romanciers ihre Werke mit Symphonien in Parallele setzten, so verfälschend wäre ihre simple Umkehrung, erhoffte sich doch der literarische Roman von der Musik eine Stärkung seiner oft auf Symmetrie und Wiederholung zielenden Konstruktivität, eine Tendenz mit esoterischen Konsequenzen, während Mahlers Symphonik vom Roman gerade umgekehrt eine Befreiung aus Formfesseln der Symmetrie erlangte und damit, wenigstens teilweise, durchaus exoterische Intentionen verband.

Das Roman-Kapitel in Adornos Monographie über Mahler — einem Buch, das in unvergleichlicher Weise Erkenntnis von Kunst selbst zu Kunst gestaltet, Schlegels „Übermeister“ überbietend — auch nur zu erreichen, sieht sich der Autor außerstande, zieht aber den Ruch des Eklektizismus dem fragwürdigen Ruhm von Bilderstürmerei vor. Verzichtet wird auf den Versuch, eine Gattungstheorie oder einen Idealtypus des musikalischen Romans durch Abstraktion von Momenten zu entwickeln, die verschiedenen Werken gemeinsam sind, denn der musikalische Roman ist im Unterschied zum literarischen keine Gattung. Er umfaßt vielmehr eine Tendenz von Formprinzipien, die in verschiedenen Werken unterschiedlich fungieren, weshalb sich die Frage nach Möglichkeit und Gültigkeit der Analogie am ehesten nach der gründlichen Analyse einer seiner Erscheinungsformen beantworten läßt. Nicht um sich die Arbeit zu erleichtern, fiel des Verfassers Wahl auf den Satz, der schon bei Adorno als Paradigma eines Romans erörtert wird, den ersten Satz der *Dritten Symphonie,* sondern weil seine Intention, Adornos Ausführungen kritisch zu ergänzen, auf einem Rekurs auf Theorien des Romans und des offenen Dramentyps beruht, der — wie sich gezeigt hat — in einer Analyse dieses Satzes eine besonders geeignete Voraussetzung findet.

*

Zum Programm, das im Fall der *Dritten Symphonie* eine spezielle Bedeutung besitzt, erscheinen einige Bemerkungen eingangs nicht überflüssig.[6] Wie die Entstehungsgeschichte des Werkes zeigt — sie ist durch den Briefwechsel mit Anna von Mildenburg und die Aufzeichnungen von Natalie Bauer-Lechner sehr genau dokumentiert[7] —, sind die programmatischen Satztitel, die in nicht weniger als acht verschiedenen Fassungen aus den Jahren 1895/96 vorliegen[8], nicht oder jedenfalls nicht nur „ein Versuch, eben für Nichtmusiker einen Anhaltspunkt und Wegweiser für den Gedanken- oder vielmehr Stimmungsgehalt der einzelnen Sätze und für das Verhältnis derselben zueinander und zum Ganzen zu geben“ —

so Mahler 1902 an Joseph Krug-Waldsee[9] —, sondern spielten als Gesamtplan bei Konzeption und Niederschrift des Werkes zweifellos eine erhebliche Rolle für den Komponisten selbst. So naiv-hybrid die stufenmäßige Entwicklung der Welt-Totalität, die auch den metaphysischen Überbau mit einschließt, als systemstiftendes „inneres Programm" erscheint, so überraschend sind die zahlreichen Umstellungen innerhalb der scheinbar so rigiden Konzeption. Die wichtigste Modifikation, der Wegfall des 1895 noch geplanten siebenten Satzes, des Wunderhornliedes *Das himmlische Leben*, dürfte damit zusammenhängen, daß der damals noch als Einleitung gedachte Teil „Der Sommer marschiert ein. (Fanfare und lustiger Marsch) [...] (Nur Bläser mit Contrabässen)"[10] sich bei der Komposition im folgenden Sommer zu dem Riesengebilde der ersten Abteilung ausweitete, die, nun Einleitung und ersten Satz zusammen umfassend, mit einer Aufführungsdauer von rund einer dreiviertel Stunde einer der längsten Sätze der symphonischen Literatur ist.

Wer sich die Bedeutung der Erzählung bei Satztiteln — „Was mir das Felsengebirge erzählt" usf. — vergegenwärtigt und wer außerdem Mahlers erklärte Vorliebe für Romanlektüre, namentlich für Cervantes, Jean Paul und Dostojewsky, berücksichtigt, dem erscheint auf Seiten der Poetik eine Affinität Mahlers zu romanhaften Konzeptionen als wahrscheinlich. Mit der sechssätzigen Anlage erweiterte er, nach dem Vorbild Beethovens und Tschaikowskys, die langezeit für die Gattung Symphonie normative Vierzahl der Sätze und träumte überdies anfangs von „großen Zusammenhängen zwischen den einzelnen Sätzen", woraus jedoch, von wenigen Reminiszenzen abgesehen, nichts geworden sei.[11] Um die zyklische Einheit ist es, da Mahler sie durch die Konsequenz des inneren Programms statt durch eine prästabilierte Harmonie von Satztypen erzwingen möchte, prekär bestellt. Er selbst mochte dies gespürt haben, wenn er einzelne Sätze, am häufigsten den zweiten, isoliert zur Aufführung freigab oder wenn er bei Aufführungen der ganzen Symphonie zwischen erster und zweiter Abteilung die Konzertpause einschob. Inwiefern der auf eine geschlossene Mannigfaltigkeit zielende Systementwurf gerade durch romanhafte Formtendenzen gesprengt wurde, könnte nur eine Analyse der einzelnen Sätze und ihres Stellenwertes im Ganzen aufzeigen, auf die hier ebenso verzichtet werden muß wie auf eine Entwicklung des Gedankens der „unterirdischen Kommunikation" (Adorno) zwischen den einzelnen Werken Mahlers, einer Idee übrigens, die in der Romanliteratur ihr Vorbild nicht erst bei Balzac, Dostojewsky oder Thomas Mann, sondern bereits bei Friedrich Schlegel findet, der, vielleicht von Jean Pauls frühen Romanen inspiriert, notierte: „Offenbar gehören nicht selten alle Romane eines Autors zusammen, und sind gewissermaßen nur ein Roman."[12]

Wenn Mahler nach Beendigung der Komposition in dem Brief an Max Marschalk vom 6. August 1896 eine „endgültige" Titel-Reihe fixiert, deren Überschrift *Ein Sommermittagstraum* und deren Beginn „Einleitung: Pan erwacht. Nr. 1: Der Sommer marschiert ein (Bacchuszug)" lautet[13], und andererseits demselben Freund ein halbes Jahr zuvor von der „Plattheit, zu einem Programm Musik zu erfinden" schreibt und ihm für sein Schaffen „eine w e c h s e l volle und vor allem durch logische E n t w i c k l u n g der inneren Idee [...] fesselnde Ausführung" empfiehlt[14], so ist zwar die Differenz zwischen Titel und Programm deutlich, doch erscheint nicht ausgemacht, ob Mahlers spätere Ablehnung der Satztitel seine Musik als absolute ausreichend begründet.[15] Müßte nicht — gerade im Interesse, wenigstens auf einer ersten Stufe Poetik, Werk- und Rezeptionsästhetik zu trennen — ein Jahre nach der Komposition erfolgter Akt des Autors, eben die Rücknahme der Titel, als ein die Rezeptionsästhetik des Werkes betreffender Eingriff gelten, der demnach irrelevant für Poetik und Werkästhetik wäre, für welche die Satzüberschriften ein unbezweifelbares Faktum darstellen? Die Frage möchte weniger beantwortet werden als vielmehr ein leises Unbehagen an der Prämisse der Analyse anmelden, die besagt, der Inhalt des Romans der *Dritten,* von dem allerdings nur gleichsam das erste Kapitel untersucht wird, sei nichts anderes als seine Form. Obwohl sich diese Prämisse im weiteren präzisieren wird, dünkt sie dem Verfasser unabdingbar, nicht allein deswegen, weil der exzeptionelle Satzverlauf bis heute nur allzuviele Musikschriftsteller zu poetisierenden Paraphrasen inspirierte, sondern weil auch in der nach Adorno ehrgeizigsten Mahler-Interpretation von Gianfranco Zàccaro[16] noch immer vorausgesetzt wird, Raisonnement über Musik könne unmittelbar, ohne sich auf eine bis ins Subkutane der Technik dringende Formanalyse zu stützen, ihren ästhetischen und geschichtsphilosophischen Gehalt freilegen.

Unsere Analyse steht vor der Schwierigkeit, weder bloß Mittel zur ästhetischen Deskription eines Werkes noch lediglich Zweck mit dem Ziel der Theorie zu sein, sondern die Bestimmungen, die Carl Dahlhaus alternativ setzt[17], miteinander verknüpfen zu müssen. Denn einerseits geht es zwar generell um Theorie, nämlich um die Entwicklung des Begriffs der musikalischen Prosa an Mahlers musikalischem Roman, doch soll die Theorie, für die die Analyse Voraussetzung ist, nicht als Abstraktionsmodell oder Idealtyp gelten, sondern mit ihrer Voraussetzung, dem ersten Satz der *Dritten,* untrennbar verbunden bleiben. Auf der anderen Seite darf die Analyse diesen Satz auch nicht nur als für sich befragtes Kunstwerk zum Gegenstand haben, denn Kategorien des musikalischen Romans, auf die sie sich alsdann zu stützen hätte, sind noch kaum entwickelt. Gesehen im Rahmen des außerordentlichen Aufschwungs, den die musikalische Analyse in jüngster Zeit genommen hat — man denke an ihre Institutionalisierung in Europa und Amerika sowie an die intensivierte Methodendiskussion über eine ganze Reihe unterschiedlicher, ja gegensätzlicher Verfahren — , stützt sich die folgende Analyse, zumindest im Ansatz, auf herkömmliche Mittel. Erst die durch sie freigelegte Werkstruktur, die keinesfalls zweckmäßig zurechtgeschnitten werden soll, wird sich dem Vergleich mit dem literarischen Roman zu einer Perspektive öffnen, deren Horizont wohl imaginär bleiben und nicht direkt in musikalische Begriffe einlösbar sein wird. Sollte es sich bei dieser Aufgabe um eine Quadratur des hermeneutischen Zirkels handeln, so dürfte nach Ansicht des Autors die Aporie in der Sache selbst liegen.

Analyse des ersten Satzes

Bei der zunächst schwer überschaubaren Länge des Satzes erscheint die Präsentation einiger bereits vorliegender Gliederungen im Sinne einer Vorverständigung, die in den Problemkreis einführt, sinnvoll. Daß auch dieser Satz, wenigstens in gröbsten Umrissen, dem Sonatenschema folgt, bestreitet mit Ausnahme von Clytus Gottwald niemand, doch schroff divergieren die Ansichten darüber, wie die Gliederung zu vollziehen sei, entfällt doch weitgehend das Kriterium von dessen innerer Funktionalität. Unter Vernachlässigung kleinerer Unterschiede lassen sich die Schemata in zwei Gruppen zusammenfassen. Der eine Schematypus gliedert den Satz in Einleitung, Exposition, doppelte Durchführung und Reprise, der andere in doppelte Einleitung und Exposition, Durchführung und Reprise. Die Differenz zwischen doppelter Durchführung und doppelter Einleitung und Exposition betrifft jedoch nicht nur den Schnittpunkt in Takt 369, von dem nicht festzustehen scheint, ob er den Anfang der Durchführung oder der veränderten Wiederholung der Exposition bezeichne, sondern hat aus verständlichen, doch nicht zwingenden Gründen einschneidende Unterschiede in der Bewertung des Verhältnisses von Einleitung und Exposition zur Folge. Entspricht auf der einen Seite der Annahme einer langen, doppelten Durchführung (T. 369—642) die einer ebenfalls langen Einleitung (T. 1—246) — dazwischen läge die kurze Marschexposition —, so korrespondiert auf der anderen der These einer kurzen Durchführung (T. 530—642) die einer Einleitung von bloß 26 Takten, der dann eine riesige, in je zwei Hauptgruppen gegliederte Doppel-Exposition folgen würde (T. 27—529). Die Widersprüchlichkeit der beiden Schematypen beruht zum einen auf einer unterschiedlichen Verwendung der Termini, würde sich also durch eine Begriffsklärung auflösen, zum anderen aber auf der Komplexität der Sache selbst, die zu erhellen Aufgabe der Analyse sein wird. Die konkrete Formidee, die sich in einer dreiteiligen Gliederung (mit doppelter Durchführung) äußert, steht nämlich mit der materialen, vierteiligen Form, die eher der Gattungstradition (mit doppelter Exposition) nahekommt, in einer komplexen Beziehung, auf die die Äquivokationen unseres Schemas verweisen. Es resultiert aus einer Kritik der beiden Schematypen und versucht, beider Vorteile zu vereinigen.

Teil I	*Exposition* (T. 1—368)				
	Einleitung (T. 1—253)	und	Exposition (T. 254—368)		
Teil II	*Durchführung* (T. 369—642)				
	Einleitung', (T. 369—462)		Exposition' (T. 463—529)	und	Durchführung (T. 530—642)
Teil III	*Reprise* (T. 643—875)				
	Einleitung'' (T. 643—736)	und	Exposition'' (T. 737—875)		

Weder implizieren die Termini der Sonatenhauptsatzform hier nähere Funktionsverhältnisse, noch soll durch das bloße Schema ein Traditionsbezug erschlichen werden, denn die Schubladen der Formontologie verbürgen zu Mahlers Zeiten erst recht kein ästhetisches Gelingen, sondern bedeuten eher ein geschichtsphilosophisches Verdikt. Wenn allerdings am Schema durchaus eine Wohlproportioniertheit der Hauptteile ersichtlich wird, so möchte dies zwar nicht die Satzform als tektonische begründen, wohl aber ein Fingerzeig dafür sein, daß Adornos Interpretation der musikalischen Prosa als Formkategorie des Satzes — das Sonatenschema sei „wirklich nur noch dünne Hülle über dem inwendigen, ungebundenen Formverlauf"[21] — einer Ergänzung bedürftig sein könnte. Seine Bemerkungen, die Proportionen dieses Satzes seien „vorweltlich" und die Form selbst würde „schreckhaft-ungeheuerlich, Objektivation des Chaos"[22], zielen auf einen von der „literarischen Idee des großen Pan" abgeleiteten Romanbegriff, den vorab eine Tendenz zu Disproportionalität und Akonstruktivität kennzeichnet. Demgegenüber soll hier die innere Logik des Gebildes nachgewiesen werden. Der zwar nicht völlige, doch weitreichende Ausfall der Kategorien, die für die Logizität der traditionellen Sonatenhauptsatzform zuoberst verantwortlich sind und ein „System von Funktionen" (Dahlhaus) bilden, zeitigt keinen Formzerfall, keine potpourriartige Reihung von Teilen, weil die freigesetzte Prosa, statt ungebunden auszuschweifen, mittels neuartiger Konstruktionsprinzipien einen Roman begründet, der auch in der Musik ein „gebundenes Buch"[23] ist.

Um keine Voraussetzungslosigkeit vorzutäuschen, sollen das innere Programm, die wichtigsten Formprinzipien und die abstrakte Formidee des Satzes vorweg erwähnt werden. Das innere Programm lautet in Mahlers poetisch-philosophischer Formulierung: Entwicklung vom Sein zum Werden, Entfaltung der unbelebten zur belebten Natur[24], in kompositionstechnischen Begriffen ausgedrückt aber: Übergang von einem Trauermarsch, der virtuell an Ort und Stelle tritt (Einleitung), zu einem Militärmarsch mit zielgerichteter Vorwärtsbewegung (Exposition). Thematische Kontinuität, eine Voraussetzung für die zeitliche Expansion, resultiert aus einer integralen Variantentechnik, indem wesentliche Partien aus Trauer- und Militärmarsch von der motivisch-thematischen Substanz des ersten Hörnerthemas zehren. Schließlich tritt, um eine obzwar heteronome Sukzessionslogik beim Militärmarsch zu stiften, die Vorstellung einer „räumlich bewegten Musikquelle" (Adorno) auf den Plan als ein Prinzip, das den Formverlauf gewissermaßen von außen her fundiert. Die Gesamtform des Satzes aber bildet sich dergestalt, daß diese Konzeption des inneren Programms in drei Fassungen, den Teilen I, II und III (Exposition, Durchführung und Reprise), nach dem Modell These, Antithese und Synthese komponiert ist, das zur Kennzeichnung des Formprozesses hier heranzuziehen keine Koketterie mit einer leider ausgelaugten philosophischen Terminologie bedeutet.

Exposition des inneren Programms (Teil I)

Nach der stolzen Vorstellung des Hauptthemas, einer Art Exordium der Symphonie, entfaltet sich der Einleitungskomplex in zwei umfangreichen Doppelstrophen, an die sich der Militärmarsch der Exposition schließt:

Exordium (A)	Einleitung (B, B')	Exposition (C)
(T. 1—26)	a (T. 27—131), b (T. 132—163)	(ca. T. 247—368)
(ca. T. 247—368)	a' (T. 164—224), b' (T. 225 — ca. 246)	

Mit dem in strahlendem Unisono von acht Hörnern herausgeschmetterten „Weckruf"[25] präsentiert sich gleich zu Beginn die Hauptgestalt als, da Zitat[26], allseits bekanntes Subjekt, dessen Geschichte für den Satzverlauf von größter Bedeutung, oftmals gar mit ihm identisch sein wird.

III/1, T. 1—13

Tiefe Bläserakkorde und schließlich noch allein die Große Trommel führen über zur Sphäre des „unbelebten Seins". Über einer trauermarschähnlichen Begleitung erklingt eine Trompetenfanfare, deren überdehntes cis^2 sich am statischen d-Moll-Klang reibt, zusammen mit einem Oktavsprung-Motiv in viermal verschiedener rhythmischer Kombination (T. 30—53). Von keinerlei Logik als der Willkür des Zufalls scheinen diese Varianten bestimmt, doch wird der Eindruck von Chaos mittels einer durchaus planmäßigen Montagetechnik erzielt. Zu den beiden Motiven gesellt sich in Takt 39 ein „wild" auffahrendes Baßmotiv, gleich den anderen durch einen gewissermaßen vormelodischen Gestus geprägt, als entbehrte die starre Natur noch der eigentlich melodiebildenden und damit subjektivitätsstiftenden Kraft. Hatten nach dem „Exordium“ die Fagotte (T. 28f.) die Erinnerung an den Weckruf unterschwellig aufrechterhalten, so schallen in Takt 58f. in den „feurig-flüssigen“ Akkord (Adorno) die Hörner, die das dreitönige Motiv des Weckruf-Nachsatzes direkt aufgreifen, durch seine Umkehrung (T. 59/60) aber auch an die Wendung der Fagotte anknüpfen, und setzen ihre Melodie rezitativhaft emphatisch fort.

In der seitensatzähnlichen Episode (b, T. 132—147, „Pan schläft“[27]) trägt die Oboe über flimmernden Streichertremoli eine liebliche Melodie vor, nächst dem Weckruf die für den Formverlauf konsequenzreichste:

III/1, T. 136—139

Ihre lyrische Fortsetzung in der Solo-Violine (D-Dur) wird von dem „Herold“-Ruf[28] der Klarinetten (Des-Dur, T. 148f.) drastisch unterbrochen, der gleichsam von außen, ohne innermusikalische Vorbereitung, überraschend hereintönt. Der chaotisch-vorweltliche Trauermarsch, der sich bereits in der Episode b zu beseeltem Melos entwickelt hatte, scheint damit endgültig überwunden. Die Diskontinuität der Klarinettenfanfare signalisiert das heteronome Formprinzip des kommenden Militärmarsches, der, als Marschbewegung der Bässe in Gang versetzt, aber immer leiser wird und schließlich in einer langen Generalpause (T. 163) versiegt. Warum?

Poetisch-programmatische und musikalisch-tektonische Intentionen greifen ineinander: Während es nach jener Konzeption wenig überzeugend wäre, bereits an dieser frühen Stelle des Formprozesses den Bewegungszug des Militärmarsches das starre Sein überwinden zu lassen, so ermöglicht der Rückfall in den Trauermarsch zugleich, die bisherige Entwicklung des musikalischen Geschehens noch einmal, als Variantenkomplex, darzustellen und dadurch den Bau des riesigen Satzes mit einem angemessenen Eingangstrakt zu eröffnen. Der Rückgriff ist zugleich Fortschritt, da der bisherige, durch kaum gebändigte kollektive Gewalt geprägte Charakter sich nun, im berühmten Posaunensolo, zu einem von individueller Trauer wandelt. Über der zum 3/2-Takt verdichteten Trauermarschbegleitung hebt ihr Gesang mit den beiden durch sprechende Pausen geschiedenen Klagelauten an (T.166f.), die wohl auf die auch instrumentatorisch hervorgehobenen Töne der Takte41, 48 und 56 verweisen, während der Fortgang, „Zwischengebilde zwischen Rezitativ und Thema, Melos und Fanfare“ (Adorno), auf die Hörnerpartie von Takt 58f. rekurriert. Ob die Binnenvariante von Takt 185—209 als zweite Binnenstrophe zur ersten (T. 164—184) oder als ihr Nachsatz zu verstehen sei, der sie zu einer Periode von 45 Takten ergänzen würde — die harmonische Disposition könnte dies stützen —, mag offenbleiben.

Bei der dreiteiligen Episode b' (T. 225—236) sind im Vergleich zu b die beiden hinteren Glieder vertauscht, so daß diesmal die Oboenmelodie (Des-Dur) von dem Herold (C-Dur) verscheucht wird.[29] Hatte sich bei der ersten Strophe die Musik gewissermaßen mit einer davonziehenden Schlagzeugkapelle verloren (T. 150—165), so scheint hier, beim Übergang von Einleitung zu Exposition, zunächst dasselbe sich zu ereignen, doch verschwindet die Marschmusik diesmal nicht völlig in der Ferne, sondern bleibt als undeutlich durcheinanderschwirrendes Stimmengeflecht des Streicherkörpers „wie aus weiter Ferne" noch hörbar, woher ein Marschfragment „deutlich" zu vernehmen ist, dessen zweite Phrase sich bereits in Takt 155, damals konsequenzlos, gemeldet hatte:

III/1, T. 247—248

Während bisher die prosahafte Formtendenz die Abschnitte der Einleitung nicht kunstvoll vermittelte, sondern mit äußerst drastischen, einzig von den kahlen Rhythmen der Großen Trommel überbrückten Zäsuren voneinander sonderte, leitet sie hier mit einer kontinuierlichen Raumwirkung zur Exposition über.

Diese, ein Militärmarsch von 120 Takten, mißachtet die traditionellen harmonisch-thematischen Funktionsbestimmungen einer Sonatenexposition völlig und nähert sich, indem auch hier eine doppelstrophige Anlage erkennbar ist, einer Art — sit venia verbo — tonaler (nicht thematischer) Barform an:

D	(T. 247—301)		D' (T. 302—330)	
	c (T. 247—272);	d (T. 273 — 301)	c' (T. 302—314);	d' (T. 315— 330)
	v.a. a-Moll, F-Dur;	F-Dur	a-Moll	F-Dur
E	(T. 331—368)			
	d'' (T. 331—350);	d''' (T. 351—362);	e (T. 362—368)	
		D-Dur		

Obschon der durchgehende Bewegungszug das übergeordnete Prinzip ist, in das sich die thematischen Gestalten einfügen, entbehrt die Reihung der Teile, wie aus dem Schema ersichtlich, nicht einer gewissen harmonischen und thematischen Disposition, wird also als „Sukzessions-Collage" nur unvollständig erfaßt. Denn für die beiden Strophen D und D' ist gerade der Wechsel zwischen collageartig eingefügten neuen Motiven (in c, c') und altbekannten wie den Varianten des

Weckruf-Vordersatzes (T. 273f.) oder des Episodenmotivs (T. 279f.) (in d, d') charakteristisch, während beim Abgesang[31], der der Steigerungsanlage gemäß plötzlich nach D-Dur rückt, immer neue Varianten des Weckruf-Vordersatzes (in d", d"') eine thematische Vereinheitlichung bewirken.

Am Expositionsende erschließt eine ebenso einfache wie wirkungsvolle Wendung zur Submediante eine großartige Raumperspektive. Nachdem der Marsch im Abgesang seinen Höhepunkt erreicht hat — die Rückkehr zum Unisono, kommentiert durch den sieghaften Kontrapunkt der Trompeten, unterstreicht den Resultatcharakter (T. 351f.) —, bricht die Kontinuität des Schreitens in einer stehenden Klangfläche zusammen (T. 362f.), von fern Bruckners komplexem Akkord aus der *Neunten* vergleichbar. Die Stelle ist gleichzeitig Höhe- und Wendepunkt des bisherigen Verlaufs. Höhepunkt als dynamischer Gipfel der Marsch-Steigerung, Wendepunkt, also Negation des Höhepunktes, hinsichtlich seines funktionalen Stellenwerts nach vorn: Der Wechsel der Perspektive greift in der Kulmination selbst auf Oktavsprung- und Baßmotiv aus dem Chaos der Einleitung (T. 29, resp. T. 39f.) zurück, eine Rückblendung, die den folgenden Wiedereintritt der Einleitung vorbereitet und als Angelpunkt der gesamten Formkonzeption den musikalischen Prozeß über eine einmalige Erfüllung der Entwicklung des inneren Programms hinaus zum großangelegten Symphoniesatz zu entfalten erlaubt, der erst dadurch zum musikalischen Roman wird.

„Erreicht ihr [der *Dritten Symphonie*] erster Satz eine eigentliche Allegro-Exposition", schreibt Adorno, „ist diese nicht einfach, wie der Rhythmus es suggeriert, ein langer Marsch, sondern der Teil verläuft so, als ob das musikalische Subjekt mit einer Kapelle mitzöge, die allerhand Märsche nacheinander spielt. Impuls der Form ist die Vorstellung einer räumlich bewegten Musikquelle. Wie manche jüngste Musik hat der Satz, seiner inneren Struktur nach, kein festes, sondern ein labiles Bezugssystem."[32] Indem das Mahlersche Orchester weder zu einer Marschkapelle regrediert noch deren Musik zur „absoluten" Tonkunst erhebt, ist das Verhältnis von Autonomie und Heteronomie im ersten Satz der *Dritten* komplex. Der Militärmarsch der Exposition — so wäre die Adornosche Interpretation fortzusetzen — ist eine Art musikalischer Fiktion. Fingiert wird die Lokomotion einer Kapelle durch das Symphonieorchester, das in der Funktion eines Widerspiegelungsorgans als fiktiver Perzipient und realer Produzent in einem wirkt, während es doch üblicherweise allein die Aufgabe der Produktion kennt und sich deshalb das Problem von Fiktion und Widerspiegelung in autonomer Musik nicht stellt. Heteronomie als Prinzip musikalischer Gestaltung, während der Einleitung angedeutet in der Substitution der traditionellen Vermittlungstechniken durch die Trommelüberleitungen, wird mit dem Herold-Signal (T. 148f., T. 237f.) konstitutiv. Daß die Musik an dem Widerspruch zwischen Autonomie und Heteronomie nicht zerbricht, verdankt sie der Raffinesse, mit der

Mahler einerseits die heteronome Marschmusik einem Tonartenplan und einer thematischen Vereinheitlichung unterwirft, Maßnahmen, die die Tendenz zur Sukzessions-Collage ausgleichen, und anderseits die Perzeption-Produktion der fiktiven Annäherung im kompositorischen Detail gestaltet, vor allem aber der Integration des Militärmarsches in den gesamten Formprozeß des Satzes.

Traum als Erinnerung (Teil II)

Wenn die Mahlersche Variante, im Gegensatz zur Variation, „die technische Formel für das episch-romanhafte Moment der immer ganz anderen und gleichwohl identischen Gestalten“[33] ist, müßte eine Analyse ihrer Gesetzlichkeit der Schlüssel zur Erkenntnis dessen sein, was mit einer musikalischen Romankonstruktion gemeint sein kann. „Das Verhältnis der Abweichungen zueinander, das Maß ihrer Nähe und Entfernung, ihre Proportionen und syntaktischen Beziehungen“, so heißt es weiter bei Adorno, „bilden die konkrete, auf keine allgemeine Regel zu destillierende Logik von Mahlers epischem Komponieren.“[34] Indessen versucht unsere Analyse statt allgemeiner gerade die besonderen, nämlich die für den ersten Satz der *Dritten* gültigen Regeln der Variationstechnik aufzudecken. Da der Gestaltbegriff der Adornoschen Varianten-Kategorie zweierlei umfaßt, Gestalt als Motiv und als tektonischer Komplex[35], zwei zusammenhängende, doch für die Aufgabe einer Formkritik zu unterscheidende Aspekte, sollen im folgenden zunächst Kategorien der Variantentechnik in ihrer tektonischen Funktion entwickelt und erst später Probleme der Geschichte von Motiven aufgeworfen werden.

Vorerst das Schema der Verfahrensweise:

Einleitung (B*, T. 369–462)*

	a* (T. 369–410),	(T. 411–423);	a** (T. 424–436),	(T. 436–454);	b* (T. 455–462)
Modell:	a (T. 58–95),	a'(T. 204–208),	a' (T. 185f.),	(T. 95–109) v.a.	b (T. 132–147)

Exposition (C*, T.463– 529)*

	c*, d*,	b** (T. 463—491);	d** (T. 492—529)	
Modell:	– –	b' (T. 225f.)	d''' (T. 351—362)	

Durchführung (T. 530—642)

Unter Aussparung von „Exordium“, Chaospartie (T. 27—57) sowie der Trommelüberleitungen werden die zweigliedrigen Parallel-Strophen der Einleitung von Teil I (a, b, a', b') durch Extrapolation von b, das an die Stelle des zunächst weggelassenen b' tritt, zu einem barformähnlichen Teil, soweit es die thematische Variantensubstanz, nicht ihre konkrete musikalische Ausprägung betrifft, umgestaltet, indem deren Weitschweifigkeit komprimiert und ihre szenische Gliederung zu einem kompakten Verlauf konzentriert wird. War in Teil I der Kontrast von Tutti und Solo (a, a') durch die intermittierende Episode b vermittelt, in der das Solo-Prinzip vorbereitet wurde, so wird dieser Gegensatz auch nach der Extrapolation der b-Episode beibehalten, ja er wird für Teil II eigentlich konstitutiv, da nach der ersten Tutti-Partie der Einleitung deren Rest mitsamt der Expositionswiederholung dem Solo-, die Durchführung aber wiederum einem nun gesteigerten Tutti-Prinzip gehorchen.

Die Geringfügigkeit der Abweichungen bei der Hörnerpartie zu Beginn von Teil II — die Takte 369—410 übernehmen ungefähr die Takte 58—95 — unterstreicht vorerst den Wiederholungscharakter dieses mittleren Formteils. Anschließend führt ein rhythmisch komplexer Durchbruch vor allem der Blechbläser (T. 411—423), der den in den Posaunen (T. 204—208) angedeuteten expandiert, hinüber zu einer neuen Sphäre sekundären musikalischen Seins. Die eben noch als ungefähre Wiederholung bloß gesetzte Abbildhaftigkeit der Variantenkonstruktion wird im „sentimentalen" Posaunensolo (T. 424—436) auf die Stufe des Selbstbewußtseins erhoben, als wäre Musik selbst als Subjekt zu solcher Erinnerung fähig. Im Vergleich zu den Takten 185f., wo die rezitativhafte Melodie zur akzentuierten Trauermarschbegleitung gegenwärtige Trauer ausgedrückt hatte, erscheint die Trauer hier im geschlosseneren Gebilde mit der leicht einfärbenden Begleitung als eine über fern Vergangenes. Die Reflexion, die diese und die weiteren zurückliegenden Gestalten umwandelt, realisiert sich technisch insbesondere in Uminstrumentation, solistischer Besetzung und dynamischer Zurücknahme der Hauptstimmen, Modifikationen der Begleitung sowie in der Umstellung von Abschnitten der Modellvorlage. Die Zweigliedrigkeit des Posaunensolos in Teil I erhält hier in einer staunenswerten Variante eine Entsprechung, indem das Englischhorn in einer Art Nachsatz (T. 436—454) den Erinnerungscharakter der Posaune fortsetzt. Es handelt sich dabei um nichts anderes als um eine Integration der zuvor (ab T. 411) desintegrierten Hörnerpartie (T. 99f.) aus dem kraftvollen Tuttiteil der ersten Einleitung in den „sentimentalen" Soloteil der Einleitungswiederholung. Kann es an der Stichhaltigkeit der Ableitung angesichts der raffinierten Verbindung der Posaune mit dem Englischhorn keinen Zweifel geben — die Posaune hat hier die dort überleitenden Takte 95—98 der Trompeten zu ihrem Schluß — , so erhellt gerade diese Stelle, wie wesentlich Schönbergs Unterscheidung zwischen Produktion und Essenz auch für die Mahlersche Variantentechnik ist, haben doch Modell und Variante, obschon der Substanz nach fast identisch, weder hinsichtlich des Charakters noch der fomalen Funktion etwas gemein. Die Integrationskraft der Erinnerung fügt schließlich durch die Kontinuität der Begleitung und den „Echoton" der Klarinetten auch die reduzierte b*-Episode dem rückwärtsgewandten Wesen der Einleitungswiederholung ein (T. 455—462).

Unversehens, doch ohne Herold-Ruf und ohne Supposition einer fiktiven räumlichen Marschbewegung, bricht das Melos der unsordinierten Solo-Violine ab, und ein neuer, surrealistisch flimmernder Raum, in dem alles „ppp! Wie aus weitester Ferne“ klingen soll, baut sich beim Beginn der Expositionswiederholung (T. 463f.) vom tiefen F aus nach oben auf. Der Superlativ der fingierten Distanz ist keine quantitative Steigerung des Positivs von Teil I, sondern indiziert eine qualitativ andere Sphäre musikalischen Raums und musikalischer Zeit: jene des Traums, in welche der expandierte Durchbruch hinübergeführt hatte. Traum ist nicht Chiffre für die Irrationalität einer Verfahrensweise, vor der die Analyse ratlos bliebe, sondern begründet die Gesetzlichkeit der Formkonstruktion von Teil II als spezifischer Variante von I, indem er als übergreifende Formidee Einleitungs-, Expositionswiederholung und Durchführung, die Abschnitte der materialen Form also, zu einem Gesamtkomplex verbindet und dadurch die Formkritik zur Unterscheidung von materialer und ideeller Form zwingt, eine Komplexität, die den Satz entscheidend kennzeichnet.

Nachdem die veränderte Hypostasierung der Raumidee den Beginn der Expositionsvariante hatte erkennen lassen, tritt in Takt 468 als „gedämpfte“ Trompetenfanfare eine Gestalt auf, die neu zu sein scheint, aber inmitten des Militärmarsches von Teil I (T. 295f.), verdeckt von der Hauptstimme (Vl., Fl., Ob.) und dem aufsteigenden Kontrapunkt der Trompete, als Nebenstimme der Hörner bereits eingeführt worden war. Soll, wie Adorno erwähnt[36], Proust darauf aufmerksam gemacht haben, daß in Musik zuweilen neue Themen das Zentrum eroberten wie bis dahin unbemerkte Nebenfiguren in Romanen, so ist diese Fanfare nicht sowohl neues Zentrum als Wegbereiterin der zentralen Figur des Weckrufs, der, von ihr begleitet, in der nachfolgenden Sequenz (T. 478f.) erscheint.

Als Stimme des tiefen Holzes bleibt er allerdings im Hintergrund, traumhaft verzerrt zudem durch die bei dieser F-Dur-Variante „falschen“ Töne h und cis^1. Seit dem merkwürdigen Kontrapunkt der Tuba (T. 458f.) scheint die Harmonik aus den Fugen geraten zu sein. Zunächst häufen sich übermäßige Dreiklänge (T. 466f.), dann dissonieren insbesondere die orgelpunktartigen Bässe F und G exterritorial zur H-Dur-Harmonik, und schließlich, bei den Fragmenten, die in der Mitte zwischen Naturlaut und Militärmotiv stehen (T. 476/477), erklingt simultan H-Dur gegen C-Dur. Solche Dissoziation der im Ganzen eher rückständigen Harmonik hat auf der Ebene des Formplans eine Entsprechung darin, daß die b'-Episode, die bei der Einleitungswiederholung extrapoliert wurde, wenigstens andeutungsweise in die Expositionswiederholung intrapoliert wird (T. 482—491).

Solcherart greift das Traumprinzip der Variantenkonstruktion auf Entlegenes zurück, spart zugleich den größten Teil des Militärmarsches aus, dessen Metamorphose die Durchführung sein wird, und baut statt dessen den in Teil I kurzen Abgesang (T. 351f.) zu einem umfangreichen Variantenkomplex aus (T. 492—529). Tendierte jener Abgesang zu einem sieghaften Höhepunkt, dessen Erfüllung Mahler ihm allerdings versagte, so darf dieses beseelte Hinströmen, das ohne üppige Fülle eine unnachahmliche Sinnlichkeit des Orchesterklangs erreicht, in seiner Tendenz zum Versiegen als negativer Höhepunkt des Satzes gelten. Indes melden sich immer unabweisbarer Baßmotive, die der selbstvergessenen Ruhe des Abgesangs schließlich ein Ende setzen und so die drastische Unmittelbarkeit des Durchführungsbeginns vermitteln.

*

„Das Hauptmodell der Durchführung, der b-Moll-Einsatz (T. 530), wird zwar ein paar Takte lang solo aufgestellt, als sollte er fugiert werden, beißt sich dann aber höchst fugenwidrig auf einer Note fest, und wer auf die wohlerzogene Antwort wartet, wird gefoppt. Ältere idiomatische Elemente wie die Schubertschen Doppelschläge sind potenziert zum antizivilisatorischen Überfall."[37] Unsere Analyse möchte als Beispiel spezifisch Mahlerscher Durchführungstechnik zeigen, daß das Baßmodell, dessen Kopf das Anfangsmotiv des Militärmarsches ist, zwar nicht fugiert wird, doch beim „antizivilisatorischen Überfall" als wie immer auch verschleierte Konstruktionsbasis fungiert.

III/1, T. 530—538

Obschon gewisse rhythmische und melodische Beziehungen zwischen den eintaktigen Marschfloskeln evident sind, handelt es sich eher um eine kettenartige Reihung als um eine Motiventwicklung. Fundierend erscheint, bei intrikater Metrik, ein periodenähnliches Harmonieschema:

4 Takte	4 Takte	1 Takt
b-Moll (I—V)	Des-Dur	b-Moll (I)

Dem Baßmodell folgen zwei dreizehntaktige, variierte Sequenzen in as- resp. es-Moll (T. 539—551, T. 552—564), deren überzählige Takte sich durch jeweils drei Takte Vorspann und einen angehängten Schlußtakt erklären. Prinzipiell stimmen Modell und Sequenzen in der harmonischen Anlage (Tonika, Ausweichung zur Mediante und Rückkehr zur Tonika) überein, doch weisen der Ersatz des Halbschlusses in Takt 4 des Modells durch die zweite Stufe in Takt 3 und die demzufolge einen Takt früher erfolgende Wendung zur Mediante bei den Sequenzen (T. 544/545, T. 557/558) darauf hin, daß deren metrische Struktur quer zu jener des Baßmodells steht. Eventuelle Zweifel, ob diese Partie als Ergebnis einer kühnen Variantenkonstruktion richtig begriffen ist, werden durch die Sequenzstruktur, durch weitgehende melodische Parallelen zwischen den neu hinzutretenden Oberstimmen beider Sequenzen und endlich dadurch ausgeräumt, daß in der zweiten Sequenz die Streicher das transponierte Modell fast unverändert wiederbringen. Das Skandalon der Passage liegt in der ersten Sequenz, wo der ursprüngliche Reihungszusammenhang der Motivfloskeln zerstückelt ist und diese Maßnahme auch nicht ein einziges Mal durch Substitution verwandter Floskeln gemildert erscheint. Da Koinzidenzen planmäßig vermieden werden, ist zu fragen nach der Logik des Absurden, Absurden jedenfalls gemäß Kriterien traditioneller Durchführungstechnik, deren Ableitungslogik allenfalls eine Vertauschung der beiden Sequenzen ansatzweise Genüge geleistet hätte. Zur Erklärung reichte weder der Hinweis darauf, daß Mahler an Brahms, dem Logiker par excellence, die „schönen Themen" höher schätzte als ihre „sogenannten Durchführungen", die er als deren Verschandelung empfand[38], noch die wohl triftige Bemerkung, eine hypothetische Beziehung der Verfahrensweise motivisch-thematischer Arbeit auf eine Melodie, die verhältnismäßig unverbindlich Marschfloskeln koppelt, stünde von vornherein schief. Wurde beim Expositionsbeginn von Teil II die räumliche Entfernung sprunghaft erreicht, so wird sie hier im jähen Hereinbrechen des Neuen ebenso diskontinuierlich zunichte gemacht. Der Schock beim Überfall der Holzbläser, hinter den das zerstörte Baßmodell in der ersten Sequenz zurücktritt, wird verstärkt durch das „rohe" Blech, das die implizite Harmonik der Hauptstimme mit „falschen" Baßtönen (T. 545f.) brutal durchkreuzt. Indem die sequenzhafte Variantenkonstruktion die übliche musikalische Logik zwar umkehrt, doch in der Negation auf sie verweist, wird die chaoshafte Tendenz des Überfalls, Moment gleichsam von Antikunst, in der zweiten Sequenz, in der das Baßmodell wieder intakt ist und das „rohe" Blech wegfällt, nachträglich gemildert und in die Kunstkonstruktion integriert.

Traditionelle Techniken wie Motivabspaltung und -engführung werden erst danach (T. 565—573) eingesetzt, wobei als Kontrapunkt zum schrillen Modellbeginn die Trompetenfanfare ertönt, die auch in der Turbulenz der Durchführung dieselbe Funktion wie zuvor (T. 468f.) als Künderin und Begleiterin des Weckrufs erfüllt. Die innerhalb eines ganz anderen Kontextes — wenn auch kaschiert — gewahrte Funktionsidentität der Fanfare bereitet den jähen Umschlag der Musik bei Takt 574 vor, wonach Mittel wie Höhertransposition und Uminstrumentation kaum merklich sicherstellen, daß die Erinnerung an den fernen Weckruf (T. 478f.) nicht identische Wiederkehr, die dem Veränderungssog der Traumgesetzlichkeit widerspräche, sondern nuancierte Variante davon ist.

Es hätte kaum des Mahlerschen Hinweises bedurft, bei Takt 583 beginne die Schlacht[39], um die kontrapunktische Vereinigung von Varianten des Weckruf-Vordersatzes und des Kopfmodells der Durchführung, deren Verknüpfung den weiteren Verlauf der Durchführung bestimmt, auch immanent musikalisch als Konflikt sukzessiv aufmarschierter Kontrahenten zu begreifen. Die Schlacht selbst aber kennt keinen Sieger, sondern allenfalls die Dialektik gegenseitiger Zerstörung, insofern von den Widersachern nur noch abgespaltene Fragmente übrig bleiben (T. 627f.). Der Herold-Ruf, dessen ursprüngliche Funktion in Teil II entfällt, verstärkt den Beginn des „mit furchtbarer Gewalt" dahinfegenden, aus der Marschbewegung der Bässe (T. 150f.) entwickelten Streichersturms, weiteres Beispiel der integralen Tendenz der Variantentechnik, eine Extrapolation durch spätere Intrapolation wettzumachen. Heteronom, begründet allein darin, daß Heteronomie ein Formprinzip dieses Satzes ist, bricht (T. 635f.) der „Im alten Marschtempo" gespielte Rhythmus der kleinen Trommeln in die abflauende Bewegung der tiefen Streicherpizzicati rücksichtslos herein, eine Überleitung zur Reprise, die laut Adorno nicht bloß nach Schulregeln absurd scheint[40], deren Logik indessen die folgende Überlegung aufzudecken versucht.

III/1, T. 631—642

Hatte die Analyse, die sich bisher hauptsächlich auf den zweiten Schematypus (Teil II als Einleitungs-, Expositionswiederholung und Durchführung) stützte, eine Schicht des Satzes offenbart, die der symphonischen Gattungstradition nahesteht, so soll nun die Behauptung, die Formidee des Satzes bestehe in einer Folge der Teile I, II und III als Prozeß nach dem Modell These, Antithese und Synthese, näher erläutert werden. Ohne mit einem bloßen Terminus ein tertium comparationis zwischen Mahlers *Dritter* und dem literarischen Roman erschleichen zu wollen, bietet sich zur Unterscheidung von Teil I und II der Begriff der Fiktionsebene[41] an, den generell auf Musik zu übertragen sinnlos wäre, da die vorausgesetzte abbildähnliche Bezüglichkeit von Musik zu akustischer Wirklichkeit in den allermeisten Fällen nicht spezifisch gegeben ist. Im ersten Satz der *Dritten* aber wird die fiktive Marschkapellenbewegung von Teil I als Variantenkomplex in Teil II solcherart wiederholt, daß sich beide Teile wechselseitig als Fiktionsebene I und II definieren.

Heteronomie, Widerspiegelungsfiktion und lineare Zeit- und Raumsukzession sind die Prinzipien, die der erstmaligen Gestaltung einer musikalischen Entwicklung vom Sein zum Werden zugrunde liegen und die Fiktionsebene I bestimmen. Die Komposition von Teil I darf „quasi-realistisch" genannt werden, weil die Entwicklung, von der das innere Programm handelt, gewissermaßen logisch-kausal erfolgt, d.h. weil die für den beschriebenen Wirklichkeitsbezug gültigen Gesetze der Zeitsukzession und Raumkontinuität in der Musik gewahrt bleiben. Die linear-fortschreitende Temporalstruktur von Teil I, die sich als solche zwar erst im Vergleich mit Teil II offenbart, manifestiert sich in der Tektonik von Einleitung (Doppelstrophe) und Expositionsmarsch (Bar). Die Kontinuität des Raumes dagegen ist unmittelbar evident im Marsch, der, von der Zeitprogression abhängig, ferner und näher rückt.

Zu dieser ersten Gestaltung des inneren Programms verhält sich Teil II wie die Antithese zu einer ersten Setzung, insofern er dasselbe in anderer Form, nämlich auf der Fiktionsebene II ist. Im Vergleich zum „quasi-realistischen" Prinzip der ersten darf dasjenige, welches die zweite Fiktionsebene konstituiert, „quasi-surrealistisch" genannt werden, da Zeitsukzession und Raumkontinuität, die Garanten der fiktiven Widerspiegelung, weitgehend aufgehoben sind, die Zeitsukzession insofern, als die tektonische Anlage von Teil I durch Maßnahmen der Variantentechnik aufgelöst und umgewandelt wird. Erreicht wird dies im besonderen dadurch, daß die eine b-Episode aus der Einleitung extrapoliert und zwischen Militärmarschbeginn und Abgesang intrapoliert ist, während der dort ausgesparte Mittelteil des Marsches, die große Steigerung, erst nach dem lyrischen Abgesang als Durchführung nachgeholt wird. Solche Umstellungen der Formdisposition erhellen den Grad der Modifikation, den das Prinzip der linearen Zeitsukzession auf der Fiktionsebene II erleidet, korrigieren zugleich aber Adornos übertriebene These, die Themenfolge in Teil II sei ein tendenzieller Krebsgang von I[42], denn eine Inversion des Zeitverlaufs wäre mit der trotz allem auf unmittelbare Faßlichkeit des Variantencharakters von Teil II gerichteten Intention Mahlers unvereinbar gewesen. Völlig außer Kraft gesetzt ist auf der Fiktionsebene II jedoch das Prinzip der Raumkontinuität. Statt die Vorstellung räumlicher Ferne und Nähe durch die Fiktion eines kontinuierlichen Weg- und Heranrückens einer Musikquelle zu erzielen, wird räumliche Ferne sprunghaft erreicht (T. 463f., T. 574f.) und ebenso diskontinuierlich wieder aufgehoben (T. 530f., T. 583f.).

Die Fiktionsebene II folgt somit der Gesetzlichkeit des Traums: Teil II erscheint als fiktiver Traum der fiktiven musikalischen Realität von Teil I. Nicht im Sinne einer direkten Argumentationsstütze, wohl aber als Beleuchtung des Sachverhalts von seiten der Mahlerschen Poetik und der kulturhistorischen Situation um 1900 darf daran erinnert werden, daß zum einen die Überschriften der *Dritten Symphonie* u.a. *Ein Sommernachtstraum* lauteten[43], daß Mahler Partien des Mitternachtsliedes, des zuvor komponierten vierten Satzes, als Antizipationen in den ersten einbezog[44], und daß zum anderen Sigmund Freud 1899 sein epochales Werk *Die Traumdeutung* in erster Auflage veröffentlichte, worin Traummaterial und Traumarbeit erstmals wissenschaftlich erforscht wurden. Wäre eine Parallele zu hoch gegriffen, die mutatis mutandis eine Verwandtschaft zwischen der Traumarbeit, die an real Geschehenes anknüpft und Wirklichkeit zu einer spezifischen Traumfiktion mit veränderten raum-zeitlichen Bedingungen umwandelt, und der Gesetzlichkeit der Variantenkonstruktion auf der Fiktionsebene II in Mahlers Symphoniesatz behauptete? Nicht nur der Bruch, der Kontinuität zerstört oder verhindert, sondern auch die Integration, die Disparates in einen neuen Zusammenhang zwingt, sind Formprinzipien des Traums, die gleichermaßen den Variantenverlauf von Teil II regulieren. Nachdem im Fanfarendurchbruch die neue Fiktionsebene erreicht wurde, ist seine Kurve eine Art ideeller Metamorphose von Einleitung und Expositionsmarsch — ideell wegen der Überlappung mit der materialen Form: Bis zur Abgesangspartie gleichen alle Gebilde sich dem „sentimentalen" Erinnerungscharakter des Posaunensolos an, dann aber wird, in dem dazu aufs äußerste kontrastierenden „Überfall" und der „Schlacht" der Durchführung, das Prinzip des Militärmarsches auf die Traumebene versetzt, wo an die Stelle einer fiktiven äußeren Annäherung eine innere Intensivierung, gleichsam ein geschichtsphilosophischer Alptraum der Marschidee tritt. Der absurd erscheinende Übergang zur Reprise ist demnach nichts anderes als der Einbruch der früheren Fiktionsebene I mit dem Realismus des Trommelrhythmus in die Traumsphäre des mittleren Teils und bereitet so drastisch, aber mit zwingender Logik den Reprisenbeginn des Weckrufs vor.

Epische Synthesis (Teil III)

Das Reprisenproblem, das zu lösen Mahler in diesem Satz oblag, bestand nicht lediglich, wie generell im 19. Jahrhundert, darin, die Wiederkehr der Exposition als eine gemäß der Formtendenz eines Satzes veränderte — statt als simpel identische — Wiederholung zu gestalten. Aufgabe war vielmehr, nach der zweimaligen Gestaltung des inneren Programms in den Teilen I und II dasselbe in nochmals anderer Weise zu komponieren, was nichts anderes heißen konnte, als die integrale Variantentechnik als Mittel der Konstruktion nicht nur auf Teil I als Vorlage zu beziehen — dies leistete bereits der mittlere Teil — , sondern die Reprise als Synthese von I und II zu konzipieren. Angesichts der Schwierigkeit, daß die Fiktionsebenen I und II prinzipiell nicht zu einer dritten synthetisierbar sind, ist die Raffinesse, mit der Mahler durch lineare Addition wenigstens den Schein einer solchen Vermittlung erzielt, um so bewundernswerter: Die Reprise von Einleitung und Exposition beginnt jeweils als Variante von I und schließt als Variante von II.

Nachdem der „Exordium"-Weckruf der Hörner, dessen Nachsatzmotiv diesmal stufenweise höher strebt, den Reprisenbeginn eindeutig markiert hatte, wird nicht nur die Einleitung, die sich beim ersten Mal über 246 Takte ausgedehnt hatte, auf 94 Takte zusammengedrängt, sondern überdies das „sentimentale" Posaunensolo des Mittelteils in einer zugleich kontinuierlichen und distinkten Weise angeschlossen. Mahler erntet hier insofern die Früchte seines Variantenverfahrens, als nur mittels dieser Technik die Folge von Abschnitten, die aus sehr verschiedenen früheren Partien (a, a' und a**) extrapoliert und nahtlos aneinander gefügt sind, einen konzentrierten, doch durchaus stimmigen Zusammenhang ergibt. Die Nahtlosigkeit der Verfugung beruht jedoch auf einer besonderen Mehrdeutigkeit der Nahtstellen von Takt 683 (Übergang von a zu a') und Takt 704—707 (Übergang von a' zu a**). Mochte die Unterstellung einer Verwandtschaft zwischen dem instrumentatorisch akzentuierten Ton a in Takt 41 und dem Beginn des Posaunensolos in Takt 166 zuvor noch als kühne Behauptung erscheinen, so stiftet in Takt 683 die abstrakte Identität beider Töne, die verschiedenen motivischen Zusammenhängen entstammen, durch ihr simultanes Zusammenfallen die Verknüpfung der Varianten von a und a'. Und ebenso ist die Vertauschung von Halben und Vierteln bei den Posaunenauftakten zu Takt 704 und Takt 707, die der Hörer zunächst als Variante von Takt 185 resp. Takt 187 wahrnimmt, keine willkürliche Veränderung, sondern vollzieht in solch subtiler Art kaum merklich den Übergang der Posaunenmelodie von a' zum rhythmischen Duktus von a**. Wohl kaum mehr als eine unvermeidliche Krücke für die Analyse der Mahlerschen Kompositionstechnik sind solche Annahmen von Hörerwartungen, die die gegenwärtigen Phänomene auf bestimmte frühere Modelle zurückführen möchten. Von der Substanz der Musik her betrachtet, erscheint es adäquater, sich die einzelnen Gestalten als hypothetische Gebilde zu denken, die, gewissermaßen mit dem Vermögen des Gedächtnisses begabt, die ihnen im Verlauf des Satzes durch Variantenumformung widerfahrenen Veränderungen als Potential sich erinnernd bewahren.[45] Je nach der Logik der eigenen geschichtlichen Entwicklungstendenz des Gebildes selbst oder gemäß den übergreifenden Formtendenzen, in die es als passives Moment eingeordnet ist, kann jederzeit dieser oder jener Zug als Anlaß einer Neubildung daraus hervorschießen.

III/1, T.732—741

Die Schlußpartie der Einleitungsreprise, die Cellomelodie der Takte 728—736, darf als Paradigma von Adornos Satz gelten, nur die größten Komponisten könnten derart die Zügel schleifen lassen, ohne daß das Ganze ihnen entglitte[46], und führt ins Zentrum der Frage nach dem epischen Charakter des ersten Satzes der *Dritten*. Weder die blanke Ausdehnung des gesamten Verlaufs noch einzelne Eigenheiten wie die szenenhafte Gliederung der Einleitung von Teil I noch andere isolierte Momente begründen ausschließlich seine musikalische Epik. Diese ist nicht so sehr quantitatives oder primär funktionales Moment als vielmehr eines, das dieser Musik in zunehmendem Maß qualitativ selbst inhäriert. Epische Selbständigkeit erlangt mit anderen Worten ein Teil wie der in Frage stehende nicht dadurch, daß er sich vom übrigen Formverlauf isoliert abhebt — dies ist allenfalls ein äußeres Indiz —, sondern indem er die eigene Form- und Charaktertendenz, die ihm seit dem ersten Auftreten innewohnt, konsequent realisiert. Hatte in Teil I, poetisierend formuliert, die unbelebte Natur der Einleitung ihre Belebung erst in dem ihr fremden Expositionsmarsch gefunden und hatte sich diese Erfahrung von Belebung dem Einleitungskomplex von Teil II vorerst in „sentimentaler" Erinnerungsform, mit Mahlers Worten als „Klage des gefesselten Lebens aus dem Abgrund der noch leblos starren Natur"[47], mitgeteilt, so gelangt nun in der Cellomelodie, die eine Wendung aus dem *Urlicht*-Satz der *Zweiten* aufgreift, die Trauer des Posaunensolos zu ihrem Selbstbewußtsein als ruhevolle, befriedete

Erfüllung. Die Autonomie dieser Partie ist somit keine erste Setzung, sondern entsteht als Resultat eines Erfahrungsprozesses. Überdies ist die Desintegration von Einleitung und Marschexposition, die in Teil II ineinander integriert wurden, nicht nur eine Rückkehr zu der distinkteren Scheidung der beiden Formabschnitte, wie sie in Teil I gegeben war, sondern basiert ebensosehr auf der Formidee von Teil II, konzentriert doch die Cellomelodie die Essenz des umfangreichen Ges-Dur-Abgesangs auf wenige Takte: ideelle statt materiale Variante. Befreit die beispiellose Kühnheit, mit der Mahler die Einleitung hier vor dem Satzende zu einem Abschluß kommen läßt, sie endgültig von dem Ruch, bloß der Vorbereitung eines Hauptteils zu dienen, so illustriert zugleich die traumhafte Selbstvergessenheit, mit der die Musik solchen Zuendesagens fähig wird, daß „nicht Gewalt, sondern deren Negation“[48] Mahlers Prinzip ist.

Wie der Satz nach einem solchen Binnen-Schluß weitergeführt werden könnte, ist dem kompositorischen Denken ein eminentes Problem, vor dem ein Verfahren, das sich auf die innere Funktionalität der Sonatenhauptsatzform stützte, hilflos resignieren müßte, weil es mit der Cellomelodie buchstäblich ans Ende gelangt wäre oder es vielmehr gar nicht erst so weit hätte kommen lassen können. Mahlers Prinzip der Marschheteronomie ermöglicht jedoch in einer neuen Variante eine Fortsetzung des Satzes, die den Bruch zwischen den episch geschiedenen Teilen nicht leugnet, sondern heilt: Heteronomie als Retterin der musikalischen Autonomie. Erfolgten die beiden ersten Übergänge von Einleitung zu Marschexposition auf der Fiktionsebene I noch unter Zuhilfenahme des Herold-Signals — als kontinuierliches Verlaufen ins Nichts der Ferne in Takt 148—163, in Takt 237f. als kontinuierliches Weg- und Näherrücken — und wurde dieser Übergang auf der Fiktionsebene II in Takt 463 umgekehrt als sprunghafte Rückung in weiteste Ferne konzipiert, so gestaltet in der Reprise Mahler diese entscheidende Stelle nochmals anders. Jetzt kehrt er unter Weglassung des Herolds die erste Lösung um und realisiert so nicht allein einen neuen Übergang von Einleitung zu Marschreprise, sondern sogar von Fiktionsebene II zu I. Genial ist die Kontinuität der Diskontinuität: Die imaginäre Ferne, welche die selbstvergessen-selbstbewußte Cellomelodie abgrundtief von jeglichem Marschrealismus scheidet, wird im Sinne eines musikalischen Erwachens abgelöst von einem Marsch, der auf der „quasi-realistischen“ Fiktionsebene I aus der Ferne allmählich, vorerst stockend heranrückt, als müßte er zu sich selbst erst finden. Mahlers Konzeption des Orchesters als Perzipienten-Produzenten — das rhythmische Stocken und die tonale Unsicherheit des Einsatzes komponieren die Unschärfe des imaginären Hörprozesses gewissermaßen aus — leistet in dieser letzten Variante gerade auf Grund des heteronomen Ansatzes die immanent-musikalische Verbindung des Unverbindbaren.

Der Synthesencharakter der Marschreprise beruht vor allem darauf, daß ihr

Variantenverlauf abwechselnd auf Partien von Teil I und II als Modelle zurückgreift. Daß die bei der ersten Marschexposition festgestellte Barform gegenstandslos wird, ist ebenso offenkundig wie die Identität des Formprinzips, der Vorstellung einer kontinuierlich näherkommenden Marschbewegung, die vom Orchester widergespiegelt zu werden scheint. Dies heteronome Prinzip garantiert den heterogenen Marschabschnitten musikalische Kontinuität und bewirkt, als Ersatz für Formkategorien des traditionellen Sonatensatzes, die für den ersten Satz der *Dritten Symphonie* spezifische Kongruenz von Material und Formgesetz, Merkmal seines künstlerischen Ranges. Die Mittel, mit denen Mahler den Eindruck wachsender Präsenz der Kapellenmusik hervorruft, reichen über lineares Lauterwerden weit hinaus. Momentane dynamische Zurücknahmen (z.B. T. 796—799) gliedern zusätzlich in räumlichem Sinn die Bewegung, deren Näherrücken sich in einer zunehmenden Differenziertheit des Tonsatzes, dem Auftreten neuer Kontrapunkte und neuer Instrumentation nuanciert äußert. Die Repetition des Identischen als Veränderten, ersichtlich etwa an den beiden F-Dur-Varianten des Weckruf-Vordersatzes (T. 750f., T. 800f.), denen noch mehrere andere folgen, ist das kompositorisch geeignetste Mittel zur Andeutung der Lokomotion der imaginären Schallquelle. Das Heteronom-Primitive, der Marsch, ist artifiziell auskomponiert. Seine Assimilationskraft kettet nicht allein früher getrennte Abschnitte aneinander, sondern integriert außerdem in den Takten 783f. und 791f. Varianten des Motivs b als Zusatzkontrapunkte — nur noch in dieser rudimentären Form erscheinen in der Reprise die ehedem gewichtigen Strophen der Einleitung — in den Satzverlauf, dessen Tendenz zur Angleichung und Vereinigung von früher Distinktem wohl der Aufhebung der Individualität von Menschen, die in einem Marsch mitziehen, vergleichbar sein mag. Die Beschränkung der Selbständigkeit einzelner musikalischer Gebilde hat jedoch in keiner Weise eine graue Indifferenz zur Folge, sondern führt mitunter zu Stellen wie der „mit großem Ausdruck" hervorgehobenen Partie (T. 808 — 815), die den kollektiven Marschzug mit subjektivem Ausdruck durchsetzt und den Äußerungen musikalischer Moderne bei Schönberg und Berg in nichts nachsteht, auch nicht in technischem Belang, erreicht doch die dissonanzenreiche Passage, deren acht Takte zwar motivisch-syntaktisch regulär und damit abgesichert sind, durchaus die Stufe der erweiterten Tonalität des frühen Schönberg. Subjektivität spannt die homophone Uniformität des Marsches hier bis an die Grenze zum atonalen Zerspringen und weist im zugleich klagenden und drohenden Tonfall voraus auf das Verhängnis der *Revelge*.

Die Koppelung der Schlüsse von Teil I und II zu dem potenzierten Schluß der Reprise resultiert nicht aus Naivität im Einsatz kompositorischer Mittel, die dem frühen Mahler oft zu voreilig unterstellt wird, sondern bewältigt souverän die Schwierigkeit, die Reprise von Teil I nicht des raumschaffenden Höhe- und Wendepunktes (T. 857—862) zu berauben und andererseits trotz oder gerade wegen dieses Hemmnisses zu einer qualitativ erhöhten Schlußwirkung zu gelangen. Hatte bei der Einleitungsreprise die Einbeziehung der Fiktionsebene II die innere Tendenz des Formteils auszugestalten erlaubt, so bildet der Rückgriff der turbulenten Coda (T. 863—875) auf die Durchführung wohl weniger einen letzten Anklang an jene Fiktionsebene als die endgültige Unterstreichung des Kontrasts zwischen Einleitung und Marschexposition. Auf diese Weise ergibt sich in der Reprise, da beide Teile ihre gegenläufigen Tendenzen zu Ende entwickeln, ein Gleichgewicht auf höherer Ebene. Die Bewegungssteigerung der Coda, letzte Konsequenz des Näherrückens, führt gleichsam zur Identifikation von fiktiver Schallquelle und Orchester: Der Satz ist zu Ende, die Formidee eingelöst.

Musikalische Prosa und Roman

Mahlers bekannte Äußerung aus dem Jahre 1895, eine Symphonie komponieren heiße für ihn, „mit allen Mitteln der vorhandenen Technik eine Welt aufbauen"[49], bezeichnet die neuartige Gesamtkonzeption der *Dritten* mit einem Topos der Romantheorie des 19. und 20. Jahrhunderts. Erscheint hier der Aufbau einer Welt als Akt musikalischer Selbstkonstitution, so war andererseits, gerade zur Zeit der Niederschrift des ersten Satzes, Mahlers Poetik der Gedanke einer heteronomen Weltspiegelung nicht fremd: „Nun aber denke Dir ein so g r o ß e s Werk, in welchem sich in der Tat die g a n z e Welt spiegelt — man ist sozusagen selbst nur ein Instrument, auf dem das Universum spielt."[50] So wenig zwar daraus eine explizite Anlehnung der Mahlerschen Poetik an jene des Romans abgeleitet werden darf, so genau weisen doch diese Worte die Richtung auf eine musikalische Totalität empirischen Ursprungs, die in den Programmentwürfen angelegt und dergestalt komponiert ist, daß jeder der sechs Sätze sich in einer eigenen musikalischen Sprache äußert.[51] Weltschöpfung und Weltwiderspiegelung, die beiden konträren Möglichkeiten musikalischer Weltsetzung, sind im ersten Satz der *Dritten Symphonie* solcherart vermittelt, daß dieser das heteronome, jener aber das übergreifende autonome Moment des Formprozesses entspricht. Weltschöpfung im Sinne musikalischer Organisation, die Weltwiderspiegelung als Moment in einer Weise enthält, die naiv zu nennen von eigener Naivität zeugen würde, ist die musikalische Romantechnik des frühen Mahler. Von ihr unterscheidet sich die des späten vor allem dadurch, daß das Widerspiegelungsmoment zugunsten der autonomen Organisation zurücktritt und damit die musikalische Sprache zu einem Ton findet, in dem von nichts anderem mehr erzählt wird als von ihr selbst. Die Entwicklung der Mahlerschen Symphonik ließe sich somit insofern mit der Geschichte des Romans vergleichen, als der erste Satz der *Dritten* mit dem realistischen Roman des 19. Jahrhunderts — theoretisch kodifiziert bei Spielhagen —, der späte Mahler[52] aber mit dem modernen Roman des 20. Jahrhunderts, der Sprache und Erzählen selbst thematisiert, in Parallele gesetzt werden könnte, ein Gedanke, dessen Triftigkeit allerdings durch die doppelte Fiktionalität im analysierten Satz beschränkt würde.

Insgesamt aber verhält sich Mahlers Konzeption von Symphonik zu den beiden früheren symphonischen Epikern des 19. Jahrhunderts, Schubert und Bruckner, geschichtsphilosophisch wie der Roman zum Epos. Gestaltet nach Lukács die große Epik im Unterschied zum (geschlossenen) Drama die „extensive Totalität des Lebens“[53], so ist der Roman die „Epopöe eines Zeitalters, für das die extensive Totalität des Lebens nicht mehr sinnfällig gegeben ist, für das die Lebensimmanenz des Sinnes zum Problem geworden ist, und das dennoch die Gesinnung zur Totalität hat“.[54] Schubert und Bruckner erschien die Immanenz des musikalischen Sinnes noch durch eine „Ontologie der Formen“ (Adorno) garantiert, innerhalb deren als vorweg stabilisierendem Gerüst den episch-extensiven Tendenzen stattgegeben werden konnte. Mahler hingegen widersetzt sich nicht länger der Dialektik von epischer Tendenz und tradierter Form. Der erste Satz der *Dritten Symphonie* zeigt paradigmatisch, wie nach dem Ausfall des Funktionensystems der Sonatenform Mahlers „Gesinnung zur Totalität“ mittels neuer Formprinzipien einen musikalischen Verlauf gestaltet, dessen drei- bzw. vierteiliger Umriß zwar noch Spuren der Tradition, der Sonatenformtotalität, erkennen läßt, dessen romanhaft bewegte Kurve aber neuen musikalischen Sinn konstituiert, der keineswegs fragmentarisch bleibt. Mahlers Nähe zum Roman im Unterschied zu seinem Lehrer Bruckner beleuchtet das Fragment Friedrich Schlegels, das die Romane als „sokratische Dialoge unserer Zeit“ charakterisiert: „In diese liberale Form hat sich die Lebensweisheit vor der Schulweisheit geflüchtet.“[55] Mit der aufklärerischen Kritik, die der Roman, die „repräsentative Form des Zeitalters“ (Lukács), an den mythischen Zügen des Epos übt, darf wohl jene Mahlers an Schuberts Wiederholungen und Sequenzen verglichen werden: „Statt dessen wiederholt er sich, daß man ohne Schaden die Hälfte des Stückes wegstreichen könnte. Denn jede Wiederholung ist schon eine Lüge. Es muß sich ein Kunstwerk wie das Leben immer weiter entwickeln. Ist das nicht der Fall, so fängt die Unwahrheit, das Theater an.“[56] Ist für den musikalischen Romancier Mahler Wahrheit die höhere Instanz als Schönheit, eine künstlerische Position, die Schönberg nahesteht, so gilt seinem historischen Bewußtsein eine Wiederholung nicht bereits an sich als „Lüge“ — bei Haydn und Mozart habe der „Formalismus“ noch den Wahrheitsgehalt von Musikwerken verbürgt —, im Falle Schuberts aber deshalb, weil dessen Melodie „ja schon die e w i g e, wie bei Beethoven und Wagner“, sei.[57] Wenn Mahler die Entwicklung eines musikalischen Werkes mit dem Verlauf des Lebens vergleicht, dann entspricht seine Konzeption dem Ergebnis unserer Analyse, die für den musikalischen Roman der *Dritten* die wirkliche Zeit, Henri Bergsons temps duré, als konstitutives Prinzip mit seiner „wandelschaffenden Macht“[58] und die Erinnerung in ihrer besonderen, dem literarischen Roman entsprechenden Funktion nachgewiesen hat.

*

Die musikalische Welt von Mahlers *Dritter Symphonie* kennt ihren Helden wie der Roman den seinen. Daß die Mahlerschen Romane keine Helden hätten und keine verehrten, behauptet Adorno[59] gegenüber der Redeweise vom symphonischen Helden insofern zu Recht, als sie, vielleicht mit Ausnahme gerade der *Dritten* sowie der *Achten*, eher negativen als affirmativen Wesens sind. Die Romantheorie hat jedoch stets betont, die Romanfiguren seien, von Don Quijote bis Hans Castorp, im Unterschied zu Helden im (geschlossenen) Drama keine oder allenfalls negative. Äußerungen wie: „Mittelpunkt [der Darstellung des Lebens] ist im Roman der sogenannte Held desselben, der aber Alles seyn darf, nur kein Held.“[60] oder: „Ein so großes Tier wie ein Roman muß notwendig ein Rückgrat haben, die Geschichte des Helden.“[61], heben die Bedeutsamkeit einer Hauptfigur für die Kompositionstechnik des Romans hervor und erlauben, den Begriff des Helden in solcher Funktion sinnvoll in die Analogiekonstruktion eines musikalischen Romans der *Dritten* zu übertragen. Vergleicht man ihre sechs Sätze mit Kapiteln eines Romans, so läßt sich allerdings kein allen Sätzen gemeinsames Subjekt erkennen, erklärt man nicht, wie Dieter Schnebel[62], die Quarte zur Keimzelle, die im Sinne der ästhetisch längst außer Kurs geratenen Substanzgemeinschaft das Einheitsmoment in der Mannigfaltigkeit der verschiedenen Sätze verkörpern soll. Um so berechtigter aber ist es, im „Weckruf“-Thema den Helden wenigstens des ersten Satzes zu sehen, dessen Geschichte, falls von einer solchen die Rede sein kann, das Rückgrat des Formverlaufs bildet. Obschon die Passivität des Romanhelden, der mehr durch die Umwelt als diese durch ihn geformt wird, in der „formelhaften Konstitution“ (Monika Tibbe) des Themas eine Entsprechung finden könnte, muß vorab auf die Divergenz aufmerksam gemacht werden, die zwischen dem vorindividuellen Marschzitatgehalt des Weckrufs und einer individuellen Romanpersönlichkeit besteht. Diese Kluft setzt der Analogie Grenzen und wird auch durch den Hinweis auf die Typenhaftigkeit von Figuren des Abenteuerromans und auf die anfängliche charakterliche Unbestimmtheit von Helden des Entwicklungsromans kaum gemildert. Der Vergleich jedoch zwischen Romanfigur und musikalischem Thema dürfte seinerseits seine Geschichte haben, die wohl Friedrich Schlegels Postulat zur Romantechnik eröffnete: „Die Methode des Romans ist die der Instrumentalmusik. Im Roman dürfen selbst die Charaktere so willkürlich behandelt werden, wie die Musik ihr Thema behandelt“.[63]

Willkür als Prinzip der Variantenbildungen des Weckrufs zu unterstellen würde von Blindheit, sie als Moment derselben zu leugnen aber von Borniertheit zeugen. Der Versuch jedoch, die mannigfachen Abwandlungen dieses Themas, dessen dominierende Rolle einen Ausgleich zur Fülle weiterer Themen im extensiven Satzverlauf bildet, gemäß einer musikalischen Logik zu begreifen, hat zunächst nach deren Art zu fragen. Kennt der Weckruf — um mit Adorno zu sprechen — Geschichte oder perspektivische Umgebung[64], und ist er gegebenenfalls eher Subjekt oder Objekt von Geschichte? Was ihm insgesamt widerfährt, bildet nicht eine eindimensionale Kurve, sondern spielt sich gleichsam in zwei Strängen ab, deren Geschichtlichkeit verschieden und nur im Zusammenhang des übergeordneten Formprozesses der drei Teile mit den entsprechenden Fiktionsebenen schlüssig faßbar ist.

Als „Exordium", das dem Geschehen des inneren Programms vorgelagert ist und beide Stränge virtuell umfaßt, erschallt bei Satz- und Reprisenbeginn die Marschmelodie des Weckrufs im nackten Unisono der Hörner — den Helden ohne Welt vorstellend — und führt mit herrlicher Direktheit medias in res, als wollte Mahler mit Homer sich messen, der zu Anfang der Epen im Musenanruf die Hauptthemen in gedrängter Form anschlägt.[65]

Der erste Strang betrifft sodann den Abschnitt a der Einleitung und dessen Varianten in den drei Teilen des Gesamtverlaufs. Hier ist der Nachsatz des Weckrufs nichtidentisches Ausgangsmaterial für Entwicklungen von der Art spezifisch Mahlerscher motivisch-thematischer Arbeit. Nach der Eröffnung wird die Präsenz des Weckrufs in dem Kontrapunkt der Fagotte (T. 28f.) unterschwellig aufrechterhalten, bis die zunächst apokryphe Beziehung in der Hörnerpartie (T. 58f.) zu einer offenkundigen wird und ihrerseits beim Posaunensolo (T. 164f.) von Kollektivität zu Individualität umschlägt. Der Entwicklungsprozeß, dem in diesem Strang der Weckruf-Nachsatz unterliegt, zeitigt demnach Gestalten, die rhythmisch-gestisch nicht als direkte Varianten des Weckrufs gelten können, die indes ihrerseits, losgelöst von ihrem Ursprung, in den weiteren Einleitungspartien eine eigene Geschichte erfahren, die mit der Cellomelodie in Takt 736 zu Ende geht.

Demgegenüber umfaßt der zweite Strang die Varianten des Weckruf-Vordersatzes in der Marschexposition und den entsprechenden Abschnitten in Teil II und III. Diese scheiden sich hinsichtlich des Abteilungsgrades in zwei Gruppen. Auf der einen Seite fungiert der viertaktige Weckruf-Vordersatz als virtuell identisches Marschsubjekt, dessen tendenzielle Geschichtslosigkeit auf die Sphäre der unteren Musik, der es entstammt, verweist, an dessen Veränderungen sich aber auch die Subjekt-Objekt-Dialektik von musikalischer Geschichte dokumentiert. In der Funktion eines Objekts von Geschichte käme die Folge der Varianten, deren Einzelformen durch den Tonartenplan und Modifikationen von Diastematik, Rhythmus und Instrumentation gemäß der Steigerungskonzeption des inneren Programms und den Fiktionsebenen I und II definiert sind, dem Modell eines Wandels perspektivischer Umgebung gleich. Korrespondierte diese Annahme der von der Romantheorie hervorgehobenen Passivität des Heldencharakters — wie dieser durch die Umwelt geprägt wird, wäre die konkrete Gestalt einer Variante ausschließlich Resultat ihrer besonderen Stellung im Formprozeß —, so indizieren anderseits diese Varianten nicht eine bestimmte musikalische „Umwelt-Situation“, sondern konstituieren diese wesentlich selbst mit, wären also ebenso Subjekt der musikalischen Geschichte. Deshalb darf der Versuchung nicht nachgegeben werden, das in der Romantheorie fundamentale Theorem der Kollision zwischen der „Poesie des Herzens und der entgegenstehenden Prosa der Verhältnisse“[66] oder der, wie es bei Lukács heißt, „Fremdheit des epischen Individuums, des Romanhelden, zur Außenwelt“[67] dem musikalischen Romanproblem zu vindizieren. Adornos Satz, das Romansubjekt, das in der Musik die Welt finden möchte, bleibe doch uneins mit dieser[68], verkennt, daß nicht Inkompatibilität, sondern wechselseitige Konstitution, wenigstens im ersten Satz der *Dritten*, das Verhältnis des musikalischen Helden zu seiner Welt kennzeichnet. Gegenüber diesen Varianten des Weckruf-Vordersatzes sind diejenigen von entlegenerem Abteilungsgrad, welche, wie Violinen und Trompete in Takt 315f., quasi-heterophone Varianten zum Marschsubjekt bilden, dann aber auch die wichtige Variantenversion des Abgesangs (T. 351f.) bestimmen.

Auf die Gefahr hin, die Analogie über Gebühr zu strapazieren, wollen wir uns die Frage nicht ersparen, welches Verhältnis von Held zu Welt, ob das des Abenteuer- oder jenes des Entwicklungsromans des 19. Jahrhunderts — nach Lukács ist bei diesem die Seele breiter, bei jenem schmaler als die Außenwelt[69] — der Beziehung zwischen Weckruf und Satzverlauf eher entspräche. Wenn der Weckruf in der Summe seiner Abwandlungen in beiden alternierenden Strängen als musikalischer Held dieses Satzes betrachtet wird, dürfte ihm, obschon seine Entwicklung keine Bildung zur Vernünftigkeit ist, Rosenkranz' Gedanke einer Identität von Held und Leben im Roman nahekommen: „Die Bildung muß immer an Einem Subjecte (der Held) haften, welches an sich die Totalität des mannigfachen Lebens ist, worin er sich bewegt [...].“[70] Andererseits könnte der zweite Strang, in dem der Weckruf als tendenziell identische Marschgestalt in subjektähnlicher Rolle auftritt, auch mit dem Typus des Abenteuerromans in Parallele gesetzt werden, offenbart doch da der Held in den mannigfachen Situationen, in die er verwickelt wird, verschiedene Seiten seines eher typenhaften Charakters, ohne daß dieser eine geschichtliche Entwicklung erkennen ließe. In Parenthese sei vermerkt, daß die gesamte Formkonstruktion des ersten Satzes der *Dritten* mit Techniken sowohl des Abenteuerromans — dessen aus der Wiederholung ähnlicher Episoden resultierender Form entspräche die dreimalige Gestaltung des inneren Programms — als auch des dramatischen Typus des Entwicklungsromans verglichen werden könnte, worauf die Entwicklung der drei Teile verwiese, die logisch stringent verbunden, nicht lose verkettet sind.

*

Der Vorwurf der Formlosigkeit, gegen den Satz von Mahlers *Dritter Symphonie* mit derselben Eilfertigkeit vorgetragen[71], mit der er jahrhundertelang von seiten derjenigen gegen den Roman erhoben wurde, die sich auch angesichts der fortschreitenden Entwicklung der Literatur zu einer Modifikation der Aristotelischen Poetik nicht bereit fanden, dokumentiert gerade in seiner Sinnwidrigkeit die Komplexität eines romanhaften Formverlaufs, dessen Logik sich erst einer eingehenden Analyse erschließt. Zwar ist es kaum mehr als ein Akt der ästhetischen Moral, die Sonatenhauptsatzform im allgemeinsten Sinn von Drei- bzw. Vierteiligkeit eines ersten Symphoniesatzes noch als gegeben zu veranschlagen; da es anderseits keinen Zweifel daran geben kann, daß für Mahlers Inhaltsästhetik das Gesetz der organischen Totalität eines Kunstwerkes noch ebensolche Gültigkeit wie für die Poetik des realistischen Romans besessen hatte[72] — ein Sachverhalt, den die Analyse bekräftigt —, ist Clytus Gottwalds Behauptung, die Form des Satzes beruhe auf der „Verbindung des Unverbundenen“[73], nichts anderes als ein Zeichen dafür, daß das altertümliche Argument der Formlosigkeit bei der heutigen Avantgarde in einem überdehnten Begriff von Collage zu ästhetischen Ehren gelangt.

Hatte Paul Bekker beim Vergleich des dramatischen mit dem epischen Symphonietypus der Beethovenschen „Logik des Muß“ die Symphonik der Österreicher als „unlogische Sinfonik des Werdens und Keimens“ gegenübergestellt[74], und hatte Adorno, diesen Ansatz präzisierend, an Mahlers kompositorischer Verfahrensweise eine „triebhaft ungebundene Logik der Irrationalität“ entdeckt[75], so erwies demgegenüber unsere Analyse des ersten Satzes der *Dritten*, wie weitgehend die Irrationalität der Logik bloßer Schein einer rationalen ist und daß deshalb die musikalische Prosa als Formkategorie bei Mahler nicht triebhaft ungebunden, sondern rational gebunden wirkt. Insofern sie sich in einer tendenziell universellen Bezüglichkeit der Elemente des Formprozesses offenbart, erstrebt sie in der Musik dasselbe wie das Postulat universeller Motivation des Geschehens beim Roman. Soll hier, was der Zufall den Ereignissen an Spannungsmomenten zuträgt, keine Willkür, sondern für die Handlung letztlich sinnvolle, wenn auch nicht teleologische Fügung sein, so stiften dort zur Hauptsache gerade die Momente des Zufalls — paradigmatisch für das plötzliche Auftreten eines neuen Themas und eine überraschende Wendung im Satzverlauf ist die Klarinetten-Fanfare (T. 148f.) —, indem sie mehrmals mit unterschiedlicher, doch auf Früheres beziehbarer Konsequenz auftreten, den romanhaft motivierten Formzusammenhang.

Mag sein, daß ein knapper Rekurs auf die erste deutsche Romantheorie, auf Friedrich von Blankenburgs *Versuch über den Roman*, der 1774 anhand von Wielands *Agathon* das Motivationsproblem erörtert, zur Illustration der Mahlerschen Formkonstruktion beiträgt, die aus einer spezifischen Vermittlung von Deduktion und Induktion resultiert. Im zweiten Teil des *Versuchs* werden u. a. folgende Motivationsarten, die die Funktionalität der Teile und ihre Fügung zum Ganzen betreffen, laut Kurt Wölfel genannt: „Der Zusammenhang, der sich aus dem 'realistisch' gedachten mimetischen Charakter des Romans ergibt: die strikte 'Motivation von vorne' (Lugowski), in der alles Erzählte als Kette von Ursachen und Wirkungen sichtbar gemacht wird", und derjenige, „der sich aus dem 'idealistisch' gedachten mimetischen Charakter des Romans ergibt: die 'Motivation von hinten' (Lugowski), durch die alles Erzählte als Zusammenhang von (Sinn-) Grund und Folge erscheint".[76] Würde der erste Satz der *Dritten Symphonie* auf diese beiden Motivationsarten hin befragt, so entspräche auf der einen Seite dem Kausalzusammenhang das Prinzip der kompositorischen Induktion, d.h. die Idee der integralen Variantentechnik als sukzessive thematische Ableitung und Vermittlung der Gestalten und Komplexe, auf der anderen Seite aber dem Finalzusammenhang das Prinzip der kompositorischen Deduktion, d.h. der abstrakte Formplan der dreimaligen Ausführung eines inneren Programms. Durch ihn erscheinen die induzierten Einzelpartien in einem übergeordneten Konnex aufgehoben, der ihnen aber nicht aufgepfropft wird, sondern vielmehr gleichsam mit unsichtbarer Hand die Richtung weist. Während Bekker an Mahlers Verfahrensweise das deduktive Prinzip der Komposition „von oben" mit den Worten hervorgehoben hatte, als letzte Folge dieser für den Sinfoniker bestimmenden Entwicklung vom Allgemeinen zum Besonderen, vom Ganzen zum Einzelnen, bilde sich schließlich das sinfonische Thema[77], hatte Adorno umgekehrt das induktive Prinzip der Komposition „von unten"[78] akzentuiert und damit, wohl unabsichtlich, ein Argument der Spielhagenschen Romantheorie[79] aufgegriffen. Er war sich zweifellos aber auch bewußt, daß Mahler nur mit einer Komposition „von unten", vom emanzipierten Einzelnen aus, keine Formtotalität hätte konstituieren, keine „Synthesis von Offenheit und Geschlossenheit"[80] hätte erreichen können. Auch in Mahlers Poetik reflektieren sich, allerdings verschlüsselt, die beiden Seiten: die Induktion in der Äußerung: „Es ist furchtbar, wie dieser Satz mir über alles, was ich je gemacht habe, hinauswächst [...]"[81], die Deduktion, von Mahler heruntergespielt, in der folgenden: „Zu meiner Verwunderung und Freude zugleich sehe ich nun: es ist in diesem Satz, wie in dem ganzen Werk, doch wieder dasselbe Gerüst, der gleiche Grundbau — ohne daß ich es gewollt oder daran gedacht hätte — , wie sie bei Mozart und [...]

bei Beethoven sich finden, vom alten Haydn aber eigentlich geschaffen worden sind“[82]. Die Mitte jedoch, die Mahler in diesem Satz zwischen Induktion und Deduktion findet, ist kein schlechter Mittelweg, sondern die erfolgreiche Methode, eine musikalische Romanform zu komponieren, die zwischen starrer Traditionshörigkeit und expressionistischer Moderne steht.

Das Ausgleichsprinzip, das gegenläufige Tendenzen zu einem Kunstwerk zusammenfügt, wurde bereits von Jean Paul für den dramatischen Romantypus reklamiert, den er dem epischen deshalb vorzieht, weil „ohnehin die Losgebundenheit der Prosa dem Roman eine gewisse Strengigkeit der Form nöthig und heilsam macht“[83]. Dürfte ein solches Verhältnis von Syntax und Form beim späten Mahler, etwa dem ersten Satz der *Neunten Symphonie*[84], vorliegen, so im Anfangssatz der *Dritten* eher das umgekehrte. Indes hat unsere Analyse die Ungebundenheit der Großform, die alsdann die durchaus regelmäßige Syntax ausgliche, als scheinhaft, weil selbst gebunden, aufgedeckt.

*

Bei der Analogie, die bisher zwischen dem Mahlerschen Symphoniesatz und dem literarischen Roman entwickelt wurde, blieben der klassizistisch-dramatische Symphonietypus und die geschlossene Form des Dramas als unausgesprochene Vergleichspole im Hintergrund. Hervorgekehrt werden sie durch einen Rekurs auf Volker Klotz’ Typologie der geschlossenen und offenen Dramaform[85], eine zwecks Gegenüberstellung von dramatischen und romanhaften Stiltendenzen in der Symphonik geeignete Vergleichsbasis. Die Epizität des offenen Dramas, sein „Anstrich von Roman“, ermöglicht die Skizze einer Analogie, die jene zwischen der *Dritten* und dem Roman nicht aufhebt, doch in der Ergänzung zugleich deren Grenzen sichtbar macht. Während die Klotzsche Typologie im Sinne des Weberschen Idealtypus wissenschaftlich abgeleitet ist, geht es uns, wie gesagt, weder um eine idealtypische Konstruktion einer musikalischen Roman- oder offenen Dramaform, noch kann hier der dramatische Symphonietypus über das Vorverständnis, das sich auf Bekker[86] und Adorno[87] stützt, hinaus entwickelt werden. Sofern die Schiefheit einer solchen Analogie nicht von vornherein polemischer Gereiztheit zum Opfer fällt, dürfte von ihr aus durchaus einiges Licht auf Mahlers Symphonik fallen.

Inwiefern folgende Momente der offenen Dramaform (ein Beispiel: Büchners *Woyzeck*): Variation von Weltaspekten zur Beleuchtung des Monagonisten, Implikation des zentralen Themas in jeder Szene und seine Veranschaulichung in einem bezeichnenden Aspekt, Expansion einer entfesselten Zeit und schließlich Komposition von unten, von der einzelnen Szene ausgehend, nach oben[88] mit Eigenheiten des ersten Satzes der *Dritten* korrespondieren, die bereits früher zur

Sprache kamen, dürfte deutlich und näherer Ausführung nicht bedürftig sein. Veranschaulicht soll die Analogie aber anhand des Sprachstils werden. Während Klotz eine einheitliche Sprache des „hohen Stils", eine enge Verzahnung der Dialoge, eine logisch-schlüssige Satzfolge ohne Stauungen und einen ausgefeilten, hypotaktischen Satzbau als Stilfaktoren des geschlossenen Dramas (ein Beispiel: Goethes *Iphigenie* von 1786) geltend macht, ist die Sprache des offenen durch pluralistische Verschiedenheit von Stilarten (da mehrere Stände mit ihren eigenen Sprachbereichen zu Wort kommen), Stilparodien, parataktische oder brüchig hypotaktische Syntax und durch den kollektiven Gehalt von Volksliedern bestimmt, die, Straße und Jahrmarkt entstammend, nicht Ausdruck einer einsam-individuellen Regung, sondern Zeichen eines Weltzustandes sind.[89] Dem geschlossenen Drama wäre ein „geschlossener Symphonietypus" Beethoven-Brahmsscher Prägung analog: Die thematischen Materialien, welchen Ursprungs auch immer, werden durch kunstreiche Konstruktion ihres Eigenwerts tendenziell beraubt und in die einheitliche Ebene des „hohen Musikstils" integriert; die einzelnen Abschnitte der Form, die einerseits eng aneinander gefügt, andererseits in funktionaler Differenzierung qualitativ gegliedert sind, stiften auf Grund einer gleichmäßigen Zeitsukzession einen virtuell durchgehend fließenden Satzverlauf; und endlich könnte die artifizielle, syntaktisch komplexe Polyphonie des Orchestersatzes als Äquivalent der kunstvoll gebauten Hypotaxe im geschlossenen Drama betrachtet werden. Die Analyse des ersten Satzes von Mahlers *Dritter* offenbart auf der anderen Seite die Sprache eines gleichsam „offenen" Symphoniesatzes: Die hierarchische Stilhöhenregel ist außer Kraft gesetzt; mundartliche Einschläge werden keineswegs vermieden, sondern als lokale und soziale Färbung der Musiksprache bewußt eingesetzt; die einzelnen Formabschnitte werden durch kühne Trommelüberleitungen oder mittels eines Wechsels des Formprinzips in ihrer Eigenständigkeit bekräftigt; und weist endlich die Sprachkurve etwa bei der Hörner- und Posaunenpartie der ersten Einleitung einen diskontinuierlichen, oftmals stockenden Verlauf auf, so darf andererseits die syntaktische Regularität der Militärmärsche wohl als Beispiel musikalischer Parataxe einstehen.

Gegen eine verkrustete Philisterästhetik verteidigte Arnold Schönberg 1912 in seiner Prager Gedenkrede Mahlers epochale Leistung als Komponist mit der fragwürdigen These, dessen Themen seien keineswegs banal[90], mit einem Argument also, bei dem durchschimmert, daß für Schönberg, trotz gegenläufiger Tendenzen im eigenen Werk, der Kunstcharakter von Musik an den „hohen Stil" gebunden blieb. Nach Abzug der apologetischen Pointe kann damit jedoch nichts anderes gemeint sein, als daß Mahler das banale thematische Material durch kompositorische Konstruktion der ursprünglichen Sphäre enthebe, daß eine „Konfiguration von Inhalt und Stil" vorliege, die nach Adorno Mahlers Form geschichtsphilosphisch der des Romans, insbesondere dem „Roman aller Romane, der Flaubertschen *Madame Bovary*“ annähere: „Pedester ist der Musikstoff, sublim der Vortrag.“[91] Obschon seit Heliodors *Aitiopika* das Moment der Kolportage dem Roman, auch der *Bovary*, nicht fern steht, intendiert Flaubert seine Aufhebung durch die Macht des Stils, nimmt eine Position ein, die dem Kunstideal des l'art pour l'art näherkommt als der Mahlerschen Kompositionstechnik in der *Dritten Symphonie*, wenn er in dem bekannten Brief an Louise Colet schreibt: „C'est pour cela qu'il n'y a ni beaux ni vilains sujets et qu'on pourrait presque établir comme axiome, en se posant au point de vue de l'art pur, qu'il n'y en an aucun, le style étant à lui tout seul une manière absolue de voir les choses [...].“[92]

Nicht Stil, sondern der schwer zu definierende, doch unverwechselbare Ton bewahrt Mahlers stilistisch vielfältige Musik vor ästhetisch mangelhafter Stillosigkeit. Er prägt und vereinheitlicht sie noch dort, wo sie, wie beim Militärmarsch von Teil I und dem Abgesang von Teil II, sich in die Extreme von Heteronomie und Autonomie zu spalten scheint. Mahlers Ton umfaßt als Einheitsmoment die mannigfachen Stoff- und Stilebenen und ist der Garant dafür, daß sein Verzicht, die Banalität des Inhalts durch Sublimität des Vortrags, des Stils, aufzuheben, den ästhetischen und geschichtsphilosophischen Rang seines Werkes weniger schmälert als erhöht. Insofern beim ersten Satz der *Dritten* die Integration banaler Themen, die als Zitate aus Volks-, Militär-, aber auch Kunstmusik allseits bekannt waren, in die „hohe“ Musik nicht allein mit deren kompositorischen Verfahrensweisen, sondern ebenso mit solchen erfolgt, die, wie die Sukzessions-Collage beim Militärmarsch der Fiktionsebene I oder die tendenziell immergleiche Wiederkehr des Weckrufs in der Funktion eines Marschsubjekts, selbst der „unteren“ Musik entstammen, ist Heteronomie kein Makel, der vertuscht zu werden brauchte, sondern offen hervorgekehrtes Moment musikalischer Autonomie. Die musikalische Prosa als Formkategorie des Romans wacht über den heteronomen und autonomen Prinzipien dergestalt, daß einerseits der Weckruf als Subjekt des Romans im zweiten Strang durch nuancenreiche Modifikation vor dem thematischen Einerlei bewahrt wird und daß anderseits dort, wo er Ausgangspunkt für thematische Vereinheitlichung ist, der Rationalität der integralen Variantentechnik auch Grenzen gesetzt werden, auch vollends Neues, Nichtableitbares eingeflochten wird, ohne welches der Satz, um beim Bild zu bleiben, weniger zum Roman als zur durchkonstruierten Novelle, der Expansion abginge, geworden wäre.

Die ästhetisch konträren, technisch aber verwandten Tendenzen zur Vereinheitlichung hier und zum Einerlei dort bestimmen die esoterischen und exoterischen Gehaltskomponenten, deren Verbindung die Rezeptionsästhetik des Satzes derjenigen des realistischen Romans des 19. Jahrhunderts verwandt erscheinen läßt. So wie dessen Zugänglichkeit und Beliebtheit sich auf eine kolportagehafte Spannungskurve gründete, hinter der sich die Kunst des Erzählens verbirgt, dürften auch der Erfolg der *Dritten* bei der Uraufführung 1902 in Crefeld und ihre gegenwärtige Popularität auf den exoterischen Momenten beruhen. Daß aber der kollektive Gehalt dieser Musik auch vom Kollektiv vernommen werden möchte, brachte den konservativen Teil der musikalischen Fachwelt in Rage, der indes, indem er seinen Haß auf die exoterischen Momente fixierte, die esoterische Formkonstruktion aber übersah oder verkannte, nur einmal mehr demonstrierte, wie wenig seine angebliche Bildung der Bildungslosigkeit voraus hat.

Gustav Mahler war nicht bereit, sich mit der Spaltung der Kultur in eine höhere und eine untere Sphäre, eine Kluft, die aus gesellschaftlichen, nicht aus natürlichen Gründen resultiert, abzufinden, wußte aber zugleich um die Fragwürdigkeit eines Versuchs, sie mittels bloß organisatorischer Maßnahmen wegzumanipulieren oder die Divergenz in einem schlechten künstlerischen Kompromiß zu übertünchen. Statt dessen gestaltete er den kulturellen Antagonismus in einem Kunstwerk, das die Perspektive einer Versöhnung beider Seiten ohne Kapitulation der einen trägt und, was Hegel dem Roman zuschreibt — er erringe der Poesie auf dem Boden der Prosa ihr verlorenes Recht wieder[93] —, legitimerweise für sich in Anspruch nehmen darf. Wenn anders Kunst in prosaischer Welt gerettet werden kann, dann darf Mahlers musikalischer Roman als ein Paradigma gelten, das, indem er Prosaisches, Unteres von Kultur, den „musikalischen Alltag" (Stefan) durch artifizielle Organisation eigener innerer Tendenzen gleichsam den Weg der Selbstemanzipation schreiten läßt, nicht sowohl die Prosa zur Poesie erhebt, als auch die Poesie in solcher Vermittlung mit Prosa vor dem Ideologieverdacht schützt, so daß schließlich beide Seiten dialektischen Nutzen daraus ziehen.

Wege eines Interpretationsvergleichs

Mit Bedacht läßt unsere Überschrift in der Schwebe, ob die folgenden Ausführungen eher der hermeneutischen oder der aufführungspraktischen Seite des äquivoken Begriffes Interpretation gelten. Möglichkeit und Notwendigkeit dieser Äquivokation selbst, der die musikwissenschaftliche Forschung bisher wenig Augenmerk gewidmet hat[94], sollen anhand eines bestimmten Beispiels, des ersten Satzes der *Dritten Symphonie*, erörtert werden. Dies bedeutet nichts anderes als den Versuch, die im voranstehenden Kapitel geleistete hermeneutische Interpretation des Satzes in zentrale Begriffe seiner aufführungspraktischen Interpretation umzuformulieren und diese alsdann, um sie nicht im luftleeren Raum abstrakter Reflexion anzusiedeln, mit der Wirklichkeit der in Schallplatten festgehaltenen Aufführungen der *Dritten* und einigen ihrer Rezensionen zu konfrontieren. Leider kann die geschichtliche Dimension der Mahler-Interpretation in diesem Rahmen nur wenig berücksichtigt werden, zum einen, weil sämtliche Aufnahmen der *Dritten* vergleichsweise jüngeren Datums sind, zum anderen aber, weil die verschiedenen Deutungen, die ihr im Laufe von nunmehr bald einem Jahrhundert zuteil geworden sind, nicht im Sinne einer Wirkungsgeschichte expliziert, sondern nur ansatzweise in unsere eigene Interpretation eingebracht werden können. Dem von dezisionistischer Seite zu erwartenden Vorwurf, der Autor würde damit die Vielfalt möglicher Deutungen eines komplexen Gebildes normativ einengen und in jene Position zurückfallen, die annahm, es gäbe von einem musikalischen Werk nur eine einzige „objektive", „ideale" Interpretation, möchte er mit dem Hinweis darauf begegnen, daß die „ideale" Interpretation eines Werkes kein empirisches Faktum, keine der früher, gegenwärtig oder in Zukunft existierenden Klangrealisationen desselben, sondern die geschichtlich wandelbare Idee dessen ist, wie der integrale Sinngehalt eines musikalischen Verlaufes als klingende Form in Erscheinung treten kann und soll. Wenn von Begriffen aufführungspraktischer Interpretation die Rede ist, so nicht um eine musikalische Beschreibung zu bezeichnen, die nach Art der Schenkerschen Analysen Takt für Takt, Abschnitt für Abschnitt voranschreitet, sondern um die für den ersten Satz der *Dritten* spezifisch gültigen Formprinzipien im Hinblick auf daraus ableitbare Regeln der Aufführungspraxis zu betrachten.[95]

Der Weg besteht somit methodisch aus drei Schritten: erstens einer hermeneutischen Interpretation, die auf einer Form- und Strukturanalyse der Musik beruht, zweitens einer daraus abgeleiteten aufführungspraktischen Interpretationsanalyse und drittens einer vergleichenden Interpretationskritik, die sich deren Ergebnisse zum Urteilsmaßstab nimmt. Der erste, Formanalyse und hermeneutischen Interpretation umfassende Schritt, ist im vorangehenden Kapitel geleistet worden, auf das für diesen Problemkomplex verwiesen werden muß.

Den zweiten methodischen Schritt, die Umformulierung der Analyse in aufführungspraktische Interpretationsbegriffe, eröffnen wir nun mit einer Diskussion der Tempogestaltung, der bei einem vielgliedrigen Musikverlauf solch gigantischer Dimension grundlegende Bedeutung zukommt. Dabei kann es sich selbstverständlich nicht darum handeln, exakte Metronomzahlen ermitteln zu wollen — gegenüber derartigen normativen Versuchen ist äußerste Skepsis angezeigt, da Tempo einerseits keine mathematisch fixierbare, sondern eine lebendig zu gestaltende Größe, andererseits ein Moment der Musik ist, dessen Wirkung und Tendenz durch anderweitige interpretatorische Maßnahmen unterstützt oder aber mit einem Gegengewicht versehen werden kann —; vielmehr wird es darum gehen müssen, die Temporelationen zwischen den einzelnen Satzpartien in ihrer grundsätzlichen Proportionalität zu bestimmen.

Angesichts des Entwicklungsganges des inneren Programms vom Sein zum Werden, dessen kompositionstechnisch-formale Konzeption einer musikalischen Entfaltung vom Trauermarsch der Einleitung zum Militärmarsch der Exposition in den drei Teilen Exposition, Durchführung und Reprise in progressiv aufeinander bezogener Weise dreimal komponiert erscheint, erhebt sich die Frage, ob für die Differenz zwischen Trauer- und Militärmarsch ein Dualismus zweier Grundtempi oder Modifikationen eines eingangs angeschlagenen Haupttempos anzusetzen seien. Mahlers ursprüngliche Intention zielte auf ein einheitliches Grundtempo, vermerkte er doch auf der ersten Seite des Kopfsatzes sowohl im Autograph (Pierpont Morgan Library New York) als auch in der 1898 erschienenen Erstausgabe des Werkes in einer „Anmerkung für den Dirigenten“: „Das Anfangstempo ist im Ganzen und Großen für das ganze Stück durchaus festzuhalten und trotz der jeweiligen Taktwechsel oder Modifikationen strengste Kontinuität desselben durchzuführen.“[96] Diese Anweisung hat Mahler in späteren Ausgaben, in die er seit der vollständigen Uraufführung der *Dritten Symphonie* im Juni 1902 gewonnene aufführungspraktische Erfahrungen einarbeitete, wieder gestrichen. Für uns muß offenbleiben, ob diese Streichung ein späteres Abrücken des Komponisten von seiner ursprünglichen Tempovorstellung anzeigt oder eher eine Skepsis gegenüber den faktisch gegebenen Möglichkeiten, seine nach wie vor geltende Tempovorstellung adäquat zu realisieren. Mahlers eigene Einspielung des Trauermarsches aus der *Fünften Symphonie* auf eine Welte-Mignon-Rolle im Jahre 1905 beeindruckt jedenfalls sehr durch ihre Tempokontinuität, während seine Liedeinspielungen eine weit freiere Agogik erkennen lassen. Zur Klärung dieser Frage mag der Plan S.187 von Nutzen sein, der die für die verschiedenen Abschnitte formulierten Tempoanweisungen erfaßt, wobei die disjunktive Darstellung der beiden Stränge von Trauer- beziehungsweise Militärmarschteilen — mit dem Anfangstempo des Weckrufs[97] in der Mitte — der Übersichtlichkeit dienen und nicht die Sachlage präjudizieren soll.

Schwierigkeiten bei der relationalen Tempobestimmung ergeben sich daraus, daß zwar die Anweisung „Tempo I“ unzweideutig auf das Anfangstempo zurückverweist, daß jedoch die viel häufigere Bezeichnung „a tempo“ offenläßt, auf welches Grundtempo, das vor den mannigfachen Modifikationen eingehalten wurde, sie zu beziehen sei. Ferner ist problematisch, inwieweit verwandte Stellen — seien es identische, deren es nur wenige gibt, oder seien es geringfügige Variantenbildungen — auf ein gleiches Tempo schließen lassen. Die Hypothese, dies sei möglich und sinnvoll, ist allerdings für unseren Versuch, das Temporelationengefüge nach Möglichkeit zu klären, eine erhebliche Hilfe.

Daß der Weckruf zu Beginn der Symphonie in einem mittleren Tempobereich anzusiedeln sei, diese Annahme erscheint nicht allein aufgrund der Temporeduktion zum Trauermarsch hin (T. 27f.)[98] bzw. der Temposteigerung zu Beginn der Militärmarschexposition (T. 239f.) richtig; sie wird überdies gestützt von der thematischen Umklammerungsfunktion, die der Weckruf für beide Teile — für den Trauermarsch der Nachsatz des Weckrufs (T. 5 — 11), sein Vordersatz

„Einleitungspartien“ *Trauermarsch-Tempi*		„Expositionspartien“ *Militärmarsch-Tempi*
ERSTER TEIL: „EXPOSITION“		
	T. 1 Kräftig. Entschieden.	
T. 27 Schwer und dumpf.		
T. 57 Bewegt.		
	T. 118 a tempo.	
T. 164 Langsam. Schwer.		
	T. 225 Tempo I.	
		T. 239 Unmerklich etwas bewegter.
		T. 315 Schwungvoll. Immer dasselbe feurige Marschtempo, ohne zu eilen.
ZWEITER TEIL: „DURCHFÜHRUNG“		
T. 369 a tempo.		
T. 424 Zeit lassen. Sentimental.		
T. 440 Wieder a tempo. Nicht eilen.		
		T. 463 (keine Angabe, d.h. dasselbe Tempo wie zuvor.)
		T. 530 Immer dasselbe Tempo (Marsch). Nicht eilen.
		T. 599 Etwas drängend.
		T. 609 più mosso (doch nicht alla breve).
		T. 635 Im alten Marschtempo (Allegro moderato) ohne Rücksicht auf Celli und Bässe.
DRITTER TEIL: „REPRISE“		
	T. 643 Tempo primo. Wie zu Anfang.	
T. 671 Schwer. Etwas (aber unmerklich) zurückhaltend.		
T. 700 Ruhig.		
T. 703 Sehr getragen.		
T. 707 Zeit lassen.		
T. 733 Langsam.		
		T. 737 Tempo I (zuerst noch gemäßigt).
		T. 832 Schwungvoll.
		T. 863 Drängend.
		T. 868 Sehr drängend.

(T. 1—4) für den Militärmarsch — ausübt. Die These, nach diesem mittelschnellen Anfang würden sich die Tempi von Trauer- und Militärmarsch zu einem primären Dualismus scheiden, wird vor allem durch die interpretatorische Faktizität der Schallplattenaufnahmen, auf die wir später eingehen werden, unterstützt, während die Gegenthese, in diesem Satz könne weniger von einer grundsätzlichen Geschiedenheit der Zeitmaße als von Abweichungsnuancen von einem einzigen Haupttempo die Rede sein, manche Anhaltspunkte in der Partitur selbst findet. Hinsichtlich des Trauermarsches läßt sich diese Argumentation im besonderen an dem zusätzlichen Vermerk in der Reprise „Etwas (aber unmerklich) zurückhaltend" (T. 671) festmachen, hinsichtlich des Militärmarsches aber an der gegenteiligen Anweisung „Unmerklich etwas bewegter" (T. 239) sowie an dem im (mittleren) TempoI einsetzenden Beginn der Militärmarschreprise (T. 737f.), in betreff auf beide Stränge zusammen jedoch ganz besonders an der gleichförmigen Tempokontinuität im zweiten Teil von Takt 440 an. Von der Formidee her betrachtet, scheint allerdings die Frage nach Ein- oder Zweiheit der grundsätzlichen Tempodisposition an Gewicht zu verlieren, da es weniger auf die absolute Differenz zwischen primärem Trauer- und primärem Militärmarschtempo als vielmehr darauf ankommt, ob und in welchen Proportionen diese Differenz im ferneren Satzverlauf nivelliert, aufrechterhalten oder verschärft wird. Für den epischen Charakter des Formprozesses ist es nämlich entscheidend, daß Einleitungs- und Expositionspartien, die beide von dem als symphonischer Held im unisono der acht Hörner eingangs präsentierten Weckruf thematisch zehren, statt zu wechselseitiger Vermittlung, die einem Sonatendenken angemessen wäre, zu zunehmender Isolation, zu einer konsequenten Emanzipation ihrer eigenen inneren Tendenzen streben, ungeachtet der übergreifenden Formtotalität, die erst aus der allmählich anwachsenden Konfiguration der Teile entsteht und somit nicht ontologisch vorgegeben ist.

Die gegenläufigen Prozesse der beiden Hauptstränge beziehen sich in ihrer wechselweise auseinanderstrebenden Bewegung hinsichtlich des Tempos in kontinuierlich stufenweiser Folge aufeinander. Dadurch vertiefen sich die Gegensätze in wellenförmiger Art. Sie gehorchen aber auch ihrer eigenen, diskreten Logik, gemäß welcher sie als Variantenkomplexe auch unmittelbar nur auf sich selbst Bezug nehmen und nach welcher wir sie im folgenden gesondert betrachten wollen. Die immanente Tempoentwicklung des Trauermarschstranges nimmt ihren Verlauf von dem anfänglichen „Schwer und dumpf" (T. 27f.) aus, das laut Vorschrift für die entsprechende Reprisenstelle das Weckruf-Tempo geringfügig zurücknimmt, und führt hin zum ersten der berühmten Posaunensoli (T. 164f.), das als „Langsam. Schwer." bei gleichbleibender Trauermarschbegleitung das Tempo der ersten Partie wohl noch etwas reduziert. Im zweiten Teil wendet sich sodann das Posaunensolo in seine Reflexionsform (T. 424f.), in der zwar die schwer lastenden Trauermarschrhythmen sich zu einer leichten Tremolofärbung verflüchtigt haben, bei der jedoch die Anweisung „Zeit lassen. Sentimental" auf mindestens dasselbe langsame Tempo wie beim ersten Posaunensolo schließen läßt; dies auch deshalb, damit die musikalische Erinnerung an die frühere Stelle träumerisch-sentimental — dem „Wie nachhorchend" der Violinen aus dem dritten Satz der Symphonie (Ziffer 28) verwandt — und keinesfalls nur nach Art flüchtigen Streifens erklingt. In der Reprise wird zunächst (T. 671f.) an das Anfangstempo von Takt 27f. angeknüpft, dann aber auch die sentimentale Erinnerungsform der Soloposaune wieder aufgenommen, die mit einer Cellomelodie (T. 728—736) ihre ruhevolle Befriedung findet und mit den sukzessiven Anweisungen „Ruhig; sehr getragen; Zeit lassen; langsam" ihre von Anfang an bestehende Tendenz zur Statik hier in einer gegenüber früher nochmals gesteigerten Tempoverlangsamung gleichsam zu einem Stillstand des symphonischen Verlaufs führt, der seinesgleichen sucht.

Gegenläufig dazu sind die Tempi der Militärmarschpartien disponiert. Im Expositionsteil wird das einmal eingeschlagene, im Vergleich zum Weckruf leicht flüssigere Tempo prinzipiell unverändert beibehalten. Im mittleren Teil gleicht sich sowohl die stark variierte materiale Expositionswiederholung (T. 463—529) als auch die ideelle Transformation des Militärmarsches in die eigentlich durchführungsartige Entwicklungspartie (ab T. 530) gegen ihren Schluß dem bei Takt 440, also noch in der Trauermarschphase des mittleren Teils, erreichten Zeitmaß „Wieder a tempo. Nicht eilen" an, das aufgrund der Entsprechung zu Takt 99f. ungefähr als das mittlere Tempo des Weckrufs bestimmt werden kann. Die Belebung und Intensivierung, die dieser durchführungshafte Militärmarschkomplex an seinem Ende in den von Mahler mit „Die Schlacht beginnt" (T. 583f.) und „Der Südsturm"[99] (T. 605f.) gekennzeichneten Partien erfährt, realisiert sich auch mittels Temposteigerungen: „Etwas drängend" (T. 599), „Più mosso (doch nicht alla breve)" (T. 609) und „Immer noch drängend" (T. 617). Und schließlich, nachdem die Reprise des Militärmarsches im Tempo gleich gestaltet war, erzielt Mahler dadurch, daß die fulminante Coda (T. 863f.) „drängend" und „sehr drängend" die Tempobeschleunigungen des Durchführungsschlusses aufgreift und übertrifft, einen ebenso wirkungsvollen wie logisch begründeten Satzschluß, dessen tendenziell bis zum letzten, „scharf abgerissenen" Akkord sich erstreckendes accelerando den extremen Widerpart zum Versiegen des Trauermarschstranges in Takt 736 darstellt.

*

Mit diesen Ausführungen dürfte ein genügend weiter und doch eng an Mahlers Text sich anschließender Interpretationsrahmen abgesteckt sein, um die folgende

Kritik der Tempogestaltung in den berücksichtigten Einspielungen der Symphonie[100] dem Vorwurf banausischer Verhärtung zu entziehen. Zuvor jedoch sei auf ein Problem hingewiesen, welches — wie eingangs erwähnt — aus dem Umstand erwächst, daß die Wirkungsgeschichte der Mahler-Interpretation über wenige summarische Andeutungen hinaus noch nicht untersucht ist. Es handelt sich dabei, verkürzt ausgedrückt, um den unterschiedlichen Stellenwert der sogenannten Partiturtreue bei verschiedenen Stationen dieser Wirkungsgeschichte, namentlich bei Interpretationsauffassungen, wie man sie auf der einen Seite als Prinzipien von Mahlers eigener Orchesterdirektion — für Mahler und auch für seinen Freund Mengelberg galt der an Wagner orientierte und gegen die Mendelssohnsche Traditionslinie gerichtete Grundsatz nicht vorgeschriebener Tempomodifikationen[101] — und auf der anderen als Vorstellung minutiöser Partiturtreue, die im Hinblick auf Mahlers Werk weniger aus einer neusachlichen Position als aus der seriellen Umdeutung der Schönberg-Schule entstanden sein dürfte, rekonstruieren könnte. Auch die Frage, wie weit Mahler, der als Komponist die Tempoanweisungen seiner Partituren genauestens vorschrieb, sich als Dirigent, dem Prinzip nicht notierter Tempomodifikationen gemäß, von einer strikten Befolgung seiner Vorschriften dispensierte, kann, falls überhaupt, gegenwärtig noch nicht geklärt werden. Wenn wir somit in der Interpretation des ersten Satzes der *Dritten* durch Charles Adler, der als einziger Dirigent der alten Garde der Mahler-Interpreten sich der *Dritten Symphonie* für eine Schallplattenaufnahme angenommen hat und dessen Tempi im Vergleich zu den übrigen Einspielungen drastisch langsamer sind, eine ältere Schicht der Mahler-Tradition zu erkennen glauben, so entbehrt diese Vermutung einstweilen einer ausreichenden argumentativen Stütze.

Signifikant sind zum einen die Ausgangsrelation zwischen Weckruf-, erstem Trauermarsch- und erstem Militärmarschtempo, zum anderen Modifikationsrichtung und -grad der Tempi beider Stränge im weiteren Satzverlauf. Die Anfangsverhältnisse der primären Tempi erhellen aus folgender tabellarischer Zusammenstellung[102]:

	Tempo I (T. 1f.) MM	Trauermarsch (T. 27f.) MM	Militärmarsch (T. 247f.) MM
1. Adler	102	63	104
2. Bernstein	108	82	116
3. Haitink	108	84	130
4. Kubelik	120	92	126
5. Leinsdorf	94	88	116
6. Solti	112	82	116

Die „unmerkliche" Temposteigerung des Militärmarsches gegenüber Tempo I wird von allen Dirigenten mit Ausnahme Haitinks, der stark beschleunigt, nach

Mahlers Vorschrift ausgeführt. Die durchwegs erhebliche Temporeduktion vom Weckruf zum ersten Trauermarsch aber erregt unter Berücksichtigung der Reprisenanweisung von Takt 671 Aufmerksamkeit und läßt die Vorstellung eines ursprünglichen Tempodualismus von Trauer- und Militärmarsch (wenn auch in unterschiedlichem Ausmaß) als interpretatorische Auffassung sämtlicher Dirigenten erkennen — vielleicht eine Konsequenz der Tatsache, daß Mahler seine Tempomodifikationsanweisung für den Druck kanzelliert hat.

Wenn wir bisher der Frage nach den Temporelationen Vorrang eingeräumt haben, so aus dem Grunde, weil dieser Aspekt für eine Gesamtkritik der Tempogestaltung von höchster Bedeutung erscheint und einer Untersuchung, die weniger auf Einzelaspekte der Interpretation als auf eine Beurteilung der Grundkonzeption dieses Satzes abzielt, dienlicher ist als der übliche Vergleich verschiedener Versionen ein und derselben Stelle. Im folgenden werden wir allerdings diesen Gesichtspunkt, der den Stellenwert eines Tempos innerhalb eines prozessualen Relationengefüges berücksichtigt, auch mit demjenigen zu verbinden haben, der die immanente Adäquanz eines Tempos für den isolierten Charakter einer bestimmten, einzelnen Passage betrifft. Daß die beiden Sichtweisen nicht stets umstandslos in ihren optimalen Bestimmungen übereinkommen — wobei wir hier offen lassen, welchem Kriterium im Zweifelsfalle Vorrang gebührt —, erweist sich bereits bei einer Beurteilung der ersten Trauermarschtempi (T. 27f.) und ihren Konsequenzen für den weiteren Verlauf dieses Stranges. Wäre nämlich zugunsten der Möglichkeit, in den Trauermarschpartien das Tempo sukzessiv zu verlangsamen und den Charakter der Musik zunehmend sich beruhigen zu lassen, eine anfänglich geringfügige Differenz zum Weckrufzeitmaß angebracht, so scheint umgekehrt die spezifische Charakteristik der Stelle ein breiteres Zeitmaß zu gebieten, damit sich die subjektivitätslose Sphäre der musikalischen Vorwelt angemessen realisiere. Diesen Charakter eines vormelodischen Chaos dürfte denn auch die extrem langsame Version von Adler am besten treffen, weil in ihr die motivischen Einsprengsel, statt sich zu einem scheinhaften Zusammenhang zu fügen, ihre montageartige Lockerkeit bewahren. Für diesen einzelnen Vorzug zahlt jedoch Adler einen hohen, einen, wie wir meinen, zu hohen Preis, wenn er die Tempoentwicklung des Trauermarschstranges sodann im Gegensatz zu unserer Interpretation als zunehmende Beschleunigung dirigiert: Von MM 63 aus steigert er beim ersten Posaunensolo (T. 164f.) auf anfängliche MM 76, erreicht aber bereits bei der mit „Wieder schwer“ charakterisierten Variante (T. 185f.) MM 92 und steigert schließlich bei der „sentimentalen“ Erinnerungsvariante (T. 424f.) und deren Reprisenpartie (T. 707f.) das Tempo weiter auf nicht weniger als MM 96. Hierin, in dieser letzten Passage, wird Adler nur noch von Kubelik mit MM 100 übertroffen, der indessen bereits über den ersten Trauermarsch (T. 27f.) mit dem Rekordtempo MM 92 oberflächlich hinwegdirigiert hatte, ohne die einzelnen Klänge in ihrer Tiefe auszuloten. Soltis Disposition der Trauermarschtempi entspricht demgegenüber unserer Deutung am ehesten und wird zudem vorteilhaft gestützt durch die überragende Qualität des Soloposaunisten Denis Wicks vom Symphony Orchestra London. Solti beginnt in Takt 27f. in einem mittelschnellen Zeitmaß (MM 82), erzielt aber dennoch eine schwere Lastigkeit der Klänge dadurch, daß die Viertel der Trauermarschbegleitung voll ausgehalten werden, steigert dann beim ersten Posaunensolo geringfügig auf MM 84, um sodann als einziger Dirigent die „sentimentale" Variante auf ein unterhalb des Anfangstempos liegendes Maß (MM 76) zu reduzieren. Hier, vollends aber in der „langsamen" Cellomelodie, die in der Reprise das „sentimentale" Posaunensolo zum Morendo-Abschluß bringt (T. 728f.), erweist sich Soltis Geduld, deren souveräne Zeitgestaltung auch fast als einzige die langen Töne und Pausen ungekürzt durchhalten läßt, als diejenige Interpretationsauffassung, die den epischen Charakter dieser Partien und der Formtotalität im ganzen, deren Stränge nur in dieser Konzeption auseinanderstreben, am überzeugendsten realisiert.[103] Die Einspielungen von Bernstein und Haitink bewegen sich im Vergleich zu den besprochenen auf dem Mittelweg, der aber bei Mahler kaum je der goldene ist, darum aber nicht notwendig die schlechteste Lösung darstellen muß. Sie behalten ihr gemäßigtes Tempo von Takt 27f. für den gesamten Trauermarschstrang grosso modo bei — Bernstein beschleunigt leicht zum ersten Posaunensolo und bleibt beim „sentimentalen" in diesem Tempo, während Haitink dort wiederum zum Anfangstempo von Takt 27f. zurückkehrt —, verzichten also auf eine virtuell lineare Tempomodifikation, die, wie bei Solti, ein Gegengewicht zu den Temposteigerungen des Militärmarschstranges oder, wie bei Adler, eine gleichlaufende Unterstützung derselben bedeutet.

Bei den Militärmarschpartien sind die eigenmächtigen Tempomodifikationen im allgemeinen geringeren Ausmaßes und Gewichts als in den Trauermarschteilen. Es wurde bereits darauf hingewiesen, daß Haitink als einziger Dirigent die Belebung des Militärmarsches (T. 239f.) gegenüber dem primären Weckruf-Tempo nicht „unmerklich", sondern mittels drastischer Beschleunigung (von MM 108 auf MM 130) vollzieht. Vielleicht fühlt er sich deshalb gezwungen, zu Beginn der eigentlichen Durchführungspartie (T. 530f.) die Geschwindigkeit auf MM 116 zu drosseln, obgleich Mahler ausdrücklich „Immer dasselbe Tempo (Marsch)" vorschreibt, eine Lizenz gegenüber dem Notentext, die sich auch Adler ausnimmt. Dieser Dirigent verlangsamt sein prinzipiell gemächliches Marschtempo, das auf die Dauer eher auf der Stelle tritt statt vorwärtszukommen, beim Scheinfugato der Bässe auf MM 88 und begibt sich so der Möglichkeit, den Einbruch der Holzbläser (T. 539) — eine Stelle, die Mahler „Das Gesindel"[104] und Adorno den „antizivilisatorischen Überfall"[105] nannten — zu seiner schockhaften Wirkung gelangen zu lassen. Die beiden Endphasen der Militärmärsche im zweiten und dritten Teil, das heißt zum Durchführungs- und Satzschluß, in denen sich das Prinzip des Schreitens zur Hast intensiviert, werden zwar in allen Aufnahmen schneller als das Grundtempo dirigiert, doch begehen alle mit Ausnahme Soltis den Fehler, gleich zu Beginn der Partien die Tempi ruckhaft zu steigern und damit ein accelerando zu verunmöglichen, so daß zwar Turbulenz herrscht, dem Charakter der Musik jedoch eine bis zuletzt anwachsende Bedrängnis abgeht. Allein bei Solti wird die innere Intensivierung der Musik beim Durchführungsende, der zum Alptraum verwandelten Marschidee, auch durch entsprechende Tempomodifikationen unterstützt. Aufgrund dieser Beschleunigungen beim Militärmarschstrang sowie der gegenläufigen Reduktionen des Zeitmaßes beim Trauermarschstrang entspricht Soltis Realisation des Tempogefüges in diesem Satz am ehesten der von uns entwickelten Konzeption, und wir scheuen uns nicht zu behaupten, seine Auffassungsweise trage als einzige der immanenten epischen Logik Mahlers voll Rechnung.

*

Im folgenden soll nun versucht werden, die für den ersten Satz der *Dritten* im besonderen relevanten Formprinzipien Heteronomie, Widerspiegelungsfiktion und lineare Raum- und Zeitsukzession[106] in aufführungspraktische Interpretationsbegriffe umzuformulieren, um sodann wiederum die vorliegenden Einspielungen daraufhin zu untersuchen. Die Möglichkeiten kontinuierlicher musikalischer Raumwirkungen werden von Mahler in diesem Satz nahezu systematisch auskomponiert. Die beiden Übergänge von Einleitung zu Marschexposition im ersten Teil erfolgen unter Zuhilfenahme des Fanfarensignals der Klarinetten einmal als kontinuierliches Verlaufen der Marschkapellenbewegung ins Nichts der Ferne (T. 148f.), das andere Mal (T. 237f.) als kontinuierliches Weg- und Näherrücken. In der Reprise schließlich erscheint diese entscheidende Stelle nochmals anders konzipiert, indem Mahler unter Weglassung der Fanfare die erste Lösung umkehrt und nach dem traumähnlichen Abschluß der Cellomelodie (T. 736) die Marschbewegung im Sinne eines musikalischen Erwachens aus zunächst kaum hörbarer Ferne heranrücken läßt. Eine Aufführung dieses Satzes wird sich nicht zuletzt daran messen lassen müssen, in welchem Maße und mit welcher Eindringlichkeit sie in den verschiedenen Versionen derselben musikalischen Idee das Formprinzip selbst ohrenfällig und ihre Folge als beziehungsreichen Variantenprozeß verständlich werden läßt. Dazu erscheinen folgende Punkte beachtenswert:

1. Die Klarinetten-Fanfare (und ihre weiteren Wiederholungen), nach Mahler „Der Herold“[107], soll in äußerstem dynamischen Kontrast die ins ppp versiegende lyrische Episode unterbrechen, als diskontinuierliche Störung von außen, deren Berechtigung erst im nachhinein, aus dem dadurch eingeleiteten Marschrhythmus

der Bässe, ersichtlich wird. Um die Unterbrechung des musikalischen Zusammenhangs zu verstärken, ist an dieser Stelle, obgleich Mahler nichts vermerkt, eine gewisse Beschleunigung des Zeitmaßes durchaus am Platz. Mahlers Konzeption einer musikalischen Widerspiegelungsfiktion wird bei ihrem ersten Erscheinen dadurch unterstrichen, daß die Militärmarschbewegung, die diesmal allerdings noch im Einleitungskomplex versandet, als Schlagzeugapparat einer Kapelle davonzieht (T. 156f.). Um diese Schlagzeugpassage aber als auskomponierte Hörhilfe zur Verdeutlichung des Formprinzips und nicht lediglich als Index der Militärmusiksphäre verstehen zu können, soll sie in dem intendierten diminuendo bis zum vierfachen pianissimo ausgeführt werden und als Konsequenz wachsender Entfernung in die „lange" Generalpause verklingen.

2. Von entscheidender Wichtigkeit für das Maß an sinnstiftender Logik, die die heteronome Widerspiegelungskonzeption dem übergreifenden autonomen Zusammenhang zuträgt, ist die Variante der oben beschriebenen Stelle beim Übergang zur Militärmarschexposition. Zunächst soll hier ebendieselbe Vorstellung einer wegziehenden Musikquelle vermittelt werden, indem die wirr durcheinanderschwirrenden Streicherstimmen — Mahler kann diesmal auf die indexikalische Funktion der Schlagzeuggruppe verzichten, ohne die Verständlichkeit zu gefährden — die Musik („sich gänzlich verlierend", „morendo" in Takt 245/246) in weite Distanz rücken, wobei die Interpretation die Möglichkeit ihres gänzlichen Verschwindens nach Art des Variantenmodells von Takt 156f. bis zuletzt einräumen, ja suggerieren sollte, so daß ihre Stabilisierung in „weiter Ferne" (T. 247) nicht als selbstverständliche, sondern durch spontane, vielleicht gar glückliche Fügung bewirkte Lösung erscheint.[108]

3. Die Interpretation der Militärmarschexposition und ihre Wiederkehr in der Reprise erfordert vom Dirigenten eine rigorose Dispositionskraft, um die umfangreichen Komplexe durchgehend und ohne das geringste Versäumnis als Konsequenz des heteronomen Formprinzips zu gestalten. Dieses Desiderat umfaßt einen äußerst umsichtigen Einsatz der dynamischen Mittel, damit nicht eine mittlere Lautstärke den Eindruck der Ferne aufhebt, bevor er sich voll einstellen konnte, aber auch eine klare Abstufung der zusätzlichen wellenartigen Gliederungen der Marschkomplexe.

Manche Dirigenten, im besonderen Kubelik und Haitink, desgleichen aber auch Bernstein, erfassen weder die Bedeutung der Schlagzeugpassage von Takt 156f., die als starrer, isolierter Appendix selbstverständlich sinnlos bleibt, noch diejenige des „sich gänzlich verlierenden" Bewegungszuges von Takt 245f., bei dem der Fortgang des Geschehens, diesseits jedes musikalischen Zweifels, in keinem Augenblick in Frage zu stehen scheint. Wenn aber Hast und dynamische Unbedarftheit ein Verschwinden der Musik an dieser Stelle, wie es aufgrund des Variantenmodells von Takt 156f. erwartet werden könnte, von vornherein als ausgeschlossen erscheinen lassen, bedeutet das nichts geringeres als die Schmälerung des Variantencharakters dieser Partie. Ein solcher Mangel kommt einem Verdikt über die Interpretation dieses Satzes nahe, dessen Form nicht, wie die zahllosen Klischees behaupten, destruktiv[109] oder formlos[110] ist, sondern dessen epische Totalität durch die fast integrale Bezüglichkeit der Variantentechnik eine neue Formenfülle und Formerfüllung erzeugt. Die komponierte Form wird formlos erst durch eine entstellende Interpretation, die die Variantenprogression übersieht oder nicht mit unnachgiebiger Konsequenz realisiert.

Die Vorstellung einer Musik „wie aus weiter Ferne“ (T. 247f.) wird von Soltis Aufnahme am besten vermittelt. Bei Bernstein beeinträchtigen die stark akzentuierten Viertel das Moment der Unwirklichkeit und bewirken einen fast stampfend präsenten Marschcharakter, bei Haitink dominiert, wohl infolge eines Fehlers der Balance, die kleine Trommel über Gebühr, während Adler die Naturlaute der Piccoloflöte (T. 250, 252) sowie das mit „hervortretend“ bezeichnete Motiv der Klarinette (T. 254f.) in einem Maße über die ansonsten treffend gedämpften übrigen Stimmen heraushebt, daß die Einheitlichkeit eines in die Ferne reichenden Raumes gleich zu Anfang aufgesprengt wird. Adler begeht den Fehler, die virtuelle Diskrepanz zwischen dem in Distanz gerückten Militärmarsch einerseits und den isolierten accelerando-Einsprengseln der Piccoloflöte sowie der thematischen Konsistenz des Klarinettenmotivs andererseits dem heteronomen Hauptprinzip der Raumwirkung überzuordnen und somit durch Rücksicht auf ein Nebenmoment die Entfaltung der Hauptsache zu verhindern. Einzig Solti gestaltet die Raumkonzeption ohrenfällig, indem er sämtliche Angaben des Notentextes dem räumlichen Bezugssystem unterordnet und bei sehr leiser Dynamik in der Deutlichkeit der fernen Musik nicht nachläßt. Allerdings hält auch er seine vorzüglich begonnene Raumrealisation nicht durch und hebt das Prinzip in seiner formkonstituierenden Wirksamkeit in dem Augenblick auf, da das Horn (T. 273f.) den wiedererscheinenden Weckruf-Vordersatz statt, wie notiert, verhalten mezzoforte in fröhlichem fortissimo herausschmettert. Auf diese Weise wird nicht allein die Raumdisposition, die eine genaue Abstufung der einzelnen Glieder und Partien voraussetzt, beeinträchtigt, sondern es hebt auch die reiche Geschichte des Weckrufes in den Militärmarschsträngen mit einer allzu forschen Gestalt an, die ihre Potenz zu wenig noch verbirgt.

Erweist sich somit die Raumkonzeption im ersten Satz der *Dritten* als Prüfstein für die Konsequenz interpretatorischer Kontinuität über weite symphonische Strecken, so sind diejenigen Stellen, an denen der musikalische Zusammenhang durchschnitten wird, an denen Mahlers Musik die Brüche aufweist, die — vor nicht allzu langer Zeit ästhetisch noch diffamiert — heute als Signum der Moderne bewundert werden, für eine aufführungspraktische Interpretation nicht weniger entscheidend. Als Momente von Heteronomie sind die Knotenpunkte der

Diskontinuität, die in diesem Satz zur Hauptsache im Verzicht auf traditionelle musikalische Vermittlungskategorien und deren Ersetzung durch bloße Bänder, Ab- und gar Überschneidungen bestehen, der konträren, aber ebenfalls heteronomen Kontinuität der Raumprogression ästhetisch verwandt. Ein erstes Beispiel dafür bildet das kahle Band der Großen Trommel, das die leere Zeit zwischen den tiefen Nachklängen des Weckrufs und dem Trauermarschbeginn überbrückt (T. 23f.). Für die Interpretation wirft diese Stelle kaum Probleme auf, um so mehr aber für die Aufnahmetechnik: Wenn die Trommelüberleitung in Kubeliks Einspielung nicht, in der Adlerschen wegen Plattenrauschens kaum hörbar ist, wenn also selbst das Minimum eines verbindenden Bandes fehlt, so schlägt Mahlers kühne Idee einer zuvor so nicht gekannten musikalischen Weiträumigkeit in völlige Sinnlosigkeit um.

Gipfelpunkt der Heteronomie dieses Satzes ist die berüchtigte Rückleitung zur Reprise, der abrupte Trommeleinbruch, den Adorno absurd nannte[111] und der seine scheinbare Absurdität — sie entspringt in Wahrheit, wie oben gezeigt wurde[112], aus der Logik des Formgesetzes dieses Satzes — einzig durch eine sinngemäße Aufführung verlöre, die indessen heute noch aussteht. Dabei sind Mahlers Vorschriften klar, vollständig und unmißverständlich: Der Marschrhythmus einiger Kleiner Trommeln, „in der Entfernung aufgestellt“, bricht gleichsam von außen „Im alten Marschtempo (Allegro moderato) ohne Rücksicht auf Celli und Bässe“ herein, deren abflauende Bewegung allmählich verebbt, ungeachtet des gemäßigten Trommeltempos aber das alte, schnelle Zeitmaß beibehält. Die Überlappung zweier musikalischer Ebenen relativiert, da zwei Tempi aufeinanderprallen, die koordinierte Notation, indem, was im Text übereinandersteht, bei richtiger Ausführung alsbald auseinanderklafft.

Reich ist das Sündenregister, das sich die Dirigenten und Toningenieure bei dieser, es sei zugestanden, sehr heiklen Nahtstelle zuschulden kommen lassen. Der umfangreichste Beitrag dazu stammt von Kubelik, der zunächst das Tempo der Baßpizzicati, obschon kein ritenuto angezeigt ist, von MM 160 auf MM 144 reduziert, um durch rechtzeitiges Bremsen die Kluft des Tempounterschieds zu mildern. Doch seine Vorsichtsmaßnahme erweist sich alsbald als überflüssig, denn nach dem Trommeleinsatz ist von den Streicherbässen nichts mehr zu hören — ein Mangel übrigens, den sämtliche Einspielungen mit Ausnahme der Leinsdorfschen teilen, die indessen ihrerseits die Tempi von Streichern und Trommeln fälschlicherweise koordiniert statt dissoziiert. Skandalös wird aber Kubeliks Absicht, das Mahlersche Skandalon der Heteronomie auszumerzen, durch die auch wohl vom Toningenieur den Trommeln auferlegte Zurückhaltung, die nach fast unhörbarem Einsatz — mezzoforte ist vorgeschrieben — bis zum Reprisenbeginn pianissimo spielen. Indem Kubelik dergestalt versucht, die komponierte Diskontinuität zu vertuschen und die Trommelrückleitung als kontinuitätsstiftendes Band zwischen dem abflauenden Streichersturm des Durchführungsschlusses und dem Weckruf der Reprise zu knüpfen, wird die Musik gerade das, wovor der Klassizist sie bewahren möchte: absurd.[113] Auch Adler und Leinsdorf verlangsamen die letzten Takte der Streicherbewegung vor dem Trommeleinsatz und mißachten so Mahlers Anweisung gegenseitiger Rücksichtslosigkeit im Tempo. Die übrigen Einspielungen realisieren eine ungeschmälerte Diskrepanz der beiden Tempi, wenngleich nur im Augenblick ihres Zusammenprallens und nicht darüber hinaus, da, wie angedeutet, das endgültige Abflauen der Streicher nicht mehr hörbar ist. Soltis Aufnahme hat den Vorzug, daß die Entfernung der Trommel durch beigemischten Nachhall glücklich angedeutet erscheint, während ihr Mangel gegenüber Bernstein und Haitink darin liegt, daß der Trommeleinsatz in Takt 634 um ein Achtel zu früh erfolgt.

Unsere Ausführungen erfolgen nicht in der Absicht, in kleinlich-pedantischer Manier die Leistungen von Interpreten zu bekritteln, wenngleich die Musikkritik angesichts ihres Ruhms nicht verstummen darf; sie bezwecken vielmehr, Kategorien wie Epik, Heteronomie, Raumkontinuität und Diskontinuität, die für Mahlers Musik von grundlegender Bedeutung sind, hinsichtlich ihrer aufführungspraktischen Relevanz an einem konkreten Beispiel zu erhellen. Darüber hinaus sollen die Gedankengänge zeigen, welche methodischen Voraussetzungen ein Interpretationsvergleich nach unserer Auffassung zu berücksichtigen hätte, um zu begründeten Urteilen über Art und Qualität verschiedener Aufführungen eines Werkes zu gelangen und sich der schlechten Alternative von wertneutralen Tempo- und Rhythmusdiagrammen auf der einen, vorwiegend musikwissenschaftlichen Seite und unreflektierten Klischees und Vorurteilsstrukturen, wie sie auf der andern Seite in diskografischen Vergleichen der Schallplattenperiodica wuchern[114], zu entziehen. Wichtigstes Ziel des Kapitels jedoch ist es, die noch in den Anfängen steckende Erörterung des Äquivokationsproblems von musikalischer Interpretation, das heißt der Notwendigkeit, hermeneutische Deutung und aufführungspraktische Realisation eines musikalischen Werkes zusammen zu denken und zu entfalten, einen Schritt voranzubringen.

Anmerkungen

1 Arnold Schönberg, *Brahms, der Fortschrittliche* [ursprünglich ein am 11. Februar 1933 in Frankfurt am Main gehaltener Rundfunkvortrag], in: *Schönberg, Stil und Gedanke*, S. 58f.

2 *Adorno, Mahler*, passim; ders., *Wiener Gedenkrede* [1960], in: *Quasi una Fantasia. Musikalische Schriften II*, Frankfurt am Main 1963, S. 115f.; ders., *Epilegomena*, ebd., S. 138f.

3 Vgl. dazu Hermann Danuser, *Musikalische Prosa* (Studien zur Musikgeschichte des 19. Jahrhunderts 46), Regensburg 1975, S. 28f.

4 Vgl. Volker Klotz, *Geschlossene und offene Form im Drama*, München [6]1972, S. 23f.

5 Zit. nach Helmut Schanze, *Friedrich Schlegels Theorie des Romans*, in: *Deutsche Romantheorien. Beiträge zu einer historischen Poetik des Romans in Deutschland*, hrsg. und eingeleitet von Reinhold Grimm, Frankfurt am Main 1968, S. 65.

6 Vgl. hierzu das vorangehende Kapitel *Zu den Programmen der frühen Symphonien*, S. 134ff.

7 *GMB*, S.159ff.; *NBL*, S.35 und S.56. Vgl. die zusammenfassende Darstellung bei *HLG 1*, S. 503f.

8 Vgl. die tabellarische Übersicht bei *HLG 1*, S. 1038f.

9 *GMB*, S. 274.

10 *Mahler-Werfel, Erinnerungen*, S. 65.

11 Vgl. *NBL*, S. 56.

12 Friedrich Schlegel, *Kritische Fragmente (Lyceum), Nr. 89*, in: *Kritische Friedrich-Schlegel-Ausgabe, Abt. I, Bd. 2, Charakteristiken und Kritiken I (1796 — 1801)*, hrsg. und eingeleitet von Hans Eichner, München/Paderborn/Wien 1967, S. 158.

13 *GMB*, S. 173.

14 Brief vom 26. 3. 1896, ebd., S. 149, und Brief vom 12. 4. 1896, ebd., S. 191.

15 So Carl Dahlhaus, *Die rätselhafte Popularität Gustav Mahlers. Zuflucht vor der Moderne oder der Anfang der Neuen Musik*, in: Die Zeit, 27. Jg. Nr. 19, Hamburg 10. Mai 1972.

16 Gianfranco Zàccaro, *Gustav Mahler. Studio per un' interpretazione*, Mailand 1971.

17 Carl Dahlhaus, *Analyse und Werturteil* (Musikpädagogik, Forschung und Lehre 8), Mainz 1970, S. 17.

18 *Gustav Mahler und die musikalische Utopie. I. Musik und Raum. Ein Gespräch zwischen György Ligeti und Clytus Gottwald*, in: Neue Zeitschrift für Musik 135 (1974), S. 9.

19 Vgl. Richard Specht, *Gustav Mahler: III. Symphonie, thematische Analyse*, Leipzig/Wien o. J., S.5; Helmut Storjohann, *Die formalen Eigenschaften in den Symphonien Gustav Mahlers*, Diss. masch. Hamburg 1952, S. 48f; *Adorno, Mahler*, S.109; Dieter Schnebel, *Über Mahlers Dritte*, in: Neue Zeitschrift für Musik 135 (1974), S. 285f., folgt dieser Gliederung, setzt jedoch den Expositionsbeginn in T. 164 statt in T. 247 an.

20 Paul Stefan, *Gustav Mahler. Eine Studie über Persönlichkeit und Werk*, München ^{3}1920, S.123, zitiert die Gliederung von Johann Wagenaar; *HLG 1*, S. 1042f.

21 *Adorno, Mahler*, S. 108.

22 Ebd., S. 109.

23 Vgl. Arno Schirokauer, *Bedeutungswandel des Romans, in: Zur Poetik des Romans*, hrsg. von Volker Klotz (Wege der Forschung 35), Darmstadt 1965, S. 20.

24 Vgl. u.a. *Bekker*, S. 109: „Erweckung und Befruchtung der Materie durch den Schöpfergeist, hier gefaßt als Geist des Naturlebens, bildet den Inhalt des ersten Sinfonieteils."

25 Das in der Pierpont Morgan Library New York befindliche, im November 1896 abgeschlossene Autograph des Werkes weist bei diesem Satz mehrere Bezeichnungen einzelner Stellen auf, die Mahler nicht in die Druckfassung übernommen hat: zu Beginn „Der Weckruf", T. 132f., „Pan schläft", T. 148f., „Der Herold", T. 539f., „Das Gesindel", T. 583f., „Die Schlacht beginnt" und T. 605f. „Der Südsturm". Im folgenden wird der eine oder andere dieser bildhaften Ausdrücke beibehalten. Zu den philologischen Problemen des Werkes vgl. Susan M. Filler, *Editorial Problems in Symphonies of Gustav Mahler: A Study of the Sources of the Third and Tenth Symphonies*, Phil. Diss. Northwestern University 1977, Ann Arbor 1980. Zur Entstehungsgeschichte des ersten Satzes vgl. überdies Peter Franklin, *The Gestation of Mahler's Third Symphony*, in: Music and Letters 58 (1977), S. 439ff., sowie John Williamson, *Mahler's Compositional Process: Reflections on an Early Sketch for the Third Symphony's First Movement*, in: Music and Letters 61 (1980), S. 338ff.

26 Das Thema klingt deutlich an das Lied „Ich hab' mich ergeben", an Johannes Brahms' Akademische Fest-Ouvertüre sowie an den Finalbeginn von dessen *Erster Symphonie* an; vgl.

Monika Tibbe, *Lieder und Liedelemente in instrumentalen Symphoniesätzen Gustav Mahlers* (Berliner musikwissenschaftliche Arbeiten 1), München 1971, S. 108.

27 Vgl. oben Anmerkung 25.

28 Vgl. ebd.

29 Überblickt man den bisherigen Verlauf des Satzes, so darf er wohl als Beispiel dafür gelten, zu wie verschiedenen Resultaten eine Analyse gelangen kann, wenn sie einseitig nur vom Standpunkt des idealen Hörers oder aber aus Kenntnis des gesamten Werkes heraus erfolgt. Gibt es in diesem Fall keinen Zweifel an unserer Gliederung, so müßte in jenem einem idealen Hörer ein Verständnis des bisherigen Verlaufs, der Einleitung, als Exposition einer Sonatenhauptsatzform durchaus konzediert werden: „Exordium" A wäre dann die kurze Einleitung zu B (a + b) und B' (a' + b'), die ihrerseits als Doppelexposition mit Haupt- und episodenhaftem Seitensatz beurteilt würden. Vgl. zu diesem Problem Erwin Ratz, *Zum Formproblem bei Gustav Mahler. Eine Analyse des ersten Satzes der Neunten Symphonie,* in: Die Musikforschung 8 (1957), S. 172.

30 György Ligeti, in: *Gustav Mahler und die musikalische Utopie. II. Collage. Ein Gespräch zwischen György Ligeti und Clytus Gottwald.* in: Neue Zeitschrift für Musik 135 (1974), S. 290.

31 *Adorno, Mahler,* S. 60, nennt die Stelle „Erfüllung als Abgesang".

32 Ebd., S. 110. In Mahlers eigenem Verständnis war diese Formidee — nach Rezničeks Erinnerung an ein Gespräch mit dem Komponisten aus dem Sommer 1898 — in der alla marcia-Partie aus dem Finale von Beethovens IX. Symphonie vorgebildet: „So erzählte er [Mahler] mir z. B. von dem B-Dur-Teil (6/8) im letzten Satz der Neunten Symphonie (vor dem Tenor-Solo). Nach seiner Auffassung müßte dieses Stück von einem außerhalb aufgestellten Militärorchester aufgeführt werden, das ganz entfernt anfange und dann, immer näher kommend, in ein gewaltiges Crescendo übergehe. ‚Sie werden mich ja', so schloß er diese Ausführungen, ‚wahrscheinlich für einen ganz gemeinen Kerl halten, aber ich halte es so für richtig.'" Eduard Nikolaus von Rezničeк, *Erinnerungen an Gustav Mahler,* in: Musikblätter des Anbruch 2 (1920), S. 298f., das Zitat S. 299.

33 Ebd., S.116.

34 Ebd., S. 119.

35 Ebd., S.118.

36 Ebd., S. 99.

37 Ebd., S.110.

38 *Mahler-Werfel, Erinnerungen,* S. 279.

39 Vgl. oben Anmerkung 25.

40 *Adorno, Mahler,* S. 108.

41 Käte Hamburger u. a., *Logik der Dichtung,* zweite, stark veränderte Aufl. Stuttgart 1968, S. 53f., begreift die sprachlogische Struktur des Romans als Fiktion von unterschiedlicher Fiktivität. Da auf die Auseinandersetzungen um Hamburgers Dichtungstheorie nicht eingegangen werden kann, sei auf eine neuerliche Kritik an ihr verwiesen: Gerhart von Graevenitz, *Die Setzung des Subjekts. Untersuchungen zur Romantheorie* (Studien zur deutschen Literatur 36), Tübingen 1973, S. 41f.

42 Adorno, *Epilegomena,* a.a.O., S. 150.

43 Zit. nach *HLG 1,* S. 1038f.

44 T. 14f. resp. T. 658f. und T. 83f. resp. T. 398f.

45 Auf diese Seite der Mahlerschen Variantentechnik wies ansatzweise bereits Helmut Storjohann hin, indem er ein theoretisches Modell eines Variantenpotentials mit den tatsächlich realisierten Varianten aus einem Teil des ersten Satzes der *Sechsten Symphonie* vergleicht. Storjohann, a.a.O., S. 58f.

46 *Adorno, Mahler*, S. 95.
47 Zit. nach *Bekker*, S. 118.
48 *Adorno, Mahler*, S. 120.
49 Zit. nach *NBL*, S. 35.
50 *GMB*, S. 164f. (Brief vom 28. Juni 1896 an Anna von Mildenburg).
51 Vgl. Dieter Schnebel, *Über Mahlers Dritte*, a.a.O., S.284.
52 Vgl. Martin Zenck, *Ausdruck und Konstruktion im Adagio der 10. Sinfonie Gustav Mahlers*, in: *Beiträge zur musikalischen Hermeneutik*, hrsg. von Carl Dahlhaus (Studien zur Musikgeschichte des 19. Jahrhunderts 43), Regensburg 1975.
53 Georg Lukács, *Die Theorie des Romans. Ein geschichtsphilosophischer Versuch über die Formen der großen Epik*, Neuwied und Berlin [3]1965, S. 41.
54 Ebd., S. 53.
55 Friedrich Schlegel, *Kritische Fragmente (Lyceum), Nr. 26*, a.a.O., S. 149.
56 *NBL*, S. 158 (Gespräch am 13. Juli 1900).
57 Ebd.
58 Lukács, *Die Theorie des Romans*, S. 124 und S. 130. Vgl. auch *Adorno, Mahler*, S. 101: „Umgekehrt aber ist bei Mahler die thematische Gestalt auch so wenig gleichgültig gegen den symphonischen Verlauf wie Romanfiguren gegen die Zeit, in der sie agieren. [...] Zeit wandert ein in die Charaktere und verändert sie wie die empirische die Gesichter."
59 *Adorno, Mahler*, S. 165.
60 Oskar Ludwig Bernhard Wolff, *Allgemeine Geschichte des Romans, von dessen Ursprung bis zur neuesten Zeit* (1841), zit. nach *Theorie und Technik des Romans im 19. Jahrhundert*, hrsg. von H. Steinecke (Deutsche Texte 18), Tübingen 1970, S. 26.
61 Otto Ludwig, *Wesen und Technik des Romans bei den Engländern, in: Otto Ludwigs Gesammelte Schriften, Bd. 6, Studien*, hrsg. von A. Stein, Leipzig 1891, S. 63. Zit. nach *Romantheorie. Dokumentation ihrer Geschichte in Deutschland 1620 — 1880*, hrsg. von Eberhardt Lämmert u.a. (Neue Wissenschaftliche Bibliothek 41), Köln/Berlin 1971, S. 351.
62 Schnebel, *Über Mahlers Dritte*, a.a.O., S. 284.
63 Friedrich Schlegel, *Literary Notebooks 1797 — 1801*, hrsg. von Hans Eichner, London 1957, S. 142. Vgl. dazu das Athenäums-Fragment 444, worin Schlegel von einer „gewissen Tendenz aller reinen Instrumentalmusik zur Philosophie" spricht und fragt: „und wird das Thema in ihr nicht so entwickelt, bestätigt, variiert und kontrastiert, wie der Gegenstand der Meditation in einer philosophischen Ideenreihe?".
64 Theodor W. Adorno, *Schubert*, in: Die Musik 21/1 (1928), S. 6. Zit. nach Adorno, *Moments musicaux. Neu gedruckte Aufsätze 1928 — 1962*, Frankfurt am Main 1964, S. 27.
65 Vgl. Volker Klotz, *Muse und Helios. Über epische Anfangsnöte und -weisen, in: Romananfänge. Versuch zu einer Poetik des Romans*, hrsg. von Norbert Miller, Berlin 1965, S. 14.
66 Georg Wilhelm Friedrich Hegel, *Ästhetik*, hrsg. von Friedrich Bassenge, Frankfurt am Main 1965, Bd. II, S. 452.
67 Lukács, *Die Theorie des Romans*, a.a.O., S.64.
68 *Adorno, Mahler*, S. 127.
69 Lukács, *Die Theorie des Romans*, a.a.O., S. 96.
70 Karl Rosenkranz, *Einleitung über den Roman*, in: ders., *Ästhetische und poetische Mitteilungen*, Magdeburg 1827, S. 15. Zit. nach *Romantheorie. Dokumentation ihrer Geschichte in Deutschland 1620 — 1880*, hrsg. von Eberhard Lämmert u.a., S. 267.
71 Noch Deryck Cooke beschreibt den Satz als „total formal failure". Zit. nach Neville Cardus, *Gustav Mahler. His mind and his music*, Vol. I, London 1965, S. 95.
72 Vgl. *NBL*, S. 198 (Gespräch am 12. Oktober 1901 über die *Vierte Symphonie*): „...Sie muß etwas Kosmisches an sich haben, muß unerschöpflich wie die Welt und das Leben sein, wenn

sie ihres Namens nicht spotten soll. Und ihr Organismus muß e i n e r sein, darf durch nichts Unorganisches, Flicken und Bänder, getrennt sein.“ Vgl. Bruno Hillebrand, *Theorie des Romans*, Bd. II: *Von Hegel bis Handke*, München 1972, S. 66: „Für den Roman des Realismus ergibt sich daraus [aus Otto Ludwigs Poetik] ... das Formgesetz des Organischen. Jeder Stoff wird im Kunstwerk seine eigene organische Form kraft der ihm innewohnenden Idee entwickeln.“ Georg Lukács, *Die Theorie des Romans*, a.a.O., S. 74, spricht allerdings von einer „im Grunde begrifflichen Pseudoorganik des Romanstoffes“.

73 *Gustav Mahler und die musikalische Utopie. I. Musik und Raum,* a.a.O., S. 9.

74 *Bekker*, S. 17.

75 *Adorno, Mahler*, S. 52f.

76 Kurt Wölfel, *Friedrich von Blankenburgs „Versuch über den Roman“*, in: *Deutsche Romantheorien. Beiträge zu einer historischen Poetik des Romans in Deutschland*, hrsg. und eingeleitet von Reinhold Grimm, Frankfurt am Main 1968, S. 44f.

77 *Bekker*, S. 32.

78 *Adorno, Mahler*, S. 86.

79 Friedrich Spielhagen, *Der Ich-Roman*, in: *Beiträge zur Theorie und Technik des Romans*, Leipzig 1883, zit. nach *Zur Poetik des Romans*, hrsg. von Volker Klotz, S. 98: „Denn dies ist das Bezeichnende des epischen Verfahrens, daß es von Anfang an induktorisch ist und bis zum Ende induktorisch bleibt.“

80 *Adorno, Mahler*, S. 112.

81 *NBL*, S. 59 (Gespräch vom 4. Juli 1896).

82 Ebd., S. 64 (Gespräch vom 27. Juli 1896).

83 Jean Paul, *Vorschule der Ästhetik* (Werke, hrsg. von Norbert Miller, Bd. 5), München 1962, S. 252.

84 Vgl. Carl Dahlhaus, *Form und Motiv in Mahlers Neunter Symphonie*, in: Neue Zeitschrift für Musik 135 (1974), S. 296f.

85 Volker Klotz, *Geschlossene und offene Form im Drama*, München ^{6}1972.

86 *Bekker*, S. 12f., S. 16.

87 *Adorno, Mahler*, v.a. S. 88f. und S. 100f.

88 Klotz, a.a.O., S. 149 und v.a. die Zusammenfassung S. 218f.

89 Ebd., S. 72f., S. 156f., S. 201f.

90 *Schönberg, Stil und Gedanke*, S. 25.

91 *Adorno, Mahler*, S. 85.

92 Brief vom 16. Januar 1852. Zit. nach Rafael Koskimies, *Theorie des Romans*, Helsinki, reprographischer Nachdruck Darmstadt 1966, S. 148.

93 Hegel, *Ästhetik*, Bd. II, a.a.O., S. 452.

94 Gemeint ist selbstverständlich nicht, die Literatur über Probleme musikalischer Interpretation sei von geringem Umfang oder Gewicht, sondern vielmehr, daß innerhalb der Interpretationsforschung, soweit sie sich mit der Musik seit der Wiener Klassik befaßt, eine wissenschaftsgeschichtliche Kontinuität — wohl auch mangels institutioneller Stützen im Lehrbetrieb der Universitäten und Musikhochschulen im deutschsprachigen Raum — kaum besteht und daß sich erst in jüngster Zeit auch hier Tendenzen abzeichnen, die darauf zielen, die Verbindung von Musiktheorie, Werkanalyse und musikalischer Praxis, eine Verbindung, die früher — man denke zum Beispiel an Adolf Bernhard Marx, an Hugo Riemann, Heinrich Schenker und August Halm, aber auch an die Schönberg-Schule — nahezu selbstverständlich erschien, von neuem zu intensivieren.

95 Vgl. hierzu grundsätzlich das Kapitel *Probleme der Vortragsbezeichnung*, oben S. 108ff.

96 Zit. nach dem unpaginierten Revisionsbericht der Dritten Symphonie im Rahmen der Kritischen Gesamtausgabe, Bd. III, hrsg. von Erwin Ratz, Wien 1974.

97 So bezeichnete Mahler in einer Partiturhandschrift aus dem Jahre 1896 das Hörner-Thema zu Beginn der Symphonie; zitiert nach Paul Stefan, *Gustav Mahler — eine Studie über Persönlichkeit und Werk*, München [3]1920, S.125.

98 Wenn wir einmal davon absehen dürfen, daß das „Molto ritenuto" von Takt 14 bei Trauermarschbeginn nicht aufgehoben wird, umschreibt die Vorschrift „Schwer und dumpf" (T. 27) einen musikalischen Charakter und kein Tempo, doch würde es von schlechter Rigorosität zeugen, die Tempokategorie zur Ausprägung musikalischer Charaktere nicht einbeziehen zu wollen. Zwar können wir an dieser Stelle auf die Probleme der Interdependenz beider nicht eingehen, wie sie sich in Rudolf Kolischs Aufsatz *Tempo and character in Beethoven's music* (Musical Quarterly 29 [1943], S. 169f. und S. 291f.) stellen, doch können wir schon hier den Vorwurf, den Ulrich Dibelius gegen Soltis Interpretation des ersten Satzes von Mahlers *Dritter Symphonie* erhebt — Soltis Gefahr liege unter anderem „im Übersetzen von Vortragsbezeichnungen (espressivo, sentimental und dergleichen) auf die Kategorie des Zeitmaßes" (HIFI Stereophonie 9 [1969], S. 184) — als untriftig zurückweisen. Soltis Einspielung zeichnet sich im Gegenteil, wie wir zu zeigen hoffen, dadurch aus, daß sie das genaue Verhältnis der Satzcharaktere zu den vom Formprozeß vorgezeichneten Tempi reflektiert.

99 Zitiert nach Paul Stefan, a.a.O., S. 125.

100 1. Orchester des Wiener Konzertvereins; F. Charles Adler. HM 30 501/022.
2. New Yorker Philharmoniker; Leonard Bernstein. CBS 72065/66.
3. Concertgebouw-Orchester Amsterdam; Bernard Haitink. Philips 802711/12 AY.
4. Symphonie-Orchester des Bayerischen Rundfunks; Rafael Kubelik. DGG 2561079/80.
5. Bostoner Sinfonieorchester; Erich Leinsdorf. RCA LSC 7046/1 — 2.
6. London Symphony Orchestra; Georg Solti. Decca SET 385/86.

101 Vergleiche Kurt Blaukopf, *Das richtige Tempo*, in: HIFI Stereophonie 8 (1968), S. 348. Vergleiche auch Mahlers Spiel auf dem Welte-Mignon-Flügel in der Reihe *Berühmte Komponisten spielen ihre Werke* (Telefunken SLA 25 057 — T/1 — 5). Vergleiche außerdem Peter Andraschke, *Die Retuschen Gustav Mahlers an der 7. Symphonie von Franz Schubert*, in: Archiv für Musikwissenschaft 32 (1975), S. 106f. mit den Literaturhinweisen auf S. 106. Vgl. auch Bergs Bericht über Anton Weberns Aufführung von Mahlers Dritter Symphonie in: *Alban Berg. Briefe an seine Frau*, hrsg. von Helene Berg, München 1965, S. 483 (Brief vom 24. Mai 1922).

102 Da es sich hier nicht um Beckmesserei, sondern um die Einsicht in grundsätzliche Interpretationsunterschiede handeln soll, sind die infolge agogischer Schwankungen ohnehin nie genau bestimmbaren Metronomzahlen nur als Annäherungs- beziehungsweise Mittelwerte zu betrachten.

103 Unbegreiflich erscheint darum das Urteil Arno Forcherts: „Der gewaltige erste Satz, den die neue Kubelik-Aufnahme breit entfaltet, wird von Solti energisch zusammengerafft" (in: fono forum 14 [1969], S. 148). Ebenso irrt Wolf Rosenberg mit der Behauptung: „Er [Kubelik] tendiert dazu, bei längeren Melodiebögen das Tempo zu verlangsamen, was besonders beim ersten Satz die Einheit des Verlaufs gefährdet" (in: HIFI Stereophonie 9 [1969], S. 104). Nicht Verzögerung, sondern einsichtloses Vorwärtshasten bewirkt den Ruin der Kubelikschen Interpretation, deren Qualität im übrigen unter den Schallplattenrezensenten einzig Derrick Cooke mit der Bemerkung, sie sei „extremely disappointing", richtig einschätzt (in: The Gramophone 45 [1968], S. 348).

104 Zitiert nach Paul Stefan, a.a.O., S. 125.

105 *Adorno, Mahler*, S. 110.

106 So die Ergebnisse der hermeneutischen Interpretation im Kapitel *Konstruktion des Romans*, oben S. 152ff.

107 Zitiert nach Paul Stefan, a.a.O., S. 125.

108 Allgemein gilt für die musikalische Interpretation die Forderung, einen musikalischen Verlauf so streng wie möglich nach seinen immanenten Prinzipien zu gestalten und dennoch seine Logik in keinem Augenblick der Form einer mechanischen Deduktion sich im geringsten annähern zu lassen. Der Interpret, in Kenntnis des notierten Fortgangs, darf diesen niemals als blanke Selbstverteidigung vortragen, sondern muß an der musikalischen Logik das Element der Überraschung, des Unvorhersehbaren insofern realisieren, als er bei den neuralgischen Punkten des Formprozesses den kompositorischen Entscheidungen nicht nur in ihrer Notwendigkeit für das ästhetische Ganze, sondern zugleich auch in ihrer spontanen Freiheit nachzuspüren und so das musikalische Denken in steter Bewegung zu halten versuchen sollte. Vgl. hierzu unter anderem Hans Swarowsky, *Marginalien zu Fragen des Stils und der Interpretation*, in: Österreichische Musikzeitschrift 24 (1969), S. 681f.

109 Alfred Beaujean, in: HIFI Stereophonie 7 (1968), S. 105.

110 Vgl. Neville Cardus, *Gustav Mahler. His mind and his music I*, London 1965, S. 95.

111 *Adorno, Mahler*, S. 108.

112 Vgl. oben S. 167.

113 Auch an anderen Stellen versucht Kubelik, den Satz von vermeintlichen Schlacken zu reinigen, so etwa in der Durchführung, wo (T. 545f.) die „roh" zu spielenden, harmonisch verqueren Töne der Blechbläser fast bis zur Unhörbarkeit gezähmt erscheinen. Die unter europäischen Kritikern (mit Ausnahme der englischen) nahezu modische Tendenz, Bernstein als „amerikanischen" Mahler-Dirigenten grundsätzlich des platten, geschmäcklerischen Mißverständnisses von Mahlers „negativer" Musik zu zeigen — vergleiche als ein Beispiel von vielen: Gianfranco Zàccaro, *Gustav Mahler — Studio per un'interpretatione*, Mailand 1971, S. 168f. — fände, wenigstens in Hinsicht auf den ersten Satz der *Dritten Symphonie*, in Kubelik ein geeigneteres Ziel.

114 Vgl. dazu Hermann Danuser, *Urteil und Vorurteil im Interpretationsvergleich*, in: Zeitschrift für Musiktheorie 6 (1975), S. 76f.

IV. Die Symphonie *Das Lied von der Erde*

Aspekte der Gattungsgeschichte

Als Bruno Walter am 20. November 1911 in München das *Lied von der Erde* erfolgreich zur Uraufführung brachte, stand — ein halbes Jahr nach dem Hinscheiden des als Dirigent weltberühmten Gustav Mahler — der Weg zu seiner breiteren Anerkennung auch als Komponist offen. Seit in jener Konzertsaison seinem Œuvre ein bedeutsamer Durchbruch zuteil wurde, zählte in dessen weiterer, von wechselnden ästhetischen Idealen und von musikpolitischen Entscheidungen beeinflußten Rezeptionsgeschichte das *Lied von der Erde* stets zu den meistgespielten Werken Mahlers. Gleichwohl sind noch immer mehrere Probleme, die es aufwirft, in Dunkel gehüllt, darunter die entscheidende Frage nach seiner Stellung in der musikalischen Gattungsgeschichte. Was besagt es, daß Mahler das *Lied von der Erde* der Gattung Symphonie zugewiesen hat? Wie sind die Beziehungen zu fassen zwischen der Gattung des Liedes, worauf die Überschrift verweist, und jener anderen, die im Untertitel gesetzt ist, der lautet: „Eine Symphonie für eine Tenor- und eine Alt- (oder Bariton-) Stimme und Orchester"?[1] Gewiß, selten hat sich in der Musikgeschichte die Entwicklung der einzelnen Gattungen isoliert vollzogen; Querverbindungen zwischen ihnen stellen wohl eher den musikhistorischen Regelfall dar. Im Unterschied jedoch zu nie übersehenen Beziehungen zwischen einander nahestehenden Gattungen, etwa Oper und Oratorium, war eine Verbindung von Lied und Symphonie nichts weniger als selbstverständlich. Eine solche Konzeption bedeutet vielmehr eine im Wortsinn extreme Gattungsverschränkung, insofern sie zwei Extrempositionen innerhalb des Systems der musikalischen Gattungen[2] aufeinander bezieht. — Im folgenden möchte ich daher zunächst die allgemeinen musikgeschichtlichen Voraussetzungen dieser Gattungsverschränkung skizzieren, werde danach unter diesem Gesichtspunkt auf Mahlers kompositorische Entwicklung eingehen, sodann einige Auswirkungen des doppelten Gattungsgrundes auf Form und Ästhetik des Werkes andeuten und schließen mit der Frage nach der Bedeutung, die dem *Lied von der Erde* für die musikalische Gattungsgeschichte zukommt.

Als Gustav Mahler sich — im Jahre 1908 — entschloß, das zunächst als Orchesterliederzyklus in Angriff genommene Werk zu einer Symphonie zu gestalten, nahm er am Ende einer Epoche nichts geringeres vor als eine der radikalsten Gattungsverschränkungen der bisherigen Musikgeschichte. Am Anfang jenes Zeitraums, den immerhin ein Historiker vom Range Friedrich Blumes als eine

Epoche der klassisch-romantischen Musik beschrieben hat[3] — im ausgehenden 18. Jahrhundert also –, wäre sie noch unvorstellbar gewesen: ohne jede die Komposition leitende Tradition, gänzlich jenseits der ästhetischen Erwartungshorizonte von Autor und Publikum, auch soziologisch ohne jede institutionelle Grundlage. Polar standen sich zur Zeit der Wiener Klassik gattungstheoretisch und kompositionsgeschichtlich Lied und Symphonie gegenüber: Soziologisch war das Lied vorab noch eine Vokalgattung des privaten Musizierens in Haus und Salon, für Gesang und Harmoniebegleitung (Klavier, Gitarre usw.) gesetzt; die Symphonie dagegen war eine, wenn nicht d i e Orchestergattung bereits vorwiegend des öffentlichen Konzerts. Im Hinblick auf die Form war das Lied noch meist als einfache Strophenform komponiert, die Symphonie jedoch als mehrsätziger Zyklus, der mit der Sonatenform die musikalische Entwicklungsform par excellence mit einschloß. Ästhetisch endlich war das Lied der mittleren Goethe-Zeit[4] begründet durch die Kategorien Naivität, Intimität, Einheit des Tons (bzw. der Stimmung); die Symphonie hingegen, im höheren Kunstanspruch durch die Theorie des Erhabenen legitimiert, war innerhalb der übergreifenden Einheit des „Charakters" geprägt von einer Mannigfaltigkeit von Tönen, welche den der erhabenen Monumentalität mit umfaßte.

Wenn wir die historischen Voraussetzungen der Symphonie *Das Lied von der Erde* rekonstruieren wollen, haben wir demnach die folgende gattungsgeschichtliche Frage zu beantworten: Welche musikhistorischen Wandlungen haben im Verlauf des 19. Jahrhunderts die nur grob angedeutete Polarität zwischen Lied und Symphonie im Gefüge der Gattungen gelockert, bis um die Jahrhundertwende eine Situation grundsätzlicher Kompatibilität beider erreicht war, aufgrund derer Mahler sein gattungsverschränkendes Werk künstlerisch verantwortungsvoll zu komponieren vermochte?

Da an dieser Stelle keine Musikgeschichte des 19. Jahrhunderts in nuce erzählt werden kann[5], seien die wichtigsten Stationen des Wandlungsprozesses im Hinblick auf die um 1900 erreichte Kompatibilität der einst antithetischen Gattungen umrissen, indem die vier verschiedenen Dimensionen der Kategorie Gattung — die soziologische, die besetzungsmäßige, die formale und die ästhetische Dimension — weiterhin zur Richtschnur der Darstellung genommen werden.

1. Die fundamentale gattungssoziologische Bedingung liegt in der Wandlung des Liedes von einer anspruchslosen Gattung privater Hausmusikpflege zu einer Kunstgattung des öffentlichen bürgerlichen Konzerts. Erst spät, erst seit den 1870er Jahren stand dem klavierbegleiteten Lied der sogenannte Liederabend im Sinne eines eigenständigen Konzerttypus zur Verfügung, dem Orchesterlied aber wurde im Rahmen des Symphoniekonzerts (mit der um 1900 mehr und mehr standardisierten Programmstruktur: Ouvertüre – Solokonzert – Pause – Symphonie) ein Platz anstelle des — oder auch neben dem — instrumentalen Solokonzert

eingeräumt. Im näheren wurde die Komposition eines Lied und Symphonie in eins setzenden Werkes konzertsoziologisch dann möglich, als in der Geschichte des öffentlichen Konzerts der Gattungsanspruch des Liedes, als Orchesterliederzyklus nämlich, so weit gewachsen war, daß ein Wechsel des Liedes von der mittleren Position im Standardprogramm zur letzten, ranghöchsten Stufe der Symphonie — oder besser: eine Ineinssetzung mit ihr — vollzogen werden konnte.[6]

2. Im Hinblick auf die Besetzung liegen die Voraussetzungen seitens der Symphonie in der Einbeziehung des Sologesangs in die Instrumentalgattung, welche Beethoven im Finale der *Neunten* nicht zum ersten Mal, doch am einflußreichsten gefordert hatte; seitens des Liedes liegen sie im Wechsel von der Klavier- zur Orchesterbegleitung, den Hector Berlioz als erster verwirklicht hatte, indem er den Besetzungstypus des orchesterbegleiteten Sologesangs, der zuvor der Solokantate, der Konzertarie und -szene vorbehalten gewesen war, in *Les Nuits d'été* auf die Liedgattung übertrug. Die Art der Besetzung, so wichtig sie ist, stellt freilich kein hinreichendes Kriterium für die in Frage stehende Gattungskompatibilität dar. Die an Beethovens *Neunte* anknüpfende Tradition der „Symphonie-Kantate" umfaßte nämlich vor Mahlers *Zweiter Symphonie* — bei Mendelssohn, Berlioz und Liszt — in den Vokalpartien kaum je Lieder; und der Orchestergesang blieb noch mehrere Jahrzehnte lang jener Typus der Orchesterbearbeitung eines ursprünglich klavierbegleiteten Liedes, der im Fall von *Les Nuits d'été* vorliegt. Erst als der Orchestergesang in der deutschen Musikkultur gegen 1890 eine originäre Gattung der musikalischen Komposition geworden war, konnte die Symphonie als Gattungsmodell, an dem sich die Liedkomposition orientieren mochte, grundsätzlich in Frage kommen.

3. Im Hinblick auf Stil und Form haben wir wenigstens die folgenden kompositionsgeschichtlichen Sachverhalte zu erwähnen: Seitens des symphonischen Stils ist die Möglichkeit einer kantablen, gleichwohl thematischer Prozessualität fähigen Melodik hervorzuheben. Sie konnte entweder parallel zum „Lied ohne Worte" direkt in Anlehnung an die Vokalgattung gewonnen werden (wie bei Schubert und dem frühen Mahler), oder sie konnte, nach Beethovens Vorbild, mittels Verfahren von entwickelnder Variation oder kontrastierender Ableitung innerhalb des instrumentalthematischen Prozesses erzeugt werden. Was die symphonische Form anbetrifft, so war die Voraussetzung für ein Verschmelzen mit dem Lied in einer Situation erreicht, da die traditionellen Formkategorien der Wiener klassischen Symphonik soweit aufgelöst waren, daß sie, ohne ihre Bedeutung gänzlich einzubüßen, mit Formkategorien des Liedes vereinbar erschienen. — Seitens der Liedgattung haben wir in dieser Hinsicht zunächst die Verdrängung des einfachen Strophenliedes durch das variierte Strophenlied und das durchkomponierte Lied zu erwähnen. Dies hatte zur Folge, daß Kompositionsprinzipien instrumentaler Variations- und Entwicklungsformen — mithin Züge

des Sonatendenkens — in die Vokalgattung Eingang fanden. Darüber hinaus eröffnete der Übergang vom einzelnen Lied bzw. der Lieder-Sammlung zum Lieder-Zyklus Perspektiven auf satzzyklische Dispositionen, die insbesondere im Fall des Orchesterliederzyklus Modellen der Symphonik nahekommen mochten.

4. Auch die Voraussetzungen, die für die Ästhetik geltend gemacht werden müssen, verdanken sich dem historischen Prozeß, der die einstige Antithese sprengte. Innerhalb jener Entwicklung, die Paul Bekker als eine spezifisch österreichische Linie episch-lyrischer Symphonik — von Schubert über Bruckner zu Mahler — beschrieben hat[7], öffnete sich die Ästhetik der Symphonie dem Lyrischen und damit grundsätzlich Aspekten der Liedästhetik. Diese aber hatte sich umgekehrt längst von ihrer früheren Kategorie „Einheit des Tons" entfernt, obgleich noch 1909 ein Gegner der Moderne, Rudolf Louis, die zu überraschender Blüte gelangte Gattung des Orchesterliedes mit einem Argument in Frage zu stellen suchte, das einen Widerspruch zwischen der Schlichtheit des lyrischen Liedgehaltes und der Komplexität des Orchesterapparates behauptet: „Und in der Tat hat die Orchesterbegleitung für den rein lyrischen Text [...] etwas Gefährliches. Allzu leicht entsteht ein störendes Mißverhältnis zwischen der Intimität des Inhalts und der Stärke der in Anspruch genommenen klanglichen Mittel."[8] Der jungen Gattung zugeneigte Komponisten — von Strauss bis Strawinsky, Mahler eingeschlossen — vermochten freilich die von Louis unterstellte Widersprüchlichkeit fruchtbar zu vermeiden: Wollten sie nämlich eine liedästhetische Intimität wahren, so konnten sie — wie Hugo Wolf — den Gesang ohne weiteres mit einem transparenten, kammermusikalischen Orchestersatz begleiten. Wollten sie dagegen die Möglichkeit des Orchesters mannigfaltiger zur Geltung bringen, so stand es ihnen frei, andere Gattungen als das lyrische Gedicht zur Textgrundlage zu wählen — Ballade, Hymnus oder Reflexionsgedicht —, Gattungen, die eine differenzierende musikalische Textausdeutung verlangten und statt einer liedästhetischen Einheit des Tons einen Wechsel der Töne und damit allenfalls auch eine beschränkte Monumentalität erforderten.

Vermöge all dieser musikhistorischen Fakten, wesentlich aber auch gefördert durch die Entwicklung in anderen Gattungen — und hier kann, neben Werken vom Typus der Brahmsschen *Altrhapsodie,* nicht stark genug die epochale Bedeutung von Wagners musikalischem Drama betont werden, denn in ihm tritt der Sologesang mit einer symphonischen Orchestersprache zusammen —, hatte sich die einstige Polarität zwischen Lied und Symphonie aufgelöst und zu einer grundsätzlichen Kompatibilität hin verschoben. Warum aber, so wird man fragen, sollte unter diesen, um 1900 gegebenen gattungsgeschichtlichen Voraussetzungen Gustav Mahler der einzige Komponist von Rang gewesen sein, der eine Lied und Symphonie in eins setzende Werkpoetik entwarf und verwirklichte? In erster Linie wohl deshalb, weil die skizzierte Kompatibilität nichts als die Bedingung der

Möglichkeit einer Werkpoetik darstellt, zu ihrer Ausführung jedoch ein besonderer, wechselseitiger Problembezug zwischen beiden Gattungen vorliegen mußte: Nicht nur hatte die Symphonik Antworten auf Fragen der Orchesterliedkomposition anzubieten; gleichzeitig und in einem mußte es sinnvoll erscheinen, Probleme der Symphonik durch Rekurs auf das Lied zu lösen. Und während manche Komponisten von Orchesterliederzyklen in der Tat auf Modelle der Symphonik zurückgriffen — erinnert sei nur an den ersten Teil von Schönbergs *Gurreliedern* —, wurde von der anderen Seite dieser Gattungskorrelation, seitens der Symphonie nämlich, ein besonderer Gattungsbegriff erfordert, der nicht epochentypisch war.

Vergessen wir nicht, wie lange noch die Gattung Symphonie, wiewohl gesamthaft von der Idee der absoluten Musik getragen, seit der Brahms-Liszt-Kontroverse vom Gegensatz zwischen (im engeren Sinne) absoluter und programmusikalischer Symphonik geprägt geblieben ist. Solange dieser Parteienstreit, wie verzerrt auch immer geführt, als musikgeschichtliche Tatsache Bestand hatte, mochte es kaum opportun erscheinen, das Lied in die symphonische Gattung einzubeziehen. Wie hätte sich auch ein Lied in einer Symphonie des Brahmsschen Typus begründen lassen, der seine Eigentümlichkeit doch gerade einem tiefen Traditionsbewußtsein um die Geschiedenheit der musikalischen Gattungen verdankte? Wie andererseits in einer Symphonischen Dichtung Lisztscher Art oder in einer Strauss'schen „Tondichtung" für großes Orchester, Typen, in denen vom Ehrgeiz des Fortschritts beflügelte Komponisten sich bemühten, dichterische Sujets ausschließlich mit den reichen Mitteln der modernen Orchestersprache weiterzuspinnen?

Wir haben daher eine letzte Voraussetzung der gattungsverschränkenden Konzeption zu berücksichtigen: einen Typus von Symphonik, der das Lied konstitutiv umfaßt. Der diese Voraussetzung am eindringlichsten erfüllte, war ohne Frage Gustav Mahler. Schon früh hatte er den Gegensatz zwischen absoluter und verbal-programmatischer Symphonik überschritten mit der Kategorie eines „inneren Programms"[9], eines der Musik selbst innewohnenden Programms, und hatte, im Anschluß an die Kunstmetaphysik des späten Wagner[10], seiner Symphonik zum Ziel gesetzt, eine musikalische Welt im Sinne einer ästhetischen Totalität zu stiften. Eine Symphonie komponieren, so äußerte er bekanntlich im Jahre 1895, heiße ihm „mit allen Mitteln der vorhandenen Technik eine Welt aufbauen".[11] Symphonik somit als in jedem Werk neue musikalische Weltstiftung — diese Konzeption der Gattung, welche die satzzyklischen Formprozesse dem Leitfaden eines „inneren Programms" unterwarf, welche das ästhetische Subjekt der symphonischen Sprache mit Kategorien wie „stimmungsinhaltliche Entwicklung" oder „Empfindungsgang" zu bestimmen suchte[12], sie setzte als Mahlers Weise, das „innerste Wesen der Welt" musikalisch auszusprechen, grundsätzlich die Gesamtheit der damals verfügbaren musikalischen Spracharten, Schichten hohen ebenso wie volkstümlichen Stils, mancherlei Märsche etwa, wie eben auch — und insbesondere — Lieder als mögliche Materialien der symphonischen Komposition voraus.

*

Die skizzierte gattungsgeschichtliche Kompatibilität von Lied und Symphonie ist die Grundlage, auf der sich Mahlers Schaffen in nie übersehener Wechselwirkung zwischen den beiden Gattungen entfaltete. In der sogenannten *Wunderhorn*-Periode, vorab den neunziger Jahren also, wurden sowohl zu Instrumentalsätzen umgeformte Lieder und Liedelemente als auch eigentliche Orchesterlieder in die ersten vier Symphonien eingefügt; in der Liedgattung entstand ein stattliches Corpus variierter Strophenlieder für Gesang und Orchester vorab nach Texten der *Wunderhorn*-Sammlung. Eine gattungsverschränkende Werkkonzeption mochte damals als Perspektive künftiger Entwicklung offengestanden haben; sie war jedoch noch nicht realisierbar bei einem Stand des Mahlerschen Komponierens, das — ersichtlich etwa im Verhältnis des Orchesterliedes *Urlicht* zum darauf folgenden Finale in der *Zweiten Symphonie* — recht deutlich zwischen liedhaftem und eigentlich symphonischem Stil unterschied.

Aus solch erster, gleichsam partieller Symbiose schienen dann um die Jahrhundertwende die beiden Gattungen auseinanderzustreben: Die Symphonik entfaltete sich in der *Fünften, Sechsten* und *Siebenten Symphonie* unter Verzicht auf jede Vokalität zu großen, polyphonen Instrumentalformen; der Orchestergesang aber fand in den Rückert-Liedern zu einer neuartigen kammermusikalischen Intimität des Lyrischen, die freilich ihrerseits auf die symphonische Instrumentalsprache zurückstrahlte.

Nachdem Mahler sodann in der *Achten* Gesang und Orchester in der monumentalen Dimension einer Vokalsymphonie mit Chören und Soli vermittelt hatte, kehrte er sich 1908 wiederum der musikalischen Liedlyrik zu, angeregt durch einen eben erschienenen Band mit dem Titel *Die chinesische Flöte,* in welchem Hans Bethge altchinesische Gedichte nach der Vorlage von französischen und englischen Übersetzungen in deutscher Sprache nachgedichtet hatte. Erst zu jener Zeit hatte die Entwicklung von Mahlers Schaffen die damals gegebene gattungsgeschichtliche Kompatibilität so weit spezifiziert, daß im Verlauf des Kompositionsprozesses jene entwickelte Einheit von Symphonie und Orchesterliederzyklus erwachsen konnte, wie sie sich im *Lied von der Erde* manifestiert. In Anbetracht der zahlreichen Stufen des Mahlerschen Kompositionsprozesses (Skizze, Particell, Partiturentwurf, Partiturreinschrift, Korrektur der Stichvorlage, allenfalls Revision des Partiturdruckes nach Aufführungen)[13] bietet die Quellenlage des Werkes leider ein lückenhaftes Bild. Erhalten sind einige wenige Particelle und Partiturentwürfe einzelner Sätze sowie — vor allem — die Partiturreinschrift und die (vom Komponisten vor seinem Tode noch korrigierte) Stichvorlage. So aufschlußreich die von diesen Quellen gewährte Einsicht in den Entstehungsprozeß des Werkes auch ist, die in unserem Zusammenhang entscheidende Frage, in welchem Stadium Mahler die musikalische Poetik von einem (symphonische Elemente umfassenden) Orchesterliederzyklus in eine (aus sechs Liedsätzen bestehende) Symphonie überführte, kann mit Mitteln der Philologie nicht restlos beantwortet werden. Wahrscheinlich sind mehrere Lieder, etwa das dritte: *Von der Jugend*, unter den Prämissen eines Orchesterliederzyklus, wenn nicht gar zunächst als Einzellieder (mit Klavierbegleitung) entstanden; der Schlußgesang *Der Abschied* dagegen resultierte aus einem symphonischen Finaleproblem, das um die Liedgattung kaum mehr bekümmert erscheint. Indessen — wie wichtig solche Differenzen der Entstehungsgeschichte auch sind — für die ästhetische Geltung des Werkes sind sie nurmehr mittelbar von Belang: Der Begriff Symphonie bezieht sich auf den Zyklus als Ganzes; und das kleine Lied *Von der Jugend* besitzt denselben werkästhetischen Status als einer ihrer Sätze wie *Der Abschied*, der fast die zehnfache Aufführungsdauer beansprucht.

*

Die These, das Werk stelle eine entwickelte Einheit von Symphonie und Orchesterliederzyklus dar, läßt sich erhärten sowohl in formaler als auch in ästhetischer Hinsicht. Zwar eröffnet sich der besondere Doppelcharakter der musikalischen Form keinem unmittelbaren Zugriff, da keine musiktheoretischen Begriffe überliefert sind, welche diese Lied-Symphonie als individuelle Form direkt zu erfassen gestatteten. Doch bietet sich mit der Unterscheidung von „logischen" und „architektonischen" Formprinzipien ein Kategorienpaar an, das zwischen den Dimensionen der Vokal- und der Instrumentalform zu vermitteln vermag. Wenn wir unter den logischen Prinzipien die für den thematischen Prozeß verantwortlichen verstehen, die architektonischen aber als jene fassen, welche die tonale Form in kontrastierende und korrespondierende Teile gliedern, dann ist unverkennbar, daß sich in Mahlers Œuvre sowohl die Symphonien als auch die Lieder im Ineinandergreifen dieser beiden Prinzipien konstituieren. Die Entwicklungsformen der Symphonik, so komplex sie sind, beruhen meistens auf einem großarchitektonischen Formplan mit weiträumigen Variantenkomplexen; die architektonischen Strophenformen der Lieder andererseits werden kraft Verfahren logischer Formbildung von Strophe zu Strophe verändert. Solange wir dieses Ineinandergreifen beider Prinzipien bei Mahler berücksichtigen, dürfen wir unter dem Aspekt ihrer verschiedenartigen Gewichtung der Symphonik im allgemeinen einen Primat der entwicklungslogischen, der Liedkomposition einen Vorrang der architektonischen Formprinzipien zuerkennen. Unter dieser Voraussetzung läßt sich die gattungsmäßige Besonderheit der Form des *Liedes von der Erde* folgendermaßen fassen: Einerseits greifen kraft des liedhaften Gattungsgrundes architektonische Strophenprinzipien in die Formkonstitution des Werkes, insofern es eine Symphonie ist, anders und tiefer ein als bei den übrigen Symphonien Mahlers; und andererseits sind kraft des symphonischen Gattungsgrundes Prinzipien satzzyklischer Organisation und logisch-entwickelnder Formbildung in ihm, insofern es ein Zyklus von Orchestergesängen ist, von anderer und umfassenderer Bedeutung als in den früheren Orchesterliederzyklen (insbesondere den *Kindertotenliedern*). Da Merkmale des Sonatendenkens zumal in die Ecksätze eingedrungen sind (in denen Exposition, variierte Expositionswiederholung, Durchführung und Reprise nach Mahlers Weise eine Folge von Variationskomplexen ausprägen), und da umgekehrt in den mittleren Liedern eine Bogenform nach dem Schema A—B—A' vorliegt (wobei freilich B durch kontrastierende Ableitung mit A motivisch verknüpft erscheint), darf die Folge der sechs Lieder als Symphonie gelten mit der satzzyklischen Anordnung: Kopfsatz (*Das Trinklied vom Jammer der Erde*), langsamer Satz (*Der Einsame im Herbst*), dreisätzige „Scherzo"-Gruppe (*Von der Jugend, Von der Schönheit, Der Trunkene im Frühling*) sowie schließlich ein symphonisch ausgreifendes Adagio-Finale (*Der Abschied*).

Die gattungsästhetische Eigenart des *Liedes von der Erde* kann aus der Frage erschlossen werden, ob die eingangs erwähnten Hauptprinzipien der Gattungsästhetik von Lied und Symphonie für die besondere Ästhetik des Werkes noch von Belang seien und, wenn ja, in welchem Verhältnis die liedästhetische „Einheit des Tons" zur symphonieästhetischen „Einheit des Charakters" stehe, dessen mannigfache Stimmungen einen „Wechsel der Töne"[14] ausprägen. Dem skizzierten Doppelcharakter der musikalischen Form entspricht in der Tat ein ästhetischer, insofern lied- und symphonieästhetische Prinzipien in ein Wechselverhältnis eintreten. Die liedästhetische Einheit des Tons auf der einen Seite, die beim hierin traditionsorientierten Mahler noch in den *Kindertotenliedern* direkt bedeutsam ist, erscheint im *Lied von der Erde* kraft des symphonischen Gattungsgrundes aufgesprengt und zu einem symphonischen Wechsel der Töne verwandelt. Im *Lied von der Schönheit* — um ein Beispiel zu erwähnen — geht die prozessuale Bogenform (A–B–A') aus von einem dolcissimo-Ton, da der Text am Ufer spielende Mädchen vorstellt (A), wechselt im Mittelteil über zu einem gar „rohen" Allegro-Marsch, parallel zu den vorbeireitenden Knaben der Dichtung (B), und kehrt abschließend mit dem Mädchen-Feld des Textes wieder zum dolcissimo-Ton verändert zurück (A'), so daß sich also ein Wechsel der Töne vollzieht. Der symphonieästhetische Charakter auf der anderen Seite, der in Mahlers Symphonik insgesamt angesichts von Phänomenen wie heterogenen Stilschichten nicht nach Maßgabe eines klassizistischen Ideals unterstellt werden darf, ist gleichwohl im *Lied von der Erde* einheitlicher als in den übrigen Symphonien. Die von einer dreitönigen Grundgestalt (fallender Ganzton und kleine Sext: a–g–e) eröffneten Kompositionsverfahren stiften nämlich, vermöge eines pentatonischen Einschlages, einen musikalischen Exotismus, der die orientalische Bilderwelt der chinesischen Dichtung konstruktiv begründet. Da er in sämtlichen Liedern dieser Symphonie wenigstens intermittierend aufscheint, ist in ihrem besonderen Charakter eine Spur der liedästhetischen Einheit des Tons aufgehoben — im Hegelschen Doppelsinn des Wortes.

*

1908 komponiert, ist *Das Lied von der Erde* ein Werk der Epochengrenze zwischen Romantik und Neuer Musik, und nicht allein in chronologischer Hinsicht. Probleme von Form und Gehalt gaben vielmehr Anlaß zu unterschiedlichen Auffassungen über den historischen Ort des Werkes, wobei sein berühmter Schluß den Argumentationen als Angelpunkt diente. *Der Abschied* endet mit einer dolcissimo-Partie in langgedehnten, mehrfach wiederholten Phrasen auf das Wort „ewig". Der Prozeß der Schlußbildung setzt dort ein, wo die Abspaltung der „ewig"-Phrasen beginnt (T. 509f.) und wo mit dem „pentatonischen" Motiv der zentrale Kontrapunkt eingeführt wird (T. 500). Die gesamte dolcissimo-Partie stellt eine Antwort auf die Frage dar, ob und wie sich ein Schluß gestalten lasse, der den symphonischen Prozeß zu seinem notwendigen Ende zu führen und ihm gleichzeitig einen Zug jener prinzipiellen Unabschließbarkeit zu verleihen vermag, welche dem weltanschaulichen Modell einer Dialektik von Leben und Tod eigen ist, die Mahler im *Lied von der Erde* musikalisch realisiert.

Mahler löste das Problem mit dem Paradoxon eines offenen Schlusses. „Offen" bleibt dieses Ende in dreierlei Hinsicht: Der Gesang klingt auf der zweiten Stufe, gleichsam der Penultima, von C-Dur aus (e–d: „ewig"), von der Melodieführung her geht also keine Schlußwirkung aus; außerdem führt die Motivaugmentation zu einem metrischen Schwebezustand, der keinen klaren Bezugsrahmen mehr absteckt; und schließlich — und im besonderen — ist der letzte Akkord (c–e–g–a) tonal ein dissonanter Akkord (ein Dreiklang mit sixte ajoutée, wie ihn Mahler bereits im Rückert-Lied *Ich atmet' einen linden Duft* als Grund- und Schlußakkord verwendet hatte), ein auflösungsbedürftiger und darum über sich hinausweisender Akkord, dem innerhalb der Tradition harmonisch-tonaler Formen keinerlei Schlußwirkung zukommen kann. Einen „Schluß" aber — im Unterschied zu bloßem „Aufhören" — bildet das Ende, insofern beide Melodiebewegungen, sowohl die fallende der „ewig"-Phrasen des Gesangs als auch die aufsteigende Gegenstimme von Flöten und Oboen, aus einem lang angelegten, gar auf frühere Sätze zurückverweisenden Motiv-Prozeß[15] hervorgehen: Die „ewig"-Phrasen sind eine letzte Dehnung des doppelten Sekundfalls, mit dem der Gesang im *Abschied* rezitativhaft angefangen hatte:

T. 19/20

Die aufsteigende Gegenstimme aber mit der Tonfolge e–g–a(–h) ist nichts anderes als die Krebsform der Grundgestalt a–g–e, die im ganzen Werk konstitutiv ist. Im *Abschied* tritt diese Krebsgestalt erstmals in Takt 167f. transponiert in Erscheinung, unmittelbar gefolgt übrigens vom fallenden Sekundgang der späteren „ewig"-Phrasen:

T. 167—175

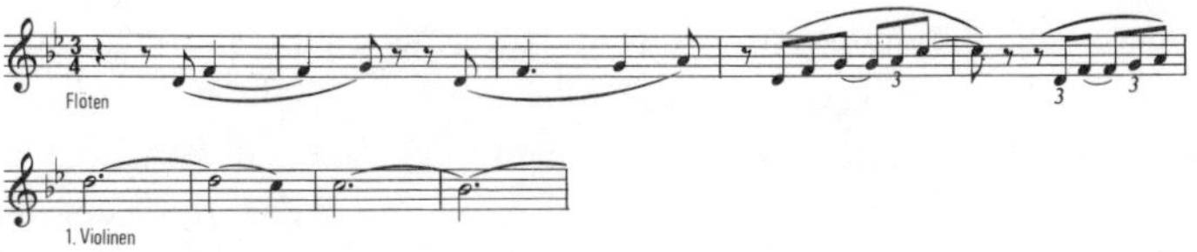

Einen Schluß bildet das Ende somit insbesondere deshalb, weil der Schlußakkord — die Horizontalfolge der aufsteigenden Stimme ist hier zur Vertikale geschichtet — der Grundakkord des ganzen Werkes ist, welcher aufgrund von dessen besonderem Regelkreis selbstgenügsam ist und eine Auflösung seiner emanzipierten Dissonanz nicht verlangt. Der in insgesamt acht Phasen gegliederte Vorgang der Wiederholung und Augmentation (vgl. die beiden letzten Phasen im Notenbeispiel auf Seite 214), dessen Ende nicht vorhersehbar ist, übersetzt die Bedeutung des Wortes „ewig" in eine musikalische Struktur. Dadurch, daß der Sekundfall der Hauptstimme von der Grundgestalt kontrapunktiert wird, weist die Semantik des Wortes „ewig" über den unmittelbaren Kontext der Partie weit hinaus und erstreckt sich, als Chiffre für den Leben und Tod gleichermaßen umfassenden Prozeß der Natur, auf den zentralen Gehalt des gesamten Werkes. Indes setzt sich der Liquidationsvorgang, insofern er eine Konzentration auf den Kern der Motive bewirkt, über die skizzierte Stufe hinaus fort bis in den Schlußakkord. In ihm sind beide Motive in der äußersten Reduktion auf je einen einzigen Ton aufgehoben — die Grundgestalt reduziert auf a', der Sekundfall auf e' —, und die Gegenläufigkeit ihrer Bewegungsrichtung, in der stillgelegten Zeit zur Dauer geronnen, teilt sich dem Akkord als Spannungsmoment mit:

T. 545—572

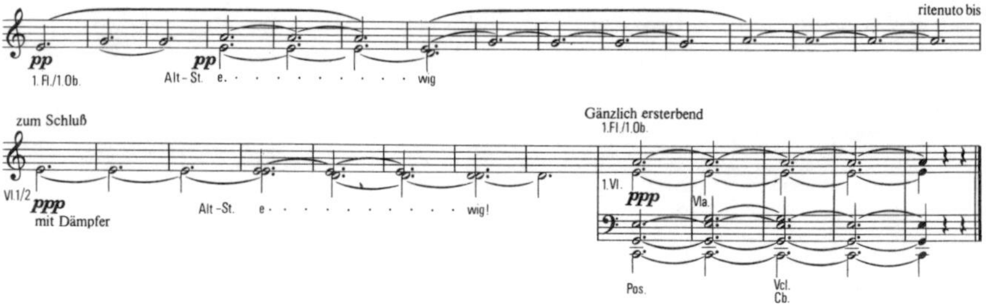

In der geschichtlichen Stunde, in der Schönberg mit der Emanzipation der Dissonanz den epochalen Durchbruch zur Atonalität vollzog, komponierte Mahler somit eine musiktheoretisch in gewissem Sinn ambivalente Dissonanz, die als funktionsharmonische noch auflösungsbedürftig, als emanzipierte aber nicht mehr auflösungsbedürftig ist. Durch diesen Doppelcharakter eines im präzisen Sinne offenen Schlusses, dessen Vortragsanweisung „Gänzlich ersterbend" die Grenze zwischen Klang und Stille verunklart, so daß — wie später bei Klangkompositionen György Ligetis — die ästhetische Erfahrung erfüllter Dauer über das Ende des Werkes hinausschwingt, wird der Empfindungsgang des *Abschieds* und damit des *Liedes von der Erde* insgesamt, der Wechselprozeß nämlich zwischen lebens- und todessymbolischen Tönen[16], in einem abgerundet und als unendlicher ausgewiesen.

Derselbe Doppelcharakter, der sich im offenen Schluß des *Abschieds* offenbart, ermöglichte auch gegensätzliche Deutungen des Werkes insgesamt: Traditionsorientierte Interpreten, beispielsweise Rudolf Mengelberg[17], akzentuierten den Aspekt der organischen Geschlossenheit, die Totalität der symphonischen Form; zukunftsorientierte hingegen, wie Theodor W. Adorno und Eberhard Klemm[18], nahmen die Offenheit des Schlusses zum Zeichen einer „inneren Fragmentform". Galt Mahler den einen als letzter Romantiker, so wurde er von den anderen als erster Komponist der Neuen Musik begrüßt. Weil indessen gerade die Romantik, im Gegensatz zur Klassik, eine Neigung zur Unendlichkeit und zum künstlerischen Fragment besaß — erinnert sei an Schlußbildungen Robert Schumanns, etwa den Septakkordhalbschluß des Liedes *Im wunderschönen Monat Mai* —, darf der offene Schluß des *Liedes von der Erde* durchaus gleichwertig als Erbteil der romantischen Tradition wie als Vorbote der Neuen Musik verstanden werden.

*

Auch innerhalb einer Geschichte jener Kategorie, welche die musikalische Gattung im allgemeinen darstellt[19], steht das *Lied von der Erde* am Übergang vom 19. zum 20. Jahrhundert. Diese — noch ungeschriebene — Geschichte hätte, statt der Entwicklung der einzelnen Gattungen, den Wandel dessen zum Gegenstand, was zu verschiedenen Zeiten der Historie überhaupt unter einer musikalischen Gattung begriffen wurde und wie sich ihre Bestimmungsmerkmale auf den Prozeß der Musikgeschichte auswirkten. Unter dieser Fragestellung ist das *Lied von der Erde* ein Dokument der weitgehenden Aushöhlung der Gattungssubstanz im Verlauf des 19. Jahrhunderts, insofern Lied und Symphonie nur unter beträchtlichem Verlust ihrer Gattungsbestimmtheit in die skizzierte gattungsverschränkende Konzeption eingebracht werden konnten. Mit seltener Deutlichkeit offenbart sich hier eine Tendenz der absoluten Musik: Nicht länger gilt das Einzelwerk vorab als Exemplar einer Gattung; Elemente von Gattungstraditionen werden vielmehr als Mittel dem einen Zweck, der unverwechselbaren Gestaltung des einzelnen Werkes, verfügbar gemacht. Gattungsgeschichtlich bedeutet somit die vermittelte Einheit der beiden konträren Gattungen einen Triumph der Individualität des Kunstwerks über seine gattungsmäßigen Voraussetzungen.

Mahlers originäre Werkpoetik, aber auch der allgemeine Zerfall der Gattungskategorie in der Neuen Musik verhinderten, daß die Konzeption dieser Lied-Symphonie als ein neuer, hybrider Gattungstypus im 20. Jahrhundert geschichtswirksam werden konnte. Unter den wenigen Ausnahmen entging am ehesten Alexander von Zemlinskys *Lyrische Symphonie* von 1922 der Gefahr der Epigonalität, indem hier die Gattungsverschränkung ins Dramatische gewandt und die sieben Sätze als Stufen eines Liebes-Zwiegesangs zwischen Sopran und Bariton ausgewiesen erscheinen. Dergestalt stellt Mahlers Symphonie *Das Lied von der Erde* einen Sonderfall der musikalischen Gattungsgeschichte dar: Einerseits trieb die geglückte Vermittlung zwischen zwei Extremen die Gattungsauflösung voran, welche die Musik unseres Jahrhunderts über weite Strecken kennzeichnen sollte, andererseits aber wurde sie im Werk selbst so nachhaltig und substantiell ausgetragen, daß für das Verständnis seiner Individualität die Erkenntnis der gattungsgeschichtlichen Voraussetzungen unerläßlich ist.

„Von der Jugend" — ein musikalisches Bild

War in jüngster Zeit von möglichen Zusammenhängen zwischen Musik und Jugendstil die Rede, so pflegte neben zentral anvisierten Komponisten wie Debussy und Strauss der Name ihres Zeitgenossen Gustav Mahler nur selten zu fehlen. Es fiel nicht schwer, nie übersehene Momente zumal seines Spätwerks, von der neuen Relevanz des Ornaments bis hin zu orientalisierenden Mitteln der Pentatonik, in einschlägigem Sinne zu deuten. Die pure Gleichzeitigkeit von Mahlers Operndirektion in Wien mit dem dortigen Jugendstil um die Jahrhundertwende ist allerdings ungeeignet, die These eines inneren Zusammenhangs zwischen den Phänomenen zu stützen[20], denn ein hypostasierter Zeitgeist hat damals so wenig wie je in der Neuzeit alle Bereiche einer komplexen Kultur gleichermaßen durchdrungen; und außerdem wäre im Hinblick auf die Ornamentik daran zu erinnern, daß Mahler etwa in der Suspensionspartie „Der große Appell" im Finale der *Zweiten Symphonie* ein weitverschlungenes vogelstimmenhaftes Linienspiel zu einem Zeitpunkt komponiert hatte, da der Jugendstil noch über keinerlei Geschichtsmächtigkeit verfügte. Wir möchten uns nun dem Problemfeld weder von seiten des gesamten Mahlerschen Œuvres nähern, noch von der Absicht geleitet, die im Lied *Von der Jugend*, dem dritten des Zyklus *Das Lied von der Erde,* erkennbare musikalische Stilisierung als Exemplum eines Jugendstils beim späten Mahler zu interpretieren; vielmehr soll versucht werden, durch eine monographisch konzentrierte Betrachtung einige Aspekte dessen zu klären, was als musikalischer Bildcharakter diesem Liede in besonderer Weise eigen ist.

Die Überschrift des Liedes — *Von der Jugend* —, die Mahler in der Endfassung anstelle von *Der Pavillon aus Porzellan* setzte — so ist Hans Bethges Nachdichtung von Li-Tai-Pos Gedicht betitelt —, bedarf, da in ihr der Komponist den Gehalt des Textes in überraschend neuer Weise deutet, ihrerseits der näheren Interpretation. Die Titeländerung nur als Konsequenz von Mahlers Suche nach einem umfassenden, die Erde überhaupt und nicht allein ihren „Jammer" berücksichtigenden Gesamttitel für das Werk verstehen zu wollen, wäre gewiß unzureichend. Zunächst sollte dieses, in direkter Anlehnung an Bethges *Die chinesische Flöte,* die Überschrift *Die Flöte aus Jade* tragen, dann, unter Rekurs auf das erste Lied des Zyklus, *Das Lied vom Jammer der Erde* heißen[21], bis Mahler schließlich mit dem endgültigen Titel jene Fassung fand, deren Allgemeinheitsgrad dem nicht von Anbeginn an auf dieses Werk bezogenen „Symphonie"-Begriff entsprechen mochte. Über die Intention hinaus, Haupt- und Untertitel des Werkes aufeinander abzustimmen, bringt die Titeländerung in unserem Fall nämlich zum Ausdruck, daß das literarische Bild, als welches die Dichtung gelten darf, nicht für sich selbst einstehen, sondern unter der Perspektive einer fiktiven „Jugend", geronnen gleichsam zu einem artifiziellen Erinnerungsbild, musikalisch begriffen werden solle.

Li-Tai-Po/Bethges *Der Pavillon aus Porzellan* hat, im Unterschied zu den übrigen von Mahler aus der Sammlung gewählten Gedichten, seine Besonderheit als Dichtung darin, daß weder ein lyrisches Ich unterstellt und dessen Welterfahrung thematisiert wird, noch eine zeitlich sich erstreckende Handlung eine lyrisch-erzählende Darstellung findet. Statt dessen umschreibt das Gedicht das Bild einer künstlichen Veranstaltung, deren Zeitdimension sich mit gleichem Recht wie zur Momentaufnahme geschrumpft auch zu wandlungs- und grenzenloser Dauer gedehnt verstehen läßt. Der Text lautet in der von Mahler im Vergleich zu anderen Eingriffen im Zyklus nur geringfügig geänderten Fassung:

1 Mitten in dem kleinen Teiche
steht ein Pavillon aus grünem
und aus weißem Porzellan.

2 Wie der Rücken eines Tigers
wölbt die Brücke sich aus Jade
zu dem Pavillon hinüber.

3 In dem Häuschen sitzen Freunde,
schön gekleidet, trinken, plaudern,
manche schreiben Verse nieder.

4 Ihre seidnen Ärmel gleiten
rückwärts, ihre seidnen Mützen
hocken lustig tief im Nacken.

5 Auf des kleinen Teiches stiller
Wasserfläche zeigt sich alles
wunderlich im Spiegelbilde.

6 Alles auf dem Kopfe stehend
in dem Pavillon aus grünem
und aus weißem Porzellan;

7 Wie ein Halbmond steht die Brücke,
umgekehrt der Bogen. Freunde,
schön gekleidet, trinken, plaudern.

Ein dichterisches Bild, ohne Frage. Ein Bild überdies, dessen Gehalt sich konstituiert aus dem Ineinandergreifen von Sujet und Struktur, insofern der in den Strophen 1 bis 4 präsentierten fiktiven Wirklichkeit (Teich, Brücke, Pavillon, Freunde) und ihrer in den restlichen Strophen geschilderten Spiegelung im Bild der Wasserfläche eine strukturellformale Verdoppelung nach Art einer Bogenform entspricht. Der Schluß der Dichtung greift auf den Anfang zurück, wobei in Bethges Fassung der zweite und dritte Vers der ersten Strophe mit den entsprechenden der letzten fast textidentisch sind.[22] Nicht zufällig steht das Wort „rückwärts" exakt in der Mitte des Gedichts; von einer sprachlichen „Krebsform" kann allerdings nicht gesprochen werden, denn das Prinzip rückläufiger Bewegung oder spiegelförmiger Reflexion schlägt sich wohl in Strukturtendenzen, nicht aber in einer präzis umgekehrten Sprachgestalt und Motivgruppierung nieder.

Theodor W. Adorno mochte wohl an Konstruktionsverfahren bei Alban Berg — neben anderem an die Krebsdisposition der Monoritmica in *Lulu* — gedacht haben, als er im Hinblick auf Mahlers Vertonung dieses Textes äußerte, „die literarische Pointe des Gedichts vom Pavillon, das Spiegelbild, sei zur Entstehungszeit des *Liedes von der Erde* musikalisch nicht zu bewältigen" gewesen.[23] Der Vorwurf, Mahlers kompositorische Denkformen seien der Struktur des dichterischen Textes aufgrund einer Beschränktheit des musikhistorischen Entwicklungsstandes nicht gewachsen gewesen, zielt jedoch an der besonderen Art vorbei, mit der Mahler das literarische Bild in ein musikalisches umsetzte. Ist das Gedicht in Bethges Fassung geprägt von einer gewissen Unentschiedenheit zwischen doppeltem Cursus, d. h. der parallelgeführten Verdoppelung der Motive nach der (die Spiegelung markierenden) fünften Strophe einerseits, und dem entgegengesetzten, in Ansätzen realisierten Verfahren der achsengespiegelten Krebsform andererseits, so läßt Mahler in der Tat durch die einzige signifikante Textänderung die ohnehin nur rudimentär ausgebildeten krebsförmigen Momente bei Bethge, die Bogenkonstruktion zwischen erster und letzter Strophe also, beiseite, um mit Prinzipien der von ihm nie ganz preisgegebenen Strophenbildung eine musikalische Reflexion anderer, aber nicht weniger überzeugender Art als die krebsförmiger Spiegelung zu gewinnen. Wie sehr der Komponist, in der Absicht ein musikalisches Bild klar konturierter Form zu schaffen, das dichterische Bild angreift, ja — literarisch betrachtet — verstümmelt, wird deutlich, wenn wir Mahlers vertauschte Schlußstrophen mit der sechsten und siebenten Strophe der Bethgeschen Fassung vergleichen. Dort heißen sie:

6 Wie ein Halbmond scheint der Brücke
Umgekehrter Bogen. Freunde,
Schön gekleidet, trinken, plaudern,

7 Alle auf dem Kopfe stehend,
In dem Pavillon aus grünem
Und aus weißem Porzellan.

Diese beiden inhaltlich und syntaktisch schlüssig aufeinander bezogenen Strophen lassen sich ohne Änderung des Textes nicht vertauschen, um einem musikalischen Prinzip, dem einer doppelstrophigen Reprise, Genüge zu leisten. Mahler behilft sich daher mit einem ebenso einfachen wie wirkungsvollen Trick: Er ändert das „Alle", das zu Anfang der siebenten Strophe bei Bethge als Pronomen für die „Freunde" der sechsten Strophe eintritt — ihr „Auf-dem-Kopf-Stehen" ist bildhaft-wörtlich gemeint —, um in „Alles", so daß der Vers zwar nur mehr als Metapher sinnvoll ist, kraft des neutralen Indefinitpronomens sich nun aber auf die ganze sechste Strophe Bethges — auf „Brücke" wie auf „Freunde" — bezieht und dergestalt die beiden Strophen austauschbar werden. Die Spur von Gewaltsamkeit indessen, die Mahlers Umgang mit dem dichterischen Text hier kennzeichnet[24] — in seiner Fassung ist die Spiegelung der „Freunde" in den letzten anderthalb Zeilen des Gedichts grammatikalisch nicht ausgewiesen, sie muß vom

Hörer ergänzt werden —, ist innerhalb der musikalischen Komposition getilgt. Der Sinn von Mahlers musikalischem Bild gründet wohl auf der strukturellen Fügung von Bethges (Nach-)Dichtung, wird aber entscheidend von anderen Prinzipien konstituiert als denjenigen, denen das literarische Bild gehorcht. Ihn näher zu umreißen ist unerläßlich, wenn die Rede von einem musikalischen Bild nicht im Bereich des Metaphorischen stecken bleiben soll.

*

Der Jugend, von der Mahlers Titel spricht, wird von der Komposition nicht die Bedeutung einer Sphäre eingeräumt, die mit der Gegenwart verschwistert und kraft der Erinnerung zu neuem, zweitem Leben erweckbar wäre. Vergangenheit dringt nicht, wie in *Der Einsame im Herbst* oder in *Der Abschied,* durch Erzählung, getränkt durch subjektive Erfahrung in das Lied ein. Allein aus entrückender Distanz, in artifizieller Stilisierung hat Jugend, hat erinnertes Leben hier seinen Platz.[25] Dieser Sachverhalt läßt Mahlers Poetik nicht unberührt: Formulierte sie bereits früh einen Analogie-Zusammenhang zwischen Musik und Leben unter dem Aspekt stetig sich verändernder Entwicklung — epische Symphonik und durchkomponiertes Lied waren konzipiert in Parallele zur Nicht-Wiederholbarkeit des Lebens[26] —, so wird hier die musikalische Darstellung eines zum Bild stilisierten Lebens zum Anlaß, auf die dort intendierte musikalische Zeitbewältigung als in epischer Logik sich entfaltenden Prozeß zu verzichten und statt dessen eine durchaus neue Verschränkung logisch-prozessualer mit tektonisch-gliedernden Prinzipien anzustreben. Prinzipiell vorgebildet erscheint dieses Verfahren in Mahlers variiertem Strophenlied, doch erfordert die Komposition eines musikalischen Bildes, wie sich zeigen wird, noch andere, darüber hinausgreifende Maßnahmen.

Mit einer Aufführungsdauer von rund drei Minuten nimmt *Von der Jugend* weitaus weniger Zeit in Anspruch als die übrigen Lieder des Zyklus, nicht mehr als etwa ein Zehntel des episch ausgreifenden Schlußgesangs *Der Abschied.* Die knappe zeitliche Dimension ist, sofern wir Mahlers Gattungsbezeichnung „Symphonie" ernst nehmen, nicht unabhängig von der Stellung des Liedes innerhalb der satzzyklischen Gesamtdisposition zu bewerten. Wenn das *Lied von der Erde* in der Tat eine entwickelte Einheit von Symphonie und Orchesterliedzyklus darstellt, zu welcher die konträren Prinzipien des Symphonischen und des Liedhaften zusammentreten[27], so wäre daran zu erinnern, daß Mahlers Symphoniebegriff einerseits bereits in der *Dritten* einen sechssätzigen Zyklus von ähnlich schwankenden Proportionen zwischen den einzelnen Sätzen gezeitigt hat und daß andererseits die Form des hier in Frage stehenden Liedes sich in Einklang mit den tektonischen Bauprinzipien befindet, die für mittlere Symphoniesätze charakteristisch sind. Ein simpler tektonischer Formplan, der sich mit der Kontrastierung separater Teile nach Art der sogenannten Liedform begnügte, verbot sich dabei ebenso von selbst, wie auch eine Komposition nach Sonatenprinzipien aufgrund der skizzierten Voraussetzungen auszuschließen sein mußte. Beide Möglichkeiten hätten nicht jene ästhetische Einheit zustande bringen können, die für eine musikalische Bild-Komposition nach Li-Tai-Pos Gedicht wünschbar erschien. Einzig durch strophisch gegeneinander abgehobene, tektonisch somit klar gegliederte Gruppen, die indessen miteinander verknüpft sind, hat sie sich verwirklichen lassen.[28]

Mahler komponierte die siebenstrophige Dichtung zu einer im wesentlichen vierteiligen musikalischen Form, die sich im Schema ganz traditionskonform präsentiert:

	Strophen	Tonart	Taktzahl
A	1 — 2	B-Dur	1 — 34
B	3 — 4	G-Dur	35 — 69
C	5	g-Moll	70 — 96
A*/B*	6 — 7	B-Dur	97— 118

Die beiden Doppelstrophen A und B, als Parallelen oder Varianten[29] eng miteinander verzahnt, bilden die beiden ersten, in sich bereits mehrfach gebrochenen Hauptabschnitte des Liedes. Die fünfte Strophe des Gedichts, welche beim Wendepunkt das Spiegelungsprinzip thematisiert, ist als Minore-Mittelteil komponiert, dessen Gewicht den übrigen, je zwei Strophen umfassenden Formteilen ebenbürtig erscheint, da Mahler durch verschiedenartige Kontrastierungs- und Erweiterungsmittel (Temporücknahme, Wortwiederholungen, größere harmonische Dichte u. a.) die Musik dieser einen Textstrophe verselbständigt und dehnt. Auf der Basis der erwähnten Vertauschung werden schließlich die beiden letzten Strophen der Dichtung zu einer verkürzten Reprise von A und B — zu A*/B* — gestaltet, wobei sich die äußerst gedrängte und musikalisch subtil veränderte „Wiederholung" der Doppelstrophen in einem einzigen Schlußabschnitt als geeignetes Mittel erweist, der Spiegelung des Sujets auch in der musikalischen Konstruktion Rückhalt zu verschaffen.

Es gilt für dieses Lied in besonderem Maße das Paradox, daß der Verlauf der Musik einerseits immer weiter strebt, die Gestalten der einzelnen Formabschnitte durch ihre Kontrastfunktionen hindurch mittels einer Variantentechnik musikalisch-logisch miteinander verknüpft erscheinen, daß aber andererseits Rückgriffe auf Früheres mittels Analogien syntaktischer, melodischer, harmonischer, auch instrumentatorischer Art eine bogenförmig sich potenzierende „tektonische" Formanlage bewirken. Die logischen Prinzipien, deren Grundlage in der Variantentechnik nicht mit Verfahren motivisch-thematischer Arbeit oder mit der Schönbergschen „entwickelnden Variation“ verwechselt werden darf — enthält doch die Logik der Variante, im Unterschied zur Variation, ein höheres Maß an Willkür, an verborgener Wirksamkeit[30] —, sind mit den tektonischen Prinzipien, die stets von neuem rückgreifenden Zusammenhalt stiften, auf überaus klare Weise verschränkt: Die Dichtung, die sich in scharfen Umrissen, einer literarischen Miniatur vergleichbar, präsentiert, findet in Mahlers Vertonung eine musikalische Darstellung von nicht minder deutlich konturierten Zügen.

*

Die Variantentechnik, die Mahler zur Konstitution des musikalischen Bildes *Von der Jugend* benötigt, ist wesentlich verschieden von jener, die in der epischen Symphonik den Zusammenhang stiftet, der als Geschichte eines Themas begriffen werden kann.[31] Zielt die symphonische Variantentechnik auf einen Konnex musikalischer Gestalten innerhalb eines grundsätzlich mannigfaltigen, auch durch Digressionen charakterisierten Musikverlaufs, so tendiert umgekehrt die in diesem Lied wirksame zu einem tendenziell lückenlosen musikalischen Sinnzusammenhang, der sich, wäre er nicht von gänzlich anderen Voraussetzungen abhängig, mit dem Beethovenschen Verfahren der kontrastierenden Ableitung, also der Entwicklung gegensätzlicher musikalischer Gestalten aus gemeinsamen motivischen Elementen vergleichen ließe. Die musikalischen Dimensionen, durch deren Veränderung eine Variante entstehen kann, haben sich bei Mahler im Vergleich zu Beethoven gewandelt und erweitert. Neben Veränderungen des Rhythmus, der Diastematik, der syntaktischen Position, neben metrischen Verschiebungen oder der simultanen Schichtung von ursprünglich sukzessiven Phrasenelementen kommt diese Erweiterung in einem wichtigen Charakteristikum des Liedes zum Ausdruck, im Verhältnis der chinois-pentatonischen zu den abendländisch-diatonischen „Tönen“: Daß es Mahler gelungen ist, selbst dieses scheinbar unversöhnlich widerspruchsvolle Verhältnis als Variantenbeziehung zu begründen, ist eine zentrale Bedingung der ambivalenten ästhetischen Einheit des Liedes, von der weiter unten näher die Rede sei. Zuvor seien einige Funktionsweisen der Variantentechnik etwas eingehender beschrieben.

Die ersten zwölf Takte, eine instrumentale Einleitung, schaffen die fernöstlich distanzierte Aura, in der sich Mahlers Reflexion der „Jugend“ abspielt. Die pentatonisch auf- und niederschweifende Linie, zu welcher sich in Takt 3f. die Umkehrung der für das ganze *Lied von der Erde* zentralen Tonfiguration von fallendem Ganzton und anschließender kleiner Terz formiert, steckt im Ambitus der Oktave f^1–f^2 den Raum ab, innerhalb dessen sich die Gesangsmelodik am Anfang (T. 13f.) bewegt, deren Diatonik bereits in Takt 6f. durch den Übergang von der anfänglichen einstimmigen Pentatonik zu einem diatonisch mit Sekundgang

(Flöten) und Quartsprung (Klarinetten) einsetzenden zweistimmigen Satz vorbereitet wird:

T. 1—8

T. 13—16

Ist, da die Pentatonik offenkundig nicht als konstruktives Bezugssystem der Komposition zugrunde liegt, die Behauptung Guido Adlers triftig, „die Verwendung der altchinesischen Fünftonleiter [sei] nur eine begleitende Zufallserscheinung“?[32] Kaum; und zwar deshalb, weil die pentatonische Figur zwar logisch aus der diatonischen Leiter durch Selektion abgeleitet ist, ästhetisch hingegen — zumal in Verbindung mit bestimmten satztechnischen und instrumentatorischen Mitteln — das Erste darstellt, den Beginn des Liedes markiert, dessen exotischer Charakter auf den folgenden Verlauf ausstrahlt und die Diatonik umfärbt.

Nachdem, wie erwähnt, der Eintritt des Gesangs mit seiner wellenförmigen Phrase a in den Einleitungstakten vorbereitet worden war, präsentiert die Melodik der ersten Textstrophe, aus regulären Zweitaktphrasen zusammengesetzt, in ihrer bogenförmigen Struktur (a–b–a') ein auch fernerhin wichtiges Konstruktionsprinzip, das durch rückgreifende Analogien tektonischen Zusammenhalt stiftet, und stellt gleichzeitig im Hinblick auf das melodische Material die wichtigsten Elemente vor, durch deren Transformation die Variantentechnik des Stückes sich bewährt. Es sind nicht die gegensätzlichen Phrasen a und b, aus deren Kontrast

Mahler den Gestaltenreichtum des Liedes ableitet, sondern, charakteristisch für das Variantenverfahren kontrastierender Ableitung, die miteinander verwandten Phrasen a und a', deren zunächst enges Variantenverhältnis — es besteht, von der metrischen Verschiebung um ein Viertel abgesehen, vor allem in der Ausweitung der stufenweisen Überschreitung des Hochtons f^2 bei Phrase a zum Terzsprung bei Phrase a' — sich im weiteren Verlauf zu einem Gegensatzverhältnis entwickelt, dem vermöge der ursprünglich gegebenen Gemeinsamkeit ein einheitlicher Tonfall eignet.

Die Vertonung der zweiten Textstrophe, die sich als zweiter Abschnitt des Formteils A anschließt, bringt mit der rhythmischen Vergrößerung von Elementen aus a zu einer dreitaktigen Phrasenvariante c, deren sequenzartiger Wiederholung c' sowie mit der strophenbeschließenden Variante a'' — sie erreicht gegenüber der syntaktisch analogen Phrase a' den Hochton a^2 nun durch zwei Terzen — neue Variantenqualitäten hervor, die im folgenden Teil B Bedeutung erlangen:

T. 20—29

Entsprechend dem erwähnten tektonischen Prinzip, das den tendenziell sich immer weiter fortpflanzenden Variantenverlauf mit bogenförmigen Rückgriffen strukturiert und dadurch dem Strophischen unter dem Aspekt einer musikalischen Bild-Konstitution zu seinem Recht verhilft, klingt Teil A mit einem instrumentalen Nachspiel aus, welches in der Oboe auf die Gesangsmelodik der ersten Textstrophe zurückgreift. Vollends gewinnt die aus a und b zusammengesetzte viertaktige Melodie Ritornellcharakter innerhalb von Teil B, den sie unmittelbar anschließend — nach der Rückung der tonalen Ebene zur Submediante in Dur und dem Wechsel zu einem besonders ausgeprägten chinoisen Orchesterklang — eröffnet (T. 35—38) und den sie bzw. ihr Derivat noch zweimal (bei T. 47f. und T. 58f.) gliedern. Erheblich deutlicher noch als die beiden ersten Textstrophen sind die Strophen 3 und 4 in Teil B im Sinne strophischer Analogie einander musikalisch parallel gebaut. So wie in Takt 13/14 die Phrase a den Grundstein der Variantenentwicklung in Teil A legte (und als Ritornell weiterhin wirksam bleibt), so setzt der Gesang in T. 39 mit einer scheinbar neuen, in Wahrheit als Resultat eben dieses Variantenprozesses ausgewiesenen Phrase d ein, die für Teil B ebenso wie für den Minore-Teil C wesentlich wird. Diese Phrase d resultiert aus der Koppelung der rhythmischen Disposition von c (T. 20f.) mit dem diastematischen Gestus von a'' (T. 26f.), der seinerseits in dem Kontrapunkt von Piccoloflöte und Oboen des einleitenden Ritornells (T. 36f.) vorgebildet erscheint:

T. 35—41(Partiturausschnitt)

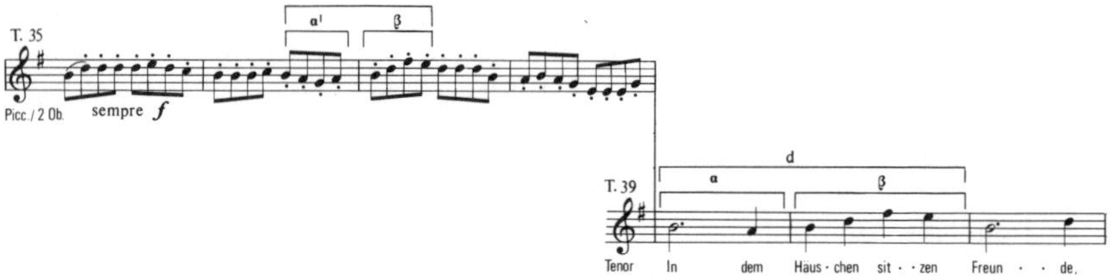

Die Beziehung zwischen Motiv α und der Figur α' mag ein für das ganze Lied wichtiges Prinzip belegen, das seinen exotischen Charakter mitstiftet und an zahlreichen anderen Passagen womöglich noch deutlicher hervortritt: das Prinzip heterophoner Umspielung. Es kommt in Teil B zumal auch in der Parallelität vokalen und instrumentalen Singens zwischen Tenor und Violinen zur Geltung, einer Parallelität, welche die für die Aura des Liedes substantielle Verwandtschaft zwischen fernöstlich anmutender Heterophonie und „romantischem Kontrapunkt" — in ihm erweist sich Mahler als Erbe Schuberts — dokumentiert. Dieser Begriff eines „romantischen Kontrapunkts" hebt ab auf ein ununterschieden gleichgewichtiges Strömen zweier Stimmen, auf ein von der traditionellen Differenzierung in Haupt- und Nebenstimme nicht erfaßtes Verhältnis der Gleichberechtigung, dessen Paradigma im Seitensatz des ersten Satzes von Schuberts *Streichquintett in C-Dur* gegeben ist und das Mahler zum Beispiel auch im Trauermarsch der *Fünften Symphonie* gestaltet hat. Peter Gülke hat diesem Schubertschen Seitenthema eine Analyse gewidmet, in der er die tragenden kompositorischen Prinzipien exemplarisch aufzeigt.[33] Das Insistieren auf einem zentralen Ton, der fortdauernd — als Klangraum — umkreist wird, ist ein Verfahren, das auch in der Musik Gustav Mahlers eine wesentliche Rolle spielt. Auch Mahler setzt die musikalische Lyrik des Liedes voraus, um sie in instrumentaler lyrischer Kantabilität zu transzendieren. Dieses gemeinsame vokal-instrumentale Singen, gestützt von leicht federnden, nachschlagenden Begleitmustern, ist wohl geeignet zu einer Darstellung der in den Textstrophen 3 und 4 vorgestellten Sphäre der „Freunde", die sich in ihrer spielerischen Sorglosigkeit von der „Pavillon"-Sphäre der Anfangsstrophen abhebt und gleichwohl in diese eingebettet erscheint.

Für die Dichte des Beziehungsreichtums, der Mahlers musikalische Miniatur prägt, ist entscheidend die Gestaltung des Minore-Mittelteils C verantwortlich. Die Variantentechnik, welche diese Kontrastpartie ausbildet, nähert sich hier Verfahren motivisch-thematischer Arbeit an, ohne in ihr aufzugehen. Mahler bereitet beim Übergang von Teil B zu C den Eintritt des Gesangs subtil vor:

T. 66—73 (Klavierauszug)

Zunächst erklingt in der Solovioline, dem individuierten Instrumentalpartner des Tenors in Teil B, die Phrase d als Reminiszenz (T. 63f.); dann ereignet sich die für den Tonsatz des Mittelteils grundlegende Spaltung der Phrase d in die Motive α und β und ihre Schichtung zur Simultaneität — dieses in 2. Violine, jenes in Flöte/Oboe — (T. 66f.); in Takt 67f. wird sodann die große Sekunde des Motivs α zu einer kleinen verengt und dadurch die Wende zur Chromatik eingeleitet, deren Alterationen den Mittelteil gegenüber den vorwiegend diatonischen (bzw. „pentatonischen") übrigen Teilen charakteristisch absetzen. Die chromatisch veränderte Phrase d', die mit dem Streicherespressivo unmittelbar in den Minore-Teil C mit seiner zu Viertaktgruppen erweiterten Syntax überführt, kehrt im übrigen zum Abschluß desselben, zum „molto espressivo" gesteigert, wieder. — Diese Beispiele dürften, wie skizzenhaft auch immer, einige Aspekte der Variantentechnik verdeutlicht haben, die das Lied *Von der Jugend* aus dem Spannungsfeld zwischen „logisch"-vorwärtstreibenden und „tektonisch"-rückbeziehenden Momenten heraus bestimmen.

*

„Wie ins Wesenlose verflattert die Musik in einen Quartsextakkord. […] Der Grundton fehlt." Mit diesen Worten beschließt Paul Bekker seine Ausführungen über das Lied[34] und hebt damit ein Moment hervor, das seinen Tonsatz fast durchwegs kennzeichnet: die Baßlosigkeit. Mochte dem jungen Mahler eine melodisch-kontrapunktisch durchgebildete Linienführung des Basses noch technische Schwierigkeiten bereitet haben, mit und nach den mittleren Instrumentalsymphonien verfügte er ohne Frage souverän über das hierfür erforderliche Metier. Deshalb stellt die Baßlosigkeit dieses Liedes, stellen — anders gewandt — in ihm herrschende Satzgrundlagen wie Orgelpunkt, Liegestimme und Ostinato keinen unfreiwilligen Mangel dar, sondern bezeugen bewußten Verzicht. Diese Mittel des Tonsatzes sind sowohl direkt als auch indirekt, in ihren Konsequenzen für Harmonik, Melodik und Kontrapunktik, von greifbarer Bedeutung für den musikalischen Bildcharakter des Stückes.

Die repetierten Hornstöße, teils vom Triangel grell erhellt, signalisieren bereits zu Beginn, daß die Harmonik sich eher in statischen Flächen oder Räumen bewegen wird als im Rahmen einer traditionellen, funktionsharmonisch begründeten Syntax. In ihrer rhythmisch prägnantesten Gestalt zumal, als akzentuierte Halbe auf der Ebene der Dominante, wirkt diese Ostinato-Formel mehrfach an Angelpunkten der Form im Sinne eines konstruktiv wirksamen Signals: Am Anfang (T. 1f.) legen sie die tonale Ebene von instrumentaler Einleitung und erstem Liedteil A auf die Haupttonart B-Dur fest; beim Übergang von A zu B (T. 33f.) dienen sie als Modulationsersatz, indem die Piccoloflöte mit ihr auf d^3 in die B-Dur-Fläche zunächst als Terz einbricht, um sich alsbald recht gewaltsam als Quinte der neuen Tonart G-Dur zu etablieren, die durch einfache Rückung erreicht wird; ein weiteres Mal, beim Orchesterzwischenspiel vor dem Minore-Teil (T. 61f.), erscheinen die akzentuiert repetierten Halben in Klarinette bzw. Fagotten/Oboe nun allerdings als in den Tonsatz verwobene Ostinato-Stützen der wechselnden Tonika E bzw. H; und endlich, beim Übergang zum Reprisenteil D, den Mahler mit annähernd regelkonformer Modulation von g-Moll nach B-Dur — ohne abrupten Wechsel der Tonarten-Perspektive mittels Rückung — erreicht, kommt eine bewundernswerte kompositorische Ökonomie darin zur Geltung, daß die Reprise in Takt 97 sich mit einem einzigen Hornstoß (*sfpp*) ankündigt und in solchem Verzicht auf eine viermalige Wiederholung die Gedrängtheit alsbald erkennen läßt, welche das Lied zum musikalischen Bild abrundet. Gerade in der komprimierten Fassung der Reprise — nach drei Takten der veränderten pentatonischen Introduktionsmelodie setzt bereits der Gesang ein — tritt die Verwandtschaft in der wellenförmigen Linienführung zwischen Einleitung und Liedbeginn (a–b–a') deutlich hervor; zudem erweist sich hier die konstruktive Unselbständigkeit der melodischen Pentatonik, insofern sie nun, über dem Quartsextakkord der Tonika B-Dur schweifend, in die übergreifende Diatonik eingebunden ist.

Früh entwickelte und hartnäckig festgehaltene Eigenheiten der Mahlerschen Musiksprache wie die Neigung zu Orgelpunkt und Ostinato, zu einer gelegentlich nicht von der Stelle rückenden Melodiebildung sowie auch das Variantenverfahren überhaupt, Eigenheiten, die vom mannigfachen Einfluß volksmusikalischer Praxis auf Mahlers kompositorisches Denken Zeugnis ablegen, gelangen im Lied *Von der Jugend* zu einer fernöstlich-exotisch verwandelten Bedeutung. Die Statik der harmonischen Flächen, die Abwicklung des musikalischen Geschehens in weiten Klangräumen und, anders ausgedrückt, der Verzicht auf einen gerade der Liedgattung nicht leicht entbehrlichen harmonischen Bewegungsreichtum, schaffen die Voraussetzungen dafür, daß die melodische Linie, ohne sich von syntaktischen Strukturierungsprinzipien verschiedenartiger Taktgruppenkonstellationen zu befreien und somit in gänzlicher Ungebundenheit zu schweifen, sich gleichwohl in scheinbar spielerischer Freiheit zu verwirklichen vermag. Solchen Schein melodischer Freiheit zu erwecken, das Linienspiel dem zufälligen anzunähern und dennoch mit wirkungsvoller Hand dem musikalischen Gestaltenreichtum eine die Zeitdimension berücksichtigende Schlüssigkeit der Abfolge zu garantieren, stellt eine eminente kompositorische Leistung Mahlers dar, die vorab der strophischen Disposition und dem skizzierten Variantenzusammenhang zu verdanken ist. Die exotistische Aura des Liedes verbürgt überdies, daß die pendelartig, doch stets unregelmäßig auf- und niedersteigende Melodiebildung, das ostinatohafte Umkreisen von Fixpunkten, das als Verstoß gegen Varietätsregeln abendländischer Melodieformen gelten könnte, als Erfüllung eines morgenländischen Ideals oder dessen, was im Wien der Jahrhundertwende dafür gehalten wurde, sich legitimiert. Im Lied *Von der Jugend* rechtfertigen sich diese Prinzipien wellenförmiger Melodiebildung über den allgemeinen Aspekt der fernöstlichen Aura hinaus als Mittel der Textausdeutung, insofern sie zu einer musikalisch angemessenen Darstellung von Spiegelung, Bogen und Kreis verhelfen, die in der Dichtung von Li-Tai-Po/Bethge inhaltlich und formal thematisiert sind.

All dies sind Ingredienzien einer musikalischen Bild-Konstitution, die ja nichts anderes bedeutet als eine besondere Art musikalischer Raum- und Zeitgestaltung. Jeglicher Prozeßcharakter ist abgestreift, die preziösen melodischen Figuren ziehen ihre Schlangenlinien, den Zwängen einer funktionsharmonisch bestimmten Syntax enthoben, in der tendenziellen Freistätte einer verräumlichten Zeit. Gleichwohl beruht der Eindruck von Willkür, der von dem teilweise heterophonartigen Tonsatz ausgeht, auf ausgeklügelter Konstruktion: Mahlers musikalische Bild-Komposition ist nicht weniger artifiziell durchgearbeitet als — im bildnerischen Bereich — die kostbare Brücke aus Jade oder der Pavillon aus Porzellan, von dem das Lied handelt.

*

In einem Essay, der einem paradigmatischen Bild des Jugendstils, Klimts *Der Kuß,* gewidmet ist — es entstand übrigens in denselben Jahren wie *Das Lied von der Erde* (1907/08) —, verweist Milovan Stanič, um die von Klimt vollzogene Entsinnlichung des Fleisches mit einem musikalischen Phänomen zu vergleichen, auf die berühmten Vortragsanweisungen Mahlers „ohne Ausdruck" im zweiten und im sechsten Satz dieses Werkes: „Im strahlenden gefüge kompakter formen und ornamente erscheinen fahle körperteile in einer verkrampften bewegung erfaßt und von einer farbigkeit, die subjektiver eingebung entspringt und nicht der eigenart des fleisches. Gleichsam als die spuren sinnlicher irritation entziehen sich die sichtbaren körperteile dem glanz erstarrter blöcke, undefinierbare löcher in einer abstrakten komposition. Das fleisch wirkt wie plattgedrückt, die entsinnlichung erinnert an Mahlers anweisung für die singstimme im letzten lied (‚Der Abschied') aus ‚Das Lied von der Erde': ‚In erzählendem Ton, *ohne Ausdruck*'. Dies macht die leuchtenden flächen zum aufdringlichen schild, als wäre das lebendige und unmittelbare unter seiner last zugrundegegangen."[35] In der Tat ist in Mahlers Spätwerk die Hoffnung auf eine Vermittlung von Kunst und Leben zerflossen, die Aussicht auf musikalischen Ausdruck gegenwärtiger Lebendigkeit verstellt. An ihrer Stelle wird Vergangenheit, und zwar nicht die historischer Stile, sondern die des ästhetischen Subjekts, zum Thema der Gegenwart, das nicht anders als schmerzvoll zu bewältigen ist. Indessen zeugen gerade die „ohne Ausdruck" vorzutragenden Partien von einer latenten, wenige Male gar hell aufleuchtenden Übermacht des Ausdrucksbedürfnisses, die sich auch durch die Berufung auf eine besondere Distanziertheit des musikalischen Erzählstils nicht leugnen läßt. In dieser Hinsicht stehen selbst die Passagen „ohne Ausdruck" dem Jugendstil ferner als dem Expressionismus, als dessen individueller wie zeitgeschichtlicher Vorbote sie sich durchaus begreifen lassen.

Der Wahrheitsgehalt, der Stanič̌s Parallele zwischen Mahler und Klimt gleichwohl trägt, offenbart sich nirgends deutlicher als im Lied *Von der Jugend.* In ihm erscheint das Leben, welches das sorglose Treiben der Freunde im Pavillon meint, erstarrt zum dreifachen Bild: Eingebettet in die Artefakte bildnerischer Kunst aus Porzellan bzw. Jade, wird es als Sujet der Dichtung doppelt — im Bild und Spiegelbild — vorgestellt und auf der weiteren und entscheidenden Ebene der Musik durch die skizzierten kompositorischen Maßnahmen als mehrfach gebrochenes Bild dem Zeitverlauf überantwortet. Wie treffend auch immer die konstruktive und ästhetische Nähe von Mahlers Miniatur zum gleichzeitigen Jugendstil unter dem Aspekt der Stilisierung gegenwärtigen Lebens zum Bild gefaßt wird, die Affinität findet ihre Grenze an dem, was die ästhetische Einheit des Liedes, die Voraussetzung seines Vergleichs mit dem Jugendstil der Bildenden Kunst, erzeugt: der produktiven Spannung zwischen verschiedenen „Tönen".[36] Sie ergibt sich aus dem Wechselverhältnis zwischen eher chinois-exotistischen und eher wienerisch-vertrauten Tönen, die, so plastisch sie auch im Verlauf des Liedes einander gegenseitig brechen, als Differenzen der Nuance eine stets einheitlich präsente Aura dennoch zu stiften vermögen. Geprägt ist sie durch eine schillernde Ambiguität, die das fernöstlich Fremde — als Surrogat vielleicht verlorener, vielleicht erwünschter eigener Erfahrung — als etwas Vertrautes vorstellt, umgekehrt jedoch im Vertrauten, worauf die Satzüberschrift „Behaglich heiter" zielt, das Befremdende immer wieder spüren läßt. Der musikalische Tonfall von Einleitung und „Pavillon"-Strophen 1/2 (Teil A) ist also unterschieden vom Ton der „Freunde"-Strophen 3/4 (Teil B) und der „Spiegelungs"-Strophe 5 (Minore-Teil C); und der Wechsel der Töne trägt entscheidend dazu bei, der musikalischen Form-Disposition ästhetisch Geltung zu verschaffen. Noch wichtiger fast als die großräumige Scheidung der Teile ist aber ihre interne Vermittlung und gegenseitige Brechung: Die Vermittlung leistet, wie dargelegt, das Variantenverfahren durch konstruktive Verknüpfung der Teile in ihrer zeitlichen Sukzession — B ist somit Gegenstück ebenso wie Konsequenz von A —; die Brechung hingegen verdankt sich den zahlreichen Rückgriffen auf Früheres, so daß zumal Teil B von den ritornellartigen „Pavillon"-Einwürfen mehrfach gegliedert oder — ästhetisch — im vorwaltenden Tonfall der „Freunde" gebrochen wird.

Der Wechsel zwischen, verkürzt zu sagen, einem „Pavillon"- und einem „Freunde"-Ton besitzt, wie jedes ästhetische Phänomen, seine Grundlage in der kompositorischen Technik und wird außerdem durch Vortragsanweisungen verdeutlicht. Tendiert der „Pavillon"-Ton zu fernöstelnder Nicht-Expressivität, so der „Freunde"-Ton umgekehrt zu gesanglicher Expressivität. Der „Pavillon"-Ton auf der einen Seite ergibt sich aus der Bevorzugung regelmäßig repetierender Begleitmuster, ferner aus dem Primat der Bläsergruppe vor den Streichern — bezeichnenderweise wird die einzige Streicher-Partie innerhalb des „Pavillon"-Tons, die Musik der ersten Textstrophe (T. 13 — 19), „saltando" gespielt und von der Piccoloflöte schrill eingefärbt[37] — und schließlich aus einer in Achteln verlaufenden, heterophon schweifenden Kontrapunktik, die — unterstützt durch Triangelklänge — einem befremdend-mechanischen Bewegungsimpuls zu gehorchen scheint. Der „Freunde"-Ton auf der anderen Seite resultiert aus einer tänzerisch federnden, nachschlagenden Begleitstruktur, aus dem lyrisch-regelmäßigen Fließen zweier weitgespannter Melodiebögen im Gesang (T. 39f.) sowie aus einem „romantischen" Kontrapunkt der Violinen, welcher — durch Vortragsanweisungen wie „zart, aber mit Empfindung" und „espressivo" hervorgehoben — parallel zum Duktus der Tenorstimme verläuft.

Die solcherart aus dem Wechsel verschiedener, doch kompatibler Töne sich formierende Ästhetik des Liedes *Von der Jugend* erreicht im Minore-Mittelteil C eine weitere Dimension, indem die Expressivität des „Freunde"-Tons ihre schwerelose Keckheit einbüßt und durch eine im Tempo zurückgenommene Alterationschromatik einen schillernden Zug von Rätselhaftigkeit gewinnt, der den Versen der fünften Strophe — der wunderlichen Verdoppelung der artifiziell veranstalteten Realität im Spiegelbild des Teiches — überaus angemessen erscheint. Nirgends dringt der Charakter von Gebrochenheit, der die nur scheinbar „behaglich heitere“ Anverwandlung der fernöstlichen Sphäre durch Mahler prägt und damit die Authentizität dieses musikalischen Bildes verbürgt, deutlicher in Erscheinung als beim instrumentalen Ausklang des Minore-Teils (T. 92f.), der sich — einzig im ganzen Lied — zum „molto espressivo“ vertieft. Die Spiegelung der „Wirklichkeit“ des Freundeskreises im Pavillon auf der Wasserfläche wird zum Medium schmerzerfüllter Subjektivität, insofern das ästhetische Subjekt an dieser einen Stelle dessen gewahr zu werden scheint, daß die „Jugend“, die Mahler nicht ohne Grund als Titel setzte, im fernöstlichen Modell als Ersatz- oder Traumbild der eigenen, so nie erlebten Jugend einsteht. Für einen Augenblick eröffnet sich der Abgrund des Subjekts, der bei der übrigen Konstitution des musikalischen Bildes vermöge der distanzierten, stilisierten Darstellung des Lebens verdeckt und belanglos erscheint.

Danach stellt die Reprise die vor dem Minore-Teil gegebene Distanz wieder her und drängt nun, ihrer stark verkürzten Anlage gemäß, den Wechsel zwischen „Pavillon“- und „Freunde“-Ton auf engstem Raum zusammen. Selbst die „espressivo“-Vorschrift taucht bei der Phrase d in den zweiten Violinen für nicht länger als zwei Takte (T. 110f.) auf, da der Gesang — nach Mahlers Textumstellung — zum Abschluß die „Freunde“ wieder erwähnt. Die wechselseitige Brechung der beiden Töne, die vor allem in Teil B zentral war, ist hier preisgegeben. Mahler unterstreicht die übergreifende ästhetische Einheit, ohne die das Lied *Von der Jugend* sich nicht als musikalisches Bild begreifen ließe, dadurch, daß kompositorische Elemente der beiden Töne in den letzten Takten sich vermengen und in der Simultaneität zu jenem Dritten zusammenschießen, das als Einheit des exotistischen und des abendländischen Momentes von Anfang an — wenigstens latent — gemeint war. Die „espressivo“-Phrase der zweiten Violine wird von der Piccoloflöte verdoppelt, und die abschließenden neun Takte, zu welchen der Teil B komprimiert wird, schichten den Wechsel zwischen „Freunde“-Ton und „Pavillon“-Ritornell zur Gleichzeitigkeit übereinander und heben ihn damit auf: Die Holzbläser tragen die repetierenden Achtelmuster dieses Tons ein letztes Mal staccato vor, jener aber, der „Freunde“-Ton, wird im Gesang und den Violinen legato erinnert, bis sich mit dieser Vermittlung das musikalische Bild *Von der Jugend* im schwebenden Quartsextakkord „morendo“ rundet.

Mahlers „Mehrwert" — eine Humoreske

Wenn wir nach dem „Mehrwert" bei Gustav Mahler fragen, so soll damit nicht ausgerechnet zu einer Zeit, da die marxistische Theorie in ihrer politischen Anwendungsdimension weltweit einen beispiellosen Zusammenbruch erleidet, Mahlers Kunst in einen Problemzusammenhang der politischen Ökonomie eingerückt werden. Nicht, daß es unmöglich wäre, einmal nach der ökonomischen Dimension der vielberufenen „Mahler-Renaissance" zu fragen, nach den außerordentlich hohen Umsätzen, die sowohl in der Konzertkultur als auch — und mehr noch — in der Schallplattenindustrie mit der Musik Mahlers erzielt werden. Mit seinem vielzitierten Satz, seine Zeit werde kommen, hat der Komponist nicht diese für ihn äußerliche Gegebenheit gemeint. Da er Aufführungen seiner Werke zu Lebzeiten rigoros verhinderte, wenn nicht wenigstens die Chance zu ihrer guten Reproduktion bestand, hätte er sich gewiß gleichermaßen gegen eine von künstlerischen Maßstäben losgelöste Kommerzialisierung seiner Musik gewehrt. Worauf es ihm ankam, das war ihre möglichst adäquate Reproduktion und ein vorurteilfreies, eindringliches Verstehen. So soll im folgenden in einem anderen als dem ökonomischen Sinn von Mahlers „Mehrwert" die Rede sein.

Jeder, der mit der Musik Gustav Mahlers auch nur ein wenig vertraut ist, weiß, wie stark der Komponist in die Gestaltung der Texte, die er vertonte, eingegriffen hat. Oft genug erweist sich Mahler darin als ein feinsinniger, in hohem Maße sprachbegabter Künstler, der das Niveau seiner Texte zu heben verstand. Allerdings nicht immer. So konnte der Literaturwissenschaftler Hans Mayer 1966 in einem Aufsatz über *Musik und Literatur*[38] zu einem vernichtenden Urteil gelangen, über den zweifelhaften literarischen Geschmack des Komponisten nicht weniger als über dessen eigene krude Eingriffe in die Texte: „Ärger beinahe ist die literarische Verwirrung im 'Lied von der Erde': chinesische Lyrik, die keine ist, sondern inzwischen längst als mittelmäßiges Kunstgewerbe Hans Bethges erkannt wurde, als eine Poesie der exotischen Zutaten wie Jade und Pagode, weltenfern aller fernöstlichen Überlieferung, um so näher verwandt aber einem zweitrangigen Jugendstil. Damit nicht genug: alles wird von Mahler überdies, unbekümmert um Bethges lyrische Gebilde, weitergedichtet. [...] Faßt man dergleichen zusammen, so scheint Mahlers Verhältnis zur Literatur auf den baren Eklektizismus hinauszulaufen. Kopie von Kopiertem beim Wunderhorn und bei Bethge; mangelnder Respekt vor der Integrität eines Gedichtes; Dichtung betrachtet nach dem bloßen Materialwert für eine geplante Komposition, die, wie Mahlers Symphonien fünf bis sieben oder neun beweisen, zur Not auch ganz gut ohne Textvorlage auszukommen vermöchte." Mayers Polemik veranlaßte Theodor W. Adorno zum Widerspruch, und das vom Norddeutschen Rundfunk 1968 zwischen den beiden veranstaltete Streitgespräch ist denkwürdig geblieben. Mit guten Gründen wies Adorno den Literaturwissenschaftler in die Schranken, indem er auf der begrenzten Geltung aller bloß auf den verbalen Text bezogenen Argumente bei der Beurteilung von Vokalmusik insistierte. Für Musiker seien nun einmal Worte „Vehikel ihrer Kompositionen".[39]

Selbst die Tatsache, daß Mahler — Mayers Verdikt zuwider — durch textändernde Maßnahmen die Qualität der Dichtungen meist gehoben hat, berechtigt nicht dazu, diesem Faktum einen methodologischen Eigenwert beizumessen. Dieser These werden freilich all jene nicht zustimmen, die in Mahlers Musik semantische Elemente im Sinne einer Bedeutungsschicht, die sich auch außermusikalisch dingfest machen läßt, aufzudecken suchen. Naturgemäß vertreten sie die Auffassung, daß ein Komponist wie Mahler, wenn er Dichtungen komponierte, Texte „vertont" habe, also in einem zeitlich Späteren, der musikalischen Komposition, von einem zeitlich Früheren, einem vorliegenden (und allenfalls umzugestaltenden) Verbaltext, abhänge. Daß Mahler den von ihm komponierten Dichtungen fremder Provenienz durch seine Redaktion in der Regel literarisch mehr Wert verlieh, bleibt jedoch ein Teilmoment seines künstlerischen Schaffens, das in die Irre führt, wenn es isoliert — durch einen Vergleich zwischen Textvorlage und der in der Komposition endlich erreichten Textfassung — betrachtet wird.

Mahler war kein Komponist, der Texte „vertonte", sondern einer, der musikalische Werke schuf. Nun ist zwar — Hans-Georg Gadamer hat vor einigen Jahren darauf aufmerksam gemacht[40] — jeder Autor etymologisch aufgrund der Ableitung vom lateinischen „augere" zunächst ein „Mehrer" von Sinn (wobei wir, entgegen Gadamer, die Kategorie des Autors auch für den Komponisten musikalischer Werke gelten lassen wollen), so daß bereits durch das bloße Faktum einer Komposition, sei es eines Vokal- oder eines Instrumentalwerks, eine Art „Mehrwert" zustande käme. Mahlers „Mehrwert" ist indessen viel begrenzter — und gleichzeitig viel umfassender.

*

Die zweite Strophe des *Trinklieds vom Jammer der Erde* heißt in der Nachdichtung, die Hans Bethge aus Übersetzungen eines Gedichts von Li-Tai-Po geformt hat:

Dein Keller birgt des goldnen Weins die Fülle,
Herr dieses Hauses, — ich besitze andres:
Hier diese lange Laute nenn ich mein!
Die Laute schlagen und die Gläser leeren,
Das sind zwei Dinge, die zusammenpassen!
Ein voller Becher Weins zur rechten Zeit
Ist mehr wert als die Reiche dieser Erde.
Dunkel ist das Leben, ist der Tod.

In Mahlers Komposition, dem ersten Satz des *Liedes von der Erde,* heißt diese Strophe im Wortlaut wie folgt:

> Herr dieses Hauses!
> Dein Keller birgt die Fülle des goldenen Weins!
> Hier, diese Laute nenn' ich mein!
> Die Laute schlagen und die Gläser leeren,
> das sind die Dinge, die zusammen passen.
> Ein voller Becher Weins zur rechten Zeit
> ist mehr wert, ist mehr wert,
> ist mehr wert als alle Reiche dieser Erde!
> Dunkel ist das Leben, ist der Tod!

In ihrer Frankfurter Dissertation schreibt Susanne Vill über die Komposition dieser Strophe: „Die dreimalige Wiederholung von ‚Ist mehr wert' hat den Gestus des Sich-etwas-einredens; so als ob der Wein beschworen werden sollte, seine Wirkung auch nicht zu verfehlen. Diese Wirkung unterstreichen die Tonart es-Moll, der ‚glühende' Ausdruck der Singstimme (T. 156) sowie die expressiven Begleitstimmen, Akzente und Sforzati im Cello. Auf dieser Beschwörung baut die Aufforderung ‚Jetzt nehmt den Wein' (T. 367) — ‚wild', ff, A-Dur — nach der langen Meditation über die Vergänglichkeit auf; ihre Wirkung setzt die nun ausbrechende Euphorie voraus."[41]

Die Validität dieser Deutung ist, insofern sie sich als eine Interpretationsmöglichkeit neben anderen auf das abgeschlossene Werk bezieht, nicht grundsätzlich zu bestreiten. Die dreifache Wiederholung der Worte „ist mehr wert" ist in der Tat so ungewöhnlich, daß wir eine besondere Intention Mahlers vermuten dürfen. Was liegt da näher als die Annahme, durch die Wiederholung habe er der Semantik gerade dieses Textes eine besondere Emphase verleihen wollen? Nun dürfte es allerdings kaum möglich sein, in dieser Textänderung eine Maßnahme zur Hebung der Qualität der Dichtung zu erblicken, und Susanne Vill sucht den Sachverhalt denn ja auch anders zu begründen. Wenn indessen die Repetition von „ist mehr wert" keinen dichterischen Mehrwert stiftet — wir dürfen sogar ohne Umschweife das Gegenteil behaupten —, gibt es dann nicht eine andere Deutungsmöglichkeit, als einen „Gestus des Sich-etwas-einredens" anzunehmen und in psychologisierender Weise eine Beschwörung der Wirkung des Weins zu unterstellen? Eine Antwort darauf erhalten wir durch einen Blick in die Quellen. Abbildung 26 (S. 346) zeigt, daß die Takte 163—166 der Endfassung im Autograph des Werkes, das sich in der Pierpont Morgan Library New York befindet, vorerst gefehlt haben, das *Trinklied vom Jammer der Erde* mithin ursprünglich, solange Mahler sich noch mit einem einfachen „Mehrwert" beschied, um vier Takte kürzer war. Offenbar hatte Mahler den von ihm umgestalteten Text der Dichtung nach seiner Gewohnheit vorerst so komponiert, daß sowohl Fluß und

Gliederung der verbalen Textschicht als auch eine Kontinuität der Musiksprache garantiert waren. Diese ursprünglich einfache „Mehrwert"-Vertonung liegt im übrigen auch in jener lange Zeit unbekannten Quelle einer Fassung des *Liedes von der Erde* für Singstimmen und Klavier vor, die Stephen E. Hefling im Frühling 1989 als Supplement Band II der Kritischen Gesamtausgabe der Werke Mahlers herausgegeben hat. Sowohl in dieser Quelle als auch in dem hier reproduzierten Partiturautograph der Orchesterfassung erscheint die Verdreifachung des „Mehrwerts" als eine nachträgliche Maßnahme.

Abbildung 27 (S. 347) zeigt die vier nachträglich komponierten Takte, auf die sich der Hinweis „4 Takte" in Abbildung 26 bezieht; sie wurden von Mahler am Ende des ersten Satzes — nach einer leeren Seite — separat aufgeschrieben. Vielleicht enthält diese Plazierung einen Hinweis darauf, daß dem Komponisten die Wünschbarkeit der Maßnahme noch während der Niederschrift in den Sinn gekommen ist, weil er sonst den Nachtrag wohl anderswo hätte niederschreiben müssen. Da indessen der Grund für diese Maßnahme aus der Quelle selbst nicht ersichtlich wird, haben wir, um zu einer Antwort zu gelangen, nach gutem hermeneutischem Brauch den Kontext der Passage zu berücksichtigen.

Eine Analyse des engeren Kontextes innerhalb der zweiten Strophe des Liedes bringt kaum Schlüssiges zu Tage: Zwar kann man in der melodischen Anlage, die durch die viertaktige Erweiterung gewonnen wird, insofern einen Zuwachs erblicken, als nunmehr der melodische Bogen, der sich in zwei Stufen aufwärts schwingt — zunächst mit dem Ambitus es^1—ces^1 (T. 156f.) und dann mit dem Ambitus b^1—fes^2 (T. 167f. mit Auftakt) —, durch die Pendelbewegung der nachträglich eingeschobenen „Mehrwert"-Takte ein größeres Maß an Ausgewogenheit erreicht. Auch erhält die metrische Gliederung des musikalischen Verlaufs durch die zusätzlichen vier Takte eine klarere Balance, indem sie sich nun, wie eine Taktgruppenanalyse der Takte 156—174 zeigt, folgendermaßen darbietet:

T.153 —178

Die einzige wirklich tragfähige Antwort auf die Frage, warum Mahler diese Takte nachträglich interpoliert hat, geht jedoch aus einer Berücksichtigung des weiteren Kontextes der Partie hervor, der formalen Funktion, welche der zweiten Strophe innerhalb der Gesamtstruktur des *Trinkliedes vom Jammer der Erde* zukommt. Es handelt sich bei diesem Lied um eine vierteilige Anlage, bei der — an anderer Stelle ist dies ausführlich dargelegt[42] — die vier Textstrophen die Grundlage für vier symphonische Strophen nach Art einer Sonatenform mit den Teilen Exposition, variierte Expositionswiederholung, Durchführung und Reprise bilden. Innerhalb dieser Gesamtstruktur fungiert die Partie der Takte 153—178 als ein von Es nach As modulierender Nebengedanke der zweiten Strophe, d. h. der variierten Expositionswiederholung. Der Text, den Mahler in diesem Nebengedanken komponierte („Ein voller Becher Weins zur rechten Zeit ist mehr wert als alle Reiche dieser Erde"), ist mit insgesamt 22 Silben jedoch kürzer — und zwar um zwei Silben kürzer — als derjenige, den er in der Parallelstelle, dem Nebengedanken der ersten, als Exposition fungierenden Strophe, in den Takten 53—76 — überdies mit einer anderen Deklamation — komponiert hatte: „Wenn der Kummer naht, liegen wüst die Gärten der Seele, welkt hin und stirbt die Freude, der Gesang".

T. 53—76

Die Differenz der Textgrundlage beider paralleler Nebengedanken hatte also zunächst eine Differenz der musikalischen Struktur gezeitigt, insofern der Nebengedanke der zweiten Strophe um vier Takte kürzer ausfiel, da Mahler den Text, ohne ihn zu erweitern, analog komponierte. Seine nachträgliche Maßnahme zielte deshalb darauf, die musikalische Struktur der beiden symphonischen Strophen, der Exposition und ihrer variierten Wiederholung, einander anzunähern und ihre Verlaufskurven nicht, und sei es in einem Detail von vier Takten, aufgrund einer heteronomen Gegebenheit, die in der Textbasis und nicht im musikalisch-kompositorischen Gestaltungswillen begründet gewesen wäre, auseinanderklaffen zu lassen. Nur durch diese Maßnahme erreichte Mahler eine Stimmigkeit der — auf Steigerung gerichteten — Gesamtentwicklung, indem die progressive Tonalität der im Halbtonabstand nach oben strebenden Teile (G–As–A) insofern der großmetrischen Anlage entspricht, als die zweite, auf As bezogene Partie kraft eines um zwei Takte erweiterten Appendix (T. 175—178 im Vergleich zu T. 75—76) nunmehr als eine Steigerung statt als Schwächung gegenüber der ersten, auf G bezogenen Partie erscheint.

Mahlers „Mehrwert", das, was wir dem „Autor" Mahler verdanken, ist also hier — und nicht nur hier — eine musikalisch begründete Kategorie. Daran zu erinnern tut not, wenn Deutungen der Musik, die ihre Wurzel in einer Exegese der verbalen Textgrundlage haben, zur Kritik stehen. Gewiß, auch Mahler hat, wie andere musikalische Lyriker, sein Ziel in einer musikalisch-dichterischen Einheit erblickt, bei der die Wortschicht eine im einzelnen durchaus wesentliche, wenngleich nicht in letzter Instanz begründende Funktion erfüllt. Die musikalischen und die dichterischen Faktoren stimmen indessen in musikalischer Lyrik keineswegs immer einhellig zusammen, nicht selten stehen sie in einem Spannungsverhältnis zueinander. Dieses Exemplum lehrt uns eindringlich, auf welcher Seite sich hier die letztlich entscheidende Instanz befindet: auf seiten der musikalischen Komposition. Denn die dreimalige Wiederholung der Wortgruppe „ist mehr wert" erscheint, literarisch betrachtet, als eine zwar probate, aber doch recht dürftige Krücke, um ein nicht auf der verbalen Textebene angesiedeltes Problem zu lösen. Den „Mehrwert", den Mahler durch seine Maßnahme der symphonischen Konstruktion verschafft, insofern die beiden Anfangsstrophen in eine deutlichere Parallelität im Sinne einer Steigerungsanlage gerückt werden, erkauft er durch eine qualitative Minderung auf der Ebene der Wortschicht, die für ihn — und zumal bei der „Symphonie", die das *Lied von der Erde* darstellt — eine im Zweifelsfall nachgeordnete Schicht des künstlerischen Gebildes repräsentiert. Er kann dies ohne zu zögern tun, weil er als Anhänger der Schopenhauerschen Tradition der Musikästhetik die einzelnen Semanteme des Verbaltextes prinzipiell in der musikalischen Struktur aufgehoben weiß und sie nur mehr als deren Teilmoment gelten läßt.

Wie läßt sich, Fazit unserer fröhlichen Wissenschaft, Mahlers „Mehrwert" bilanzieren? Dem isolierten Blick auf die Qualität der Dichtung müßte sich seine nachträgliche Maßnahme wohl eher als ein Mißerfolg, ein Minderwert, darstellen. In semantischer Hinsicht dürfte durch unsere Überlegungen die Argumentation von Susanne Vill, die dreimalige Wiederholung der Wortgruppe „ist mehr wert" verschaffe dem carpe-diem-Motiv des Trinkens einen Gestus intensivierender Beschwörung, kaum an Überzeugungskraft gewonnen haben. Offenkundig liegt der künstlerische Zugewinn, den die Maßnahme erwirkt, auf der Ebene der musikalisch-lyrischen Strukturbildung — und hier weniger in der isolierten Bedeutung der betreffenden Passage als in der ausschlaggebenden Relevanz für den weiteren formalen Kontext des *Trinkliedes vom Jammer der Erde*. Mahlers „Mehrwert" ist, in letzter Instanz, allemal ein musikalischer.

Zur Klavierfassung

Seit kurzem befinden sich die Freunde der Mahlerschen Musik in der erfreulichen Lage, ein so wohlbekanntes Werk wie das *Lied von der Erde* aufgrund einer nunmehr zugänglich gemachten Quelle in einem veränderten, tiefer reichenden Licht sehen zu können. Seitdem in Otto E. Albrechts *Census of Autograph Music Manuscripts of European Composers in American Libraries* zu lesen war, im Besitz von Alma Mahler-Werfel befinde sich ein Autograph des *Liedes von der Erde* — irrtümlich beschrieben als „first draft, for voice and piano, without orchestral interludes, and lacking the definitive title“[43] —, konnte die interessierte Musikwelt um die Existenz einer weiteren Quelle dieses Werkes wissen. Da jedoch das auch nach Almas Tod weiterhin in amerikanischem Privatbesitz befindliche Autograph weder als Reproduktion noch als Transkription oder Edition zugänglich gemacht wurde, sah man sich auf die Beschreibung der Quelle verwiesen, die Stephen E. Hefling auf der 49. Jahresversammlung der American Musicological Society im Oktober 1983 in Hamilton mitteilte,[44] und war bis vor kurzem nicht in der Lage, sich ein eigenes Urteil darüber zu bilden. Mit der nunmehr vorliegenden Veröffentlichung[45] hat dieser Zustand der Ungewißheit und des Mutmaßens ein Ende.

Die Kardinalfrage, die diese Quelle aufwirft, ist die folgende: Handelt es sich bei dem Autograph, das wie alle anderen autographen Quellen des Werkes mit Ausnahme der (später geschriebenen) Partiturreinschrift im Sommer 1908 — knapp drei Jahre vor Mahlers Tod — entstanden ist, um ein Particell, das ausschließlich als eine im Aussehen klavierauszugähnliche, vorläufige Stufe der Werkgenese von Belang ist, oder aber um eine Fassung des Werkes für eine hohe und eine mittlere Gesangstimme mit Klavierbegleitung, die neben der Orchesterfassung als eine eigenständige und ästhetisch gültige Fassung zu betrachten ist? Anders gefragt: Beruht *Das Lied von der Erde,* wie bisher meist angenommen, auf der ganz und gar originären Konzeption eines symphonischen Orchesterliederzyklus, oder steht es in einer bruchlosen Kontinuität der Mahlerschen Gesangswerke seit den frühen neunziger Jahren, die vom Komponisten fast ausnahmslos in zwei Fassungen, einer Fassung mit Orchester- und einer anderen mit Klavierbegleitung, herausgebracht worden sind (wobei Mahler den Klavier- gegenüber den Orchesterfassungen keineswegs einen grundsätzlich sekundären Status zuwies, sondern jene gelegentlich sogar selbst öffentlich zu Gehör brachte)? Der Herausgeber des Supplementbandes plädiert für letzteres, ohne jedoch in seinem lesenswerten Vorwort die Argumente pro und contra einseitig zu gewichten.

Für eine Bewertung der neu erschlossenen Quelle ist ihr Vergleich mit den anderen erhaltenen Autographen des Werkes, insbesondere mit den Particellen und Partiturentwürfen einzelner Sätze und mit dem Autograph der Orchesterfassung, ausschlaggebend. Die Chronologie stellt sich so dar, daß mit hoher Wahrscheinlichkeit bei den Sätzen Nr. 2 und Nr. 4 die Klavierfassung vor dem entsprechenden Partiturentwurf, bei den Sätzen Nr. 3, Nr. 5 und Nr. 6 jedoch umgekehrt der Partiturentwurf vor der Klavierfassung entstanden ist. (Der Partiturentwurf von Nr. 1 ist verschollen.) Mit Sicherheit sind indes alle Sätze der Klavierfassung vor der Partiturreinschrift entstanden. „Diese Quellen", so Hefling, „bezeugen fraglos, daß bei der Komposition des ‚Liedes von der Erde' — anders als bei den früheren Liedern — die Klavierfassung nicht das Particell ersetzt hat. Es war eher so, daß Mahler die Fassung für Singstimmen und Klavier während der ganzen Genese als wesentlich für sein Konzept erachtete."[46] Der Kompositionsprozeß reflektiert mithin die spezifische Sonderstellung des Werkes zwischen den Gattungen Symphonie und Lied: Einerseits verweist die Existenz von Particellen und Partiturentwürfen auf den symphonischen Kompositionsprozeß — bei den Liedern pflegte Mahler keine Partiturentwürfe zu benötigen —, andererseits verweist die Existenz der autographen Fassung für Gesang und Klavierbegleitung und eine zum dritten Satz erhaltene Titelseite („Der Pavillon aus Porzellan [...] / für Tenor oder Sopran / und Orchester oder Clavier [...]") auf den liedspezifischen Kompositionsprozeß, der sich vom symphonischen durch eine auktoriale Klavierfassung (statt eines von fremder Hand besorgten Klavierauszugs) unterscheidet.

Für die Quellenbewertung wichtig ist eine Korrektur Mahlers im *Trinklied vom Jammer der Erde:* Die Takte 163 — 166 der Endfassung, die er im Partiturautograph des Werkes als Einschub am Schluß des Satzes hinzufügte,[47] hat er nachträglich auch in die Klavierfassung übertragen. Daraus geht zweifelsfrei hervor, daß diese Fassung nicht mit einem Particell identisch ist, denn ein später Nachtrag dieser Ergänzung in eine Particellskizze wäre sinnlos gewesen, da deren Bedeutung im Kompositionsprozeß bei der Erstellung der Partiturreinschrift bereits zu vernachlässigen gewesen wäre.

Es bleiben freilich Fragen offen, die aufgrund der unvollständigen Quellenlage möglicherweise niemals eine endgültige Beantwortung erhalten werden und die gleichwohl für eine Interpretation dieses Werkes nicht unerheblich sind. So dürfte Heflings These, die Klavierfassung habe — im Unterschied zum Entstehungsprozeß früherer Lieder — nicht das Particell ersetzt, nicht mit letzter Gewißheit zu erhärten sein. Immerhin kennen wir aufgrund der Quellenüberlieferung bei nur zwei von insgesamt sechs Sätzen, nämlich beim dritten und sechsten Satz, Particell und Klavierfassung, bei den restlichen vier Sätzen ist die Particellstufe nicht bekannt. Daraus zu schließen, in diesen Fällen habe die Klavierfassung das Particell ersetzt, wäre jedoch voreilig. Denn einige verstreute Instrumentationsangaben finden sich bei der Klavierfassung nur in den Sätzen 1 und 6, in allen übrigen Sätzen aber fehlen sie. Dies erhöht die Wahrscheinlichkeit, daß die entsprechenden Particelle verloren gegangen sind. Da sich beim Satz (*Der Abschied*) Instrumentationsangaben sowohl im Particell als auch in der Klavierfassung finden, kann aus den in der Klavierfassung gelegentlich enthaltenen Instrumentationsvermerken nicht zwingend auf eine Particellfunktion unserer Quelle geschlossen werden.

Eine andere Frage, auf die bereits früher hingewiesen wurde[48] und die auch jetzt noch nicht befriedigend beantwortet erscheint, ist die nach einer möglichen Wandlung der musikalischen Poetik des Werkes im Verlauf des Kompositionsprozesses. Heflings Argumentation geht von einer ein für allemal feststehenden Werkpoetik aus. Warum aber hat Mahler dann, statt die vom Herausgeber als „Reinschrift" bezeichnete Quelle zum Druck zu befördern, im Frühling 1910 — der Drucklegung seiner Symphonien entsprechend — die Herstellung eines Klavierauszugs von fremder Hand (durch Josef Venantius von Wöss) mit der Universal Edition Wien vertraglich besiegelt? Waren wirklich nur äußerliche Gründe — größte zeitliche Knappheit und ein Gefühl des nahenden Todes — dafür verantwortlich? Möglicherweise hat Mahler doch bei dem gattungstheoretisch so ambivalenten Werk im Laufe der Zeit die Priorität eindeutig auf die Fassung für Singstimmen mit Orchester verschoben — den Implikationen des von ihm formulierten Untertitels „Symphonie" folgend — und demzufolge die ursprünglich gleichwertige Klavierfassung zu einem nur mehr sekundären Status herabgesetzt, ohne diese Umwertung explizit zu formulieren oder gar zu begründen. Manche Spezifika dieser Quelle und ihrer Geschichte, insbesondere die Tatsache, daß Mahler bei der Planung der Edition den Gewohnheiten nicht mehr der Liedgattung, sondern der Symphonik folgte, würden dadurch besser verständlich.

Welches sind nun die interessantesten Aspekte, die sich einem Vergleich von Klavier- und Orchesterfassung eröffnen? Im *Trinklied vom Jammer der Erde,* dem ersten Satz des Werkes, hatte Mahler — wie aus der zeitlich früheren Klavierfassung hervorgeht — zunächst vorgesehen, den dreimal auftretenden Refrain „Dunkel ist das Leben, ist der Tod" ein jedesmal in der Grundtonart a-Moll erklingen zu lassen.[49] Die aus der Endgestalt bekannte Anordnung, daß die drei Refrains eine im Halbtonabstand aufsteigende Folge nach Art einer „progressiven Tonalität" bilden — der erste Refrain in g-Moll, der zweite in as-Moll, und erst der dritte und letzte in der Grundtonika a-Moll —, ist also nicht von Anfang an geplant gewesen, sondern kam — als ein die Dynamik der musikalischen Form verstärkender Zug — erst im Laufe des Arbeitsprozesses hinzu. Wir sehen daran, wie bei diesem ersten Lied, das den Kopfsatz der „Symphonie" bildet, noch während des Kompositionsprozesses der zunächst dominierende liedhafte Gattungsgrund durch Faktoren des symphonischen Gattungsgrundes zurückgedrängt wurde und Mahler erst damit jenes einzigartig spannungsvolle Ineinandergreifen von Lied und Symphonie erreichte, welches die Spezifik dieses Meisterwerkes ausmacht.

Von besonderem Reiz ist auch ein Vergleich der Textfassungen, die Mahler aufgrund der Vorlage, des im Herbst 1907 im Leipziger Insel Verlag erschienenen Gedichtbandes *Die chinesische Flöte* mit Nachdichtungen chinesischer Lyrik von Hans Bethge, erarbeitete. Auch wer die früheren Stufen des Kompositionsprozesses nicht kennt, hat nunmehr eine bequeme Möglichkeit, diesen faszinierenden Aspekt der Mahlerschen Werkstatt zu untersuchen. Vier der sechs Liedüberschriften korrespondieren noch mit Bethge und haben noch nicht die Formulierung der Mahlerschen Endgestalt erreicht: Nr. 2 heißt noch *Die Einsame im Herbst* (statt *Der Einsame im Herbst*), Nr. 3 *Der Pavillon aus Porzellan* (statt *Von der Jugend*), Nr. 4 Am Ufer (statt *Von der Schönheit*), Nr. 5 *Der Trinker im Frühling* (statt — à la Nietzsche — *Der Trunkene im Frühling*). Diese späteren Änderungen der Satzüberschriften mögen im einzelnen unterschiedlich begründet sein, insgesamt aber lassen sie die Absicht Mahlers erkennen, das Lyrisch-Besondere der einzelnen Lieder ins Allgemeine zu erweitern und der Konzeption des Werkes als einer Symphonie anzupassen.

Vor allem aber kann ein Vergleich der beiden Fassungen die Mutmaßung widerlegen, Mahler habe die zahlreichen Abwandlungen im Wortlaut der Gedichte, die er zur Vertonung ausgewählt hatte, vor Beginn der musikalischen Kompositionsarbeit vorgenommen — insbesondere aus Gründen der literarischen Qualität oder aus semantischen Überlegungen. Die Klavierfassung zeigt klar, daß viele Änderungen des Textes sich erst im Laufe der kompositorischen Arbeit aufgedrängt haben — nicht selten noch in einem sehr späten Stadium — und nur als Resultate eines übergreifenden musikalisch-lyrischen Gestaltungswillen zu begreifen sind. Wenngleich es Mahler in vielen Fällen gelungen ist, die ästhetische Qualität der Dichtungen als einer Schicht seines Werkes zu steigern, so wäre es doch falsch anzunehmen, der Komponist habe primär darauf abgehoben.

Schließlich findet sich eine Fülle von Differenzen bei der Vortragsbezeichnung, die ohnehin im Falle des *Liedes von der Erde,* das Mahler nicht mehr selbst zur Aufführung bringen konnte, im Blick auf seine Gepflogenheit, diese Dimension der Notation fortlaufend zu präzisieren, nicht als eine endgültige betrachtet werden kann. Wenn etwa, um ein Beispiel zu geben, die Satzbezeichnung im fünften Lied *Der Trunkene [Trinker] im Frühling* — sie ist aus der Orchesterfassung bekannt als „Allegro. — Keck, aber nicht zu schnell" — in der nunmehr greifbaren Klavierfassung lautet: „Mit verwegenem Ausdruck, beinahe mit Hohn. Nicht zu schnell", dann ist ein solcher Befund für eine Interpretation des Werkgehaltes von erheblichem Interesse. — Die neue Edition wird dem *Lied von der Erde,* das seit seiner Uraufführung vor einem Dreivierteljahrhundert zu Mahlers beliebtesten Werken gehört, aufgrund der guten Spielbarkeit des originalen Klaviersatzes neue Freunde gewinnen und bietet allen Kennern der Partitur vielfache Anreize zu einem vertiefenden Studium des Werkes.

Anmerkungen

1 Dieser seit langem etablierte Untertitel des *Liedes von der Erde,* der auch in dem von Erwin Ratz 1964 herausgegebenen Band der Gustav-Mahler-Gesamtausgabe erscheint, ist autograph durch ein Titelblatt für das gesamte Werk überliefen, das dem Particell und Partiturentwurf des 3. Satzes vorangestellt ist (seit 1982 im Gemeentemuseum Den Haag; vgl. *Danuser, Lied,* S. 14f.).

2 Den Systemcharakter der musikalischen Gattungssoziologie hat Carl Dahlhaus erkannt und in seinem für die musikalische Gattungstheorie und -geschichte grundlegenden Aufsatz *Zur Problematik der musikalischen Gattungen im 19. Jahrhundert skizziert, in: Gattungen der Musik in Einzeldarstellungen. Gedenkschrift Leo Schrade.* Erste Folge, hrsg. von Wulf Arlt u. a., Bern/München 1973, S. 851f.

3 Friedrich Blume, Artikel *Romantik,* in: Die Musik in Geschichte und Gegenwart 11, Sp. 802.

4 Vgl. Heinrich W. Schwab, *Sangbarkeit, Popularität und Kunstlied. Studien zu Lied und Liedästhetik der mittleren Goethezeit 1770—1814* (Studien zur Musikgeschichte des 19. Jahrhunderts 3), Regensburg 1965.

5 Verwiesen sei hierzu auf das Opus magnum von Carl Dahlhaus, *Die Musik des 19. Jahrhunderts* (Neues Handbuch der Musikwissenschaft 6), Wiesbaden 1980.

6 Vgl. hierzu und zum folgenden Hermann Danuser, *Der Orchestergesang des Fin de siècle. Eine historische und ästhetische Skizze,* in: Die Musikforschung 30 (1977), S. 425ff.

7 *Bekker,* S. 11ff.

8 Rudolf Louis, *Die deutsche Musik der Gegenwart,* München/Leipzig 1909, S. 237.

9 Vgl. hierzu das Kapitel *Zu den Programmen der frühen Symphonien,* oben S. 134ff.

10 Vgl. Carl Dahlhaus, *Die Idee der absoluten Musik,* Kassel 1978, S. 137ff.

11 NBL, S.35.

12 *GMB,* S. 147 und S. 279. Vgl. oben S. 136, S. 136f.

13 Vgl. das Kapitel *„Blicke mir nicht in die Lieder!" Zum musikalischen Schaffensprozeß,* oben S. 47ff.

14 Zu diesem von Hölderlin übernommenen Begriff vgl. oben S. 93f.

15 Vgl. hierzu die detaillierte Analyse in *Danuser, Lied,* S. 37ff., S. 83ff. Der Wortlaut dieser Passage deckt sich mit *Danuser, Lied,* S. 109f.

16 Dazu die Argumentation ebd., passim.

17 Rudolf Mengelberg, *Gustav Mahler,* Leipzig 1923, S. 65f., bezieht den durch Mahler neu geprägten Symphonie-Begriff auf das *Lied von der Erde,* indem er schreibt, das Werk, „eine aus der Fülle sensibelster Empfindungen geschaffene lyrische Symphonie", umfasse „wirklich eine ‚Welt' von Empfindungen und Gestalten" und bedeute eine „letzte Steigerung lyrischer Empfindung und Form zum Kosmisch-Symphonischen".

18 Theodor W. Adorno, *Wiener Rede* [1960], in: Arnold Schönberg [u.a.], *Über Gustav Mahler,* Tübingen 1966, S. 207. Eberhard Klemm, *Über ein Spätwerk Gustav Mahlers,* in: Deutsches Jahrbuch für Musikwissenschaft 6 (1961), Leipzig 1962, S. 29f.: „Kafkas Romane haben kein eigentliches Ende; es ist kontingent. Mahlers späte Werke sind fragmentarisch, der inneren Form nach. Und das *Lied von der Erde* mit den wiederholten Worten ‚ewig, ewig' geht auf unendlich, ‚gänzlich ersterbend', mit unaufgelöstem Vorhalt."

19 Vgl. hierzu die oben (Anm. 2) zitierte *Gedenkschrift Leo Schrade* und den Band *Gattungen der Musik und ihre Klassiker,* hrsg. von Hermann Danuser (Publikationen der Hochschule für Musik und Theater Hannover, Bd. 1), Laaber 1988.

20 So etwa Hans Hollander, *Musik und Jugendstil,* Zürich 1975, S. 127. Vgl. die berechtigte Warnung vor voreiligen Parallelisierungen zwischen literarischem und allfälligem musikalischem Jugendstil durch Reinhold Brinkmann, *Schönberg und George. Interpretation eines Liedes,* in: Archiv für Musikwissenschaft 26 (1969), S. 26f., und Carl Dahlhaus, *Musik und*

Jugendstil, in: *Art nouveau. Jugendstil und Musik,* hrsg. aus Anlaß des 80. Geburtstages von Willi Schuh von Jürg Stenzl, Zürich 1980, S. 73ff. Vgl. überdies Peter Oswald, *Perspektiven des Neuen. Studien zum Spätwerk von Gustav Mahler,* Phil. Diss. Wien 1982, S. 94ff.; Zoltan Roman, *Prelude and Finale: Musical Jugendstil in Selected Songs by Mahler and Webern,* in: *Focus on Vienna 1900. Change and Continuity in Literature, Music, Art and Intellectual History,* hrsg. von Erika Nielsen, München 1982, S. 113ff.; Wolfgang Schlüter, *Die Wunde Mahler. Zur Rezeption seiner Sinfonien,* in: *Musik-Konzepte. Sonderband Gustav Mahler,* hrsg. von Heinz-Klaus Metzger und Rainer Riehn, München 1989, S. 7ff., insbesondere S. 101ff.; sowie Klaus Kropfinger, *The Shape of Line,* in: *Art Nouveau and Jugendstil and The Music of the Early 20th Century* (Adelaide Studies in Musicology, Bd. 13), hrsg. von Andrew McCredie, Adelaide 1984, S. 131ff.

21 Vgl. Hans Ferdinand Redlich, *Bruckner and Mahler,* London [2]1963, S. 223.

22 Hierzu und zum folgenden vgl. die Ausführungen von Arthur Wenk, *The Composer as Poet in „Das Lied von der Erde",* in: 19th Century Music 1 (1977), S. 33ff.

23 *Adorno, Mahler,* S. 197.

24 Im Hinblick auf *Gustav Mahlers Umgang mit Wunderhorntexten* vgl. *Kurt* von Fischers gleichnamigen Aufsatz in: Melos/NZ 4 (1978), S. 103f.

25 Dazu treffend Redlich, a.a.O., S. 224/225: „The sparkling gaiety of Nr. 3, 4 and 5 [*des Liedes von der Erde*] is as though seen at a distance through a telescope."

26 Vgl. *NBL,* S. 158f.

27 Vgl. Hemmann Danuser, *Der Orchestergesang des Fin de siècle. Eine historische und ästhetische Skizze,* a.a.O., S. 450f.

28 Vgl. hierzu *Aspekte der Gattungsgeschichte,* oben S. 204ff.

29 Wenk, a.a.O., S. 37, deutet das Verhältnis der Gesangsmelodik zwischen Teil A und B sogar als eines der Umkehrung der Phrasendisposition.

30 Zum Variantenbegriff vgl. u. a. *Adorno, Mahler, S.* 116f.; Maria Porten, *Zum Problem der „Form" bei Debussy. Untersuchungen am Beispiel der Klavierwerke,* München 1974; Hermann Danuser, *Musikalische Prosa,* Regensburg 1975, S. 97f.

31 Vgl. hierzu u. a. Carl Dahlhaus, *Geschichte eines Themas. Zu Mahlers Erster Symphonie,* in: Jahrbuch des Staatlichen Instituts für Musikforschung 1977, Berlin 1978, S. 45ff.

32 *Adler, Mahler,* S. 85.

33 Peter Gülke, *Zum Bilde des späten Schubert. Vorwiegend analytische Betrachtungen zum Streichquintett op. 163,* in: Deutsches Jahrbuch der Musikwissenschaft für 1973—1977, Leipzig 1978. Nachdruck in: *Franz Schubert,* Sonderband der Musik-Konzepte, hrsg., von Heinz-Klaus Metzger und Rainer Riehn, München 1979, S. 107ff. Die betreffende Analyse findet sich auf den Seiten 128ff.

34 *Bekker,* S. 325.

35 Milovan Stanič: *Klimts „Kuß",* in: *Kunst und Alltag um 1900,* Drittes Jahrbuch des Deutschen Werkbund-Archivs, hrsg. von Ekkehard Siepmann, Lahn-Gießen 1978, S. 281f.

36 Vgl. das Kapitel *Versuch über Mahlers Ton,* oben S. 78ff., insbesondere S. 93f.

37 Wenk, a.a.O., S. 38, macht darauf aufmerksam, daß die Spiegelungsstruktur des dichterischen Sujets von Mahler auch instrumentatorisch insofern umzusetzen versucht wird, als der Gesangsbeginn in Teil A von der Piccoloflöte im hohen Register, bei der Reprise in Teil D jedoch von den Fagotten im Einklang verdoppelt wird.

38 Hans Mayer, *Musik und Literatur,* in: Arnold Schönberg, Ernst Bloch u. a., *Gustav Mahler,* Tübingen 1966, S. 142ff., das folgende Zitat auf den Seiten 144f.

39 Theodor W. Adorno, *Zu einem Streitgespräch über Mahler* [1968], in: ders., *Musikalische Schriften V* (Gesammelte Schriften 18), Frankfurt am Main 1984, S. 244ff.; das Zitat auf S. 247.

40 Hans-Georg Gadamer, *Wege des Verstehens. Die Deutung von Autorschaft,* in: Neue Zürcher Zeitung Nr. 239 vom 13. /14. Oktober 1984, S. 69f. Vgl. hierzu das Kapitel *Urheber und Mehrer,* oben S. 120f.

41 Susanne Vill, *Vermittlungsformen verbalisierter und musikalischer Inhalte in der Musik Gustav Mahlers,* Tutzing 1979, S. 167.

42 Vgl. *Danuser, Lied,* S. 37ff.

43 Philadelphia 1953, S. 177.

44 Ein Manuskript dieses Vortrags befindet sich im Archiv der Internationalen Gustav Mahler Gesellschaft Wien und stand dem Autor dankenswerterweise zur Verfügung. Stephen E. Hefling hat seine Forschungen zusammengefaßt im Aufsatz *„Das Lied von der Erde": Mahler's Symphony for Voices and Orchestra — or Piano,* in: Journal of Musicology (im Druck).

45 Gustav Mahler, *Das Lied von der Erde.* Für eine hohe und eine mittlere Gesangstimme mit Klavier. Erste Veröffentlichung (Sämtliche Werke. Kritische Gesamtausgabe), Wien 1989.

46 A. a. O. , S. IX.

47 Vgl. oben, (Mahlers „Mehrwert") S. 232ff.

48 *Danuser, Lied,* S. 23f.

49 Vgl. den Revisionsbericht des Supplementbandes mit der Klavierfassung, S. XVI, sowie den in Anmerkung 44 zitierten Aufsatz von Stephen Hefling.

V. Rezeptionsgeschichte

Erkenntnis oder Verblendung? Zum Problem des Sachgehaltes polemischer und apologetischer Musikkritik am Beispiel der Siebenten Symphonie

Wer immer sich mit der Rezeptionsgeschichte der Musik Gustav Mahlers befaßt, der stößt sehr bald auf einen eigentümlichen Umstand, der eine allgemeine Gegebenheit musikalischer Rezeption in einer qualitativ spezifischen Zuspitzung zeigt: den Umstand, daß Mahlers Musik in einem höheren Grade und während längerer Zeit als die anderer Komponisten im heftigsten Widerstreit von Anhängern und Gegnern stand. Gewiß, Polemik und Apologie sind als Faktoren kritischer Stellungnahme so alt wie Musikkritik überhaupt, ist diese ohne Wertung doch gar nicht denkbar. Wie wir in unseren Tagen vielfältige Fehden beobachten können — um die Postmoderne, die Avantgarde, einen neu-alten Traditionalismus und vieles andere mehr —, ohne daß wir bereits jetzt zu wissen vermöchten, welche Positionen dereinst den Stempel des geschichtlich Relevanten tragen werden, so hat es sich prinzipiell auch in früheren Epochen der Musikgeschichte verhalten, jedenfalls seit dem Mittelalter, als die Kategorie der Auseinandersetzung zu einem Spiegel, besser noch: zu einem Faktor der musikgeschichtlichen Entwicklung geworden ist.[1] In der Rezeptionsgeschichte der Musik Gustav Mahlers hat jedoch, so scheint es, die Konfrontation von Apologie und Polemik eine ganz besondere Intensität angenommen.

Mahlers Zeit ist, seit sich um 1960 ein weltweiter Durchbruch anbahnte, gekommen: Er gehört heute zu den meistgespielten, meistgehörten, meistverkauften und meistdiskutierten Komponisten der Musikgeschichte. Wenn wir seine frühere Wirkungsgeschichte im Lichte dieses Sachverhalts betrachten, dürfen wir daraus allerdings nicht schließen, die Ansichten der gegen Mahler gerichteten Polemik hätten sich als falsch erwiesen und die apologetischen Auffassungen seien umgekehrt in ihrem Wahrheitsgehalt bestätigt worden. Es genügt, an die sprichwörtlichen Formulierungen „Liebe macht blind“ bzw. „aus Haß hellsichtig“ zu erinnern, um einzusehen, daß sehr wohl Momente von Verblendung nicht nur im Haß, sondern auch in der Liebe, und umgekehrt Momente von Erkenntnis nicht nur in der Liebe, sondern auch im Haß zur Artikulation gelangen können. Die Relativität der Geltung musikkritischer Quellen — sie entsteht daraus, daß jede historische Quelle, abgesehen von einer im einzelnen allererst auszumachenden Relevanz für eine gegenwärtig aktuelle Erkenntnis des Kunstcharakters eines

Werkes, ein Dokument erstens für die Urteilsfähigkeit des Autors, zweitens für das musikästhetische Wert- und Normensystem, das seiner Kritik zugrunde liegt, drittens für die publizistische Richtung des Presseorgans, worin sie erscheint, und viertens (all diese Faktoren zusammengenommen) für den konkreten Verstehenshorizont musikalischer Erfahrung zu einem bestimmten Zeitpunkt der Musikgeschichte darstellt —, diese Relativität der Geltung betrifft polemische wie apologetische Zeugnisse gleichermaßen. Unsere Untersuchung wird allerdings zeigen, daß der inhärente Sachgehalt keineswegs bei allen Quellen von gleicher Qualität ist. Bei einigen Quellen leuchten in der Tat durch die historische Zeitgebundenheit der Urteile ästhetische Erkenntnisse von bleibendem Wert durch; bei anderen, polemischen wie apologetischen, erscheint der Aussagewert reduziert auf die geschichtliche Dimension, wofür sie ein Zeugnis abgeben. Ingesamt werden wir daher die Frage zu untersuchen haben, inwieweit Polemik und Apologie in der Mahler-Kritik als zwei Seiten ein und derselben Sache, d. h. als Äußerungen eines identischen Sachgehaltes bei entgegengesetzter Wertung, gelten können bzw. inwieweit sie unterschiedliche, ja gegensätzliche Sachgehalte zum Ausdruck bringen.

*

Aufs Ganze betrachtet, bieten die frühen Rezeptionszeugnisse zur *Siebenten Symphonie* nicht das kontroverse Bild, das man angesichts ihres Rufes als eines rätselhaften, schwer zugänglichen Werkes wohl vermuten könnte; vielmehr lassen sie auf eine fast durchgehend positive Aufnahme seitens des Publikums schließen. Dies gilt jedenfalls für die von Mahler geleitete Uraufführung am 19. September 1908 in Prag, für die gleichfalls vom Komponisten dirigierte Münchner Erstaufführung am 27. Oktober 1908 sowie auch für die Wiener Erstaufführung, die Anfang November 1909 unter Leitung seines Kollegen Ferdinand Loewe stattfand.[2] Aus der Zahl der positiven, in einem apologetischen Ton gehaltenen Besprechungen konzentrieren wir uns hier, indem wir von der Berichterstattung des jungen welschschweizerischen Mahler-Enthusiasten William Ritter absehen[3], auf den telegraphischen Bericht Richard Spechts über die Uraufführung, der in der Neuen Freien Presse vom 2. September 1908 in Wien erschien. Spechts Bericht, wenngleich recht knapp gehalten, darf in seinem Aufbau als typisch für das Rezensionswesen jener Zeit gelten: Einleitend setzt er die Bedeutung dieser Uraufführung in den Kontext des „Kampfes" um die Anerkennung von Mahlers Musik insgesamt, indem er den Triumph, den der Komponist mit diesem Werk („vielleicht dem Persönlichsten, was Mahler geschaffen hat") errungen hat, hervorhebt. Es folgt eine Charakterisierung des Werkes, wobei die beiden Ecksätze und die drei Mittelsätze gruppenweise zur Sprache gebracht werden. Daran schließen sich noch zwei Bemerkungen an, die eine zur hohen Qualität der Aufführung durch das Prager „Philharmonische Orchester" unter Mahlers Leitung, die andere zur enthusiastischen Aufnahme des Werkes durch das Publikum („Das Publikum bereitete dem Komponisten einen Triumph, wie er ihm trotz aller früheren Huldigungen kaum bei einem Werk zuvor beschieden war. Die eigenwillige, bezwingende, nur dem eigenen Gesetz gehorchende Persönlichkeit Mahlers hat die Hörer in namenlosem Bann gehalten"), wobei durchaus auf unterschiedliche Intensitätsgrade des — damals noch nach jedem Satz erfolgenden — Beifalls hingewiesen wird.

Die Beschreibung des Werkes selbst — sie steht, bei einer Uraufführung nicht verwunderlich, im Mittelpunkt von Spechts Referat — ist in jener Sprache der musikalischen Hermeneutik verfaßt, die gerade damals von Hermann Kretzschmar als eine spezifische Richtung des Musikverstehens und -beschreibens theoretisch reflektiert wurde[4], wenngleich ihre Ursprünge um viele Jahrzehnte zurücklagen. Ihre Prämissen, die eine meist metaphorische Verbalisierung des sogenannten Gefühls- oder Affektgehalts von Instrumentalmusik tragen, waren damals ebenso weit verbreitet, wie sie aus unserer Sicht für eine wirkliche Erkenntnis von Musik nur sehr partiell fruchtbar sind.[5]

Was in einer gesamthaften Werkbeschreibung (z. B. in Spechts vielfach wieder aufgelegtem Buch über Mahler von 1913) für den heutigen Leser von unerträglicher Langatmigkeit ist, weil die parataktische Nachskizzierung eines Musikverlaufs durch eine psychologisierende Erzählweise eine genuin kompositorische Problemstellung und damit die Frage nach der Spezifik des musikalischen Kunstwerks prinzipiell verfehlt, dies kann in einer notgedrungen bruchstückhaften, auf knappe Charakteristika angewiesenen Konzertbesprechung aufschlußreich sein, da bereits die getroffene Wahl der hermeneutisch gedeuteten Abschnitte eines Werkes rezeptionsästhetisch informativ ist. Unter diesem Gesichtspunkt gibt es eine — und nur eine — Partie der *Siebenten Symphonie,* die in vielen Rezensionen, auch in der Spechtschen, eigens hervorgehoben wird: die mit „Sehr breit" überschriebene H-Dur-Partie gegen Ende der Durchführung des ersten Satzes (T. 317ff.; siehe Beispiel S. 247). Im Zitat einiger Zeugnisse wird die toposhafte Verwandtschaft des sprachlichen Deutungsmusters evident.

Richard Specht (a.a.O.): „[...] Unmöglich, in Einzelheiten einzugehen; nur der gewaltig gegipfelten Coda sei gedacht und einer unbeschreiblich eindrucksvollen Stelle der Durchführung, in der aus mysteriösem Dunkel einer still-geheimnisvollen Stimmung hell aufrauschende Harfenglissandi in ein leuchtendes H-Dur führen. [...]"

Felix Adler (in: Bohemia, 20. September 1908): „[...] Die dunkle Grundstimmung weicht plötzlich: ein Harfenglissando — und den Hörer überkommt es, als ob es plötzlich Tag geworden wäre. Alle Wärme und Inbrunst, die das Orchester auszudrücken vermag, dringt auf ihn ein, es ist, als ob sich der Himmel öffnen möchte. [...]"

Sehr breit
Tempo (molto moderato)
Picc.
Fl.
Ob.
E.H.
Cl. A
Bcl. A
Fag.
C Fag.
Hr.
Trp. B
Hrf.
Trgl.
ohne Dämpfer
Vl. I
Vl. II
mit Dämpfer arco
pizz.
Va.
Celli
B.

Anonymer Bericht (in: Neues Wiener Tagblatt, 21. September 1908): „[...] Für einen Augenblick zerteilen sich die Wolken und eine H-Dur-Episode zaubert himmlischen Frieden vor. [...]"

Julius Korngold (in: Neue Freie Presse, 6. November 1909, über die Wiener Erstaufführung unter Leitung Ferdinand Loewes): „[...] Eine dieser Umgestaltungen [scil. des „zweiten Hauptthemas"] reißt in strahlendem H-Dur die Fenster auf und läßt Licht und Schönheit ein in die qualmende Kampfatmosphäre. [...]"

Der hier beschworene hermeneutische Topos evoziert — nach Hans Heinrich Eggebrechts Theorie von den „Begriffsfeldern", in denen sich eine Konstante der Rezeption durch verwandte sprachliche Ausdrücke artikuliert[6] — eine Licht-Metaphorik. Das Helle, Glänzende, Leuchtende dieser Partie wird hervorgehoben, teils mit Hinweis auf die Instrumentation (Harfen), stets jedoch unter Nennung der Tonart H-Dur, welche — als Dur-Dominante eines in (e-)Moll stehenden Satzes — sowohl relational im Tonartengefüge als auch in ihrem absoluten Tonfarbenwert „leuchtet". Die Licht-Metapher korrespondiert mit zwei weiteren Begriffen: Himmel und Frieden, Begriffen, die einerseits das Transzendente, das „Andere" (H. H. Eggebrecht)[7], andererseits das Ziel von Versöhnung und Glück andeuten. Weder für die *Siebente Symphonie* noch für Mahlers Musik im ganzen stellt dieses Begriffsfeld etwas Spezifisches dar, wenngleich es in seiner Rezeptionsgeschichte immerhin eine auffällige Rolle spielt. Schwindet, wenn sich dies so verhält, damit aber nicht die spezifische Aussagekraft der aus den Rezensionen zitierten Passagen?

Beachten wir noch ein weiteres: Die hermeneutische Metaphernsprache krankt in der Regel daran, daß sie unfähig ist, kompositorische Zusammenhänge auf der Ebene der Formkonstruktion in die Beschreibung einzubeziehen; ja wahrscheinlich hat sie gar einen ihrer Entstehungsgründe in der Abneigung gegen musikalische „Analyse", die, verstanden als Zersetzung eines unteilbaren Ganzen, früher keineswegs das Ansehen genoß, das ihr heute gezollt wird. So verweist kein einziger Rezensent auf den Umstand, daß die Stelle bei Takt 317f. vorbereitet ist durch eine Suspensionspartie, die im Tempo mehr und mehr zurückgenommen wird, und eingeleitet erscheint durch eine ruhige vollständige Kadenz und den Blechbläserchoral bei den Ziffern 38 und 39 („sehr feierlich"), der die sakrale Sphäre assoziiert. Auf diese Weise erhält die Bedeutungssphäre von Himmel, Friede, Licht eine Schlüssigkeit in der kontextualen Struktur, die für den symphonischen Zusammenhang ausschlaggebend ist. Darüber hinaus erwähnt keiner der Referenten die Tatsache, daß bei der Choralpartie das aufsteigende fanfarenhafte Quartmotiv und bei der „Harfenpartie" (T. 317f.) neben diesem Quartmotiv das (verwandte) Hauptsatzthema in kontrapunktischen Schichten mitgesetzt sind — ein Sachverhalt, der für den spezifisch kompositorischen Sinn dieser Partie als eines Ortes der Vermittlung von Gegensätzen (hier, der Tradition der Sonatenform gemäß, einer Vermittlung zwischen dem primären, in den Rezensionen erwähnten Seitensatzmaterial und dem kontrapunktisch eingeflochtenen, in den Rezensionen aber nicht erwähnten Hauptsatzmaterial) fundamental ist.

Diese Beobachtungen sollten nicht im Sinne einer Kritik an der Kritik verstanden werden; die Bedingungen der Tageskritik sind andere als die der Musikwissenschaft. Gleichwohl verweisen sie auf Verkürzungen, welche die hermeneutische Licht-Metaphorik bei der Beschreibung dieser einen Stelle kennzeichnen, Verkürzungen, die — wie gezeigt — sowohl den kontextualen Rahmen als auch die kontrapunktische Kompositionsstruktur betreffen. Warum kann eine Beachtung dieser Rezeptionszeugnisse dennoch wichtig sein?

Wir haben uns unter dem Eindruck des zentralen Paradigmenwechsels in der neueren Geschichte der musikalischen Ästhetik, der Ablösung der älteren „Wirkungsästhetik" durch die autonome „Werkästhetik" in den Jahrzehnten um 1800, angewöhnt, wirkungsästhetische Fragestellungen im Blick auf die Instrumentalmusik des 19. und 20. Jahrhunderts mit großer Skepsis zu beargwöhnen, weil wir glauben, daß ein solches Procedere eine fundamentale Voraussetzung dieser neu entstandenen autonomen Kunstmusik verfehle. Zielt die „Werkästhetik" auf einen geschlossenen, organisch als Prozeß sich entfaltenden Zusammenhang einer musikalischen Form, der vom Zuhörer als ein musikalischen Sinn stiftender Funktionszusammenhang nachzuvollziehen sei, so zielt umgekehrt die „Wirkungsästhetik" an oberster Stelle auf die Wirkung, die eine — wie immer komponierte — Musik durch einen guten Vortrag auf den Hörer ausübe (der hier einen Rang erhält, den er innerhalb der „Werkästhetik" weitgehend eingebüßt hat). Die Verdrängung der „Wirkungsästhetik" durch die „Werkästhetik" forderte jedoch, nicht anders als die (zumal für die deutsche Musikkultur charakteristische) Absonderung einer hohen Kunstmusik von der Sphäre der leichteren, unterhaltsamen Musik[8], ihren Preis in einer Art schlechten Gewissens, das sich immer dann meldet, wenn das Problem „schöner Stellen" in der Musik auftritt. Sie unterliegen — werkästhetisch betrachtet — der Gefahr der Isolierung, die sie aus dem Kontext herauslöst, verselbständigt und ihren Stellenwert als Funktionsmomente eines Werkganzen vergessen macht. Wirkungsästhetisch betrachtet können jedoch „schöne Stellen" diejenigen Partien von Werken sein, auf die es im Akt des Hörens entscheidend ankommt. Wer sie verfehlt, hat das Ganze versäumt. Der musikalischen Analyse aber, wie sie im großen und ganzen heute betrieben wird, ist der Vorwurf nicht zu ersparen, daß sie ob ihres Ideals einer möglichst minutiösen und umfassenden Strukturbeschreibung den Sinn für die Unterscheidung zwischen Wichtigem und weniger Wichtigem in musikalischen Werken verloren hat, da sie a priori davon ausgeht, daß alles wichtig — gleich wichtig? — sei.

Theodor W. Adorno, der als Dialektiker um die universale Vermitteltheit der musikalischen Komposition wußte, war andererseits auch so sehr Musiker, daß er in seiner Ästhetik das Moment der sinnlichen Erfahrung von Kunst ernst nahm.

So hat er 1965 in einem ketzerischen Rundfunkvortrag mit dem Titel *Schöne Stellen* einzelne Musikpassagen isoliert diskutiert, freilich nicht ohne das Problem gesamthaft reflektiert zu haben.[9]

Dies spielt eine Rolle auch in Adornos Mahler-Interpretation. Er hat für solche Momente, die als „schöne Stellen" nur unzureichend beschrieben sind, die Kategorie des „Durchbruchs" stipuliert.[10] Auch die in Frage stehende H-Dur-Partie aus dem ersten Satz der *Siebenten Symphonie* folgt dieser Idee des „Durchbruchs". Indem die Rezeptionszeugnisse diese eine Partie aus einem sehr umfangreichen Ganzen des Werkes umschreibend herausgreifen, geben sie kund, daß Mahlers kompositorische Intention, innerhalb des komplexen Beziehungsgefüges des ersten Satzes, das überwiegend einen angespannten, düsteren, dynamisch nach vorn drängenden und wiederum stockenden Charakter aufweist, eine Erfüllungspartie zu schaffen, die sich ganz deutlich, ja in einzigartiger Weise aus dem Kontext heraushebt — obwohl sie ausschließlich mit Mitteln des symphonischen Kontextes strukturiert ist —, sich auf eine höchst eindrückliche Art und Weise dem Hörer, besser: der zu einem Publikum vereinigten Hörerschaft im Konzertsaal mitgeteilt hat. Die Rezensionen bezeugen, daß der von Mahler komponierte „Durchbruch" von den Hörern auf diese Weise verstanden wurde. Und eine umfassende Werkanalyse täte gut daran, dergleichen historisch verbürgte Hörerfahrungen zu berücksichtigen und als ein Weiterleben wirkungsästhetischer Faktoren innerhalb der symphonischen Gattungstradition zu untersuchen.[11]

Indessen erwähnt Richard Specht diese Partie nicht nur, wie die anderen Referenten, bei der Werkbesprechung. Er kehrt auf sie im Zusammenhang seiner Schilderung der Publikumsreaktionen wieder zurück: „Schon bei jener H-Dur-Stelle des ersten Satzes, worin sich ein weiter, sonnerfüllter Himmel aufzutun scheint, löste sich die Spannung, die fühlbar über dem Auditorium lag, und am Schlusse des Satzes wurde stürmischer Beifall laut." Auf diese Weise verknüpft Specht die werkanalytische Skizze mit der rezeptionsästhetischen Beschreibung und gibt uns damit einen Anstoß, in dieser noch wenig begangenen Richtung weiterzuforschen.

*

Nach den apologetischen Rezeptionszeugnissen wenden wir uns nunmehr einem Dokument radikaler Polemik zu: einem mit r.h. signierten, d.h. von Robert Hirschfeld stammenden Artikel mit der Überschrift *Zwei Mahler-Sinfonien,* der in der Wiener Abendpost, der Beilage zur Wiener Zeitung, vom 5. November 1909 erschienen ist[12] und sich auf die damals in Wien realisierten Aufführungen der *Dritten Symphonie* unter Leitung Bruno Walters bzw. der *Siebenten* unter Ferdinand Loewe bezieht. Hirschfeld war seit der Jahrhundertwende — der genaue

Zeitpunkt ist umstritten — zum schärfsten Kritiker Mahlers geworden und stand als solcher nach Mahlers Demission von der Direktion der Wiener Hofoper auch im Mittelpunkt einer musikpublizistischen Kontroverse, die zwischen dem Mahler-Anhänger Paul Stefan und dem Mahler-Gegner Paul Stauber ausgefochten wurde.[13] Statt nach den Motiven Hirschfelds zu fragen — Paul Stefan vermutet sie im Umstand, daß Mahler, dessen Tätigkeit Hirschfeld zunächst positiv gewürdigt hatte, eine von Hirschfeld bearbeitete Fassung von Mozarts Singspiel *Zaide* im Herbst 1902 sehr bald nach der Premiere vom Spielplan absetzte (eine Vermutung, die Paul Stauber zu widerlegen sucht)[14] —, wollen wir seinen Text selbst einer Betrachtung unterziehen, als Exempel einer kraß feindseligen Polemik. Hirschfelds im folgenden skizzierte Strategien der Verleumdung verdienen Beachtung auch deshalb, weil die spätere Wirkungsgeschichte Mahlers zur Zeit des Nationalsozialismus in einer Weise von außerkünstlerischen Motiven geprägt war, die es verbietet, dergleichen frühe Dokumente einer systematischen Verfemung, wie unersprießlich sie auch sind, mit dem Mantel des Schweigens zu überdecken.

1. Die Freunde der Mahlerschen Musik werden herabgesetzt zu einer Art Sekte und Verschworenengemeinschaft, zu der ein wirklicher Kenner der Kunst nicht gehören könne.[15] In Hirschfelds Artikel ist von „treuen Freunden", von „Mühen und Opfern des Komitees", von „Verehrern der ironischen Trauermärsche und des sinfonischen Posthorns", von „Bacchanten und Mänaden der Wiener Mahler-Gruppe", schließlich von der „Mahler-Ecke" die Rede. Bruno Walter wird als „unter den Mahler-Anhängern der Getreueste der Getreuen" apostrophiert. Mit diesen Ausdrücken kennzeichnet Hirschfeld die Anhänger Mahlers als eine gleichsam in Nibelungentreue verschworene Gruppe, die — verlassen von rationalem Kunstverständnis — mit fanatischem Eifer und ohne Rücksicht auf finanzielle Opfer die Mahlersche Musik zu fördern sucht — ein Ziel, das anders, nämlich aus künstlerischen Gründen, niemals zu erreichen wäre.

2. Über die *Dritte Symphonie* heißt es: „Nun schaue man aber auf die armselige Thementafel der Dritten Mahler-Sinfonie, auf dieses dürftige Sammelwerk teils banaler, teils geschickt entlehnter Gedanken, auf die unendlichen Posaunen-Etüden, auf die schmachtende ‚Post im Walde' mit dem Abblasen des Zapfenstreiches, auf die Scherztrauermärsche, welche in Mahlers Sinfonien beständig unter Tränen witzeln, auf die eigentümlichen Ballettmotive, die Gustav Mahler als Erster der sinfonischen Kunst zubrachte, auf diese ewigen Juchzer und Schluchzer, auf die instrumentalen Späße, die jeden ernsteren Anlauf nach wenigen Takten vernichten. Die w i t z i g e Sinfonie — das blieb dem Mahlertum in der Musik vorbehalten." Eine bemerkenswerte Passage musikkritischer Polemik! Jeder Aus-

druck trägt dazu bei, dem Werk den von der damaligen Gattungsästhetik der Symphonie erforderten Kunstcharakter streitig zu machen. Die Formulierungen „armselige Thementafel" und „dürftiges Sammelwerk" widersprechen der notwendigen Gedankenfülle eines organisch sich entfaltenden musikalischen Kunstwerks; die Unterstellung „teils banaler, teils geschickt entlehnter Gedanken" impliziert einen Mangel an produktiver Phantasie seitens des Komponisten und suggeriert statt dessen perfide eine geschickte Hand in einem Geschäft, das man wohl musikalischen „Diebstahl" nennen könnte. Weiter soll eine Häufung von Oxymora die innere Widersprüchlichkeit und gattungsmäßige Perversität des Werkes andeuten, wobei die Vermittlung von niederer mit hoher Musik und die Einbeziehung zitathaft vorgegebener Materialien offenbar besonders anstößig wirken: „die Scherztrauermärsche, welche [...] beständig unter Tränen witzeln"; „diese ewigen Juchzer und Schluchzer" — kurzum die „witzige Sinfonie". Mit derartigen Formulierungen, die auf der Sprachfigur der contradictio in adjecto beruhen, charakterisiert Hirschfeld die *Dritte Symphonie* als widersinnige Nicht-Kunst. Theodor W. Adorno hat wohl als erster diese Topoi der Mahler-Kritik, statt sie in apologetischem Eifer einmal mehr zurückzuweisen und Mahler für einen traditionalistischen Begriff von Symphonik zu reklamieren, auf den Begriff gebracht, indem er dergleichen Charakteristika unter dem Aspekt einer geschichtsphilosophisch notwendigen „Gebrochenheit" hoher Kunst in einer Zeit ihrer Gefährdung interpretierte.[16] Aber in den zitierten Formulierungen Hirschfelds steckt noch mehr: ein latenter Antisemitismus, der Mahler, ohne ihn explizit einen jüdischen Komponisten zu nennen, mit den historisch gewachsenen Vorurteilen gegen Juden in Verbindung bringt. Dies erhellt hier in der Formulierung „unter Tränen witzeln", darin das Verbum mit dem Suffix „-eln" unterschwellig an das Wort „jüdeln" erinnern soll — eine antisemitische Anspielung, die Hirschfeld, selbst übrigens ein Jude, mit seinem Wort vom „Mahlertum in der Musik", auf den Titel von Wagners polemischer Schrift *Das Judentum in der Musik* (1850) anspielend, noch zuspitzt.

3. Eine weitere Verleumdungsstrategie Hirschfelds zielt auf eine dichotomische Unterscheidung von innen und außen, und zwar dergestalt, daß die für den Kunstcharakter entscheidende innere musikalische Substanz beim Komponisten Mahler „leer", „hohl", „nichtig" sei und umgekehrt die äußere Einkleidung mittels der (auch von seinen Kritikern ihm zugestandenen) Orchestrationskunst „glänzend". Bruno Walters Wort von der „kosmischen Potenz", die sich im ersten Satz der *Dritten Symphonie* manifestiere[17], wird — polemisch geschickt — verdreht in die lächerliche Formulierung einer „kosmetischen Potenz". All dies soll darauf hinweisen, daß sich der Erfolg der Mahlerschen Musik dem verdankt, was in der Sprache der sogenannten „Warenästhetik" eine brillante, den Käufer

anlockende Verpackung einer in ihrem Gebrauchswert wenig tauglichen, darum im Preis überbezahlten Ware wäre. Auf dieselbe Eigenschaft Mahlers als eines raffinierten Verkaufsstrategen seiner Musik zielt im übrigen die Unterstellung, die *Dritte Symphonie* sei ursprünglich Programmusik gewesen, danach aber, als sich das ästhetische Ideal der Epoche zugunsten der autonomen Musik gewandelt habe, vom Komponisten als autonome Instrumentalmusik ausgegeben worden. Hirschfeld schreibt u. a.: „[…] Je länger wir uns aber in gleich guter Absicht [scil. wie mit dem späten Beethoven, mit Brahms und Bruckner] mit Mahlerschen Sinfonien beschäftigen, desto leerer dünkt uns die Leere, desto hohler das Hohle, desto nichtiger die Ausstreuung instrumentaler Nichtigkeiten, desto fester haften wir an der orchestralen Umkleidung und Ausschmückung, ich möchte sagen, an den kosmetischen Potenzen, die dürftigen Motiven den Schein der Bedeutung geben. Glänzend instrumentiert ist die Ohnmacht der Erfindung, immer interessant orchestriert das formale Unvermögen."

4. Die spezifischen Auslassungen zur *Siebenten Symphonie* leitet Hirschfeld mit dem Satz ein: „Man könnte diese Erscheinung in die Formel fassen, daß nicht das Thema, welches von einem Tenorhorn geblasen wird, sondern das Tenorhorn, weil es ein Thema bläst, Wert und Bedeutung gewinnt." Dieser Satz bringt Mahlers angeblich kunstfremde Vertauschung der Mittel-Zweck-Relation zwischen Instrumentation und musikalischer Struktur auf eine Formel, die allerdings, ein ästhetischer Gemeinplatz, der tatsächlichen Bedeutung der Instrumentationskunst für die Orchestermusik des 19. Jahrhunderts seit Beethoven — und ihrer bis zu Arnold Schönbergs Idee einer Klangfarbenmelodie führenden Emanzipationstendenz — in keiner Weise mehr gerecht wird[18], wenngleich Mahler selbst mit seinem Postulat einer strukturverdeutlichenden Funktion der Klangfarbe sich in diese traditionelle Linie der Geschichte der Instrumentation einreihte.

Das negative Urteil über den ersten Satz der *Siebenten* sucht Hirschfeld aus einem Vergleich mit dem Kopfsatz von Brahms' *Dritter Symphonie* zu gewinnen, woraus Mahler — der „Diebstahlsthese" gemäß — sein Hauptthema entliehen habe: „Der erste Satz verwendet ein Thema, das im Rhythmus und in der Notenfolge identisch ist mit dem Eingangsthema der Dritten Sinfonie von Brahms. Nun verfolge man, wie Brahms den Satz weiter entwickelt und was Gustav Mahler mit dem Lehnmotiv vornimmt, das ihm wahrscheinlich die Verpflichtung strengerer Arbeit auferlegte. […]" Hirschfelds Argument, das ohnehin an der Kunst motivisch-thematischer Entwicklungsprozesse vorbeischießt, bricht in sich zusammen, denn auch Brahms' Hauptthema der *Dritten Symphonie,* das im übrigen nur in den Tonqualitäten, nicht im Bewegungsgestus mit Mahlers Thema verwandt ist, ist keine originäre Erfindung, sondern stellt eine Übernahme aus dem ersten Satz von Robert Schumanns *Dritter Symphonie* dar.[19]

Schumann III/1, T. 448—452

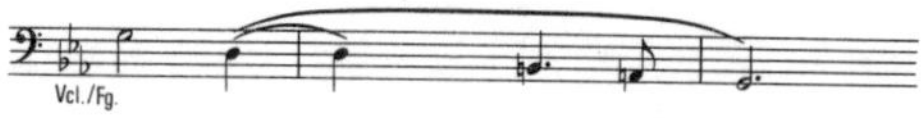

Brahms III/1, T. 2/3

Mahler VII/1, T. 50—52

Die Vorstellung indessen, Mahler hätte bereits Entlehntes noch einmal entlehnt, hätte also gewissermaßen einen „Diebstahl" aus zweiter Hand begangen, zeigt, wie widersinnig und der Kunst der Symphonik im Innersten fremd dieses Argument ist.

5. Aus den weiteren Ausführungen Hirschfelds über die *Siebente* greifen wir abschließend die Worte über das Finale heraus: „Trotzdem ist dieser erste Satz ein Meisterstück im Vergleich mit dem trostlos zerfahrenen Finale, das als fürchterliche Verhöhnung des Vorspiels zu den ‚Meistersingern' wohl auch die Anbeter der Mahlerschen Sinfonien entsetzt. Fänden sich doch Opferstöcke, die auch die Wiederholung dieses letzten Satzes ermöglichten — dann würde vielen vieles klar!" An dieser Passage können zwei Schichten auseinander gehalten werden: eine antisemitische und eine ästhetische. Die latent antisemitische Schicht, der wir bereits begegnet sind, artikuliert sich in der unterstellten Opposition zwischen den Wagnerschen *Meistersingern,* dem Paradigma deutscher Kunstreligion par excellence, und der in Gustav Mahlers Finalsatz realisierten blasphemischen „Verhöhnung" dieses Paradigmas, die — so wird man die Sätze wohl interpretieren müssen — von einer gleichermaßen kunst- wie gotteslästerlichen Sekte („Anbetern") jüdischer Provenienz unter enormem finanziellen Aufwand („Opferstöcke") öffentlich dargeboten werde. Hirschfeld unterstellt Mahler, einem glühenden Wagnerianer, im Finale der *Siebenten* die Absicht einer Wagner-Lästerung, die im Zeitalter der Kunstreligion einer Gotteslästerung nahegekommen wäre. Gewiß ist dies Unsinn, ist Verblendung, ausdrücklich in der Absicht formuliert, „das Mahlersche Prinzip zu bekämpfen". Und dennoch — scheint nicht sogar hier, in dieser ungeheuerlichen Verirrung, diesem widerlichen Dokument von

Mahler-Feindschaft, ein Moment unfreiwilliger Erkenntnis durch, lassen sich nicht auch hier Spuren einer ästhetischen Erfahrung orten, die wir als Historiker ernst nehmen müssen?

Nach Bernd Sponheuer können drei Deutungsstrategien beim Finale der *Siebenten Symphonie* unterschieden werden:[20] erstens die positive Rechtfertigung des Satzes im Lichte einer ungebrochenen, von den *Meistersingern* geprägten Tradition affirmativ-festlicher Musik: Mahler als erfolgreicher Jasager (Richard Specht, Paul Stefan, Paul Bekker u. a.); zweitens seine negative Bewertung unter dem gleichen Paradigma: Mahler als „schlechter Jasager" (Theodor W. Adorno, Bernd Sponheuer); drittens die positive Wertung der Affirmation im Sinne einer kritischen Reflexion über die Möglichkeit eines symphonischen lieto fine im Fin de siècle: Mahler als reflektierender Jasager (Peter Ruzicka). Die Deutung dieses Satzes als ein Spiel mit kompositorischen Möglichkeiten, eine Art „Musik über Musik"[21], ist freilich nicht erst jüngeren Datums, sondern bereits in der zeitgenössischen Rezeption bezeugt. So heißt es bei Felix Adler (loc. cit.), dem die gehaltvollste Besprechung aus apologetischer Sicht zu verdanken ist: „[...] Eine geradezu meistersingerliche Heiterkeit durchweht diesen Teil und in seinem Übermut riskiert der Komponist die schwierigsten tonspielerischen Probleme. Er spielt Fangball mit seinen Motiven. [...]" Mahler schlägt den *Meistersinger*-Ton in der Tat nicht an, um ihn zu imitieren, sondern um ihn auf der Ebene eines symphonischen Finalsatzes kompositorisch aus Distanz zu vergegenständlichen. Das Finale der *Siebenten* kann, als Musik über Musik, in der Vorgeschichte des Strawinskyschen Neoklassizismus verstanden werden, da es eine Musik ist, die einen Spielcharakter im Sinne eines verfremdenden oder distanzierten Umgangs mit musikalischem Material zu ihrem Formgesetz erhoben hat.

Was bei Felix Adler positiv aufgefaßt ist, dies — und nichts anderes — wurde von Robert Hirschfeld als Ärgernis erfahren. Wie die meisten Kritiker war er außerstande, die gänzlich neuartige Musik statt unter den Voraussetzungen der romantischen Musikästhetik, zugespitzt formuliert, unter den nachmaligen Prämissen des Neoklassizismus zu hören. In seiner haßerfüllten Polemik innervierte er gleichwohl Züge des Werkes, die — richtig gedeutet — zur Erkenntnis Mahlers beitragen können. So dokumentiert Hirschfelds Sprache, die Mahlers Kunst ebenso perfide wie raffiniert als Unkunst zu diffamieren sucht, ein Kapitel der Mahlerschen Rezeptionsgeschichte, in dem Erkenntnis und Verblendung, entgegen einer ursprünglichen Vermutung, nach den Kriterien von Apologie und Polemik nicht säuberlich zu trennen sind.

„Ich muß hier bekennen: auch ich hielt Mahlers Themen anfangs für banal. Ich halte es für wichtig, zu bekennen, daß ich Saulus war, ehe ich Paulus wurde [...].“ Weder in der Gedenkrede von 1912, aus der diese Worte stammen[22], noch bei anderen Gelegenheiten versuchte Arnold Schönberg zu verhehlen, daß er die Musik Gustav Mahlers, der 1897 Hofoperndirektor in Wien geworden war, mehrere Jahre lang zurückgewiesen und verachtet hatte, bis er sich nach der Wiener Erstaufführung der *Dritten Symphonie* Anfang Dezember 1904 zu Mahler bekannte und fortan zu den Parteigängern des vierzehn Jahre älteren Kollegen gehörte. In dem an Mahler gerichteten Brief vom 12. Dezember 1904 gab er seinem Gesinnungswandel mit der ihm eigenen Radikalität Ausdruck — „ich habe Ihre Seele gesehen, nackt, splitternackt“ — und schloß mit dem Satz: „Ich mußte mich austoben, verzeihen Sie, mittlere Empfindungen gibt es nicht bei mir, entweder — oder!“[23]

Entweder — oder, Saulus oder Paulus: Diese Stichworte kennzeichnen die kämpferische Persönlichkeit Schönbergs, der noch in hohem Alter äußerte, jeden, der sich nicht positiv für sein Werk einsetze, betrachte er als seinen Feind. Nun, Gustav Mahler trat bekanntlich für Schönbergs Musik ein, übrigens — im Unterschied zu Richard Strauss — selbst dann noch, als Schönberg seit 1908 den Weg zur freien Atonalität beschritt, den Mahler musikalisch nicht mehr nachvollziehen konnte. Von wechselseitiger Achtung und Anerkennung war denn auch die durch Alexander von Zemlinsky vermittelte persönliche Beziehung zwischen beiden Komponisten getragen, die von 1903 bis zu Mahlers Tod im Jahre 1911 nicht ohne gelegentliche Trübungen währte. Ihre Freundschaft faßte Hans Heinz Stuckenschmidt in den Satz: „Dem Glauben Mahlers an ihn [Schönberg] gab er die Antwort seines Glaubens an Mahler.“[24]

Schönbergs Glaube an Mahler, so aufrichtig und tief empfunden er auch sein mochte, war freilich, im Gegensatz zu seiner ungeteilten Bach-, Mozart- und Brahms-Verehrung, vor Schwankungen nicht völlig gefeit. Dieser Sachverhalt fordert dazu heraus, Schönbergs „Konversion“ zum Mahlerianer auf ihre künstlerischen Voraussetzungen hin zu untersuchen. Die Gedenkrede von 1912 stellt hierzu zweifellos die wichtigste Quelle dar, aufschlußreich sind aber auch die Worte, die Schönberg am 29. Dezember 1909 an Mahler nach einer Aufführung von dessen *Siebenter Symphonie* richtete: „Früher hatte es mich gedrängt, Ihnen sofort nach einer Aufführung, noch unter dem *vollen warmen* Eindruck des Werkes stehend, etwas rasch darüber zu sagen. Vielleicht fürchtete ich insgeheim, der Eindruck könnte sich verflüchtigen, nachlassen. Und in der Tat, ich muß gestehen, er hielt sich nicht lang. Diesmal aber (und das ist mir das Wichtigste) wußte ich, ich dürfe so lange warten, als ich wollte: dieser Eindruck, der von der *Sie-*

benten und vorher der von der *Dritten*: das sind *bleibende*. Ich bin jetzt wirklich ganz der Ihrige. Das ist mir sicher."[25]

Wenn Schönberg im weiteren mit gleichem Freimut einräumt, bei seiner früheren Parteinahme für Mahler hätten vielleicht auch „Kunstkampf-Momente hinein[gespielt]; Persönlichkeit; Äußerliches; artistische Details; Instrumentationsfragen", so bedeutet dies nichts anderes, als daß er sich zwischen 1904 und 1909, während der überwiegenden Zeit seiner Bekanntschaft mit Mahler, mehr aus persönlichen und musikpolitischen als aus künstlerischen Motiven für ihn engagiert hatte. Angesichts der voneinander unabhängigen kompositorischen Entwicklung Mahlers und Schönbergs sollte dieser Sachverhalt kein Erstaunen erwecken. Schönberg knüpfte kompositionsgeschichtlich bei Brahms, Wagner und Richard Strauss an und lernte Mahlers Musik erst zu einer Zeit schätzen, da sich die Grundzüge seiner kompositorischen Persönlichkeit bereits gefestigt hatten: So ist beispielsweise die Symphonische Dichtung *Pelleas und Melisande* (1903) ein Jahr vor Mahlers *Sechster Symphonie* entstanden, und die frei atonalen *Fünf Orchesterstücke* op. 16 datieren aus dem gleichen Jahr (1909) wie Mahlers *Neunte*. Ausmaß und Qualität der impliziten Mahler-Rezeption waren bei den einzelnen Komponisten der Wiener Schule denn auch höchst unterschiedlich. Während er bei Alban Berg, auch bei Anton Webern[26] — wenngleich weniger direkt als bei Berg — auf der Hand liegt, leugnete Schönberg zwei Jahre vor seinem Tod nicht zu Unrecht einen Mahlerschen Einfluß auf sein eigenes Schaffen.[27]

Gleichwohl bekunden manche Zeugnisse die Verehrung, die Schönberg Mahler entgegenbrachte. Am 17. Juni 1911 komponierte er in Erinnerung an Mahlers Tod das zarte, kleine *Klavierstück (op. 19 Nr. 6),* und huldigte dem Verstorbenen mit einer ausführlichen Widmung seines theoretischen Hauptwerks, der Harmonielehre, die noch im selben Jahr veröffentlicht wurde. Am bedeutendsten erscheint aber die große Rede über Mahler, die er im Winter 1912 verfaßte und in jenem Jahr in Prag (25. März), Berlin (13. Oktober) und Wien (3. November) — nicht ohne mehrfache Überarbeitung des Textes — vortrug. Sie bezeugt am unmittelbarsten den tiefen Ernst, mit dem er sich auch und gerade nach Mahlers Tod für dessen Werk einsetzte, und ist als Quelle für das Musikdenken des Autors und seine an Karl Kraus geschulte Sprachkraft ebenso wichtig wie für die Mahler-Rezeption unseres Jahrhunderts, deren zentrale Argumente sie vereinigt.

*

Die Erfahrung seiner eigenen Umkehr vom Saulus zum Paulus formuliert Schönberg als rezeptionstheoretisches Gesetz, dem alle großen Komponisten, auch Mahler, unterworfen seien: „So geht es immer den Ganz-Großen. Noch jedem wurde alles das vorgeworfen, wovon das Gegenteil wahr ist. Wirklich alles, und mit solcher Pünktlichkeit, daß man stutzig werden muß. Denn es zeigt etwas ganz anderes als man erwartet: daß nämlich die Qualitäten eines Autors wirklich wahrgenommen werden! Schon beim ersten Hören! Nur wird die Wahrnehmung falsch gedeutet. An allen Stellen, an denen sich das besondere seiner Art am auffallendsten bemerkbar macht, stößt der Hörer an. Statt aber gleich zu erkennen, daß hier eine Eigentümlichkeit liegt, deutet er den Anstoß als Verstoß. Nimmt er an, hier sei ein Fehler, ein Mangel, und übersieht, daß es ein Vorzug ist."[28]

Schönbergs Sätze greifen tief. Ihre Pointe liegt in dem Gedanken, Polemik und Apologie seien nichts als Kehrseiten ein und derselben Hörerfahrung, der Erfahrung einer musikalischen Regelabweichung. Sie bestimme in gleicher Weise die musikalische Erkenntnis der Widersacher und der Anhänger eines Werkes, der Stein des früheren Anstoßes sei der Kern der späteren Wahrheit.[29] Da Schönberg nicht primär eine Theoriebildung beabsichtigt und seine Erörterung von vornherein auf große, bedeutende Musik bezieht, kann er darauf verzichten zu fragen, nach welchen Kriterien eine Regelabweichung als legitimer künstlerischer Vorzug oder aber als schlichter, mangelhafter Verstoß gewertet werden müsse, denn eine Regelabweichung als solche bedeutet selbstverständlich noch kein ästhetisches Verdienst. Wollten wir diese Frage aufgreifen und Schönbergs Gedanken für eine Theorie des musikalischen Ausdrucks als Abweichung von einer Norm fruchtbar machen, so könnten wir — in aller Kürze — folgendermaßen formulieren: Der „Anstoß", den die Wahrnehmung einer musikalischen Abweichung bei einem an ein bestimmtes musikalisches Normensystem gewöhnten Hörer bewirkt, wird von diesem so lange als kritikwürdiger „Verstoß" gegen dieses Regelsystem gewertet, bis seine Erfahrung die fragliche Abweichung entweder als isolierten Regelverstoß, als Mangel, bestätigt oder aber allmählich als Teil einer kohärenten Summe von Abweichungen zu begreifen vermag, die wenigstens potentiell auf ein neues Regelsystem zielen und darum als „Vorzug" bewertet werden können.[30] Indem Schönberg das Verkennen als defizienten Modus des Erkennens auffaßt, räumt er die Möglichkeit eines Umschlags von Polemik in Apologie als Chance ästhetischer Erkenntnis ein, und tatsächlich hat er noch als Greis, wohl nicht zufällig im Zusammenhang mit einer Kontroverse um Mahler, die Legitimität solch radikalen Gesinnungswandels in Kunstfragen betont.[31]

Die These eines inneren Zusammenhangs zwischen Polemik und Apologie bestimmt die Argumentationsstruktur jenes Abschnitts der Gedenkrede, in dem der Autor Vorwürfe, welche die Kritik gegen Mahlers Musik zu erheben pflegte, aufgreift und durch eine Analyse ihrer begrifflichen Bedeutungsstruktur als nichtig zurückweist. Im ganzen werden fünf Kritikpunkte genannt[32]: Diskrepanz zwischen Wollen und Vollbringen, Banalität sowie Unoriginalität der Themen, Sentimentalität und potpourrihafte Züge der symphonischen Form. Schönbergs Gegenargumentation ist allerdings, näher betrachtet, nicht ohne Schwächen.

Den ersten und letzten Vorwurf sucht Schönberg zu entkräften, indem er eine innere Widersprüchlichkeit der Wortverbindung mit Hegelscher List aufdeckt. Auf den Einwand, Mahler habe Großes, ja Höchstes wohl angestrebt, doch nicht zu erreichen vermocht, erwidert er: „Aber wie von einem gesagt wird, er strebe das Höchste an usw., weiß ich sofort, daß er es entweder nicht angestrebt oder daß er es auch erreicht hat!“[33] Sich selbst musikalisch auszudrücken, das Höchste, was ein Komponist erreichen könne, sei Mahler ohne Frage zuteil geworden. Den letzten Vorwurf, die polemische These, Mahlers Symphonien seien nichts als „riesenhafte symphonische Potpourris“[34], entlarvt Schönberg als contradictio in adiecto, indem er zeigt, daß der Begriff des Potpourris, eine lose Reihung schöner Themen, und der des Symphonischen, für den das Organismus-Theorem konstitutiv sei, einander ausschließen. Wie überzeugend diese Verteidigung auch erscheint, so schießt sie dennoch im Begriff des Organischen, der bei Schönberg mit den Prinzipien entwickelnder Variation untrennbar verknüpft ist, über die Eigentümlichkeit von Mahlers symphonischer Epik hinaus, deren mannigfacher, teilweise gar heterogener Gestaltenreichtum nicht aufgeht in einer organischen Deduktion des musikalischen Materials.

Der oft gegen Mahler vorgebrachte Einwand der Formlosigkeit, der im Potpourri-Vorwurf steckt, kann nicht, wie Schönberg es versucht, mittels klassizistischer Begriffe zurückgewiesen, sondern einzig durch Kategorien einer manieristischen Ästhetik — etwa den Begriff der Diskontinuität — aufgehoben und zu höherer Wahrheit gebracht werden. Nun könnte es wohl scheinen, als wäre der (von Schönberg nicht verwendete) Begriff der Diskontinuität im Sprachgebrauch der heutigen Ästhetik genau jener apologetische Gegenpol, den gemäß den Schönbergschen Prämissen einer Ambivalenz von Polemik und Apologie ein Versuch, den polemischen Vorwurf der potpourrihaften Formlosigkeit zu widerlegen, ansteuern müßte. Und in der Tat scheint der Begriff Diskontinuität der Form denselben ästhetischen Sachverhalt zu fassen, der negativ als Formlosigkeit bezeichnet wird. Freilich verändert der Wechsel der Terminologie auch die gemeinte Sache selbst, und genau dies hat Schönberg nicht im Sinn. Der von ihm erwogene Umschlag von Polemik in Apologie setzt keinen Wechsel des ästhetischen Kategoriensystems voraus, wie er bei dem Begriffspaar Formlosigkeit-Diskontinuität als Wechsel von einer klassizistischen zu einer manieristischen Ästhetik gegeben wäre. Vielmehr erkennt Schönberg die klassizistischen Normen an, die der Polemik gegen Mahler zugrunde liegen, und möchte zeigen, daß Mahlers Musik — allen Vorurteilen zum Trotz — letztlich doch klassizistische Normen wie das Organismus-Theorem erfülle. Sein Versuch aber, Mahlers Gegner mit ihren eigenen Waffen zu schlagen, mußte aus heutiger Sicht mißraten, weil der antiklassizistische Wahrheitsgehalt der Mahlerschen Musik sich gegen solche Rettung sperrt.

Deutlich treten die Schwächen der Schönbergschen Argumentation bei seinem Bemühen zutage, die Kritikpunkte „Banalität" und „Unoriginalität" von Mahlers Themen zu entkräften. Sie werden vom Autor schlicht geleugnet, wobei freilich auffällt, daß er ausgerechnet hier, wo eine kompositionstechnische Analyse seinen Standpunkt hätte stützen können, das analysierbare musikalische Detail nur als verschwindend geringes Moment innerhalb des übergreifenden ästhetischen Ganzen gelten läßt. Indem er banal als „bäuerisch" bezeichnet, als etwas, das „einer tief-stehenden Kultur, einer Unkultur angehört"[35], begibt er sich bereits im Ansatz der Möglichkeit, der Bedeutung der zahlreichen, aus Volks- und Militärmusik übernommenen Materialien bei Mahler gerecht zu werden und sowohl ihren Eigenwert als „banales" Material als auch ihre Verwandlung zum Nicht-Banalen mittels der symphonischen Konstruktion hervorzuheben. Liegt gerade in solcher Vermittlung zwischen Volkstümlichkeit und Kunstanspruch ein Kern der Mahlerschen Musik, so hat demgegenüber noch der späte Schönberg — in dem Aufsatz *Symphonien aus Volksliedern*[36] (1947) — ihre Unmöglichkeit mit dem Argument behauptet, Volks- und Kunstmusik seien diametrale Gegensätze und der Versuch ihrer Vermittlung in folkloristischer Symphonik nichts als ein schlechter Kompromiß, der die improvisatorische Vollkommenheit der Volksmusik ebenso wie die entfaltete Konstruktivität der symphonischen Kunstmusik zerstöre.

Schönbergs abschätzige Bewertung der Analyse als Mittel musikalischer Erkenntnis in der Mahler-Rede hat freilich — neben traditioneller Skepsis gegenüber der musikalischen „Zergliederung" — ihre besonderen Gründe. Sein kompositorischer Sachverstand hat sich durch die „Konversion" zu Mahler nicht grundsätzlich gewandelt, so daß frühere, kritische Detaileinsichten in Mahlers Musik ihren Erkenntniswert nicht völlig einbüßten. Bezeichnenderweise hat Schönberg den folgenden, auf seine Saulus-Zeit bezogenen Satz der Rede für die Druckfassung gestrichen: „[…] ich untersuchte die Themen auf ihren Wert, auf ihre Originalität, prüfte Stimmführungs- und Harmonisierungsdetails, spürte vermeintlichen Formschwächen nach und fand schließlich, daß mir das Ganze nicht gefalle, da mir ja alle möglichen Details mißfielen."[37] Es scheint, als sei Schönbergs ausschließliche Emphase auf irrationaler Intuition, welche die Mahler-Gedenkrede zu einer Ausnahme in seinem Musikdenken stempelt, nicht frei von einer Spur Selbstsuggestion, welche frühere analytische Einsichten verdrängen möchte. Daß in der Tat seine „Konversion" zu Mahler, so ehrlich sie fraglos erfahren war, vor einem erneuten Umkippen in Unglauben, in eine nochmalige Umwertung der Mahlerschen Musik, nicht gefeit war, bezeugt der greise Schönberg in dem Brief an Olin Downes vom 21. Dezember 1948 durch das überraschende Eingeständnis: „Zwischen 1925 und 1935 wagte ich nicht, Mahlers Musik zu lesen oder zu hören. Ich fürchtete, meine Abneigung gegen sie könnte wiederkehren. Glücklicherweise war ich so entzückt wie je, als ich eine mäßig gelungene Aufführung der *Zweiten Symphonie* in Los Angeles hörte: sie hatte nichts von ihrer Überzeugungskraft eingebüßt."[38] Undenkbar, daß Schönberg über die Musik Mozarts oder Brahms', deren Qualitäten er sich mittels Analyse bewußt versichert hatte, in ähnliche Zweifel hätte geraten können. In dem ungewissen Stellenwert der Analyse im Blick auf Mahlers Musik dürften auch die Gründe liegen, weswegen Schönberg sich im November 1912 höchst unzufrieden über den Mahler-Vortrag äußerte und ihn weder seiner noch Mahlers würdig erachtete.[39]

*

Der zweite Teil der Gedenkrede stellt indes eine — gelassenere — Würdigung von Mahlers Verdiensten dar, der heute noch grundsätzliche Bedeutung zukommt. Schönberg rühmt vor allem die Kunst des Melodienbaues, die souveräne Ausschöpfung des Möglichkeitsspielraums tonaler Funktionen, das ausgeprägte Formgefühl; an Mahlers Instrumentation wie an seiner Kunst der Orchesterdirektion würdigt er die strenge Sachlichkeit, die für die Neue Musik zukunftsweisend werden sollte. Auf Grund der Unterscheidung zwischen Talent und Genie — Talent sei „die Fähigkeit zu erlernen", Genie „die Fähigkeit sich zu entwickeln"[40] — stellt er außerdem Mahlers kompositorische Entwicklung in Grundzügen treffend dar.

Für das Ungleichgewicht zwischen Intuition und Rationalität, das die Gedenkrede kennzeichnet, spielen nicht allein die antiklassizistischen Momente der Mahlerschen Musik, die sich Schönbergs analytischen Kategorien verweigern, sondern ebenso der eigene kompositorische Entwicklungsstand des Autors um 1912 eine Rolle. 1908 hatte Schönberg den Übergang vom tonalen zum frei atonalen Komponieren vollzogen und er berief sich zur Legitimation dieses historisch folgenschweren Schritts in letzter Instanz auf die dem schöpferischen Genie eigene, irrationale Kategorie des Formgefühls oder — wie Ernst Bloch später formulierte — der Expressionslogik.[41] Einzig der Glaube an sich selbst konnte ihm die Kraft verleihen, allen Widerständen zum Trotz das erahnte musikalische Neuland zu betreten. Und er besaß die Wahrhaftigkeit, Mahlers Musik — selbst wider analytisches Detailwissen — nach denselben letztinstanzlichen Kategorien zu beurteilen, die er für sein eigenes Schaffen in Anspruch nahm. So war aus dem einstigen Mahler-Verächter ein wortgewaltiger Apostel geworden, der mit religiöser Überzeugungskraft die Zuhörer für seinen Glauben an Mahler zu gewinnen trachtete. „So hell sollte dieses Feuer in uns brennen, daß wir transparent werden, daß sein Schein nach außen dringt und auch den erleuchtet, der bisher im Dunkeln ging. Ein Apostel, der nicht glüht, predigt eine Irrlehre."[42]

Im Innersten aber war der Kampf für Mahler auch einer für die eigene Neue

Musik, ohne daß Schönberg den Freundesdienst zum Diskurs pro domo mißbraucht hätte. Die Rede schließt nicht mit einer weihevollen Würdigung des verstorbenen Freundes, sondern führt weiter zur Aktualisierung in eigener Sache: „Soviel durfte Mahler von dieser Zukunft verraten; als er mehr sagen wollte, wurde er abberufen. Denn es soll nicht ganz still werden; es soll noch Kampf und Lärm weiter sein. Und wir sollen noch glühen vom Widerschein eines Lichts, das uns blendete, wenn wir es sähen. Ich kämpfte hier für Mahler und sein Werk. Ich habe polemisiert, ich habe harte und scharfe Worte gegen seine Gegner gesagt. Ich weiß es, wenn er zuhörte, würde er lächelnd abwinken. Denn er ist dort, wo man nicht mehr Vergeltung übt. Aber wir, wir müssen doch weiter kämpfen, da uns die *Zehnte* noch nicht gesagt wurde.“[43]

Schönberg ist uns — heute ist dies offenbar — durch sein Schaffen die Antwort auf Mahlers fragmentarische *Zehnte Symphonie,* die am Anfang der Neuen Musik steht, nicht schuldig geblieben. Aber auch Mahlers Musik, zunächst vor allem durch die enthusiastische Verehrung gefördert, welche der Kreis der Wiener Schule ihr entgegenbrachte, hat eine weltweite Verbreitung gefunden und eine ungebrochene Aktualität erwiesen, die in Werken selbst der jüngsten Avantgarde ihren Ausdruck fand.

Karl Horwitz' „Vom Tode“. Ein Dokument der Mahler-Verehrung aus der Schönberg-Schule

Wenn wir uns hier mit einem weitgehend in Vergessenheit geratenen Schönberg-Schüler befassen, liegt der Verdacht nahe, ein Œuvre wie jenes von Karl Horwitz, das vom — doch oft heilsamen — Vergessen der Geschichte ereilt wurde, solle ohne zwingenden Grund der Gegenwart wieder verfügbar gemacht werden. Es ist dies nicht der Fall. Im Unterschied zu „wiederentdeckten“ Komponisten der Epoche wie Franz Schreker oder Alexander von Zemlinsky, von denen einige Werke verdientermaßen erneute Aufmerksamkeit auf sich zogen, scheint Horwitz' Œuvre gegenwärtig und in absehbarer Zukunft nicht aktualisierbar. Von Interesse kann es dagegen sein als historisches Dokument, mit dem unter dem Aspekt der Mahler-Rezeption sich zu beschäftigen vor allem im Hinblick auf den Zyklus *Vom Tode* lohnt.

Das Leben des 1884 in Wien geborenen Karl Horwitz, eines jener zahlreichen, welches mit dem ersten Weltkrieg eine tiefe Zäsur erfuhr, ist überschattet von dreifach unerfüllt gebliebener Hoffnung. Im äußeren Werdegang dem des fast gleichaltrigen Webern ähnlich, hatte sich Horwitz einem Doppelstudium der Musikgeschichte und der Komposition — bei Guido Adler und Arnold Schönberg — zugewandt. Er promovierte im Jahre 1906 mit einer Dissertation über Georg

Christoph Wagenseil, besorgte anschließend — zusammen mit Karl Riedel — die Herausgabe eines Bandes *Wiener Instrumentalmusik im 18. Jahrhundert*[44], verabschiedete sich aber danach von der Musikforschung, um als Dirigent und Komponist zu wirken. Als Kapellmeister nun brachte er es, nach anfänglich schnell wechselnden Anstellungen an Provinzbühnen, durch Vermittlung Zemlinskys 1911 immerhin zu einer Position am Deutschen Landestheater in Prag, mußte diese Tätigkeit indessen nach Ausbruch des Krieges einstellen und konnte nach 1918 in diesem Bereich nicht mehr Fuß fassen. Als Komponist schließlich war Horwitz, der von 1904 bis 1908 mit Berg, Webern und Jalowetz zu Schönbergs frühesten Schülern zählte, in den skandalumwitterten Konzerten der Schönberg-Schüler vom 4. November 1908 und 24. April 1911 mit einem Symphoniesatz bzw. einem Streichquartett vertreten.[45] Nach dem Krieg konnte er einige, freilich niemals durchschlagende Erfolge erringen, so mit Liedern in Donaueschingen 1921[46] und auf dem Salzburger Musikfest 1922[47], mit der *Symphonischen Ouvertüre* in d-Moll op. 5 auf dem Tonkünstlerfest in Düsseldorf in demselben Jahr[48] sowie endlich mit dem Liederzyklus *Vom Tode* op. 8 in Wien, Bochum und auf dem Fest der Internationalen Gesellschaft für Neue Musik in Prag 1924.[49] Seine Werke fanden jedoch auch im kleinen Kreis nie jene vorbehaltlose Anerkennung, die erforderlich gewesen wäre, um ihnen über den frühen Tod des Autors im Jahre 1925 hinaus — eine Erkrankung an Tuberkulose hatte ihn ein Jahr zuvor schon seines Gehörs beraubt — bleibende Geltung zu sichern. Und der Wechsel vom Expressionismus zur Neuen Sachlichkeit, der sich auch in der Musikgeschichte damals ankündigte, entzog einem Œuvre der nicht-revolutionären Moderne wie dem seinigen überdies die allgemeine ästhetische Grundlage, auf der es — vielleicht — die Chance zu einer bescheidenen Wirkungsgeschichte gehabt hätte. So aber sank es, der Fürsorge des aktiven Komponisten beraubt, bald in völlige Vergessenheit.

Im Lichte seines Doppelstudiums bei Schönberg und Adler erscheint die Mahler-Verehrung von Karl Horwitz wohl verständlich, gehörte dieser doch zu Mahlers ältesten und treuesten Freunden[50], während jener just im Jahre 1904, als Horwitz den Kompositionsunterricht bei ihm aufnahm, in seinem Verhältnis zu Mahler — nach einer Aufführung der *Dritten Symphonie* — sich vom Saulus zum Paulus wandelte.[51] Im Unterschied nun zu Schönbergs ambivalenter Haltung zum Mahlerschen Œuvre — nicht zur Person! —, die sich bis zu den letzten Lebensjahren hin beobachten läßt, war der Mahler-Enthusiasmus von Horwitz, wie auch jener Bergs und Weberns, nach anfänglichen Zweifeln vorbehaltlos und dauerhaft. So oft der Schönberg-Kreis Mahler seine Ehrerbietung bezeugte, stand Horwitz nicht abseits: Er signierte — zusammen mit Webern, Stefan und Jalowetz — den Aufruf zur Verabschiedung Mahlers von Wien am 9. Dezember 1907 und zählte auch zu den Mitunterzeichnern des Textes, den Schönberg für eine

Kranzschleife nach Mahlers Tod verfaßt hatte.[52] Aus dem Jahr 1908 datiert übrigens jener Brief Mahlers an Horwitz, den Alma Mahler als einzigen in den Auswahlband von 1924 aufgenommen hat[53]: Mahler beantwortete damit eine Anfrage, die Horwitz bezüglich seiner bei Peters erschienenen Bearbeitung des Mozartschen *Figaro*[54] an ihn gerichtet hatte. Er bestätigte dem jungen Kollegen die freie Verwendbarkeit der Edition, riet ihm jedoch gleichzeitig davon ab, das anspruchsvolle Werk an einem so kleinen Theater wie dem von Gablonz, wo Horwitz damals wirkte, zur Aufführung zu bringen. Der Tonfall dieses Schreibens verrät das Wohlwollen, mit dem der Meister den Enthusiasmus seines jugendlichen Verehrers erwiderte. Daß diese Bewunderung nicht allein personenbezogen war und über das Jahr 1911 hinaus andauerte, versteht sich um so eher, als Mahlers Ansehen als Komponist, soweit es sich in Aufführungsziffern niederschlägt, laut den in der Zeitschrift *Die Musik* veröffentlichten Statistiken nach seinem Hinscheiden unmittelbar stark anwuchs.[55] Anfangs der zwanziger Jahre schrieb Horwitz, im Spannungsfeld stehend zwischen einer Mahler- und einer Schönberg-Tradition, jenen Zyklus *Vom Tode*, in dem seine Mahler-Verehrung musikalisch greifbare Gestalt annahm.

Das Werk, das am Ende mit „Wien, 1. Oktober 1922" datiert ist, erschien 1922 im Selbstverlag, hergestellt von Waldheim-Eberle in Wien, als opus 8. Es stellt einen Zyklus von drei orchesterbegleiteten Gesängen für Bariton dar, den ein Orchestervorspiel eröffnet. Den konzeptionellen Spielraum, der der Gattung des Orchesterliedzyklus eigen ist, konkretisierte Horwitz dergestalt, daß er, statt Gedichte eines einzelnen Dichters zyklisch zu vertonen, drei Dichtungen verschiedener Autoren zusammenstellte, die einem gemeinsamen Sujet — dem Tod — gewidmet sind: *Der Feind* (Clemens Brentano), *Der Tod* (Matthias Claudius) und *Zur Ruh* (Justinus Kerner). Ein solches Verfahren mag die Gefahr mit sich bringen, daß die für einen Zyklus wünschenswerte ästhetische Mannigfaltigkeit durch die Einheit des Stoffes eingeschränkt wird. In der Tat unterscheiden sich die vier Sätze im Hinblick auf die Tempodisposition kaum nennenswert, jedenfalls nicht mit der Deutlichkeit, die notwendig gewesen wäre, um die Folge der Gesänge als eine zyklische Satzfolge analog zu Sonate oder Symphonie auszuweisen.Die Satzüberschriften— „feierlich"; „schleichend"; „langsam/ schwer"; „äußerst ruhig und gehalten" — bewegen sich, von entsprechenden Metronomzahlen gestützt, alle im Adagio-Bereich. Die gleichwohl sinnvoll gegliederte Form geht aus von einem vergleichsweise dichten, umfangreichen Instrumentalsatz, zieht sich danach zu zwei gedrängten Mittelsätzen zusammen und gelangt mit der wieder ausgedehnteren, ruhig fließenden Kerner-Vertonung zu Ende. Im Hinblick nun auf das Problem einer kompositorischen Mahler-Rezeption, die in diesem Werk vorliegt, lassen sich explizit nach außen gekehrte Momente von impliziten, der musikalischen Faktur verborgen eingeschriebenen unterscheiden. Jene sind im orchestralen Vorspiel greifbar, diese in den Gesängen, insbesondere im abschließenden Gesang *Zur Ruh*.

*

Das Vorspiel ist zweifach als Hommage à Mahler ausgewiesen, durch seine Überschrift und durch ein musikalisches Zitat. Der Titel — *Totenfeier* (*Zum 18. Mai 1911*) — verknüpft die Überschrift, die Mahler unter Anlehnung an Adam Mickiewicz' gleichnamige Dichtung[56] ursprünglich dem ersten Satz seiner *Zweiten Symphonie* gegeben hatte, mit dem Todesdatum des Komponisten. Während in Mahlers später zurückgezogenem Programmentwurf der Held, der musikalisch „zu Grabe getragen" wird, keinen bestimmten Menschen, auch nicht — versteckt — den Autor meint, vielmehr als symphonischer Held auf das ästhetische Subjekt verweist, das der Musik selbst innewohnt[57], ist der Held, den Horwitz' Totenfeier musikalisch ehrt, niemand anderes als Gustav Mahler. Das ästhetische Subjekt erscheint in diesem Vorspiel personalisiert, die „Totenfeier" gilt als musikalisches Eingedenken an Mahlers Tod am 18. Mai 1911. In einem Geleitwort, das Horwitz anläßlich der Aufführung des Werkes beim Prager Musikfest 1924 publizierte, schreibt der Komponist: „Das Vorspiel (Totenfeier zum 18. Mai 1911) ist unter dem Eindruck des Todes Gustav Mahlers geschrieben, die drei Gesänge sind Auseinandersetzungen des Menschen mit dem Tode, welcher ihn entweder mit Schrecken erfüllt (2. Der Feind) oder ihm unsägliche Trauer bringt (3. Der Tod) oder für ihn die ersehnte Erlösung bedeutet (4. Zur Ruh). Die drei Gesänge bilden also zusammen einen Gedanken, welcher sich innerlich aus dem Vorspiel entwickelt: das persönliche Erleben löst die Reflexion des Menschen aus."[58] Das Werk reiht sich also ein in jene Linie von Bekenntniskompositionen, die seit der Renaissance die Trauer um einen verehrten Verstorbenen zu persönlicher, auch allgemeiner Reflexion zum Anlaß nehmen. Leider entzieht es sich unserer Kenntnis, wann genau die Betroffenheit über Mahlers Tod Horwitz zu einer künstlerischen Antwort veranlaßt hat, folgt doch ein spontanes Reagieren anderen Regeln als eine planvolle Arbeitsweise in zeitlicher Distanz. Das verbale Zitat jedenfalls, das die Übernahme eines Mahlerschen Satztitels im Vorspiel bei Horwitz darstellt, steht nicht für sich allein; es korrespondiert mit einem musikalischen, das den begrifflich faßbaren Sinn dieser Überschrift allererst in ästhetische Wirklichkeit überführt.

Das musikalische Zitat entstammt dem Finale von Mahlers *Zweiter Symphonie*. Es handelt sich um eine Passage von nicht mehr als vier Takten Länge, die ob ihrer Unverwechselbarkeit gewiß besonders zitierfähig ist, den Anfang des Bläserchorals, der am Schluß der Exposition die Brücke schlägt zwischen erstem und letztem Satz der Symphonie, zwischen *Totenfeier* und „Auferstehungsfinale":

II/5, T. 142—154

Dieser feierliche Bläserchoral, in dessen Anfangstakten der Beginn der *Dies irae*-Sequenz zitiert wird (1. Posaune), greift in der ersten Periode auf die Durchführung des ersten Satzes der Symphonie zurück (T. 280f.) und nimmt in der zweiten Periode, die sich unmittelbar daran anschließt, das Thema des Auferstehungschorals instrumental vorweg. Man kann demnach, ohne hier das Verhältnis der beiden Themen, ihre weitere Bedeutung und formalen Funktionen in der *Zweiten Symphonie* näher zu erörtern[59], von einem ideellen Angelpunkt des gesamten Werkes sprechen. In unserem Zusammenhang erscheint vor allem wichtig, daß Horwitz eine Passage aus Mahlers Werk als Zitat gewählt hat, die dreifach auf das Sujet seines Zyklus *Vom Tode* bezogen ist: durch die melodische Allusion auf die *Dies irae*-Sequenz in einem weiten historischen Bedeutungskontext, durch den formalen Stellenwert der Passage als Rückblick im Auferstehungsfinale auf die *Totenfeier* des ersten Satzes und endlich durch die geschichtlich begründeten Todes-Konnotationen von Tonsatz und Instrumentation, die der von Posaunen vorgetragene Bläserchoral mit einschließt. Die Bedingungen, die Zofia Lissa für die Zitierfähigkeit von Musik rekonstruierte[60], werden somit auf struktureller Ebene von dieser Passage in ausgezeichneter Weise erfüllt. Auch der unerläßlichen rezeptionsästhetischen Voraussetzung — einem hohen Bekanntheitsgrad der als Zitat gewählten Musik — genügt sie vollauf, denn gerade die *Zweite Symphonie* war lange Mahlers populärstes und, zusammen mit dem *Lied von der Erde,* am häufigsten aufgeführtes Werk geblieben und genoß zumal nach dem Ersten Weltkrieg um ihres kunstreligiösen Gehaltes willen bei der leidgeprüften Bevölkerung in Österreich und Deutschland eine dermaßen große Beliebtheit, daß Paul Stefan in seinem Mahler-Buch von 1920 ausdrücklich davor warnte, Mahler ausschließlich als Komponisten der Auferstehungssymphonie gelten lassen oder verstehen zu wollen.[61]

Welcher Art nun ist der Kontext des Zitats bei Horwitz, welche Bedeutung wächst ihm im neuen musikalischen Zusammenhang zu? So wie der noch unter Schönbergs Anweisung entstandene Symphoniesatz dem Plan einer Sonatenform frei folgte,[62] so läßt sich auch der Prolog zu den drei Gesängen *Vom Tode* am ehesten aufgrund der Prinzipien verstehen, die der Sonatenform und dem sie tragenden kompositorischen Denken eigen sind. Es kontrastieren jedenfalls zunächst zwei Themenkomplexe gegeneinander, die aus einem anfangs vorgestellten Motivbestand mit den Verfahren entwickelnder Variation gebaut sind; daran schließt sich ein längerer, mit Mitteln der Durchführungstechnik komponierter Formteil an (T. 35f.); und schließlich rundet eine Reprise durch klärende Motiventflechtungen das Vorspiel ruhig ab. Die nahezu lückenlose Schlüssigkeit in der Abfolge und Entwicklung der musikalischen Gedanken aus dem im Haupt- und Seitenthema (T. 1f.; T. 21f.) präsentierten Motivbestand, die kunstvolle motivische Ableitung auch von Neben- und Begleitstimmen sowie die Mannigfaltigkeit der Verfahren, die für stets neue Motiv- und Themenkombinationen sorgen, zeugen Takt für Takt von dem hohen kompositorischen Niveau der Schönberg-Schule, das auch Horwitz repräsentiert.

Eine besondere Funktion im Sinne eines instrumentalen Widerparts des Baritons, der in den nachfolgenden Gesängen auftritt, erfüllt — auch im Zusammenhang des Mahler-Zitats — das Solovioloncello. Ihm bleibt zum einen die Eröffnung der „Totenfeier“ vorbehalten, zum anderen fällt ihm auch die Aufgabe zu, mit einer sprechenden Instrumentalstimme die vier Takte aus Mahlers Bläserchoral vorzubereiten und teilweise zu begleiten. Seinen Platz hat das Zitat inmitten der Durchführung, aus derem dicht gefügtem Kontext es als formale Episode, als Suspension oder „negativer Höhepunkt“ plastisch herausragt:

Horwitz, *Vom Tode/1. Totenfeier (zum 18. Mai 1911)*, T. 47—52

Die Einbettung des Zitats in den Kontext hat Paul Stefan in seinem Nachruf auf Horwitz, der 1925 im *Anbruch* erschien, zu Recht gewürdigt, indem er schrieb, „jene schwierige Aufgabe zu zitieren, ohne daß das Zitat den Rahmen sprengte", sei „kompositionell glänzend gelöst".[63] In der Tat hat die Distinktion des Zitats gegenüber dem übrigen, sehr kohärenten Formverlauf seine Grenze an dem begleitenden Cello-Kontrapunkt, der eine kontinuitätsstiftende Funktion in zweifacher Hinsicht erfüllt: Zum einen sorgt er, vermöge motivischer Beziehungen zum Hauptthema, dafür, daß die disparate Zitatzeile auf der Ebene thematischer Logik mit dem Satzverlauf behutsam vermittelt erscheint; zum anderen vermindert er, kraft der von ihm gestifteten Dissonanzen, die Kluft auf der Ebene der Harmonik, welche zwischen dem schlicht diatonischen Mahler-Zitat und der erweiterten Tonalität der Musiksprache Horwitz' besteht. Das Zitat tritt in leicht archaisierender Färbung hervor und hebt sich aufs deutlichste vom übrigen ab, ohne doch, wie es in einem strikt atonalen Kontext wirken müßte, als heterogener Fremdkörper den musikalischen Zusammenhang aufzusprengen. Kein Zweifel, Horwitz ist es bei seiner Huldigung an Mahler gelungen, einen glücklichen Ausgleich zwischen Integration und Distinktion des Zitats zu erreichen.

*

Wenn wir uns nun der Frage nach einer implizit vollzogenen kompositorischen Mahler-Rezeption bei Horwitz zuwenden, so mag sich ein Zugang zu ihr aus einem Vergleich mit Anton von Webern eröffnen, dessen Lebensweg dem Horwitzschen in manchem parallel verlief, ohne daß doch die zu Anfang bestehende enge Freundschaft der beiden — Horwitz' Vertonung von Storms *Dämmerstunde* trägt, publiziert als zweites Lied von opus 2, den Widmungstext „Meinem lieben Anton von Webern" — über die Jahre hinweg von beständiger Dauer geblieben wäre. In einer Studie über das musikalische Verhältnis zwischen Mahler und Webern hat Elmar Budde Schönbergs Kritik an der Kategorie Stil auf dieses Problem bezogen und dargelegt, daß allfällige Beziehungen zwischen Mahlers episch ausgreifender und Weberns im konzentrierten Augenblick sich erfüllender Musik nur jenseits der Stilkategorie aufdeckbar seien: „Einerseits stehen die Kompositionen Mahlers und die der Wiener Schule zeitlich in einem engen Zusammenhang, andererseits verhalten sie sich jedoch aufgrund ihrer äußeren Erscheinungsformen scheinbar gegensätzlich. Differenzen des Stils sind aber zumindest seit Mahler keine der Sache selbst mehr. Mögliche Berührungspunkte oder Beziehungen sind also in Bereichen zu suchen, die über die äußeren Erscheinungsformen hinausgehen, d. h. in Bereichen, die der traditionellen Kategorie des Stils inkommensurabel sind."[64] In der Tat ist das kompositionsgeschichtliche Verhältnis zwischen Mahler und Webern vorwiegend auf der Ebene der kompositorischen Denkform anzusiedeln, doch auch konkrete strukturelle Beziehungen — wie die von Rudolf Stephan anhand der Bethge-Lieder aus opus 13 aufgezeigten[65] — lassen sich greifen. Wohl grundsätzlich anders liegt der Fall bei Karl Horwitz, der nicht zu den großen Komponisten der Neuen Musik rechnet und dem es nicht gegeben war, in seinen Werken zu einer unverwechselbar eigenen Musiksprache zu finden. Mag sein, daß der Mangel an originärer Begabung, den auch Theodor W. Adorno in einer Konzertbesprechung aus dem Jahre 1927 beobachtete[66], das unverkennbare stilistische Anlehnungsbedürfnis von Horwitz erklären hilft. Schönberg jedenfalls mußte ihn, zur Zeit des Umbruchs um 1910, ausdrücklich vor einer Nachahmung seiner „revolutionären" kompositorischen Schritte warnen: „Sie müssen nicht so schreiben, weil ich so schreibe. Lassen Sie Ihre Persönlichkeit das aussprechen, wozu Sie sich mit aller Gewalt gedrängt fühlen. Jeder hat eine andere Entwicklung hinter sich und gelangt auf seinem Weg zum Ziel, das sich notwendig ergeben muß."[67] Es scheint, als habe Horwitz den Rat seines Lehrers befolgt. Um seine künstlerische Identität zu finden und zu wahren, siedelte er sich außerhalb der bahnbrechenden Entwicklungslinie der Schönberg-Schule an und begab sich — als konservativer Moderner — freiwillig ins Abseits der Geschichte. So konnte Paul Stefan im erwähnten Nekrolog vermerken: „Aus seinem Wahrheitsdrang ergab es sich für Horwitz von selbst, daß er nie ‚moderner' scheinen wollte, als er innerlich sein durfte."[68] Gerade aber weil Horwitz die radikalen kompositorischen Maßnahmen der Schule beim Durchbruch zur Atonalität nicht mitvollzog, blieb es ihm freigestellt, über eine direktere Anverwandlung von Mahlers Musik in seinem eigenen Schaffen zu verfügen, als es Schönberg oder Webern, ja selbst Berg sinnvoll erscheinen mußte.

Als Pendant zur Stätte der expliziten Mahler-Huldigung im Vorspiel zu *Vom Tode* stellt die Kerner-Vertonung *Zur Ruh* einen Ort direkter Übernahme Mahlerscher Stilelemente dar. Demgegenüber stehen weder das symphonische Vorspiel noch die beiden mittleren Gesänge Mahler stilistisch nahe. Im Vorspiel herrscht, bei aller Stringenz der thematischen Entwicklung, eine gewisse Kurzatmigkeit der musikalischen Gedanken, ein Mahler durchaus fremder Verzicht auf Expansion, die ja selbst in der Webernschen Konzentration, wie Schönberg im Vorwort zu den *Bagatellen* op. 9 bemerkte, dialektisch vorausgesetzt blieb. Der zweite Satz des Zyklus, die Vertonung des Brentano-Gedichtes *Der Feind,* worin der Tod als bitteres, unausweichliches Schicksal charakterisiert wird, kennt weder Strophengliederung noch liedhafte Melodik, Prinzipien, die der Mahlerschen Liedkunst zentral eigen sind. Der deklamatorisch-dramatische Gesangstypus und die aus satztechnisch inkohärenten Passagen gebildete Orchesterbegleitung verweisen eher auf Hugo Wolf, dessen Andenken Horwitz' Storm-Lied *Schließe mir die Augen beide* (op. 3 Nr. 1) gewidmet ist. Der folgende Gesang, der auf jenem auch von Webern und von Hanns Eisler komponierten[69] Gedicht *Der Tod* von Matthias Claudius beruht, ist eine kunstvolle Miniatur, in welcher Singstimme und Begleitung motivisch ineinander verwoben sind. Dieses Lied ist für die Entstehungsgeschichte des Werkes insofern von Belang, als es zeigt, daß Horwitz bei seiner Hommage à Mahler sich nicht scheute, auch außerhalb dieser Konzeption Entstandenes in den späteren Kontext zu übernehmen: Die Claudius-Vertonung entstand nämlich ursprünglich als Klavierlied und wurde als drittes Lied von opus 6 publiziert[70], ehe es in orchestrierter Fassung in den Zyklus *Vom Tode* aufgenommen wurde.

Im Gegensatz zu den mittleren Gesängen aber sind im abschließenden Gesang *Zur Ruh* nach einem — schon von Hugo Wolf vertonten — Kerner-Gedicht Spuren der Mahlerschen Musiksprache so tief eingegraben, daß es scheint, als habe Horwitz die Erwartung, welche die Huldigung im Vorspiel erweckte, am Schluß des Werkes nachdrücklich einlösen und bestätigen wollen. Der Anfang des Liedes mutet an wie ein Mahler-Plagiat:

Horwitz, *Vom Tode / 4. Zur Ruh*, T. 1—6

Dichte Beziehungen bestehen offenkundig zum *Lied von der Erde,* doch ließen sich Verbindungslinien auch zu anderen Werken ziehen, da Horwitz auf jene Elemente zu zielen scheint, die nach der Stiltheorie Guido Adlers Mahlers personalstilistische „Individualidiotismen" ausmachen[71]: pendelnde Terzen im Baß

(T. 1—3) und das daraus hervorgehende Motiv der aufsteigenden Terz, mit dem der Gesang anhebt (T. 4f.), ein Motiv, das im *Der Abschied* zu den Worten „Die Welt schläft ein“ (T. 148f.) eindrucksvoll eingesetzt ist, das aber — zumal als „Naturlaut“ — schon in früheren Symphonien, etwa im Mitternachtslied der *Dritten* („Vogel der Nacht“)[72], relevant ist und auch im Finale der *Zweiten Symphonie* (T. 57f.) auftritt; der fallende Sekundschritt, mit dem die Bratschen in Takt 3 einsetzen und der als gegenläufiges Motiv zur aufsteigenden Terz den Ausgangspunkt für die zahlreichen absteigenden Sekundgänge (beginnend mit der Phrase in Takt 4) bildet, ist ein zentrales Motiv vor allem des späten Mahler, wo es im ersten Satz der *Neunten* zum Hauptmotivbestand rechnet und auch im *Lied von der Erde* als Teil der Dreitonkonstellation a–g–e für das ganze Werk — als Motiv insbesondere für das zweite und sechste Lied — von Bedeutung ist. Als wäre damit nicht genug getan, erinnert Horwitz, indem er dieses Seufzermotiv (in Takt 3 und 4) wechselweise von der kleinen bzw. der großen Sexte in die Quinte der Tonika Es hinunterführt, an die Mahlersche Dur-Moll-Manier; und schließlich komponiert er vom fünften Takt an eine in stufenweisen Vierteln verlaufende Sextparallelbewegung nach Art des vierten Kindertotenliedes *Oft denk' ich, sie sind nur ausgegangen,* welches einen tröstlichen Charakter innerhalb der Todessphäre ausprägt wie der Horwitzsche Gesang. Für die chromatische Sextparallelführung mag ein weiteres Modell Horwitz' in Anton von Weberns Dehmel-Vertonung *Aufblick* (komponiert 1903) bestanden haben, die er gekannt haben dürfte. Von Ruhe ist mit besonderem Nachdruck ja auch an zwei Stellen im *Lied von der Erde* die Rede: im *Einsamen im Herbst* beim Text „Ich komm zu dir, traute Ruhestätte! Ja, gib mir Ruh, ich hab Erquickung not!“ (T. 92f.) und im *Der Abschied* bei der Passage „Ich suche Ruhe, Ruhe für mein einsam Herz!“ (T. 416f.). Für beide Stellen sind zwei Momente — Austerzung der Melodie und Dur-Moll-Mischung — charakteristisch, Elemente, die Horwitz leicht verändert seinem Gesang *Zur Ruh* zugrundelegte.

Isoliert betrachtet, ist keiner der genannten musikalischen Sachverhalte hinreichendes Indiz einer kompositorischen Mahler-Rezeption, denn jeder rechnete um den Ersten Weltkrieg längst zum allgemein verfügbaren Bestand musiksprachlicher Möglichkeiten. Im gemeinsamen Auftreten jedoch summieren, ja potenzieren sie sich zu einem musikalischen Tonfall, den man nur schwer von Mahlers Idiom zu trennen vermag. Horwitz' Verfahren birgt zweifellos Gefahren, wäre doch eine planlose Häufung musikalischer Idiotismen ein denkbar ungeeignetes Procedere, eines verstorbenen Komponisten in Tönen zu gedenken. Immerhin spricht es für sein auch hier waltendes Geschick, daß kein einziges der aufgezählten Momente als isoliertes Merkmal einer willentlichen Huldigung an Mahler hervortritt, sondern alle eingebunden sind in einen eigens ausgewiesenen, in sich tragenden musikalischen Sinnzusammenhang: Die pendelnde Terzbewegung im

Baß erweist sich als Vorbereitung des aufsteigenden Terzmotivs, mit dem die Celli in Takt 4 die instrumentale Vorimitation des Gesangs eröffnen; und dadurch, daß dieses Motiv bei seiner Wiederholung in der Gesangsmelodik zum Tritonus sich weitet und somit der entwickelnden Variation unterliegt, streift es Konnotationen zum Mahlerschen „Naturlaut" ab. Vergleichbares geschieht mit der resignativen Seufzergeste der fallenden Sekunde, insofern dieses Motiv nicht für sich bestehen bleibt, sondern — in Halbtonabständen höher einsetzend (T. 3f.) — sich beim dritten Mal in den „tröstlichen" Sextparallelgang abwärts löst.

Eine solcherart starke Präsenz Mahlers als musikalischer Hintergrund dieses Gesangs lenkt den Erwartungshorizont des Hörers unweigerlich dahin, Allusionen an Mahlersche Passagen auch dort zu vermuten, wo sich darüber nichts mit Sicherheit befinden läßt. So etwa bei der Stelle „Nacht muß sein / Daß Licht mir werde" (T. 20f.), einer Partie, die in ihrer plötzlichen, „mit größtem Ausdruck" vorzutragenden Aufhellung beim Wort „Licht" im Hinblick sowohl auf die komponierte Struktur als auch auf die formale Idee des Durchbruchs mit der überwältigenden Passage „Sonne der Liebe" aus *Der Einsame im Herbst* (T. 128f.) Verwandtschaft besitzt, in Wirklichkeit sich jedoch triftiger aus einer älteren Tradition deuten läßt, als Anwendung jenes Nacht-Licht-Topos, der schon in Haydns *Schöpfung* für eine Klärung des Chaos sorgte. Ohne Zweifel hingegen greift Horwitz, um den Zyklus mit einem symphonischen Nachspiel zu beenden, auf den — freilich unvergleichlich größeren — Schluß des *Liedes von der Erde* zurück: Im *Abschied* beruht der schwebende Charakter des „gänzlich ersterbenden" Schlusses, der keiner im traditionellen Sinn mehr ist, auf der Weigerung von Sekunde und Sexte, sich in den reinen Tonika-Akkord aufzulösen.[73] Und ganz ähnlich läßt Horwitz in den letzten Takten von *Zur Ruh* die Sexte c über dem Tonika-Akkord Es-Dur im Wechselspiel der beiden Hauptmotive stehen, bis „ganz verklingend" der Schlußakkord eintritt, und zwar — wir sind ihm dankbar für sein künstlerisches Taktgefühl — ohne Sexte.

Wie dicht Horwitz sich in der Kerner-Vertonung an Mahler stilistisch anlehnt, so ist er gleichzeitig von dessen epischer Großräumigkeit doch weit entfernt. Sein Talent entbehrt die Kraft, einen ausgreifenden musikalischen Zusammenhang zu gestalten, eine Fähigkeit, die Mahler unvergleichlich eigen ist. Immerhin gelangt er im Schlußgesang zu einer gewissen symphonischen Dimension, zum einen aufgrund des mit reprisenhaften Zügen ausgestatteten Nachspiels, zum anderen aufgrund der Tatsache, daß der regulär vierstrophige Aufbau des Kernerschen Gedichtes — jede Strophe zu vier Zeilen — einen musikalischen Grundriß zuließ, der in freier Weise an Mahlersche Prinzipien des variierten Strophenliedes anknüpft.

*

Der Zyklus *Vom Tode* ist Gustav Mahler in vielfältiger Weise verpflichtet, von gattungsgeschichtlichen Voraussetzungen des Orchesterliedzyklus über das doppelte Mahler-Zitat im Vorspiel bis hin zur Anverwandlung eines Mahlerschen Tonfalls durch bestimmte Stilelemente im Schlußgesang. Horwitz scheint die damit verbundene Problematik teilweise reflektiert zu haben, schreibt er doch in einem 1921 veröffentlichten Fragment: „Die Idee des Künstlers kommt aus dem Leben oder aus seiner eigenen Kunstgattung. Die Entlehnung einer Idee aus einem fremden Werk kann bei einer stark produktiven Persönlichkeit niemals als Diebstahl gedeutet werden. Die fremde Idee wirkt in diesem Fall als Anregung, erweckt das Bedürfnis, sie wie die eigene Idee als Glied der Kette einzufügen, sei es aus was immer für einer Empfindung oder einem Intellekt heraus. Sie erscheint bloß fremd und ist in Wirklichkeit Eigentum des Entlehners geworden, der sie mit seiner ganzen Persönlichkeit durchtränkt und aus ihr das seinem Werk Adäquate gestaltet hat. [...] Im Grunde ist es [...] ganz gleich, woher die Idee kommt. Der Künstler muß nur sagen können: sie ist mein! — Unbewußte Ideenverwandtschaft bedeutet kongeniales Ahnen.“[74] Kein anderes Programm als dieses wird die künstlerische Intention von Horwitz bestimmt haben, als er es unternahm, die Idee des Todes, der Mahlers Spätwerk gilt, in einem Zyklus von Orchestergesängen zu gestalten, die mit der Huldigung auch dessen musikalische Erbschaft zu beanspruchen scheinen.

Bei allem gebotenen Respekt vor dem kompositorischen Niveau, das dieses Werk hält, kann indes nicht behauptet werden, es löse die programmatische Absicht ein. Da Horwitz kaum jene „stark produktive Persönlichkeit“ war, von der er schrieb, war ihm nicht beschieden, die zyklische Idee und die Mahlerschen Stilidiotismen, auf die er rekurrierte, zu einem Kunstwerk eigener Handschrift zu gestalten, und die Originalitätsästhetik muß doch wohl als Wertkriterium an ein Œuvre jener Zeit gerichtet werden. Im Spannungsfeld stehend zwischen der Schönberg-Schule, über deren kompositionstechnische Grundlagen er verfügte, ohne den Schritt zur Atonalität mitzuvollziehen, und einer Mahler-Tradition, deren Ideen er sich anzueignen wünschte, ohne sie doch produktiv verwandeln zu vermögen — in diesem Spannungsfeld komponierte Karl Horwitz mit dem Zyklus *Vom Tode* ein Werk, das die Widersprüche der historischen Situation und die Eigenart seiner kompositorischen Begabung offenbart. Die Ehrfurcht, mit der er Mahler seine Reverenz erwies, hat zu einem Dokument der Epigonalität geführt. Schönberg etwa hat mit seinem Klavierstück von op. 19 Nr. 6, das unter dem Eindruck von Mahlers Tod 1911 entstand und als eine musikalische Klangkomposition von aphoristischer Knappheit mit Mahlers Musik nichts gemein hat, eine grundsätzlich andere Möglichkeit eines Epitaphs in Tönen verwirklicht. Wäre es jedoch nicht ungerecht, der kompositorischen Redlichkeit, mit der sein Schüler Mahler musikalisch huldigte, den schuldigen Respekt zu versagen?

„My Time Will Yet Come". Die amerikanische Mahler-Rezeption im Spiegel der Zeitschrift „Chord and Discord"

Mahlers Tod im Jahre 1911 erspart es uns, seine Person im Zusammenhang des Themas „Österreichische Musik im Exil" in einer anderen als einer hypothetischen Form zur Sprache zu bringen. Es bedarf keiner Phantasie, sich all die schrecklichen Möglichkeiten vorzustellen, von denen eine — hätte Mahler ein hohes Alter erreicht — Wirklichkeit geworden wäre nach dem Anschluß des von ihm so sehr geliebten Österreich an das Deutsche Reich im März 1938: ein Tod im Exil (wie es das Schicksal des um vier Jahre älteren Sigmund Freud gewesen ist), ein Suizid (wie ihn sein alter Freund Arnold Berliner beging) oder gar eine Ermordung im Vernichtungslager (wie sie sein Schwager Eduard Rosé und seine Nichte Alma Rosé erleiden mußten). So aber gibt uns dieses Thema Anlaß, ein bislang unbekanntes Kapitel der Wirkungsgeschichte von Mahlers Musik zu beleuchten: ihre Aufführungs- und Rezeptionsgeschichte in den Vereinigten Staaten von Amerika während der dreißiger und vierziger Jahre. Insofern Mahlers Musik, ihrer Substanz nach deutsche Musik österreichischer Provenienz, in der betreffenden Zeit nur außerhalb des Deutschen Reiches gespielt werden durfte, gehört sie wirkungsgeschichtlich zu diesem Thema, und insofern sie dort erheblich von Emigranten befördert wurde, ist sie auch in aufführungsgeschichtlicher Hinsicht direkt dazu zu rechnen.

Die den folgenden Ausführungen zugrunde gelegte Quelle ist die Zeitschrift *Chord and Discord* (in deutscher Übersetzung am ehesten: „Wohlklang und Mißklang"), und zwar die aus je zehn Nummern bestehenden Volumes I und II, die im Zeitraum von rund dreißig Jahren (zwischen 1932 und 1963) in New York erschienen sind.[75] *Chord and Discord* war das offizielle Organ der *Bruckner Society of America,* einer im Januar 1931 gegründeten Gesellschaft, deren Ziele die Förderung der Musik nicht nur Anton Bruckners, sondern — von Anfang an — gleichermaßen auch Mahlers umfaßten. Ihr Präsident war viele Jahre lang Martin G. Dumler, ein in seiner Freizeit malender und komponierender Industrieller aus Cincinnati, als Herausgeber der Zeitschrift wirkte der aus Ungarn stammende Gabriel Engel, Violinist, Komponist, Musikschriftsteller und schließlich Buchantiquar. Von der vierten Nummer (Oktober 1933) an trägt die Zeitschrift den Untertitel: „A Journal of Modern Musical Progress". Er verweist auf den Hintergrund, gegen den Bruckner und Mahler in den USA durchzusetzen waren: die als konservativ geltende Brahms-Tradition der Symphonik. Der Inhalt von *Chord and Discord* wird vorwiegend von Aufsätzen über Bruckner und Mahler bestimmt, ergänzt gelegentlich durch Artikel über andere Komponisten und allgemeinere Themen, vor allem aber durch Ankündigungen von Konzerten, Anzeigen von Schallplattenaufnahmen bzw. Rundfunkübertragungen und durch Besprechungen, teils Originalrezensionen, mehr noch (im Sinne eines Pressespiegels) ausschnittweisen Nachdruck von Rezensionen, die in verschiedensten Städten und Zeitungen der USA aus gegebenem Anlaß erschienen sind. Sofern man berücksichtigt, daß dieses Organ keinen wertneutralen Querschnitt der Musikkritik über Bruckner und Mahler, sondern eine positive Selektion daraus bietet, ist die Zeitschrift eine für ein Verständnis der Wirkungsgeschichte dieser Komponisten in Amerika einzigartige Quelle.

*

Mahler selbst — von diesem Umstand hat eine rezeptionsgeschichtliche Studie auszugehen — wirkte als Dirigent während vier Spielzeiten in den Vereinigten Staaten von Amerika, im Konzertsaal übrigens erfolgreicher als im Theater.[76] Als er am Jahresende 1907 erstmals amerikanischen Boden betrat, war er dort als Komponist kein ganz Unbekannter mehr, denn immerhin waren zwei seiner Symphonien bereits zur Aufführung gebracht worden: die *Vierte* unter Walter Damrosch 1904 in New York und die *Fünfte* unter Wilhelm Gericke im darauf folgenden Jahr in Cincinnati. Mahler selbst brachte in New York drei eigene Werke zu Gehör: 1908 die *Zweite,* 1909 die *Erste* und 1911, wenige Monate vor seinem Tod, die *Vierte,* so daß mit vier zu seinen Lebzeiten aufgeführten Symphonien wenigstens ein Ansatz zu einer Aufführungstradition seiner Musik in den USA geschaffen war.

In den beiden Jahrzehnten, die auf Mahlers Tod folgten, erklangen Werke von ihm allerdings so selten, daß von einer kontinuierlich sich entfaltenden Wirkungsgeschichte seines Œuvres nicht die Rede sein kann. Verantwortlich hierfür dürften wenigstens drei Gründe gewesen sein: erstens eine insgesamt noch wenig entwickelte Kultur der Symphoniekonzerte in den USA, die sich freilich von Jahrzehnt zu Jahrzehnt verbessern sollte — im Jahre 1972 werden immerhin über tausend Orchester eine dann gänzlich gewandelte Musikkultur tragen —; zweitens eine vorrangige Orientierung der amerikanischen Öffentlichkeit an der „klassizi-stischen“ Mendelssohn-Brahms-Tradition der deutschen Symphonik, deren Standards die Mahlerschen Werke nicht entsprachen (dasselbe gilt für Bruckner); und drittens in der Zeit nach dem Ersten Weltkrieg eine Hinwendung der jungen Komponisten zu Frankreich und einer antiromantischen Musikästhetik — eine Umorientierung, die durch den antideutschen Stimmungsumschwung beim Kriegseintritt der USA im Jahre 1917 von außen her noch verstärkt wurde. Immerhin fand in den zehner und zwanziger Jahren doch eine Reihe von Erstaufführungen Mahlerscher Werke in den USA statt, allen voran die der *Achten Symphonie* unter Leopold Stokowski 1916 (in einer Serie von nicht weniger als neun Aufführungen des Werkes in Philadelphia und New York[77]), nach dem ersten

Weltkrieg (bis 1922) folgten die der *Lieder eines fahrenden Gesellen* in Boston unter Draper, des *Liedes von der Erde* in New York unter Artur Bodanzky, der *Siebenten* und der *Dritten Symphonie* in Chicago unter Frederick Stock bzw. in New York unter Willem Mengelberg. Ein Jahrzehnt später — 1931 — brachte Sergej Koussevitzky in Boston die *Neunte* zur amerikanischen Erstaufführung, und bis zum Dezember 1947 sollte es noch dauern, bis die *Sechste Symphonie* in Amerika realisiert wurde, von den New Yorker Philharmonikern unter Dimitri Mitropoulos.

Spürbar ungünstiger noch als in den Vereinigten Staaten stellte sich die Situation für die Mahlersche Musik, um die Lage durch einen Vergleich mit zwei anderen angelsächsischen Ländern noch schärfer zu beleuchten, in England und Australien dar. Die ihrer Aufnahme im Wege stehenden Gründe schlugen in England noch stärker durch als in den USA: Bis 1914 hielten Brahms und Strauss das neuere deutsche Repertoire besetzt, dann setzte der Erste Weltkrieg mit seinen ungeheuren Verwerfungen eine Schranke, und nach dessen Ende erfolgte eine Reaktion gegen die große romantische Weltanschauungssymphonik. Als Jack Diether 1946 den Aufsatz *Mahler's Music in Wartime Britain* (II/4,71ff.) veröffentlichte, waren die *Dritte* sowie die *Fünfte* bis *Siebente Symphonie* noch nie vollständig aufgeführt worden. Und die relative Beliebtheit der *Vierten Symphonie* und des *Liedes von der Erde* sei, so Diether, auf deren Distanz zur deutschen Musik zurückzuführen, indem die Engländer bei der *Vierten* eine Nähe zur französischen Kultur schätzten und sich beim *Lied von der Erde* von der (pseudo-) chinesischen, fernöstlichen Dichtung faszinieren ließen. Hierfür erwies sich die Publikation des von Erwin Stein hergestellten Klavierauszugs 1942 bei Boosey & und Hawkes, welche eine von Stewart Wilson besorgte englische Übersetzung verfügbar machte, als eine wichtige Voraussetzung, war es doch während des Krieges in England verboten, deutschsprachige Texte aufzuführen.

In Australien wiederum[78], dessen Kultur vollständig auf Großbritannien fixiert war, spielte sich — mit gebührender Verzögerung — Analoges ab: Kaum mehr als ein halbes Dutzend Aufführungen von Werken Bruckners und Mahlers sind vor 1940 zu verzeichnen. Dabei ist allerdings zu berücksichtigen, daß eine symphonische Orchesterkultur erst um die Jahrhundertwende in den Großstädten Melbourne und Sidney allmählich entstand und ein effektiver Durchbruch erst durch die Gründung der Australian Broadcasting Commission 1932 zustande kam. Überdies mutete Georg Schneevoigt einem australischen Publikum als erste Mahlersche Symphonie ausgerechnet die *Fünfte* zu, die er im August 1937 in der Town Hall von Sydney dirigierte. Angesichts dieser in pädagogischer Hinsicht kaum sonderlich klugen Entscheidung kann die Kritik dieser ersten australischen Mahler-Aufführung im *Sydney Morning Herald* nicht erstaunen: „The Mahler Symphony proved to be a long work — it lasted an hour — and an uncommonly patchy one. There were many passages of beauty; but except in the Adagietto movement, the effect was never sustained. During much of the time the composer seemed to be going through the motions of grief or joy, or frenzy, but conveying nothing but a disturbing noise. His well-known fondness for brass instruments expressed itself in frequent and by no means uncertain terms. This, more than anything else, made the symphony fatiguing. Still, a score which includes such superb ideas as the Dead March in the first movement, and the tender sincerity of the Adagietto is no likely to be thrust aside.“ (II/6, 92f.). Eine derartige Kritik ist ein zwingendes Resultat einer Aufführung, die außerhalb eines sie tragenden oder vorbereitenden Kontextes realisiert wurde. Wie hätte der Rezensent auch den Einsatz der ihn störenden Blechinstrumente anders bewerten sollen, wenn das erste Werk Anton Bruckners — die *Dritte Symphonie* — erst zwei Jahre später, im Juni 1939 in Melbourne, zur australischen Erstaufführung gelangte? Einer, der sich in den vierziger Jahren in Australien für Mahler einsetzte, war der Engländer Neville Cardus, und zwar — da während der Kriegsjahre der Konzertbetrieb eingeschränkt war — vorwiegend mittels Rundfunksendungen (in einer Sendereihe *Enjoyment of Music*). Nach dem Krieg konnte dann auch in Australien, als Eugène Goossens 1947 das Amt des Chefdirigenten des Sydneyer Orchesters übernahm und Otto Klemperer gelegentlich in Melbourne dirigierte, der Beginn einer einigermaßen kontinuierlichen Mahler-Pflege markiert werden.

*

Beim Versuch, einige Charakteristika der nach 1930 sehr allmählich und lange Zeit kaum spürbar an Breite, Kontinuität und Intensität zunehmenden Mahler-Rezeption in den Vereinigten Staaten zu erörtern, sind nach Möglichkeit allgemeine Eigenheiten der Epoche und für die amerikanische Situation spezifische institutionsgeschichtliche Gegebenheiten auseinanderzuhalten. Im Zuge einer Überwindung der katastrophalen, durch die Weltwirtschaftskrise ausgelösten Situation erlebte die Orchesterkultur gegen die Mitte der dreißiger Jahre einen Aufschwung, der die Möglichkeit einer Erweiterung des erstarrten, als zu eng empfundenen symphonischen Repertoires eröffnete. Ausdrücklich zog Gabriel Engel im Oktober 1934 in einem *Symphonic New Deal* überschriebenen Aufsatz (I/6, 1ff.) eine Parallele zwischen Franklin D. Roosevelts Politik und den neuen, günstigen Perspektiven für Mahler und Bruckner. Die Weltanschauungsmusik wurde, meist auf vereinfachter Basis, rehabilitiert, und die Symphonik, in den zwanziger Jahren gemieden, rückte im Einklang mit populistischen, oft nationalistischen Forderungen auch in den USA in den Mittelpunkt der kompositorischen Bemühungen. Da die nur begrenzt verfügbaren Programmpositionen in Symphoniekonzerten eine Selektion unausweichlich machten, bot sich angesichts des damaligen Druckes der öffentlichen Meinung, dem „Amerikanischen", was immer es sei, gegenüber dem importierten „Europäischen" den Vorzug zu geben, im Blick auf unsere Fragestellung als (eher notdürftige) Argumentationsstrategie die Behauptung an, ein Studium der Werke Bruckners und Mahlers (so Gabriel Engel) bzw. ein Studium nur der Mahlerschen Musik (so Ernst Lert) sei diesem Ziel höchst dienlich. Während Engel seinen Rat in jenem überheblich-belehrenden Ton europäischen Traditionsbewußtseins formulierte, dessen die Amerikaner, auf der Suche nach Eigenständigkeit, überdrüssig waren (vgl. den erwähnten Aufsatz *Symphonic New Deal*), wählte Lert eine taktisch klügere Argumentationsweise[79], indem er behauptete, ebenso wie der „melting pot" New York ein neues Wien sei, so bestehe auch eine Affinität zwischen Mahler und dem amerikanischen Geist, und zwar im Zeichen einer Kombination von naiver Naturliebe und moderner Technikbegeisterung sowie einer Hinwendung zu „unterer Musik". Abschließend schreibt Lert: „Mahler is easier to understand [scil. als Bruckner]. He is closer than Bruckner to the American spirit, with its complex of crowded life, skyscrapers, motoring, and Nature-worship. To young american composers for whom the study of Brahms, Debussy, Casella, and Strawinsky has failed to prove the touchstone of individual creative inspiration, I would say: ‚Study Mahler. You will be amazed by his affinity with your own ideas and your own mentality. Study his principles and his methods. Study him carefully and critically. Then put his scores aside. Forget him — and be y o u r s e l f.' " (I/8, 15)

Der bekannte Polarisierungseffekt zwischen Anhängern und Gegnern, den Mahlers Musik lange Zeit auszulösen pflegte — ein Effekt, der zur Stellungnahme zwang und niemandem erlaubte, indifferent beiseite zu stehen — , zeigt sich auch in der angelsächsischen Rezeption. Der Einsatz der Anhänger war gerichtet auf die Vorurteile der Kritik, die es auszuräumen galt. Die am häufigsten vorgebrachten Kritikpunkte: Länge, Bombastik und Trivialität bringen allerdings gegenüber der deutschsprachigen Mahler-Kritik kaum neue Elemente — bis auf einen mit *The Length of Mahler* überschriebenen Artikel des englischen Autors Desmond Shawe-Taylor (II/6, 104ff.), der neben den Vorwürfen „pretentious" (protzig), „long-winded" (langatmig) Mahlers Musik auch als „ultra-German" (erzdeutsch) bezeichnet, eine im Blick auf die nationalsozialistische Gegenposition immerhin aufschlußreiche Charakterisierung.

*

Welche Mittel, so wollen wir nun fragen, standen den amerikanischen Mahler-Freunden — neben der Unterstützung der Arbeit von Dirigenten, die sich aus persönlicher Überzeugung für das Werk Mahlers einsetzten[80] — zur Verfügung?

Erstens suchten sie ein Verständnis der Mahlerschen Musik bei den musikalischer Bildung noch nicht oder unzureichend teilhaftig gewordenen Publikumsschichten durch das zu wecken, was in den USA „Music Appreciation" heißt. 1963 hat Theodor W. Adorno unter der Überschrift Die *gewürdigte Musik* eine kritische Studie über die Music Appreciation Hour der amerikanischen Rundfunkgesellschaft NBC veröffentlicht, die er im amerikanischen Exil im Rahmen des Princeton Radio Research Project durchgeführt hatte.[81] Ihr ist vom Standpunkt einer kritischen Theorie des musikalischen Kunstwerks nichts hinzuzufügen, um so mehr aber aus pädagogischer Sicht. Neben „Würdigung" hat das Wort „appreciation" noch andere Bedeutungen: Anerkennung, Wertschätzung, Verständnis, Empfänglichkeit, klares Erkennen, Aufwertung. Als Schulfach und als Rundfunksendung wendet sich „Music Appreciation" an den Laien, den musikalischen Analphabeten, dem gewiß nicht mit denselben Mitteln, die dem professionellen Zugang offenstehen, geholfen werden kann. Zwar ist der biographische, psychologisierende Ansatz der Mahler-„Appreciation" für Gebildete oft schwer erträglich — z. B. ein Satz wie „One feels that Mahler has opened his soul completely in his music" (I/5, 17) —, doch war in einer Zeit, da seine Werke in der deutschen Musikkultur, in der sie wurzelten, nicht gepflegt werden durften, eine solche Strategie für ihr „Überleben" noch allemal besser als die blanke Resignation. Und vielleicht spricht es für diese Kunstwerke, daß sie einen derartigen psychologisierenden Ansatz ertrugen, ohne wirkungsgeschichtlich Schaden zu nehmen. Wer in der Neuen Welt keine „pressure-group" zur Verfügung hat, hinter wessen Idealen keine „promotion" steht, der findet in einer Massengesellschaft, die wie die amerikanische im 20. Jahrhundert wesentlich durch die Medien bestimmt ist, keine Beachtung. Daß sich das Wertvolle, Gute von selbst durchsetze, wenn man ihm nur genügend Zeit lasse, gehört in Amerikas nüchterner Kulturwelt zu den Ammenmärchen, die zu erzählen man gern den Naiven überläßt. So war „Appreciation" eines der Mittel, Mahlers komplexe Werke in Amerika bekannt zu machen und die Vorraussetzung dafür zu schaffen, daß sie eine ihrem ästhetischen Wert gebührende Anerkennung fänden.

Da zweitens die direkte Organisation von Konzerten die Möglichkeiten der Bruckner-Gesellschaft in der Regel überstieg, gehörte zur „promotion" eine symbolische Auszeichnung: die Verleihung einer Bruckner- bzw. einer Mahler-Ehrenmedaille, beide geschaffen vom amerikanischen Bildhauer Julio Kilenyi. Diese Medaille mit den Portraits der beiden Komponisten und der Inschrift *The Bruckner Society of America,* bei Mahler ergänzt durch die Worte *My Time Will Yet Come,* wurde an Dirigenten verliehen „for their distinguished contribution towards the advancement of popular appreciation of the works of Bruckner and Mahler in America". Diese Zielsetzung macht deutlich, daß wirkungsgeschichtliche Verdienste im Sinne eines breiteren Verständnisses und einer volkstümlichen Wertschätzung, nicht aber künstlerisch herausragende Werkinterpretationen

— deren ästhetischer Wert also — ausgezeichnet wurden. Mit Bodanzky, Klemperer, Mengelberg, Walter, Pringsheim wurden Künstler geehrt, die in der Lage waren, eine auktoriale Aufführungstradition Mahlers in den USA — verändernd — fortzusetzen, und mit Koussevitzky, Ormandy, Mitropoulos, Reiner, Dorati, Stokowski, Kubelik u. a. wurden weitere Dirigenten von Weltruf mit der Mahler-Medaille bedacht.

Drittens hat zu der Zeit, als gattungs- und institutionsgeschichtliche Umstände die Mahlersche Symphonik in den Vereinigten Staaten begünstigten, das Aufkommen zweier neuer Medien und Distributionsapparate — Rundfunk und Schallplatte — ihre wirkungsgeschichtlichen Perspektiven gegenüber früher prinzipiell verändert und verbessert, und zwar um so mehr, als die Konzertkultur in weiten Teilen des Landes noch wenig entwickelt war. In der Tat spielten die Medien, auch wenn wir die Mahler-Rezeption nicht primär als Medienereignis verstehen dürfen, für die Verbreitung dieser Musik in den USA eine ausschlaggebende Rolle. Wann die erste Mahler-Aufführung von einer der amerikanischen Rundfunkstationen übertragen wurde, entzieht sich meiner Kenntnis; immerhin wissen wir, daß „Columbia“ eine Aufführung der *Fünften Symphonie* durch Bruno Walter am 14. Februar 1932 radiophonisch übertrug. 1934 publizierte *Chord and Discord* die Zuschrift eines jungen Musikfreunds aus Columbus (Ohio), heute einer Stadt von über einer halben Million Einwohnern, der die Redaktion anfleht: „If you have any influence with Bruno Walter, and he performs ‚Das Lied von der Erde‘ with the Philharmonic this winter, PLEASE ask him to play it on one of the Sunday radio concerts. You can’t imagine what the radio and phonograph mean to us out here in the ‚sticks‘ “ (I/6, 3). Auch die Schallplattenkultur, deren Aufschwung mit dem symphonischen Repertoire seit den dreißiger Jahren datiert, hatte an der Mahlerschen Wirkungsgeschichte einen wichtigen Anteil. 1932, als das erste Heft von *Chord and Discord* erschien, war in Amerika von Bruckner nur die *Siebente Symphonie,* von Mahler keine einzige vollständig auf Schallplatte greifbar. Allmählich, bald in rascherem Tempo, änderte sich diese Situation, indem als erste größeren Werke die *Zweite Symphonie* in einer Aufnahme mit dem Minneapolis Symphony Orchestra unter Eugène Ormandy bei RCA Victor (vgl. I/7, 21) und das *Lied von der Erde* unter Bruno Walter bei Columbia (vgl. I/9, 34) vertrieben wurden. Eine Schallplatte sei in unserem Zusammenhang hervorgehoben: die Pressung der *Neunten Symphonie* in einer Aufnahme jenes Konzertes mit den Wiener Philharmonikern unter Bruno Walter, das am 16. Januar 1938 in Wien, also bloß zwei Monate vor dem „Anschluß“, der Walter ins Exil trieb, mitgeschnitten wurde (RCA Victor; LCT 6015—1/2).

Viertens zielten auch verlegerische und organisatorische Maßnahmen darauf, die Rezeption von Mahlers Musik zu vereinfachen und den Zugang zu ihr zu erleichtern.[82] Neben der Übersetzung der Dichtungen (zum Beispiel des *Liedes von der Erde*) gehörten dazu Editionen und Arrangements Mahlerscher Werke und Sätze zumal durch den Verlag Boosey & Hawkes in London. Um dem unausrottbaren Vorwurf der „Länge" der Symphonien zu begegnen, die einem Verständnis seitens wenig vorbereiteter Hörer gewiß im Wege stand, wurde jener Weg beschritten, den Mahler selbst gelegentlich eingeschlagen hatte: die Aufführung einzelner Sätze statt ganzer Werke. Zwei Sätze standen mit weitem Abstand vorn: das Adagietto der *Fünften*[83] und das Andante der *Zweiten Symphonie*. Das „Adagietto" wurde in England, in den USA und in Australien recht häufig als Einzelsatz aufgeführt. Ihrer Isolierung aus dem Kontext des Ganzen entsprechend wurden die Einzelsätze mit einprägsamen Titeln präsentiert: Im Falle des *Adagietto* genügte die ungewöhnliche Satzbezeichnung; der zweite Satz der *Zweiten Symphonie* wurde als *Andante Pastorale* gespielt (vgl. II/4, 71ff.). Weiterhin wurden einzeln aufgeführt: als *Ländler* und *Marcia funebre* der zweite und dritte Satz der *Ersten Symphonie*, als *Menuetto* (original: „Tempo di Menuetto") der zweite Satz der *Dritten* (dies in England, vgl. II/4, 71ff.) sowie außerdem die beiden Nachtmusiken der *Siebenten Symphonie* als *Nocturnes* bzw. *Serenades* (so durch Erich Leinsdorf im Jahre 1946, vgl. II/4, 98 und 104f. bzw. II/6, 66f.).

*

Da eine Rezeptionsgeschichte Mahlers ohne Berücksichtigung anderer Komponisten nicht geschrieben werden kann, wollen wir uns nun dem Problem ihres Verhältnisses zu den Wirkungsgeschichten weiterer Komponisten im amerikanischen Zusammenhang zuwenden. Im Blick auf *Chord and Discord* bedeutet dies in erster Linie die Frage nach dem Verhältnis der Mahler- zur Bruckner-Rezeption und umgekehrt. Zunächst muß auffallen, daß eine Gesellschaft, die den Namen eines Komponisten führt, gleichzeitig, aber ohne Namensnennung, die Belange eines zweiten Komponisten insgesamt noch stärker förderte. Welche Gründe lagen vor, dem Titel der Gesellschaft (The Bruckner Society of America) nicht die Namen beider Komponisten, auch den Mahlers, einzuschreiben? War es das Streben nach Einprägsamkeit und Übersichtlichkeit, oder waren noch andere Motive mit im Spiel?

Das Verhältnis der Œuvres bzw. der Persönlichkeiten von Bruckner und Mahler gehörte jedenfalls zu den Problemen, die in *Chord and Discord* mit Vorliebe erörtert wurden. Gelegentlich herrscht eine vage Parallelsetzung beider Komponisten vor[84], die meisten Stellungnahmen sind indes um Differenzierung bemüht. Zwei Autoren verdienen heute noch besondere Beachtung. Der eine, Bruno Walter, hebt in seinem Artikel *Bruckner and Mahler* vom November 1940 (II/2, 3ff.) gleichermaßen das Verbindende wie das Trennende hervor, wobei er die Parallelsetzung beider dem Ziel der Propaganda zuweist: „Aus dem Doppelprogramm der Bruckner-Society spricht die Überzeugung, daß der Erfolg des einen Komponisten zugleich dem anderen nütze, sie glaubt also an ihre Verwandtschaft, an deren Zusammengehörigkeit."[85] Der andere, Warren Storey Smith, weist in auffälliger Parallele zu einer späteren Denkfigur Adornos die voreilige Analogisierung von Mahler und Bruckner als mißverständlich zurück.[86] Deren Verhältnis sei vielmehr das eines Gegensatzes, insofern der kosmopolitische Mahler bewußt und programmatisch, der bäuerlich-provinzielle Bruckner dagegen instinktiv und absolut-musikalisch komponiert habe. Man sieht: Von hier bis zu Adornos Diktum, in St. Florian habe sich Nietzsche noch nicht herumgesprochen, ist es nicht weit.

Zum Rezeptionskontext Mahlers in den USA während der dreißiger und vierziger Jahre gehört außerdem, ja vor allem, Jean Sibelius, dessen Rezeption in den angelsächsischen Ländern bis heute bekanntlich wesentlich günstiger verlief als in Deutschland und Österreich. In *Chord and Discord* findet sich kein negatives Wort über den finnischen Komponisten, und dies, obgleich zu den Sibelius-Propagatoren auch notorische Mahler-Feinde wie Olin Downes von der *New York Times* zählten. Adornos haßerfüllte Sibelius-Kritik[87] dürfte in Erfahrungen des Exils einen Grund haben, indem dort den Mahler-Anhängern empfohlen wurde, sich ins Schlepptau der Sibelius-Rezeption zu begeben, um wirklich zum Erfolg zu kommen. „If the music of Sibelius can achieve such a conspicuous rise in favor, the music of Mahler is capable of a similar accomplishment. It could quite possibly even eclipse the music of Sibelius in popularity because it is much easier to understand."[88] Nach 1960 jedenfalls hat sich Mahler nicht nur aus dem Verbund mit diesen anderen Komponisten gelöst, sondern auch — durchaus auf Kosten von Bruckner und Sibelius — als derzeit unbestrittener Protagonist der Symphonik der Jahrhundertwende allgemein durchgesetzt.

*

Abschließend wollen wir uns noch der Frage zuwenden, ob und inwieweit die allgemein-politische Situation in Europa während der dreißiger und vierziger Jahre auf die Wirkungsgeschichte Mahlers in den USA von Einfluß gewesen ist. Für eine Beantwortung dieser Frage gilt derselbe Quellenvorbehalt wie für die vorangehenden Teile unserer Untersuchung, indem wir uns ausschließlich auf die Zeitschrift *Chord and Discord* und die darin zitierten weiteren Quellen stützen. Eine hypothetische Beantwortung dieser Frage tendierte wahrscheinlich dahin, die antagonistische Rezeptionssituation im nationalsozialistischen Deutschland, was Bruckner und Mahler anbelangt, in umgekehrter Weise auf die Lage im angelsächsischen Bereich zu übertragen. Aus dem Umstand, daß einerseits Bruckner von der nationalsozialistischen Musikpolitik als großer deutscher Komponist im Sinne ihrer Ideologie gefeiert wurde — erinnert sei nur an die pompöse Aufstellung der Bruckner-Büste in der Walhalla bei Regensburg am 6. Juni 1937 im Beisein Adolf Hitlers —, und andererseits Gustav Mahler als jüdischer Komponist diffamiert und verboten wurde, müßte wohl geschlossen werden, man wäre damals außerhalb Deutschlands Bruckner mit Vorbehalten, Mahler hingegen mit kompensatorischer Zuwendung begegnet. Die Verfolgung, die Mahlers Œuvre im nationalsozialistischen Deutschland erlitt, würde — so die Vermutung — einen positiven Rezeptionsschub im nicht-nationalsozialistischen Ausland ausgelöst haben. Bemerkenswerterweise war dem nicht so. Zwar hat der von den Nationalsozialisten aus ideologischen Gründen zwischen den beiden Meistern hergestellte Antagonismus die Arbeit der Bruckner Society of America tendenziell erschwert, doch hatte diese darauf eine einfache Antwort: Sie ignorierte die europäische Rezeptionssituation beider Komponisten vollkommen und suchte weder einen „wahren" Bruckner gegen den von den Nationalsozialisten usurpierten zu zeichnen, noch die rassistische Polemik gegen Mahler zu widerlegen. Konsequent ignorierte sie die politische Dimension, die damals doch so offenkundig die Rezeption beider Komponisten beeinflußte.

Beim Versuch, diese eigentümliche Haltung zu verstehen, muß zunächst berücksichtigt werden, daß die USA und das nationalsozialistische Deutsche Reich einander nicht von Anfang an feindselig gegenüberstanden. Vielmehr verhielten sich die USA in ihrer isolationistischen Tendenz nach dem Ersten Weltkrieg ausländischen Strömungen gegenüber weitgehend gleichgültig. Zudem wußten die amerikanischen Förderer von Bruckner und Mahler, daß außenbezogene „Rektifikationsstrategien" nicht die geringste Aussicht auf Erfolg gehabt hätten, da sie jenes Interesse an den beiden Komponisten bereits vorausgesetzt hätten, das es allererst zu wecken galt. Gelingen konnte dies aber nur mit musikalischen Argumenten, insbesondere durch die Präsentation der Werke und ihre verständnisfördernde Kommentierung. Selbst Emigranten wie Bruno Walter und Franz Werfel, die 1940 bzw. 1942 über Bruckner und Mahler schreiben[89], erwähnen die Unterdrückung der Mahlerschen Musik durch das nationalsozialistische Regime mit keinem Wort! Indem sie sich ausschließlich auf die ästhetischen Werte konzentrieren, reihen sie sich ein in jene ältere Tradition der deutschen Musikästhetik, welche die Tonkunst in keiner Relation zu außermusikalisch-gesellschaftlichen, gar politischen Gegebenheiten sieht. Hätten sie sich anders verhalten, hätten sie Stellung bezogen und gegen die nationalsozialistische Musikpolitik protestiert, dann hätten sie sich gerade auf jene Argumentationsebene eingelassen, die sie aus Prinzip vermeiden wollten.

Immerhin, einige wenige programmatische Äußerungen finden sich über diesen Problemkreis in *Chord and Discord*. Im Heft Nr. 4 vom Oktober 1933, ein halbes Jahr nach der Machtübernahme der Nationalsozialisten in Deutschland, erschien ein nicht gezeichneter, eventuell vom Herausgeber Gabriel Engel verfaßter Artikel *Symphonic Forecasts,* darin festgestellt wird, daß in den USA Rasse, Glaube und politische Gesinnung eines Komponisten für die Programmgestaltung keine Rolle spielen dürften. In einem anderen Artikel — er erschien als Reprint aus *The Minnesota Daily,* der Zeitschrift der University of Minnesota, im Dezember 1941 (II/3, 8) — werden die europäischen musikpolitischen Verhältnisse mit der nötigen Deutlichkeit angesprochen und gleichzeitig im Blick auf mögliche Konsequenzen für die Musikszene Amerikas diskutiert. Der Autor des Artikels, Curtis Swanson, zieht aus dem Umstand, daß die einstigen Mahler-Zentren Wien und Amsterdam zu „ghost towns of Nazi Europe" verkommen seien, die Hoffnung, durch den Einsatz von Dirigenten wie Dimitri Mitropoulos, Bruno Walter und Eugene Ormandy, die alle das Minneapolis Symphony Orchestra mit Werken Mahlers dirigierten, könne Minneapolis zur Mahler-Stadt werden: „[...] it may be that Minneapolis will become the unoffical Mahler capital — an inland Salzburg or Bayreuth of musical America". Diese Hoffnung erfüllte sich nicht. Vor allem New York wurde zum Ort einer Mahler-Pflege, welche im Zentenarium 1960 mit einem großen Mahler-Zyklus einen Höhepunkt erreichen sollte, und insgesamt erlebte Mahler nach der Jahrhundertmitte in den USA und den angelsächsischen Ländern überhaupt einen sehr bemerkenswerten Aufschwung.

Andererseits aber formierten sich in Europa nach der Niederlage des Dritten Reiches im Jahre 1945 Gegenkräfte, welche die kunstfremden, in ihren Konsequenzen zerstörerischen Grundsätze der nationalsozialistischen Musikpolitik, die Mahlers Musik wirkungsgeschichtlich so viel Schaden zugefügt hatten, wegfegten und allmählich Raum schufen für eine neue Zeit — eine Zeit, die, wenn sie auch kaum die von Mahler selbst erhoffte sein dürfte, ihr allemal näher stand als jene dunkle Periode der dreißiger und vierziger Jahre. Da indessen damals in den angelsächsischen Ländern eine — zögerliche — Annäherung an Mahler stattfand, dürfen wir heute selbst jene Jahre, in denen Europa in eine grenzenlose Distanz zu Mahler gezwungen wurde, im Blick auf die ungeahnte Triumphkurve seines Œuvres in der zweiten Hälfte unseres Jahrhunderts als eine Wegstrecke verstehen, auf der Mahler unterwegs zu „seiner Zeit" war.

Sowenig der historische Mahler in heutiger Betrachtung von unserer Gegenwart zu trennen ist, sowenig kann der aktuelle Mahler von Ursprung und Wirkungsgeschichte losgelöst verstanden werden. Sein Spruch „Meine Zeit wird kommen", formuliert vor dem Erfahrungshintergrund früherer Rezeptionsgeschichten, hat tiefere Hintergründe, als der Komponist selbst ahnen mochte. Denn der rezeptionsgeschichtliche Kairos, den Mahler anvisierte, ist dialektisch durch ein Ineinandergreifen von Werkgehalt und Gegenwartsperspektive geprägt. Was das Werk Mahlers unserer Zeit bedeutet, hat erst sie an ihm freizulegen vermocht.

In diesem letzten Kapitel sollen mehr Fragen formuliert als Antworten geboten, mehr Perspektiven eröffnet als Resultate gesetzt, mehr Zusammenhänge strukturiert als Details analysiert werden. Rezeption ist hier als eine umfassende Kategorie vorauszusetzen, mit der Phänomene der Kulturindustrie ebenso wie Partituren Neuer Musik untersucht werden können — in einer Breite des Zugriffs, die Musikforscher in der Regel scheuen. Ausmaß, Intensität und Dauer des Erfolges von Mahlers Musik, noch immer überwältigend, haben den Vorwurf, es handele sich dabei um ein Modephänomen, längst Lügen gestraft. Gemessen an der Gleichgültigkeit und Verachtung, die ihr früher in weiten Kreisen entgegenschlug, hat sie eine so dramatische Aufwertung erfahren, daß man sich im Blick auf die Plötzlichkeit der Veränderung an die politischen Umwälzungen der jüngsten Zeit — wir schreiben Herbst 1990 — erinnert fühlen mag. Während vor dreißig Jahren Mahlers Zentenarium im Kalender des Verbandes Deutscher Tonkünstler und Musiklehrer noch nicht einmal als ein bemerkenswertes Ereignis jenes Jahres angeführt worden war[90] — im Gegensatz zu Jubiläen von Chopin, Schumann und Wolf —, könnte seine weltweite Popularität uns seit geraumer Zeit vermuten lassen, die Musikwelt feiere in jedem Jahr mit ganz besonderem Nachdruck den jeweiligen Geburtstag Gustav Mahlers. Seine radikale Um- und Neubewertung seit den sechziger Jahren stellt ein rezeptionsgeschichtliches Ereignis von solcher Tragweite dar, daß ihr die These der Rehabilitierung eines Außenseiters in keiner Weise gerecht wird. In diesem Sinne unlängst neu bewertete Komponisten wie Charles Edward Ives, Edgard Varèse oder auch Giacinto Scelsi — um diese drei zu nennen — blieben Rezeptionsgegenstände von begrenzter Reichweite (ohne daß dies gegen die Substanz ihrer Werke spräche). Mahlers Musik dagegen kennt keine solchen Grenzen. In der Totalität ihrer Rezeption sprengt sie die Grenzen zwischen E- und U-Musik, überbrückt die Gräben zwischen Interpretationskultur und Neue-Musik-Kultur und ist daher wie keine andere wirklich umfassend.

Solch universale Rezeption hat zweifellos ihre Licht- und Schattenseiten, denn Pflege und Vermarktung greifen in einer für unsere Musikkultur charakteristischen Weise ineinander: Mahler-Festivals werden organisiert, Gedenkstätten gepflegt, die Orte seines Wirkens — etwa die „Komponierhäuschen“ in den Ferienorten — wiederhergestellt; es werden wissenschaftliche Kongresse und Tagungen veranstaltet, Bücher, Zeitschriften und andere ihm gewidmete Publikationen veröffentlicht; seine Werke werden in den Programmen aller bedeutenden Konzerthäuser aufgeführt und in Gesamtaufnahmen sämtlicher großen Schallplattenfirmen zum Kauf angeboten. T-Shirts mit der Aufschrift „I love Mahler“, wie sie um 1970 in Kalifornien vertrieben wurden, hätten heute nicht mehr den Reiz des Neuen. Gegen diese Tendenzen sich zu sträuben, hieße, die Universalität Mahlers nicht zu akzeptieren, ist doch im 20. Jahrhundert eine Musik von so breitem Wirkungsgrad außerhalb der Marktgesetze des Musiklebens undenkbar. Dieser in gewissem Sinne maßlose Erfolg hat zwar jüngeren Komponisten der Wiener Moderne — Franz Schreker und Alexander von Zemlinsky — zu stärkerer Beachtung mitverholfen, gleichzeitig jedoch andere Komponisten wie Bruckner, Tschaikowsky oder Strauss in der Gunst des Publikums drastisch — in unverdientem Maße — herabgesetzt. Überdies droht er sich gegen den Gehalt der Mahlerschen Musik selbst zu wenden. Mit gutem Grund hat daher jüngst der holländische Dirigent Bernhard Haitink, der bereits an seiner zweiten Mahler-Gesamteinspielung arbeitet, für eine temporäre Abstinenz von Mahler plädiert[91], wie seinerzeit Mauricio Kagel im Beethoven-Bizentenarium 1970 einen Verzicht auf Beethoven-Aufführungen gefordert hatte, um den durch Überfluß abgestumpften Ohren eine Regeneration zu gewähren. Haitinks Klage mag berechtigt sein, doch wird sie wenig bewirken — weniger jedenfalls als der weitere Verlauf der Musikgeschichte, der Mahlers Musik aus den sich ändernden Erfahrungsprozessen nicht ausklammern wird.

Mahler ist zu einem Mythos geworden in der Art, wie sie die Musikforschung bislang am eindringlichsten an der Beethoven-Rezeption untersucht hat.[92] Sie hat gezeigt, wie schwierig es dabei ist, einen Komponisten unabhängig von dem Prozeß seiner Mythisierung zu fassen und zu verstehen. In unserem Fall läßt sich die Mythosbildung anhand der Vielfalt der Rezeption unschwer belegen, denn stärker als andere Komponisten steht Mahler im Brennpunkt der Diskussion um Moderne und Postmoderne, und drastischer als in anderen Œuvres werden in dem seinigen Probleme, die mit diesen Kategorien verbunden sind, ausgetragen. Nichts beleuchtet eindrücklicher die gesamte Breite der Mahler-Rezeption als die bestimmende Funktion, die er innerhalb dichotomischer Denkmuster erfüllt: Regression — Progression, Spätromantik — Neue Musik, Nostalgie — Avancierte Kunst, Realismus — Idealismus, Interpretationskultur — Kompositionskultur; eine Reihe, die sich fortsetzen ließe. Anhand der extrem gegensätzlichen Identifikationen, die in diesen dichotomischen Modellen als Spannweite der Rezeption greifbar werden, kommt Mahlers Universalität zum Vorschein — eine Universalität, die zwar noch nicht die kompositions- und rezeptionsgeschichtliche Tragweite eines Bach, Mozart oder Beethoven erreichen konnte, gleichwohl aber das mannigfachste Rezeptionsspektrum offenbart, das ein Komponist des 20. Jahrhunderts bisher erreicht hat.

Dieses Spektrum suchen wir im folgenden zu erschließen, indem wir mehrere Richtungen der Mahler-Rezeption voneinander unterscheiden: „Nostalgie“, „Realismus“, „Moderne“ (bzw. „Avantgarde“) und „Postmoderne“. Vertreter dieser unterschiedlichen Richtungen, die Mahler als Identifikationsfigur in Anspruch nehmen, haben sich ebenso heftige wie aufschlußreiche Kontroversen geliefert. Hieß es einst, Mahlers Musik lasse niemanden, weder Gegner noch Freund, gleichgültig, so spielen sich die Konflikte heute, da jegliche Gegnerschaft verschwunden ist, innerhalb des weiten Kreises der Mahler-Freunde — mit kaum geringerer Schärfe — ab. Nachgerade, so scheint es, ist es fast unmöglich geworden, sich nicht mit Mahler auseinanderzusetzen.

*

Ein erster Ansatz zur Erklärung von Mahlers immens gestiegener Popularität — er stammt vom Wiener Musiksoziologen Kurt Blaukopf — besagt, daß die Aufführungsbedingungen der Mahlerschen Symphonien in der Realität der Konzertsäle — gemessen an den Erfordernissen der Partituren — oft schlecht oder zumindest ungünstig seien und daß erst die technische Entwicklung der elektroakustischen Reproduzierbarkeit von Musik — ein Resultat der Moderne, insoweit diese eine nach vorn strebende Kraft steter Entwicklung und Rationalisierung impliziert — dazu geführt habe, daß die Werke ohne Einbuße hörbar geworden seien. Mahlers Musik, so Blaukopfs zugespitzte Formulierung, sei „durch die Stereoschallplatte erlöst worden“.[93] Die Partituren seien in der Proportionierung der einzelnen Orchestergruppen so komplex und überdies so „raumabhängig“ in den Partien, die zum Hauptkörper noch ein „Fernorchester“ hinzuverlangen, daß der auf strukturelle Deutlichkeit bedachte Wille des Komponisten, lang verzerrt durch die unzulängliche Akustik der Säle, seine Erfüllung erst in der Stereoschallplatte — und, so dürfen wir hinzufügen, in der Compact-Disc-Kultur — habe finden können.

Nun sind gewiß schon viele Aufführungen Mahlerscher Werke, mitunter auch minutiös vorbereitete, unzureichenden Raumverhältnissen zum Opfer gefallen. Wird aber eine Über- oder Unterakustik, die den musikalischen Gebilden die wünschbare Plastizität versagt, nicht ebenso Werken anderer Komponisten zum Verhängnis? Mahler war als Dirigent um größtmögliche klangliche Deutlichkeit der musikalischen Strukturen bemüht und pflegte bei Einstudierungen Einzelheiten der Instrumentation zu ändern, so daß der Entstehungsprozeß seiner Werke nie zu einem definitiven Abschluß kam. Die Instrumentationsretuschen betrafen aber nicht nur die Ausgewogenheit des Orchesterklangs; im Gegenteil, Mahler suchte nicht selten drastische Überzeichnungen. Wenn demnach Toningenieure einzig auf das Ziel einer optimalen Klangbalance hinarbeiten — ungeachtet der Frage, ob sie dadurch nicht komponierte klangliche Extreme nivellieren —, dann dienen sie den Wünschen der Plattenindustrie wohl mehr als dem Willen des Komponisten.

Generell kann von einer „Erlösung" des Mahlerschen Werkes durch die Schallplatte also kaum die Rede sein. Der faktische Beitrag dieses Mediums zur Ausbreitung seines Erfolges darf jedoch um so weniger bestritten werden, als vor allem in der ersten Jahrhunderthälfte an Orten, wo Konzertaufführungen schwer realisierbar waren, Schallplattenaufnahmen und Rundfunkübertragungen Interessierten oft die einzige Möglichkeit boten, Mahler-Symphonien zu hören.[94] Obwohl heute musikalische Beliebtheit unter Ausschluß der Schallplatte schlechterdings undenkbar ist, dürfen wir das Mittel der Verbreitung nicht für die Ursache des Erfolges halten. Auch Kurt Blaukopf sieht, indem er ein ganzes „Syndrom von Faktoren" für Mahlers Popularität geltend macht[95], deren Gründe tiefer als in einer wechselseitigen Affinität zwischen seinem Werk und dem Medium Schallplatte. Im übrigen scheint das Phänomen des „einsamen Hörens", das für die Schallplattenkultur charakteristisch ist, auch das kulturelle Verhalten der Mahler-Freunde mit weltflüchtigen Neigungen zu prägen. Denn die Fluchttendenz der Mahler-Nostalgie kann sich im Konzertsaal weniger realisieren als im privaten Zimmer, wo ein Hörer sich ungehemmter der Verführungskraft erträumter Vorstellungswelten überlassen mag.

*

Wenn wir bisher die technischen Errungenschaften der Medienkultur als Resultat des Modernisierungsprozesses veranschlagt haben, so machen wir damit auch auf ihre Bedeutung für eine postmoderne Kultur aufmerksam. Die Abkehr vom modernen Funktionalismus in der Architektur, für den das Äußere eines Gebäudes nur als Resultat erweisbarer Funktionen gestaltbar war, als gälten noch immer Adolf Loos' Verdikte aus *Ornament und Verbrechen*[96], steht mit der „Jugendstil-Mode" der Jahre um 1970 in innerem Zusammenhang. Allerdings beruhten damals die Sehnsucht nach einer vormodernen Vergangenheit, die Freude an funktional undeterminierten Bewegungsfiguren und auch der Wille zu einer politischen Dimensionen entrückten Stilisierung auf einer Basis, welche erst modernste Kultur und Technologie geschaffen haben. Darum ist die Nostalgie-Welle in bestimmtem Sinn eine Erscheinung der Postmoderne, auch wenn dieser Terminus in Europa noch kaum bekannt war, als sie ihren Höhepunkt erreichte. In Jürgen Habermas' Kritik[97] schwingt eine Erkenntnis dieses eskapistischen Moments mit. Habermas weigert sich, die Rückkehr zu Formen des Traditionalismus als eine Postmoderne anzuerkennen, welche die Moderne fortsetzt und beerbt. Er geht vielmehr von der These aus, daß die Postmoderne eine Antimoderne sei, welche sich in unversöhnlichem Gegensatz zum „unvollendeten Projekt" der Moderne befindet. Wie die musikalische Nostalgie-Welle, soweit sie im Zusammenhang der Mahler-Rezeption relevant ist, in Opposition zur Moderne und ihren rationalen Determinanten steht, so stellt sich die Postmoderne hier ebenfalls als eine regressiv-antimoderne Strömung dar.

Ihren für uns bedeutsamsten Ausdruck hat die Nostalgie-Welle in Luchino Viscontis 1970/71 entstandenem Film *Morte a Venezia* (nach Thomas Manns Novelle *Der Tod in Venedig*) gefunden.[98] Die Verwandlung des Dichters Gustav Aschenbach, des Helden der Novelle, in den Komponisten Gustav Mahler, den fiktiven Helden von Viscontis Film, stellt dabei weniger eine Maskierung als eine „Decodierung" dar: „Was in der Novelle mit dem Vornamen Gustav hintergründig angedeutet war" — Mann schrieb sie bekanntlich im Gedenken an Mahlers Tod —, „wird von Visconti durch einzelne ergänzte, sich auf Mahlers Biographie beziehende Szenen, durch Diskussionen über Musik zwischen Aschenbach und dem von Visconti neu eingeführten Freund und Musiker Alfried sowie vor allem natürlich durch den Einsatz von Mahlers Musik variierend verdeutlicht."[99] Die Erlebnisse und Erfahrungen des Helden der Novelle, den Visconti somit als Mahler (de-)maskiert, werden neben dem Nietzsche-Lied aus der *Dritten Symphonie* vor allem von der immer wiederkehrenden Musik aus dem Adagietto der *Fünften* begleitet. Durch den Film hat dessen Hauptmelodie eine Beliebtheit erlangt, die der eingängiger Schlager nur wenig nachstehen dürfte. Die Figur Aschenbachs, als dekadenter Künstlertypus der Jahrhundertwende gezeichnet, rückt die ihr zugeordnete Musik Mahlers in die Nähe nostalgischer Resignation, in der die Zeit zum Stillstand kommt.

Von Erwin Ratz, dem 1974 verstorbenen ersten Präsidenten der Internationalen Gustav Mahler Gesellschaft, sollen seinerzeit keine freundlichen Worte über Viscontis Film zu vernehmen gewesen sein. Er, der sich wie nur wenige für Mahler eingesetzt hatte — auch durch die von ihm begründete Kritische Gesamtausgabe der Werke —, wollte den Kreis der Kenner lieber enger gezogen halten, als ihn durch ein Produkt der Filmindustrie, in dem er bloß eine Verfälschung des musikalischen Gehaltes aus kommerziellen Gründen erblickte, weltweit erweitert zu sehen. Wie kunstvoll das Adagietto in seiner „seelenvollen" Schlichtheit auch gearbeitet ist, so stellt es mit seinen 103 Takten Länge im Rahmen der *Fünften Symphonie* doch kaum mehr als ein Intermezzo dar oder, genauer, eine ausgreifende Introduktion zum Rondo-Finale, das sich attacca anschließt und mit welchem zusammen es Teil III bildet.[100] Warum reagieren Mahler-Kenner so gereizt, wenn von diesem Satz und seiner Funktion im Visconti-Film die Rede ist?

Zum einen sträuben sie sich dagegen, daß der zyklische Zusammenhang der Symphonie auseinandergerissen und ein isolierter Satz als Filmmusik „verwertet" wird.[101] Dabei wäre doch zu bedenken, daß Mahler selbst — freilich nur zu Beginn seines Wirkens — isolierte Sätze, etwa aus der *Zweiten* und *Dritten Symphonie,* dirigiert hat und daß das Adagietto später mehrfach als Einzelsatz dargeboten wurde.[102] Zum andern aber scheinen die Kritiker zu spüren, daß der Erfolg dieses Films in der Tat auf einem glücklichen Zusammenwirken von Bild und Musik beruht, es mit der Affinität des Adagiettos zu einer venezianischen Fin de siècle-Dekadenz also doch etwas auf sich haben könnte. Nicht dem dramaturgisch erfahrenen Regisseur ist vorzuwerfen, daß er mit geschicktem Griff jenen Mahlerschen Satz auswählt hat[103], der besser als jeder andere zu seiner Interpretation der Mannschen Novelle paßt. Eher wäre gegen Viscontis Kritiker einzuwenden, sie versuchten, das Adagietto ins Korsett einer Ästhetik zu pressen, die diesem Satz fremd ist. In ihm offenbart sich nämlich eher eine Nähe zum Jugendstil als zu der — von ihnen favorisierten — Neuen Musik.[104] Wenn man aber in dem raffinierten, von schmerzlich-süßem Ausdruck erfüllten Satz vergeblich nach Rissen, Klüften und anderen Momenten ästhetischer Modernität sucht, warum sollte dann seine Einbeziehung in einen nostalgisch-morbiden Film einen Frevel an Mahler darstellen?

Ähnliche Einwände wie gegen Visconti erhob die europäische Kritik auch gegen Leonard Bernstein, der — ein Mahler-Dirigent frühester Stunde — das Adagietto der *Fünften* übrigens anläßlich der Trauerfeier des im Juni 1968 ermordeten Senators und Präsidentschaftskandidaten Robert Kennedy dirigiert hat. Auch gegen Bernstein haben sich Gralshüter der Moderne in Szene gesetzt und eine sentimental-populäre Verfälschung des wahren (d. h. avantgardistischen) Mahler durch den amerikanischen Medienstar moniert. Wolf Rosenbergs fingierte Bernstein-Kritik einer Aufführung des *Liedes von der Erde* — sie kulminiert im Satz „gewiß eine der grandiosesten Tschaikowsky-Aufführungen, die ich in den letzten 120 Jahren gehört habe"[105] — fällt fast in jedem Punkt mit der Kritik an Visconti zusammen. Vom Standpunkt der Avantgarde aus mag sie berechtigt sein. Diese verlöre ihre Glaubwürdigkeit, wenn sie nicht alles rigoros abqualifizierte, was die Mahlersche Welt unter anderen als den von ihr vertretenen Prämissen darstellt. Als proton pseudos eines postmodernen Zugriffs auf Mahler gilt ihr dabei die Verselbständigung der Expression von der komponierten Struktur. Allerdings sind die Voraussetzungen solcher Kritik, was Bernstein betrifft, nicht unanzweifelbar. Immerhin hat unser Versuch eines Interpretationsvergleichs erwiesen[106], daß die gegen ihn erhobenen Vorwürfe im untersuchten Fall auf Vorurteilen beruhen.

*

Bei der kompositorischen Mahler-Rezeption, der wir uns nun zuwenden, darf eine ältere, traditionsgebundene Linie im Blick auf Dmitri Schostakowitsch und Hans Werner Henze mit dem Begriff des „Realismus" bezeichnet werden. Schostakowitsch, der mit seinem Spätwerk die Mahler-Tradition aus dem zweiten Drittel dieses Jahrhunderts in unsere Zeit hinein kontinuierlich fortführt, knüpft im Gegensatz zur Avantgarde in offenem, direktem Sinn an Mahler an — etwa an Mahlersche Scherzo-Typen, die er ironisch-parodistisch weiterentwickelt, und dies nicht nur in seiner *Vierten Symphonie* von 1936, seinem „Mahlerischsten" Werk.[107] Die *Vierzehnte Symphonie* op. 135 für Sopran, Baß und Kammerorchester aus dem Jahre 1969, in der er zehn Gedichte europäischer Autoren (darunter Apollinaire, Lorca, Rilke) zum Thema des Todes vertont hat, reflektiert neben Mussorgsky auch seine ungewöhnliche Bewunderung des *Liedes von der Erde,* von dem er sagte, er würde — hätte er noch eine Stunde zu leben und könnte nur eine Schallplatte anhören — dessen letzten Satz auswählen.[108]

Schostakowitschs Verhältnis zu Mahler soll hier nicht im Zeichen jener ominösen Ästhetik des Sozialistischen Realismus betrachtet werden, die durch den Bankrott des „real existierenden Sozialismus" in den Ländern Mittel- und Osteuropas ihre letzte politische Zwangsbasis verloren hat und nun gänzlich obsolet geworden ist. Seine Haltung zu ihr ist — entgegen offiziellen Verlautbarungen — keineswegs eindeutig, da er Pamphlete ohne näheres Hinsehen zu unterzeichnen pflegte und die Auffassung vertrat, er sage alles Wesentliche mit und durch die Musik. Indem er in seinem Bekenntnis zu Mahler 1964 — durchaus zu Recht — die „tiefe Menschlichkeit" und die „hohe ethische Bedeutung" von dessen Musik hervorhebt[109], unterstreicht er die für jeden Realismus grundlegende Verbindung von Kunst und Leben, welche eine Isolierung der Sphäre des Ästhetischen ausschließt.

Dies gilt auch für die Bedeutung, die die Realismus-Kategorie im Denken und Schaffen Hans Werner Henzes besitzt. Henze ist ein Komponist unserer Zeit, der Tradition noch als etwas Lebendiges im alten Sinne — in ästhetischer Hinsicht heißt dies: in einem vormodernen Sinn — auffaßt, indem er Bestandteile der Kunstüberlieferung produktiv aufgreift und weiterführt, ohne offene Übernahmen von vornherein zu tabuisieren. So zitiert er, nachdem er Mahlers „Jugendstil-Semantik" noch um die Jahrhundertmitte verworfen hatte, in seiner Oper *Die Bassariden* (1965) Fragmente aus Mahlers *Fünfter Symphonie,* um — wie er sagte — sich mit dieser Musik „zu identifizieren" und sich mit ihr „wie mit einer Umgangssprache verständlich zu machen."[110] Dieses musikalische Zitat ist ein Indiz für Henzes Traditionsbezug. Er aktualisiert die Wirkungsgeschichte früherer Komponisten in eigener Sache, grenzt dabei aber Mahler und Alban Berg ausdrücklich gegen Anton Webern ab: Webern, bei dem die Werke durch Theorie determiniert seien, macht er für den „Postwebern-Stil" des Darmstädter Serialismus, von dem er sich in den frühen fünfziger Jahren losgesagt hatte, historisch mitverantwortlich; Mahler und Berg dagegen, deren nicht vom Leben abgekoppelte Musik er „kritisch“ oder gar „selbstkritisch“ nennt, reklamiert er als Vorbilder für sein eigenes Verhältnis zum musikalischen Zitat.[111]

Vor allem in einem Artikel aus dem Jahre 1975 betont Henze, wie wichtig Mahler für sein Konzept eines musikalischen Realismus sei. Mit dieser Kategorie umschreibt er eine Musik, die ihren Wirkungsradius — fern jeglicher l'art-pour-l'art-Doktrin — in solcher Weise zu außerästhetischen Bezirken hin ausdehnt, daß Henze von ihr sagen kann, mit ihr fielen die „wesentlichen künstlerischen und moralischen Entscheidungen über die Musik unseres Jahrhunderts“.[112] Die Rezeption im Zeichen des Realismus verweist somit auf die semiotische Dimension der Mahlerschen Symphonik, die Henze als „wissende Musik“ charakterisiert. „Ihre Provokation“, so schreibt er, „beruht in ihrer Wahrheitsliebe und in dem daraus folgenden Mangel an Beschönigung. Wie alle große Musik kommt auch diese aus dem Singen und Tanzen des Volks, aber nichts wird dadurch einfach, nein, alles wird erst wirklich, und wirklich schwer.“[113] In diesen Worten ist unschwer Henzes eigenes Erkenntnisinteresse zu entdecken. Gerade weil sich die These einer ethisch-politischen Verwurzelung von Mahlers Kunst historisch nicht aufrecht erhalten läßt, dient sie in aufschlußreicher Weise dazu, das für Henzes eigenes Schaffen verbindliche Konzept eines musikalischen Realismus zu legitimieren.

*

Welche Rolle spielt nun aber Mahler, der sich selbst dezidiert als einen modernen Komponisten begriffen hat und den auch die zeitgenössische Musikkritik, wie eine Rezension Eduard Hanslicks erweist[114], nicht anders einstufte, für die Moderne und Avantgarde der Nachkriegszeit?[115] Zweifellos stand seine stilistisch weitgefächerte Musik in einem extremen Gegensatz zu den auf Einheit der Durchgestaltung zielenden seriellen Musikidealen der fünfziger Jahre, wie denn die Darmstädter Schule ihr Vorbild Webern ausschließlich strukturell begriffen hat — unter Mißachtung von dessen in der Mahler-Tradition wurzelndem Ausdruckswillen. Der umfassende Anspruch auf Rationalität, der damals an das musikalische Material gerichtet wurde, war unvereinbar mit Mahlers mehrdimensional-pluralistischer Logik der Materialbehandlung. Eine avantgardistische oder moderne Mahler-Rezeption der Neuen Musik setzt daher erst in den sechziger Jahren ein und stellt sich aus einer Reihe von Gründen als eine Erscheinung der postseriellen Musik dar.[116]

Bei Helmut Lachenmann sind enge Verbindungen zwischen den kultur- und traditionskritischen Paradigmen der Avantgarde und der Mahler-Interpretation

Theodor W. Adornos von 1960, des Autors auch der *Negativen Dialektik* (1966) und der darauf beruhenden (posthum erschienenen) *Ästhetischen Theorie* (1970), offensichtlich. In seinen Antworten auf Fragen Peter Ruzickas[117] unterscheidet er 1977 pointiert zwischen einer bürgerlichen Musikästhetik, die er verwirft, und ihrer erstrebten Negation. Nach dem Paradigma des „Realismus", das der idealistisch-metaphysischen Dimension von Mahlers Musik nicht gerecht wird, konstituiert sich in Lachenmanns avantgardistischer Sicht mithin ein weiteres, nicht weniger ambivalentes Identifikationsmuster: Mahlers Musik als „antibürgerliche Musik". Die breite Beliebtheit des Komponisten wird scharf kritisiert, da die Werke ihres geistigen Gehaltes beraubt würden durch die „Fahrt auf der Geisterbahn bürgerlicher Seelenzustände — doppeltes Abenteuer des Klangs und der darin gespiegelten Empfindungen: Verzweiflung und Trost, Überdruß und Welt-Entrückung, Katastrophe und abgeklärte Resignation".[118] Mahler sei daher — so Lachenmann in Parallele zu dem, was Adorno in den frühen fünfziger Jahren der Bach-Gemeinde (oder ihren Widersachern) empfohlen hatte — heute „gegen seine Liebhaber zu verteidigen".[119] In durchaus ähnlicher Weise klagt auch Ulrich Dibelius, daß „aus den Nichtkennern von ehemals, die mit falschen Argumenten gegen Mahler polemisierten, Kenner geworden sind, die ihn mit falschen Argumenten verteidigen."[120]

Die Geißelung jenes Falschen, das sich in der kulinarischen Vermarktung Mahlers manifestiert, ist bei Lachenmann polemischer Teil einer Ästhetik des Widerstandes, mit der er Mahler zum Modell der Neuen Musik erhebt: „Solchem Schwachsinn [...] kann tatsächlich nur das Insistieren auf dem Prinzip der ästhetischen Negation entgegenwirken, so wie es sich bei Mahler fortwährend neu legitimiert: Kunst als Negation der geltenden Normen, als Verweigerung von bruchloser Kommunikation, Verweigerung, die zugleich verschüttete Kategorien freilegt als neue ästhetisch-expressive und gesellschaftlich verbindliche Erfahrung."[121] Folgerichtig meidet Lachenmann in seiner eigenen Musik offene Anleihen bei Mahler und lehnt musiksprachlich-stilistische Übernahmen ab, wie sie in dem unbekümmert-postmodernen Zugriff junger Ausdrucksmusiker in den siebziger Jahren im Sinne einer Reaktion auf eine als überlebt empfundene Avantgardeidee Urständ feierten. Bei ihm schlägt sich die Relevanz Mahlers eher in ästhetischen Prinzipien als in kompositionstechnischen Fakten nieder. Eine Affinität sieht er allenfalls zwischen dem Mahlerschen „Naturlaut", den er als „realistischen Naturlaut" (miß)deutet[122], und seiner eigenen Art instrumentaler Musique concrète in Werken wie *Air, Pression, Kontrakadenz,* die auf eine Emanzipation des Klangs mittels seiner konkreten, gegen eine „Schönklang-Ideologie" gerichteten Erzeugung abzielt. Nur in solch produktiver Gegnerschaft zu dem in der Interpretationskultur strukturunabhängig geltenden Ideal von Klangschönheit, darin er ein wesentliches Element der affirmativen, im Genuß sich erfüllenden Ästhetik erkennt[123], kann für Lachenmann eine authentische, kritische Kunst der Moderne Gestalt annehmen — wie einst bei Mahler mit einem „kunstlosen Zugriff um der Kunst willen".[124]

Auch im Denken und Komponieren Dieter Schnebels spielt Mahler eine große Rolle. Die Titel zweier Aufsätze verraten — im Einklang mit Tendenzen der Zeithistorie — eine Bewegung der Mahler-Interpretation von der Moderne, bei der Schnebel ansetzte, zur Postmoderne: Liegen dem Text *Mahlers Spätwerk als Neue Musik*[125], ursprünglich eine Rundfunksendung aus dem Jahre 1965, noch Kategorien der ästhetischen Moderne zugrunde, so manifestiert sich in dem 1982 geschriebenen Artikel *Das Schöne an Mahler*[126] eine postmoderne Befreiung von der Theorie der Negativität. Auf bemerkenswerte Weise entdeckt Schnebel im erstgenannten Aufsatz an Mahlerscher Musik Verfahren seines eigenen Komponierens, indem er an ihr — im Anschluß an Adorno — den Verzicht auf stilistische Einheit und die Kunst des Zitierens hervorhebt. Im Blick auf die *Neunte Symphonie* spricht er gar von „amorpher Musik", musikalischen „Aggregatzuständen" und von „komponierten Ruinen", so daß die Bedeutung der Klangkomposition, die Mahler in der aktuellen Rezeption der sechziger Jahre mit Debussy verbindet, ebenso evident wird wie die Wiederentdeckung der Semantik des musikalischen Materials, welche — in einer experimentellen Öffnung zur bislang außerkünstlerischen Wirklichkeit — eine Voraussetzung für die Collageverfahren Mauricio Kagels und weiterer Avantgardekomponisten darstellt.

Schnebel hat sich auch in seiner Musik mehrfach auf Mahler bezogen, am deutlichsten wohl in dem Stück *Mahler-Moment,* das 1985 die Reihe seiner *Re-Visionen II* eröffnete. Wie das im Auftrag der Jungen Deutschen Philharmonie komponierte Orchesterstück *Abkehr* von Wolfgang Rihm[127] ist es unter Bezug auf Mahlers *Neunte Symphonie* entstanden und mit dieser zusammen aufgeführt worden. Aber bereits viel früher, in den 1965/66 komponierten, im Januar 1970 in Zürich uraufgeführten Szenischen Variationen *anschläge-ausschläge* für Flöte, Violoncello und Cembalo, hat Schnebel Mahler zitiert, indem er bei deren Schluß die melodische Wendung „Mein Herz ist müde" aus *Der Einsame im Herbst* (dem zweiten Satz des *Liedes von der Erde,* T. 78/79) — mit einem für ihn damals autobiographischen Hintergrund — anklingen läßt. Wenn Schnebel überdies Mahlers bekannte Bemerkung zu seinem Polyphonie-Begriff, die er gegenüber Bauer-Lechner[128] äußerte — ihren Schluß unbeachtet lassend —, mit einer Polyphonie des Lebens à la Cage vergleicht oder sich beim Mitternachtslied der *Dritten* an Meditationen La Monte Youngs erinnert fühlt[129], rückt seine Mahler-Erfahrung gar in die Nähe der amerikanischen Avantgarde.

Beziehungen zu Mahler gibt es aber auch bei vielen anderen Komponisten der Neuen Musik, so bei György Ligeti. Dieser frühe Kritiker der seriellen Musik, der bald nach seiner Emigration aus Ungarn mit Klangkompositionen Aufmerksamkeit auf sich zog, hat bei den Darmstädter Ferienkursen 1963 den Studenten empfohlen, Werke Debussys und Mahlers zu studieren.[130] Für seine Ideen musikalischer Raumkomposition und eines bloß latenten musikalischen Traditionsbezugs erkennt Ligeti ausdrücklich das Vorbild Mahler[131] an. Einem direkten Zitieren abhold, exemplifiziert er sein statt dessen nur „anspielendes" Zitatverfahren an dem Orchesterwerk *Lontano* (1967), darin Ferne im Sinne räumlicher wie historischer Distanz auskomponiert ist — analog zu Modellen bei Mahler, der ebenfalls — etwa beim Posthorn-Solo im Scherzo der *Dritten Symphonie* — Musik wie aus der Erinnerung herbeizitiert hat.

Besonders nachdrücklich hat schließlich Peter Ruzicka den Anspruch der Moderne auf die einzig authentische Mahler-Rezeption der Gegenwart in dem von ihm herausgegebenen Sammelband von 1977 formuliert.[132] Auch in eigenen Kompositionen hat er sich mit Mahler auseinandergesetzt und überdies aus Anlaß des an der Hamburgischen Staatsoper im Herbst 1989 organisierten Mahler-Kongresses zehn Kompositionsaufträge vergeben, deren Autoren einen — wie immer gearteten — Bezug zu Mahler realisieren sollten. Ruzicka leitet Mahlers Popularität direkt und ausschließlich aus der Neuen Musik ab, eine kühne Hypothese angesichts der Kluft, die noch immer, wenngleich mittlerweile in spürbar verringertem Ausmaß, zwischen der Kompositionskultur und der — doch keineswegs irrelevanten — Interpretationskultur besteht. Die Entdeckung Mahlers „aus dem Geist der Neuen Musik" wird durch folgende Modernitätsfaktoren bestimmt: Klangräumlichkeit im Sinne des Naturlauts, Spaltung zwischen Eigentlichkeit und Uneigentlichkeit durch Ironisierung, Allusion durch Einbeziehung realer Außenwelt ins Kunstwerk, Sprengung von ästhetischer Stimmigkeit durch Techniken des musikalischen Zitats, Enttabuisierung von alltäglichem Klangmaterial. Im Anschluß an Kategorien der materialen Formenlehre, die Adorno in seiner Mahler-Monographie entwickelt hatte[133], fordert Ruzicka dieselben Prinzipien einer negativen Musik ein wie Lachenmann, und er erklärt Widersprüchlichkeit, Nicht-Stimmigkeit, gar ästhetisches Scheitern zu Kennzeichen einer authentischen, auf verklärende Harmonisierung verzichtenden Kunst der Gegenwart.

In eigenen Werken wie *In processo di tempo* (1971) und *Torso* (1973) hat Ruzicka je spezifische Ideen Mahlerscher Musik in die aktuelle Komposition übertragen, im erstgenannten Werk etwa eine „bewußt auskomponierte Inhomogenität des musikalischen Materials als „Versuch, eine fortschreitende Auflösung und Zerstörung von zunächst ganz stabilen und homogenen musikalischen Strukturen zu komponieren".[134] In *... fragment ...*, fünf Epigrammen für Streichquartett aus dem Mai 1970, die unter dem Eindruck der Nachricht vom Selbstmord Paul Celans entstanden sind, klingt das letzte Stück — „indistinto" (unbestimmt) ist es überschrieben — mit einem Zitat aus dem Adagio von Mahlers *Zehnter Symphonie* aus:

Peter Ruzicka, ... *fragment* ..., 5. Epigramm, T. 17—39

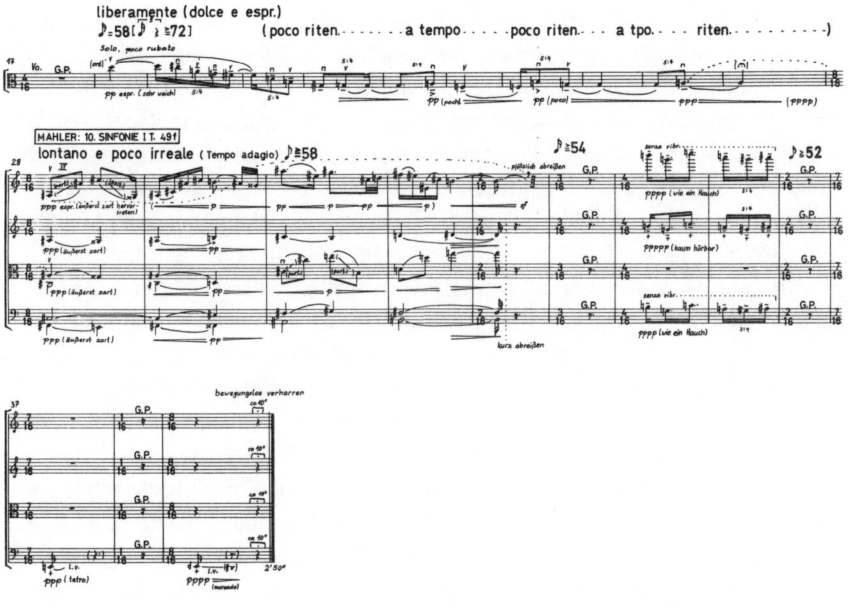

Die Fragment-Kategorie — dialektisch konstituiert durch ihren Zusammenhang mit einer Totalitätsästhetik, als deren Zerbrechung sie erscheint — wird hier — ausgehend von dem faktischen Fragment des letzten, von Todesahnung durchdrungenen Mahlerschen Werkes — zu einer ästhetisch-normativen Kategorie umformuliert, die ein Stück Neue Musik begründen soll. Mahlers fragmentarische *Zehnte Symphonie* wird also, indem das Zitat der Melodie plötzlich abbricht, selbst kunstvoll fragmentiert, um durch die unvollendete Gestaltung des Gebildes auf ästhetische Ideen der Moderne und auf die frühe Todeswirklichkeit Mahlers wie Celans zu verweisen. Die Mahlersche Idee eines „ersterbenden" Schlusses — aufs eindrücklichste realisiert im Adagio der *Neunten* und im *Abschied* des *Liedes von der Erde* — wird so zur Hommage an den im Freitod dahingegangenen Dichter. In seltsamem Kontrast zu dieser zart-differenzierten Kunst preist Ruzicka Mahler als den „größten Musiker aller Zeiten".[135] Dieser bedarf solcher Panegyrik nicht. Kommt in solch peinlicher Übertreibung etwa eine Spur schlechten Gewissens zum Ausdruck, das an Mahler wiedergutmachen möchte, was frühere Zeiten ihm gegenüber versäumt oder gar gegen ihn gefrevelt haben?

*

Bei der Diskussion über Moderne und Postmoderne wird eine zentrale Schwierigkeit durch den Umstand beleuchtet, daß mehrere Fakten, die oben als Indikatoren der ästhetischen Moderne angeführt wurden, unter veränderten theoretischen Prämissen auch als Indizes einer musikalischen Postmoderne gelten können. Dies kommt daher, daß einer neueren Theoriebildung zufolge, wie sie am prononciertesten Wolfgang Welsch entwickelt hat[136], die Postmoderne keinen Gegensatz zur Moderne darstellt, sondern vielmehr als deren zeitgemäße Fortsetzung — als „Moderne unserer Zeit" — begriffen wird. Unter dieser Voraussetzung können im Zusammenhang der Mahler-Rezeption diskutierte avantgardistische Maßnahmen wie das Zerbrechen musikalischer Logik, die Preisgabe des Organismus-Modells und der ästhetischen Totalitätsidee zugunsten der Kategorie des Fragments, die Einbeziehung von Elementen unterer Musik in die Kunstmusik oder das Aufbrechen der Grenzen zwischen Kunst und Nicht-Kunst als Aspekte auch eines postmodernen Musikbegriffs geltend gemacht werden.[137]

Wenngleich die so bestimmte Postmoderne in ein wesentlich komplexeres Verhältnis zur Moderne rückt als das eines simplen Gegensatzes, so bildet Adornos Theorie der Negativität doch ein Kriterium, mit dem sich beide Richtungen voneinander abgrenzen lassen. Danach bestünde eine postmoderne Rezeption Mahlers darin, daß die Faktoren der Modernität in lustvoll-pluralistischer Sprengung statt in einer ängstlich auf die Beachtung des geschichtsphilosophischen „Kanons des Verbotenen" gerichteten Haltung zum Tragen kommen. Im Unterschied zur nostalgischen Mahler-Rezeption, die sich im regressiven Genuß isolierter Schönheit erschöpft, greift dagegen postmodernes ästhetisches Genießen die komplexen Ordnungen der Mahlerschen Kunst auf, um sie durch Fragmentierung zu sprengen. Es ist, als bemächtige sich Leonard Bernstein der Ästhetik der Moderne, um postmoderne Funken daraus zu schlagen.

Um dies im Blick auf das Collageproblem bei Mahler und in der Mahler-Rezeption vertiefen zu können, setzen wir Wolfgang Welschs begriffsgeschichtliche Rekonstruktion der Postmoderne voraus und fragen nach der musikalischen Relevanz ihrer Bestimmungen. Dabei beschränken wir uns auf zwei Theoreme: zum einen auf Leslie Fiedlers und Charles Jencks Forderung nach „Mehrsprachigkeit" bzw. Mehrfachkodierung eines Kunstgebildes — insbesondere im Blick auf eine Vermittlung zwischen „hoher" und populärer Kunst bzw. zwischen Elite- und Alltagskunst; in den Worten Welschs: „Postmodernes liegt dort vor, wo ein grundsätzlicher Pluralismus von Sprachen, Modellen, Verfahrensweisen praktiziert wird, und zwar nicht bloß in verschiedenen Werken nebeneinander, sondern in ein und demselben Werk, also interferentiell"[138] —, zum anderen auf die in der Musik-Diskussion bislang wenig beachtete These Jean-François Lyotards, die gegenwärtige Postmoderne sei Erbin der historischen Avantgarde-Bewegungen: „Was seit einem Jahrhundert in der Malerei oder in der Musik geschehen ist", so der französische Philosoph, „antizipiert gewissermaßen die Postmoderne, die ich meine."[139]

Die musikwissenschaftliche Forschung hat bisher die Collageverfahren in der Musik unseres Jahrhunderts — im Unterschied zu Einzelzitaten in früheren Werken seit dem 18. Jahrhundert — als ein Kunstprinzip der Moderne oder Avantgarde umschrieben, das gegen die traditionelle Organismus-Idee der Musikästhetik des 19. Jahrhunderts und ihre Fortsetzungen gerichtet ist. Nach Zofia Lissa fungiert das musikalische Zitat in der Regel als signifikantes Fragment eines antefactum in einem neuen Zusammenhang, als eine einem neuen Werk „von außen her beigefügte Substruktur."[140] Damit ist prinzipiell die Mehrsprachigkeit als eine diesem Prinzip inhärente Möglichkeit angesprochen, ist doch eines der zentralen Kriterien des Zitats seine Differenz zum Basiskontext, ohne welche es nicht als „Fremdkörper" innerhalb eines Musikverlaufs begriffen werden kann. Lissa hält freilich an der Idee einer übergreifenden ästhetischen Ganzheit fest, wenngleich sie 1966 — lange bevor der Begriff „Postmoderne" in der Musikästhetik aufkam — erkannt hat, daß die Zitate in einem Werk wie Bernd Alois Zimmermanns *Monologen* vom Hörer einen „gewissen Pluralismus der Apperzeptionseinstellungen"[141] verlangen. Überall dort nun, wo Zitationsverfahren in der gesteigerten, qualitativ veränderten Art der Collage, Montage, Decollage oder Assemblage zur Geltung kommen (alles Termini, die aus der bildenden Kunst stammen und für deren musiktheoretische Bestimmung auf Arbeiten von Elmar Budde und Clemens Kühn verwiesen werden darf[142]), erscheint das Pluralismus-Problem dringlich. Vor der zeitgenössischen Mahler-Rezeption wenden wir uns allerdings Mahler selbst zu, indem wir in einem Vergleich mit seinem Zeitgenossen Charles Edward Ives die Frage erörtern, inwieweit die bei ihm erkennbaren Zitattechniken einen prinzipiellen Pluralismus, der postmodern genannt werden könnte, beinhalten oder inwiefern ihnen doch ein Einheitsdenken zugrunde liegt, das in letzter Instanz — als modernes oder traditionelles — das Heterogene zusammenhält. Nicht zufällig sind an Gustav Mahler wie an Charles E. Ives, die beide der Epoche der musikalischen „Moderne"[143], dem historisch so faszinierenden Zeitalter um 1900, entstammen, im Zusammenhang der Entwicklung der Neuen Musik seit Anfang der sechziger Jahre Zitationsverfahren im Sinne des Collagebegriffs ausgelegt worden[144], gelangen doch in ihrer Musik — neben Tendenzen zum geschlossenen Werk — Prinzipien der Diskontinuität, des Fragmentarischen, der Pluralität verschiedener Stilebenen zum Einsatz.

Bei beiden Komponisten läßt sich die These einer prinzipiellen Heterogenität ihres Polyphoniebegriffs durch Fakten ihrer expliziten Poetik stützen. Bei Mahler durch den bekannten Bericht Bauer-Lechners vom August 1900: „Als wir nun Sonntags darauf mit Mahler denselben Weg gingen und bei dem Feste auf dem Kreuzberg ein noch ärgerer Hexensabbath los war, da sich mit unzähligen Werkeln von Ringelspielen und Schaukeln, Schießbuden und Kasperltheatern auch Militärmusik und ein Männergesangverein dort etabliert hatten, die alle auf derselben Waldwiese ohne Rücksicht aufeinander ein unglaubliches Musizieren vollführten, da rief Mahler: ‚Hört ihr's! Das ist Polyphonie und da hab' ich sie her! — Schon in der ersten Kindheit im Iglauer Wald hat mich das so eigen bewegt und sich mir eingeprägt. Denn es ist gleich viel, ob es in solchem Lärme oder im tausendfältigen Vogelsang, im Heulen des Sturmes, im Plätschern der Wellen oder im Knistern des Feuers ertönt. Gerade s o , v o n g a n z v e r s c h i e d e n e n S e i t e n h e r , müssen die Themen kommen und so völlig unterschieden sein in Rhythmik und Melodik (alles andere ist bloß Vielstimmigkeit und verkappte Homophonie): nur daß sie der Künstler zu einem zusammenstimmenden und — klingenden Ganzen ordnet und vereint.' "[145] Bei Ives dagegen durch seine gesamte explizite Poetik, insbesondere durch zahlreiche Passagen seiner Erinnerungen *Memos,* z. B. über die Orchesterstücke *Tone Roads* [*Tonstraßen*]: „Wenn verschiedene Pferde und Wagen sich manchmal zur selben Zeit auf verschiedenen Straßen (Bergstraße, schlammige Straße, steinige, gerade, kurvenreiche, hügelige, hartgepreßte Straße) fortbewegen können — warum dann nicht auch verschiedene Instrumente, die sich auf verschiedenen Notensystemen bewegen?"[146]

Wie sieht indes die kompositorische Wirklichkeit des Pluralitätsprinzips in ihren Werken aus? Wir tun gut daran, zur Klärung dieser Frage Stilebene und Formkonzeption auseinanderzuhalten. Bei Mahler ließe sich die vielbeschworene Vermittlung zwischen „unterer" und „oberer" Musik insofern unter postmodernen Vorzeichen deuten, als im Gegensatz zu früheren Vermittlungen zwischen populären und kunstvollen Stilschichten (etwa in der Wiener Klassik) die von ihnen gestifteten Konstellationen pluraler Sprachebenen keinem vorgängigen Harmoniekonzept unterliegen, das deren Eigenständigkeit ausgliche. Bei der Interpretation des musikalischen Formproblems sind allerdings unter dem Einfluß der Adornoschen Interpretation die divergierenden Tendenzen des Fragmentprinzips überakzentuiert worden gegenüber den unverkennbaren Bemühungen des Komponisten, seine Werke bei aller Mannigfaltigkeit auf je einheitliche dramaturgische Konzeptionen zu gründen. Hier scheint eine avantgardistische Sicht — mit weitreichenden Folgen für die musikalische Analyse — den Blick auf die spezifischen Prinzipien einer auch strukturell relevanten Idee von Werktotalität verstellt zu haben.

Bei Ives liegen die Dinge etwas anders. Radikaler noch als Mahler ist er — entsprechend seiner in Neuengland wurzelnden transzendentalistischen Philosophie — ein „Pluralist", radikaler auch ein Vorläufer der Collagetechnik. Sein mehrschichtiges Zeitverständnis, ebenso zukunftsgewandt wie retrospektiv, bejaht den industriellen Modernisierungsprozeß und lehnt ihn doch ob seiner verkürzenden Eindimensionalität ab. Aus einer geradezu melancholischen Verklärung der Vergangenheit seiner Jugendzeit gewinnt Ives Kraft für eine Vision der Zukunft. Die Pluralität von Zeiten, Orten, Landschaften, musikalischen wie sozialen Schichten, von Trivial- bis Kunstmusik ist denn auch etwas historisch ganz Neuartiges. Sollen wir ihn darum als einen Postmodernisten avant la lettre bezeichnen? Wenn wir Welschs These bedenken, die Postmoderne begrüße freudig, im Gegensatz zur Melancholie der Moderne, den (ohnehin unvermeidlichen) Pluralismus[147], dann erscheint Ives eher als ein Melancholiker der Avantmoderne. Denn er trauert keiner verlorenen Einheit nach; Melancholiker, allerdings ein streitbarer, ist er vielmehr angesichts der Erfahrung, daß der Modernisierungsprozeß die Pluralität und Spiritualität des Lebens seit dem ausgehenden 19. Jahrhundert mehr und mehr einer Reduzierung unterworfen hat. Seine postmodernen Qualitäten, die in so vielen Zügen seines inklusiven Musikbegriffs (bis hin zur Vermittlung von Kunst und Leben) aufscheinen, stehen in ihrer puritanisch strengen Reinheit im Gegensatz zur hedonistischen Orientierung gegenwärtiger Postmoderne. In Wirklichkeit sind sie als eine avant- oder antimoderne Postmodernität zu bestimmen, ein Paradoxon, welches nur aus der Ambivalenz des industriellen Modernisierungsprozesses in den USA verständlich wird, der Ives seine nostalgische Kraft der Erinnerung entgegensetzte. Darin berührt er sich mit Gustav Mahler, ohne mit ihm übereinzukommen. Denn Mahler hat die Errungenschaften der technologisch-gesellschaftlichen Modernisierung im allgemeinen mit geringerer Skepsis begrüßt und darauf mit künstlerischen Innovationen reagiert, die — im Blick auf die Gedichtsammlungen *Des Knaben Wunderhorn* bzw. *Die chinesische Flöte* — allerdings auch einen charakteristischen Rückhalt besitzen in vormoderner Romantik und exotistischer Stilisierung.

*

Während also Mahler und Ives ihre Ambivalenz gegenüber dem gesellschaftlichen Modernisierungsprozeß in komplexe, aber ambivalente Gebilde der ästhetischen Moderne transformierten, antwortete der ein halbes Jahrhundert später — 1918 — geborene amerikanische Komponist George Rochberg in seinem kompositorischen Entwicklungsgang auf die seit der Jahrhundertmitte drastisch gestiegenen Herausforderungen ästhetischer Modernität so, daß er aus deren rasend beschleunigtem Prozeß, an dem er selbst partizipiert hatte, in den sechziger Jahren „ausstieg". Seither prägt Erinnerung das Musikdenken auch des späten Rochberg, dessen Sehnsucht nach einer besseren Vergangenheit allerdings, anders als bei Ives, keine kühn ins Experimentelle vorgreifende Position zur Folge hat. Der in Europa nur wenig bekannte, hochbegabte Komponist hat vielmehr eine Entwicklung durchgemacht, die als eine Wende von der vorgeschobenen Moderne eines reihentechnischen Komponierens zu einer antiexperimentellen, gleichwohl nicht restaurativen Postmoderne zu verstehen ist.[148] In *Music for the Magic Theater* für 15 Instrumente aus dem Jahre 1965, einem Schlüsselwerk des Übergangs zu einem postmodernen Komponieren, zitiert Rochberg neben Mozart, Beethoven, Webern, Varèse, Stockhausen und sich selbst auch aus Mahlers *Neunter Symphonie.* Von solchem Komponieren mit Stilzitaten historisch unterschiedlichster Provenienz ging er später, postmoderne Tendenzen verstärkend, weiter zu einem eigenständigen Komponieren in vergangenen Stilidiomen auch innerhalb der einzelnen Werke — in einem Mahlerschen Tonfall etwa in seinem *Dritten Streichquartett* von 1972. Mahlersche Ausdruckshaftigkeit fungiert bei ihm also als Zufluchtsort vor dem konstruktivistischen Fortschrittsdruck der musikalischen Moderne — frühes Beispiel jener „nostalgischen" Richtung der Mahler-Rezeption, welche in Europa vor allem Exponenten jener jungen Komponistengeneration eingeschlagen haben, die um 1980 aufgrund ihres Strebens nach unmittelbarer Expressivität eine Zeit lang allzu pauschal und darum irreführend mit dem Etikett einer „Neuen Einfachheit" bezeichnet wurde.

Wie in der amerikanischen Musik Rochberg nur einer von mehreren Komponisten ist, die sich mit Mahler im skizzierten Sinn auseinandergesetzt haben, so gilt Ähnliches auch für die Sowjetunion. Dort ist der für unser Thema wichtigste Komponist der Wolgadeutsche Alfred Schnittke, der mittlerweile auch im Westen zu verdientem Ansehen gelangt ist.[149] An der in der Sowjetunion etablierten Richtung einer sogenannten „Polystilistik", die einen kompositionstechnischen Ausweg aus den Zwängen des Sozialistischen Realismus bot, hatte Schnittke maßgeblichen Anteil. In seinem *Klavierquartett* aus dem Jahre 1988 greift er allerdings nicht auf mehrere Vorlagen zurück, sondern „rekomponiert" ein Mahlersches Fragment: das Scherzo aus jenem *Klavierquartett,* das Mahler 1876 in seiner Wiener Studienzeit am Konservatorium geschrieben hatte. Das Fragment umfaßt 24 Takte, zu denen noch zwei weitere lesbare und neun unlesbare Takte Skizzierung hinzukommen.[150] Schnittkes Werk basiert auf der Konzeption, in mehreren Versuchen, die „Sprache" Mahlers zu finden, drei scheitern zu lassen, nach denen erst ein vierter, erfolgreicher Versuch in das abschließende Zitat des Scherzo-Fragments mündet. Die Annäherung an historisches Material spielt sich mithin in diesem Werk so ab, daß der übliche Formprozeß, der von einem Thema ausgeht, um es mit wachsender Entfernung zu verarbeiten, umgekehrt erscheint. In einer Bearbeitung für Orchester bildet nun dieses Klavierquartett den zweiten Satz in Schnittkes *4. Concerto grosso / 5. Sinfonie* (ebenfalls 1988 entstanden). Darin gestaltet sich die für die Polystilistik charakteristische Materialpluralität, Indiz ihrer postmodernen Orientierung, als Gattungskombination zwischen barockem Concerto grosso, womit das Werk anhebt, und Symphonie, wohin sich ihre weiteren Sätze wenden. Als Bearbeitung einer Bearbeitung erscheint dieser Satz somit wie eine Art potenzierte „Musik über Musik":

Alfred Schnittke, *4. Concerto grosso / 5. Sinfonie*, 2. Satz, T. 1—6

Beim Beginn dieses Satzes erweitert Schnittke eine unscheinbare Sechzehntel-Begleitfigur der Bratsche, die ab Takt 4 in andere Stimmen hinüberwandert, zu einer bewegten Fläche nach Art moderner Klangkomposition. Indem er das bei Mahler bereits im zweiten Takt einsetzende Hauptmotiv bis zum zwölften Takt zurückstellt, eröffnet er eine großräumigere musikalische Form, als sie in Mahlers Schülerkomposition geplant gewesen war. Dadurch, daß dieses Fragment zwar Mahlers Begabung, aber noch nicht seinen spezifischen Tonfall zeigt, vermeidet Schnittke die Gefahr, musiksprachliche Verfahren Mahlers allzu direkt zu übernehmen. Die Behutsamkeit solcher Annäherung an Mahler, mit der er hier einsetzt, wird freilich bald aufgegeben und macht einer kräftigeren Art musikalischer „Übermalung" Platz: Mehr und mehr nimmt die Formkurve dramatische Züge an — bis zu einem Höhepunkt in den Takten 165—174 —, so daß das nach einer viertaktigen Generalpause endlich erklingende Mahler-Zitat (T. 179ff.) vom Hörer als Beruhigung, als Antwort auf dringend gestellte Fragen empfunden wird.

Bei Luciano Berio schließlich stellt sich der Zusammenhang zwischen Moderne und Postmoderne besonders eng dar. Mit Karlheinz Stockhausen und Bernd Alois Zimmermann war er in den fünfziger Jahren an der Entwicklung jenes integral seriellen Komponierens beteiligt gewesen, welches man als d e n Kern eines rigoros modernen Musikdenkens verstehen muß — im Blick auf den Einheits-, Reinheits- und Totalitätsanspruch in der Durchgestaltung des Kunstgebildes, im Blick auf das Ziel einer durchgreifenden Rationalität der strukturellen Organisation, endlich auch aufgrund der radikalen Absage an Tradition, an Natur als Mimesis. Bei der weiteren, „postseriellen" Entwicklung der Neuen Musik seit den Jahren um 1960 bringt er — wenn wir Welschs These von der Postmoderne als einer transformierten Moderne akzeptieren — die innere Affinität postserieller zu postmoderner Musik am klarsten zum Ausdruck. Statt mit einem unerbittlichen Einheitsanspruch, wie ihn Stockhausen in seiner frühen Phase der fünfziger Jahre exemplarisch formulierte, setzt Luciano Berio in seiner *Sinfonia* für acht Stimmen und Orchester (1967/68), die in mancher Hinsicht als Paradigma musikalischer Postmoderne gelten darf, die Moderne breitgefächert-bunt fort. Zumal die ingeniöse Idee des dritten Satzes, bei dem mehrere Zitatschichten einander überlagern[151], bewirkt eine im einzelnen fast chaotisch-heterogene ästhetische Vielfalt. Das Scherzo von Mahlers *Zweiter Symphonie,* dieser (seinem *Wunderhorn*-Lied *Des Antonius von Padua Fischpredigt* nachgebildete) Inbegriff eines musikalischen „Weltlaufs“[152], bildet die durchgehende musikalische Grundschicht einer historisch gefärbten, mal mehr, mal weniger deutlich hervortretenden Musikcollage, die Ausschnitte aus vielerlei Werken umfaßt. Und analog dazu bildet ein Text aus Samuel Becketts Roman *The Unnamable* die Basisschicht für die verbale Zitatcollage, die gleichfalls eine Vielzahl verschiedener Texte umfaßt.

Berio selbst äußert sich darüber in einem längeren Kommentar wie folgt: „Der Satz stellt eine Huldigung an Gustav Mahler dar, dessen Werk das Gewicht der ganzen Musikgeschichte in sich zu tragen scheint; auch ist er eine Huldigung an Leonard Bernstein für seine unvergeßliche Interpretation der *Auferstehungs-Sinfonie* in der New Yorker Konzertsaison 1967. Das Ergebnis wird zu einer *Art Voyage à Cythère* an Bord des dritten Satzes aus Mahlers *Zweiter Sinfonie.* Ich habe den Mahlerschen Satz wie ein Gefäß behandelt, in dessen Wänden eine große Zahl ‚musikalischer Mythen‘ und Anspielungen entwickelt, in gegenseitige Beziehung gesetzt und transformiert werden: von Bach, Schönberg, Debussy, Ravel, Richard Strauss, Berlioz, Brahms, Berg, Hindemith, Beethoven und Strawinsky bis zu Boulez, Pousseur, Stockhausen, mir selbst und anderen. Es lag weder in meiner Absicht, Mahler zu zerstören — er ist unzerstörbar —, noch einen privaten Komplex gegenüber der nachromantischen Musik abzureagieren [...]. Als struktureller Bezugspunkt bedeutet Mahler für die musikalische Gesamtheit dieses Satzes das gleiche wie Beckett für den Text. Man könnte das Verhältnis zwischen den Worten und der Musik als eine Art Interpretation [...] jenes gefühlsstromartigen Dahinfließens charakterisieren, welches das unmittelbarste Ausdrucksmerkmal in Mahlers Satz darstellt. Wenn ich beschreiben sollte, auf welche Weise das Scherzo von Mahler in meiner Sinfonia gegenwärtig ist, so käme mir das Bild eines Flusses in den Sinn, der eine beständig wechselnde Landschaft durchläuft, manchmal in ein unterirdisches Bett versinkt und an einem ganz anderen Ort wieder ans Tageslicht dringt, bisweilen in seinem Lauf klar vor uns liegt, mitunter vollkommen verschwindet, gegenwärtig ist als völlig überschaubare Form oder auch als schmales Rinnsal, das sich in der vielfältigen Umgebung musikalischer Erscheinungen verliert.“[153]

Luciano Berio, *Sinfonia*, 3. Satz, T. 1—13

Nachdem *O King,* der zweite Satz der *Sinfonia,* in einem Cluster mit allen Silben des Namens von Martin Luther King, des 1968 ermordeten Führers der schwarzen Bürgerrechtsbewegung in den USA, leise verklungen ist, setzt der dritte Satz — seine Überschrift „In ruhig fließender Bewegung" ist vom Mahlerschen Scherzo übernommen — mit einem signalhaften Akkordschrei ein, der den Raum öffnet für das Neue des Kommenden. Bereits an der Gestaltung des Anfangs — die Reproduktion zeigt die erste Seite des Satzes in der Handschrift des Komponisten[154] — wird Berios Streben nach einem wild-bunten, komplexen Beziehungsgeflecht sichtbar. Während bei Mahler der Bewegungsverlauf des Satzes allmählich in Gang kommt, eröffnet Berio seinen Satz mit einer plötzlichen Fülle von Zitaten, die alle in ihren ursprünglichen Kontexten an vergleichbarem Ort der Form — an einem Anfang — stehen: Die Herkunft der chromatischen Akkordbewegung in Sechzehnteln der Trompeten und Posaunen, ein Zitat der Takte 2/3 aus dem *Orchesterstück* op. 16, Nr. 4 von Arnold Schönberg, wird beim Einsatz der acht Singstimmen durch das Wort „Peripetie", den Titel des Schönbergschen Stücks, semantisch ausgewiesen — wie denn überhaupt das Ineinandergreifen von Text- und Musikanspielungen zu den unerschöpflichen Reizen dieses Satzes gehört. Holzbläser, Harfe und Streicher evozieren ferner ab Takt 4 den Anfang von *Jeux de vagues*, des zweiten Orchesterstücks aus Claude Debussys Symphonischen Skizzen *La Mer,* womit gleich zu Beginn die zentrale Bedeutung der Sphäre des Wassers für Berios Satz — in Anspielung auf die Fischpredigt des Antonius — unterstrichen wird. Mit Mahlers Musik, so möchte es scheinen, wird nachgerade ein Verwirrspiel angestellt, indem Berio den Hörer zunächst auf die Fährte der *Vierten Symphonie* lockt: Das Schellengeläut mit den leeren Quinten der Flöten (T. 2ff.) und der melodische Auftakt des Themenbeginns in der zweiten Violine (T. 6/7) sind überaus charakteristische Zitate, wobei die Änderung des geraden Metrums in den 3/8- Takt des *Fischpredigt*-Satzes zu jenen Adaptationsmaßnahmen gehört, mit denen das Heterogene in eine musikalische Kontinuität eingebettet wird. In Takt 8 wird dann aber jener Satzbeginn des Scherzos aus Mahlers *Zweiter Symphonie* erreicht, der auch hinsichtlich des Tempos die Grundschicht der Collage darstellt. Alle bisher erwähnten Zitatfragmente stehen im Zeichen einer gemeinsamen Idee musikalischen Anfangs. Darüber hinaus gibt es auch eine Beziehung zwischen den Vorschlagsfiguren der Flöte und denen der Klarinette — aus der *Vierten* bzw. *Zweiten Symphonie* Mahlers (hier T. 2f. bzw. T. 8f.) —, so daß die aus verschiedenem Ursprung stammende Fülle konstruktiv gebunden ist.

Obgleich somit der Komponist — bei aller Breite des zitierten Materials — auf eine Integration des Disparaten nicht verzichten möchte und mit dem Mahlerschen Scherzosatz eine Basis der Vereinheitlichung schafft, nimmt doch die Pluralität des inklusiven Ansatzes, die hier unterschiedlichste Stilhöhen, Texttypen und Satzarten aufbietet, eine Eigendynamik an, welche letztlich zu einer postmodernen Ästhetik führt. Denn die Art und Weise, in der Berio die Zitate kunstvoll in ein Kontinuum einbaut — als ein musikalischer „Stream of Consciousness“ in Joyceschem Sinn —, vermittelt dem Ganzen einen Traum- und Spielcharakter, der zu einer wechselseitigen Relativierung der flüchtig erscheinenden und wieder verschwindenden Fragmentfetzen beiträgt. Je vollständiger aber die Erinnerung an einen seriellen Einheitsanspruch verdrängt ist, desto deutlicher tritt in Berios *Sinfonia* ein postmodern-amerikanischer Hintergrund hervor, insofern das in Amerika entstandene, Leonard Bernstein gewidmete Werk Momente der Alltagskultur einbezieht und an klangsinnlich-genießerischer Fülle nicht spart.

*

Mit Karlheinz Stockhausen und Pierre Boulez haben sich zwei weitere Komponisten, beide als Verfasser von Vorworten, zu Mahler geäußert. Auch in ihren Texten aus den siebziger Jahren spiegeln sich weitere Facetten der heutigen Mahler-Rezeption, insofern die Autoren, einst Apologeten des musikalischen Fortschritts, nunmehr eine distanziertere Haltung einnehmen, die nicht länger eine privilegierte Avantgarde-Position unterstellt.

Stockhausens Text bildet das Vorwort zum ersten, auf englisch publizierten Band der dreibändigen Mahler-Biographie von Henry-Louis de La Grange.[155] Von Mahler ausgehend, über ihn hinausgreifend, verdichten sich seine Ideen zur Selbstreflexion. Den Mythos Mahler steigert er, indem er alle wesentlichen Rezeptionsmomente auf unsere Zeit überträgt, zur These, die Leser des Bandes würden durch ihre Lektüre selbst zu MAHLER.[156] Stockhausen insistiert, jeglichen strukturalistischen Zugang verwerfend, auf dem geistig-religiösen Gehalt der Werke, so daß auf die Mahler-Interpretation sein eigener Musikbegriff appliziert erscheint, für den ein gleiches Beharren auf dem metaphysischen Gehalt charakteristisch ist.[157] Wie bei Schönberg, Henze und anderen Komponisten ist hier also auch von sich selbst die Rede, wenn von Mahler gesprochen wird. Ein wichtiges Moment von Stockhausens Selbstreflexion im Spiegel Mahlers liegt ferner in der Überzeugung vom inspiratorischen Charakter des musikalischen Schaffensaktes, demzufolge das „Persönliche, Biographische — alles nur das reinigende und vorbereitende Fegefeuer für seine Werke [war], die ihre eigenen Wege gingen“.[158] Indem Stockhausen statt der modernen Subjektivität den „instrumentalen Charakter“ der schöpferischen Person hervorhebt, nimmt er eine traditionelle, gegen die Moderne gerichtete Position ein, die indes auch postmodern-holistische Züge trägt. Das Telos der Person seien die Werke, die Mahler, Sprachrohr höherer Mächte, jedoch nicht als Einzelsubjekt zu verantworten habe — eine Deutung im Sinne eines romantischen Kunstbegriffs, die mit Mahlers poetologischem Selbstverständnis teilweise übereinkommt.[159]

Pierre Boulez[160] wiederum, obzwar exemplarisch ein Komponist der ästhetischen Moderne, sträubt sich gegen eine entsprechende Vereinnahmung Mahlers und widersetzt sich der teleologischen Geschichtskonstruktion, welche dessen Werk als Vorgeschichte der Wiener Schule ausweist.[161] Zu viel Nostalgisch-Ambivalentes sei in Mahlers Musik eingedrungen, als daß man ihn uneingeschränkt zu einem Vertreter der Moderne stempeln könne.[162] In der Tat unterscheidet sich die avantgardistische Mahler-Rezeption grundsätzlich von der Verehrung, die dem Komponisten von Schönberg, Berg und Webern entgegengebracht wurde. Obzwar auch sie Mahler als einen „Modernen" verstanden, der den Weg des musikalischen Fortschritts ging, so hielten sie die Kategorien einer organischen Ästhetik doch zu hoch, als daß sie an ihm Momente wie Diskontinuität der musikalischen Form, Preisgabe einer geschlossenen Immanenz des Kunstwerks oder Banalität der Melodien hätten entdecken oder gar schätzen können.

Carl Dahlhaus hat Mahlers „rätselhafte Popularität" mit der These zu erklären versucht, daß im allgemeinen Bewußtsein der musikalisch Gebildeten die Musik des 19. Jahrhunderts, die noch bis vor kurzem ästhetische Gegenwart gewesen sei, allmählich in eine gewisse Distanz rücke und Mahler, der zur musikalischen Tradition auch ein gebrochenes Verhältnis gehabt habe, dem heutigen Bewußtseinsstand des Konzertpublikums daher eher entspreche als Bruckner, auf dessen Kosten er sich im Konzertrepertoire etablierte: „Nicht, daß die Musik des neunzehnten Jahrhunderts als tote Vergangenheit empfunden würde, aber sie rückt in geschichtliche Distanz, und die ‚naive' Anhänglichkeit wird zu einer ‚sentimentalischen', die sich des inneren Abstands bewußt ist. In der Musik Mahlers aber, dem tönenden Dokument vom Ende eines Jahrhunderts, dessen Grenze sie schon halb überschritten hat, erkennt heute das Publikum der Symphoniekonzerte sein eigenes gebrochenes, unsicheres Verhältnis zur Tradition des neunzehnten Jahrhunderts wieder. Was sich in den letzten Jahren in der Wirkungsgeschichte der romantischen Überlieferung ereignet hat, ist in Mahler Musik bereits ‚auskomponiert' worden."[163] Wenn diese Diagnose zutrifft, so besteht zwischen der breiteren Rezeption Mahlers im Repertoire der Symphoniekonzerte und der spezielleren Rezeption in Kompositionen der Avantgarde wenigstens ein untergründiger Zusammenhang. So wenig ein nostalgisch motiviertes Mahler-Verständnis von dessen „Tendenzen nach vorn" (Ernst Bloch) wissen will, so deutlich berühren sich doch Interpretations- und Kompositionskultur im Zeichen einer Ästhetik der Ambivalenz, welche auf der Erfahrung von Gebrochenheit — einer erfüllten, expressiv durchtränkten Gebrochenheit — beruht. Auch zeichnet sich ein Zusammenhang ab zwischen dem Eindringen von Werken der Neuen Musik ins Konzertrepertoire und dem Aufblühen der Mahler-Pflege. Gerade Luciano Berios *Sinfonia* gehört zu jenen erfolgreichen Werken der postmodernen Avantgarde, die tief in das Repertoire der Interpretationskultur eingedrungen sind.

Der weite Bogen unserer Betrachtung hat erwiesen, in welch verschiedenartigen Rezeptionskontexten Mahlers Musik gegenwärtig eine Rolle spielt, und zwar nicht nur eine Rolle unter anderen, sondern in den meisten Fällen eine zentrale. Deshalb wäre die These, Mahler sei rezeptionshistorisch die Schlüsselfigur der jüngeren Musikgeschichte, keine Übertreibung. In der außerordentlichen Diversität von Zugriffen, Beteuerungen, Erkenntnissen, Identifikationen kommt seine Universalität zum Ausdruck. Ein Komponist, der „nur" zwei Gattungen zum Gegenstand der Arbeit gemacht hatte, ist zu einem Träger höchst divergenter Rezeptionsweisen geworden. Spricht nicht diese erwiesene Mannigfaltigkeit von Strömungen, die in ihrer Gesamtheit die gegenwärtige Popularität Mahlers ausmachen, am überzeugendsten für die künstlerische Potenz, die sein Werk heute deutlicher denn je zuvor ausstrahlt? Müßig wäre es allerdings, darüber zu spekulieren, ob die Zeit, die gekommen ist, „Mahlers Zeit" sei. Sie ist es — und ist es wiederum nicht, denn der jetzige Kairos der Rezeption legt die Gehalte der Musik in ganz anderer Weise, als vom Autor intendiert und geschaffen, frei. „Nichthomogen, wie die Welt Mahlers ist [...]", schreibt Pierre Boulez, „lehrt sie uns wieder, auf eine Art zu hören, die differenzierter, mehrdeutiger, reicher ist."[164] Dieses Lernen ist unabgeschlossen, ja es ist unabschließbar, weil die Ohren, mit denen wir hören, nicht dort verharren, wo wir heute sind. Darum müssen wir, wie Arnold Schönberg erkannt hat, weiter gehen — weiter gehen auch als Mahler, um bei Mahler anzukommen.

Anmerkungen

1 In dem 1987/88 in der Bundesrepublik Deutschland realisierten *Funkkolleg Musikgeschichte. Europäische Musik vom 12.—20. Jahrhundert,* hrsg. vom Deutschen Institut für Fernstudien an der Universität Tübingen, Weinheim/Basel/Mainz 1988, diente die Kategorie der streitbaren Auseinandersetzung als historiographische Richtschnur einer Gesamtdarstellung der europäischen Musikgeschichte vom Mittelalter bis zur Gegenwart. Die wissenschaftliche Leitung des Funkkollegs lag bei Carl Dahlhaus, Ludwig Finscher, Giselher Schubert und Michael Zimmermann. Vgl. *Musikgeschichte Europas. Wendepunkte und Perspektiven,* hrsg. von Michael Zimmermann und Peter Schmoock, 4 Bände, Mainz und München 1991.

2 Die Rezensionen der Aufführungen der *Siebenten Symphonie,* die Mahler Anfang Oktober 1909 in Holland dirigierte, bleiben hier außer Betracht.

3 Vgl. *HLG 3,* S. 353ff. In de La Granges monumentalem Werk sind wichtigste Dokumente der frühen Musikkritik dieses Werkes in französischer Übersetzung vorgestellt; ebd., S. 349ff. Zum historischen Kontext vgl. Elisabeth Désirée Schuschnitz, *Die Wiener Musikkritik in der Ära Gustav Mahler 1897—1907. Eine historisch-kritische Standortbestimmung,* Phil. Diss. Wien 1978.

4 Hermann Kretzschmar, *Anregungen zur Förderung musikalischer Hermeneutik,* in: Jahrbuch Peters 9 (Leipzig 1902), S. 47ff.; sowie ders., *Neue Anregungen zur Förderung musikalischer Hermeneutik: Satzästhetik,* in: Jahrbuch Peters 12 (Leipzig 1905), S. 73ff.

5 Verwiesen sei indessen auf den von Carl Dahlhaus herausgegebenen Band *Beiträge zur musi-*

kalischen Hermeneutik (Studien zur Musikgeschichte des 19. Jahrhunderts 43), Regensburg 1975. Vgl. auch Hermann Danuser, *Biographik und musikalische Hermeneutik. Zum Verhältnis zweier Disziplinen der Musikwissenschaft,* in: *Neue Musik und Tradition. Festschrift Rudolf Stephan zum 65. Geburtstag,* hrsg. von Josef Kuckertz u. a., Laaber 1990, S. 571ff.

6 Hans Heinrich Eggebrecht, *Studien zur musikalischen Terminologie* (Akademie der Wissenschaften und der Literatur. Abhandlungen der geistes- und sozialwissenschaftlichen Klasse 1955/10), Mainz 1955.

7 *Eggebrecht,* S. 18f.

8 Vgl. Bernd Sponheuer, *Musik als Kunst und Nicht-Kunst. Untersuchungen zur Dichotomie von „hoher" und „niederer" Musik im musikästhetischen Denken zwischen Kant und Hanslick* (Kieler Schriften zur Musikwissenschaft 30), Kassel u. a. 1987, S. 74ff.

9 Theodor W. Adorno, *Schöne Stellen* [1965], in: ders., *Musikalische Schriften V* (Gesammelte Schriften 18), Frankfurt am Main 1984, S. 695ff.

10 Vgl. *Adorno, Mahler*, S. 60ff.

11 Vgl. Wilhelm Seidel, *Die Macht der Musik und das Tonkunstwerk,* in: Archiv für Musikwissenschaft 42 (1985), S. 1ff.; sowie Hermann Danuser, *Das imprévu in der Symphonik. Aspekte einer musikalischen Formkategorie in der Zeit von Carl Philipp Emanuel Bach bis Hector Berlioz,* in: Musiktheorie 1 (1986), S. 61ff. Hierbei wäre Paul Bekkers musiksoziologischer Formbegriff, welcher die Kategorie der Hörerschaft in den Vordergrund rückt, zu berücksichtigen; vgl. Bekker, *Das deutsche Musikleben*, Berlin 1916, S. 22f., S. 286.

12 Hirschfelds Kritik erschien dort auf den Seiten 1—3 als Feuilletonartikel. Die daraus entnommenen Zitate werden im folgenden nicht einzeln nachgewiesen.

13 Paul Stefan, *Gustav Mahlers Erbe. Ein Beitrag zur neuesten Geschichte der deutschen Bühne und des Herrn Felix von Weingartner*, München 1908. Paul Stauber antwortete Stefan mit seiner 1909 in Wien erschienenen Broschüre *Vom Kriegsschauplatz der Wiener Hofoper. Das wahre Erbe Mahlers. Kleine Beiträge zur Geschichte der Wiener Hofoper nebst einem Anhang: Dokumente zum Fall Hirschfeld.* Vgl. S. Misha Namenwirth, *Polemics Galore: The Critical Reception of Mahler's Eigth Symphony, in: Sacra/Profana. Studies in Sacred and Secular Music for Johannes Riedel*, hrsg. von Audrey E. Davidson u. a., Minneapolis 1985, S. 3ff.

14 Stefan, ebd., S. 23, außerdem S. 6 und S. 47f.

15 In den meisten anderen Kritiken wird die Spaltung der Mahler-Rezeption in Apologie und Polemik zwar auch angedeutet, jedoch niemals mit einer dermaßen einseitigen Wertung. Selbst ein Verächter der Mahlerschen Musik wie der amerikanische Kritiker Olin Downes, der in einer Replik auf Leserzuschriften in der New York Times vom 21. November 1948 die *Siebente Symphonie* dem Sinne nach als „entartete Musik" beschreibt, deren Aufführung unter Mitropoulos er während des dritten Satzes fluchtartig habe verlassen müssen („We said … that we found the Mahler Seventh Symphony to be music which strutted and roared and groaned in moods of psychiatric conceit. We said that it was to our mind bad art"), gesteht Anhängern und Gegnern Mahlers ein gleiches Recht auf subjektive Wertung zu.

16 *Adorno, Mahler*, S. 48. Vgl. dazu das Kapitel *Versuch über Mahlers Ton*, oben S. 78ff.

17 Bruno Walter ist bei Hirschfeld mit den Worten zitiert, daß ihm der erste Satz der *Dritten Symphonie* „nicht wie die Sprache einer Persönlichkeit, sondern einer Naturgewalt, einer kosmischen Potenz erscheine".

18 Vgl. dazu Giselher Schubert, *Schönbergs frühe Instrumentation. Untersuchungen zu den Gurreliedern, zu op. 5 und op. 8* (Sammlung musikwissenschaftlicher Abhandlungen 59), Baden-Baden 1975.

19 Victor Ravizza, *Brahms' Dritte: eine Abschiedssinfonie?*, in: Neue Zürcher Zeitung Nr. 47 vom 25. /26. Februar 1989.

20 Bernd Sponheuer überschreibt das dem Finale der *Siebenten* gewidmete Kapitel „Das ‚heitere Schlußrondo'. Die mißlungene Restauration eines Finaltopos" und unterscheidet dort zwischen „orthodoxer", „kritischer" und „metakritischer" Interpretation vgl. *Sponheuer*, S. 353ff.

21 Vgl. die Einordnung Mahlers in *Adorno, Philosophie*, S. 168f.

22 *Schönberg, Stil und Gedanke*, S. 7ff. Diese Edition bringt den Text des von Schönberg für *Style and Idea* später erheblich revidierten Vortragsmanuskripts. Da die seit langem in Vorbereitung befindliche Ausgabe der Rede im originalen Wortlaut noch nicht erschienen ist, stützen wir uns im folgenden auf die oben genannte Edition; vgl. *Stephan, Werk und Interpretation*, S. 102.

23 *Mahler-Werfel, Erinnerungen*, S. 335.

24 Hans Heinz Stuckenschmidt, *Schönberg — Leben, Umwelt, Werk*, Zürich 1974, S. 106. Vgl. auch Peter Gradenwitz, *Gustav Mahler and Arnold Schoenberg*, in: Year Book V of the Leo Baeck Institute, hrsg. von Robert Weltsch, London u. a. 1960, S. 262ff.

25 *Mahler-Werfel*, Erinnerungen, S. 446f.

26 Vgl. Elmar Budde, *Bemerkungen zum Verhältnis Mahler-Webern*, in: Archiv für Musikwissenschaft 33 (1976), S. 159ff.

27 Arnold Schönberg, *Rückblick*, in: *Stil und Gedanke*, S. 399.

28 *Schönberg, Stil und Gedanke*, S. 14f.

29 Vgl. das vorangehende Kapitel *Erkenntnis oder Verblendung?*, oben S. 244ff.

30 Vgl. Hermann Danuser, *Das imprévu in der Symphonik. Aspekte einer musikalischen Formkategorie in der Zeit von Carl Philipp Emanuel Bach bis Hector Berlioz*, a.a.O., S. 61ff.

31 Brief an Olin Downes vom 21. 12. 1948, in: *Arnold Schönberg, Briefe*, hrsg. von Erwin Stein, Mainz 1958, S. 275f.

32 *Schönberg, Stil und Gedanke*, S. 11ff.

33 Ebd., S. 11.

34 Ebd., S. 17.

35 Ebd., S. 12.

36 Ebd., S. 134f.

37 Ebd., S. 482.

38 Siehe Anmerkung 31.

39 Brief an Carl Moll vom 11. 11. 1912, in: *Katalog der Arnold Schönberg-Gedenkausstellung Wien 1974*, hrsg. von Ernst Hilmar, S. 248f.

40 *Schönberg, Stil und Gedanke*, S. 21f.

41 Vgl. Reinhold Brinkmann, *Schönberg und das expressionistische Ausdruckskonzept*, in: *Bericht über den 1. Kongreß der Internationalen Schönberg-Gesellschaft Wien 1974*, hrsg. von Rudolf Stephan (Publikationen der Internationalen Schönberg-Gesellschaft 1), Wien 1978, S. 13ff.

42 *Schönberg, Stil und Gedanke*, S. 7.

43 Ebd., S. 24.

44 Denkmäler der Tonkunst in Österreich XV, 2; erschienen 1908.

45 Rosemary Hilmar, *Alban Berg. Leben und Wirken in Wien bis zu seinen ersten Erfolgen als Komponist* (Wiener musikwissenschaftliche Beiträge 10), Wien u. a. 1978, S. 45f. und S. 50.

46 Vgl. den Bericht *Neue Kammermusik in Donaueschingen* von Paul Stefan, in: Musikblätter des Anbruch 3 (1921), S. 293.

47 Vgl. dazu den Bericht von Adolf Weißmanns in: Die Musik 15 (1922/23), S. 73.

48 Vgl. Max Hehemanns *Bericht über das 52. Tonkünstlerfest Düsseldorf*, in: Die Musik 15 (1922/23), S. 69.

49 Vgl. die publizierten Notizen in: Die Musik 16 (1923/24), S. 453, 854 und 928.

50 Dazu Edward R. Reilly, *Gustav Mahler und Guido Adler. Zur Geschichte einer Freundschaft*, Wien 1978.

51 Vgl. oben, S. 256ff.

52 Vgl. die *Gustav Mahler Dokumentation. Sammlung Eleonore Vondenhoff. Materialien zu Leben und Werk*, hrsg. von Bruno und Eleonore Vondenhoff, Tutzing 1978, Nr. 837 und Nr. 840 (S. 87f.).

53 *GMB*, S. 340, Brief Nr. 392 — ohne Datum, Poststempel: Toblach, 27. Juni 1908.

54 Vgl. dazu Donald Mitchell, *Gustav Mahler. The Wunderhorn Years. Chronicles and Commentaries*, London 1975, S. 419f.

55 Die in den Jahrgängen der Zeitschrift *Die Musik* publizierte Statistik, die weit über 200 vorwiegend deutsche Konzertveranstalter erfaßte, weist für das Konzertjahr 1911/12 180 Mahler-Aufführungen auf, während es im Vorjahr erst 40 gewesen waren. Die Musik 12 (1912/13), 2. Bd., S. 98.

56 Adam Mickiewicz, *Poetische Werke*, übersetzt von Siegfried Lipiner, Bd. II: *Todtenfeier (Dziady)*, Leipzig 1887.

57 Vgl. das Kapitel *Zu den Programmen der frühen Symphonien*, oben, S. 134ff.

58 In: Musikblätter des Anbruch 1 (1924), S. 29.

59 Vgl. u. a. dazu Carl Dahlhaus, *Analyse und Werturteil*, Mainz 1970, S. 89f.; *Sponheuer*, S. 91f. sowie Rudolf Stephan, *Gustav Mahler. II. Symphonie c-moll* (Meisterwerke der Musik 21), München 1979, S. 62ff.

60 Zofia Lissa, *Ästhetische Funktionen des musikalischen Zitats*, in: *Aufsätze zur Musikästhetik. Eine Auswahl*, Berlin 1969, S. 139f.

61 Zit. nach *Sponheuer*, S. 91.

62 Vgl. die Konzertrezension von Elsa Bienenfeld, die dem Kreis um Arnold Schönberg angehörte, im Neuen Wiener Journal, zitiert in der in Anm. 45) erwähnten Arbeit von Rosemary Hilmar, S. 45f. : „Eine andere Individualität zeigt ein Symphoniesatz von Karl Horwitz, nach dem Modell der Sonatenform gebaut, mit gewichtiger Durchführung, verkürzter Reprise und weit ausgedehntem, düster verklingenden Schluß. Was von der Technik Weberns gesagt ist, bezieht sich auch auf diese Arbeit. Die Verwendung der Mittel ist der einfacheren Anlage gemäß eine andere, die Melodik leichter verständlich; der Satz hat symphonischen Schwung."

63 Paul Stefan, *Karl Horwitz*, in: Die Musikblätter des Anbruch 7 (1925), S. 461.

64 Elmar Budde, *Bemerkungen zum Verhältnis Mahler-Webern*, in: Archiv für Musikwissenschaft 33 (1976), S. 161.

65 Rudolf Stephan, *Zu einigen Liedern Anton Weberns,* in: *Beiträge 1972/73,* hrsg. von der Österreichischen Gesellschaft für Musik (Bericht des Webern-Kongresses Wien 1972), Kassel etc. 1973, S. 135f.

66 Adorno schrieb: „Voraus [einer Aufführung von Schönbergs *George-Liedern* op. 15] gingen ein paar Lieder des jüngst verstorbenen Karl Horwitz, dessen weiches Naturell sich der Schönbergschen Strenge allzu rasch entzog, dem es überhaupt wohl an ursprünglich musikalischer Substanz gebrach, die ein gehäuftes Espressivo ersetzen möchte; dessen Lyrik aber doch ein so hohes Komponierniveau hält, wie eben allein Schönbergs Schule es garantiert." In: Die Musik 19 (1926/27), S. 612.

67 Nach Horwitz' eigenem Zeugnis in seinem Beitrag für: *Arnold Schönberg. Mit Beiträgen von Alban Berg* u. a., München 1912, S. 84. In Tagebuchnotizen aus dem Jahre 1912 spricht Schönberg meist in sehr abschätziger Weise von Horwitz, vgl. Arnold Schönberg, *Berliner Tagebuch*, hrsg. von Josef Rufer, Frankfurt am Main u. a. 1974, passim.

68 Paul Stefan, a.a.O., S. 461.

69 Als zweites von Eisler Klavierliedern op. 2, die bei der Universal Edition Wien erschienen

sind. Weberns Vertonung dieses Gedichts entstand in Wien 1904 und mag Horwitz bekannt gewesen sein (posthum veröffentlicht im Carl Fischer Verlag, New York 1961).

70 In der Klavierfassung erschien *Der Tod* auch in der Horwitz gewidmeten Notenbeilage der Musikblätter des Anbruch 3 (1921).

71 *Adler, Mahler*, S. 60f. Vgl. hierzu das Kapitel *Versuch über Mahlers Ton*, oben S. 80ff.

72 Nach dem Zeugnis von Paul Stefan, *Gustav Mahler. Eine Studie über Persönlichkeit und Werk*. Neue, vermehrte und veränderte Ausgabe München 1920, S. 125f.

73 Vgl. oben S. 212f.

74 Karl Horwitz, *Fragmente*, in: Musikblätter des Anbruch 3 (1921), S. 190.

75 Diese Quelle wird nach dem folgenden Modus zitiert: römische Ziffer: Volume, arabische Ziffer nach Schrägstrich: Heftnummer, arabische Ziffer nach Komma: Seitenzahl.

76 Vgl. Zoltan Roman, *Gustav Mahler's American Years 1907—1911. A Documentary History*, Stuyvesant, N. Y., 1989.

77 Stokowski erinnerte sich daran wie folgt: „When we played Mahler's Eighth Symphony it made an impression on the public, unlike anything else I have ever experienced. There seems to be an human quality about this work which so deeply moved the public that the greater part of the listeners were in tears at the end of the performance" (I/5, 15).

78 Vgl. Wolfgang Wagner, *Bruckner and Mahler in Australia*, II/6, 92ff.

79 Ernst Lert, *Music, Mahler and Mysticism*, I/8, 6ff. (Dezember 1936).

80 Vgl. hierzu die kritische Stellungnahme des amerikanischen Dirigenten Erich Leinsdorf zur Erstveröffentlichung dieses Textes, die unter der Überschrift *Von der Prophezeiung zur Wahrheit. Anmerkungen zur Mahler-Rezeption* in der Neuen Zürcher Zeitung Nr. 115 vom 19. /20. Mai 1990, S. 67f. erschienen ist.

81 Theodor W. Adorno, *Die gewürdigte Musik*, in: ders., *Der getreue Korrepetitor. Lehrschriften zur musikalischen Praxis*, Frankfurt am Main 1963, S. 13ff.

82 Vgl. Jack Diethers bereits zitierten Aufsatz *Mahler's Music in Wartime Britain*, II/4, 71ff.

83 England: vgl. II/4, 71ff. USA: vgl. II/1, 62 vor allem aber Australien, wo es zwischen 1946 und 1949 immerhin vierzehnmal aufgeführt wurde: vgl. II/6, 95.

84 Vgl. Mary R. Ryan, *Their spiritual message* (I/10, 25f.).

85 Zitiert im originalen deutschsprachigen Wortlaut nach der Erstveröffentlichung des Artikels *Bruckner und Mahler* in: *Stephan, Werk und Interpretation*, S. 15.

86 Warren Storey Smith, *Why Mahler, Too?*, II/2, 13ff. (November 1940); vgl. außerdem Smiths Aufsatz *Bruckner versus Brahms, and Mahler versus Strauss. A Study in Contrasts*, II/8, 33ff. (1958).

87 Theodor W. Adorno, *Glosse über Sibelius* [1938], in: ders., *Impromptus. Zweite Folge neu gedruckter musikalischer Aufsätze*, Frankfurt am Main 1968, S. 88ff.

88 William Parks Grant, *Mahler as a Potential Public Favorite*, II/2, 27ff. (November 1940).

89 Bruno Walter, *Bruckner and Mahler*, II/2, 3ff. (November 1940); Franz Werfel, *Gustav Mahler* [Rundfunkessay 1942], posthum publiziert in: II/4, 49ff. (1946).

90 Friedhelm Döhl, *Gustav Mahler, eine notwendige Revision*, in: Neue Zeitschrift für Musik 123 (1962), S. 234.

91 Das von Mathias Döpfner geführte Interview erschien unter der Überschrift „Dirigenten überschätzt, Herr Haitink?" im Magazin der Frankfurter Allgemeinen Zeitung vom 3. März 1989.

92 Die einschlägigen Abhandlungen von Arnold Schmitz, Leo Schrade, Hans Heinrich Eggebrecht u. a. sind bibliographiert im Literaturverzeichnis des Bonner Ausstellungskataloges von Rainer Cadenbach, *Mythos Beethoven*, Laaber 1986, S. 207.

93 Kurt Blaukopf, *Gustav Mahler oder Der Zeitgenosse der Zukunft*, München 1973, S. 269ff., das Zitat S. 274.

94 Vgl. das Kapitel *My Time Will Yet Come*, oben S. 281.

95 Kurt Blaukopf, *Hintergründe der Mahler-Renaissance*, in: *Gustav Mahler. Sinfonie und Wirklichkeit*, hrsg. von Otto Kolleritsch (Studien zur Wertungsforschung 9), Graz 1977, S. 16ff. Vgl. überdies Constantin Floros, *Musik als Botschaft*, Wiesbaden 1989, S. 155ff.

96 Adolf Loos, *Ornament und Verbrechen* [1908], in: ders., *Trotzdem. 1900–1930*, unveränderter Neudruck der Erstausgabe 1931, hrsg. von Adolf Opel, Wien 1982, S. 78ff.

97 Jürgen Habermas, *Die Moderne — ein unvollendetes Projekt*, in: ders., *Kleine politische Schriften Bd. 1—4*, Frankfurt am Main 1981, S. 444ff.; ders., *Der philosophische Diskurs der Moderne*, Frankfurt am Main 1985; vgl. aus der Sicht der Kritischen Theorie vor allem auch Albrecht Wellmer, *Zur Dialektik von Moderne und Postmoderne. Vernunftkritik nach Adorno*, Frankfurt am Main 1985. Zum Begriff der ästhetischen Moderne vgl. Hans Robert Jauß, *Studien zum Epochenwandel der ästhetischen Moderne*, Frankfurt am Main 1989.

98 Vgl. hierzu Kurt von Fischer, *Gustav Mahlers Adagietto und Luchino Viscontis Film „Morte a Venezia"*, in: *Verlust und Ursprung. Festschrift für Werner Weber*, Zürich 1989, S. 44ff.

99 Ebd., S. 45.

100 Das Adagietto soll vom Scherzo (Teil II), wie eine Anweisung im Partiturautograph des Werkes (Pierpont Morgan Library New York, Lehman Deposit) am Ende des Scherzo-Satzes erkennen läßt, durch eine längere Pause getrennt werden.

101 *Eggebrecht*, S. 290.

102 Vgl. das Kapitel *My Time Will Yet Come*, oben S. 282.

103 Vgl. Monika Tibbe, *Anmerkungen zur Mahler-Rezeption*, in: *Ruzicka, Herausforderung*, S. 85ff., insbesondere S. 88. Vgl. überdies die Analyse Kurt von Fischers, a. a. O., S. 49ff.

104 Vgl. hierzu das Kapitel *Von der Jugend*, oben S. 215ff.

105 Wolf Rosenberg, *Die unkritische Musikkritik*, in: *Kritik — von wem, für wen, wie*, hrsg. von Peter Hamm, München 1968, S. 77. Zit. nach Tibbe, a. a. O., S. 91.

106 Vgl. das Kapitel *Wege eines Interpretationsvergleichs*, oben S. 184ff.

107 Vgl. Krzystof Meyer, *Mahler und Schostakowitsch*, in: *Gustav Mahler. Sinfonie und Wirklichkeit*, a. a. O., S. 118ff. außerdem Lutz-Werner Hesse, *Schostakowitsch und Mahler*, in: *Bericht über das Internationale Dmitri-Schostakowitsch-Symposion Köln 1985*, hrsg. von Klaus Wolfgang Niemöller und Vsevolod Zaderackij (Kölner Beiträge zur Musikforschung 150), Regensburg 1986, S. 327ff.

108 Zit. bei Meyer, ebd., S. 118.

109 Dmitri Schostakowitsch, *Gustav Mahler*, in: ders., *Erfahrungen. Aufsätze, Erinnerungen, Reden, Diskussionsbeiträge, Interviews, Briefe*, Leipzig 1983, S. 151f. Vgl. zur Realismus-Kategorie aber auch Carl Dahlhaus, *Musikalischer Realismus. Zur Musikgeschichte des 19. Jahrhunderts*, München 1982.

110 Klaus Geitel, *Hans Werner Henze*, Berlin 1968, S. 146.

111 Hans Werner *Henze, Komponist als Interpret — Gegen die „Material-Disziplin". Aus einem Gespräch mit Klaus Schultz* [1975], in: ders., *Musik und Politik. Schriften und Gespräche 1955—1975*, hrsg. von Jens Brockmeier, München 1976, S. 242.

112 Hans Werner Henze, *Gustav Mahler* [1975], in: ebd., S. 250.

113 Ebd.

114 Eduard Hanslick, *Aus neuer und neuester Zeit*, Berlin 1900, S. 77. Zit. nach Blaukopf, *Hintergründe der Mahler-Renaissance*, a. a. O., S. 17f.

115 Ging der Autor bei der Diskussion des Verhältnisses zwischen Moderne und Avantgarde früher von Peter Bürgers *Theorie der Avantgarde*, Frankfurt am Main 1974, aus, worin die Kategorien als Gegensätze zueinander entwickelt werden (vgl. Hermann Danuser, *Die Musik des 20. Jahrhunderts* [Neues Handbuch der Musikwissenschaft 7], Laaber 1984, S. 285ff.), so hat er unlängst versucht, das Kategorienpaar im Licht der partiellen begriffsgeschichtlichen

Synonymität wieder näher aufeinander zu beziehen, und zwar in dem Aufsatz *Musikalische Avantgarden im 20. Jahrhundert — ein Ausblick aus der Rückschau*, in: Neue Zürcher Zeitung Nr. 131 vom 9./10. Juni 1990, S. 65f.

116 Vgl. hierzu die im Frühjahr 1990 von der Technischen Universität Berlin angenommene Dissertation von Gianmario Borio, *Musikalische Avantgarde um 1960. Entwurf einer Theorie der informellen Musik* (Druck in Vorbereitung).

117 Helmut Lachenmann, *Antworten auf fünf Fragen des Herausgebers*, in: *Ruzicka, Herausforderung*, S. 51ff.

118 Ebd., S. 53.

119 Ebd., S. 52.

120 Ulrich Dibelius, *Mahlers zweite Existenz*, in: HiFi-Stereophonie 5 (Mai 1971), S. 348. Zit. nach Monika Tibbe, *Anmerkungen zur Mahler-Rezeption*, in: *Ruzicka, Herausforderung*, S. 88.

121 Ebd., S. 55f.

122 Ebd., S. 64.

123 Vgl. hierzu die kritische Revision von Hans Robert Jauß in seinem Buch *Ästhetische Erfahrung und literarische Hermeneutik*, Frankfurt am Main [2]1984, S. 71ff.

124 *Ruzicka, Herausforderung*, S. 64.

125 Dieter Schnebel, *Mahlers Spätwerk als Neue Musik* [1965], in: ders., *Denkbare Musik. Schriften 1952—1972*, hrsg. von Hans Rudolf Zeller, Köln 1972, S. 70ff.

126 Dieter Schnebel, *Das Schöne an Mahler*, in: Programmheft des Berliner Philharmonischen Orchesters zum Konzert vom 30. September 1982. Auch in: *Gustav Mahler* (Musik-Konzepte. Sonderband), München 1989, S. 208ff.

127 Wolfgang Rihm, der in den siebziger Jahren um einer neu zu gewinnenden Expressivität der Musik willen offene Traditionsbeziehungen zu Mahler nicht scheute, schreibt nunmehr, daß mit „Abkehr durchaus das Vieldeutige gemeint war, das im Titel und in diesem Zusammenhang m i t diesem Titel mitschwingt" (Brief an den Autor vom 19. Oktober 1990). Vgl. *... zu wissen. Ein Gespräch von Rudolf Frisius und Wolfgang Rihm*, in: *Der Komponist Wolfgang Rihm. Ein Buch der Alten Oper Frankfurt*, hrsg. von Dieter Rexroth, Mainz 1985, S. 33f.

128 *NBL*, S. 165 [August 1900]. Vgl. den Wortlaut dieser Äußerung oben S. 300f.

129 Dieter Schnebel, *Sinfonie und Wirklichkeit am Beispiel von Mahlers Dritter*, in: *Gustav Mahler. Sinfonie und Wirklichkeit*, hrsg. von Otto Kolleritsch, a. a. O., S. 103ff., das Zitierte S. 113.

130 Mündliche Mitteilung von Volker Scherließ (Trossingen).

131 György Ligeti und Clytus Gottwald, *Gustav Mahler und die musikalische Utopie, 1. Musik und Raum, ein Gespräch*, in: Neue Zeitschrift für Musik 135 (1974), S. 7ff.; dies., *2. Collage, ein Gespräch*, in: Neue Zeitschrift für Musik 135 (1974), S. 288ff.

132 Peter Ruzicka, *Befragung des Materials*, in: *Ruzicka, Herausforderung*, S. 101ff.

133 *Adorno, Mahler*, S. 60f.

134 Vgl. die Beschreibung bei *Ruzicka, Herausforderung*, S. 114f.

135 Ebd., S. 118.

136 Vgl. Wolfgang Welsch, *Unsere postmoderne Moderne*, Weinheim 1987, sowie den von ihm herausgegebenen Sammelband *Wege aus der Moderne. Schlüsseltexte der Postmoderne-Diskussion*, Weinheim 1988, in dem sich eine umfassende Bibliographie zum Thema findet.

137 Zur musikwissenschaftlichen Diskussion über Moderne und Postmoderne vgl. vor allem *Das Projekt Moderne und die Postmoderne*, hrsg. von Wilfried Gruhn (Hochschuldokumentationen zu Musikwissenschaft und Musikpädagogik. Musikhochschule Freiburg, Bd. 2), Regensburg 1989, sowie den Bericht über das von der Bayerischen Akademie der Schönen Künste

im Mai 1990 in München veranstaltete Symposion *Moderne versus Postmoderne — Zur ästhetischen Theorie und Praxis in den Künsten* (Druck im Jahrbuch der Akademie 1990 in Vorbereitung).

138 Wolfgang Welsch, *Unsere postmoderne Moderne*, a. a. O., S. 17.

139 Jean-François Lyotard, *Immaterialität und Postmoderne*, Berlin 1985, S. 38. Zit. nach Welsch, ebd., S. 34.

140 Zofia Lissa, *Ästhetische Funktionen des musikalischen Zitats*, in: dies., *Aufsätze zur Musikästhetik. Eine Auswahl*, Berlin 1969, S. 139, das Zitat auf S. 143.

141 Ebd., S. 151.

142 Elmar Budde, *Zitat, Collage, Montage*, in: *Die Musik der sechziger Jahre. Zwölf Versuche*, hrsg. von Rudolf Stephan (Veröffentlichungen des Instituts für neue Musik und Musikerziehung Darmstadt 12), Mainz 1972, S. 26ff. Clemens Kühn, *Das Zitat in der Musik der Gegenwart — mit Ausblicken auf bildende Kunst und Literatur*, Hamburg 1972.

143 Vgl. Carl Dahlhaus, *Die Musik des 19. Jahrhunderts* (Neues Handbuch der Musikwissenschaft 6), Wiesbaden und Laaber 1980, S. 279ff. Zu dieser Epoche vgl. insgesamt auch Carl E. Schorske, *Fin-de-siècle Vienna. Politics and Culture,* New York 1980. Zum Verhältnis Mahler—Ives vgl. u. a. den Beitrag von Schorske, *Mahler et Ives: archaisme populiste et innovation musicale,* in: *Colloque international Gustav Mahler. 26.—28. Januar 1985* in Paris, Kolloquiumsbericht, hrsg. von der Association Gustav Mahler, Paris 1986, S. 87ff.

144 Vgl. Wolfgang Dömling, *Collage und Kontinuum. Bemerkungen zu Gustav Mahler und Richard Strauss*, in: Neue Zeitschrift für Musik 133 (1972), S. 131ff.; Tibor Kneif, *Collage oder Naturalismus? Anmerkungen zu Mahlers „Nachtmusik I"*, in: ebd., 134 (1973), S. 623ff.; ferner György Ligeti und Clytus Gottwald, *Gustav Mahler und die musikalische Utopie*, a. a. O.

145 *NBL*, S. 165.

146 Charles E. Ives, *Memos*, hrsg. von John Kirkpatrick, London 1973, S. 63. Hier zitiert in der deutschen Übersetzung von Felix Meyer aus: Charles Ives, *Ausgewählte Texte. Essays before a Sonata. Nachwort zu den 114 Liedern. Memos*, hrsg. von Werner Bärtschi, Zürich 1985, S. 191.

147 Welsch, *Unsere postmoderne Moderne*, a. a. O., S. 39f.

148 Vgl. Hermann Danuser, *Zur Kritik der musikalischen Postmoderne*, in: *Das Projekt Moderne und die Postmoderne*, hrsg. von Wilfried Gruhn, a. a. O., S. 77ff. Rochberg hat sich auch als Theoretiker zu Mahler geäußert, vgl. George Rochberg, *The Aesthetics of Survival. A Composer's View of Twentieth-Century Music*, hrsg. von William Bolcom, Ann Arbor 1984, S. 91f., S. 109f., S. 237.

149 Vgl. hierzu *Sowjetische Musik*, hrsg. von Hermann Danuser, Hannelore Gerlach und Jürgen Köchel, Laaber 1990. Als weiteres Beispiel sei hingewiesen auf das Kammermusikstück *„Zu den Kindertotenliedern" in memoriam Gustav Mahler* für Klarinette, Violine und Schlagzeug der aserbaidshanischen Komponistin Frangis Ali-Sade aus dem Jahre 1977 (Sikorski Verlag Hamburg).

150 Die Erstausgabe des Klavierquartetts von Gustav Mahler erschien, hrsg. von Peter Ruzicka, im Hamburger Verlag Sikorski im Jahre 1973 (Edition Sikorski 800).

151 Elmar Budde, *Zum dritten Satz der „Sinfonia" von Luciano Berio*, in: *Die Musik der sechziger Jahre. Zwölf Versuche*, hrsg. von Rudolf Stephan (Veröffentlichungen des Instituts für Neue Musik und Musikerziehung Darmstadt 12), Mainz 1972, S. 128ff.; Peter Altmann, *Sinfonia von Luciano Berio. Eine analytische Studie*, Wien 1977 sowie Ivanka Stoianova, *Luciano Berio. Chemins en musique* (La revue musicale), Paris 1985, S. 95ff.

152 So Theodor W. Adorno unter Rekurs auf Hegel. Vgl. *Adorno, Mahler*, S. 14.

153 So Berios Kommentar im Programmheft der Donaueschinger Musiktage 1969 (Übersetzung

aus dem Englischen von Josef Häusler). Zit. nach Peter Altmann, *Sinfonia von Luciano Berio. Eine analytische Studie*, Wien 1977, S. 12.

154 Sie ist um drei Takte länger als der entsprechende, später hergestellte Partiturdruck (UE 13783) und ebenfalls bei der Universal Edition Wien erschienen.

155 Karlheinz Stockhausen, *Mahlers Biographie* [1972], in: ders., *Texte zur Musik. 1970—1977, Bd. 4,* hrsg. von Christoph von Blumröder, Köln 1978, S. 642ff.

156 Stockhausens Schreibweise wird hier um der Authentizität des Zitierten willen beibehalten.

157 Vgl. Christoph von Blumröders Freiburger Habilitationsschrift von 1989 *Die Grundlegung der Musik Karlheinz Stockhausens* (Druck in Vorbereitung).

158 Stockhausen, a. a. O., S. 644.

159 Vgl. das Kapitel *Blicke mir nicht in die Lieder!*, oben S. 49f.

160 Pierre Boulez, *Mahler aktuell?*, in: *Gustav Mahler in Wien,* hrsg. von Sigrid Wiesmann, Stuttgart 1976, S. 11ff. In der originalen französischen Sprache publiziert unter dem Titel *Mahler actuel?*, in: Pierre Boulez, *Points de repère*, hrsg. von Jean-Jacques Nattiez, Paris 1981, S. 274ff.

161 So Carl Dahlhaus im Aufsatz *Rätselhafte Popularität. Gustav Mahler – Zuflucht vor der Moderne oder der Anfang der Neuen Musik,* in: *Ruzicka, Herausforderung*, S. 5ff.

162 Boulez, a. a. O., S. 13f.

163 Dahlhaus, a. a. O., S. 9.

164 Boulez, a. a. O., S. 22.

BILDTEIL

Abb. 1: Die *Bildnisse von Gustav Mahler*, wie sie Alfred Roller in seinem gleichnamigen für die Mahler-Ikonographie grundlegenden Buch 1922 vorgestellt hat, offenbaren eine große Ausdrucksfülle, die sich jeder vereinheitlichenden Beschreibung entzieht. Die Photographie, die Mahler seinem aus der welschen Schweiz stammenden Verehrer William Ritter 1906 gewidmet hat, zeigt statt der imperialen Attitüde des Hofoperndirektors die feinen, nachdenklich-intelligenten Gesichtszüge des Künstlers (© Bibliothèque musicale Gustav Mahler, Paris).

Abb. 2: Mahlers Handschrift hat wie die jedes großen Komponisten ihre eigene „Physiognomie“, in der sich Züge der Musik spiegeln. Die Komposition des langsamen Satzes der *Ersten Symphonie* wurde angeregt durch Moritz von Schwinds Bild *Wie die Tiere den Jäger begraben*. Geniale, aber traditionswidrige Eigenheiten wie „charakteristische“ statt „schöne“ Instrumentation, Ironie und Parodie, Einbeziehung usueller Musik in die Kunstmusik (mit dem Kanon *Bruder Jakob*) stießen zu Anfang auf Kritik. In der fünfsätzigen Frühfassung der *Ersten Symphonie* bildet er den vierten Satz (Autograph; Osborn Collection der Bibliothek der Yale University, New Haven, Connecticut).

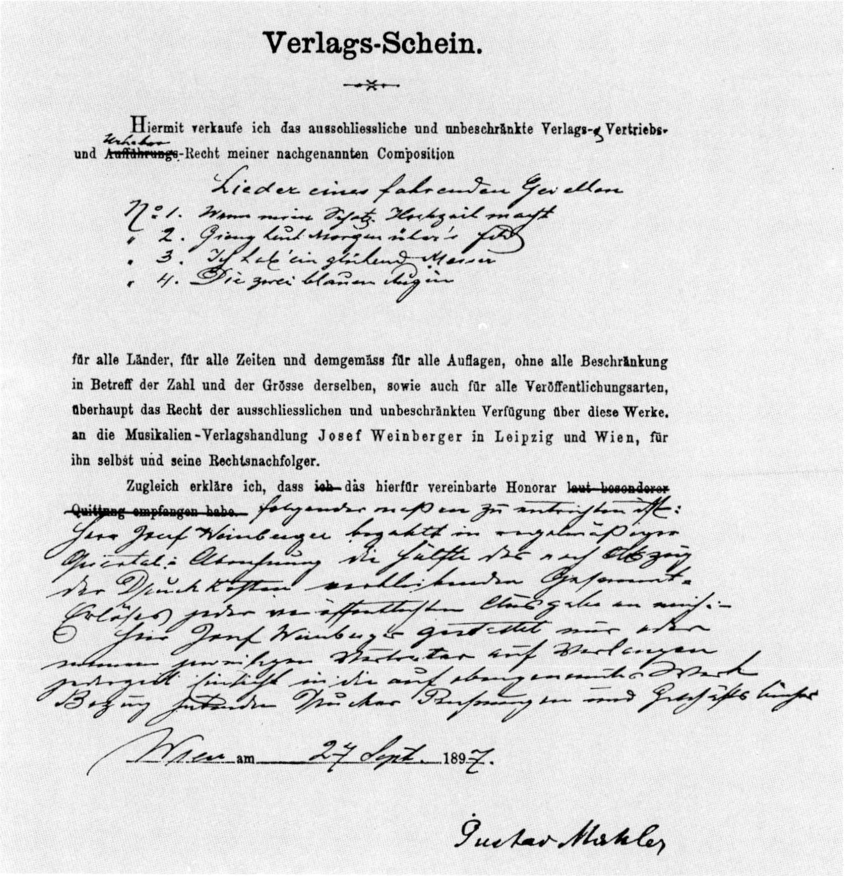

Verlags-Schein.

Hiermit verkaufe ich das ausschliessliche und unbeschränkte Verlags- Vertriebs- und Urheber-Recht meiner nachgenannten Composition

Lieder eines fahrenden Gesellen
No 1. Wenn mein Schatz Hochzeit macht
2. Ging heut' Morgen über's Feld
3. Ich hab' ein glühend Messer
4. Die zwei blauen Augen

für alle Länder, für alle Zeiten und demgemäss für alle Auflagen, ohne alle Beschränkung in Betreff der Zahl und der Grösse derselben, sowie auch für alle Veröffentlichungsarten, überhaupt das Recht der ausschliesslichen und unbeschränkten Verfügung über diese Werke, an die Musikalien-Verlagshandlung Josef Weinberger in Leipzig und Wien, für ihn selbst und seine Rechtsnachfolger.

Zugleich erkläre ich, dass das hierfür vereinbarte Honorar ~~laut besonderer Quittung empfangen habe.~~ [illegible]

Wien am 27 Sept. 1897.

Gustav Mahler

Abb. 3: Erst anderthalb Jahre nach der Uraufführung der *Lieder eines fahrenden Gesellen* erschien das Werk im Druck, nachdem der kurz zuvor zum artistischen Direktor der Wiener Hofoper ernannte Komponist mit dem Musikverleger Josef Weinberger am 27. September 1897 vertragseinig geworden war. Statt sich an einen einzigen Verlag zu binden, ging Mahler mit zahlreichen Verlegern Geschäftsbeziehungen ein — ein Zeichen sowohl seines langezeit geringen Prestiges als Komponist als auch der unsicheren Situation, die vor der Gründung der ersten verlagsunabhängigen Urheberrechtsgesellschaft durch Richard Strauss 1903 bestand (Photo von der Universitätsbibliothek Augsburg).

Gratis.

Concert-Direction HERMANN WOLFF.

Montag, den 16. März 1896

Abends 7½ Uhr:

Im Saal der Philharmonie

II. ORCHESTER-CONCERT

von

Gustav Mahler

unter Mitwirkung des Herrn

Anton Sistermans

sowie des Philharmonischen Orchesters.

PROGRAMM.

1. „Todtenfeier" (I. Satz aus der Symphonie in C-moll für grosses Orchester.)
2. Lieder eines fahrenden Gesellen, für eine tiefe Stimme mit Orchesterbegleitung, gesungen von Herrn *Anton Sistermans.*
3. Symphonie in D-dur für grosses Orchester.
   No. 1. Einleitung und Allegro commodo.
   No. 2. Scherzo.
   No. 3. Alla Marcia funebre; hierauf sogleich
   No. 4. Allegro furioso.

Sämmtliche Compositionen sind vom Concertgeber.

Während der Vorträge bleiben die Saalthüren geschlossen.

Eintritts-Karten: Saal 3 und 2 Mk., Stehplatz 1 Mk., Loge 4 Mk.
sind in der Königlichen Hofmusikhandlung von ED. BOTE & G. BOCK, Leipziger Strasse 37,
und Abends an der Kasse zu haben.

Gesangs-Texte umstehend.

Abb. 4: Mahler wußte, daß für seine Karriere als Komponist Erfolge in den Metropolen unerläßlich waren. Das Konzert am 16. März 1896 in der Berliner Philharmonie war ein Meilenstein in dieser Laufbahn. Seine *Todtenfeier* wurde nunmehr, nach Abschluß der *Zweiten Symphonie*, nicht als ein eigenständiges Werk dargeboten, sondern als Kopfsatz der *c-Moll-Symphonie* — eine partielle Form der Aufführung eines Werkes, die Mahler mehrfach realisierte. Die Uraufführung der *Lieder eines fahrenden Gesellen* in der Orchesterfassung ist im Programm des Konzertes nicht als solche gekennzeichnet (© Bibliothèque musicale Gustav Mahler, Paris).

Abb. 5: „Seine völlig freie Art, die man mehr eine rhythmische Pantomimik als ein eigentliches Markieren des Tactes nennen muß, ist wohl das Äusserste moderner Dirigierkunst. Ihr entspricht jene eigenthümliche Drastik, womit gewisse Motive unter seinem Stabe zur Geltung kommen", schreibt Richard Batka über eine Aufführung von Beethovens *Neunter Symphonie* unter Mahlers Leitung im Juni 1899 in Prag. Otto Böhlers Schattenbilder aus dem Jahre 1898 zeigen den Dirigenten in Momenten, in denen die Gestik seiner Körpersprache verschiedenste Ausdrucksarten visualisiert — insgesamt auf heftigere Weise als in späteren Jahren, in denen Mahlers Orchesterführung weniger ausgreifend wurde (Österreichische Nationalbibliothek, Bildarchiv, Wien).

Abb. 6: „Kapellmeistermusik“ war ein Kritikpunkt, der immer wieder gegen den Komponisten Mahler erhoben wurde. Gemeint waren damit bewußte oder unbewußte Stilanleihen bei fremden Meistern, die ihm aufgrund seines Kapellmeisterberufs infolge mangelnder eigener Originalität unterlaufen würden. Theo Zasches Karikatur bringt den polemischen Gehalt dieses Vorwurfs treffend zur Anschauung, indem sie Mahler als Dirigenten in den Charaktermasken anderer Komponisten — ja des Wiener Biz — zeigt (Österreichische Nationalbibliothek, Bildarchiv, Wien).

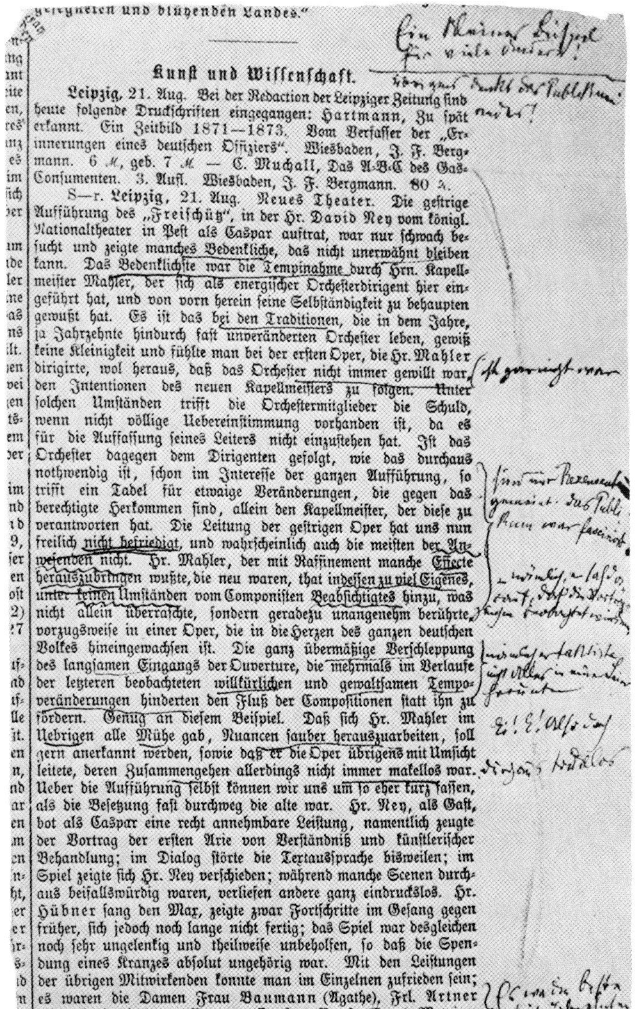

...geeigneten und blühenden Landes."

Kunst und Wissenschaft.

Leipzig, 21. Aug. Bei der Redaction der Leipziger Zeitung sind heute folgende Druckschriften eingegangen: Hartmann, Zu spät erkannt. Ein Zeitbild 1871–1873. Vom Verfasser der „Erinnerungen eines deutschen Offiziers". Wiesbaden, J. F. Bergmann. 6 M, geb. 7 M — C. Muchall, Das A-B-C des Gas-Consumenten. 3. Aufl. Wiesbaden, J. F. Bergmann. 80 ₰.

S—r. **Leipzig**, 21. Aug. Neues Theater. Die gestrige Aufführung des „Freischütz", in der Hr. David Ney vom königl. Nationaltheater in Pest als Caspar auftrat, war nur schwach besucht und zeigte manches Bedenkliche, das nicht unerwähnt bleiben kann. Das Bedenklichste war die Tempinahme durch Hrn. Kapellmeister Mahler, der sich als energischer Orchesterdirigent hier eingeführt hat, und von vorn herein seine Selbständigkeit zu behaupten gewußt hat. Es ist das bei den Traditionen, die in dem Jahre, ja Jahrzehnte hindurch fast unveränderten Orchester leben, gewiß keine Kleinigkeit und fühlte man bei der ersten Oper, die Hr. Mahler dirigirte, wol heraus, daß das Orchester nicht immer gewillt war, den Intentionen des neuen Kapellmeisters zu folgen. Unter solchen Umständen trifft die Orchestermitglieder die Schuld, wenn nicht völlige Uebereinstimmung vorhanden ist, da es für die Auffassung seines Leiters nicht einzustehen hat. Ist das Orchester dagegen dem Dirigenten gefolgt, wie das durchaus nothwendig ist, schon im Interesse der ganzen Aufführung, so trifft ein Tadel für etwaige Veränderungen, die gegen das berechtigte Herkommen sind, allein den Kapellmeister, der diese zu verantworten hat. Die Leitung der gestrigen Oper hat uns nun freilich nicht befriedigt, und wahrscheinlich auch die meisten der Anwesenden nicht. Hr. Mahler, der mit Raffinement manche Effecte herauszubringen wußte, die neu waren, that indessen zu viel Eigenes, unter keinen Umständen vom Componisten Beabsichtigtes hinzu, was nicht allein überraschte, sondern geradezu unangenehm berührte, vorzugsweise in einer Oper, die in die Herzen des ganzen deutschen Volkes hineingewachsen ist. Die ganz übermäßige Verschleppung des langsamen Eingangs der Ouverture, die mehrmals im Verlaufe der letzteren beobachteten willkürlichen und gewaltsamen Tempoveränderungen hinderten den Fluß der Compositionen statt ihn zu fördern. Genug an diesem Beispiel. Daß sich Hr. Mahler im Uebrigen alle Mühe gab, Nuancen sauber herauszuarbeiten, soll gern anerkannt werden, sowie daß er die Oper übrigens mit Umsicht leitete, deren Zusammengehen allerdings nicht immer makellos war. Ueber die Aufführung selbst können wir uns um so eher kurz fassen, als die Besetzung fast durchweg die alte war. Hr. Ney, als Gast, bot als Caspar eine recht annehmbare Leistung, namentlich zeugte der Vortrag der ersten Arie von Verständniß und künstlerischer Behandlung; im Dialog störte die Textaussprache bisweilen; im Spiel zeigte sich Hr. Ney verschieden; während manche Scenen durchaus beifallswürdig waren, verliefen andere ganz eindruckslos. Hr. Hübner sang den Max, zeigte zwar Fortschritte im Gesang gegen früher, sich jedoch noch lange nicht fertig; das Spiel war desgleichen noch sehr ungelenkig und theilweise unbeholfen, so daß die Spendung eines Kranzes absolut ungehörig war. Mit den Leistungen der übrigen Mitwirkenden konnte man im Einzelnen zufrieden sein; es waren die Damen Frau Baumann (Agathe), Frl. Artner (Aennchen), die Herren Perron (Ottokar), Proft (Cuno), Marion (Kilian), Köhler (Eremit). Im Ganzen gehörte die Aufführung zu den unter dem Durchschnitt stehenden. Das Orchester, inbegriffen

Abb. 7: Während Mahler als Komponist zeitlebens umstritten blieb, stellte die Kritik den Rang seiner Dirigierkunst nie grundsätzlich in Frage. Seine Art der Retuschierung von Beethovens *Neunter Symphonie* wurde als „über-‚mahlern'" angeprangert, ohne daß der Kritiker der Wiener Reichspost, der damit im Februar 1900 auf das Übermalen von Werken anspielte, die positive Bedeutung dieser Technik im gegenwärtigen Schaffen eines Arnulf Rainer hätte ahnen können. Wie die von ihm kommentierte Rezension seines *Freischütz*-Dirigats vom 20. August 1886 in der Leipziger Zeitung erweist, setzte sich Mahler mit seinen Kritikern sehr wohl auseinander, auch wenn er vorgab, deren Äußerungen nicht zu beachten (Bibliothèque musicale Gustav Mahler, Paris).

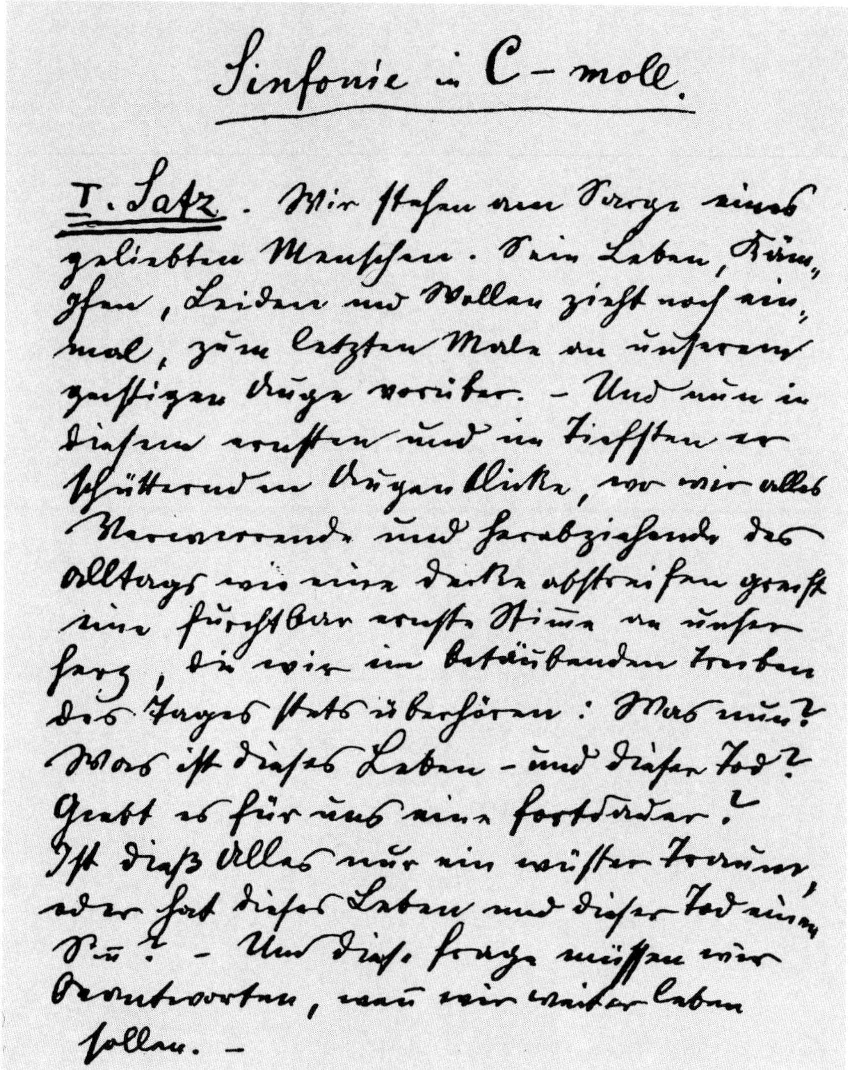
Sinfonie in C-moll.

I. Satz. Wir stehen am Sarge eines geliebten Menschen. Sein Leben, Kämpfen, Leiden und Wollen zieht noch ein-mal, zum letzten Male an unserem geistigen Auge vorüber. – Und nun in diesem ernsten und im Tiefsten er-schütternden Augenblicke, wo wir alles Verwirrende und Herabziehende des Alltags wie eine Decke abstreifen, greift eine furchtbar ernste Stimme an unser Herz, die wir im betäubenden Treiben des Tages stets überhören: Was nun? Was ist dieses Leben – und dieser Tod? Giebt es für uns eine Fortdauer? Ist dieß Alles nur ein wüster Traum, oder hat dieses Leben und dieser Tod einen Sinn? – Und diese Frage müssen wir beantworten, wenn wir weiter leben sollen. –

Abb. 8: Diesen Programmentwurf zur *Zweiten Symphonie* (im Bild die erste von fünf Seiten; Photo von der Universitätsbibliothek Augsburg) schrieb Mahler für eine Berliner Aufführung im Dezember 1901, zu einer Zeit also, da er der Publikation derartiger Verständnishilfen wegen ihrer Mißverständlichkeit schon abgeschworen hatte. Indem Mahlers Symphonien programmatische Elemente enthalten, ohne durchgehend programmusikalisch begründet zu sein, stehen sie in jener älteren Tradition nachbeethovenscher Symphonik, die zwischen absoluter und Programmusik angesiedelt ist.

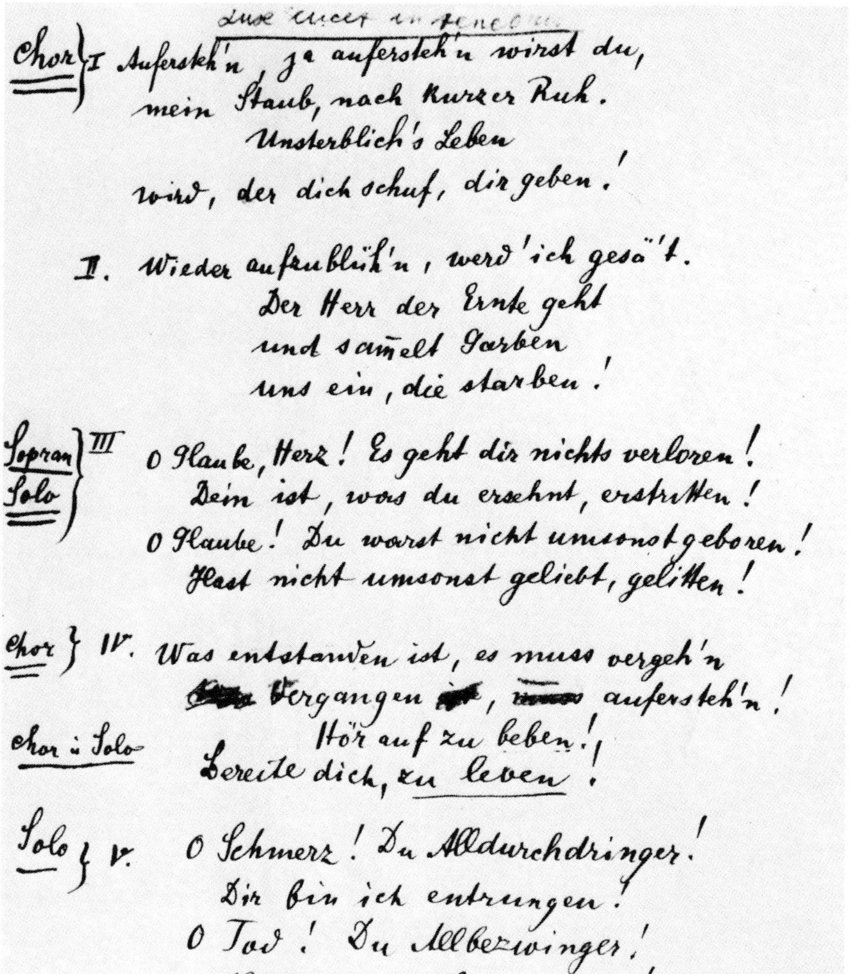
Chor } I Aufersteh'n, ja aufersteh'n wirst du,
mein Staub, nach kurzer Ruh.
Unsterblich's Leben
wird, der dich schuf, dir geben!

II. Wieder aufzublüh'n, werd' ich gesä't.
Der Herr der Ernte geht
und sammelt Garben
uns ein, die starben!

Sopran Solo } III O Glaube, Herz! Es geht dir nichts verloren!
Dein ist, was du ersehnt, erstritten!
O Glaube! Du warst nicht umsonst geboren!
Hast nicht umsonst geliebt, gelitten!

Chor } IV. Was entstanden ist, es muss vergeh'n
Vergangen, aufersteh'n!
Chor u. Solo Hör auf zu beben!
Bereite dich, zu leben!

Solo } V. O Schmerz! Du Alldurchdringer!
Dir bin ich entrungen!
O Tod! Du Allbezwinger!
Nun bist du bezwungen!

Abb. 9: Mahlers Inspirationserlebnis während Hans von Bülows Totenfeier in der Hamburger Michaeliskirche am 29. März 1894, als ihm der für das Vokal-Finale seiner *Zweiten Symphonie* geeignete Text aufging, gehört zu den poetologischen Schlüsseldokumenten der Musikgeschichte. Klopstocks geistliches Lied *Die Auferstehung* bildete indessen mit den Strophen I und II nur den Ausgangspunkt einer Dichtung, die der literarisch begabte Mahler im wesentlichen selbst erstellte — und zwar, wie die am 13. Juni 1894 in Steinbach am Attersee geschriebene Textskizze erweist, bereits mit Blick auf die musikalische Komposition (Photo von der Bayerischen Staatsbibliothek München).

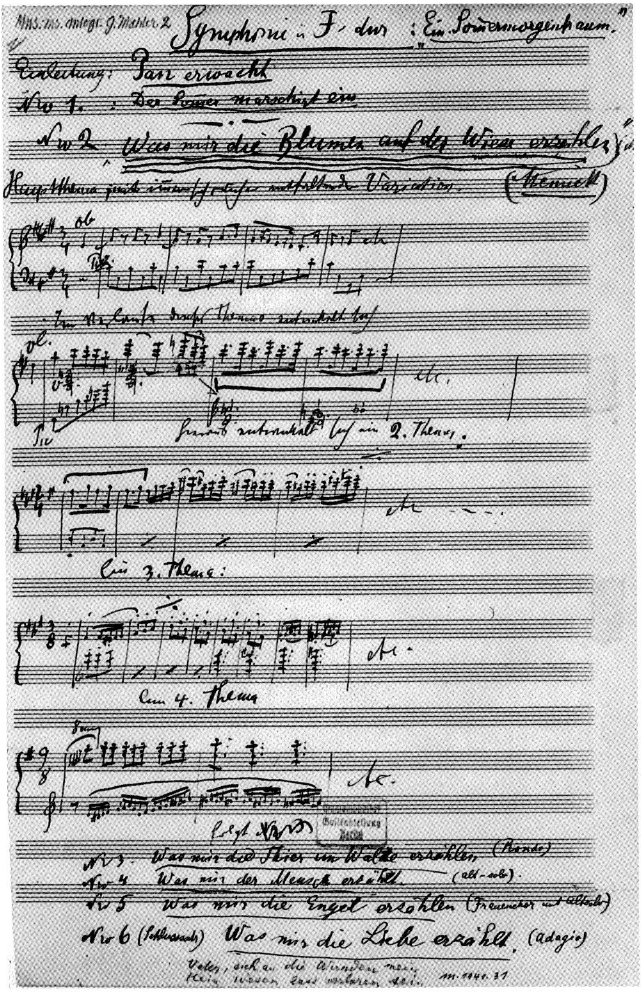

Abb. 10: Die programmatischen Satztitel der *Dritten Symphonie* — ihr stufenweiser Aufbau liegt in wenigstens acht verschiedenen Entwürfen vor (vgl. *HLG 1*, S. 1038f.) — stammen überwiegend aus der Entstehungszeit der Symphonie in den Jahren 1895/96 und spiegeln die sich entwickelnde poetologische Planung Mahlers. Die hier wiedergegebene Konzeption enthält als Schlußsatz nicht mehr das *Wunderhorn*-Lied *Das himmlische Leben*, das Mahler zum Finale der *Vierten Symphonie* gestaltete. Das Blatt ist vermutlich im Zusammenhang separater Aufführungen des „Blumensatzes“ durch Nikisch und Weingartner 1897 geschrieben worden und rückt deshalb den zweiten Satz in den Vordergrund, den Mahler als Menuett mit mehreren Themen beschreibt. Da er der musikalischen Analyse abhold war, sind dergleichen Thementafeln aus seiner Hand selten. Die fünf Notensysteme des Blattes entsprechen in der Endfassung: 1) T. 1—4, 2) T. 28—32, 3) T. 70—73, 4) T. 50—57, 5) T. 79—80. Mahler hat also die — hier von ihm noch mit Klammern hervorgehobene — motivische Ableitung des „zweiten Themas“ aus dem Nebengedanken des ersten Themas in der Endfassung weiter auseinander gezogen, indem er die Reihenfolge von zweitem und drittem Thema vertauschte (Deutsche Staatsbibliothek Berlin, Musikabteilung).

Abb. 11: Obwohl Mahler seine Karriere als Dirigent zielbewußt plante, pflegte er aufwärtsführende Etappen nach dem Erklärungsmuster zu rationalisieren, er habe infolge einer Schicksalsfügung „einspringen“ müssen, um einen plötzlich erkrankten Kollegen zu ersetzen. In Theo Zasches Karikatur allerdings thront er im Augenblick seines Triumphes dirigierend auf Wilhelm Jahn, seinem Vorgänger als Hofoperndirektor — in einer Pose, die eine rücksichtslose Verdrängung des älteren Kollegen durch Mahler suggeriert, der damals — im Jahre 1897 — noch von der Wiener Presse beweihräuchert wird (Österreichische Nationalbibliothek, Bildarchiv, Wien).

KAIS. KÖN. HOF- OPERNTHEATER.

Definitive Eintheilung der Vorstellungen

vom Sonntag 5. Febr. bis Samstag 11. Febr. 1899.

Tage	Vorstellungen	Rollen-Besetzung Damen	Herren	Anmerkung Dirigent
Sonntag den 5.	35. Ab. Vorstllg. Lohengrin	[illegible]	[illegible]	Dir. Mahler
Montag den 6.	36. Ab. Vorstllg. Eugen Onegin	[illegible]	[illegible]	Dir. Mahler
Dienstag den 7.	37. Ab. Vorstllg. Die weiße Dame	[illegible]	[illegible]	Dir. Mahler
Mittwoch den 8.	38. Ab. Vorstllg. Die Kriegsgefangene / Coppelia	[illegible]	[illegible]	Dir. Mahler / Bayer
Donnerstag den 9.	39. Ab. Vorstllg. Afrikanerin	[illegible]	[illegible]	[illegible]
Freitag den 10.	40. Ab. Vorstllg. Symphonie von Haydn / Der Apotheker / Die Spanische … im Tanzmärchen 3. Akt	[illegible]	[illegible]	Dir. Mahler / Bayer
Samstag den 11.	41. Ab. Vorstllg. wie am 10.	do.	do.	Dir. Mahler / Bayer
Sonntag				

Abb. 12: Während vieler Jahre leistete Mahler — von Konzertverpflichtungen abgesehen — ein kaum vorstellbares Arbeitspensum als Operndirigent und sprach daher mit gutem Grund von der „Theater-Galeere", an die er gekettet sei. Erst in den letzten Jahren seiner Wiener Direktionszeit verringerte sich dieses Pensum wegen wachsender Auswärtsdirigate, die Mahlers Gegner zum Anlaß seines Sturzes nahmen. Da die Dirigenten damals auf Programmzetteln oder Plakaten noch nicht genannt waren, lassen sich Mahlers Dirigate heute vor allem aus den Besetzungsplänen der Operntheater eruieren (im Bild eines der wöchentlichen „Regie-Protokolle" der Wiener Hofoper aus dem Jahre 1899; Österreichische Nationalbibliothek, Bildarchiv, Wien).

Abb. 13: Der von Carl Moll verfertigte Holzschnitt stellt den Aufgang zur winterlichen Hohen Warte dar, jenem schön gelegenen Wiener Stadtteil, wo Moll sich vom Architekten Josef Hoffmann ein Haus hatte erbauen lassen. Durch Moll, den Stiefvater Alma Maria Schindlers, lernte der Komponist seit 1902 im Kreis der Wiener Sezession zahlreiche Künstler und Literaten der Moderne kennen (Historisches Museum der Stadt Wien).

Abb. 14: Mahlers Ehe mit Alma Maria, seiner ebenso schönen wie künstlerisch begabten Frau, kannte vollkommenes Glück nicht weniger als tiefgreifende Spannungen. Der Schülerin Alexander von Zemlinskys hatte Mahler, wenig emanzipationsfreundlich gesonnen, ein weiteres Komponieren kurzerhand verboten. Während die ältere Tochter Maria Anna („Putzi", im Bild links) bereits im Sommer 1907 starb, wurde die jüngere, Anna Justine („Gucki"), später eine beachtenswerte Bildhauerin. Nach Mahlers Tod war seine Witwe, eine der großen Künstler-Musen des 20. Jahrhunderts, mit Oskar Kokoschka, Walter Gropius und schließlich mit Franz Werfel verbunden (Österreichische Nationalbibliothek, Bildarchiv, Wien).

Abb. 15: Der Holländer Willem Mengelberg (1871—1951) war neben Bruno Walter der einzige jüngere Dirigent, dessen Rang Mahler vorbehaltlos respektierte. Aufgrund zahlreicher Eintragungen sind Mengelbergs Dirigierpartituren eine wichtige Quelle für die Aufführungsgeschichte seiner Musik. Für den Beginn des vierten Satzes der *Fünften Symphonie* überliefert Mengelberg als Textierung der 1. Violinstimme ein Liebesgedicht (im Bild links) mit folgendem Kommentar: „N.B. Dieses Adagietto war Gustav Mahlers Liebeserklärung an Alma! Statt eines Briefes sandte er ihr dieses im Manuskript; weiter kein Wort dazu. Sie hat es verstanden u. schrieb ihm: Er solle kommen!!!“ (Willem Mengelberg; Stichting, s’Gravenhage).

Abb. 16: Die Aufnahme während der Sommerferien 1909 in Altschluderbach, wo die *Neunte Symphonie* entstand, zeigt den „privaten" Mahler mit Zügen, die Alfred Roller „sehr ähnlich" nennt. Sie strahlen Güte und Herzlichkeit, auch Humor aus und lassen ahnen, wie gut Mahler in den seltenen Momenten, die er seinen Kindern widmete, mit ihnen umzugehen wußte (im Bild mit der Tochter Anna; Österreichische Nationalbibliothek, Bildarchiv, Wien).

Abb. 17: Carl Moll (zweiter von rechts) war der Gastgeber dieser Gartengesellschaft in seiner Villa auf der Hohen Warte im Mai 1905 (rechts von ihm Hans Pfitzner, links der Regisseur Max Reinhardt). Im vorangehenden Monat hatte Mahler (im Bild stehend) *Die Rose im Liebesgarten* von Pfitzner an der Hofoper zur Uraufführung gebracht. Als Dirigent hatte er sich dabei mit gewohnter Rückhaltlosigkeit für diese Oper eingesetzt, entsprechend seinem Grundsatz, ein jedes Werk solle, auch bei unverkennbaren Schwächen, musikalisch-szenisch möglichst überzeugend realisiert werden. Pfitzner selbst hat ihm später, antisemitisch geblendet, wenig Dankbarkeit entgegengebracht (Österreichische Nationalbibliothek, Bildarchiv, Wien).

Abb. 18: Bei der Eröffnung der Beethoven-Ausstellung der Wiener Sezession, dirigierte Mahler am 15. April 1902 einen Teil des Finales der *Neunten Symphonie* Beethovens in einer Bearbeitung für Blasensemble. Gustav Klimts Beethoven-Fries gehörte zu den Exponaten (© Österreichische Galerie im Belvedere, Wien; Photo: Archiv). Im Bildausschnitt sind mythisch-allegorisch dargestellt *Die feindlichen Gewalten*: (von links) die drei Gorgonen; ihr Vater Typhoeus, ein affenähnlicher Riese; Wollust, Keuschheit, Unmäßigkeit. Der Kritiker Dr. Robert Hirschfeld, der auch ein Feind Mahlers wurde, schreibt darüber: „Der scheußliche Gorilla, die schamlosen Caricaturen der edlen Menschengestalt — das sind keine Kunstwerke mehr — das sind Beleidigungen unserer heiligesten Gefühle!" Wie Klimt die zerstörerischen Kräfte des Unbewußten in die künstlerische Darstellung einbezog — um einer „Ästhetik der Wahrheit" willen, die nicht in den tradierten Mustern des Schönen aufgeht —, so umfaßte Mahlers musikästhetischer Weltbegriff ebenfalls die finsteren Dimensionen des menschlichen Daseins.

Abb. 19: Der Entwurf des Liedes *Blicke mir nicht in die Lieder* nach einem Gedicht Friedrich Rückerts (Österreichische Nationalbibliothek, Musiksammlung, Wien) enthält zahlreiche Korrekturen, Änderungen, Instrumentationsangaben (vgl. oben S. 60f.). Auf der zweiten, hier nicht wiedergegebenen Seite ist das Autograph datiert: 14. Juni 1901. Das Lied entstand also nur wenige Monate nach Mahlers Genesung von einer lebensgefährlichen Erkrankung.

Tenor
Sopran
sempre pp

Abb. 21: Die Zeichnung, mit welcher Johann Schönberg die künstlerische Atmosphäre im Wiener „Großen Musikvereinssaal“ 1870 eingefangen hat (Österreichische Nationalbibliothek, Bildarchiv, Wien), macht den Ereignischarakter der Institution Konzert sinnfällig. Architektur, Gemälde, Kleidung, Schmuck stiften einen Rahmen, innerhalb dessen Musik als Kunst in repräsentativer Öffentlichkeit zu gesellschaftlicher Geltung gelangen konnte. Die Vergrößerung der Saalbauten und die Erweiterung des Publikums waren Faktoren, welche Mahler bei der Komposition seiner Symphonien berücksichtigte. Als Leiter der Philharmonischen Konzerte in Wien (1898—1901) war er freilich nicht durchweg erfolgreich, da das Publikum seiner eigenwilligen Deutung der Meisterwerke, die es in anderer Klanggestalt lieb gewonnen hatte, nicht folgen mochte.

◁

Abb. 20: Das Particell des dritten Satzes des *Liedes von der Erde* (Bibliothek der Gesellschaft der Musikfreunde Wien) weist mehrere bedeutsame Unterschiede zur vollendeten Gestalt des Liedes auf: Statt des endgültigen Titels *Von der Jugend* übernimmt Mahler zunächst den Titel des Gedichts aus Bethges Sammlung — übrigens hat 1912, davon angeregt, auch der Prager Schriftsteller Max Brod ein Lied *Der Pavillon aus Porzellan* komponiert. Ferner ist noch eine Sopranbesetzung alternativ möglich, die später entfallen wird, und der Hinweis „Clavier“ läßt vermuten, daß Mahler das Particell im Blick auf die Klavierfassung des Werkes begonnen hat. Die arabesken Linienzüge der musikalischen Struktur gelangen in seiner Handschrift elegant zum Ausdruck.

Abb. 22: Die österreichische Erstaufführung von Richard Strauss' Oper *Salome* (nach Oscar Wilde) fand, nachdem Mahler den Widerstand der Wiener Hofopernzensur gegen die Laszivität des Textes nicht zu überwinden vermochte, am 16. Mai 1906 in Graz statt. Zwischen Mahler und Strauss (im Bild beim Eingang zum Grazer Opernhaus) bestand, wie der (1980 von Herta Blaukopf edierte) Briefwechsel zwischen beiden Künstlern zeigt, ein freundschaftlich-kollegiales Verhältnis, das erst nachträglich durch Mahlers Witwe in ein schiefes Licht gerückt wurde. Die Photographie verdeutlicht die körperliche Kleinheit Mahlers, der nur etwa ein Meter sechzig groß, aber von kräftiger, muskulöser Statur war (© Bibliothèque musicale Gustav Mahler, Paris).

Abb. 23: Seine Reisen als Dirigent — meist eigener Werke — führten Mahler in die wichtigsten Musikstädte des damaligen Europa und des Ostens der Vereinigten Staaten von Amerika und verschafften ihm viele Freunde und Bewunderer. Von ganz besonderer Herzlichkeit waren seine Beziehungen zu den Niederlanden, wo er sich menschlich und künstlerisch am besten verstanden fühlte. Das Concertgebouw-Orchester Amsterdam, gefördert durch Mahlers Gastdirigate und Mengelbergs Orchestererziehung, wurde so zu einem zentralen Klangkörper der Mahler-Tradition. Im Bild vom Oktober 1909 in Amsterdam, wo Mahler seine *Siebente Symphonie* dirigierte, stehen hinter ihm (rechts) Willem Mengelberg und (ganz rechts) der Komponist Alphons Diepenbrock (© Bibliothèque musicale Gustav Mahler, Paris).

Abb. 24: Mahler pflegte seit den frühen neunziger Jahren das eigentliche Komponieren der Werke auf die wenigen Sommermonate zu konzentrieren, in denen er seiner Pflichten als Dirigent und Intendant ledig war, während er dann im Winter die Entwürfe in Reinschrift bringen bzw. als Orchesterpartitur ausschreiben konnte. Um im Sommer völlig ungestört arbeiten zu können, arbeitete er in „Komponierhäuschen", die abseits der Wohnhäuser lagen. Die Zeichnung von Carl Moll zeigt das Häuschen in Toblach, dem im Südtirol gelegenen heutigen Dobbiaco, wo zwischen 1908 und 1910 *Das Lied von der Erde*, die *Neunte Symphonie* und die Entwürfe zur *Zehnten Symphonie* entstanden (Photo von der Internationalen Gustav Mahler Gesellschaft, Wien).

Abb. 25: Mahlers Instrumentationskunst wurde auch von denjenigen anerkannt, die seinen Kompositionen reserviert oder ablehnend gegenüberstanden. Im Unterschied zu den Liedern benötigte er bei der Komposition seiner Symphonien stets die Zwischenstufe eines „Partiturentwurfs", der die musikalische Struktur auf den Orchestersatz projiziert. Im Bild wiedergegeben ist die letzte Seite des Partiturentwurfs des *Trinklieds vom Jammer der Erde*. Diese Quelle befand sich, als die Seite im Mahler-Sonderheft der Zeitschrift *Moderne Welt* (III/7, 1921/22) abgedruckt wurde, im Besitz des Mahler-Biographen Richard Specht, ist heute jedoch verschollen (Photo von der Internationalen Gustav Mahler Gesellschaft, Wien).

Abb. 26 und 27: Das Autograph der Partitur des *Liedes von der Erde,* bis 1964 im Besitz von Alma Mahler-Werfel, befindet sich heute im Lehman-Deposit der Pierpont Morgan Library New York. Obwohl nicht datiert, dürfte Mahler es in den Wintermonaten 1908/09 geschrieben haben. Die beiden hier reproduzierten Seiten entstammen dem ersten Satz, der — im Unterschied zur

Endfassung (*Das Trinklied vom Jammer der Erde*) — den Titel *Das Lied vom Jammer der Erde* trägt: links Seite 18 (paginiert vom Musikbeginn an), rechts Seite 41 als späterer Zusatz von 4 Takten Länge, den Mahler am Satzschluß hinzufügte, im Autograph der Klavierfassung als Nachtrag unten auf der entsprechenden Seite. Vgl. dazu oben S. 231ff.

Abb. 28: In einer Epoche, in welcher die Idee des Gesamtkunstwerks ihren Höhepunkt erreichte und Oskar Walzel von einer „wechselseitigen Erhellung der Künste“ sprach, war die Ikonographie auch zum Verständnis der Mahlerschen Musik wichtig. *Das Lied von der Erde* etwa lag im Verstehenshorizont des europäischen Exotismus, der westliche Sehnsüchte, Ängste und Hoffnungen unter dem Deckmantel einer chinesischen Bilderwelt zur Darstellung brachte. Im Bild: *Der Einsame im Herbst* nach einer Radierung aus der Mappe zum *Lied von der Erde* von Artur Paunzen, die im Verlag der Buch- und Kunsthandlung Richard Lányi in Wien erschienen ist (Photo von der Internationalen Gustav Mahler Gesellschaft, Wien).

Abb. 29: Als Arnold Schönberg, dessen Aktivität als Maler sich — unter dem Einfluß Richard Gerstls — auf die Anfangsjahre seiner expressionistischen Phase konzentrierte, 1910 im Wiener Kunstsalon Heller eine Ausstellung eigener Bilder organisierte, gehörte Gustav Mahler (anonym) zu den wenigen Käufern. „Die Bilder Schönbergs", schreibt Wassily Kandinsky 1912, „zerfallen in zwei Arten: die einen sind direkt nach der Natur gemalte Menschen, Landschaften; die anderen — intuitiv empfundene Köpfe, die er ‚Visionen' nennt. [...] Die zweiten malt er

(ebenso selten wie die ersten), um seine Gemütsbewegungen, die keine musikalische Form finden, zum Ausdruck zu bringen. Diese beiden Arten sind äußerlich verschieden. Innerlich stammen sie aus einer und derselben Seele, die einmal durch die äußere Natur zum Vibrieren gebracht wird, ein anderes Mal — durch die innere." Schönberg, der Mahler — nicht ohne Ambivalenz — zutiefst verehrte, malte das (hier reproduzierte) Bild *Gustav Mahler (Vision)* im Jahre 1910 in Öl auf Pappe (© Lawrence A. Schönberg, Los Angeles).

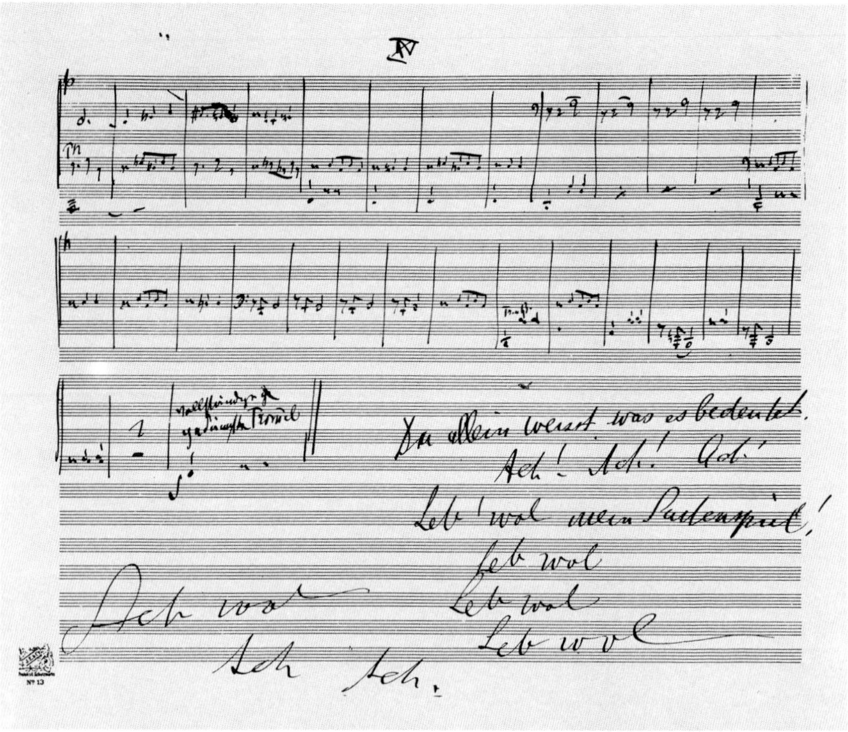

Abb. 30: Mahlers *Zehnte Symphonie* — aus dem Sommer 1910 — ist Fragment geblieben, wobei die Vollendbarkeit oder auch nur Aufführbarkeit der — in unterschiedlichem Entwicklungsstand vom Komponisten hinterlassenen — fünf Sätze kontrovers beurteilt werden. Zwei Sätze, der erste und dritte, sind als Partiturentwurf überliefert, während der Kompositionsprozeß der anderen Sätze weniger weit fortgeschritten ist. Mit ihren Exklamationen, die der seelisch wie körperlich gepeinigte Mahler im Sommer 1910 niederschrieb, ist die *Zehnte Symphonie* ein erschütterndes Dokument schöpferischer Einsamkeit und Verzweiflung. Spricht aus der (hier reproduzierten) Particell-Schlußseite des — in seiner satzzyklischen Position ungewissen — Scherzosatzes Mahlers Todesahnung, so beleuchtet die Aufschrift der Titelseite dieses Satzes („Der Teufel tanzt es mit mir / Wahnsinn, fass mich an, Verfluchten! […]") den Zusammenhang, der zwischen einer ins Negative gewandten künstlerischen Schaffenstheologie und einer Ästhetik der Moderne — wie ihn Thomas Mann in seinem Roman *Doktor Faustus* entwerfen wird — besteht (Österreichische Nationalbibliothek, Bildarchiv, Wien).

Abb. 31: Die Totenmaske wurde Mahler von seinem Schwiegervater Carl Moll am 18. Mai 1911 abgenommen. Die hier erstmals veröffentlichte Aufnahme (Photo Imhoffen, Freiburg i. Br.) wurde vom Original der Maske gemacht, von der Moll Anfang der vierziger Jahre dem Ehepaar Bruno und Eleonore Vondenhoff eine Kopie nach Freiburg im Breisgau geschickt hatte. Im Unterschied zu anderen Photographien, bei denen die schmerzerfüllten Züge des Abgemagerten dominieren, vermittelt diese Aufnahme den Eindruck würdiger Schönheit (Wiedergabe mit freundlicher Genehmigung von Frau Eleonore Vondenhoff, Frankfurt am Main).

Abb. 32: Durch Vermittlung seines Schwiegervaters Moll saß Mahler dem berühmtesten Bildhauer der Epoche, Auguste Rodin, Modell anläßlich seiner Pariser Aufenthalte im April und Oktober 1909. Rodin schuf von Mahler zwei Bronze-Porträts und ein — nach der Bronze gearbeitetes — Marmor-Porträt. Während die Bronze-Büste aufgrund vieler Kopien bekannt ist — eine davon wurde in der Wiener Hofoper nach Mahlers Tod aufgestellt und ist heute in der Staatsoper wieder zu sehen —, gilt dies weniger für die Marmor-Skulptur aus dem Jahre 1911 (im Bild). Rodin, der Geschichte und Gegenwart bei seinen Werken oft verschränkte, nannte die Mahler-Büste „Homme du XVIIIe siècle" bzw. „Mozart", unter welchem Namen sie heute im Musée Rodin in Paris ausgestellt ist. Mahlers Kopf entwächst hier so dem Marmorblock, daß man den Eindruck einer Genese des Geistigen aus der Materie empfängt (Musée Auguste Rodin, Paris, Inv.-Nr. S. 1085).

Werkverzeichnis

Die Autoren der Dichtungen sind hinter dem Werktitel in Klammer angezeigt, Ort und Datum der Erstveröffentlichung eines Werkes sind in einer weiteren Klammer dahinter angegeben. Die angegebenen Tonarten dienen zur Orientierung, sind jedoch im Falle der (von Mahler häufig realisierten) Werkgestaltung mit „progressiver Tonalität" nur von begrenzter Aussagekraft.
Seit 1960 erscheinen die Werke Mahlers im Rahmen einer *Kritischen Gesamtausgabe sämtlicher Werke*, welche die Internationale Gustav Mahler Gesellschaft in Zusammenarbeit mit mehreren Verlagen herausgibt.

Klavierquartett (a-Moll), unvollendet (Hamburg 1973) .... 1876—1878 (?)
(Uraufführung 1876—1878?)

Lieder (Mahler) für Tenorstimme mit Klavier (unveröffentlicht)
1. *Im Lenz* .... 19. Februar 1880
2. *Winterlied* .... 27. Februar 1880
3. *Maitanz im Grünen* .... 5. März 1880

Das klagende Lied (Mahler) für Sopran-, Alt- und Tenor-Solo, gemischten Chor und großes Orchester (Leipzig und Wien 1902 [nur die ursprünglichen Teile 2 und 3 — *Der Spielmann, Hochzeitsstück* — in mehrfach revidierter Fassung]; New York 1973 [Teil 1: *Waldmärchen* in einer früheren Fassung]) .... 1878—1880, revidiert 1892/93 und 1898/99 sowie 1906
(Uraufführung am 17. Februar 1901 in Wien — veröffentlichte Fassung; 28. November 1934 in Brünn — Originalfassung)

Lieder und Gesänge für eine Singstimme mit Klavier (drei Hefte, Mainz 1892) ... 1880—1890

I. .... 1880—1883
(Uraufführung *Frühlingsmorgen* und *Erinnerung* am 13. November 1889 in Budapest; *Hans und Grete* am 18. April 1886 in Prag; *Serenade* und *Phantasie* aus *Don Juan* am 12. Oktober 1909 in Prag)
1. *Frühlingsmorgen* (Leander)
2. *Erinnerung* (Leander)
3. *Hans und Grete* (Mahler)
4. *Serenade* aus *Don Juan* (Tirso de Molina)
5. *Phantasie* aus *Don Juan* (Tirso de Molina)

II. Aus *Des Knaben Wunderhorn* (von Arnim/Brentano) .... 1887—1890
(Uraufführung *Um schlimme Kinder artig zu machen* Saison 1899/1900 in München; *Ich ging mit Lust durch einen grünen Wald* am 13. Dezember in Stuttgart 1907; *Aus! Aus!* am 29. April 1892 in Hamburg; *Starke Einbildungskraft* am 13. November 1907 in Stuttgart)
1. *Um schlimme Kinder artig zu machen*
2. *Ich ging mit Lust durch einen grünen Wald*
3. *Aus! Aus!*
4. *Starke Einbildungskraft*

III. Aus *Des Knaben Wunderhorn* (von Arnim/Brentano) .... 1887—1890
(Uraufführung *Zu Straßburg auf der Schanz* im November 1906 in Helsinki; *Ablösung im Sommer* Saison 1904/05 in Berlin; *Scheiden und Meiden* am 13. November 1889 in Budapest; *Nicht wiedersehen!* am 29. April 1892 in Hamburg; *Selbstgefühl* am 15. Februar 1900 in Wien)
1. *Zu Straßburg auf der Schanz*
2. *Ablösung im Sommer*
3. *Scheiden und Meiden*

4. *Nicht wiedersehen!*
5. *Selbstgefühl*

Lieder eines fahrenden Gesellen (Mahler) für eine Singstimme mit Orchester bzw. Klavier (Wien 1897) .... Dezember 1884—?, revidiert 1891—1896
(Uraufführung am 16. März 1896 in Berlin)
1. *Wenn mein Schatz Hochzeit macht*
2. *Ging heut' morgen übers Feld*
3. *Ich hab ein glühend Messer*
4. *Die zwei blauen Augen*

Symphonie Nr. 1 (D-Dur) in vier Sätzen für großes Orchester (Wien 1899 [die mehrfach überarbeitete viersätzige Werkgestalt]; Bryn Mawr, Pennsylvania 1968 [der aus der ursprünglich fünfsätzigen Werkgestalt mit dem Titel *Titan* ausgeschiedene 2. Satz, das Andante *Blumine*])
.... 1885—März 1888, revidiert 1893—1899
(Uraufführung am 20. November 1889 in Budapest)
1. Langsam, schleppend. Im Anfang sehr gemächlich
2. Kräftig bewegt, doch nicht zu schnell
3. Feierlich und gemessen, ohne zu schleppen
4. Stürmisch bewegt

Symphonie Nr. 2 (c-Moll) in fünf Sätzen für großes Orchester, Sopran- und Alt-Solo und gemischten Chor (Leipzig 1897, revidiert [2]1903) .... 1888—1894, revidiert 1903
(Der 1888 entstandene erste Satz, zeitweise als Symphonische Dichtung *Totenfeier* ein selbständiges Werk, in Erstausgabe Wien 1988 erschienen)
(Uraufführung am 13. Dezember 1895 in Berlin)
1. Allegro maestoso
2. Andante moderato
3. In ruhig fließender Bewegung
4. *Urlicht.* Sehr feierlich, aber schlicht
5. Im Tempo eines Scherzo

Lieder aus *Des Knaben Wunderhorn* (von Arnim/Brentano) für eine Singstimme mit Orchester bzw. Klavier (Wien 1900) [Nr. 1, 2, 3, 13 und 5 1892 als *5 Humoresken* zusammengefaßt]
.... 1892—1898
(Uraufführung *Der Schildwache Nachtlied* und *Verlor'ne Müh* am 12. Dezember 1892 in Berlin; *Trost im Unglück*, *Das himmlische Leben*, *Wer hat dies Liedlein erdacht?* und *Rheinlegendchen* am 27. Oktober 1893 in Hamburg; *Das irdische Leben* am 14. Januar 1900 in Wien; *Des Antonius von Padua Fischpredigt* und *Lied des Verfolgten im Turm* am 29. Januar 1905 in Wien; *Lob des hohen Verstandes* am 18. Januar 1906 in Wien; *Es sungen drei Engel* am 9. Juni 1902 in Krefeld; *Urlicht* am 13. Dezember 1895 in Berlin)
1. *Der Schildwache Nachtlied* .... 28. Januar 1892
2. *Verlor'ne Müh'* .... 1. Februar 1892
3. *Trost im Unglück* .... 22. Februar 1892
4. *Wer hat dies Liedlein erdacht?* .... 6. Februar 1892
5. *Das irdische Leben* 1892/1893
6. *Des Antonius von Padua Fischpredigt* .... 8. Juli 1893
7. *Rheinlegendchen* .... 9. August 1893
8. *Lied des Verfolgten im Turm* .... Juli 1898
9. *Wo die schönen Trompeten blasen* .... Juli 1898
10. *Lob des hohen Verstandes* .... 21.—28. Juni 1896

11. *Es sungen drei Engel* [umgearbeitet zum 5. Satz der *III. Symphonie*] . . . . . . 11. August 1895
12. *Urlicht* [4. Satz der *II. Symphonie*] 1892
13. *Das himmlische Leben* (umgearbeitet zum Finale der *IV. Symphonie*) . . . . . 10. Februar 1892

Symphonie Nr. 3 (d-Moll) in sechs Sätzen für großes Orchester, Alt-Solo, Knabenchor und Frauenchor (Wien 1899, revidiert [2]1906) . . . . 1893—1896, revidiert 1906
(Uraufführung am 9. Juni 1902 in Krefeld)
1. Kräftig. Entschieden
2. Tempo di Menuetto. Sehr mäßig
3. Comodo. Scherzando. Ohne Hast
4. Sehr langsam. Misterioso. Durchaus ppp
5. Lustig im Tempo und keck im Ausdruck
6. Langsam. Ruhevoll. Empfunden

Symphonie Nr. 4 (G-Dur) in vier Sätzen für großes Orchester und Sopran-Solo (Wien 1902, revidiert [2]1906) . . . . 1899—1900, revidiert 1901—1910
(Uraufführung am 25. November 1901 in München)
1. Bedächtig. Nicht eilen
2. In gemächlicher Bewegung. Ohne Hast
3. Ruhevoll
4. Sehr behaglich

Symphonie Nr. 5 (cis-Moll) in fünf Sätzen für großes Orchester (Leipzig 1904, revidiert 1904 und 1911) . . . . 1901—1902
(Uraufführung am 18. Oktober 1904 in Köln)
1. Trauermarsch. In gemessenem Schritt. Streng. Wie ein Kondukt
2. Stürmisch bewegt, mit größter Vehemenz
3. Scherzo. Kräftig, nicht zu schnell
4. Adagietto. Sehr langsam
5. Rondo-Finale. Allegro

Kindertotenlieder (Rückert) für eine Singstimme mit Orchester bzw. Klavier (Leipzig 1905) . . .
. . . . 1901—1904
(Uraufführung am 29. Januar 1905 in Wien)
1. *Nun will die Sonn' so hell aufgeh'n*
2. *Nun seh' ich wohl, warum so dunkle Flammen*
3. *Wenn dein Mütterlein*
4. *Oft denk' ich, sie sind nur ausgegangen*
5. *In diesem Wetter, in diesem Braus*

Sieben Lieder für eine Singstimme mit Orchester bzw. Klavier (Nr. 1 — 6: Leipzig 1905)
. . . . 1899—1907
(Uraufführung am 29. Januar 1905 in Wien: Nr. 1 — 6; am 8. Februar 1907 in Wien: Nr. 7)
1. *Revelge* (aus *Des Knaben Wunderhorn*) . . . . Juni/Juli 1899
2. *Der Tamboursg' sell* (aus *Des Knaben Wunderhorn*) . . . . August 1901
3. *Blicke mir nicht in die Lieder* (Rückert) . . . . 14. Juni 1901
4. *Ich atmet' einen linden Duft* (Rückert) . . . . Juli oder August 1901
5. *Ich bin der Welt abhanden gekommen* (Rückert) . . . . 16. August 1901
6. *Um Mitternacht* (Rückert) . . . . Sommer 1901
7. *Liebst du um Schönheit* (Rückert) (Leipzig 1907) . . . . August 1902

Symphonie Nr. 6 (a-Moll) in vier Sätzen für großes Orchester (Leipzig 1906). .... 1903—1904, revidiert 1906
(Uraufführung am 27. Mai 1906 in Essen)
1. Allegro energico, ma non troppo
2. Scherzo. Wuchtig
3. Andante
4. Finale. Allegro moderato

Symphonie Nr. 7 (e-Moll) in fünf Sätzen für großes Orchester (Berlin 1909) ...... 1904—1905
(Uraufführung am 19. September 1908 in Prag)
1. Langsam — Allegro
2. Nachtmusik I
3. Scherzo
4. Nachtmusik II
5. Rondo-Finale

Symphonie Nr. 8 (Es-Dur) in zwei Sätzen für großes Orchester, acht Solisten, zwei gemischte Chöre und Knabenchor (Wien 1911 [Partitur]) .... Sommer 1906
(Uraufführung am 12. September 1910 in München)
1. Hymnus: Veni creator spiritus. Allegro impetuoso
2. Schlußszene aus „Faust". Poco adagio

Das Lied von der Erde (nach Hans Bethges *Die chinesische Flöte*). Eine Symphonie in sechs Sätzen für großes Orchester, Tenor- und Alt-/Bariton-Solo (Wien 1912; Klavierfassung: Wien 1989) .... 1908—1909
(Uraufführung am 20. November 1911 in München)
1. *Das Trinklied vom Jammer der Erde* (Tenor)
2. *Der Einsame im Herbst* (Alt/Bariton)
3. *Von der Jugend* (Tenor)
4. *Von der Schönheit* (Alt/Bariton)
5. *Der Trunkene im Frühling* (Tenor)
6. *Der Abschied* (Alt/Bariton)

Symphonie Nr. 9 (D-Dur) in vier Sätzen für großes Orchester (Wien 1913) .... 1909—1910
(Uraufführung am 26. Juni 1912 in Wien)
1. Andante comodo
2. Im Tempo eines gemächlichen Ländlers. Etwas täppisch und sehr derb
3. Rondo-Burleske. Allegro assai. Sehr trotzig
4. Adagio

Symphonie Nr. 10 (Fis-Dur) für großes Orchester, unvollendet (New York 1951 [Sätze 1 und 3]; London und New York 1976 [vervollständigte Fassung von Cooke]) 1910
(Uraufführung am 14. Oktober 1924 in Wien)
1. Adagio
(Uraufführung der von Deryck Cooke vervollständigten Fassung am 13. August 1964 in London)

Nähere Informationen finden sich in den Werkverzeichnissen bei:
The New Grove Dictionary of Music and Musicians, Bd. 11, Art. *Mahler*, London 1980, S. 527ff. [Bibliographie von Donald Mitchell]

Henry-Louis de La Grange, *Gustav Mahler. Chronique d'une vie, III: Le génie foudroyé (1907—1911)*, Paris 1984, S. 1259ff.

Bibliographie

Abkürzungen für häufig zitierte Literatur

Adler, Mahler	Guido Adler, *Gustav Mahler,* Wien 1916
Adorno, Philosophie	Theodor W. Adorno, *Philosophie der neuen Musik* [Tübingen 1949], Frankfurt am Main 1958, zitiert nach der Auflage von 1969
Adorno, Mahler	Theodor W. Adorno, *Mahler. Eine musikalische Physiognomik,* Frankfurt am Main 1960
Adorno, Ästhetische Theorie	Theodor W. Adorno, *Ästhetische Theorie*, hrsg. von Gretel Adorno und Rolf Tiedemann (Gesammelte Schriften 7), Frankfurt am Main 1970
Bekker	Paul Bekker, *Gustav Mahlers Symphonien,* Berlin 1921
Danuser, Lied	Hermann Danuser, *Gustav Mahler. Das Lied von der Erde* (Meisterwerke der Musik 25), München 1986
Eggebrecht	Hans Heinrich Eggebrecht, *Die Musik Gustav Mahlers,* München 1982
Floros 1—3	Costantin Floros, *Gustav Mahler*, 3 Bde., Wiesbaden 1977—1985: *1: Die geistige Welt Gustav Mahlers in systematischer Darstellung,* 1977; *2: Mahler und die Symphonik des 19. Jahrhunderts in neuer Deutung,* 1977; *3: Die Symphonien,* 1985
GMB	Herta Blaukopf (Hrsg.), *Gustav Mahler. Briefe* (Bibliothek der Internationalen Gustav Mahler Gesellschaft), Wien/Hamburg 1982; erweiterte und revidierte Neuausgabe der Erstveröffentlichung, hrsg. von Alma Maria Mahler, *Gustav Mahler. Briefe 1879—1911*, Berlin u.a. 1924
HLG 1—3	Henry-Louis de La Grange, *Gustav Mahler. Chronique d'une vie,* 3 Bde., Paris 1979—1984: *1: Vers la Gloire (1860—1900),* 1979; *2: L'age d'or de Vienne (1900—1907),* 1983; *3: Le génie foudroyé (1907—1911),* 1984;
Mahler-Werfel, Erinnerungen	Donald Mitchell (Hrsg.), *Erinnerungen an Gustav Mahler. [Gustav Mahler:] Briefe an Alma Mahler,* Frankfurt am Main 1971; revidierte Neuausgabe der Erstveröffentlichung, hrsg. von Alma Mahler-Werfel, *Gustav Mahler. Erinnerungen und Briefe,* Amsterdam 1940
NBL	Herbert Killian (Hrsg.), *Gustav Mahler in den Erinnerungen von Natalie Bauer-Lechner*, mit Anmerkungen und Erklärungen von Knud Martner, Hamburg 1984; revidierte und erweiterte Neuausgabe der Erstveröffentlichung, hrsg. von Johann Killian, *Natalie Bauer-Lechner. Erinnerungen an Gustav Mahler*, Leipzig 1923
Ruzicka, Herausforderung	Peter Ruzicka, *Mahler. Eine Herausforderung*, Wiesbaden 1977
Schönberg, Stil und Gedanke	Arnold Schönberg, *Stil und Gedanke. Aufsätze zur Musik*, hrsg. von Ivan Vojtech (Gesammelte Schriften 1), Frankfurt am Main 1976, darin der Text *Mahler* S. 7—24
Sponheuer	Bernd Sponheuer, *Logik des Zerfalls. Untersuchungen zum Finalproblem in den Symphonien Gustav Mahlers,* Tutzing 1978
Stephan, Werk und Interpretation	Rudolf Stephan (Hrsg.), *Gustav Mahler. Werk und Interpretation. Autographe, Partituren, Dokumente*, Köln 1979 [Katalog der Düsseldorfer Mahler-Ausstellung 1979/80]

I. Bibliographien, Ikonographien, Diskographien, Mahler-Periodica

— Bruno und Eleonore Vondenhoff, *Gustav Mahler Dokumentation. Sammlung Eleonore Vondenhoff. Materialien zu Leben und Werk* (Publikationen des Instituts für Österreichische Musikdokumentation 4), Tutzing 1978
— Bruno und Eleonore Vondenhoff, *Ergänzungsband zur Gustav Mahler Dokumentation. Sammlung Eleonore Vondenhoff. Materialien zu Leben und Werk* (Publikationen des Instituts für Österreichische Musikdokumentation 9), Tutzing 1983
— Simon Michael Namenwirth, *Gustav Mahler. A critical bibliography,* 3 Bde., Wiesbaden 1987
— Alfred Roller, *Die Bildnisse von Gustav Mahler,* Leipzig 1922
— Gilbert E. Kaplan (Hrsg.), *The Mahler Album*, New York und London 1995
— Peter Fülöp, *The Discography of Gustav Mahler's Works,* in: Studia Musicologica Academiae Scientiarum Hungaricae 26 (1984), S. 219–418
— Peter Fülöp (Hrsg.), *Mahler Discography*, New York 1995
— Lewis M. Smoley, *The Symphonies of Gustav Mahler. A Critical Discography with Commentary,* Foreword by Jack Diether, Westport 1986
— *Nachrichten zur Mahler-Forschung,* hrsg. von der Internationalen Gustav Mahler Gesellschaft, Wien 1976ff. [bisher 35 Hefte erschienen]
— *Revue Mahler Review. Une revue sémesterielle d'études mahlériennes. A biannuel review for mahlerian studies,* hrsg. von der Bibliothèque Musicale Gustav Mahler, Paris 1987ff.

II. Briefe und Dokumente

— Alma Maria Mahler (Hrsg.), *Gustav Mahler. Briefe 1879–1911,* Berlin/Wien/Leipzig 1924 [erweiterte und revidierte Neuauflage siehe Herta Blaukopf, 1982]
— Alma Mahler-Werfel (Hrsg.), *Gustav Mahler. Erinnerungen und Briefe,* Amsterdam 1940 [erweiterte und revidierte Neuauflage siehe Donald Mitchell, 1971]
— Willi Reich (Hrsg.), *Gustav Mahler. Im eigenen Wort, im Worte der Freunde,* Zürich 1958
— Donald Mitchell (Hrsg.), *Erinnerungen an Gustav Mahler. Briefe an Alma Mahler* [erweiterte und revidierte Fassung der von Alma Mahler-Werfel 1940 herausgegebenen Ausgabe], Frankfurt am Main 1971
— Kurt Blaukopf (Hrsg.), *Mahler. Sein Leben, sein Werk und seine Welt in zeitgenössischen Bildern und Texten,* Wien 1976
— Knud Martner, Robert Becqué (Hrsg.), *Zwölf unbekannte Briefe Gustav Mahlers an Ludwig Strecker,* in: Archiv für Musikwissenschaft 34 (1977), S. 287–297
— Jutta Theurich (Hrsg.), *Briefe Gustav Mahlers an Feruccio Busoni,* in: Beiträge zur Musikwissenschaft 19 (1977), S. 212–215
— Edward R. Reilly (Hrsg.), *Gustav Mahler und Guido Adler. Zur Geschichte einer Freundschaft* (Bibliothek der Internationalen Gustav Mahler Gesellschaft), Wien 1978
— Herta Blaukopf (Hrsg.), *Gustav Mahler / Richard Strauss. Briefwechsel 1888–1911* (Bibliothek der Internationalen Gustav Mahler Gesellschaft), München und Zürich 1980
— Eduard Reeser (Hrsg.), *Gustav Mahler und Holland. Briefe* (Bibliothek der Internationalen Gustav Mahler Gesellschaft), Wien 1980
— Mathias Hansen (Hrsg.), *Gustav Mahler. Briefe,* Leipzig 1981
— Herta Blaukopf (Hrsg.), *Gustav Mahler. Briefe* (Bibliothek der Internationalen Gustav Mahler Gesellschaft) [erweiterte und revidierte Fassung der von Alma Maria Mahler 1924 herausgegebenen Ausgabe], Wien und Hamburg 1982

— Erika Nielsen (Hrsg.), *Focus on Vienna 1900. Change and continuity in literature, music, art and intellectual history,* München 1982
— Herta Blaukopf (Hrsg.), *Gustav Mahler. Unbekannte Briefe* (Bibliothek der Internationalen Gustav Mahler Gesellschaft), Wien und Hamburg 1983
— Knud Martner, *Gustav Mahler im Konzertsaal. Eine Dokumentation seiner Konzerttätigkeit 1870–1911,* Kopenhagen 1985
— Zoltan Roman, *Gustav Mahler's American Years 1907–1911. A documentary History,* Stuyvesant, New York 1989
— Herta und Kurt Blaukopf, *Gustav Mahler. Leben und Werk in Zeugnissen der Zeit*, Stuttgart 1994
— Henry-Louis de La Grange (Hrsg.), *Ein Glück ohne Ruh'. Die Briefe Gustav Mahlers an Alma*, Berlin 1995

III. Kataloge

— Rudolf Mengelberg (Hrsg.), *Mahler Feestboek,* in: *Mahler-Feest, 6–21 Mei 1920, ter gelegenheid van het 25 jarig jubileum van Willem Mengelberg als dirigent van het Concertgebouw te Amsterdam,* Amsterdam 1920
— Franz Hadamowsky (Hrsg.), *Gustav Mahler und seine Zeit,* Ausstellungskatalog, Wien 1960
Rudolf Stephan (Hrsg.), *Gustav Mahler. Werk und Interpretation. Autographe, Partituren, Dokumente,* Köln 1979
— Helmut Kühn und Georg Quander (Hrsg.), *Gustav Mahler. Ein Lesebuch mit Bildern,* Zürich 1982
— Jean-Michel Nectoux (Hrsg.), *Gustav Mahler. Un homme, une œuvre, une époque,* Paris 1985
— *Traum und Wirklichkeit – Wien 1870–1930*, Ausstellungskatalog des Historischen Museums der Stadt Wien, Wien 1985
— *Vienne* 1880–1938. *L'Apocalypse Joyeuse,* Ausstellungskatalog des Centre Pompidou, hrsg. von Jean Clair, Paris 1986
— *Jugendstil-Musik? Münchner Musikleben 1890–1918,* Ausstellungskatalog der Bayerischen Staatsbibliothek, Wiesbaden 1987
— Donald Mitchell (Hrsg.), *Gustav Mahler: the world listen* [Programmbuch zum Mahler-Fest Amsterdam 1995], Amsterdam 1995

IV. Erinnerungen an Mahler

— Paul Stefan (Hrsg.), *Gustav Mahler. Ein Bild seiner Persönlichkeit in Widmungen,* München; darin:
Bruno Walter, *Dedication;* Carl Hagemann, *Der Fall Mahler als Kulturtragödie;* Max Burckhard, *Der Fall Mahler als Politicum;* Guido Adler, *Ein Freundeswort;* Georg Göhler, *Der Künstler und seine Zeit;* Max Steinitzer, *Mahler in Leipzig;* Angelo Neumann, *Mahler in Prag;* Hermann Bahr, *Mahler und das deutsche Theater;* Marie Gutheil-Schoder, *Mahlers Opernregie;* Hans Pfitzner, *Die Rose vom Liebesgarten in Wien;* William Ritter, *Tagebuch-*

blatt. 17. April 1910; Hugo von Hofmannsthal, *Widmung;* Julius Bittner, *Wie Mahler förderte;* Oskar Bie, *Wiener Opern-Inszenierungen.*
— Johann Killian (Hrsg.), *Natalie Bauer-Lechner. Erinnerungen an Gustav Mahler,* Leipzig 1923 [erweiterte und revidierte Neuauflage siehe Herbert Killian, 1984]
— Ludwig Karpath, *Begegnung mit dem Genius,* Wien 1934
— Alma Mahler-Werfel (Hrsg.), *Gustav Mahler. Erinnerungen und Briefe,* Amsterdam 1940 [erweiterte und revidierte Neuauflage siehe Donald Mitchell, 1971]
— Josef Bohuslav Foerster, *Der Pilger. Erinnerungen eines Musikers* [deutsche Übersetzung], Prag 1955
— Otto Klemperer, *Meine Erinnerungen an Gustav Mahler,* in: ders., *Meine Erinnerungen an Gustav Mahler und andere biographische Skizzen,* Zürich 1960, S. 5–12
— Hermann Bahr, *Mahler,* in: *Essays. Kulturprofile der Jahrhundertwende,* hrsg. von Heinz Kindermann, Wien 1962, S. 275–282
— Donald Mitchell (Hrsg.), *Erinnerungen an Gustav Mahler. Briefe an Alma Mahler* [erweiterte und revidierte Fassung der von Alma Mahler-Werfel 1940 herausgegebenen Ausgabe], Frankfurt am Main 1971
— Knud Martner (Hrsg.), *Ferdinand Pfohl: Gustav Mahler. Eindrücke und Erinnerungen aus den Hamburger Jahren,* Hamburg 1973
— Herbert Killian (Hrsg.), *Gustav Mahler in den Erinnerungen von Natalie Bauer-Lechner* [erweiterte und revidierte Fassung der von Johann Killian 1923 herausgegebenen Ausgabe], Hamburg 1984

V. Monographien

a) biographisch orientierte Arbeiten

— Ludwig Schiedermair, *Gustav Mahler. Eine biographisch-kritische Würdigung* (Moderne Musiker 4), Leipzig 1901
— Paul Stefan, *Gustav Mahler. Eine Studie über Persönlichkeit und Werk,* München 1911 [mehrere spätere revidierte Auflagen sind erschienen]
— Richard Specht, *Gustav Mahler,* Berlin 1913
— Guido Adler, *Gustav Mahler,* Wien 1916
— C. Rudolf Mengelberg, *Gustav Mahler,* Leipzig 1923
— Bruno Walter, *Gustav Mahler,* Wien 1936
— Jean Matter, *Mahler le démoniaque,* Lausanne 1959
— Max Brod, *Gustav Mahler. Beispiel einer deutsch jüdischen Symbiose,* Frankfurt am Main 1961
— Ugo Duse, *Gustav Mahler. Introduzione allo studio della vita e delle opere,* Padua 1962
— Marc Vignal, *Mahler,* Paris 1966
— Richard Kralik, *Gustav Mahler,* hrsg. von Friedrich C. Heller, Wien 1968
— Wolfgang Schreiber, *Gustav Mahler in Selbstzeugnissen und Bilddokumenten* (Rowohlts Monographien 81), Reinbek bei Hamburg 1971
— Henry-Louis de La Grange, *Mahler. A Biography,* Bd. 1, London 1974 [erweiterte und revidierte Ausgabe in französischer Sprache, siehe de La Grange 1979ff.]
— Michael Kennedy, *Mahler,* London 1974
— Donald Mitchell, *Gustav Mahler,* 3 Bde., London 1975–1985
1: Gustav Mahler. Songs and symphonies of life and death, 1975

2: Gustav Mahler. The early years, 1980
3: Gustav Mahler. The Wunderhorn years. Chronicles and commentaries, 1985
— Costantin Floros, *Gustav Mahler,* 3 Bde., Wiesbaden 1977–1985
1: Die geistige Welt Gustav Mahlers in systematischer Darstellung, 1977
2: Mahler und die Symphonik des 19. Jahrhunderts in neuer Deutung, 1977
3: Die Symphonien, 1985
— Egon Gartenberg, *Mahler. The Man and his Music,* New York 1978
— Vladimir Karbusicky, *Gustav Mahler und seine Umwelt* (Impulse der Forschung 28), Darmstadt 1978
— Paul Banks, *The early social and musical environment of Gustav Mahler,* Diss. Universität Oxford 1979
— Henry-Louis de La Grange, *Gustav Mahler. Chronique d'une vie,* 3 Bde., Paris 1979–1984
1: Vers la Gloire (1860–1900), 1979
2: L'âge d'or de Vienne (1900–1907), 1983
3: Le génie foudroyé (1907–1911), 1984
— Dika Newlin, *Bruckner, Mahler, Schönberg,* London 1979
— Bruno Walter, *Gustav Mahler. Ein Porträt,* mit einem Nachwort und einer Diskographie neu hrsg. von Ekkehart Kroher (Taschenbücher zur Musikwissenschaft 72), Wilhelmshaven 1981
— Hans Joachim Schäfer, *Gustav Mahler in Kassel,* Kassel 1982
— Quirino Principe, *Mahler,* Mailand 1983
— Alphons Silbermann, *Lübbes Mahler Lexikon,* Bergisch Gladbach 1986
— Karl-Josef Müller, *Mahler. Leben – Werke – Dokumente,* Mainz 1988
— Eveline Nikkels, *„O Mensch! Gib Acht!" Friedrich Nietzsches Bedeutung für Gustav Mahler,* Amsterdam 1989
— Arnoldo Liberman, *Gustav Mahler. Annäherung in vier Sätzen*, Frankfurt am Main 1992
— Frank Berger, *Vision und Mythos. Versuch einer geistigen Biographie*, Stuttgart 1993
— Franz Willnauer, *Gustav Mahler und die Wiener Oper* [erweiterte und revidierte Neuauflage], Wien 1993
— Henry-Louis de La Grange, *Gustav Mahler. Vol 1. Vienna: The Years of Challenge (1879–1904)*, Oxford und New York 1995.

b) am musikalischen Werk orientierte Arbeiten

— Hans Ferdinand Redlich, *Gustav Mahler. Eine Erkenntnis,* Nürnberg 1919
— Paul Bekker, *Gustav Mahlers Symphonien,* Berlin 1921
— Fritz Egon Pamer, *Gustav Mahlers Lieder. Eine stilkritische Studie,* Diss. Universität Wien 1922 [gekürzt gedruckt in: Studien zur Musikwissenschaft 16/17 (1929/30), Bd. I, S. 116–138; Bd. II, S. 105–127]
— Heinrich Schmidt, *Formprobleme und Entwicklungslinien in Gustav Mahlers Symphonien,* Diss. Universität Wien 1929
— Anton Schaefers, *Gustav Mahlers Instrumentation,* Düsseldorf 1935
— Hans Tischler, *Die Harmonik in den Werken Gustav Mahlers,* Diss. Universität Wien 1937
— Helmut Storjohann, *Die formalen Eigenarten in den Symphonien Gustav Mahlers,* Diss. Universität Hamburg 1952
— Erwin Stein, *Orpheus in New Guises,* London 1953
— Armin Schibler, *Zum Werk Gustav Mahlers,* Lindau 1955
— Theodor W. Adorno, *Mahler. Eine musikalische Physiognomik,* Frankfurt am Main 1960

— Deryck Cooke, *Gustav Mahler. 1860–1911,* London 1960, 2. erw. Aufl. 1980
— Theodor Reik, *The haunting melody. Psychoanalytic experiences in life and music,* New York 1960
— Neville Cardus, *Gustav Mahler. His Mind and his Music,* London 1965
— Rudolf Stephan, *Gustav Mahler. IV. Symphonie G-Dur* (Meisterwerke der Musik 5), München 1966
— Hans Ferdinand Redlich, *Bruckner and Mahler* (The Master Musicians Series), London und New York 1966
— Kurt Blaukopf, *Gustav Mahler oder Der Zeitgenosse der Zukunft,* Wien u. a. 1969
— M. L. von Deck, *Gustav Mahler in New York. His Conducting Activities in New York City,* 1908—1911, Diss. City University New York 1973
— Zoltan Roman, *Mahler's songs and their influence on his symphonic thought,* 2 Bde., Diss. Universität Toronto 1970
— Ugo Duse, *Gustav Mahler,* Turin 1973
— Jean Matter, *Connaissance de Mahler,* Lausanne 1974
— John G. Williamson, *The development of Mahler's symphonic technique with special reference to the compositions of the period 1899 to 1905,* Diss. Universität Oxford 1975
— Erwin Ratz, *Gesammelte Aufsätze,* hrsg. von Friedrich C. Heller, Wien 1975
— Peter Andraschke, *Gustav Mahlers IX. Symphonie. Kompositionsprozeß und Analyse* (Beihefte zum Archiv für Musikwissenschaft 14), Wiesbaden 1976
— Colin Matthews, *Mahler at work. Aspects of the creative process,* Diss. Universität Sussex 1977
— Susan Melanie Filler, *Editorial problems in symphonies of Gustav Mahler. A study of the sources of the Third and Tenth Symphonies,* Diss. Universität Evanston 1977
— Monika Tibbe, *Über die Verwendung von Liedern und Liedelementen in instrumentalen Symphoniesätzen Gustav Mahlers* (Berliner musikwissenschaftliche Arbeiten 1), München 1977
— Bernd Sponheuer, *Logik des Zerfalls. Untersuchungen zum Finalproblem in den Symphonien Gustav Mahlers,* Tutzing 1978
— Elizabeth Mary Dargie, *Music and poetry in the songs of Gustav Mahler,* Diss. Universität Aberdeen 1979
— Eberhard Klemm, *Zur Geschichte der Fünften Sinfonie von Gustav Mahler,* in: Jahrbuch Peters 2 (1979), Leipzig 1980, S. 9–116
— Rudolf Stephan, *Gustav Mahler. 11. Symphonie c-moll* (Meisterwerke der Musik 21), München 1979
— Susanne Vill, *Vermittlungsformen verbalisierter und musikalischer Inhalte in der Musik Gustav Mahlers* (Frankfurter Beiträge zur Musikwissenschaft 6), Tutzing 1979
— Peter Revers, *Gustav Mahler. Untersuchungen zu den späten Sinfonien,* Hamburg 1985
— Stephen E. Hefling, *A documentation and analytical study of selected works of Gustav Mahler,* Yale University New Haven, Conn. 1981
— Elizabeth Mary Dargie, *Music and poetry in the songs of Gustav Mahler,* Bern 1981
— Hans Heinrich Eggebrecht, *Die Musik Gustav Mahlers,* München 1982
— Peter Oswald, *Perspektiven des Neuen. Studien zum Spätwerk von Gustav Mahler,* Diss. Universität Wien 1982
— Reinhard Gerlach, *Strophen von Leben, Traum und Tod. Ein Essay über Rückert-Lieder von Gustav Mahler* (Taschenbücher zur Musikwissenschaft 83), Wilhelmshaven 1983
— Birgit Heusgen, *Studien zu Gustav Mahlers Bearbeitung und Ergänzung von Carl Maria von Webers Opernfragment „Die drei Pintos"* (Kölner Beiträge zur Musikforschung 133), Regensburg 1983
— Wolfgang Schlüter, *Studien zur Rezeptionsgeschichte der Symphonik Gustav Mahlers,* Diss. Technische Universität Berlin 1983 [auszugsweise unter dem Titel *Die Wunde Mahler* abge-

druckt in: Heinz-Klaus Metzger, Rainer Riehn (Hrsg.), *Gustav Mahler* (Musik-Konzepte. Sonderband), München 1989, S. 7–149]
— Theodor Schmitt, *Der langsame Symphoniesatz Gustav Mahlers. Historisch-vergleichende Studien zu Mahlers Kompositionstechnik* (Münchner Universitätsschriften. Studien zur Musik 3), München 1983
— David B. Greene, *Mahler. Consciousness and temporality,* New York 1984
— Christopher Orlo Lewis, *Tonal coherence in Mahler's Ninth Symphony,* Ann Arbor, Michigan 1984
— Hermann Danuser, *Gustav Mahler. Das Lied von der Erde* (Meisterwerke der Musik 25), München 1985
— Hans-Peter Jülg, *Gustav Mahlers Sechste Symphonie,* München und Salzburg 1986
— Renate Hilmar-Voit, *Im Wunderhorn-Ton. Gustav Mahlers sprachliches Kompositionsmaterial bis 1900,* Tutzing 1988
— Michael Oltmanns, *Strophische Strukturen im Werk Gustav Mahlers. Untersuchungen zum Liedwerk und zur Symphonik* (Musikwissenschaftliche Studien 1), Pfaffenweiler 1988
— Sander Wilkens, *Gustav Mahlers Fünfte Symphonie. Quellen und Instrumentationsprozeß,* Diss. Technische Universität Berlin 1988
— James L. Zychowicz, *Sketches and drafts of Gustav Mahler 1892—901. The sources of the Fourth Symphony, 3* Bde., Universität Cincinnati 1988
— Elisabeth Schmierer, *Die Orchesterlieder Gustav Mahlers,* Diss. Universität Kiel 1989.
— Jeremy Barham, *Gustav Mahler and the Philosophy of Schopenhauer and Nietzsche*, Diss. Universität Surrey 1992
— George Alexander Albrecht, *„Was uns mit mystischer Gewalt hinanzieht ..." Die Symphonien von Gustav Mahler. Eine Einführung*, Hameln 1992
— Morten Solvik Olsen, *Culture and the Creative Imagination: The Genesis of Gustav Mahler's Third Symphony* (UMI), 2 Bde., Diss. Universität Pennsylvania 1992
— Hans-Joachim Bracht, *Nietzsches Theorie der Lyrik und das Orchesterlied: ästhetische und analytische Studien zu Orchesterliedern von Richard Strauss, Gustav Mahler und Arnold Schönberg*, Kassel u.a. 1993
— Martin Geck, *Von Beethoven bis Mahler. Die Musik des deutschen Idealismus*, Stuttgart und Weimar 1993
— Robert Samuels, *Mahler's Sixth Symphony. A Study in Musical Semiotics* (Cambridge Studies in Music Theory and Analysis), Cambridge, New York und Melbourne 1995
— Mirjam Schadendorf, *Humor als Formkonzept in der Musik Gustav Mahlers*, Stuttgart und Weimar 1995

VI. Sammelwerke

— Rudolf Mengelberg (Hrsg.), *Das Mahler-Fest Amsterdam, Mai 1920. Vorträge und Berichte,* Wien 1920
darin:
Alfredo Casella, *Festrede*
Paul Stefan, *Gustav Mahler und das Theater*
Rudolf Mengelberg, *Gustav Mahler und sein Werk*
Guido Adler, *Gustav Mahlers Persönlichkeit*
Richard Specht, *Gustav Mahlers Sieg*
Rudolf Mengelberg, *Das Mahler-Fest in Amsterdam. Auszüge aus Berichten*

Alfredo Casella, *Manifesto of the foreign guests at the Mahler-Festival, May 21, 1920*
Felix Salten, *Wien und die Musik*
— *Gustav Mahler,* hrsg. vom Rainer Wunderlich Verlag, Tübingen 1966
darin:
Arnold Schönberg, *Prager Rede*
Ernst Bloch, *Melismatische Depeschen aus fernem Hauptquartier*
Otto Klemperer, *Erinnerungen*
Erwin Ratz, *Von Leben und Werk*
Erwin Ratz, *Zum Formproblem*
Hans Mayer, *Musik und Literatur*
Dieter Schnebel, *Das Spätwerk als Neue Musik*
Theodor W. Adorno, *Wiener Rede*
Theodor W. Adorno, *Epilegomena*
— Sigrid Wiesmann (Hrsg.), *Gustav Mahler und Wien,* Stuttgart 1976
darin:
Pierre Boulez, *Gustav Mahler aktuell?*
Marcel Prawy, *Gustav Mahler als Hofoperndirektor*
Sigrid Wiesmann, *Gustav Mahler und die Wiener Philharmoniker*
Wolf Rosenberg, *Gustav Mahlers Abschied und Wiederkehr*
Henry-Louis de La Grange, *Gustav Mahlers persönliche Wiener Biographie*
Friedrich C. Heller, *Gustav Mahlers Schaffen der Wiener Jahre*
Gottfried Scholz, *Gustav Mahlers Sommerfrischen*
Henry-Louis de La Grange, *Gustav Mahlers Wege nach Wien*
Hilde Spiel, *Wien zur Zeit Gustav Mahlers*
— Otto Kolleritsch (Hrsg.), *Gustav Mahler. Sinfonie und Wirklichkeit* (Studien zur Wertungsforschung 9), Graz 1977
darin:
Georg Knepler, *Gustav Mahlers Musik. Versuch einer Wertung*
Kurt Blaukopf, *Hintergründe der Mahler-Renaissance*
Otto Kolleritsch, *Historischer Versuch über Gustav Mahlers Aktualität*
Rudolf Flotzinger, *Gustav Mahler. Ein Romantiker?*
Diether de la Motte, *Das komplizierte Einfache. Anmerkungen zum 1. Satz der 9. Sinfonie von Gustav Mahler*
Dieter Rexroth, *Mahler und Schönberg*
Wolf Rosenberg, *Mahler und die Avantgarde. Kompositionstechnisches Vorbild oder geistige Sympathie?*
Ernst Märzendorfer u. a., *Gespräch mit einem Mahler-Interpreten*
Dieter Schnebel, *Sinfonie und Wirklichkeit am Beispiel von Mahlers Dritter*
Krzysztof Meyer, *Mahler und Schostakowitsch*
Reinhold Brinkmann, *Die gepreßte Sinfonie. Zum geschichtlichen Gehalt von Schönbergs opus 9*
Peter Faltin, *Semiotische Dimensionen des Instrumentalen und Vokalen im Wandel der Sinfonie (Beethoven-Mahler-Schostakowitsch)*
Karin Marsoner, *Sonatenkonzept Robert Schumanns in Theorie und Praxis*
Klaus Huber, *Musik für Orchester heute. Komponist und traditionelle Orchesterformation*
Hans Peter Thun, *Die Suche des Künstlers nach Identität*
— Peter Ruzicka (Hrsg.), *Mahler. Eine Herausforderung,* Wiesbaden 1977
darin:
Carl Dahlhaus, *Rätselhafte Popularität. Gustav Mahler–Zuflucht von der Moderne oder Anfang der Neuen Musik*

Hans-Wilhelm Kulenkampff, *Widerbild der Welt. Totalität und Einspruch bei Gustav Mahler*
Helmut Lachenmann, *Antworten auf fünf Fragen des Herausgebers*
Eberhardt Klemm, *Notizen zu Mahler*
Monika Tibbe, *Anmerkungen zur Mahler-Rezeption*
Peter Ruzicka, *Befragung des Materials. Gustav Mahler aus der Sicht aktueller Kompositionsästhetik*
Monika Lichtenfeld, *Zur Klangflächentechnik bei Mahler*
Wolf Rosenberg, *Die Moritat vom singenden Knochen. Das klagende Lied*
Dieter Schnebel, *Über Mahlers Dritte*
Hans Zender, *Aufzeichnungen während einer Probenwoche zur Dritten*
Hans-Klaus Jungheinrich, *Nach der Katastrophe. Anmerkungen zu einer aktuellen Rezeption der Siebten Symphonie*
Clytus Gottwald, *Die Achte*

— Klaus Hinrich Stahmer (Hrsg.), *Form und Idee in Gustav Mahlers Instrumental-Musik* (Taschenbücher zur Musikwissenschaft 70), Wilhelmshaven 1980
darin:
Klaus Hinrich Stahmer, *Mahlers Frühwerk. Eine Stiluntersuchung*
Michael Hoyer, *Die multiperspektivische Totalität von Mahlers Erster Symphonie*
Bernd Sponheuer, *Der Durchbruch als primäre Formkategorie Gustav Mahlers. Eine Untersuchung zum Finalproblem der Ersten Symphonie*
Rüdiger Schenck, *Zur Neunten Symphonie Gustav Mahlers*
Burkard Spinnler, *Zur Angemessenheit traditioneller Formbegriffe in der Analyse Mahlerscher Symphonik. Eine Untersuchung des ersten Satzes der Neunten Symphonie*

— Rudolf Klein (Hrsg.), *Beiträge '79–81. Gustav Mahler Kolloquium 1979. Ein Bericht* (Beiträge der Österreichischen Gesellschaft für Musik 7), Kassel 1981
darin:
Kurt Blaukopf, *Mahler und die Secession*
Carl E. Schoske, *Mahler and Klimt. Social Experience and Artistic Evolution*
Constantin Floros, *Weltanschauung und Symphonik bei Mahler*
William J. McGrath, *Mahler and Freud. The Dream of the Stately House*
Zoltan Roman, *The Royal Hungarian Opera under Mahler*
Inna Barssowa, *Mahler und Dostojewski*
Rudolf Stephan, *Zum Thema „Bruckner und Mahler"*
Peter Gülke, *Eine verborgene Station auf dem Weg von Schubert zu Mahler. Das Andante aus dem Symphonischen Fragment D 936A*
Manfred Wagner, *Mahler und die österreichische Musikkritik seiner Zeit*
Peter Revers, *Gustav Mahler und die Formanalyse. Reflexionen über ein gestörtes Verhältnis*
Stephen E. Hefling, *„Variations ‚in nuce'". A Study of Mahler Sketches, and a Comment on Sketch Studies*

— Rudolf Stephan (Hrsg.), *Mahler-Interpretation. Aspekte zum Werk und Wirken von Gustav Mahler,* Mainz 1985
darin:
Marius Flothuis, *Kapellmeistermusik*
Diether de la Motte, *Liebes-Erklärung an die 10. Symphonie von Gustav Mahler*
Ernst Hilmar, *Mahlers Beethoven-Interpretation*
Arno Forchert, *Mahler und Schumann*
Peter Andraschke, *Gustav Mahlers Retuschen im Finale seiner 6. Symphonie*
Eduard Reeser, *Die Mahler-Rezeption in Holland 1903–1911*
Gösta Neuwirth, *Zur Geschichte der 4. Symphonie*

Klaus Kropfinger, *Gerettete Herausforderung. Mahlers 4. Symphonie – Mengelbergs Interpretation*
Hermann Danuser, *Karl Horwitz' „Vom Tode". Ein Dokument der Mahler-Verehrung aus der Schönberg-Schule*
— *Colloque International Gustav Mahler. 25.–27. Januar 1985* [Paris], hrsg. von der Association Gustav Mahler, Paris 1986
darin:
Philippe Chamouard, *Gustav Mahler, précurseur du XXe siècle*
Claude Meylan, *Quelques réalisations de la Dixième Symphonie*
Donald Mitchell, *New light on „Das Lied von der Erde"*
Henry-Louis de La Grange, *„Ma musique est vécue". La biographie comme outil d'analyse-*
Peter Revers, *„Return to the idyll". The night pieces in Gustav Mahler's Seventh Symphony*
Eveline Nikkels, *„Licht, Leben, Lust". Trois des principaux concepts de Nietzsche dans l'œuvre de Gustav Mahler*
Pierre Babin, *Gustav Mahler, un enfant malade*
Edward R. Reilly, *A re-examination of the manuscripts of Mahler's Third Symphony*
Dominique Jameux, *Gustav Mahler et Pierre Boulez. Parallélismes/divergences*
Eduard Reeser, *La réception des œuvres de Mahler en Hollande entre 1903 et 1911*
Carl E. Schorske, *Mahler et Ives. Archaïsme populiste et innovation musicale*
Oleg Caetani, *Le point de vue d'un chef d'orchestre sur la Premiere Symphonie*
André Hajdu, *Réflexions sur la judaïté de Gustav Mahler*
Luciano Berio, *Une mélodie de Gustav Mahler*
— Heinz-Klaus Metzger, Rainer Riehn (Hrsg.), *Gustav Mahler* (Musik-Konzepte. Sonderband), München 1989
darin:
Heinz-Klaus Metzger, *Verhältnis zur Tradition*
Wolfgang Schlüter, *Die Wunde Mahler*
Hans Mayer, *Gustav Mahler und die Literatur*
Ugo Duse, *Der volkstümliche Ursprung des Mahlerschen Liedes*
Hans Rudolf Zeller, *Zum „Lied von der Erde"*
Sigfried Mauser, *Die Rezitative im „Abschied"*
Raymond Joly, *Gustav Mahler. Psychoanalytische Anmerkungen*
Dieter Schnebel, *Das Schöne an Mahler*
Constantin Floros, *Tragische Ironie und Ambivalenz bei Mahler*
Wolf Rosenberg, *Analytische Betrachtungen einiger Werke Gustav Mahlers*
William DeFotis, *Mahlers Neunte Symphonie*
Peter Oswald, *Subkutane Seismographen*
Heinz-Klaus Metzger, *Einige kompositorische Folgen Mahlers*
Werner Klüppelholz, *Marginalien*
Reinhard Kapp, *Schumann-Reminiszenzen bei Mahler*
— Hermann Danuser (Hrsg.), *Gustav Mahler* (Wege der Forschung 653), Darmstadt 1992
darin:
Hermann Danuser, *Einleitung*
Theodor W. Adorno, *Wiener Rede*
Henry-Louis de La Grange, *Auf der Suche nach Gustav Mahler. Eine Bilanz*
Kurt von Fischer, *Bemerkungen zu Gustav Mahlers Liedern*
Zoltan Roman, *Structure as a Factor in the Genesis of Mahler's Songs*
Stephen E. Hefling, *The composition of ‚Ich bin der Welt abhanden gekommen'*
Bernd Sponheuer, *Dissonante Stimmigkeit. Eine rezeptionsgeschichtliche Studie zum dritten Satz der Mahlerschen Ersten*

Adolf Nowak, *Zur Deutung der Dritten und Vierten Sinfonie Gustav Mahlers*
Peter Andraschke, *Struktur und Gehalt im ersten Satz von Gustav Mahlers Sechster Symphonie*
Marius Flothuis, *Mahlers Sechste Sinfonie*
Christopher Hailey, *Structure and Tonal Plan in Mahler's Sixth Symphony*
Erwin Ratz, *Zum Formproblem bei Gustav Mahler. Eine Analyse des ersten Satzes der IX. Symphonie*
Carl Dahlhaus, *Form und Motiv in Mahlers Neunter Symphonie*
Friedhelm Krummacher, *Struuktur und Auflösung. Über den Kopfsatz aus Mahlers IX. Symphonie*
Eberhardt Klemm, *Über ein Spätwerk Gustav Mahlers*
Constantin Floros, *Weltanschauung und Symphonik bei Mahler*
Rudolph Stephan, *Gedanken zu Mahler*

— Philip Reed (Hrsg.), *On Mahler and Britten. Essays in honour of Donald Mitchell on his seventieth birthday* (Aldeburgh Studies in Music 3), Woodbridge 1995
darin die Mahler-Beiträge:
Paul Banks, *Mahler and Viennese Modernism*
Herta Blaukopf, *Gustav Mahlers Sprache*
Asa Briggs, *Mahler and the BBC*
Peter Franklin, *Gustav Mahler: Memories and Translations*
Henry-Louis de La Grange, *Mahler and the New York Philharmonic: The Truth behind the Legend*
Gilbert Kaplan, *Mahler on Stamps*
Colin Matthews, *Mahler and Self-Renewal*
David Matthews, *In Search of Mahler's Childhood*
Eveline Nikkels, *Vestdijk on Mahler, 1924–69: A Symphony in Words*
Edward R. Reilly, *A New Transition: Some Pages from the Third Movement of Mahler's Ninth Symphony*
Peter Sculthorpe, *The Song of the Earth: Some Personal Thoughts*
Erwin Stein, *Mahler the Factual*
John Williamson, *A Parallel Development*

VII. Aufsätze und Einzelbeiträge

a) allgemein an Mahlers Werk orientierte Arbeiten

— Arnold Schering, *Gustav Mahler als Liederkomponist,* in: Neue Zeitschrift für Musik 72 (1905), S. 691–693, S. 753–755
— Hermann Scherchen, *Gustav Mahler, der Musiker-Philosoph,* in: Freie deutsche Bühne 1 (1919–1920), S. 446–449
— Egon Pamer, *Gustav Mahlers Lieder,* in: Studien zur Musikwissenschaft 16 (1929), S. 116–138 und 17 (1930), S. 105–127
— Erwin Stein, *Mahlers Sachlichkeit,* in: Musikblätter des Anbruch 12 (1930), S. 99–101
— Egon Wellesz, *Mahlers Instrumentation,* in: Musikblätter des Anbruch 12 (1930), S. 106–110
— Egon Wellesz, *The symphonies of Gustav Mahler,* in: The Music Review I (1940), S. 1–23
— Ernst Krenek, *Gustav Mahler,* in: *Gustav Mahler, Bruno Walter und Ernst Krenek,* New York 1941, S. 157–220

— Arnold Schönberg, *Gustav Mahler,* in: ders., *Style and Idea,* hrsg. von Dika Newlin, London 1951, S. 7–36 [in deutscher Sprache abgedruckt in: Arnold Schönberg, *Stil und Gedanke. Aufsätze zur Musik,* hrsg. von Ivan Vojtesch (Gesammelte Schriften 1), Frankfurt am Main 1976, S. 7–24]
— Hans Ferdinand Redlich, *La „triologia della morte" di Mahler,* in: La Rassegna Musicale 28 (1958), S. 177–186
— Eberhardt Klemm, *Notizen zu Mahler,* in: *Festschrift Heinrich Besseler zum sechzigsten Geburtstag,* Leipzig 1961, S. 447–455
— Walther Vetter, *Gustav Mahlers sinfonischer Stil. Eine Skizze,* in: Deutsches Jahrbuch der Musikwissenschaft 6 (1961), S. 7–18
— Edward F. Kravitt, *The trend towards the folklike, nationalism, and their expression by Mahler and his contemporaries in the Lied,* in: Chord and Discord 2 (1963), S. 40–56
— Hans Ferdinand Redlich, *Gustav Mahler. Probleme einer kritischen Gesamtausgabe,* in: Die Musikforschung 19 (1966), S. 378–401
— Theodor W. Adorno, Zu *einem Streitgespräch über Mahler,* in: *Musik und Verlag. Karl Vötterle zum 65. Geburtstag am 12. April 1968,* hrsg. von Richard Baum und Wolfgang Rehm, Kassel 1968, S. 123–127
— Theodor W. Adorno, Zu *einer imaginären Auswahl von Liedern Gustav Mahlers,* in: ders., *Impromptus. Zweite Folge neu gedruckter musikalischer Aufsätze,* Frankfurt am Main 1968,
— Diether de la Motte und Carl Dahlhaus, *Tendenz-Analyse. Gustav Mahler. VII. Symphonie, 4. Satz. Nachtmusik II, Takt 1–55,* in: *Musikalische Analyse. Mit kritischen Anmerkungen von Carl Dahlhaus u. a.,* Bd. 1, Kassel u. a. 1968, S. 69–75
— Wolfgang Dömling, *Collage und Kontinuum. Bemerkungen zu Gustav Mahler und Richard Strauss,* in: Neue Zeitschrift für Musik 133 (1972), S. 131–134
— Carl Dahlhaus, *Die rätselhafte Popularität Gustav Mahlers – Zuflucht von der Moderne oder der Anfang der Neuen Musik,* in: Musik und Bildung 5 (1973), S. 590–592
— Tibor Kneif, *Collage oder Naturalismus? Anmerkungen zu Mahlers „Nachtmusik I",* in: Neue Zeitschrift für Musik 134 (1973), S. 623–628
— Karlheinz Stockhausen, *Mahlers Biographie,* in: Musik und Bildung 5 (1973), S. 596–597 [erschienen in englischer Übersetzung als Vorwort zu Henry-Louis de La Grange, 1974]
— Wolfgang Dömling, *A propos Mahler und Collage,* in: Neue Zeitschrift für Musik 135 (1974), S. 100–101
— Mathias Hansen, *Das irdische Leben. Zum Weltbild des jungen Mahlers,* in: Beiträge zur Musikwissenschaft 16 (1974), S. 25–30
— György Ligeti und Clytus Gottwald,
Gustav Mahler und die musikalische Utopie, 1. Musik und Raum, ein Gespräch, in: Neue Zeitschrift für Musik 135 (1974), S. 7–11
Gustav Mahler und die musikalische Utopie, 2. Collage, ein Gespräch, in: Neue Zeitschrift für Musik 135 (1974), S. 288–291
Gustav Mahler und die musikalische Utopie, 3. Die Achte, ein Gespräch, in: Neue Zeitschrift für Musik 135 (1974), S. 292–295
— William J. McGrath, *The metamusical cosmos of Gustav Mahler,* in: *Dionysian art and populist polities in Austria,* hrsg. von William J. McGrath, New Haven, Conn. 1974, S. 120–162
— Zoltan Roman, *Structure as a factor in the genesis of Mahler's songs,* in: *The Music Review 35* (1974), S. 157–166
— Martin Zenck, *Aspekte der Mahler Rezeption. Bemerkungen zu einer Theorie der musikalischen Rezeption,* in: *Bericht über den Internationalen Musikwissenschaftlichen Kongreß Berlin 1974,* hrsg. von Hellmut Kühn und Peter Nitsche, Kassel 1980, S. 526–530
— Kurt von Fischer, *Die Doppelschlagfigur in den letzten zwei Sätzen von Gustav Mahlers 9. Symphonie,* in: Archiv für Musikwissenschaft 32 (1975), S. 99–105

— Arno Forchert, *Zur Auflösung traditioneller Formkategorien in der Musik um 1900. Probleme formaler Organisation bei Mahler und Strauss,* in: Archiv für Musikwissenschaft 32 (1975), S. 85–98
— Reinhard Gerlach, *Mahler, Rückert und das Ende des Liedes,* in: Jahrbuch des Staatlichen Instituts für Musikforschung 1975, S. 7–45
— Ernst Hilmar, *„Schade, aber es muss(te) sein". Zu Gustav Mahlers Strichen und Retuschen insbesondere am Beispiel der V Symphonie Anton Bruckners,* in: Bruckner-Studien (1975), S. 187–201
— Edward W. Murphy. *Sonata-rondo form in the symphonies of Gustav Mahler,* in: The Music Review 6 (1975), S. 54–62
— Elmar Budde, *Bemerkungen zum Verhältnis Mahler-Webern,* in: Archiv für Musikwissenschaft 33 (1976), S. 159–173
— Deryck Cooke, *The History of Mahler's Tenth Symphony, Gustav Mahler. A Performing Version of the Draft for the Tenth Symphony,* London und New York 1976; Reprint als *Mahler's Tenth Symphony,* in: The Musical Times 117 (1976), S. 563–645
— Monika Lichtenfeld, *Zemlinsky und Mahler,* in: *Alexander Zemlinsky. Tradition im Umkreis der Wiener Schule,* hrsg. von Otto Kolleritsch (Studien zur Wertungsforschung), Graz 1976, S. 101–110
— Arno Forchert, *Techniken motivisch-thematischer Arbeit in Werken von Strauss und Mahler,* in: Hamburger Jahrbuch für Musikwissenschaft 2 (1977) (Zur Musikgeschichte des 19. Jahrhunderts), S. 187–200
— Peter Hamm, *„Von Euch ich Urlaub nimm'..."*, in: Akzente 24 (1977), S. 159–167
— Ernst Ludwig Waeltner, *Lieder-Zyklus und Volkslied-Metamorphose. Zu den Texten der Mahlerschen Gesellenlieder,* in: Jahrbuch des Staatlichen Instituts für Musikforschung 1977, S. 61–95
— Martin Zenck, *Die Aktualität Mahlers als Problem der Rezeptionsästhetik,* in: Melos/Neue Zeitschrift für Musik 3 (1977), S. 225–232
— Kurt von Fischer, *Gustav Mahlers Umgang mit den Wunderhorntexten,* in: Melos/Neue Zeitschrift für Musik 4 (1978), S. 103–107
— Robert P. Morgan, *Ives and Mahler. Mutual responses at the end of an era,* in: 19th Century Music 2 (1978), S. 72–81
— Peter Revers, *Zum Stand der Mahler-Forschung,* in: Österreichische Musikzeitschrift 34 (1979), S. 289–293
— Iwan I. Sollertinski, *Die Sinfonien Gustav Mahlers* [1932], in: *Von Mozart bis Schostakowitsch. Essays, Kritiken, Aufzeichnungen,* hrsg. von Michail Druskin, Leipzig 1979, S. 166–187
— Mathias Hansen, *Marsch und Formidee. Analytische Bemerkungen zu sinfonischen Sätzen Schuberts und Mahlers,* in: Beiträge zur Musikwissenschaft 22 (1980), S. 3–23
— Heinz Rölleke, *Gustav Mahlers „Wunderhorn"-Lieder. Textgrundlagen und Textauswahl,* in: Jahrbuch des Freien deutschen Hochstifts 1981, S. 370–378
— Carl Dahlhaus, *Naturbild und Volkston,* in: ders., *Musikalischer Realismus. Zur Musikgeschichte des 19. Jahrhunderts,* München 1982, S. 136–144
— Wolfgang Osthoff, *Hans Pfitzners „Rose vom Liebesgarten". Gustav Mahler und die Wiener Schule,* in: *Festschrift Martin Ruhnke zum 65. Geburtstag,* hrsg. von den Mitarbeitern des Instituts für Musikwissenschaft der Universität Erlangen-Nürnberg, Neuhausen und Stuttgart 1986, S. 265–293
— Paul Banks, *Hans Rott and the New Symphony,* in: The Musical Times (1989), S. 142–147
— Stephan E. Hefling, *Miners Digging from Opposite Sides: Mahler, Strauss, and the Problem of Program Music*, in: *Richard Strauss. New Perspectives on the Composer and His Work,* hrsg. von Bryan Gilliam, Durham und London 1992, S. 41–53

— Peter Revers, *Latente Orchestrierung in den Klavierliedern Gustav Mahlers*, in: *De editione musices. Festschrift Gerhard Croll zum 65. Geburtstag*, hrsg. von Wolfgang Gratzer und Andrea Lindmayr, Laaber 1992, S. 65–77
— Günther Weiß, *Erstes Licht auf wichtige Quelle. Ergänzung einer Lücke im Briefwechsel von Gustav Mahler und Richard Strauss*, in: Österreichische Musikzeitschrift 48 (1993), S. 81–85
— Jens Malte Fischer, *Das „Judentum in der Musik". Kontinuität einer Debatte*, in: *Conditio Judaica. Judentum, Antisemitismus und deutschsprachige Literatur vom Ersten Weltkrieg bis 1933/38*, hrsg. von Hans Otto Horch und Horst Denkler, Tübingen 1993, S. 227–250
— Sander Wilkens, *Zur Editionspraxis und Form der Revisionsberichte der Werke Gustav Mahlers*, in: Jahrbuch des Staatlichen Instituts für Musikforschung Preußischer Kulturbesitz (1994), S. 304–338
— Dietrich Kämper: *Alfredo Casella und Gustav Mahler*, in: Die Musikforschung 47 (1994), S. 118–127
— Helga Scholz-Michelitsch, *Eine Korrespondenz über eine Korrespondenz. Anna Bahr-Mildenburg und Alma Mahler zur Edition von Briefen Gustav Mahlers*, in: Studien zur Musikwissenschaft 43 (1994), S. 365–374
— Frank Hentschel, *Das „Ewig-Weibliche" – Liszt, Mahler und das bürgerliche Frauenbild*, in: Archiv für Musikwissenschaft 51 (1994), S. 274–293
— Christine Kahnt, *Musik und Jugendstil. Untersuchungen an den Orchesterliedern der Jahrhundertwende* [Schönberg, Mahler, Strauss], in: *1900. Musik zur Jahrhundertwende* (Hildesheimer Musikwissenschaftliche Arbeiten 1), hrsg. von Werner Keil, Hildesheim 1995, S. 98–122
— Werner Keil, *Von Quarten, Tristan-Akkorden und „Callots Manier". Bemerkungen zur Musik Mahlers und Debussys um 1900*, in: *1900. Musik zur Jahrhundertwende* (Hildesheimer Musikwissenschaftliche Arbeiten 1), hrsg. von Werner Keil, Hildesheim 1995, S. 75–97

b) an einzelnen Werken orientierte Arbeiten

— Erwin Stein, *Die Tempogestaltung in Mahlers IX. Symphonie,* in: Pult und Taktstock 1 (1924), S. 97–99 und 111–114
— Donald Francis Tovey, *Mahler. Symphonie in G major, no. 4,* in: *Essays in musical analysis,* hrsg. von Donald Francis Tovey, Bd. 6, London 1939, S. 73–83
— Eberhardt Klemm, *Über ein Spätwerk Gustav Mahlers,* in: Deutsches Jahrbuch der Musikwissenschaft 6 (1961), S. 19–32
— Lars Ulrich Abraham, *Zur Harmonik in Gustav Mahlers vierter Symphonie,* in: *Neue Wege der musikalischen Analyse. Acht Beiträge,* hrsg. von Rudolf Stephan (Veröffentlichung des Instituts für Neue Musik und Musikerziehung 6); Berlin 1967, S. 43–44
— Rudolf Stephan, *Betrachtungen zu Form und Thematik in Mahlers Vierter Symphonie,* in: *Neue Wege der musikalischen Analyse, Acht Beiträge,* hrsg. von Rudolf Stephan (Veröffentlichung des Instituts für Neue Musik und Musikerziehung 6), Berlin 1967, S. 23–42
— Jack Diether, *Mahler's Klagende Lied. Genesis and evolution,* in: The Music Review 29 (1968), S. 268–287
— Jack Diether, *Blumine and the First Symphonie,* in: Chord and Discord 31 (1969), S. 76–100
— Carl Dahlhaus, *Form und Motiv in Mahlers Neunter Symphonie,* in: Neue Zeitschrift für Musik 135 (1974), S. 296–299

— Marius Flothuis, *Reflections on Mahler's Ninth Symphony,* in: *Notes on notes. Selected essays,* hrsg. von Marius Flothuis, Buren 1974, S. 159–171
— Peter Andraschke, *Die Retuschen Mahlers an der 7. Symphonie von Franz Schubert,* in: Archiv für Musikwissenschaft 32 (1975), S. 106–115
— Ortrun Landmann, *Vielfalt und Einheit in der Achten Sinfonie Gustav Mahlers. Beobachtungen zu den Themen und zur Formgestalt des Werkes,* in: Beiträge zur Musikwissenschaft 17 (1975), S. 29–43
— Zoltan Roman, *Aesthetic symbiosis and structural metaphor in Mahler's Das Lied von der Erde,* in: *Festschrift Kurt Blaukopf,* hrsg. von Irmgard Bontinck und Otto Brusatti, Wien 1975, S. 110–119
— Martin Zenck, *Ausdruck und Konstruktion im Adagio der 10. Sinfonie Gustav Mahlers,* in: *Beiträge zur musikalischen Hermeneutik,* hrsg. von Carl Dahlhaus (Studien zur Musikgeschichte des 19. Jahrhunderts 43), Regensburg 1975, S. 205–222
— Claudia Zenck-Maurer, *Technik und Gehalt im Scherzo von Mahlers Zweiter Symphonie,* in: Melos/Neue Zeitschrift für Musik 2 (1976), S. 179–184
— Carl Dahlhaus, *Geschichte eines Themas. Zu Mahlers Erster Symphonie,* in: Jahrbuch des Staatlichen Instituts für Musikforschung Preußischer Kulturbesitz 1977, S. 45–59
— Arthur Wenk, *The composer as poet in Das Lied von der Erde,* in: 19th Century Music 1 (1977), S. 33–47
— Peter Andraschke, *Struktur und Gehalt im ersten Satz von Gustav Mahlers Sechster Symphonie,* in: Archiv für Musikwissenschaft 35 (1978), S. 275–296
— Adolf Nowak, *Zur Deutung der Dritten und Vierten Sinfonie Gustav Mahlers,* in: *Religiöse Musik in nicht-liturgischen Werken von Beethoven bis Reger,* hrsg. von Walter Wiora, Günther Massenkeil and Klaus Wolfgang Niemöller (Studien zur Musikgeschichte des 19. Jahrhunderts 51), Regensburg 1978, S. 185–194
— John G. Williamson, *Mahler's compositional process. Reflections on an early sketch for the Third Symphony's first movement,* in: Music and Letters 61 (1980), S. 338–345
— Martin Zenck, *Mahlers Streichung des „Waldmärchens" aus dem „Klagenden Lied",* in: Archiv für Musikwissenschaft 22 (1980), S. 3–23
— Rudolf Stephan, *Überlegungen zur Taktgruppenanalyse. Zur Interpretation der 7. Symphonie von Gustav Mahler,* in: *Logos musicae. Festschrift für Albert Palm,* hrsg. von Rüdiger Görner, Wiesbaden 1982, S. 202–210
— Friedhelm Krummacher, *Fragen zu Mahlers VIII. Symphonie,* in: Schütz-Jahrbuch 4/5 (1982/83), S. 71–72
— Adolf Nowak, *Mahlers Hymnus,* in: Schütz-Jahrbuch 4/5 (1982/83), S. 92–96
— Stefan Strohm, *Die Idee der absoluten Musik als ihr (absolutes) Programm. Zum unterlegten Text der Mahlerschen Achten,* in: Schütz-Jahrbuch 4/5 (1982/83), S. 73–91
— John Williamson, *Mahler and Veni Creator Spiritus,* in: The Music Review 44 (1983), S. 25–35
— Berthold Türcke, *The Mahler Society. A Project of Schoenberg and Mengelberg,* in: Journal of the Arnold Schoenberg Institute 7 (1983), S. 28–92
— Rainer Riehn, *Über Mahlers „Lieder eines fahrenden Gesellen" und „Das Lied von der Erde" in Arnold Schönbergs Kammerfassungen,* in: *Schönbergs Verein für musikalische Privataufführungen* (Musik-Konzepte 36), München 1984, S. 8–30
— John Williamson, *The Structural Premises of Mahler's Introductions. Prolegomena to an Analysis of the First Movement of the Seventh Symphonie,* in: music analysis 1 (1986), S. 29ff.
— Stephen E. Hefling, *The Making of Mahler's „Todtenfeier". A documentary and analytical Study,* Diss. Yale University 1985
— Constantin Floros, *Neue Thesen über Mahlers Zehnte Symphonie*, in: Österreichische Musikzeitschrift 48 (1993), S. 73–80

— Stephan E. Hefling, *„Das Lied von der Erde": Mahler's Symphony for Voices and Orchestra – or Piano*, in: The Journal of Musicology 10 (1992), S. 293–341
— Thomas Schäfer, *Das doppelte Fragment. Anmerkungen zu Gustav Mahlers Zehnter Symphonie*, in: Musica 47 (1993), S. 16–20
— Petra Zimmermann, *Sprachklang in Gustav Mahlers 8. Symphonie*, in: Musica 47 (1993), S. 12–15
— Constantin Floros, *Tag und Nacht in Wagners „Tristan" und in Mahlers Siebenter Symphonie*, in: Österreichische Musikzeitschrift 49 (1994), S. 9–17
— Manfred Angerer, *Ironisierung der Konvention und humoristische Totalität. Über die ersten Takte von Gustav Mahlers IV. Symphonie*, in: *Vergleichende Musikwissenschaft. Franz Födermayer zum 60. Geburtstag*, hrsg. von E. Th. Hilscher und Th. Antonicek, Tutzing 1994, S. 561–582
— James L. Zychowitz, *Toward an ‚Ausgabe letzter Hand': The Publication and Revision of Mahler's Fourth Symphony*, in: The Journal of Musicology 12 (1995), S. 260–276

Quellennachweise

— *„Blicke mir nicht in die Lieder!" Zum musikalischen Schaffensprozeß,* ungekürzt veröffentlicht in: *Vom Einfall zum Kunstwerk. Der Kompositionsprozeß in der Musik des 20. Jahrhunderts* (Publikationen der Hochschule für Musik und Theater Hannover 4), hrsg. von Hermann Danuser und Günther Katzenberger, Laaber 1993, S. 85–102, unter dem Titel *Explizite und faktische musikalische Poetik bei Gustav Mahler.*

— *Funktionen von Natur,* in: Österreichische Musikzeitschrift 43 (1988), S. 602–613 unter dem Titel *Funktionen von Natur in der Musik Gustav Mahlers.*

— *Versuch über Mahlers Ton,* in: Jahrbuch des Staatlichen Instituts für Musikforschung Preußischer Kulturbesitz 1975, Berlin 1975, S. 46–79.

— *Probleme der Vortragsbezeichnung,* ungekürzt veröffentlicht in: *Quellenstudien I. Gustav Mahler – Igor Strawinsky – Anton Webern – Frank Martin, mit einem Anhang „Paul Sacher und die Musik des zwanzigsten Jahrhunderts: Aufträge, Widmungswerke, Uraufführungen",* hrsg. von Hans Oesch (Veröffentlichungen der Paul Sacher Stiftung 2), Winterthur 1991, S. 9–32, unter dem Titel *Mahlers Vortragsbezeichnung. Zum Problem der Temporelationen im ersten der „Lieder eines fahrenden Gesellen".*

— *Urheber und Mehrer. Aspekte der Autorschaft bei Weber/Mahlers komischer Oper „Die drei Pintos",* in: *Weber–Jenseits des „Freischütz". Referate des Eutiner Symposions 1986,* hrsg. von Friedhelm Krummacher und Heinrich W. Schwab (Kieler Schriften zur Musikwissenschaft 32), Kassel 1989, S. 41–58; Vorabdruck in: Jahrbuch der Bayerischen Staatsoper 1987/88, München 1987, S. 86–98.

— *Zu den Programmen der frühen Symphonien,* in: Melos/Neue Zeitschrift für Musik I (1975), S. 14–19 unter dem Titel *Zu den Programmen von Mahlers frühen Symphonien.*

— *Konstruktion des Romans,* in: Hermann Danuser, *Musikalische Prosa* (Studien zur Musikgeschichte des 19. Jahrhunderts 46), Regensburg 1975, S. 87–117 unter dem Titel *Konstruktion des Romans bei Gustav Mahler.*

— *Wege eines Interpretationsvergleichs,* in: Schweizer Beiträge zur Musikwissenschaft (Publikationen der Schweizerischen Musikforschenden Gesellschaft III/3), Bern und Stuttgart 1978, S. 165–181 unter dem Titel *Schwierigkeiten der Mahler-Interpretation. Ein Versuch am Beispiel des ersten Satzes der Dritten Symphonie.*

— *Aspekte der Gattungsgeschichte,* in: Archiv für Musikwissenschaft 40 (1983), S. 276–286 unter dem Titel *Gustav Mahlers Symphonie „Das Lied von der Erde" als Problem der Gattungsgeschichte.*

— *„Von der Jugend" – ein musikalisches Bild,* in: *Art nouveau, Jugendstil und Musik. Festschrift Willi Schuh zum 80. Geburtstag,* hrsg. von Jürg Stenzl, Zürich 1980, S. 151–169 unter dem Titel *Mahlers Lied „Von der Jugend" – ein musikalisches Bild.*

— *Mahlers „Mehrwert" – eine Humoreske,* in: *Festschrift Eberhardt Klemm zum 60. Geburtstag,* Privatdruck, hrsg. von Frank Schneider und Gisela Wicke, Berlin 1989, S. 256–264 unter dem Titel *Mahlers „Mehrwert".*

— *Zur Klavierfassung,* in: Nachrichten zur Mahler-Forschung, hrsg. von der Internationalen Gustav Mahler Gesellschaft, Nr. 22 (Oktober 1989), S. 8–12, sowie in: Neue Zürcher Zeitung vom 19./20. Mai 1990, S. 68 unter dem Titel *Zur Erstveröffentlichung der Klavierfassung des „Liedes von der Erde".*

— *Erkenntnis oder Verblendung? Zum Problem des Sachgehaltes polemischer und apologetischer Musikkritik am Beispiel der Siebenten Symphonie,* in: *The Seventh Symphony of Gustav Mahler: A Symposium,* hrsg. von James L. Zychowicz, The University of Cincinnati/College-Conservatory of Music, Madison, Wisconsin, 1990, S. 107–123, unter dem Titel *Erkenntnis oder Verblendung? Zum Problem des Sachgehaltes polemischer und apologetischer Musikkritik – am Beispiel einiger früher Rezeptionszeugnisse zu Mahlers Siebenter Symphonie.*
— *Vom Saulus zum Paulus? Über Arnold Schönbergs Prager Rede,* in: Neue Zürcher Zeitung Nr. 94 vom 23./24. April 1977, S. 61f. unter dem Titel *Ambivalenz von Polemik und Apologie. Bemerkungen zu Arnold Schönbergs Mahler-Gedenkrede von 1912.*
— *Karl Horwitz' „Vom Tode". Ein Dokument der Mahler-Verehrung aus der Schönberg-Schule,* in: *Mahler-Interpretation. Aspekte zum Werk und Wirken von Gustav Mahler,* hrsg. von Rudolf Stephan, Mainz 1985, S. 177–190.
— *„My Time Will Yet Come". Die amerikanische Mahler-Rezeption im Spiegel der Zeitschrift „Chord and Discord", in: Beiträge '90. Österreichische Musiker im Exil* (Beiträge der Österreichischen Gesellschaft für Musik 8), Kassel u.a. [1990], S. 94–102, unter dem Titel *„My Time Will Yet Come". Die Mahler-Rezeption der angelsächsischen Länder zwischen 1930 und 1960 im Spiegel der Zeitschrift „Chord and Discord".*

Die Wiedergabe der Notenbeispiele erfolgt mit freundlicher Genehmigung der Verlage:
— Universal Edition, Wien: 73f., 88, 92, 158, 167, 171, 214, 222, 234f., 266, 305
— C. E Kahnt, Frankfurt am Main: 97
— Bote & Bock, Berlin: 98, 247
— Weinberger, Wien: 115
— Sikorski, Hamburg: 297, 303
Die Vorlagen für die Beispiele von Horwitz auf den Seiten 268 und 271 stellte Prof. Dr. Rudolf Stephan, Berlin, zur Verfügung.

Personenregister

Register der Werke Mahlers